江苏地价三十年（1990—2020）

——江苏省地价工作回眸

河海大学出版社
HOHAI UNIVERSITY PRESS
·南京·

图书在版编目(CIP)数据

江苏地价三十年 ：1990—2020 ：江苏省地价工作回眸 / 姜正杰主编. -- 南京 ：河海大学出版社，2023.12
ISBN 978-7-5630-8543-9

Ⅰ. ①江… Ⅱ. ①姜… Ⅲ. ①地价-工作概况-江苏-1990-2020 Ⅳ. ①F321.1

中国国家版本馆 CIP 数据核字(2023)第 236539 号

书　　名　**江苏地价三十年(1990—2020)——江苏省地价工作回眸**
　　　　　JIANGSU DIJIA SANSHINIAN(1990—2020)—JIANGSUSHENG DIJIA GONGZUO HUIMOU
书　　号　ISBN 978-7-5630-8543-9
责任编辑　谢业保
特约编辑　李纳纳　丁宇秋
特约校对　程　畅　陈　进
装帧设计　徐娟娟
出版发行　河海大学出版社
地　　址　南京市西康路 1 号(邮编:210098)
电　　话　(025)83737852(总编室)　(025)83787763(编辑室)
　　　　　(025)83722833(营销部)
经　　销　江苏省新华发行集团有限公司
排　　版　南京布克文化发展有限公司
印　　刷　广东虎彩云印刷有限公司
开　　本　889 毫米×1194 毫米　1/16
印　　张　30.5
字　　数　798 千字
版　　次　2023 年 12 月第 1 版
印　　次　2023 年 12 月第 1 次印刷
定　　价　268.00 元
审 图 号　**苏 S(2022)12 号**

《江苏地价三十年（1990—2020）——江苏省地价工作回眸》

编委会

序

作为江苏省自然资源厅向中国共产党第二十次全国代表大会献礼之一的《江苏地价三十年(1990—2020)——江苏省地价工作回眸》(以下称《江苏地价三十年》)一书,在大会召开前夕完成了编写任务,可喜可贺!

江苏地价三十年,每“十年”一大步,三十年三大步,步步为营又步步跨越。第一个“十年”,以建为主、带动管理。重点加强基础业务建设,从无到有,由点到面,全面开展城镇土地定级估价,探索开展农用地分等定级估价,基本形成城镇土地评估体系,同时以应用服务为切入点摸索地价管理路径。第二个“十年”,边建边管、建管结合。为更好地适应土地市场发展的需要,显化土地资产,调控房地产市场,维护土地权益,在进一步完善基础业务工作的同时,加强对地价的规范管理;针对江苏土地市场发育现状,更新基础资料,创建城市地价动态监测,确保地价现势性,同时广泛开展并完成农用地质量评价,完善了城乡土地评估体系,构建了城乡地价管理体系。第三个“十年”,管理为主、以管促建。用新的管理理念和方法,全面开展公示地价体系建设工作,形成了以公示地价为特征的管理体系,地价管理体制机制逐步优化,地价评估方法日臻成熟,地价体系保障能力持续提升,价格服务监管作用日益凸显。

纵观江苏地价发展之三十年,历经开创、建设、发展、提高阶段,创造了独具特色的江苏地价,成为全国“地价”的一面旗帜,并培育出一支由管理工作者、科技教育工作者、从业人员组成的高素质、高水平的地价队伍。这支队伍已然成为全国地价队伍的一支劲旅。如此成就的取得,皆因改革开放新时代的环境保障,土地使用制度改革、土地市场发育的条件保障,而创新包括管理理念创新、评估思路创新、技术方法创新等却是江苏地价发展的内在动力,真正体现了改革创新是事业发展的不竭动力。诚然,改革创新是需要勇气的,是需要底气的,是需要才气的。由是观之,江苏地价三十年发展之路,彰显了江苏地价管理者的睿智、科技人的智慧、从业者的才能。

鉴于此,《江苏地价三十年》以三十年发展脉络为主线,回溯了江苏地价发展的历程,展示了江苏地价获得的成就,总结了江苏地价工作的经验,探求了江苏地价运行的规律,展望了江苏地价发展的前景。该书内容丰富,图文并茂,理论与实践相结合,对江苏地价建设与管理所形成的思路谋略、路线途径、技术方法和应用服务等进行了详实记述,相信对人们了解江苏地价、认识江苏地价、应用江苏地价、研究江苏地价、管理江苏地价会有很多帮助,自然会受到读者特别是业内人士的青睐。《江苏地价三十年》既是纪实专著,也是科研成果,又是科普作品,因而开卷有益,可读性很强,想必其受众面一定很大,应用范围一定很广,这是其价值所在。

《江苏地价三十年》的付梓,对于我们更好地贯彻落实中国共产党第二十次全国代表大会精神具有重要的实际意义。我们要按照习近平总书记报告的要求，继续推进实践基础上的理论创新，牢固树立人类命运共同体发展新理念，进一步细化自然资源类型，完善地价内涵，拓展应用范围，构建自然资源全域、全要素价格管理新格局，使江苏地价在坚持山水林田湖草沙一体化保护和系统治理、守住十八亿亩耕地红线、构建高水平社会主义市场经济体制、发挥市场在资源配置中的决定性作用、实现全面节约战略、保障人民权益等方面发挥应有的作用，为全面建成社会主义现代化强国、实现第二个百年奋斗目标、以中国式现代化全面推进中华民族伟大复兴做出贡献。

编　者

2022 年 10 月

前言

改革开放以后，我国确立了社会主义市场经济体制。1987年，新中国成立以来首次公开拍卖国有土地使用权，拉开了土地使用制度改革的序幕。1988年修正的《中华人民共和国宪法》和修订的《中华人民共和国土地管理法》（以下简称《土地管理法》）正式明确了我国实行国有土地有偿使用制度。土地有偿使用制度的确立，使长期实行的土地使用无偿、无限期、无流动的“三无”变为有偿、有限期、有流动的“三有”，在这样的背景下，土地的资产属性得以显现，“地价”得获重生，至今已有三十余载。

三十年来，江苏省委、省政府高度重视地价工作，将其作为社会主义市场经济建设的重要内容，纳入江苏经济社会发展全局。1990年，在国家土地管理局南京试点结束之后，江苏即开始谋划全省城镇土地定级估价工作方案，此为江苏地价工作之起步。江苏的地价工作包括地价研究、地价评估、地价政策、地价管理、地价应用等，从无到有，不断发展。1991—1992年，江苏省土地管理局在镇江市区、溧阳市溧城镇区进行城市、县城镇土地定级估价试点。通过试点，取得实践经验，掌握技术路径，形成工作方案，而后面上推行。三十年来，江苏注重地价科技研究，着力地价基础建设，加强地价管理工作，将地价不断推向前进，在江苏广阔空间之中建成城乡地价业务体系、管理制度体系，实现了城乡基准地价全覆盖、城镇标定地价全覆盖，走出了一条颇具特色的江苏地价之路，江苏地价行稳致远。

我们策划编撰此书，结合各阶段江苏地价管理的经济社会背景与行业发展状况，深入分析地价管理面临的机遇和挑战，科学研判当前主要任务与未来发展方向，旨在与省内外从事地价研究、管理、估价实践的同行者分享探讨可复制、可推广、可实施的专业技术、政策设计和实践路径，为未来地价发展提供经验借鉴。

本书内容共分四章，分别为：第一个“十年”、第二个“十年”、第三个“十年”以及江苏地价的作用与发展前景。第一章主要记述了第一个“十年”（1990—2000）江苏地价“以建为主，带动管理”的肇始及开创历程。该阶段主要工作内容是，重点加强基础业务建设，全面开展城镇土地定级估价，试水农用地分等定级估价，初步形成城镇土地评估体系，同时以应用服务为切入点摸索地价管理路径。第二章主要记述了第二个“十年”（2001—2010）江苏地价“边建边管，建管结合”的发展历程。该阶段主要工作内容是，调整、更新地价基础成果，创建城市地价动态监测，拓展土地评价领域，开展并完成农用地质量评价，完善城乡土地评估体系，构建城乡地价管理体系，进一步加强地价的规范管理。第三章主要记述了第三个“十年”（2011—2020）江苏地价“管理为主，以管促建”的管理制度化、业务体系化建设的发展历程。该阶段主要工作内容是，全面进行地价管理的制度化建设，建立起包括地价公示制度、最低价制度、出让底价制度、政府优先购买制度等在内的系列地价管理制度，实现管理的制度化，以及加强包括城镇地价动态监测、公示地价在内的业务体系建设，实现了城乡基准地价全覆盖、城镇标定地价全覆盖。第四章主要总结了三十年江苏地价在全省社会经济社会发展中所起的作用和应用成效，并立足江苏实际，结合宏观政策环境，对江苏地价事业未来发展进行了思考和展望。

附件部分为《江苏省城乡地价体系成果图集》。利用地图多元化的表达方式，将相关成果对应地区的基础地理信息和地价专题内容，通过各类统计图表以及不同尺寸、颜色和图形的专题地图予以表达，汇集形成江苏地价成果图。这不仅能够直观形象反映全省城市和重点区域的地价水平、变化趋势、空间分布特征，同时也为社会各界快速了解全省城市地价情况、研究土地价格规律和各级管理部门激发土地要素活力、赋能经济高质量发展进行宏观决策提供第一手基础资料。成果图包括省级专题图和设区市专题图两部分，其中省级专题图收录了全省城镇土地等别、工业用地出让最低价、征地区片综合地价地区分类及最低标准、动态监测地价等系列专题图；设区市专题图收录了全省13个设区市市区范围的城镇建设用地基准地价、集体建设用地基准地价、农用地基准地价及城镇标定地价等系列专题图。成果图基于土地“等-级-价”体系，集中展示了全省城镇土地等别、土地级别、动态监测地价、公示地价等多项最新地价工作成果，综合反映了全省土地价格的总体水平。

“为者常成，行者常至。”当前，深入学习宣传贯彻党的二十大精神，就是要把思想统一到党的二十大精神上来，把力量凝聚到党的二十大确定的各项任务上来。我们将以习近平新时代中国特色社会主义思想为指导，完整准确全面贯彻落实新发展理念，贯彻落实党和国家的决策部署和重大战略，持续推进重点领域改革，围绕高水平构建社会主义市场经济体制、构建全国统一大市场、促进人与自然和谐共生、推进城乡融合发展的宏伟目标，应对新形势新要求新挑战，促进新时代地价工作向更全、更准、更新的多维度目标发展，更好地落实“争当表率、争做示范、走在前列”新要求，为扎实推动高质量发展增强动力，为奋力谱写“强富美高”新江苏现代化建设新篇章创新活力，为以中国式现代化全面推进中华民族伟大复兴贡献更大的智慧与力量。

目录

概　述

一

地价一说，在我国古已有之，它是随着土地私有制产生而现世的，直到1956年，我国对于农业、手工业和资本主义工商业的社会主义改造，把土地等生产资料私有制转变为社会主义公有制后，除国家政策性土地补偿金偶被说成地价之外，“地价”一词就在人们的经济生活中逐渐淡化，1969年城市土地全部收归国有后，城市地价一说则更是销声匿迹。即是说我国的“地价”随着土地私有制消亡而逐步湮没甚至退出历史舞台。但是，在1978年改革开放新时期开启之后，1980年国家对中外合资企业征收场地使用费，紧接着一些城市对国内企业也收取土地使用费，随之国有土地使用制度实行了改革，土地使用由无偿变为有偿，由无限期变为有限期，由无流动变为有流动，即土地使用由“三无”变为“三有”，土地市场应运而生，地价就此重出“江湖”。此刻所称之“地价”是城镇地价，是国有土地使用权价格，其后的集体企业改制所涉及的地价则是集体土地使用权价格。土地使用权价格与传统意义上的土地所有权价格在内涵和构成上有所不同。

1989年南京市作为城市土地定级估价国家试点，为国家土地管理局1989年出台的《城镇土地定级规程（试行）》提供了验证参考。1990年，南京试点成果通过验收。借鉴南京试点成果，根据《城镇土地定级规程（试行）》原则要求，江苏省土地管理局审时度势，从江苏经济较为发达、科学文化较为先进的省情实际出发，当年即提出江苏要高起点、高科技开展城镇土地定级估价工作，遂决定在镇江市区和溧阳市溧城镇区分别开展城市、县城镇土地定级估价试点，探索符合江苏实际的城市、县城镇土地定级估价新技术、新方法。从此，江苏“地价”就以“起步早、起点高、起飞快”为特点闪亮登场。在此后三十年里，无论是在“以建为主、带动管理”的第一个“十年”，还是在“边建边管、建管结合”的第二个“十年”，抑或是在“管理为主、以管促建”的第三个“十年”；无论是基础建设，还是应用、管理，抑或是理论研究，江苏地价总是在探索中起步、创新中发展、进取中提升。三十年，江苏地价的产生、作为和发展，始终与全省社会经济发展、市场经济体制建设休戚与共，始终与广大人民群众不动产权益、经济文化生活息息相关。

二

地价应用与管理依赖于业务基础。有了扎实可靠的基础支持，其规范性、科学性、实用性才能得以保证。因此，江苏十分重视地价基础建设，首先开展的是城镇土地等级评定和基准地价评估。如上所述，1991年初，省土地管理局即开始实施镇江、溧阳两地土地定级估价试点。

江苏省土地管理局要求两个试点的成果具有科学性、先进性、实用性、可操作性，要有推广价值。城镇土地定级估价途径思路和技术路线，主要是从评定土地使用价值入手，把条件基本一致的土地归为一个级别，以土地级别为基准、土地收益为依据、土地市场交易资料为参考评定基准地价。评估方法是采用特尔斐法与层次分析法相结合，优选因素因子，在修补测后的土地利用底图上，用“栅格法”获取土地利用信息，用地理信息系统（GIS）技术建立数据库，计算分值，通过聚类等方法分析形成土地级别。在此基础上，应用收益还原法、市场比较法、剩余法、成本逼近法等方法评估出商业、住宅、工业级别基准地价，并确定级别综合基准地价。这样的技术路线、方法在相当一段时间内成为江苏土地定级估价之遵循。随着定级估价业务的增加、技术方法的熟稔，江苏地价工作者进一步掌握了定级估价工作的主动权，在评估级别基准地价的同时，还进行了路线价、区片价评估，丰富了基准地价类型和内容，在此基础上开展宗地价格评估。在全省城市、县城镇土地定级估价广泛开展后，江苏顺势而上，在全国率先开展了县级行政区域内全部建制镇、乡集镇土地定级估价。鉴于建制镇、乡集镇较城镇（城市、县城镇）在规模、利用、功能等方面的差异，江苏省从实际出发抓主导因素，剔除了权重小、分值微的因素因子，优化了参评要素，简化了评估方法并出台了指导意见，使全省建制镇、乡集镇土地定级估价任务及早完成。

为适应国家部署的国有资产清产核资工作的需要，江苏确定以1995年9月公布的全国城市土地二等的南京市为本省域内城镇土地一等，并以其为基准，根据规模、人口、经济、社会、区位、基础设施水平等要素综合分析，确定全省城镇土地等别体系，为国家清产核资和制定有关税、费的收取政策提供了依据。为执行1998年修订的《土地管理法》关于征收新增建设用地有偿使用费的规定，国土资源部根据江苏省经济发展水平、土地资源状况、基准地价水平等因素的变化，经过综合评定，将江苏省各市、县（市）划分为12个等别，2006年又调整为13个等别。此后由于行政区划变动，江苏又对城镇等别作了几次调整。随着经济的快速发展，城镇国有土地使用权出让、转让、出租、抵押等土地流转案例大量产生，江苏土地市场日臻发育，土地级别变化快，地价上升幅度大，原有定级估价成果已经不适应变化了的土地使用价值状况。因此，藉新一轮国土资源大调查契机，按照国家规定要求，2001年起，江苏全面开展城镇土地级别与基准地价调整与更新，并以此建立起城市基准地价动态更新系统和城市地价动态监测系统，以及时快速反映地价变化情况，使地价工作基础始终保持现势性，为土地参与国家宏观调控、政府经济决策、社会实际应用提供最新成果。

在开展城镇土地级别与基准地价调整与更新中，从土地市场繁荣、交易地价丰富的实际出发，江苏创新“以价定级”的技术路线和方法，实现了“以级定价”到“以价定级”的嬗变，提高了工作效率，提升了评估质量，完善了土地评价方法体系，并随之通过实践提炼、研究升华，形成“以价定级”的理论和方法。与此同时，江苏地价科研人员于2011年在南京还对科研用地基准地价试行评估，其成果随即被南京市政府发文采用，给江苏地价增添了一抹亮丽的色彩。

2001年，在全省城镇土地定级估价基础工作基本完成后，江苏各相关部门集中开展农用地分等定级与估价工作，确定了农用地资源自然质量等、利用质量等、经济质量等的等别标准，2012年又补充完善了全省耕地质量等别成果。在此基础上建立起耕地质量等别年度更新和监测评价制度，同时还广泛开展农用地基准地价、集体建设用地基准地价评估，建立了基准地价修正体系。至此，江苏城乡土地价格基础全面建成。

三

研究与实践成果之生命在于应用。江苏城镇土地定级估价基础性成果基本形成之时，即于1995年首先应用于国有资产的清产核资。紧接着，广泛应用于国有土地使用权出让和国有企业、集体企业改制的土地资产处置。地价评估、土地交易、地价确定等需要良性运行，以更好地服务市场经济，更好地维护土地资产权益，更好地防止国有土地资产流失，更好地促进土地市场公正公平，因而，必须加强对于地价的规范管理。2001年起，江苏地价管理重点发生转移，由地价成果应用管理为主转变为以社会服务管理为主，进而实行全方位管理。

江苏地价管理，主要抓了四个方面的工作：

一是加强法制建设。省地方法规对基准地价、标定地价作了法律定位，对地价评估行为作了规范要求，对成交价申报、政府行使购买权等都作了明确规定；省政府更是在多部规章与规范性文件中专门或重点作出有关地价的政策规定；省土地行政管理部门（省自然资源厅及其前身省国土资源厅、省国土管理局、省土地管理局）单独或与财政、物价等部门联合下发规范性文件；各市县也多次印发相应文件，对地价评估、地价应用、评估收费、土地税费等问题明确有关政策，使地价工作有法可依、有章可循。据不完全统计，三十年来，仅省级层面出台、发布此类文件就达百余件。二是加强制度建设。管理的制度化和制度化管理是江苏地价管理的一大特色。全省全面实行最低价制度、地价评估制度、成交地价申报制度、政府优先购买制度、地价公示制度等，还实行土地估价报告保密制度、土地估价报告备案与审核制度、土地估价师实践考核与执业登记制度等，用制度管人管事。三是加强运作规范。江苏对于地价运作包括行政运作、交易行为、中介服务等都制定有规则、细则以及操作指导意见，以确保地价运行规范、合理。其中，就规范土地估价而言，除按国家规程实施外，从江苏实际出发，适时出台评估操作细则及作业技术要求，统一评估方法，以保证评估结果的客观性、合理性，增强区域地价成果的可比性。四是加强检查监督。全省各级土地（国土资源、自然资源）管理部门对违规估价、违规定价、违规报价、违规收费等行为明令禁止，并对违反相关规定的行为依法依规进行处理和纠正。

这一系列管理措施的制订和实施，将江苏地价管理水平不断提升到一个新的高度，为科学合理确定地价，引导地产投资方向，规范土地交易活动，防止土地资产流失提供了制度保障。全省国有土地使用权出让金从1992年的约40亿元到2020年的9 626.20亿元，增长了240倍（按不变价计算），但仍平稳发展、平衡发展就是最好的例证。

四

江苏地价三十年，从无到有，从有到全，从全到精，逐步发展。在这个过程中，基础建设、日常评估、成果应用和行业管理都亮点纷呈，形成以“管理制度化、建设体系化、手段信息化”为特征的江苏地价总概貌，形成以“体系完备、制度完善、手段先进、应用广泛、运作规范、管理科学”为特点的江苏地价内在。江苏地价已然成为了江苏土地管理不可或缺的重要领域，为完善江苏土地管理业务体系，为形成和优化全国地价评估体系、管理机制，为土地资产管理发挥了极其重要的作用。江苏地价对于推进全省土地有偿使用、助力土地使用制度改革，对于推进土地市场建设、参与宏观经济调控，对于保障土地权益、提高土地利用效益、确保国有土地资产增值保值，对于推进企业改制、农村土地制度改革、促进社会主义市场经济发展都起着极其重要的作用。总而言之，三十年来，江苏地价对于全省经济建设和社会发展做出了重要贡献，2001 年江苏省国土资源厅获得国土资源部授予的全国土地资产管理工作先进单位称号。

纵观三十年发展历程，江苏地价之所以能够在短时间内迅速“回归”并跨越式发展，其缘由：

一是坚持改革。江苏经济社会、科技文化较为发达，成为我国经济体制改革的试水区。1992 年，中共十四大正式把建立社会主义市场经济体制确立为中国经济体制改革总目标之后，江苏闻风而动，经济体制改革呈摧枯拉朽之势，社会主义市场经济体制建设大规模开展，土地使用制度改革也紧紧跟上，江苏土地市场随之快速发育且越发活跃，为江苏地价创造了极好的环境和条件，改革使江苏地价有了用武之地。

二是不断创新。创新是江苏地价发展的原动力，创新成就了江苏地价三十年辉煌。三十年来，江苏地价一直是在实践探索和创新发展中前行。几乎每一项业务工作，评估、应用、管理，从筹划定向、方案形成到实施完成，创新总是贯穿于始终。创新包括理论创新、思路创新、技术创新、方法创新、措施创新、应用创新等等。比如，南京是国家首批城镇土地定级估价试点城市、邳县是国家首批农用地分等定级试点县，南京首先开展科研用地基准地价评估。在全国，江苏首先在地方法规中对地价进行规范，首先将地理信息系统（GIS）技术应用于城市土地定级估价，首先研发形成城镇土地评价信息系统，首先发布全省地价指数，最早开展县级全域建制镇、乡集镇定级估价，最早进行农耕地价格评估研究，最早设立估价员充实估价队伍……从中可以看到，江苏地价总是与“首先”“最先”“最早”“首批”“首次”“第一”“前列”等词汇紧密联系在一起的。简言之，江苏地价工作与创新为伴，地价成果与科技相融，在创新中发展，在发展中创新。

三是着力拓展。创新成果不能束之高阁，只有推广应用方能成为现实生产力，始有价值。对于试点、试行和在实践过程中获得的江苏地价系列创新成果，对于国土资源部及国家有关部门下达的工作任务，全省地价系统总是努力实施，积极拓展，以落地生根取得成效。比如，从最初的镇江、溧阳的省级城镇土地定级估价试点到形成系列城乡地价评估体系，从最初的建制镇、乡集镇主导因素评估试点到全省建制镇、乡集镇评估全覆盖，从最初徐州市区基准地价评估布设地价监测样点到建成全省地价监测体系，从最初的地价应用管理到形成地价管理体系，从最初的 GIS 技术应用到建成多款地价信息系统，从最初的土地价值显现到地价在社会主义市场经济建设中发挥多方作用等等，无一不是通过拓展应用、形成规模而成就的。

四是注重人才。毛主席说：“世间一切事物中，人是第一个可宝贵的。在共产党领导下，只要有了人，什么人间奇迹也可以造出来。”地价工作包括评估、应用和管理，是要靠人去干的，上乘的地价工作是靠优秀的人才去创造的。随着江苏经济建设快速发展，土地使用制度改革不断深入，土地市场逐渐发育，土地使用权出让、转让，各类土地交易日益活跃，土地资产处置案件不断增加，全省各地区片地、宗地价格评估业务频繁，需要大量的地价评估和管理人员，而此类人员最初却十分稀缺。为此，江苏加速了地价人才培养。通过举办培训班、高等院校设置专业或课程、估价资格考试等多种措施加以培养，经年培育出一支素质较高的地价队伍，形成一个新兴行业。为聚力规范，江苏成立了行业自治组织——江苏省土地估价协会。协会发展至今，拥有包括管理工作者、实务工作者、科技工作者、教育工作者以及理论工作者等在内的两千余名土地估价师和百余家中介机构。有了这支规模庞大的劲旅，江苏地价始终能够走在全国的前列。

五

党的二十大报告对新时代党和国家事业发展作出科学完整的战略部署。习近平总书记强调，从现在起，中国共产党的中心任务就是团结带领全国各族人民全面建成社会主义现代化强国，实现第二个百年奋斗目标，以中国式现代化全面推进中华民族伟大复兴。新时代的江苏地价工作（以土地为主要内容的自然资源价格工作之统称，下同。）锚定党的中心任务和发展总体目标，完整、准确、全面贯彻新发展理念，建设适应我国高水平高质量社会主义市场经济发展的地价新制度，在深化土地制度改革，完善土地市场中发挥主导作用；细化资源类型，完善价格内涵，拓展应用范围，形成全域、全要素管理的江苏地价新机制，在保护资源、保障发展、维护权益、保证市场稳定中发挥基石作用；构建起“体系更完备、管理更科学、应用更广泛、交易更规范、手段更先进、评估更精准、动态更现势、信息更快捷”的江苏地价新格局，在推进生态优先、节约集约、绿色低碳、高质量发展中发挥支撑作用。

展望未来，在改革创新的道路上，江苏地价工作者将继续发挥创新者的智慧，继续发扬跋涉者的勇气，永立潮头，奋勇当先，顽强拼搏，砥砺前行，在江苏这片热土上，谱写江苏地价发展新篇章，绘就江苏地价发展新蓝图，在新时期经济发展和社会进步中发挥更大作用！再过一、二个“十年”，江苏地价一定能让人们领略到“会当凌绝顶，一览众山小”的意境！

第一章

第一个“十年”

（1990—2000）

1990—2000年是第一个“十年”，是江苏地价工作开启、建设的十年，是江苏地价夯实基础的十年。这十年，江苏地价工作的主基调是“以建为主，带动管理”。江苏从无到有，由点到面，率先开展国家级试点、省级试点，取得经验后，全面开展并完成城镇土地定级估价，建制镇、乡集镇土地分等与定级估价，基本形成城镇土地评估体系，初步建立起城镇土地级别和基准地价体系。在城镇土地定级估价中，江苏率先研发出城镇土地定级估价信息系统，创新采用“栅格法”技术，通过GIS先进技术，应用计算机、空间数据库管理和分析的技术优势，将数据采集、单元划分、分值计算、土地级别评定、级差收益测算、面积量算和成果图输出等综合为一个数据流，显著提高了工作效率，增强了成果的科学性。这在当时确是少有的。其间，江苏首创应用主导因素法，开展建制镇、乡集镇土地定级估价工作。为适应土地使用制度改革，江苏开展多类型宗地价格评估。宗地价格评估包括标定地价评估、出让底价评估、交易地价评估等。宗地价格评估，一般采用基准地价系数修正法、成本逼近法、收益还原法、剩余法、市场比较法等，根据宗地的区位、用途、条件、评估基准日等因素综合评判。随着土地市场的不断发育，在第一个“十年”间，全省城镇已初步建立起宗地价格日常评估制度。

与此同时，江苏以应用服务为切入点摸索地价管理路径。江苏省城镇地价成果在企业改革、国有资产清产核资、规范协议出让价格等方面得到应用。此外，江苏还对农用地分等定级估价做了探索性工作，取得初步经验。

第一节　土地分等

一、城镇土地分等

城镇土地分等是根据城镇土地利用的地域差异，分析影响城镇间土地利用效益的各种因素，评定各城镇土地的整体效益，划分各城镇的土地等别。1990年代初期，由于国家尚未制定城镇土地分等的统一标准和技术规范，当时城镇土地分等的基本方法处于摸索阶段，其技术路线大体可以归纳为：采用多因素综合评定和定量、定性相结合的方法，以城镇自然、经济、社会等方面的现状水平为测算依据进行初步分等，选定调整参数逐步修正、完善分等方案。据此，多因素综合评定是通过选择影响城镇整体效益的因素和因子，并赋予相应参数，然后用一定数学公式进行加权求和，得到多项指标的综合评分值（总分值），最后依各城镇的总分值进行排序，确定城镇土地分等的初步方案。在调整土地分等方案时，通过调查和纵横对比、分析，取得一定参数或系数，对初始方案进行修正。通过对被选因素、因子的指标选择和赋值及多项指标的分析和计算，从定量和定性两个方面综合确定各城镇的土地等别。依此，1995年8月，财政部、国家土地管理局、国家国有资产管理局在清产核资中对全国36个主要城市进行土地分等，共分为六等，其中南京市列为全国二等。

是年9月，江苏对全省主要城镇(指城市市区及县和县级市政府所在镇)进行土地分等。依照与国家确定南京市等别的商业、住宅、工业最高级别和最低级别土地资产入账修正指导价等相同要素，江苏确定南京市为全省域内城镇一等。以此为基准，确定全省其他10个地级市、83个县(市)城镇的土地等别，其中无锡、苏州为二等；常州、镇江、扬州、南通、徐州为三等；连云港、盐城、淮阴、江阴、张家港、昆山、吴县为四等；吴江、太仓、常熟、锡山、武进为五等；其他县(市)城镇为六等(见表1-1)。

表1-1 1995年江苏省主要城镇土地等别一览表

土地等别	行政区划名称
一等	南京市
二等	无锡市、苏州市
三等	常州市、镇江市、扬州市、南通市、徐州市
四等	连云港市、盐城市、淮阴市、江阴市、张家港市、昆山市、吴县市
五等	吴江市、太仓市、常熟市、锡山市、武进市
六等	其他县(市)城镇

1998年修订的《土地管理法》规定全国各城镇要"评定土地等级"。为此，国土资源部会同财政部根据全国2 800多个县、市(区)级行政单元社会经济发展水平、土地资源状况、基准地价水平等因素，采用多因素综合评价法，将全国所有县、市(区)土地分成15个等别，以此制定《新增建设用地土地有偿使用费征收标准》。江苏的县、市(区)被划在四等至十二等区间，其中南京市、常州市、无锡市、苏州市为四等；徐州市为五等；扬州市、南通市、镇江市、江阴市为六等；连云港市、泰州市、启东市、宜兴市、张家港市、昆山市、吴县市为七等；淮阴市、如皋市、武进市、锡山市、常熟市、吴江市、江宁县为八等；盐城市、靖江市、泰兴市、通州市、海门市、丹阳市、扬中市、溧阳市、太仓市为九等；邳州市、淮安市、东台市、仪征市、江都市、兴化市、姜堰市、金坛市、邗江县、丹徒县为十等；宿迁市、新沂市、句容市、大丰市、高邮市、溧水县、江浦县、高淳县、六合县、宝应县、海安县、如东县为十一等；沛县、铜山县、赣榆县、洪泽县、淮阴县、泗阳县、盐都县、建湖县、滨海县、阜宁县、丰县、灌南县、灌云县、东海县、金湖县、涟水县、盱眙县、宿豫县、沭阳县、泗洪县、响水县、射阳县、睢宁县为十二等。新增建设用地土地有偿使用费征收标准：四等城市40元/平方米，五至十二等分别为32元/平方米、28元/平方米、24元/平方米、21元/平方米、17元/平方米、14元/平方米、12元/平方米、10元/平方米。此次等别划分也是制定工业用地出让最低价标准和修订工业项目建设用地控制指标的重要参考。

2000年11月，省财政厅、省国土资源厅印发通知，江苏即开征新增建设用地土地有偿使用费，当年即征收1.3亿元。

二、建制镇、乡集镇土地分等

建制镇、乡集镇的迅猛发展是乡村城镇化的过程，也是市场经济建设的过程。经济越是发达越是需要"地价"，越是需要及早开展地价基础工作，以掌握土地市场建设的主动权。故此，1993年12月—1994年11月，省土地管理局在无锡县(今无锡市锡山区、惠山区)开展建制镇镇区土地分等试点，由无锡县土地管理局与江苏省金陵土地资产评估高新技术公司协作具体实施。试点考虑了镇区土地区位条件、集聚规模、基础设施状况、用地潜力、经济发展水平，建立了无锡县城镇土地分等评价指标体系，在全面收集与统计土地分等评价指标数据的基础上，计算各镇区土地分等规模指数，并结合各镇区土地利用状况和经济发展水平，通过科学测算乡镇与乡镇之间土地质量和用地效益的差异，对无锡县全部建制镇镇区土地进行分等，这在全省尚属首次。试点将全县范围内全部35个建制镇（乡集镇）划为4个等别，其中洛社等6个镇划为一等，堰桥等9个镇划为二等，新安等13个镇划为三等，鸿声等7个乡镇划为四等（见表1-2）。

表1-2　1994年无锡县建制镇和乡集镇镇区土地分等成果

土地等别	镇名
一等	东埄镇、东亭镇、前洲镇、洛社镇、华庄镇、钱桥镇
二等	港下镇、西漳镇、雪浪镇、梅村镇、堰桥镇、坊前镇、石塘湾镇、荡口镇、玉祁镇
三等	张泾镇、东北塘镇、长安镇、东湖塘镇、陆区镇、胡埭镇、八士镇、藕塘镇、杨市镇、新安镇、南泉镇、查桥镇、安镇镇
四等	羊尖镇、硕放镇、厚桥镇、后宅镇、甘露镇、鸿声镇、阳山镇

无锡县城镇土地分等工作既参照了全国城市土地分等的理论和技术方法，又紧密结合了全县乡镇的实际情况，将土地定级方法延伸到土地分等工作，因而土地分等采用了两种技术方案分别测算，相互验证，注重土地分等成果的整体一致性，使土地分等别与城镇整体地价水平和经济发展水平相统一。无锡县分等定级估价的实践与研究，既为全省其他市县土地分等工作提供了一整套具体可行的技术方法，也对研究乡镇土地分等理论与业务具有现实意义。1994年11月，无锡县城镇分等定级估价成果经验收合格，并于1995年9月获得国家土地管理局科学技术进步二等奖。

荣誉证书

为表彰在土地科学技术进步工作中作出显著成绩者，特授予局级科学技术进步 贰 等奖。

受奖项目　无锡县城镇土地分等定级估价的实践与研究

受奖单位　江苏省金陵土地资产评估高新技术公司

编　　号　95.2.16

一九九五年九月十二日

图1-1　1995年国家土地管理局科技进步二等奖

继无锡县之后，1996—2000 年溧阳、武进等市、县（区）先后开展区域内建制镇、乡集镇镇区土地分等，评定土地等别（见表 1-3）。

表 1-3　1996—2000 年江苏省部分市、县（市、区）建制镇和乡集镇镇区土地分等结果统计表

行政区名称	土地等别	镇名	分等年份
淮安市	一等	车桥镇、流均镇等 4 镇	1996
	二等	建淮镇、泾口镇、朱桥镇等 9 镇	
	三等	顺河镇、宋集镇等 8 镇	
	四等	茭陵镇、徐杨镇等 4 镇	
大丰市	一等	裕华镇、新丰镇、白驹镇等 8 镇	1996
	二等	南阳镇、新团镇、大桥镇等 9 镇	
	三等	龙堤乡、方强乡等 11 镇	
姜堰市	一等	苏陈镇等 3 镇	1996
	二等	张甸镇、太宇乡、沈高镇等 9 镇	
	三等	张沐镇、大冯乡、港口镇等 7 镇	
	四等	俞垛乡、大伦乡等 10 镇	
句容市	一等	天王镇、下蜀镇、东昌镇等 5 镇	1996
	二等	陈武乡、郭庄镇等 11 镇	
	三等	葛村镇、亭子乡等 5 镇	
东海县	一等	白塔埠镇、桃林镇等 5 镇	1996
	二等	青湖镇、平明镇等 7 镇	
	三等	洪庄乡、双店乡、驼峰乡等 5 镇	
	四等	横沟乡、李埝乡等 5 镇	
溧阳市	一等	南渡镇、戴埠镇、竹箦镇、别桥镇	1996
	二等	上黄镇、强埠镇、上沛镇、新昌镇等 11 镇	
	三等	平桥镇、蒋店镇、前马镇、河口镇等 10 镇	
	四等	永和乡、河心乡、大溪乡、汤桥乡、殷桥乡	
金坛市	一等	薛埠镇、直溪镇等 6 镇	1997
	二等	五叶镇、朱林镇、建昌镇等 7 镇	
	三等	汤庄镇、洮西乡等 12 镇	
泗洪县	一等	双沟镇	1997
	二等	临淮镇、半城镇等 5 镇	
	三等	界集镇、城头乡等 7 镇	
	四等	大楼乡、重岗乡等 8 镇	

行政区名称	土地等别	镇名	分等年份
武进市	一等	横林镇、奔牛镇	1998
	二等	马杭镇、横山桥镇等 7 镇	
	三等	前黄镇、芙蓉镇等 11 镇	
	四等	汤庄镇、夏溪镇等 11 镇	
	五等	卢家巷、运村镇等 15 镇	
	六等	政平镇、成章镇等 10 镇	
泰兴市	一等	黄桥镇	1998
	二等	七圩镇、蒋华镇等 10 镇	
	三等	古溪镇、河失镇等 12 镇	
	四等	溪桥乡、宁界乡等 12 镇	
太仓市	一等	沙溪镇、浏河镇	1998
	二等	陆渡镇、浏家港镇等 10 镇	
	三等	新毛镇、牌楼镇等 8 镇	
张家港市	一等	锦丰镇、塘桥镇等 7 镇	1999
	二等	南丰镇、乘航镇等 13 镇	
	三等	晨阳镇、农场镇等 4 镇	
扬中市	一等	新坝镇	1999
	二等	丰裕镇、八桥镇等 4 镇	
	三等	油坊镇、长旺镇等 5 镇	
仪征市	一等	青山镇、新城镇等 4 镇	1999
	二等	十二圩镇、马集镇等 5 镇	
	三等	古井镇、铜山镇、龙河镇等 6 镇	
	四等	张集镇、月塘镇等 4 镇	
高淳县	一等	漆桥镇、椏溪镇等 4 镇	2000
	二等	阳江镇、古柏镇等 4 镇	
吴县市	一等	木渎镇、陆慕镇等 5 镇	2000
	二等	望亭镇、黄埭镇、长桥镇等 7 镇	
	三等	湘城镇、通安镇等 10 镇	
	四等	东渚镇、太平镇、车坊镇等 8 镇	

三、农用地分等试点

农用地分等反映不同质量农用地在不同利用水平、不同利用效益条件下收益的差异，土地等别的划分是依据构成土地质量的、长期稳定的自然条件差别，以及土地生产潜力的利用水平和土地利用经济效益上的差异。简言之，农用地分等是根据自然属性、社会经济水平和构成土地质量的区位条件等要素，结合土地经营管理和实际情况进行的等别评定。

1990 年，国家土地管理局印发了《农用土地分等定级规程（征求意见稿）》，在全国选择 6 个县先行试点，江苏邳县为其中之一。

1991 年，由省、徐州市、邳县三级土地管理部门技术骨干组成课题组，共有 3 591 人参加，共同开展邳县农用地分等定级评价试点。邳县农用地分等定级的方法称为“评估产量法”，其技术途径是，通过前期准备、外业调查，将邳县土地划分为邳北黑土区、黄泛冲积区、沂河冲积区、山丘区 4 个指标控制区，划定了 6 769 个评价单元。

课题组成员与有关技术人员、有经验的农民组成产量评估小组，评价出分等单元在当地一般投入管理水平下正常年景的产量估测值，对分等单元的土地因素进行野外调查诊断，采集各种相关技术数据，填写在农用土地分等定级调查记录卡上（见表 1-4），然后对野外调查成果进行资料分析整理，通过产量修正，分区计算控制区内土地因素对产量的影响程度，计算出各区单因素、不同指标水平、平均标准粮产量（见表 1-5），同时计算出各组合类型综合质量分值和平均产量（见表 1-6）。

在此基础上，分区建立综合质量分值与产量的关系曲线，运用回归分析的方法，分别求取各控制区综合质量分值与产量的相关方程（见表 1-7），并初步确定土地等级，再计算出土地利用系数、土地经济系数，以此修正现实产量水平，编制等值区图。最后，在初步划分土地等级的基础上，根据划定的系数修正等值区，最终确定土地等、级。全县共划定 6 个土地等和 6 个土地级。

各区回归方程：

$$Y_{黄} = 755.7 + 0.712\,6x;Y_{沂} = 769.2 + 0.649\,9x;$$

$$Y_{邳} = 470.6 + 0.545\,1x;Y_{山} = 515.2 + 0.963\,6x$$

邳县农用地分等定级试点工作历时一年，完成了任务，成果于 1992 年 9 月通过国家土地管理局副局长马克伟带领的专家组的验收。验收组专家认为，邳县试点运用“评估产量法”对农用地进行分等定级，方法是可行的，其评估出的产量是一种模糊化的平均产量，能基本反映土地的现实生产力水平，符合我国国情，有广泛的群众基础，方法简便，易于操作，缺点是易受主观因素的干扰。但是，只要采取科学的评估和数据处理方法，一定程度上能够消除主观因素影响，提高估产精度。

表 1-4　农用地分等定级调查记录卡

单元编号________　　______乡(镇)______村　　所在控制区________　　单位:亩、斤、米

土壤类型								种植方式								备注
因素诊断	高程	坡度	灌溉条件	排水条件	地下水埋深	盐碱度	砂疆层埋深	耕层质地	土层厚度	pH值	有机质					
产量评估	小麦						（作物名称）									标准粮总量
	1	2	3	4	5	平均	1	2	3	4	5	平均	折标准粮			
产量评估人： 1.　2.　3. 4.　5.							面积		综合分值							
野外调查人																

填表人：　　负责人：　　年　月　日

表 1-5　邳县各区单因素、不同指标水平、平均标准粮产量表

控制区名称		土地分等因素																					
		灌溉条件			排水条件			地下水埋深				土壤质地			砂礓层埋深			盐碱度			土层厚度		
		好	中	差	好	中	差	0~0.4	0.41~1.0	1.01~2.0	>2.0以上	沙	壤	粘	中	下	无	无	轻	中	0.5以下	0.51~1.0	>1.0
邳北黑土区	$\bar{x}$	853	812	707	781	757	680	483	648	755	760	0	814	721	682	727	760						
	n	83	110	692	270	261	354	12	152	561	160	0	117	746	276	58	551						
	s	158	141	137	135	134	153	168	134	144	150	146	152	145	123	168	153						
黄泛冲积区	$\bar{x}$	1 084	1 021	893	1 043	989	896	970	1 013	1 010	948	978	1 000	985				1 017	971	906			
	n	1 264	688	1 290	1 413	1 200	629	101	508	1 866	767	152	2 260	830				2 007	999	236			
	s	130	137	142	142	154	163	168	153	151	169	166	158	156				157	152	156			
沂河冲积区	$\bar{x}$	1 069	997	908	1 018	997	851	875	918	976	980	945	978	968									
	n	306	498	663	590	543	334	11	140	639	677	301	731	457									
	s	205	168	199	189	171	202	180	221	204	188	219	196	190									
山丘区	$\bar{x}$	804	793	681	721	656	/	798	712	682	641	724	699							633	701	790	
	n	3	28	288	126	113	80	/	13	56	250	87	112	120							162	65	92
	s	96	134	158	199	122	126	/	217	186	147	190	144	139							128	147	168

注：注：$\bar{x}$ 表示平均产量；n 表示样本数；s 表示标准差。

表 1-6　邳县各区组合类型综合质量分值和平均产量表

控制区名称		土地分等因素																				
		灌溉条件			排水条件			地下水埋深				土壤质地			砂疆层埋深			盐碱度			土层厚度		
		好	中	差	好	中	差	0~0.4	0.41~1.0	1.01~2.0	>2.0	沙	壤	粘	中	下	无	无	轻	中	0.5以下	0.51~1.0	>1.0
邳北黑土区	$\bar{x}$	853	812	707	781	757	680	483	648	755	760		814	721	682	727	760						
	s	146	105	0	101	77	0	0	165	272	277		93	0	0	45	78						
黄泛冲积区	$\bar{x}$	1 084	1 021	893	1 043	989	896	970	1 013	1 010	984	978	1 000	985				1 017	971	906			
	s	191	128	0	147	93	0	22	65	62	0	0	22	7				111	65	906			
沂河冲积区	$\bar{x}$	1 069	997	908	1 018	997	851	875	918	976	980	945	978	968									
	s	161	89	0	167	146	0	0	43	101	105	0	33	23									
山丘区	$\bar{x}$	804	793	681	689	721	656	/	798	712	682	641	724	699							633	701	790
	s	123	112	0	33	65	0	/	116	30	0	0	83	58							0	68	157

注：$\bar{x}$ 表示平均产量，s 表示分值。

表 1-7　邳县各控制区回归方程参数一览表

回归参数	控制区			
	黄泛冲积区	沂河冲积区	邳北黑土区	山丘区
a	755.7	769.2	470.6	515.2
b	0.712 6	0.649 9	0.545 1	0.963 6
r	0.896	0.830	0.938	0.895
n	109	42	39	40
$\bar{x}$	308.8	272.4	401.4	192.7
$\bar{y}$	975.4	946.2	729.6	701.0

第二节　土地定级

一、城镇土地定级

城镇土地级别反映的是城镇内部土地区位条件和利用效益的差异。所谓土地定级，就是通过综合分析投资土地上的成本、自然条件、经济活动程度以及利用功能方面的差异，按一定技术方法评定出土地级别的过程。城镇土地定级，是城镇地价评估的重要前提，是地籍管理工作的主要组成部分，是土地管理的重要基础，对科学管理和合理利用城镇土地、调整和优化城镇土地利用结构、推进土地使用制度改革等具有十分重要的意义。

1989 年《城镇土地定级规程（试行）》（以下简称《规程》）发布，为城镇土地定级提供了行业技术标准。是年，南京市作为国家土地管理局指定的土地定级估价三个试点城市之一，由南京市土地管理局与中国人民大学土地管理系合作，对南京市建成区 128 平方千米范围内的城区、近郊及不连片的远郊建制镇的土地进行调查评估，通过多因素（商业服务、交通、基础设施、环境状况等）、多途径（建设用地、联建用地、商品房用地、私房用地、蔬菜用地等）、多方法（房屋租金剥离法、房屋契价测算法、级差收益比较法等）调查分析，采集影响土地级别的 4 种分类、8 项因素、29 个因子数据（见表 1-8）。经过整理计算，最终确定南京市主城区土地为 7 个级别（其中郊镇为 4 个级别），郊区不连片建制镇内土地为 2 个级别。南京试点，为江苏同时也为全国全面开展定级估价提供了实践经验。

表 1-8　1990 年南京市城市土地定级因素层次体系

名称	因素	因子
交通条件	道路通达度	道路类型
	公交便捷度	公交便捷度
	对外交通便利度	铁路运输
		公路运输
		水路客运
		长江航运
繁华程度	商服繁华影响度	商服中心

续表

名称	因素	因子
基础设施状况	基本生活设施完善度	给水
		排水
		供气
		电讯
	公用服务设施完备度	医院
		粮店
		煤店
		液化气站
		中学
		小学
		幼儿园
		菜场
		银行
		邮局
环境状况	环境质量优劣度	大气污染
		水污染
		噪声污染
	文体设施影响度	图书馆
		文化馆
		影剧院
		体育场馆
		公园

1990 年，在南京市完成全国城市土地定级估价试点任务之后，江苏省确定镇江市区和溧阳市溧城镇区为全省城镇土地定级估价试点城市和试点建制镇，以此启动江苏第一轮城镇土地定级和基准地价评估。

1991 年 4—11 月，镇江市进行城市土地定级估价试点。在省土地管理局指导下，在镇江市人民政府领导下，镇江市土地管理局与南京大学大地海洋科学系合作，对市区 41.86 平方千米、近郊区 8.28 平方千米共 50.14 平方千米范围内土地级别进行划定。通过两次特尔斐法征询，确定繁华程度、交通条件、基础设施状况和环境状况内容及其因素、因子，共 4 种分类、9 类因素、34 个因子（见表 1-9）并确定权重。据此，全面调查、搜集定级估价相关资料。

表 1-9　1991 年镇江市城市土地定级因素层次体系

名称	因素	因子
繁华程度	商服繁华影响度	商服中心
交通条件	道路通达度	道路类型
	公交便捷度	公交便捷度
	对外交通便利度	铁路运输
		公路运输
		水路运输

续表

名称	因素	因子
基础设施状况	基本生活设施完善度	给水
		排水
		供气
		供电
		电讯
	公用服务设施完备度	医院
		粮站
		煤店
		液化气站
		中学
		小学
		幼儿园
		菜场
		银行
		邮局
环境状况	环境质量优劣度	大气污染
		水污染
		噪声污染
	文体设施影响度	图书馆
		文化馆
		影剧院
		博物馆
		体育场馆
		公园
	自然条件优劣度	地形坡度
		地基承载力
		洪水淹没程度
		切坡稳定性

在获取翔实资料的基础上，采用动态网络法，以 10 米×10 米为一个定级的网格划分单元，通过分级计算、聚类划级、级差收益测算、面积量算、成果图输出等综合数据流处理（详见图 1-2），结合城市土地的时空特点，最终在镇江市主城区划分了 6 个土地级别，在丁卯工业区划分了 4 个土地级别，并计算出各级别土地面积（见表 1-10）。

镇江试点在完成定级估价的同时，还进行了镇江市土地定级估价信息系统的总体设计与开发，建立了土地定级估价数据库，编绘了土地级别图 2 幅（1∶1 万土地定级总图、1∶2.5 万彩色土地级别图），1∶1 万土地定级因素、因子作用分值图及其他类型图共 30 幅，采集了定级的图形数据 30 万个及各类统计数据 1.5 万个，生成了估价数据 2.47 万个。

镇江试点，首次在城镇土地定级中采用了计算机化地理信息系统和数据库技术，全面总结和提出了“离散型数据空间相关分析定级”新方法。在定级软件系统的协调下自动完成了土地定级因素的数据离散化、定级因素的空间相关分析和定级结果的自动制图输出，增强了土地定级工作及成果的精度，为城市土地定级估价开辟了一条具有多种效应功能的新途径，为江苏省中等城市土地定级提供了新技术和新方法。

1991 年 4 月—1992 年 3 月，溧阳市溧城镇进行县城镇土地定级估价试点。为了加强领导，组织协调各方力量搞好试点，溧阳市人民政府在全省率先成立试点领导小组，由副市长担任组长，政府办、土地局等部门主要负责人为成员，办公室设在市土地管理局。在领导小组统筹安排下，试点工作由溧阳市土地管理局与南京环境科学研究所合作进行。定级估价技术路线是，通过特尔斐测定法确定影响土地级别的因素因子，选取“商服繁华影响度、道路通达度、对外交通便利度、生活设施完善度、公用设施完备度和环境质量优劣度”等六项类型因素及其因子，并确定权重，建立土地定级指标体系。试点设计了 24 套调查表格，根据调查结果，计算出各个因素因子的作用分值；采用空间数字叠置技术按

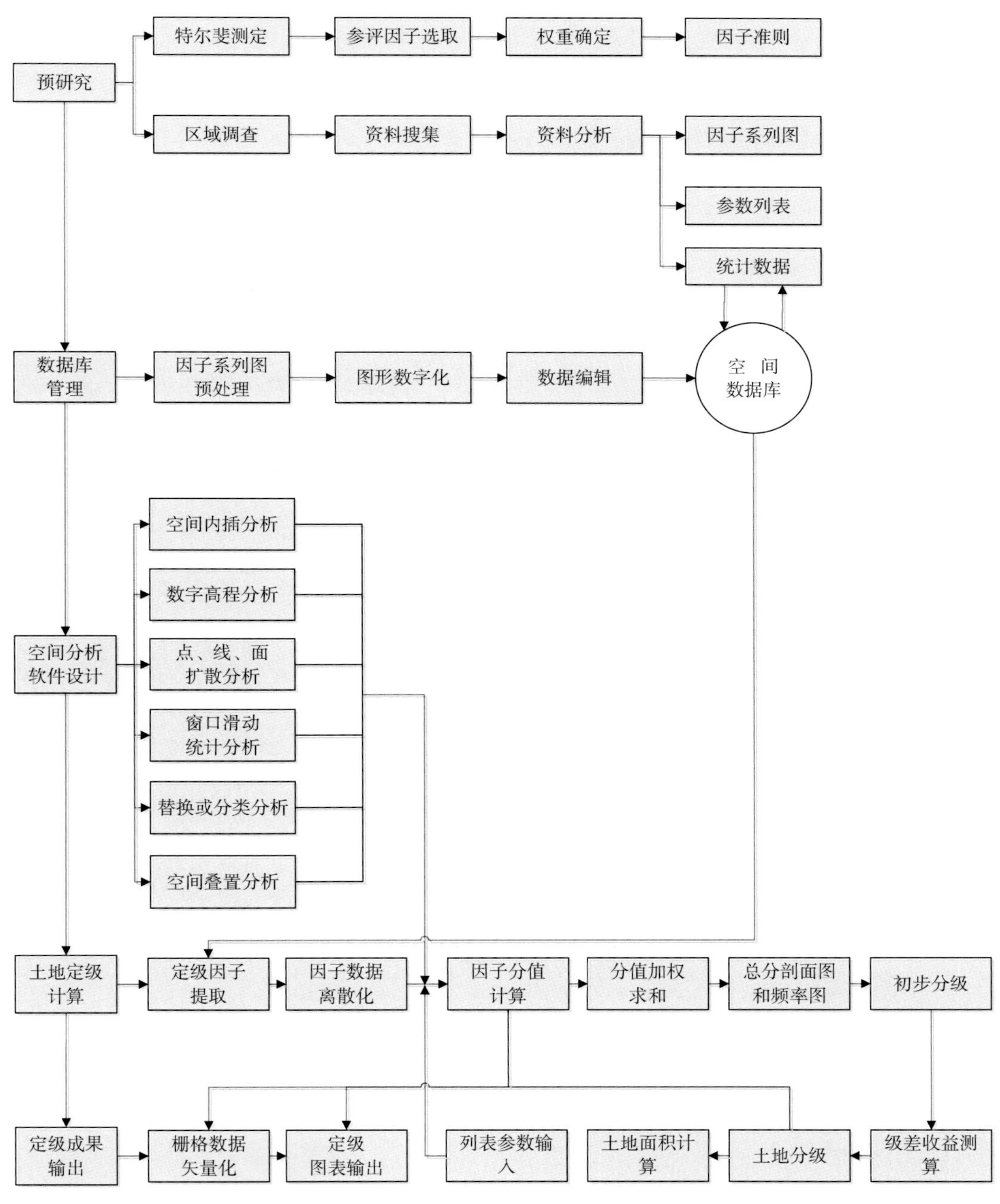

图 1-2　镇江市城市土地定级技术路线图

表 1-10　镇江市城市土地级别面积与区位分布表

区名	级别	面积（公顷）	占总面积的百分比	分布范围
主城区	一级地	12.21	0.29	大市口。北至八叉巷，南至永安路口，东至南门大街，西至双井路口。包括中山东路，解放路等。
	二级地	44.71	1.07	大市口地区。北至弥陀寺巷，南至健康路、正东路、市政路、永安路，南门大街、水陆寺巷、经折巷、八叉巷、斜桥街等。 大西路。伯先路、迎江路口至宝塔路。 火车站广场地区。
	三级地	355.65	8.50	解放路以东片。北至医政路，南至解放桥巷，东至环城路。 解放路口两片。北至会莲庵街，苏北路，南至运河路，西至利商街，跑马山路。包括四牌楼、中山西路、苏北路、电力路、正东路、宝塔路、新马路等。 东门广场地区。 牌湾。
	四级地	571.69	13.66	中山路北。北至江边，东至桃花坞，西至金山路。 中山路南。东至京岘山路，西至二道巷，南至天桥路、南徐路、黄山路。包括镇焦路、花山湾、桃花坞，南门外大街、和平路、小码头街、京几路、天桥路、运河路、李家大山，黄山路等。 金山公园地区。
	五级地	1 280.39	30.59	东至焦化厂专线，西至镇扬路，南至黄七路，北至江边。 宝盖山。
	六级地	1 921.59	45.89	黄鹤山、镇江林场及上述级别以及上述级别以外地区。
丁卯工业区	一级地	25.74	3.11	以丹徒碳素厂为中心，北至景家村，南至殷家村，东至杜墅湖，西至后山头。
	二级地	128.17	15.48	1. 一级地外的范围。北至许家村，南至前山头，东至团结河，西至江家湾。 2. 魏家村。 3. 许家村南地区。
	三级地	382.37	46.18	古运河北、团结河以东地区，及马家一组、马家二组。
	四级地	291.72	35.23	以上级别以外地区。

因素因子权重进行加权求和，计算出参评因素因子土地定级单元综合作用总分值；采用等值线技术，取 10 分分值间距绘制综合作用分值图，分析总分频率，确定划分综合土地级别的分值点，初步划分土地级别；最后通过级差收益测算、土地市场测算、专家评议检验法验证，划定土地级别。

1992 年 7 月，江阴市土地管理局与南京师范大学地理系合作，对江阴市区东至江阴市铝合金厂，南至江阴市农贸公司南库，西至江阴钢绳厂，北至长江的 18.548 平方千米区域进行土地定级估价，提供出江阴市城区土地定级因素作用分值图、单元分值图，共 7 幅，即商业繁华作用分值图、文化设施作用分值图、道路通达作用分值图、对外交通作用分值图、公用设施作用分值图、环境质量作用分值图，以及 1∶5 000 的单元综合分值图。划分出主城区 5 个级别，以及黄山区 1 个级别。经量算得到各级土地面积，并绘制 1∶5 000 土地级别图。各级别土地面积见表 1-11。

表 1-11　1992 年江阴市城区土地级别面积统计表　　单位：平方千米，%

土地级别	一	二	三	四	五	黄山区
面积	0.483	1.039	2.031	10.91	2.888	1.197
占比	2.6	5.6	10.9	58.8	15.6	6.5

1993 年起，按照《城镇土地定级规程（试行）》，全省各地参照镇江市土地定级估价和溧阳市溧城镇土地定级估价试点的技术方法，陆续开展城镇土地定级。

鉴于早期作为全国试点的南京市城市土地定级估价，与全省统一推行的技术方法、途径以及成果不尽一致，比如单元划分，省推行网格法，而南京市则是用同心圆扩散法，二者做法并不相同。为此，按照省土地管理局推行的方法要求，南京市土地管理局与江苏省金陵土地资产评估高新技术公司合作，采用定量与定性分析相结合的方法，对南京市城市土地级别进行了调整，该工作于1997年完成。至此，全省统一要求的城镇土地定级工作全部完成。

二、建制镇、乡集镇土地定级

建制镇、乡集镇（以下称“乡镇”）土地定级，是乡镇镇区内部土地综合质量的评价，对于乡镇土地合理利用以及基准地价评估都有着重要的意义。在城镇土地定级估价取得基本经验后，针对全省乡镇镇区规模、土地利用状况，基于从实际出发、区别对待考虑，省土地管理局于1993年印发《建制镇及乡集镇土地分等定级估价工作的实施意见》，规定建成区面积在2平方千米以下的乡镇，一般不定级而直接评估基准地价；2~4平方千米的乡镇，主要考虑商服繁华影响度的差异及基础设施道路情况；4~10平方千米的乡镇，则需要考虑商服繁华影响度、道路通达度、交通便捷度、基础设施完备度等因素；10平方千米以上的乡镇，按照规程的要求选择因素开展土地定级工作。1994年1月，省土地管理局印发《江苏省地价评估暂行规定》，并在无锡、宜兴、江阴等县（市）进行乡镇镇区土地定级试点。

1995年1月，无锡县在全省率先完成县域所有35个乡镇镇区的土地定级，建立起全县建制镇及乡集镇土地等别、土地级别与基准地价体系。此次定级，利用了栅格模型的定级处理系统，自动进行各类定级因素因子作用分值计算与制图工作，针对镇区不同规模，完成了综合定级和商业定级。对于镇区面积大于4平方千米的洛社镇、东亭镇等乡镇，确定了4种分类、6类因素、19项因子（见表1-12）。基于镇区面积在4平方千米以下的城镇规模较小，土地定级仅采取商服繁华影响度和道路通达度两个因素，即土地定级只进行商业定级。

表1-12 1995年洛社、东亭镇等乡镇土地综合定级因素层次体系

名称	因素	因子
繁华程度	商服繁华影响度	网点个数
		营业面积
		营业额
		利税总额
交通条件	道路通达度	港口码头
	对外交通便利度	长途汽车站
基本设施	生活设施完善度	给水
		排水
		供电
		电讯
	公用服务设施完备度	医院
		小学
		幼儿园
		菜场
		银行
		邮电局

续表

名称	因素	因子
环境状况	环境状况优劣度	气环境
		水环境
		声环境

与此同时，宜兴市完成8个建制镇的土地定级。1995年8月，江阴市完成26个乡镇的土地定级。

1996年，溧阳市土地管理局与江苏金陵土地资产评估高新技术公司合作，对溧阳市全部建制镇、乡集镇进行土地定级。经过土地定级指标体系的建立、因素因子对土地质量综合影响的分析、土地级别的划分与论证、土地定级成果的整理等技术处理过程，最后划分土地级别。评定结果是：南渡、戴埠、竹箦、别桥4镇镇区划分3个土地级别，上沛、上黄、强埠、新昌、社渚、后周、天目湖、上兴、周城、平桥10镇镇区划分2个土地级别。

截至1996年底，锡山市（原无锡县）、江阴市、溧阳市、武进市、宜兴市等一批市、县（区）先后完成辖区内全部建制镇、乡集镇镇区土地定级。

1998年，南京市浦口区、大厂区土地级别重新调整，选择商业服务业繁华影响度、道路通达度、公交便捷度、对外交通便利度、生活设施完善度、公用设施完善度、环境质量优劣度、文体设施影响度、自然条件优越度9个影响因素（浦口区另增加中心城市影响度1个因素），划分3个土地级别，并确定两个区土地级别与主城区土地级别的衔接。1998年土地级别对应关系及面积统计均与1997年相同。外围14个建制镇、乡集镇土地分等选择集镇规模、经济发展水平、基础设施条件、交通条件、商业服务繁华状况等5个因素，划分2个土地级别（见表1-13）。1998年，全省23个县（市、区）开展了全部建制镇、乡集镇的土地定级，全省累计完成1 367个建制镇、乡集镇土地定级。

表1-13　1998年南京市主城区、浦口区、大厂区土地级别对应关系表

地区	土地级别							
	一	二	三	四	五	六	七	八
主城区	一	二	三	四	五	六	七	
浦口区	一	一	一	一	一	一	二	三
大厂区	一	一	一	一	一	一	二	三

1999年，锡山市完成建制镇镇区土地分等定级估价成果更新。至2000年，全省各市、县（市、区）基本完成建制镇、乡集镇土地定级。

三、农用地定级试点

农用地定级是指按照国家标准耕作制度、自然质量状况、平均土地利用状况和平均土地经济状况，对农用地的质量优劣进行综合评价，并划分级别。

如前所述，1991年，根据国家土地管理局的安排，江苏省邳县开展农用地分等定级试点。试点是将农用地定级与农用地分等工作合体进行的，在本章第一节土地分等第三目农用地分等试点中已记述邳县试点定级工作及其成果，此处略去，不再重述。

第三节　基准地价评估

一、城镇基准地价评估

江苏城镇基准地价评估是与城镇土地定级工作一并进行的。实际上，土地估价与定级之间有着密切的关联，主要表现为以下两点：一是土地定级为土地估价提供可比的地价评估区域，为运用比较法评估地价提供基础；二是土地定级和地价评估的成果可以互为依据、互相验证。早期评估的基准地价称为级别基准地价，级别基准地价含有分类基准地价，即按用途分为商业、住宅、工业用地基准地价，个别市、县（市、区）还评定出综合基准地价，如南京。

1990 年，南京市完成城市土地定级估价试点任务，评估出南京市城市土地综合地价（见表 1-14）。其中，商业用地以租金剥离地价为基准，结合级差收益测算地价，确定全市不同土地级别相应地价带（或区）的商业地价水平；住宅用地由于私房交易契价推算的地价点分布较广、地价水平也比较合理，故以其为住宅地价水平取值；工业用地选择有关行业的工业企业，进行企业收益调查，并利用调查资料进行企业级差收益测算，由于资料不足，工业地价总体规律不明显。最终，从城市各类用地最佳区位选择以及地价变化规律考虑，在城区地带以商业地价为基准，城区边缘六、七级地及以外城镇则以商业及住宅地价为主，并以此地价水平确定城市基准地价。

表 1-14　1990 年南京市城市土地基准地价一览表　　单位：元/平方米

级别	价格			
	商业用地	住宅用地	工业用地	级别综合地价
一级地	800～1 500	280～550	69	800～1 500
二级地	650～1 000	200～450	28	650～1 000
三级地	450～800	150～400	41	450～800
四级地	250～600	100～350	29	250～600
五级地	150～450	80～300	36	150～450
六级地	100～250	50～250	87	100～250
七级地	80～200	50～200	13	80～200
八级地	80～180	—	39	80～180
九级地	50～150	—	11	50～150
郊区农地	—	—	—	30

镇江市区基准地价评估方法，系在土地定级的基础上，采用地租资本化、契约地租剥离法和房地产价格分离法等方法测算地价，并用历史地价分析法，对上述诸方法所测得的地价进行修正，最终确定级别基准地价。1991 年镇江市区基准地价随着定级工作于当年 11 月完成，提供出主城区 6 个级别和丁卯工业区 4 个级别的基准地价（见表 1-15）。

1992 年起，全省各地参照镇江市土地定级估价和溧阳市溧城镇土地定级估价试点的技术方法，加大力度，陆续开展城镇土地定级和基准地价评估工作。是年 8 月，南通市国土规划局以及崇川区、港闸区土地管理局与南京大学大地海洋科学系合作，开展了南通市区“一城三镇”+开发区 102.90 平方千米土地的定级估价工作。此项工作于 1993 年 12 月完成。主城区共划分六个级别，三镇（唐闸、天生港、狼山）和开发区分为三个级别，应用契约租金剥离、级差收益测算、房地产价格分摊、市场比较分析法等 4 种方法测算，根据最佳收益原则和边际换算法原理，确定各级别基准地价（见表 1-16）。

表 1-15　1991 年镇江市区土地基准地价表　　单位：元/平方米

地区	级别	基准地价	
		地价	幅度
主城区	一	1 382	1 300~1 400
	二	1 225	1 080~1 300
	三	913	700~1 080
	四	500	300~700
	五	200	130~300
	六	90	50~130
丁卯工业区	一、二、三、四	150	

表 1-16　1992 年南通市土地基准地价表　　单位：元/平方米

土地级别	一	二	三	四	五	六
基准地价	2 500	1 500	1 000	600	350	150
变　幅	1 800~3 000	1 250~1 800	700~1 250	450~700	250~450	50~250

1993 年 5 月，徐州市土地管理局与南京大学大地海洋科学系合作，对徐州市区 171.98 平方千米（包括主城区 49.14 平方千米、市郊区 122.84 平方千米）土地进行了定级估价。在土地定级的基础上，采用市场交易资料测算和企业用地效益资料测算两条途径，综合评定各均质地域（地段、区片、级别），各类用地（商业、住宅、工业、综合）基准地价，并计算出级别综合地价，建立宗地地价修正体系、地价动态监测体系和土地估价信息系统。评估结果，徐州市区共分为七级，各级商业用地、住宅用地、工业用地基准地价以及级别综合基准地价（见表 1-17），同时还评定了商业街道路线价、商业用地区片价、住宅用地区片价，1994 年 7 月通过省级验收鉴定。

表 1-17　1993 年徐州市市区土地基准地价表　　单位：元/平方米

地类	基准地价						
	一	二	三	四	五	六	七
商业用地	3 200	1 650	1 060	750	510	320	220
住宅用地	750	670	550	400	280	200	140
工业用地	560	470	380	310	240	170	110
级别综合	2 720	1 260	720	430	290	190	120

是年 12 月，连云港市在新浦、海州、连云三个区 56.3 平方千米范围开展市区土地定级估价工作，1995 年完成。分别评估出 6 个级别的商业用地、住宅用地、工业用地基准地价，同时还评估出商业用地路线基准地价。

1994 年，无锡市市区开展了土地定级估价工作；1996 年，苏州市市区开展了土地定级估价工作。至此全省省辖市市区全部开展了土地定级估价工作。

县（市、区）城镇区同样是在土地定级的基础上完成基准地价评估。如前所述，紧接着溧阳市溧城镇之后，镇江丹阳市也于 1992 年完成了城区规划区内的定级评估，规划区土地分为 5 个级别：一级地每平方米为 1 500 元，二级地为 1 000 元，三级地为 700 元，四级地为 500 元，五级地为 350 元。1993 年 3 月，开发区中非工业生产用地基准地价，按不同地段、不同性质评定为每平方米 120～180 元（即每亩 8 万～12 万元）。

1996 年，江苏省国土管理局提出“统一以 1995 年 12 月 31 日为基准地价评估基准日”的要求，开展全省县以上城镇基准地价评估统一时点工作，明确“1993 年以前完成基准地价评估的地区，先调整土地级别，再评定标准地价；1993 年、1994 年完成基准地价评估的地区，主要参照土地市价上涨指数或物价上涨指数进行调整，1995 年完成基准地价评估的地区，原则上以评估结果为准。”基准地价分类则按国家规程要求，不再设置综合基准地价。

据此，全省各地开展基准地价同一时点修改工作。其中南京市土地管理局与江苏省金陵土地资产评估高新技术公司合作，采用级差收益法和样点地价法，对南京市城市基准地价进行了全面更新。

1997 年上半年，全省第一轮县城以上城镇基准地价评估工作，随着南京市城市基准地价已按省同一尺度的调整而顺利完成。

是年 10 月 6 日，江苏省国土管理局、江苏省物价局联合发文《关于公布、执行江苏省城镇基准地价的通知》（苏国土籍〔1997〕126 号、苏价房〔1997〕420 号），公布了江苏省首轮城市基准地价成果（见表 1-18）。

表 1-18　1997 年江苏省城镇土地基准地价成果表　　单位：元/平方米

城市名称	级别	商业用地	住宅用地	工业用地
南京市	一级	11 500	7 500	—
	二级	8 500	6 500	1 780
	三级	6 500	4 900	1 330
	四级	4 500	3 700	1 120
	五级	2 500	2 200	920
	六级	1 500	1 150	750
	七级	850	720	600
	八级	620	490	470
无锡市	一级	6 000	3 500	900
	二级	4 500	3 000	800
	三级	3 000	2000	600
	四级	1 500	1 400	550
	五级	1 000	900	500
	六级	700	600	400
	七级	500	400	350
	八级	350	350	280

续表

城市名称	级别	商业用地	住宅用地	工业用地
徐州市	一级	3 500	1 200	680
	二级	2 100	1 080	570
	三级	1 250	910	460
	四级	910	680	370
	五级	650	430	290
	六级	320	200	170
	七级	220	140	110
常州市	一级	3 800	3 000	850
	二级	3 000	2 600	800
	三级	2 600	1 100	550
	四级	1 200	800	450
	五级	900	500	400
	六级	600	500	300
苏州市	一级	6 000	3 500	—
	二级	4 500	2 800（古城区内）	840
			3 600（古城区外）	
	三级	3 000	1 800（古城区内）	720
			2 000（古城区外）	
	四级	1 980	1 520（古城区内）	650
			1 600（古城区外）	
	五级	1 400	1 350（古城区内）	600
			1 200（古城区外）	
	六级	810	800	550
	七级	600	550	450
南通市	一级	3 000	1 600	800
	二级	2 100	1 500	700
	三级	1 300	1 000	600
	四级	1 000	850	500
	五级	600	600	400
	六级	400	350	200
连云港市	一级	2 600	1 500	700
	二级	2 000	1 400	650
	三级	1 200	900	500
	四级	900	700	400
	五级	650	500	350
	六级	400	300	220
淮阴市	一级	2 600	1 000	620
	二级	1 600	800	540
	三级	1 000	600	450
	四级	550	450	340
	五级	350	300	250

续表

城市名称	级别	商业用地	住宅用地	工业用地
盐城市	一级	2 400	870	600
	二级	1 200	670	520
	三级	860	520	440
	四级	500	400	300
	五级	350	250	240
扬州市	一级	3 100	1 800	800
	二级	2 200	1 300	700
	三级	1 300	1 000	600
	四级	900	800	500
	五级	700	600	400
	六级	500	350	250
镇江市	一级	3 100	1 800	800
	二级	2 200	1 500	700
	三级	1 300	1 000	600
	四级	1 000	850	500
	五级	700	600	400
	六级	500	350	250
泰州市	一级	2 100	950	590
	二级	1 450	800	520
	三级	840	650	420
	四级	570	400	350
	五级	340	310	260
	六级	320	280	240
宿迁市	一级	1 400	460	400
	二级	800	370	320
	三级	470	280	270
	四级	300	230	220

注:估价期日为 1997 年 6 月 30 日。

1998 年,全省 108 个市(县、区)全部完成了城镇基准地价评估,初步建立起城镇基准地价体系。其中早期完成的个别地区也进行了更新,如徐州市区(见图 1-3)。

二、建制镇、乡集镇基准地价评估

建制镇、乡集镇(下称“乡镇”)基准地价是各乡镇镇区土地不同级别、不同地段的商业、住宅、工业用地的平均价格,反映了各乡镇内地价总体变化趋势和较稳定的各级、各区段、各类土地的平均价格。由于乡镇的规模较小,用地类型相对简单,因此,基准地价评估所采用的方式当有所区别,不宜机械照套,故如前所述,省土地管理局于 1993 年印发《建制镇及乡集镇土地分等定级估价工作的实施意见》,对不同规模的建制镇、乡集镇基准地价评估提出不同要求。

1994 年无锡县(今无锡市锡山区、惠山区)乡镇基准地价评估工作针对全县各乡镇不同的规模与

图 1-3　徐州市区土地定级估价更新成果验收会

复杂程度，以及商业、住宅、工业用地的基准地价性质不同，在技术路线中确定了实用的具体实施方法。

镇区面积大于4平方千米和较为复杂的洛社、东亭、东绛、华庄4个一等镇，其基准地价评估利用土地分等成果，采用等差收益法测算出各镇的商业、工业用地的平均地价水平。利用土地定级成果，采用级差收益法，分别测算镇内各级商业、工业用地的平均地价。根据土地定级成果所确定的级别图斑，按土地估价均质区域的条件，对级别图斑进行适当合并，确定土地估价的均质区域（土地估价单元），利用土地市场资料，采用收益还原法、剩余法、市场比较法、成本逼近法等估价方法，应用估价数据库技术，测算土地市场样点地价。运用数理统计方法确定土地估价单元的平均地价。根据镇区内商业网点设施分布情况，确定商业估价区段，采用土地市场资料，评估商业路线价。综合分析比较镇间等差收益、镇内级差收益和土地市场法分别测算的地价，最终确定这四个镇各级土地的基准地价。

镇区面积在4平方千米以下、较为简单的31个乡镇，其基准地价评估的技术方法为：利用土地分等成果，采用等差收益法，分别测算出同等别乡镇的商业、工业平均地价水平。结合各镇商业定级成果，采用等别内级差收益法，分别测算相同土地等别的乡镇一、二级土地的商业平均地价。利用土地市场资料，评估商业路线价、商业服务业区片价和商业、工业、住宅的级别平均地价。若缺少住宅用地估价资料，则通过对具有实测住宅地价的同等级乡镇各类地价之间的比较分析，计算商业、工业基准地价与住宅用地基准地价的比例关系，推算住宅基准地价。综合分析比较等差收益、同一土地等别内级差收益和土地市场法分别测算地价，最终确定31个乡镇土地的商业基准地价和住宅、工业用地在镇区内的平均地价（见表1-19）。

表 1-19 1994 年无锡县建制镇基准地价统计表

单位：元/平方米

<table>
<tr><th rowspan="2">等级</th><th rowspan="2">镇名</th><th rowspan="2">级别</th><th colspan="2">商业用地</th><th colspan="2">住宅用地</th><th colspan="2">工业用地</th></tr>
<tr><th>基准地价</th><th>变幅</th><th>基准地价</th><th>变幅</th><th>基准地价</th><th>变幅</th></tr>
<tr><td rowspan="15">一等</td><td rowspan="2">东绛镇</td><td>一级</td><td>1 300</td><td>1 050～1 600</td><td>530</td><td>450～600</td><td>600</td><td>460～750</td></tr>
<tr><td>二级</td><td>850</td><td>600～1 050</td><td>350</td><td>250～450</td><td>330</td><td>210～460</td></tr>
<tr><td rowspan="3">东亭镇</td><td>一级</td><td>1 250</td><td>950～1 550</td><td>560</td><td>480～650</td><td>450</td><td>400～550</td></tr>
<tr><td>二级</td><td>850</td><td>600～950</td><td>440</td><td>380～480</td><td>350</td><td>320～400</td></tr>
<tr><td>三级</td><td>530</td><td>400～600</td><td>330</td><td>280～380</td><td>300</td><td>210～460</td></tr>
<tr><td rowspan="3">华庄镇</td><td>一级</td><td>1 220</td><td>900～1 530</td><td>570</td><td>500～620</td><td>530</td><td>450～630</td></tr>
<tr><td>二级</td><td>800</td><td>600～900</td><td>450</td><td>380～500</td><td>410</td><td>380～450</td></tr>
<tr><td>三级</td><td>500</td><td>400～600</td><td>340</td><td>270～380</td><td>350</td><td>270～380</td></tr>
<tr><td rowspan="3">洛社镇</td><td>一级</td><td>1 200</td><td>1 000～1 450</td><td>560</td><td>500～620</td><td>500</td><td>420～670</td></tr>
<tr><td>二级</td><td>900</td><td>700～1 000</td><td>450</td><td>360～500</td><td>370</td><td>320～420</td></tr>
<tr><td>三级</td><td>530</td><td>400～700</td><td>320</td><td>260～360</td><td>280</td><td>240～320</td></tr>
<tr><td rowspan="2">钱桥镇</td><td>一级</td><td>1 200</td><td>900～1 500</td><td rowspan="2">440</td><td rowspan="2">280～500</td><td rowspan="2">450</td><td rowspan="2">330～580</td></tr>
<tr><td>二级</td><td>700</td><td>450～900</td></tr>
<tr><td rowspan="2">前洲镇</td><td>一级</td><td>1 200</td><td>950～1 450</td><td rowspan="2">450</td><td rowspan="2">280～500</td><td rowspan="2">440</td><td rowspan="2">260～600</td></tr>
<tr><td>二级</td><td>750</td><td>500～950</td></tr>
<tr><td rowspan="18">二等</td><td rowspan="2">荡口镇</td><td>一级</td><td>1 130</td><td>800～1 450</td><td rowspan="2">330</td><td rowspan="2">230～430</td><td rowspan="2">385</td><td rowspan="2">260～510</td></tr>
<tr><td>二级</td><td>600</td><td>450～800</td></tr>
<tr><td rowspan="2">坊前镇</td><td>一级</td><td>1 100</td><td>750～1 450</td><td rowspan="2">330</td><td rowspan="2">230～430</td><td rowspan="2">400</td><td rowspan="2">270～510</td></tr>
<tr><td>二级</td><td>550</td><td>350～750</td></tr>
<tr><td rowspan="2">港下镇</td><td>一级</td><td>1 250</td><td>900～1 400</td><td rowspan="2">普通住宅：
390
高级住宅：
1 070</td><td rowspan="2">普通住宅：
260～500
高级住宅：
900～1 220</td><td rowspan="2">450</td><td rowspan="2">270～650</td></tr>
<tr><td>二级</td><td>670</td><td>450～900</td></tr>
<tr><td rowspan="2">梅村镇</td><td>一级</td><td>1 050</td><td>750～1 300</td><td rowspan="2">310</td><td rowspan="2">230～400</td><td rowspan="2">350</td><td rowspan="2">250～440</td></tr>
<tr><td>二级</td><td>600</td><td>400～750</td></tr>
<tr><td rowspan="2">石塘湾镇</td><td>一级</td><td>1 050</td><td>700～1 300</td><td rowspan="2">315</td><td rowspan="2">220～400</td><td rowspan="2">340</td><td rowspan="2">250～460</td></tr>
<tr><td>二级</td><td>560</td><td>350～700</td></tr>
<tr><td rowspan="2">西漳镇</td><td>一级</td><td>1 050</td><td>750～1 300</td><td rowspan="2">360</td><td rowspan="2">250～470</td><td rowspan="2">400</td><td rowspan="2">250～550</td></tr>
<tr><td>二级</td><td>550</td><td>400～750</td></tr>
<tr><td rowspan="2">雪浪镇</td><td>一级</td><td>1 100</td><td>800～1 350</td><td rowspan="2">360</td><td rowspan="2">250～450</td><td rowspan="2">430</td><td rowspan="2">300～550</td></tr>
<tr><td>二级</td><td>600</td><td>400～800</td></tr>
<tr><td rowspan="2">堰桥镇</td><td>一级</td><td>1 050</td><td>750～1 300</td><td rowspan="2">325</td><td rowspan="2">220～420</td><td rowspan="2">350</td><td rowspan="2">240～470</td></tr>
<tr><td>二级</td><td>560</td><td>350～750</td></tr>
<tr><td rowspan="2">玉祁镇</td><td>一级</td><td>1 100</td><td>800～1 350</td><td rowspan="2">350</td><td rowspan="2">240～450</td><td rowspan="2">370</td><td rowspan="2">240～500</td></tr>
<tr><td>二级</td><td>590</td><td>400～800</td></tr>
</table>

续表

等级	镇名	级别	商业用地		住宅用地		工业用地	
			基准地价	变幅	基准地价	变幅	基准地价	变幅
三等	安镇镇	一级	900	600～1 200	300	250～400	350	220～450
		二级	450	300～600				
	八士镇	一级	830	600～1 100	310	220～410	350	200～460
		二级	420	260～600				
	长安镇	一级	950	700～1 150	310	250～420	380	225～540
		二级	470	300～650				
	东北塘镇	一级	980	650～1 300	350	260～450	370	260～470
		二级	500	320～650				
	东湖塘镇	一级	950	700～1 400	350	300～450	340	200～490
		二级	480	310～700				
	胡埭镇	一级	1 000	750～1 250	350	260～450	360	280～450
		二级	490	320～750				
	南泉镇	一级	920	600～1 200	320	240～420	380	220～540
		二级	420	300～600				
	陆区镇	一级	970	700～1 250	320	280～400	320	220～400
		二级	480	320～700				
	藕塘镇	一级	850	650～1 000	320	240～410	350	240～480
		二级	440	270～650				
	杨市镇	一级	1 000	600～1 300	330	250～390	360	200～500
		二级	470	350～600				
	新安镇	一级	900	650～1 100	320	230～410	350	240～460
		二级	475	300～650				
	查桥镇	一级	900	600～1 200	310	230～400	350	260～440
		二级	450	290～600				
四等	张泾镇	一级	1 000	750～1 300	350	270～460	360	210～580
		二级	500	320～750				
	甘露镇	一级	800	600～1 000	250	170～350	250	170～330
		二级	440	300～600				
	厚桥镇	一级	760	550～1 000	300	200～400	270	160～370
		二级	430	300～550				
	后宅镇	一级	730	550～950	260	170～360	280	160～400
		二级	400	250～550				
	鸿声镇	一级	740	500～950	240	160～330	240	160～330
		二级	400	250～550				
	硕放镇	一级	780	600～1 000	290	200～400	320	200～450
		二级	430	300～600				
	羊尖镇	一级	780	550～950	270	180～370	240	160～330
		二级	420	300～550				
	阳山镇	一级	800	550～1 050	250	150～330	290	160～410

无锡县乡镇基准地价评估采用的乡镇之间土地等差收益法、等别内级差收益法、乡镇内部级差收益法和土地市场测算法四种技术途径，这四种方法相互验证、相互补充，既遵循了土地估价的基本原则和技术规定，又发展了土地估价的技术方法，尤其是乡镇之间土地等差收益测算，可反映乡镇之间整体地价水平的差异，并使这种差异得到量化。

至20世纪90年代末期，全省基本完成了建制镇、乡集镇镇区土地分等定级估价工作，其中，因评估时日较早，成果现势性不强的锡山市（今锡山区和惠山区）完成了建制镇镇区土地分等定级估价更新工作，形成1999年最新成果。宜兴市国土管理局和江苏省金陵土地资产评估高新技术公司于1997年完成的《城镇土地分等定级估价及其成果更新实践与研究》获江苏省人民政府1997年度科学技术进步三等奖。

奖 状

GUOJIAJIANG

为表彰一九九七年度在我省科学技术进步工作中作出重大贡献者，特颁发此奖状，以资鼓励。

项目名称：城镇土地分等定级估价及其成果更新实践与研究

获奖单位：宜兴市国土管理局
江苏省金陵土地资产评估高新技术公司

奖励等级：三　等　奖

江苏省人民政府
一九九八年

图1-4　1997年度江苏省人民政府科学技术进步三等奖

三、农用地价格评估试点

农用地价格评估，对于明晰农用地资产价值，保障农民土地权益；对于建立城乡统一的土地市场，促进承包经营权合理流转，推进集体土地使用制度改革；对于农用地的科学利用，促进乡村振兴等，无不具有重要意义。由于农用地含有多种地类，故本文主要阐述耕地即这里所称的“农耕地”价格评估。

农耕地价格在构成上与建设用地价格有所不同，有其自身特点。它综合反映土地自然属性的土壤性质和丰度在农耕地价格形成中所起的主导性作用，区位条件和对土地投入的具体含义及其在地价形成中的作用与建设用地有所不同。因此应当探寻出一种科学实用的农耕地价格评估途径和方法。

1991 年，镇江市区开展土地定级估价试点中，对级别范围内及附近所有村镇的农用地作了延伸估价，初尝了"第一只螃蟹"。估价选择了 37 个样点，其中有效样点 14 个，调查了评估时日近三年用地面积、收入、支出、税收等指标，并收集有效信息，进行地租资本化计算，取得地价结果。蔬菜地价格水平在 3 000~11 000 元/亩（4.5~16.5 元/平方米）之间，个别的在 1 000 元/亩（1.5 元/平方米）水平左右，具体结果见表 1-20。

表 1-20　1991 年镇江市农用地价格计算表

村	性质（蔬菜或农业）	规格（亩）	地价（元/亩）	备注
蒋乔镇龙门村	蔬菜	417.3	—	—
蒋乔镇东山村	蔬菜	479	453.9	—
谏壁镇谏东村	蔬菜	32	11 209.4	—
谏壁镇焦房村	—	400.17	7 684.8	—
谏继镇月湖村	蔬菜	915	5 756	—
象山乡京岘山村	蔬莱	210	6 223.3	—
象山乡民主村	蔬菜	203	3 407.1	—
象山乡红旗村	蔬菜	230	2 798.2	—
象山乡星星村	蔬菜	78	9 112.8	—
象山乡花山湾村	蔬菜	53.3	5 540.9	—
象山乡象山村	蔬菜	557.5	—	—
七里乡五里村	—	425	1 382.7	—
汝山乡新生村	蔬粟	198	—	—
七里甸鹤林村	蔬菜	114.36	3 196.7	—
六摆渡蔬菜基地	蔬菜	50	3 707	—

1999 年，江苏城市、建制镇、乡集镇区建设用地基准地价评估任务基本完成之后，南京市六合县土地管理局与南京师范大学地理系合作，率先在该县玉带乡进行农耕地价格评估试点，对农耕地估价方法作了初步探索。试点设定的技术思路是，在划分农耕地区域和选定参照田块（5 块）的基础上，用特尔斐法建立定级估价因素因子体系（见表 1-21），对因子进行等级化和赋值化处理，即将因子权重值作为基本分值，再按其对地价影响的大小，给因子的 5 个级别赋分。全乡共划分出了 607 个评估地块（不含 5 块参照田块），根据评估田块总分值，测算耕地区域平均分值，然后以参照田块的总分值为基础计算耕地区域的平均分值地价，再逐一评估出其他田块的地价（见表 1-22）。

实践证明，试点运用的评估方法简便、实用，有较好的可操作性，为培育和发展农村土地市场提供了价格评估指导，缩小了农村土地价格研究和城镇地价研究的差距。试点表明，由于农耕地的超额利润取决于农作物种植所产出的纯收益，而这种纯收益并不难以计量，但是鉴于我国缺乏正常的耕地交易实例，因而纯收益还原法对农耕地的评估有着特别的实用和推广价值。

表 1-21　1999 年六合县玉带乡农耕地定级估价因素因子体系

因素	因子
农田土壤状况	表土质地
	有机质含量
	旱季通气爽水性
	耕层厚度
	速效钾含量
	速效磷含量
	可耕性
	土壤 pH 值
	障碍层深度
农田基本建设状况	沟渠配套度
	田块平整度
	旱季地下水埋深
	排灌设施配套度
农田区位状况	离机耕路距离
	离居住村庄距离
	离县乡级公路距离

表 1-22　1999 年六合县玉带乡农耕地级别地价一览表　　单位：元/平方米

级别	地价
一级地	15.76~18.75
二级地	15.00~15.75
三级地	14.25~15.00
四级地	10.08~14.24

第四节　宗地价格评估

一、标定地价评估

标定地价（亦即所俗称的宗地基准地价）是一种特殊的宗地价格，是政府根据管理需要评估的某一宗土地在正常市场条件下于某一估价期日的土地使用权价格，是该类土地在该区域的标准指导价格。它是以基准地价为基础，按土地使用年限、地块大小、位置、容积率、形状以及市场行情等评估而得。基准地价是标定地价评估的基础，标定地价又是基准地价在该区域（片）内某一宗地价格的反映，二者共同构成基础性地价。标定地价在土地市场和土地管理中起着重要的作用，它是政府确定土地出让金额的依据，是政府在清产核资和企业改制中确定土地资产量的依据，也是国家在核定土地增值税及税制改革的依据，更是政府调控土地市场的依据。

1992 年 3 月，国家土地管理局发布第一号局长令《划拨土地使用权管理暂行办法》，规定土地使用权出让金按标定地价的一定比例收取，最低不得低于标定地价的 40%。标定地价由所在地市、县人民政府土地管理部门核定。基准地价系数修正法是进行标定价评估的重要方法之一，其公式表示：标定地价=基准地价×(1±区域因素修正±个别因素纠正)。影响因素包括区域因素、个别因素及其权重，一些市、县从地方实际情况出发，编制影响因素及权重表，便于宗地评估时对照应用。下列为南通市编制的主城区三项用地影响因素及权重表(见表1-23、表1-24、表1-25)。

表1-23　1992年南通市主城区商业用地价格影响因素及权重表

影响因素	商服业繁华度		对外交通情况		对内交通情况	
	企业职能种类	离商服业中心距离	离长途车站距离	离港口距离	离公交车站距离	公交站点有站流量
权重	17.6	18.8	8.7	8.7	8.8	9.0
影响因素	环境优劣情况		规划安排		宗地个别条件	
	环境质量	周围土地利用类型	容积率限制	临街宽度	临界深度	面临道路宽度
权重	3.4	5.1	6	6	3	4.8

表1-24　1992年南通市主城区住宅用地价格影响因素及权重表

影响因素	位置		交通情况		基础设施			
	商服中心距离	所处土地级别	公交车站有站流量	离公交站点距离	供水	供电	供气	排水
权重	11.8	8.2	7.5	7.2	4.8	5	4.9	4.9
影响因素	公用设施					环境质量	规划要求	宗地个别条件
	离学校距离	离医院距离	离邮电所距离	离公园距离	离电影院距离		容积率限制	日照
权重	4.3	4.3	7.8	3	3	13.3	8	7

表1-25　1992年南通市主城区工业用地价格影响因素及权重表

影响因素	交通情况			基础设施情况			产业集聚规模	环境状况	规划限制
	区域道路类型	离运输公司距离	离港口距离	供水	供电	排水	区域内企业数目	环境质量	容积率限制
权重	10.8	11.5	10.8	8.3	9	9.2	17.5	11.2	10.5

1994年出台的《中华人民共和国城市房地产管理法》，明确提出我国实行房地产价格评估制度，要求房地产价格评估需以基准地价、标定地价和各类房屋的重置价格为基础，参照当地的市场价格进行评估。这样，国家以法律形式确立了基准地价和标定地价在土地房产交易管理中的基础作用，同样在土地市场建立和完善地价评估中起到了基础和参照作用。

1995年12月29日，国家土地管理局印发《关于加强地价管理规范土地估价行为的通知》(国土籍字〔1995〕第190号)，要求1996年上半年力争完成城市市区的基准地价和标定地价评估工作，年底前力争完成建制镇镇区的基准地价和标定地价评估工作。

1996年7月，省物价局、省国土管理局印发《关于土地价格评估机构、结果确认及收费的规定》(苏价房〔1996〕296号、苏国土籍〔1196〕90号)，明确规定出让地块的标定地价由市、县人民政府国土管理部门会同物价等部门以基准地价为基础，依据地块大小、位置、容积率、形状及土地使用年限和土地市场开发情况等评估确定，并定期公布。

二、土地出让宗地价格评估

土地出让价即是国有土地使用权出让价格，它是交易地价的一种。交易地价是指城镇某一宗（块）地土地使用权成交时的价格，系由市场决定的价格。土地出让价亦称一级市场地价。土地出让价格评估为政府确定竞争性出让土地底价和协议出让土地最低价提供参考依据。土地使用权出让底价和最低价是土地使用权出让时政府确定的待出让土地或地块的保护价格，是受让人出价或付价的依据和确认成交地价（或土地出让金）的基础。协议出让价格评估与协议出让最低价评估不是同一概念，前者是针对拟协议出让宗地或地块所进行的价格评估，是对特定对象的评估，实际上也是一种出让底价评估，只不过它有最低价这个限制条件而已，而协议出让最低价评估，是对条件相对均衡的一个区域的最底限的价格评估，也就是门槛评估。所有这些评估，其结果只是所称的评估价格，是供决策参考的，最终还是由政府集体审核确定。

合理评估土地使用权出让价格，对推动土地使用制度深化改革有着重要意义。土地使用权出让价格一般采用基准地价系数修正法评估，也可以用收益还原法、市场比较法、成本逼近法、剩余法等方法评估，其成果一般在国有土地使用权出让方案形成之前提供决策参考。

图 1-5　1989 年 4 月，昆山“第一槌”——江苏第一幅土地使用权出让，与上海申大公司签订协议

1992 年，省土地管理局与苏州、无锡、常州、南通、镇江、盐城市土地管理局在南京召开江苏国有土地使用权出让新闻发布会，推出 110 幅、8 000 公顷土地使用权，供有意在江苏投资的中外客商选择。11 月 5 日，徐州市以协议出让方式将开发区 6 宗、总面积 34.96 公顷土地使用权让渡给中外合资裕嘉电子有限公司等 6 家企业。当年，全省出让土地 280 余幅、3 100 多公顷。

二十世纪九十年代初，鉴于土地使用制度改革尚处于起步阶段，土地市场未能完全发育，我省国有土地使用权出让还是以协议方式为主。为防止低价协议出让国有土地使用权和竞相压价出让土地，以保障国有土地资产收益，省政府于1992年8月印发《关于深化土地使用制度改革若干问题的通知》，要求在基准地价出台前，各市提出本地土地出让的最低保护价，报省政府平衡后发布执行。

1993年4月，省物价局、省土地管理局印发关于全省国有土地使用权出让保护价格的意见。明确国有土地使用权出让最低保护价政策和适用范围、保护价格的构成及计算公式：保护价格=土地征用费+土地开发费用及银行利息+适量地租。

土地征用费主要包括：土地补偿费、青苗补偿费、房屋及地面附着物拆迁补偿费、安置补助费、新菜地开发建设基金及省以上物价、财政部门认定的各项收费。

地租：暂按不低于土地征用费用与开发费用总额的25%计算。

土地的不同用途，地价差异很大。为此，1993年全省暂定商业用地（金融、旅游、房地产开发等经营性用地）出让保护价应高于工业用地的1.5倍以上；其他荒山、荒地、滩涂的出让保护价应视具体情况确定。一般紧靠城镇和位于开发区内的荒山、荒地的出让价依靠城镇及开发区土地的出让保护价水平确定；远离城镇及开发区的出让价格不低于每平方米15元，或按划拨费标准减半确定。同时规定，凡属国家产业政策限制的项目用地，其最低出让价格应按高于相应用途保护价的20%确定。据各市所报出让保护价，省物价局、省土地管理局共同召开专业会议，平衡11个省辖市土地使用权出让最低保护价。是年5月，省人民政府批准并转发了省物价局和省土地管理局提出的《江苏省国有土地（工业用地）使用权出让保护价》（见表1-26），以期制止少数地方压价出让土地行为。

表1-26　1993年江苏省城镇国有土地（工业用地）使用权出让保护价格　单位：元/平方米

市名	保护地价			
	省辖市老城区	县（市）城镇	“三通一平”开发区	农村生地
苏州、无锡、常州（不含金坛县）、镇江、南京（含郊区、江宁县）	500	256	200	120
南京市各县（除江宁）、扬州、南通、常州市的金坛县	400	200	170	100
连云港、徐州、淮阴、盐城	300	150	130	70

注：表中所列为土地使用权出让期50年的保护价。以上保护价均不含拆迁费，拆迁费应按有关规定另行计价。

当年，徐州市共协议出让国有土地43宗，总面积62.56公顷，合同出让金额4 000万元；南通市共出让土地41宗，总面积77.31公顷，总地价13 763.29万元，平均地价178元/平方米，全部是以协议方式成交。全省全年合同出让金额44亿元。

1994年1月，省土地管理局印发《江苏省地价评估暂行规定》，明确土地使用权出让应由县以上土地管理部门先对拟出让地块组织土地使用权出让价格评估，并以评估成果作为土地使用权出让底价的依据。全省全年合同出让金额25.2亿元。其中，以招标、拍卖方式出让土地150余宗，计约2 400公顷，80%由“三资”企业受让。全省1994年部分国有土地使用权出让成交地价见表1-27。

表 1-27　1994 年江苏省部分国有土地使用权出让成交地价一览表

序号	日期	出让方	受让方	地块位置	地块面积（平方米）	开发现状	规划用途	容积率	使用年限	成交地价（元/平方米）
1	1994.1.6	连云港市	连云港益发房地产开发有限公司	朝阳东路	107 521.30	生地	别墅	1.33	70	90.00
2	1994.4.19	常州市	常州长发高科技联合发展公司	常州高新技术开发区 408-1 号地块	35 466.62	熟地	厂房住宅	2.50	50	217.50
3	1994.4.19	常州市	常州博大经济发展总公司	常州高新技术开发区 102-3 号地块	29 216.72	熟地	商住	3.50	50	300.00
4	1994.5.2	无锡市	马山金鸡岭别墅区开发经营公司	马山区马山镇桃坞村	101 133	生地	别墅	0.40	60	100.00
5	1994.5.26	常州市	中新合资常州富士物业发展公司	戚墅堰开发区 1,2-1,2-2,3,4-1,4-2,5,6 号地块	632 732.66	生地	工业住宅	1.50	50	120.00
6	1994.6.4	无锡市	无锡新加坡工业园投资有限公司	无锡经济开发区 312 国道东侧 1 号地块	1 000 000	生地	成片开发	0.00	50	135.00
7	1994.6.7	淮阴市	淮阴市民用纺织品总厂	淮阴开发区 1、2、3、4 号地块	198 643.76	三通一平	工业旅游	0.00	50	130.00
8	1994.8.16	盐城市	盐城市亨达房地产开发集团公司	城区大洋村五组	26 996.00	生地	住宅	0.00	70	217.90
9	1994.12.8	无锡市	无锡小天鹅股份有限公司	无锡开发区 20～23 号地块	24 887.20	五通一平	工业	0.93	50	300.00

1995 年 4 月，省长郑斯林发布政府令《江苏省城镇国有土地使用权出让和转让实施办法》，明确土地使用权出让实行价格评估制度。6 月，国家土地管理局颁发《协议出让国有土地使用权最低价确定办法》（国家土地管理局令〔1995〕第 2 号令），规定协议出让最低价应根据商业、住宅、工业等不同土地用途和土地级别基准地价的一定比例确定，国家支持或重点扶持发展的产业及国家鼓励建设的项目用地，可以按行业或项目分类确定不同的协议出让最低价。确定协议出让最低价应当综合考虑征地拆迁费用、土地开发费用、银行利息及土地纯收益等基本因素，以协议方式出让国有土地使用权的出让金不得低于协议出让最低价，等等。自此，全省协议出让引入最低价机制，最低价评估也以此作为遵循。是年，全省共出让土地 1 698 宗，计 3 178 公顷，其中 1 588 宗为协议出让，占 94.08%，招标拍卖 110 宗，有偿出让收入人民币 20.58 亿元。常州市共出让国有土地 181 幅，计 5 340 亩，合同出让金额 8.5 亿元，其中市区 123 幅、2 310 亩，合同金额 4.7 亿元。全省 1995 年部分国有土地使用权出让成交地价见表 1-28。

表 1-28　1995 年江苏省部分国有土地使用权出让成交地价一览表

序号	出让单位	出让时间	地块位置及编号	受让单位	出让方式	规划用途	出让年限	地块总面积（平方米）	土地开发利用现状	容积率	成交地价（元/平方米）
1	常州市规划国土管理局	1995.2.28	青果巷 B12	中山集团	协议	文娱农产品市场	40	6 868	在拆迁	2.65	755.48
2	常州市规划国土管理局	1995.8.8	北大街	兰洋国际房地产开发公司	协议	商办	40	6 770	拆迁	3.5	570

续表

序号	出让单位	出让时间	地块位置及编号	受让单位	出让方式	规划用途	出让年限	地块总面积（平方米）	土地开发利用现状	容积率	成交地价（元/平方米）
3	常州市规划国土管理局	1995. 10. 17	劳动中路	南开房地产开发有限公司	协议	综合居住	50	8 252	前期准备	1. 68	318
4	宜兴市土地管理局	1995. 11. 17	宜兴市宜城镇	宜兴都润房地产开发有限公司	拍卖	住宅	70	22 379. 91	毛地	2. 23	1 532. 62
5	无锡市土地管理局	1995. 6. 14	中山路	无锡市三凤桥肉庄	协议	综合	50	2 800	毛地	5. 5	2 050
6	无锡市土地管理局	1995. 11. 28	解放东路	太湖房地产开发公司	协议	综合	50	3 308	毛地	4. 5	1 680
7	镇江市土地管理局	1995. 6. 14	官塘桥乡	镇江振兴房屋开发公司	协议	综合楼	40	955. 5	生地	—	196. 8
8	镇江市土地管理局	1995. 4. 25	大港	亚洲纸浆业有限公司	协议	工业	50	616 438. 56	生地	—	108
9	扬州市土地管理局	1995. 5. 28	95-02	扬州美林房地产开发有限公司	协议	综合楼	50	3 060. 88	城区毛地	2. 95	404
10	扬州市土地管理局	1995. 12. 6	95-06	扬州信叠房地产开发公司	协议	商业金融	40	1 170. 35	城区毛地	4. 27	605
11	苏州市土地理局	1995. 1. 24	浒墅关镇综合开发区	苏州市南兴研磨材有限公司	协议	工业	50	33 027. 8	生地	1	120
12	苏州市土地管理局	1995. 4	天平灵岩山南麓	铁道部第四工程局第二工程处	协议	休养院	50	18 446. 1	生地	待规划	165
13	苏州市土地管理局	1995. 7. 4	工业园区斜塘镇华莲村	苏州市南兴研磨材有限公司	协议	工业	50	45 703. 1	生地	待规划	142. 5

注：常州市大配套费按占地每平方米 150 元计，小配套费按建筑面积每平方米 223. 5 元计。

经统计，1991 至 1995 年“八五”期间，全省出让国有土地使用权达 1. 2 亿平方米，合同收入达 160 亿元。

1996 年 9 月，省国土管理局印发《关于加强土地使用权出让价格管理的通知》（省国土局 苏国土建〔1996〕118 号），明确出让金或补缴出让金应以评估地价为重要依据。“出让土地使用权的价格评估由县以上人民政府国土管理部门指定具有土地评估资质的中介机构承担，并报上级国土管理部门备案”“省国土管理局指定江苏省地价所为省级审批出让土地价格评估机构”全省逐步规范土地使用权出让价格评估市场。全年全省出让国有土地使用权 2 383 宗、1 450 公顷，出让金纯收益 17. 88 亿元。

1997 年 6 月，中共江苏省委印发《中共江苏省委、省人民政府贯彻落实〈中共中央、国务关于进一步加强土地管理切实保护耕地的通知〉的通知》，要求加强土地价格管理，规范土地市场，尽快制定出台全省地价管理办法，建立土地基准地价和标定地价评估的公布制度。当年共出让土地 4 833 宗、2 212 公顷，收取出让金 44. 21 亿元。

1998 年 6 月，为贯彻省政府《关于深化土地使用制度改革若干问题的通知》（苏政发〔1998〕16 号）精神，省国土管理局发出关于进一步加强地价评估工作的通知，要求国有土地使用权出让（包括划拨土地使用权补办出让手续）和企业改制土地资产处置“必须先进行地价评估再办理出让或土地资产处置手续”，当年全省土地出让合同收入 40 亿元。

1999 年 10 月 14 日，省国土管理局印发《江苏省城镇国有土地使用权招标拍卖暂行办法》，规定土地使用权招标、拍卖出让底价，应经有相应土地评估资格的机构按国家和省规定的技术规程评估，并经县级以上土地行政主管部门审核后，报同级人民政府批准。金坛市国有土地使用权招标、拍卖出让 2 宗地、0. 977 4 公顷，经地价评估确定底价后，完成交易价为 636 万元。是年，全省出让金合同收入增至 80 亿元。

到了 2000 年，由于土地使用制度改革力度加大，市场经济发展迅猛，江苏土地一级市场交易空前活跃，成交量倍增，其中，招标、拍卖出让国有土地使用权比重显著增加。金坛市经底价评估共出让国有土地 35 宗、37. 479 8 公顷，成交金额 5 247. 57 万元。其中，招标、拍卖出让 16 宗、1. 896 公顷，成交金额 2 096. 13 万元。一些市、县（市、区）招标、拍卖出让方式实现“零的突破”。5 月，常州市首宗通过拍卖方式出让的地块成交，由武进市顺达经济发展有限公司取得原常州照明电器厂 6. 36 公顷地块土地使用权，成交价 5 468. 57 万元。全年全省共评估土地 9 534 宗，面积 9 728. 20 公顷，评估资产额 219. 60 亿元，获得出让金合同收入 120 亿元，突破百亿大关。

三、土地流转宗地价格评估

土地流转价格评估是对土地使用权转让、出租、抵押所进行的价格评估，亦称为二级市场地价评估。一级土地市场是土地使用权的初始交易，反映的是国家（或集体）与土地使用者之间的经济关系，二级土地市场则是土地使用权的再交易，实现土地使用权在土地经营者和使用者之间横向流动，实现市场经济下生产要素的优化配置，它是一级市场的延续，反映一级市场土地的需求状况，又反映房地产市场的供求状况。既如此，二级土地市场地价评估即土地流转价格评估则更显重要。如定义所述，江苏土地流转价格评估分为转让（包括出售、交换、赠与）土地使用权价格评估、出租土地使用权价格评估、抵押土地使用权价格评估三类。为了更好地引导二级土地市场健康发展，一些市、县（市、区）制定了转让底价指导价标准。早在 1992 年 10 月，扬中县（今扬中市）人民政府就在评估价基础上，制定了国有土地使用权转让底价标准（见表 1-29），作为土地转让、拍卖价的基本依据，具体地块价格视情况而定。至 1995 年末，扬中县共办理单位个人转让、出租土地使用权地块 1 472 处、土地面积 68. 6 公顷、建筑总面积 68. 6 公顷，收取土地收益金 130 余万元。

表 1-29 1992 年扬中县（今扬中市）土地转让金底价标准表 单位：元/平方米

地类		房地产业	商业金融服务业	工业	科教文卫体等	行政办公
耕地	一等	160	150	140	135	132
	二等	150	140	130	125	122
	三等	140	130	120	115	112
	四等	132	122	112	107	104
菜地	一等	220	210	190	180	175
	二等	210	200	180	170	165
	三等	200	190	170	160	144
	四等	192	182	162	152	147

注：一、二等地另收取土地开发费 150 元/平方米，以达到建设用地的“五通一平”，三、四等地另收取土地开发费 110 元/平方米，以达到建设用地的“三通一平”。

1994 年，无锡市土地评估事务所共评估 11 个委托单位的 18 宗地，面积 12.70 万平方米，土地资产价值 2.4 亿元。

1995 年，徐州市办理 4 宗国有土地使用权抵押；常州市区办理 8 宗国有土地使用权抵押，面积 0.03 公顷，总价 16.42 万元；太仓市委托土地估价所对 5 个单位 8 宗地进行评估，资产总价为 3 213.12 万元。

1996 年，全省国有土地使用权出租涉及土地 3 248 宗，面积 36 公顷，租金 1 422 万元。

鉴于当时土地使用权隐性转让，地下交易面广量大，江苏对此进行了专项治理。之后，为规范土地使用权转让，按照《江苏省城镇国有土地使用权出让和转让实施办法》对国有土地使用权转让条件作出规定，全省土地使用权转让行为步入规范，土地使用权转让市场健康发展。其中，1998 年，常州市区办理国有土地使用权抵押 483 宗、441 公顷，评估价 1.21 亿元，贷款 9 000 万元。

据统计，1995—1998 年全省国有土地使用权流转共 2.02 万宗、2.11 万公顷，涉及金额 144.58 亿元。其中，转让 6 703 宗、1 800 公顷，转让金 30.87 亿元；出租 8 750 宗、440 公顷，租金 1.40 亿元；抵押 4 796 宗、1.89 万公顷，抵押价款 112.31 亿元。

1999 年 7 月，省政府印发《江苏省政府关于加强土地转让管理的通知》（苏政发〔1999〕66 号），规定以受让方式取得的国有土地使用权或以拍卖方式取得的集体所有的未利用土地使用权，交清全部土地价款，完成前期开发，符合土地出让合同约定条件的，方可转让、出租、抵押。以租赁、承包等其他方式取得的土地使用权，未经原出租或发包方同意，不得转让、出租、抵押或转包。当年全省共转让国有土地使用权 15 万宗、出租 3 万余宗、抵押 5 万余宗。

除上述国有土地使用权流转之外，二级土地市场还包括集体土地使用权的流转。

随着全省城乡经济的发展，土地资产商品化特性日趋明显，全省集体土地使用权的流转也逐步增多，仅无锡县 1995 年就流转了近两千宗。流转的范围既有股份合作制企业、租赁企业，也有房地产企业和临时用地。针对不同形式的企业集体土地使用权流转，全省各地采用不同的处置方式，一是确定地价，以价入股；二是确定租金，以租金入股；三是直接收取地租；四是出让、转让；五是改变用途。就全省而言，这些做法仅处于探索之中。

第五节　土地定级估价信息系统研发

一、城镇土地定级估价信息系统研发

按照城镇土地定级估价高起点试点的要求，20 世纪 90 年代初，江苏城镇土地定级估价试点应用了 GIS 计算机技术，改变了传统的作业方法，加速了运作效率，提高了成果质量。在镇江市区定级估价试点开发应用城镇土地定级信息系统之后，1993 年，受江苏省土地管理局委托，南京师范大学地理系率先研发了“江苏省城镇土地定级估价信息系统”，使城镇土地定级估价技术更具科学性、更加系统化，效率更快捷，质量更提升，得到国家土地管理局的充分肯定。在城镇土地定级估价中，应用 GIS 计算机技术，也是江苏城镇土地定级估价的一大特色。

城镇土地定级估价信息系统基于 MS-DOS5.0 及以上操作系统环境，采用 C 语言和 FoxPro 数据库管理系统开发，主要包括基础算法库、土地定级和土地估价三大功能模块。其中基础算法库模块包括基础图形算法和基础统计算法；土地定级模块包括因素因子及其权重确定、因素因子调查表编制、因素因子分值表编制、因素因子分值计算、综合分值计算和级别图生成功能；土地估价模块包括因素因子及其权重确定、样点调查表编制、估价参数确定、级差收益法评估、样点地价法评估、基准地价确定和宗地价格修正体系建立功能。

信息系统的研发，极大地提高了城镇土地定级估价的工作效率，也提高了成果的准确性，在成果的标准化应用方面起到了积极的作用，为后续城镇土地定级估价工作的开展奠定了基础。

图 1-6 郑斯林省长参观南京师范大学地理系研发的“城镇土地定级估价信息系统”

二、小城镇土地分等定级估价信息系统研发

鉴于县城镇以上城镇土地分等属于国家层面的职能，因此江苏研发的仅是城镇定级估价信息系统，没有分等功能，而县域内建制镇、乡集镇之间土地分等工作则是由各县（市、区）按规程要求组织评估确定，所以应用城镇土地定级估价信息系统对建制镇、乡集镇土地评估进行数字处理显然存有功能缺失，加之建制镇、乡集镇规模相对较小，用地类型相对简单，应用时又似有“大材小用”。为此，江苏省金陵土地资产评估高新技术公司开发了县（市、区）域范围内小城镇土地分等定级估价系统，实现了土地分等、定级、估价“三位一体”数据处理与制图的微机化，土地分等定级估价数据输入、处理、成果表达、成果管理与更新的全数字化。尤其是各类土地分等定级估价成果图全部数字式，保证成果图表达的规范化，大大提高了成果应用的效率和范围。

第六节　地价应用

一、国有企业改制土地资产处置

国有企业改制土地资产处置，是根据改制方案，对企业使用的原划拨土地使用权采取保留划拨、补办出让、作价出资（入股）、土地租赁或授权经营等不同方式进行处置。处置时需要评估地价，显化土地资产并进入企业负债表。

1994 年，江苏国有企业改制、建立现代企业制度试点工作开始。第一批确定的改制企业包括徐州工程机械集团有限公司等国家级试点企业 4 家，省级企业 127 家、各市确定的市级试点企业 181 家。全省国有企业改制过程中，土地资产评估、显化、处置、管理得到加强。1995 年，江苏国有企业土地资产处置工作伴随着国有企业改制起步。

1996 年，全省国有企业改革中的土地资产管理重点开展权属界定、资产显化、补办出让等土地使用权处置工作，服务了企业改革，盘活了土地资产。全省第一个进行国有土地使用权处置的徐州工程机械集团有限公司的 15 宗、1 181. 89 公顷国有划拨土地，按 50 年使用期全额授权经营获得省政府批准。是年，全省共办理企业改制土地出让手续 26 宗，面积 99. 53 公顷，金额 7 280. 64 万元；办理作价入股手续 4 宗，面积 22. 52 公顷，金额 5 584. 93 万元。

1998 年 2 月 19 日，省政府印发《江苏省政府关于深化土地使用制度改革若干问题的通知》（苏政发〔1998〕16 号），对国有企业改革中土地使用权处置做出具体规定，以应对经济结构调整和经济体制改革对土地使用制度改革提出的新要求。按照先试点规范再逐步推开的原则，对原通过划拨方式取得国有土地使用权的省重点企业集团、部分市重点企业集团、支柱产业重点企业、现代企业制度改革试点单位等国有或国有控股企业，进行盘活存量建设用地、显化国有土地资产并作为资本金注入企业的运作。企业进行股份制改造或以其资产与其他企业合资组建新的企业时，对其原通过划拨方式取得的土地使用权，采取补办出让或租赁的方式进行处置。国有企业之间进行合资合作的，在不改变土地用途的前提下，可仍按划拨土地使用权进行管理。是年 5 月 18 日，省国土管理局、省计划与经济委员会、省经济体制改革委员会和省财政厅联合印发《关于国有企业改革中国有划拨土地使用权管理实施意见》，明确国有划拨土地使用权处置按申请处置、产权确认、土地估价、拟定处置方案、处置方案的审批、签订处置合同、土地登记等程序办理。通过认定权属、显化资产、规范处置、变更登记等一系列工作，国有企业改革中国有划拨土地使用权成为企业的资产。据统计，当年全省约有 1. 30 万个企业进行产权界定、资产处置。通过改制，企业取得有偿土地使用权，可以在法律规定的范围内自主盘活土地资源，增加了土地的资产效益，促进了产权的流动。

1999 年，全省对 9 664 家企业、1. 19 万宗地、4. 69 万公顷土地的使用权进行了处置，资产总量达 7 504. 30 亿元。其中，经省国土管理局审批、确认的省属重点企业有 19 家、87 宗地、823 公顷土地，资产总量近 10 亿元。对江苏省扬子江药业集团、江苏恒顺集团等 12 家企业所拥有的国有划拨土地使用权，6 家采用资本金注入的方式，6 家采用出让或作价入股的方式进行了处置。徐州市完成了 300 余家企业的 450 宗地的土地资产处置工作，其中，出让 23 宗、18.30 公顷；出租 8 宗、4.60 公顷；作价入股 15 宗、117 公顷；保留划拨 40 宗、73 公顷。

截至 1999 年年底，全省已将 1.60 万个改制企业 1.81 万宗地的划拨土地使用权变为企业的法人财产权。此外，在省国土管理局组织下，由省地价所改制而成的苏地土地评估公司牵头，全省各地地价所以及社会中介机构实地参与配合，先后接受委托，对企业改制的中石油、中石化、中国联通、中国电信、中国移动通信等特大型“央企”在江苏的宗地价格进行评估。经土地估价人员共同奋斗 100 天，集中完成“中石化”、“中石油”两大国家级企业集团使用的 1 200 宗、资产总量 10 余亿元土地的评估并进行了初审。这是江苏土地管理史上绝无仅有的。其中，中国石油化工集团公司进行股份制改制境外上市，对江苏省境内 354 宗、共 315.2 公顷的土地资产进行处置，对于加油站商业用地采用基准地价系数修正法和收益还原法，对于铁路、码头等交通用地，统一设定为工业用地，采用成本逼近法和基准地价系数修正法进行评估，最终评估总金额为 8.85 亿元，确定的处置方案为授权经营。

2000 年 2 月 21 日，省政府印发《江苏省人民政府关于进一步深化我省国有企业改革若干问题的实施意见》（苏政发〔2000〕3 号），规定国有企业改革中涉及的划拨土地使用权，可采取保留划拨土地使用权、国有土地使用权授权经营、国有土地使用权作价出资（入股）、国有土地使用权出让、国有土地租赁和以折抵出让金等方式予以处置。7 月 24 日，省国土资源厅和省经济贸易委员会联合印发《省国土资源厅、经贸委关于国有企业改革中划拨土地使用权处置的有关问题的通知》（苏国土资发〔2000〕53 号），进一步明确江苏省国有企业改革中划拨土地使用权的处置方式内涵及适用范围：从事非经营性城市基础设施、公益事业服务的企业，国家重点扶持的能源、交通、水利企业，涉及国家安全领域的企业，对国家长期发展具有战略意义的高新技术开发领域内的企业，可继续保留划拨土地使用权。自然垄断行业如大型煤矿、石油、天然气生产企业等，提供重要公共产品和服务行业如从事大型基础设施建设、大江大河治理、重点防护林工程、重点公益事业等企业，省政府确定的百户国有大中型骨干企业和省政府授权的国有资产经营（控股）公司，实行国有土地使用权授权经营。国有企业组建股份有限公司或有限责任公司的国有经济重点控制和重组的企业可采取国有土地资产作价出资或人股方式处置。适用于授权经营处置方式的企业，也可以选择其他处置方式；适用于作价出资（入股）、保留划拨土地使用权的企业，也可以选择出让、租赁处置方式。除保留划拨、授权经营、作价出资（入股）所列类型之外的其他企业，原则上应采用出让或租赁方式处置国有划拨土地使用权。具体企业所属行业类型，由同级经贸委加以认定。土地使用权处置方案经批准后，处置时的各种合同样式由省国土资源厅统一制定发出；企业根据不同的土地使用权处置方式，调整国家资本金，进行相应的财务会计处理；企业持国有土地使用证、处置合同、土地使用权处置批准文件等有关材料，到土地所在地市、县（市）土地行政主管部门办理变更土地登记手续。全年，全省共处置 4 341 宗国有企业划拨土地使用权，面积 8.01 万公项，资产总额达 55.90 亿元。其中，采取出让方式处置的 2 334 宗，采取租赁方式处置的 1 050 宗，采取作价出资入股方式处置的 252 宗，采取授权经营方式处置的 205 宗，保留划拨方式处置的 500 宗。

在企业改制中，保留划拨方式处置的土地，如果用于出租和改变用途的，根据省人民政府在 1998 年批准省国土管理局、省财政厅、省物价局关于国有划拨土地用于出租和改变用途的收取土地年租金的请示，对采取租赁方式处置的也须缴纳年租金。各市市区土地年租金收费标准，按照低标准起步、定期调整的原则，根据各市当时不同用途、不同等级的实际地价水平，并参照补办出让手续补交出让金的标准确定。省里制定公布国有土地年租金最低保护价收取标准（见表 1-30）。

表 1-30　江苏省国有土地年租金最低保护价收取标准表　　单位：元/平方米

土地用途		租金标准					
		一	二	三	四	五	六
商业金融旅游娱乐用地	苏州　无锡	40	27.8	19	13	9	6
	南京　常州	36	25	17.1	11.7	8.1	5.4
	镇江　扬州 南通　泰州	32	22.2	15.2	10.4	7.2	4.8
	徐州　淮阴　盐城 连云港　宿迁	24	16.1	11.4	7.8	5.4	3.6
工业运输仓储用地	苏州　无锡	10	7	4.9	3.4	2.3	1.5
	南京　常州	9	6.3	4.4	3.1	2.1	1.4
	镇江　扬州 南通　泰州	8	5.6	3.9	2.7	1.8	1.2
	徐州　淮阴　盐城 连云港　宿迁	6	4.2	2.9	2.0	1.4	0.9
其他用地	苏州　无锡	7.5	5	3.5	2.4	1.5	1
	南京　常州	6.8	4.5	3.2	2.2	1.4	0.9
	镇江　扬州 南通　泰州	6	4	2.8	1.9	1.2	0.8
	徐州　淮阴　盐城 连云港　宿迁	4.5	3	2.1	1.4	0.9	0.6

注：本表所列为国有划拨土地出租的年租金收取标准，改变土地用途的年租金，可以按土地出租年租金标准的 50% 至 80% 的比例标准收取。土地使用权既出租又改变用途的，按出租土地的年租金收取，不得重复征收。

据此，全省各市根据已评定的土地级别和基准地价确定年租金标准。下例为连云港市市区国有行政划拨土地年租金收取标准（见表 1-31）。

表 1-31　连云港市市区国有行政划拨土地年租金收取标准表　　单位：元/平方米

土地用途	租金标准					
	一	二	三	四	五	六
商业、金融、旅游娱乐用地	24	16.1	11.4	7.8	5.4	3.6
工业、运输、仓储用地	6	4.2	2.9	2.0	1.4	0.9
其他用地	4.5	3	2.1	1.4	0.9	0.6

市属各县（市）土地年租金收取标准由各自研究确定，报省相关部门备案（见表1-32）。

表1-32　连云港市市辖县县城国有行政划拨土地年租金收取标准表　　单位：元/平方米

土地用途	租金标准			
	一	二	三	四
商业、金融、旅游娱乐用地	16.1	9.35	5.28	3.15
工业、运输、仓储用地	4.2	2.45	1.36	0.81
其他用地	3	1.58	0.92	0.53

二、集体企业改制土地资产处置

集体企业改制是经济体制改革的重要组成部分，而江苏的乡（镇）村集体企业体量大、类型多，产权复杂，体制、机制改革势在必行。20世纪90年代初，江苏乡（镇）村企业以增量扩股为主的股份合作制改革在全省普遍推开，随之全省各地陆续对改制中集体土地资产进行评估、产权界定和股份设置。1993年，全省共有7 630家乡（镇）村工业企业试行股份合作制，占乡（镇）村工业企业总数的6.8%。在乡（镇）村企业改制中，集体土地资产处置是规定动作，因此全省各地土地估价也紧紧跟上，做好服务。是年，江阴市土地管理局用成本逼近法对江阴钢厂等7家拟改制乡镇企业所拥有的7宗、452.99亩集体土地使用权进行评估。评估总价3 719.7万元，亩均8.21万元。宜兴市部分镇、村也陆续推行以使用土地上交款替代企业经营上交款的集体土地资产管理模式，走出集体土地租赁使用的第一步。

1997年是江苏乡（镇）村企业改革的转折之年。5月，省委、省政府召开全省大中型乡镇企业工作会议，着重部署以建立现代企业制度为方向的乡镇企业改革。不久，省委、省政府在苏州召开乡镇企业改制工作会议，要求加快推进改革进度，会后下发《关于进一步深化乡镇企业改革的意见》，当年，江苏乡镇企业公司制改革取得重大进展，苏南地区尤是。无锡市建立1 689家公司制企业，占改制企业的10.9%；苏州有1 696家乡镇企业改制为有限责任公司。乡镇企业改制中，集体土地资产的产权界定、评估、处置则随影而行。

1998年，省政府印发《江苏省政府关于深化土地使用制度改革若干问题的通知》（苏政发〔1998〕16号），对乡村集体企业改革中土地使用权的处置作出规定：乡村集体企业改制为股份合作制企业或出售的，原使用的集体非农建设用地使用权应采用租赁方式，经土地管理部门办理有关手续后，由集体经济组织将该土地使用权租赁给改制后的企业或购买者使用。乡村集体企业改组为股份制企业，可由集体经济组织将土地使用权租赁给改制后的股份制企业使用或作为土地资产入股。如果要出让的，必须先将土地征归国有，按规定办理出让手续，收取出让金。在乡村集体经济组织内部，因企业兼并造成土地使用权属或实际使用者变更的，可通过办理权属变更登记手续处置。除此而外的其他乡村集体企业被兼并，均应由集体经济组织将被兼并企业原使用的土地租赁给兼并企业使用。乡村集体企业改制过程中，可以对土地进行长期租用，分年收取租金。租赁期限可与企业登记的经营年限相衔接。年租金一般三年修订一次，标准可以参考国有土地出让金加上利息后的年均数确定。全省土地年租金最低保护价，由省国土管理局、物价局研究制定，经省政府批准后下达执行（详见表1-29）。企业改制之初交纳租金有困难的，乡村集体经济组织在3年内可给予减免照顾。农村集体非农业建设用地使用权租金收益，归乡村集体经济组织所有和使用，主要用于发展经济和土地复垦开发。实行年租金的农村集体非农业建设用地不得转租或改变用途，确需转租或改变用途的，由集体经济组织收回土地，重新签订租赁合同。城市规划区内的乡村集体企业改制后，如需将原使用土地改变用途、用于房地产等经营性开发的，必须将集体所有土地征为国有土地，通过出让方式取得国有土地使用权。乡村集体企业改制涉及的集体非农建设用地使用权租赁，由集体经济组织与使用者签订土地租赁合同，报县（市）土地管理部门审批。土地管理部门应对土地权属、用途、地价等进行认真审核，并做好登记发证工作。对土地权属不清，土地用途不符合土地利用总体规划和城市总体规划、村镇建设规划的，土地租赁价格低于最低保护价的，土地管理部门不予批准。原乡村集体企业未依法取得土地使用权的，在补办用地手续后，其土地使用权方可重新处置。

是年8月，省国土管理局、省乡镇企业管理局、省政府农村集体资产管理办公室联合印发《江苏省乡（镇）村企业改革中集体土地使用权处置实施意见》，集体土地使用权应根据企业改革的不同形式和所有者的意愿进行处置；企业与外商投资企业合作合资联营，其集体土地使用权可以由集体经济组织作租赁处置，也可以作为联营条件或作价入股，联营期满土地使用权退还集体经济组织；乡（镇）村集体企业改制涉及的集体非农建设用地使用权租赁，由集体经济组织与使用者签订土地租赁合同，报县（市）土地管理部门审批。土地管理部门应对土地权属、用途、地价等认真审核，并做好登记发证工作。对土地权属不清，土地用途不符合土地利用总体规划和城市总体规划、村镇建设规划的，土地租赁价格低于最低保护价的，土地管理部门不予批准。乡（镇）村集体企业未依法取得土地使用权的，在补办用地手续后，其土地使用权方可重新处置。该意见明确规定，集体土地使用权处置，必须权属合法无争议，有企业改革审批机关出具的改革审批文件，除保留划拨用地方式外，还必须经有资格的土地评估机构进行地价评估。

1999年7月26日，省政府印发《江苏省政府关于加强土地转让管理的通知》（苏政发〔1999〕66号），明确要求农民集体土地使用权不得出让、转让或出租用于非农业建设。对符合规划并依法取得建设用地使用权的乡镇企业，因合并、改组、改制等发生土地使用权转移的，必须按《江苏省政府关于深化土地使用制度改革若干问题的通知》关于村集体企业改革中土地使用权处置的规定办理。

20世纪90年代初，乡镇企业改制时期，江苏省各地陆续对集体土地资产管理进行积极探索。宜的兴市部分镇、村陆续推行以使用土地上缴款替代企业经营上缴款的集体土地管理模式，走出集体土地租赁使用的第一步。1999年，宜兴市开始全面推行集体建设用地年租制，由国土部门和乡镇、街道配合对符合土地年租金收取条件的用地进行了全面核查和登记造册，除宅基地和公共设施、公益事业用地外，各类镇、村企业使用集体用地的，全部实行租赁供地。

2000年，全省共处置2 357家乡镇企业9.20万公顷集体土地使用权，土地资产总额达9亿元。其中，采取出让方式处置的2 334宗，出让合同金额25.90亿元；采取租赁方式处置的2 007宗，资产额7.20亿元；采取作价出资（入股）方式处置的147宗，资产额1.20亿元；其它方式处置的203宗，资产额0.60亿。

三、清产核资土地资产入账

清产核资是在全国范围内进行清查资产、核实国有资金、摸清国有资产“家底”的工作。清产核资是国家经济体制改革、建立社会主义市场经济体制的基础性工作。国有资产中，土地是国家的重要资产，无偿使用的土地必须显化其资产量。查清并确定土地的权属、面积、资产量则是清产核资工作的重要内容，是土地管理部门的重要职责，是土地管理直接服务于社会主义市场经济体制的体现。搞好清产核资中土地清查估价，不但是加强土地资产管理、推进土地市场建设的重要手段，而且也是加快土地评价、土地登记的重要抓手。为此，财政部于 1994 年 2 月，出台清产核资办法，明确清产核资的重要意义，清产核资的内容、政策、方法、要求。是年 5 月 13 日，财政部、建设部、国家土地管理局、国有资产管理局印发《清产核资中土地清查估价工作方案》，紧接着，财政部、国家土地管理局、国有资产管理局又印发《清产核资中土地估价实施细则》。据此，江苏省清产核资领导小组办公室、省土地管理局、省财政厅、省国有资产管理局于 1995 年 5 月 9 日联合印发《江苏省清产核资中土地清查估价实施办法》，明确土地清查登记的工作程序，包括申报、地籍调查、权属审核、注册登记、颁发土地证书 5 个阶段；规定具体评估可按各地城镇特点、土地利用效益的差异和土地使用权的不同取得方式，将土地利用类型划分为商业、工业（含仓储）、住宅用地 3 大类。土地估价基准期日，统一为 1995 年 3 月 31 日，在基准日以前完成的，要按当地地价指数或当地综合物价指数进行修正。同时明确，该基准地价只适用于全民企业清产核资中的土地估价，不作为企业单位产权变动时的实际价格。6 月 21 日，针对各地反映的问题，省土地管理局印发文件，对清产核资中土地清查估价有关问题作了补充说明。

1995 年 8 月 16 日，财政部、国家土地管理局、国家国有资产管理局印发《关于认真抓紧做好清产核资中土地清查估价工作的紧急通知》，对全国主要城市进行分等，江苏省南京市为二等，并规定二等城市基准地价最低限额：最高级别，商业用地每平方米 5 500 元，住宅用地每平方米 3 000 元，工业用地每平方米 1 000 元；最低级别，商业用地每平方米 450 元，住宅用地每平方米 320 元，工业用地每平方米 200 元。同时公布主要城市清产核资入账指导价。二等城市入账指导价为：最高级别，商业用地每平方米 2 750 元，住宅用地每平方米 1 500 元，工业用地每平方米 500 元；最低级别，商业用地每平方米 225 元，住宅用地每平方米 160 元，工业用地每平方米 100 元。据此，是年 9 月，为保持各地区、各行业土地资产入账价值基本合理和可比较，江苏制定全省主要城镇（指市区和市（县）政府所在镇）土地资产入账修正指导价（见表 1-33）。同时，还规定其他建制镇如需作修正，每平方米不得低于 50 元。

表 1-33　1995 年江苏省主要城镇土地资产入账修正指导价　　单位：元/平方米

等别	主要城镇名称	最高级别			最低级别		
		商业	住宅	工业	商业	住宅	工业
一	南京	2 750	1 500	500	225	160	100
二	无锡、苏州	2 000	1 000	500	210	150	100
三	常州、镇江、扬州、南通、徐州	1 500	800	450	200	145	100

续表

等别	主要城镇名称	最高级别			最低级别		
		商业	住宅	工业	商业	住宅	工业
四	连云港、盐城、淮阴、江阴、张家港、昆山、吴县	1 200	500	300	195	140	95
五	吴江、太仓、常熟、锡山、武进	900	400	250	190	135	95
六	宜兴、溧阳、金坛、扬中、句容、丹阳、泰兴、姜堰、靖江、江都、仪征、江宁、六合、启东、通州、海门、泰州	600	250	200	185	130	90
七	兴化、高邮、宝应、如皋、海安、如东、溧水、高淳、江浦、东台、射阳、大丰、建湖、新沂、邳州、东海、赣榆、淮安、宿迁、洪泽、金湖	550	200	165	175	100	80
八	滨海、阜宁、响水、沛县、丰县、睢宁、涟水、泗洪、泗阳、沭阳、盱眙、灌南、灌云	500	170	150	150	90	70
备注	1. 所列地价标准已按基准地价最低限额的50%计算，且为各级别最低价； 2. 铜山县、丹徒县、邗江县、盐城郊区参照各自所在市市区地价标准执行； 3. 淮阴县参照淮阴市市区最末二级地价标准执行。						

参照省制定的指导价标准，各地结合实际，对各类用途国有土地使用权价格评估制定修正幅度，便于企业宗地估价时参照（见表1-34、表1-35）。

宗地价格按规定评定后，再按以下方案进行修正调整：采用基准地价和宗地修正系数方法估价的，凡所辖城镇与参照标准相比超过±10%的，以市为单位提出进一步修正方案，报省清产核资领导小组办公室和省土地管理局同意后实施；采用宗地直接评估法估价的，凡所辖城镇与参照标准相比仍超过±10%的，以市或市（县）为单位提出修正方案，报上一级清产核资机构和土地管理部门同意后实施；采用“指导性地价资料”估价的，凡超过“全省主要城镇修正指导价”±10%的，由市清产核资办公室和市土地管理局直接与省清产核资办公室和省土地管理局会商，制定入账方案。入账修正的具体调整工作应在各国有企业、单位土地估价结果录入汇总后，根据经核准的各地区、各部门入账修正方案，由计算机软件自动形成“清产核资土地估价入账价格修正调整表”。参见扬中市清产核资土地资产入账价格修正调整表（表1-35），并由各级清产核资机构在审批时以批复文件的附件下达企业。

经过修正评估，各地按期完成了清产核资中土地评价审核任务并上报。其中连云港市在清产核资中，评估审核了209家国有企业、1 187宗土地，涉及面积1 344.81公顷。泰州市（1996年后称泰州市海陵区）清查评估了春兰、林机等84个单位，土地估价面积241.66公顷，土地资产3.63亿元，其中商业用地土地资产1 366.40万元，工业用地土地资产3.32亿元，住宅用地土地资产1 688.59万元。

表 1-34　1995 年扬中市清产核资土地估价参照表

单位:元/平方米

土地等别	城镇名称	土地级别	商业			住宅			工业		
			一	二	三	一	二	三	一	二	三
一等	三茅镇（扬中市区）	指导价	720	450	240	270	228	204	222	100	150
		变幅	600~840	330~600	150~330	240~300	216~240	192~216	198~246	162~198	141~162
		修正系数	0.83~1.17	0.73~1.33	0.63~1.38	0.89~1.11	0.95~1.05	0.94~1.06	0.89~1.11	0.9~1.10	0.94~1.08
二等	新坝　兴隆　油坊　八桥	指导价	558	348	186	210	177	159	171	141	117
		变幅	465~650	255~465	117~255	186~234	168~186	150~168	153~189	126~153	108~126
		修正系数	0.83~1.17	0.73~1.34	0.63~1.37	0.89~1.11	0.95~1.05	0.94~1.06	0.89~1.11	0.89~1.09	0.92~1.08
三等	联合　丰裕　长旺	指导价	447	288	148	168	141	126	138	111	93
		变幅	372~522	204~372	93~204	150~186	132~150	120~132	123~153	99~123	87~99
		修正系数	0.83~1.17	0.71~1.29	0.63~1.37	0.89~1.11	0.94~1.06	0.95~1.05	0.89~1.11	0.89~1.11	0.94~1.06
四等	三跃　永胜　西来	指导价	324	210	108	123	102	91	111	90	75
		变幅	270~378	150~270	66~150	108~138	96~108	86~96	99~123	81~99	69~81
		修正系数	0.83~1.17	0.71~1.29	0.61~1.39	0.88~1.12	0.94~1.06	0.95~1.05	0.89~111	0.9~1.10	0.92~1.08

表 1-35　1995 年扬中市清产核资土地资产入账价格修正调整表

单位:元/平方米

土地等别	城镇名称	土地级别	商业			住宅			工业		
			一	二	三	一	二	三	一	二	三
一等	三茅镇（扬中市区）	入账价	504	315	168	189	160	143	155	126	105
		变幅	420~588	231~420	105~231	168~231	151~168	134~151	139~172	113~139	99~113
二等	新坝　兴隆　油坊　八桥	入账价	390	244	130	147	124	111	120	99	82
		变幅	326~455	179~326	82~179	130~164	118~130	105~118	107~132	86~107	77~88
三等	联合　丰裕　长旺	入账价	313	202	104	118	99	88	97	78	65
		变幅	260~365	143~260	65~143	105~130	92~105	84~92	86~107	69~86	61~69
四等	三跃　永胜　西来	入账价	227	147	76	86	71	64	78	63	53
		变幅	189~265	105~189	46~105	76~97	67~76	60~67	69~86	57~69	48~57

第七节　地价评估管理

一、评估资质(格)认定

江苏土地使用制度改革催生了一批土地估价机构。1992 年,江苏省地价所成立,承担省内重要宗地主要评估任务。随后,各市、县地价所也接踵成立,承担各地土地评估任务,为全省早期土地价格评估做出了贡献,后随着国家要求的土地估价单位脱钩改制,社会化的土地估价机构油然而生。

1993 年 2 月,国家土地管理局印发《土地估价机构管理暂行规定》,明确规定土地估价机构实行分级制。规定土地估价机构分为 A、B 二级。A 级土地估价机构可在全国范围内开展土地估价工作,其资格由国家土地管理局批准;B 级土地估价机构,只能在土地估价机构所在地的县级行政区域内从事土地估价工作,其资格由省、市、自治区土地管理部门批准。国家对土地估价机构实行资质认证制度,土地估价机构必须是具有独立法人资格的企事业单位,必须具有经过国家考试和符合认定条件的土地估价人员(土地估价师),同时具有一定比例的建筑、经济、会计及管理等专业的技术人员。同年 3 月,国家土地管理局还制定了《土地估价师资格考试暂行办法》,规定对土地估价资格实行全国统一考试,获得土地估价师资格证书的人员,才具有独立从事土地估价工作的资格(见图 1-7)。当年,江苏共有 8 个机构获得土地估价资质,其中 2 个 A 级,6 个 B 级,15 人通过考试获得土地估价师资格。国家土地管理局副局长马克伟为江苏金陵土地资产评估高新技术公司颁发全省第一本土地估价资质证书(见图 1-8)。

图 1-7　20 世纪 90 年代土地估价师资格考试现场(江苏考场)

图 1-8 1993 年，国家土地管理局副局长马克伟颁发全省第一本土地估价资质证书（A 级）

1994 年 1 月 4 日，江苏省土地管理局《关于印发〈江苏省地价评估管理暂行规定〉的通知》（苏土籍〔1994〕5 号），对土地评估应遵循的工作规则作了具体规定，将地价评估分为基准地价和宗地价格评估两种，并要求土地估价的技术方案应严格按照国家土地管理局《城镇土地估价规程（试行）》和省土地管理局具体要求制定并实施，明确规定地价评估实行有偿服务，其中基准地价评估费由组织单位承担，宗地价格评估由委托单位承担，具体费用按国家有关规定执行（具体见表 1-36）。江苏土地评估工作一开始就规范评估行为，为全省建立公平公正、健康有序的评估市场奠定基础。

表 1-36 江苏省地价评估费用执行标准

档次	计费额度（万元）	差额计费率（‰）
1	100 以下（含 100）	6
2	100~1 000（含 1 000）	2.5
3	1 000~5 000（含 5 000）	0.8
4	5 000~10 000（含 10 000）	0.5
5	10 000 以上	0.1

注：按差额累进计费率计算。

鉴于蓬勃而起的江苏土地评估市场，土地估价业务急剧增加，同时又需规范土地估价行为，对此，江苏需要大量合格的土地估价人员，以适应客观之需要。但全省具有土地估价师资格的人员数量，远远不能满足土地评估市场的需求。为此，江苏创新设立土地估价员资格认证制度。是年 9 月，省人事局、省土地管理局联合印发《江苏省土地估价人员资格管理暂行办法》，对全省土地估价人员实行资格管理与注册登记制度，由省土地管理局和省人事局共同颁发土地估价员上岗资格证书。明确凡是在我省境内从事土地估价业务的人员，必须取得土地估价员资格证书，或取得国家土地管理局颁发的土地估价师资格证书。当年有 99 人获得土地估价员资格。

1995 年，全省共有 25 个土地估价机构获得资质认定，其中 A 级 2 个，B 级 29 个；110 人获得土地估价师资格，300多人获得土地估价员资格。随后几年，在全国历次土地估价师资格考试中，江苏省获得土地估价师资格并进行执业注册登记的人员总数名列前茅。

到1999年底，江苏省已然形成了一批具有规模的，能够自我发展、自我约束、自主经营、自担风险的土地估价专业队伍。2000年，江苏省土地估价协会成立，共有团体会员88家，个人会员458名。

至此，江苏土地估价行业已初步走上政府监管、行业自律、独立公正、自主发展的道路。

图1-9　20世纪90年代江苏省土地估价培训班

图1-10　1994年4月，江苏省第二期城镇土地定级估价培训班合影

二、评估成果质量年检

为进一步加强城镇土地定级估价技术指导，提高评估机构人员的技术业务水平，建设一支高素质的评估队伍，1995年3月，省土地管理局建立江苏省城镇土地定级估价技术指导小组。组长姜正杰，副组长黄杏元、张蕴华，成员有倪绍祥、黄克龙、费仕良、蒋庭松、王海宏、刘明钟、宋玉波，专事全省土地评估业务研究及技术指导工作。同时，为了确保土地评估质量，省土地管理局于当年10月印发《关于进行土地估价中介机构资质年检的通知》，明确自本年起，建立土地估价中介服务机构资质年检制度。年检工作由省土地管理局组织有关专家和中介机构技术负责人共同组成的检查组具体实施，每年11月份进行，年底公布检查结果。年检的重点是检查宗地估价报告，采用按比例随机抽查方式进行。根据省土地管理局制定的检查标准，分宗、分项打分，综合评判。当年是实施的第一年，要求中介机构准备10份宗地估价报告。按照国家和省的技术标准及政策规定，由各机构先行自检，并写好工作总结和检查记录，然后交由检查组评判。检查和衡量的主要内容：报告格式的规范性，基础资料的真实性，参数选择的可靠性，地块描述的客观性，技术方法的正确性，表格设计的逻辑性，文字术语的规范性，评估结果的合理性。年检合格的机构在资质证书上加盖年检合格印章；不合格的责令限期改正；估价结果严重失实并造成严重后果的，按照资质管理权限，B级机构由省土地管理局取消其资质，A级机构由省土地管理局签署意见，报请国家土地管理局取消其资质。鉴于江苏土地估价中介服务机构整体素质较好，评估技术水平相对较高，所以连续几年的年检中，没有一个机构被处分。

1996年9月，省国土管理局印发《关于加强土地使用权出让价格管理的通知》，规定“各级人民政府国土管理部门要定期对指定的出让土地价格评估机构进行审核”。

2000年省土地估价协会成立后，此项工作交由协会承办，作为自律的重要内容和行为准则。

三、评估结果审查确认

土地评估结果审查确认是规范土地评估行为，确保委托方的权益，确保评估结果合理公正，确保土地资产不流失极其重要的举措。江苏土地估价报告审查确认，最初进行的是土地出让价格评估确认和清产核资中土地清查评估审查确认。

如前，省土地管理局1994年1月4日印发的《江苏省地价评估管理暂行规定》，明确“土地使用权出让应由县以上土地管理部门先对拟出让地块组织土地价格评估，并以评估结果作为确定出让底价的依据。企业改制、兼并、拍卖、租赁、以土地使用权作价入股办合作、合资企业，划拨补办出让，国有企业清产核资以及土地主要用途改变等，由县以上土地管理部门委托具有地价评估资格的土地评估机构评估，评估结果必须报经县以上土地管理部门审核。出让土地使用权转让、出租、抵押、土地交易的地价评估可以直接委托具有评估资格的土地评估机构，结果由土地管理部门认定”。

随着土地使用制度改革的力度加大，土地市场进一步发育，市场交易活动逐渐活跃，土地评估范围扩大，评估量大增。对此，省国土管理局、省物价局于1996年7月18日联合印发《关于土地评估机构、结果确认及收费的规定》，明确我省“实行土地价格评估结果认定制度”，对土地估价结果审查确认实行制度化。根据土地管理隶属关系，土地评估报告分别由省、市、县人民政府土地管理部门负责审查确认，同时对报由国家土地管理局确认的土地估价报告，按规定报送预审。如前所述，这年省土地管理局审查确认了徐工集团50年期授权经营改制企业用地15宗、1 181.89公顷。全省共审查确认了改制企业出让土地26宗、99.53公顷、7 280.64万元。为提高确认工作效率，省土地管理局委托省地价所负责由省确认的土地估价报告的技术审核。市、县(市、区)土地估价所相应承担同级土地管理部门委托的土地估价报告技术审核。

1997年以后，随着国有企业改制工作向纵深发展，江苏重点加强了对于改制企业土地评估结果的审核及确认。评估结果审核、确认分为三个层面。一是改革为股份有限公司和有限责任公司涉及的土地评估结果审核确认，除按规定上报国家土地管理局审核确认外，由省土地管理局审核确认。二是涉及划拨土地和需要改变出让合同条件的土地估价结果，按企业隶属关系由同级人民政府土地管理部门确认，跨行政区域的由所隶上级人民政府土地管理部门确认。三是其他土地估价结果，结合土地变更登记，对交易地价只进行审核，不再进行确认。

2001年3月21日，省国土资源厅转发国土资源部《关于改革土地估价结果确认和土地估价资产处置审批办法的通知》(国土地资发〔2001〕44号)，取消土地估价结果确认审批，严格实行备案制度。

第二章

第二个“十年”

（2001—2010）

2001—2010年是第二个"十年"，是江苏地价承上启下、锐意进取的十年。这十年，以"边建边管、建管结合"为工作的主基调，江苏制定、细化技术规范，以深度规范地价评估；这十年，江苏土地市场得到健康有序的发展，市场结构趋向合理，为土地科学评估与地价规范管理提供环境条件。这十年，地价工作全面拓展，取得一个又一个的成果。在国土资源大调查背景下，在相关科学理论以及国家相关技术规程的指导下，全面进行城镇土地等别调整、城镇土地级别调整、城镇基准地价更新，率先建立起城市地价监测体系和定期更新机制；最早发布全省协议出让最低价标准，全面完成农用地分等定级估价工作，建立了农用地等、级、价体系，初步构建了具有江苏特色的城乡地价体系；积极运用价格杠杆参与宏观调控，取得了丰硕的理论和实践成果，丰富了地价内涵，提升了地价管理水平，对土地管理事业的改革与发展起到了较好的推动作用。

第一节　土地等别调整

一、城镇土地等别调整

随着新一轮国土资源大调查，作为"土地资源监测调查工程"重要组成部分的土地分等，为适应新的要求，对20世纪90年代公布的城市土地等别加以调整，使之保持现势性，更有应用价值。2001年11月，国家质量监督局颁布了《城镇土地分等定级规程》(GB/T 18507—2001)，并于2002年7月1日正式施行，取代原《城镇土地定级规程(试行)》，使我国土地分等定级标准由部颁标准上升为国家标准，土地等级评估技术依据更为充分、更具权威性，为城镇地价体系构建打下坚实的基础。基于此，当年12月，国土资源部会同财政部对全国主要城镇土地等别进行了调整。其中，江苏的主要城镇土地等别区间由四等至十二等调整为四等至十三等。

2008年12月，国土资源部印发《关于调整部分地区土地等别的通知》(国土资发〔2008〕308号)，按照《城镇土地分等定级规程》(GB/T 18507—2001)，对各地社会经济发展水平、土地资源状况、基准地价水平等因素的变化进行综合评定。依据评定结果，江苏省调整了部分地区的土地等别，其中降等的有：常州市新北区由四等降到六等；连云港市海州区由七等降到八等；启东市和南京市六合、浦口区由七等降到九等；泗洪县、泗阳县由十二等降到十三等。升等的有：江阴市、昆山市、张家港市由七等提到六等；吴江市、宜兴市、常熟市由八等提到七等；金坛市由十等提到九等；太仓市由九等提到八等。规定自2009年1月1日起，《工业项目建设用地控制指标》《全国工业用地出让最低价标准》统一按调整后的土地等别执行。调整后，江苏省1个副省级市的城区、12个地级市的城区、27个县级市建成区和25个县城镇镇区共106个县级行政区的城镇土地共划为四等至十三等(见表2-1)。

表 2-1　2008 年江苏省城镇土地等别一览表

等别	行政区划名称
四等	常州市（天宁区、钟楼区）、南京市（白下区、鼓楼区、建邺区、秦淮区、下关区、玄武区、雨花台区）、苏州市（沧浪区、虎丘区、金阊区、平江区）、无锡市（北塘区、滨湖区、崇安区、南长区）
五等	徐州市（鼓楼区、云龙区）、南通市（崇川区、港闸区）
六等	扬州市（维扬区、广陵区）、镇江市（京口区、润州区）、南京市栖霞区、常州市（戚墅堰区、新北区）、苏州市（吴中区、相城区）、江阴市、昆山市、张家港市
七等	连云港市新浦区、泰州市（海陵区、高港区）、南京市江宁区、无锡市（锡山区、惠山区）、宜兴市、吴江市、常熟市
八等	淮安市（清河区、清浦区）、常州市武进区、连云港市海州区、太仓市
九等	丹阳市、海门市、靖江市、溧阳市、如皋市、泰兴市，通州市、盐城市亭湖区、扬中市、徐州市泉山区、连云港市连云区、南京市（六合区、浦口区）、启东市、金坛市
十等	东台市、江都市、姜堰市、仪征市、徐州市（贾汪区、九里区）、镇江市丹徒区、淮安市楚州区、扬州市邗江区
十一等	宝应县、大丰市、南京市（高淳区、溧水区）、高邮市、海安县、句容市、邳州市、如东县、宿迁市宿城区、新沂市、兴化市
十二等	东海县、赣榆县、洪泽县、建湖县、金湖县、沛县、射阳县、铜山县、盐城市盐都区、淮安市淮阴区
十三等	滨海县、丰县、阜宁县、灌南县、灌云县、涟水县、沭阳县、宿迁市宿豫区、睢宁县、响水县、盱眙县、泗洪县、泗阳县

2009 年 4 月，财政部、国土资源部印发《关于调整部分地区新增建设用地土地有偿使用费征收等别的通知》（财综〔2009〕24 号），对新增建设用地土地有偿使用费征收标准应用新等别进行调整。

二、建制镇、乡集镇土地等别调整

随着国民经济的快速发展，乡镇经济发展速度同步提高，交通条件、基础设施状况不断改善，原划分的乡镇土地等别，已经不能反映客观现状，对县域经济发展和土地利用规划调整难以发挥应有作用，需要推陈出新。同时，随着国土资源大调查工作的逐步深入，乡镇土地分等更新则更是势在必行。

2003—2006 年，江苏各市、县（区）根据社会经济发展的现实需求以及新的工作部署和要求，按照《城镇土地分等定级规程》（GB/T 18507—2001）要求，以多因素综合评价方法为主导，以市场资料校核和聚类分析方法为辅助，综合运用定量分析与定性分析等技术手段，对县域内建制镇、乡集镇等别体系进行了全面更新。江苏部分县（市、区）建制镇和乡集镇土地等别更新情况见表 2-2。

表 2-2　2003—2006 年江苏省部分县（市、区）建制镇和乡集镇镇区土地等别更新表

行政区域名称	土地等别	镇名	分等年份
南京市浦口区	一等	桥林镇、汤泉镇、永宁镇	2003
	二等	星甸镇、乌江镇、石桥镇	
江阴市	一等	华士镇、周庄镇	2004
	二等	青阳镇、长泾镇等 5 镇	
	三等	月城镇、祝塘镇等 5 镇	
东台市	一等	溱东镇、安丰镇等 5 镇	2006
	二等	南沈灶镇、头灶镇等 6 镇	
	三等	许河镇、五烈镇、后港镇等 9 镇	
	四等	广山镇、新街镇等 5 镇	
金坛市	一等	薛埠镇、直溪镇、水北镇、指前镇、社头镇、儒林镇等 6 个镇	2004
	二等	朱林镇、建昌镇、白塔镇等 8 个镇	

三、农用地分等

农用地分等定级估价是国土资源大调查“土地资源监测调查工程”的一项重要组成部分，是我国集体土地使用制度改革、征地制度改革、耕地占补平衡和农村税费改革的重要基础。江苏作为全国首批省级农用地分等工作的试点省份之一，相关工作启动较早。2001 年 4 月即开展农用地资源分等相关调查研究工作。为加快组织推进和提升工作效率，是年 9 月，省政府办公厅印发《省政府办公厅转发省国土资源厅〈关于开展全省农用地分等定级与估价工作的意见〉的通知》（苏政办发〔2001〕110 号），明确以市为单位组织开展工作。经过全省国土资源系统近两年的努力，江苏在全国率先完成了农用地分等工作，形成了覆盖全省的农用地等别体系。

江苏省农用地分等主要依据各土地评价单元土地分等因素的组合状况及其相对的土地生产力，运用地理信息系统及其他专业软件建立数据库，对全省农用地资源生产能力、利用条件、生产效益等数据进行系统分析、绘制数字化底图、汇总统计数据，以二级指标区为空间单元确定标准耕作制度和自然质量条件参数体系，从而确定全省农用地资源自然质量等、利用质量等和经济质量等三类质量等别标准，进而对土地质量的自然和社会经济因素综合评价，明确了全省农用地资源质量分布结构，形成了一系列“省—市—县”农用地分等成果，并据此在全省范围内设置了 4 108 个标准样地，以便农用地质量动态监测。按照国家农用地分等规程和全省农用地利用特点，江苏省划分太湖平原区、里下河平原区、沿海平原区、沿江平原区、宁镇扬丘陵区和徐淮平原区等六个二级指标区；按照主导因素差异性、分等因素相似性和边界完整性的要求，划分了 12 025 个农用地分等单元；根据农用地资源调查和研究成果，划分了 7 个农用地自然等别、8 个农用地利用等别和 7 个农用地经济等别，形成覆盖全省的农用地等别体系。

农用地自然质量等的确定是在光温生产潜力的基础上，根据农用地自然质量综合分值进行修正，从而形成自然质量等指数，并以此为基础，对农用地自然质量等别进行划分。农用地自然质量参评因素，主要是影响农业利用及生产潜力的因素，如地貌、土壤、气候、生态环境等。根据综合指数，全省共划分七个等别，其划分标准见表 2-3。

表 2-3　2002 年江苏省农用地自然质量等别划分标准

等别	一等	二等	三等	四等	五等	六等	七等
指数范围	>3 200	3 000~3 200	2 800~3 000	2 600~2 800	2 400~2 600	2 200~2 400	<2 200

据此，全省 501.63 万公顷农用地自然质量分等结果为：一等地 25.61 万公顷，占全省总数的 5.11%；二等地 79.11 万公顷，占 15.77%；三等地 159.58 万公顷，占 31.82%；四等地 149.79 万公顷，占 29.86%；五等地 72.45 万公顷，占 14.44%；六等地 12.25 万公顷，占 2.44%；七等地 2.82 万公顷，占 0.56%。具体分布见表 2-4。

表 2-4　2002 年江苏省农用地自然质量等面积统计表　　单位：公顷

行政区域	一等	二等	三等	四等	五等	六等	七等	总计
常州市	5 310.90	126 691.70	55 453.45	4 660.92	12 074.99	—	—	204 191.96
淮安市	—	38 976.32	106 876.70	195 308.88	130 519.00	20 609.30	1 039.95	493 330.15
连云港市	16 546.96	35 912.08	125 375.22	120 166.58	81 031.54	2 525.69	—	381 558.07
南京市	13 101.83	42 481.22	124 884.19	94 684.07	25 543.21	325.62	—	301 020.14

续表

行政区域	一等	二等	三等	四等	五等	六等	七等	总计
南通市	647.77	13 920.49	171 100.37	223 659.73	5 312.12	3 541.71	—	478 182.20
苏州市	148 481.49	79 202.49	69 221.88	6 268.36	698.78		—	303 873.01
宿迁市	93.56	13 599.62	163 905.39	201 369.43	70 942.92	1 415.17	—	451 326.08
泰州市	—	16 976.29	211 349.43	80 108.70	10 960.48	1 650.73	—	321 045.63
无锡市	14 304.62	60 796.74	84 203.73	13 264.36	2 943.73	—	—	175 513.19
徐州市	29 355.15	161 384.22	210 483.57	153 174.40	50 172.90	7 883.32	1 193.42	613 647.00
盐城市	—	5 919.50	103 880.67	324 609.08	258 140.24	73 294.10	25 533.87	791 377.47
扬州市	8 009.24	119 786.65	145 299.15	41 194.38	6 222.01	—	—	320 511.44
镇江市	20 272.54	75 494.24	23 773.93	39 480.34	9 935.80	11 259.97	480.69	180 697.52
总计	256 124.07	791 141.56	1 595 807.70	1 497 949.23	724 497.72	122 505.61	28 247.95	5 016 273.84

农用地利用质量等指数，是按照标准耕作制度所确定的各指定作物在农用地自然质量条件和农用地所在土地利用分区的平均利用条件下，所能获得的按产量比系数折算的基准作物产量之和。该指数是基于自然质量指数进行农用地利用水平修正后得到的，根据综合指数，全省共划分八个等别，其划分标准见表 2-5。

表 2-5　2002 年江苏省农用地利用质量等别划分标准

等别	一等	二等	三等	四等	五等	六等	七等	八等
指数范围	>3 000	2 800~3 000	2 600~2 800	2 400~2 600	2 200~2 400	2000~2 200	1 800~2000	<1 800

据此，全省农用地利用质量分等结果：一等地 5.34 万公顷，占全省总数的 1.07%；二等地 39.30 万公顷，占 7.83%；三等地 99.08 万公顷，占 19.75%；四等地 129.85 万公顷，占 25.89%；五等地 133.50 万公顷，占 26.61%；六等地 74.93 万公顷，占 14.94%；七等地 18.12 万公顷，占 3.61%；八等地有 1.52 万公顷，占 0.30%，具体分布见表 2-6。

表 2-6　2002 年江苏省农用地利用质量等别面积统计表　　单位：公顷

行政区域	一等	二等	三等	四等	五等	六等	七等	八等	总计
常州市	7 673.48	43 727.38	85 709.85	21 350.09	38 559.01	7 172.15	—	—	204 191.96
淮安市	—	26 779.32	50 064.51	92 199.59	175 978.30	80 920.39	66 348.08	1 039.95	493 330.15
连云港市	—	25 365.01	62 216.15	86 242.18	107 599.13	71 995.29	28 140.30	—	381 558.07
南京市	—	20 738.76	57 597.83	107 502.17	87 889.13	27 089.27	202.97	—	301 020.14
南通市	—	312.29	63 347.22	147 735.33	159 916.89	99 189.59	7 246.18	434.70	478 182.20
苏州市	19 879.93	87 776.51	151 937.63	43 200.75	1 078.19	—	—	—	303 873.01
宿迁市	—	2 176.33	76 317.35	202 741.49	159 188.02	10 902.89	—	—	451 326.08
泰州市	—	27 109.43	80 516.55	99 833.73	77 484.07	34 210.06	1 891.78	—	321 045.63
无锡市	11 057.00	22 774.04	69 969.25	50 259.83	13 439.71	6 076.71	1 936.65	—	175 513.19
徐州市	1 681.91	64 809.97	137 565.71	191 005.75	150 310.34	62 489.05	5 784.27	—	613 647.00
盐城市	—	336.56	26 252.44	149 981.71	262 498.86	287 125.03	53 710.04	11 472.83	791 377.47
扬州市	8 367.29	45 704.00	88 748.40	74 148.20	66 841.03	36 595.26	107.26	—	320 511.44

续表

行政区域	一等	二等	三等	四等	五等	六等	七等	八等	总计
镇江市	4 761. 34	25 375. 67	40 556. 30	32 254. 92	34 207. 50	25 540. 68	15 792. 63	2 208. 48	180 697. 52
总计	53 420. 94	392 985. 29	990 799. 18	1 298 455. 76	1 334 990. 18	749 306. 38	181 160. 15	15 155. 95	5 016 273. 84

农用地经济质量等指数，是按照标准耕作制度所确定的各指定作物在农用地自然质量条件、农用地所在土地利用分区的平均利用条件及所在土地经济分区的平均经济条件下，所能获得的按产量比系数折算的基准作物产量之和，亦即在当前农业技术经济条件下，该分等单元内农用地所能实现的最大经济产量水平。经济质量等指数的计算是基于利用等指数进行经济条件修正获得的。根据综合指数，全省共划分七个等别，其划分标准见表 2-7。

表 2-7　2002 年江苏省农用地经济质量等别划分标准

等别	一等	二等	三等	四等	五等	六等	七等
指数范围	>2 800	2 400~2 800	2 400~2 600	2 600~2 400	2000~2 200	1 800~2000	<1 800

据此，全省农用地经济质量分等结果为：一等地 14. 01 万公顷，占全省总面积的 2. 79%；二等地 67. 64 万公顷，占 13. 49%；三等地 112. 72 万公顷，占 22. 47%；四等地 134. 44 万公顷，占 26. 80%；五等地 121. 76 万公顷，占 24. 27%；六等地 41. 48 万公顷，占 8. 27%；七等地 9. 57 万公顷，占 1. 91%。具体分布见表 2-8。

表 2-8　2002 年江苏省农用地经济质量等面积统计表　　单位：公顷

行政区域	一等	二等	三等	四等	五等	六等	七等	总计
常州市	15 774. 65	89 283. 01	42 148. 55	24 511. 68	32 474. 07	—	—	204 191. 96
淮安市	—	63 144. 26	48 289. 26	114 135. 83	169 538. 90	60 703. 89	37 518. 02	493 330. 15
连云港市	—	50 395. 85	101 977. 47	94 691. 05	70 296. 69	42 515. 49	21 681. 52	381 558. 07
南京市	5 501. 10	30 174. 33	102 347. 89	105 127. 46	57 869. 36	—	—	301 020. 14
南通市	—	1 478. 71	111 447. 78	169 161. 66	144 968. 59	51 125. 46	—	478 182. 20
苏州市	38 226. 31	132 726. 24	132 920. 46	—	—	—	—	303 873. 01
宿迁市	—	9 882. 60	132 985. 39	222 666. 21	85 791. 88	—	—	451 326. 08
泰州市	—	75 815. 72	96 188. 76	70 214. 81	66 961. 57	11 864. 77	—	321 045. 63
无锡市	19 025. 87	40 055. 40	47 534. 18	50 978. 10	8 757. 83	9 161. 81	—	175 513. 19
徐州市	—	123 686. 36	164 123. 54	168 219. 83	141 623. 75	15 993. 52	—	613 647. 00
盐城市	—	—	39 867. 47	201 766. 74	332 125. 56	187 547. 13	30 070. 57	791 377. 47
扬州市	40 300. 76	26 565. 74	91 518. 73	77 208. 85	75 504. 84	9 412. 53	—	320 511. 44
镇江市	21 239. 17	33 229. 79	15 872. 29	45 751. 01	31 698. 82	26 455. 78	6 450. 66	180 697. 52
总计	140 067. 85	676 437. 99	1 127 221. 77	1 344 433. 23	1 217 611. 87	414 780. 37	95 720. 77	5 016 273. 84

农用地分等实践中，在遵循《农用地分等定级规程》（国土资源大调查专用）要求的前提下，江苏改进了土地利用系数和土地经济系数的计算方法，创新了等别划分方法，加快了进度，提高了质量。2002 年底全省农用地分等顺利结束，取得了较为丰富的成果。江苏成为我国较早完成农用地分等工作的省份之一。是年 12 月 26 日，该成果率先通过由国土资源部土地利用司、土地整理中心、中国土地勘测规划院组织的专家验收，认为该成果达到国内同类研究领先水平。

第二节　土地级别调整

一、城镇土地级别调整

进入新世纪后，城市发展升级迭代，用地需求集中释放，土地利用类型细化，土地有偿使用制度改革持续推进，国家在顶层设计上不断加强规范土地管理。如前述，2001 年，《城镇土地分等定级规程》（GB/T 18507—2001）和《城镇土地估价规程》（GB/T 18508—2001）国家标准颁布，对于促进土地资产价格显化、规范土地市场秩序、实现土地利用方式转变、合理土地收益分配等具有重要意义。

2001 年 7 月，江阴市、锡山市、宜兴市完成城镇土地分等定级估价更新工作，召开成果验收会，为全省其他地区开展城镇土地分等定级估价更新工作提供了经验借鉴（见图 2-1）。

图 2-1　2001 年 7 月江阴市、锡山市、宜兴市城镇土地分等定级估价更新成果验收会

2002 年 2 月，省国土资源厅部署城镇土地级别调整工作。其中，南京、常州、徐州、无锡、苏州主要采取分用途定级，即在土地分为商业、住宅和工业用途的基础上进行定级；其他城市进行综合定级。此次工作是在全面收集影响区域土地质量因素因子资料的基础上，首先应用地理信息系统（GIS）技术建立土地定级信息系统，然后运用多因素多因子综合评价方法，根据影响土地级别因素因子的相似性和差异性，初步评定区域的综合土地级别、商业用地土地级别、住宅用地土地级别、工业用地土地级别，再利用土地市场交易资料测算的地价和专家评议相互验证、相互补充，最终确定土地级别。

至 2005 年，江苏省陆续完成新一轮城镇土地定级工作，此次定级结果见表 2-9。

表 2-9　2002—2005 年江苏省城镇土地定级结果统计表

行政区域		商业级别数	住宅级别数	工业级别数
南京市		8	6	4
无锡市		10	8	6
苏州市	古城区内	8	5	6
	古城区外	8	8	6
常州市		6	6	5
徐州市		7	8	6
连云港市	新海地区	6	6	6
	连云地区	5	5	5
盐城市		7	6	4
泰州市		6	5	4
扬州市		8	6	5
淮安市		8	6	5
镇江市		6	6	6
南通市		7	5	4
宿迁市		5	5	5

2007 年 4 月 29 日，省国土资源厅印发《关于全面建立全省城镇地价季度动态监测与基准地价更新制度的通知》（苏国土资发〔2007〕146 号），要求全省各地城镇进行新一轮地价动态监测与基准地价更新的同时，对城镇土地级别进行更新，并推出《江苏省城镇地价动态监测与基准地价更新技术规范（2007 年版）》。此轮更新工作，对基准地价体系作了重大创新，整合构建了城镇基准地价与城市地价动态监测有机统一的“以价定级”体系。首先划分地价区段，布设地价监测点并测算其地价，利用地价监测点地价测算区段地价及地价指数，并根据地价水平的接近性和土地利用类型的相似性，将条件接近的地价区段归并为同一级别。

2008 年，江苏推出《江苏省城市地价动态监测信息系统（2008 年）》，推动了地价信息化建设，提升了基准地价更新效率。截至年底，南京、无锡、南通、镇江、淮安、连云港、盐城、泰州、宿迁 9 个设区市完成城市土地级别更新工作。之后，常州、徐州 2 市陆续完成；苏州、扬州 2 市城区上一轮土地级别调整较晚，此轮调整级别未变（见表 2-10）。

表 2-10　2008 年江苏省城市市区土地定级结果统计表

行政区域	商业级别数	住宅级别数	工业级别数
南京市（江南八区）	13	8	4
无锡市	9	7	5
苏州市	8	8	6
常州市	6	6	5
徐州市	8	6	3
连云港市	8	6	4
盐城市	6	5	4
泰州市	9	7	6

续表

行政区域	商业级别数	住宅级别数	工业级别数
扬州市	8	6	5
淮安市	8	6	5
镇江市	7	7	7
南通市	7	6	4
宿迁市	5	5	5

至2010年底,全省市(县)城区全部完成了城镇土地级别更新工作。

二、建制镇、乡集镇土地级别调整

上述江苏城镇土地级别于2002年进行了调整。与城市市区、县城镇镇区经济发展紧密相连的县(市、区)域内建制镇、乡集镇的土地市场运行、土地利用状况也随着城镇的变化而发生变化,加之建制镇、乡集镇本身经济发展走上了快车道,原划定的土地级别、用途、范围等发生很大改变,也急需要调整,使之更加符合实际,与调整后的城镇土地级别更相协调,使土地市场更有整体性。故江苏各地在城镇土地级别调整的同时,分别对建制镇、乡集镇的土地级别也作相应调整。2003年3月,金坛市国土资源局在南京国图信息工程有限责任公司协助下,对调整后的6个一等建制镇镇区进行了土地级别调整,形成2004年成果即薛埠镇区划分为3个级别,直溪镇区等5个镇区均各划分为2个级别。

2007年起,在省国土资源厅的指导下,各地通过招标,分别开展建制镇、乡集镇土地定级工作。评估范围涉及响水县、建湖县、滨海县、射阳县、东台市、启东市、南京高淳县等地,分为商业、住宅、工业三类用地评定级别。东台市各镇级别基准地价见表2-11。

表2-11　2007年东台市各镇级别基准地价表　　单位:元/平方米

土地等别	城镇名称	土地级别	商业用地		住宅用地		工业用地	
			平均地价	变幅	平均地价	变幅	平均地价	变幅
一等镇	溱东	一	1 100	840~1 360	435	345~525	185	168~225
		二	700	530~870	355	270~440		
		三	410	310~510	300	225~375		
	安丰	一	1 100	840~1 360	410	315~495	185	168~225
		二	650	510~830	330	250~410		
		三	380	300~480	275	215~345		
	富安	一	1 050	800~1 350	405	315~485	185	168~225
		二	640	490~790	330	250~410		
		三	370	280~460	275	215~345		
	时堰	一	1 040	790~1 290	405	315~495	185	168~225
		二	630	480~780	330	250~410		
		三	360	270~450	275	215~345		
	三仓	一	1 050	800~1 300	405	315~495	185	168~225
		二	640	490~790	330	250~410		
		三	370	280~460	275	205~345		

续表

土地等别	城镇名称	土地级别	商业用地		住宅用地		工业用地	
			平均地价	变幅	平均地价	变幅	平均地价	变幅
二等镇	南沈灶	一	900	680～1 220	365	280～450	180	168～220
		二	550	420～680	285	215～355		
	头灶	一	880	670～1 090	345	260～430	180	168～215
		二	520	390～650	290	220～360		
	梁垛	一	830	630～1 030	335	260～410	175	168～210
		二	480	370～590	280	210～350		
	弶港	一	820	620～1 020	345	260～430	175	168～210
		二	470	360～580	285	215～355		
		三	310	240～380	220	170～270		
	唐洋	一	790	600～980	320	245～395	175	168～210
		二	470	360～580	270	200～340		
	廉贻	一	760	570～950	315	240～390	175	168～210
		二	460	350～570	260	190～330		
三等镇	许河	一	630	480～780	285	215～355	175	168～205
		二	390	300～480	225	170～280		
	五烈	一	630	480～780	285	215～355	175	168～205
		二	390	300～480	225	170～280		
	台南	一	630	480～780	260	190～330	175	168～205
		二	390	300～480	215	168～270		
	后港	一	620	470～770	270	205～335	170	168～200
		二	400	300～500	205	168～250		
	新曹农场	一	610	460～760	255	190～320	170	168～200
		二	400	300～500	210	168～260		
	弶港农场	一	610	460～760	285	215～355	170	168～200
		二	380	290～470	225	170～280		
	四灶	一	600	460～740	280	215～345	170	168～200
		二	380	290～470	210	168～260		
	海丰	一	590	450～730	255	190～320	170	168～200
		二	370	280～460	210	168～260		
四等镇	广山	一	540	420～660	245	190～300	170	168～195
		二	320	240～400	190	168～245		
	新街	一	500	380～620	225	170～280	170	168～195
		二	290	230～350	190	168～245		
	曹丿	一	520	400～640	220	170～270	168	168～190
		二	320	240～400	190	168～240		
	富东	一	490	370～610	215	170～260	168	168～190
		二	270	210～330	180	168～225		
	新曹	一	470	360～580	210	168～255	168	168～190
		二	260	200～320	175	168～220		

三、农用地定级

农用地分等定级估价被纳入国土资源大调查项目之后，江苏积极响应，组织开展并全面完成国家农用地分等工作任务。紧接着，江苏又积极推进农用地定级估价试点工作，为全国首批开展此项工作的省份之一。根据2001年4月24日《国土资源部关于批准开展2000—2001年度〈农用地分等定级与估价〉项目的通知》（国土资发〔2001〕133号），与农用地分等工作同步进行，江苏开展农用地定级估价试点工作并探索、研究并形成全省统一的评价技术方法，拓宽评价成果应用领域，更好地服务于土地资源保护和利用，推动我省农用地评价管理工作再上台阶。

按照《省政府办公厅转发省国土资源厅关于开展全省农用地分等定级与估价工作的意见的通知》（苏政办发〔2001〕110号），省国土资源厅选取了海门、江阴、滨海、兴化、靖江、昆山、赣榆、大丰等10个县（市、区）为本省的试点地区。农用地定级采用综合定级的方法，其技术路线为：应用地理信息系统技术建立农用地定级信息系统；根据《农用地分等定级规程》中规定的因素因子体系，采用特尔斐法，确定影响农用地定级的因素因子及其权重；采用影响农用地自然质量因素作参考，分级编制“自然质量定级因素因子—质量分”关系表，采用相对值法编制区位因素和社会经济因素“定级因素因子—质量分”关系表；根据定级因素对农用地级别的影响方式选择量化方法；采用网格法将调查区划分为实地距离25米×25米的农用地定级单元，采用区域赋值法和距离衰减法计算各定级单元各定级因素因子作用分值，采用空间数字叠置技术进行分值加权求和，计算各定级单元定级综合作用分值；采用总分频率曲线法分析诸因素因子综合影响强度的空间分布和分异规律，初步划分农用地级别；采用农用地效益调查资料测算法和专家论证法验证农用地级别；解析法量算各农用地级别的面积后，采用等值线法、晕线法等制图方法，自动绘制农用地定级因素因子作用分值图、定级综合作用分值图和农用地级别图。

通过分等定级工作实践，江苏的一些专家认为，农用地定级涉及社会经济易变性因素更多，地区性或地方性更强，为适应地方性工作需要“即用即评”，突破农用地的质量“等”和“级”连续划分“瓶颈”，提出“级”不是“等”的续分。2001年9月，金坛市国土资源局与南京农业大学土地管理学院合作，采用多因素多因子综合评定方法将全市规划区外农用地划分4个级别，并计算出各级别内二级地类面积。如下表2-12。

表2-12　2002年金坛市农用地各级别面积统计表　　单位：公顷

地类	Ⅰ	Ⅱ	Ⅲ	Ⅳ
水田	12 446.13	18 949.24	12 591.12	5 313.69
旱地	227.69	307.34	1 478.50	3 110.42
合计	12 673.82	19 256.58	14 069.62	8 424.11

2003年，海门市的农用地定级工作由海门市国土资源局与江苏金宁达不动产评估咨询有限公司配合完成。此次定级工作涉及海门市71 117.06公顷农用地，定级结果为：一级农用地4 454.99公顷，二级农用地11 718.72公顷，三级农用地23 419.98公顷，四级农用地31 523.37公顷。具体定级结果见表2-13。

表 2-13　2003 年海门市农用地定级结果各乡镇面积量算表　　单位：公顷，%

地区	土地级别				总计
	一级	二级	三级	四级	
三厂镇	636. 01	706. 11	2 235. 19	1 004. 22	4 581. 53
	13. 88	15. 41	48. 79	21. 92	100. 00
江心沙农场	—	405. 90	2 614. 79	—	3 020. 69
	—	13. 44	86. 56	—	100. 00
海门镇	1 932. 10	1 610. 67	—	—	3 542. 77
	54. 54	45. 46	—	—	100. 00
三星镇	—	485. 74	1 148. 22	—	1 633. 96
	—	29. 73	70. 27	—	100. 00
天补镇	—	1 856. 71	496. 70	—	2 353. 41
	—	78. 89	21. 11	—	100. 00
三和镇	749. 24	2 084. 61	—	—	2 833. 85
	26. 44	73. 56	—	—	100. 00
德胜镇	—	2 789. 15	945. 80	—	3 734. 95
	—	74. 68	25. 32	—	100. 00
海门市开发区	799. 46	—	—	—	799. 46
	100. 00	—	—	—	100. 00
常乐镇	338. 18	1 345. 32	2 526. 98	—	4 210. 48
	8. 03	31. 95	60. 02	—	100. 00
麒麟镇	—	—	—	2 897. 29	2 897. 29
	—	—	—	100. 00	100. 00
临江乡	—	—	1 656. 70	1 796. 96	3 453. 66
	—	—	47. 97	52. 03	100. 00
悦来镇	—	—	—	4 983. 28	4 983. 23
	—	—	—	100. 00	100. 00
三阳镇	—	—	—	3 213. 98	3 213. 98
	—	—	—	100. 00	100. 00
万年镇	—	—	—	2 645. 05	2 645. 05
	—	—	—	100. 00	100. 00
东灶港镇	—	—	256. 59	2 716. 58	2 973. 17
	—	—	8. 63	91. 37	100. 00
正余镇	—	—	247. 46	1 786. 47	2 033. 93
	—	—	12. 17	87. 83	100. 00
刘浩镇	—	—	1 435. 32	3 608. 45	5 043. 77
	—	—	28. 46	71. 54	100. 00
包场镇	—	—	1 248. 00	2 202. 48	3 450. 48
	—	—	36. 17	63. 83	100. 00
四甲镇	—	434. 51	2 948. 20	916. 13	4 298. 84
	—	10. 11	68. 58	21. 31	100. 00
余东镇	—	—	539. 81	1 694. 92	2 234. 73
	—	—	24. 16	75. 84	100. 00

续表

地区	土地级别				总计
	一级	二级	三级	四级	
树勋镇	—	—	1 611.50	812.35	2 423.85
	—	—	66.49	33.51	100.00
王浩乡	—	—	1 003.44	1 245.21	2 248.65
	—	—	44.62	55.38	100.00
货隆镇	—	—	2 505.28	—	2 505.28
	—	—	100.00	—	100.00
全市	4 454.99	11 718.72	23 419.98	31 523.37	71 117.06
	6.26	16.48	32.93	44.33	100.00

图 2-2　2003 年海门市农用地土地定级估价成果验收会现场查看资料

第三节　基准地价更新

一、城镇基准地价更新

保持和维护基准地价的现势性，对于防止国有土地资产流失，建立、完善地价体系，调控土地市场，促进经济平稳发展等具有十分重要的意义。因此，必须适时对基准地价进行更新。江苏首轮城镇基准地价系 1997 年公布使用，此后几年，江苏迎来经济大发展、市场大活跃、地价大增长的时期，原基准地价已不适应客观现实的要求，亟需更新。

2001 年 10 月 24 日，省政府印发《江苏省政府关于加强国有土地资产管理的意见》（苏政发〔2001〕141 号），要求各市、县人民政府依法建立基准地价更新和公布制度。

2002 年 7 月 1 日起实施的《城镇土地分等定级规程》（GB/T 18507—2001）和《城镇土地估价规程》（GB/T 18508—2001），明确城镇基准地价表现形式，由单一的级别基准地价扩充到以级别基准地价为主，辅以商业路线地价和区片地价。城镇基准地价评估的技术路线，由综合定级估价拓展为综合定级估价和分类定级估价相结合。既有省政府新的行政要求，又有国家规程新的技术指南，全省各地着手开展基准地价更新工作。南京市率先开展主城区、浦口区、大厂区的基准地价更新工作。此次更新，是以上一次成果为基础，利用房地出租、房地出售、商品房买卖、土地出让和转让、征地拆迁等市场交易资料以及企业用地效益资料，采用收益还原法、剩余法、成本逼近法等方法，评估测算商业、住宅、工业用地的样点地价，并对样点地价进行一系列修正。在此基础上，对样点地价按土地级别和地价区段进行同一性检验，利用市场交易样点地价和样点地价与土地级别数学模型法、样点地价与定级单位分值法，测算并确定商业、住宅、工业用地级别基准地价、商业路线价、住宅区片价、工业区片价。南京市的实践进一步丰富了城镇基准地价体系。

2003 年江苏省抓住创新机遇，把握国土资源大调查契机，根据《新一轮国土资源大调查纲要》和《国土资源大调查“十五”规划》，落实部署城市土地价格调查工作，即在完成有关城市土地定级和新一轮城市基准地价更新工作的基础上，建立城市基准地价动态更新和城市地价动态监测信息系统，及时反映地价变化情况。

此后，各市在土地级别调整的基础上，依据《城镇土地估价规程》，进行市区基准地价更新工作。至 2004 年，全省此轮设区市市区基准地价更新工作完成。结果见表 2-14。

表 2-14　2001—2004 年江苏省设区市市区基准地价表　　单位：元/平方米

城市名称		用途	一级	二级	三级	四级	五级	六级	七级	八级	九级	十级	评估基准日
南京市		商业	15 000	11 600	9 450	7 000	4 650	3 200	2 200	1 200	—	—	2001. 1. 1
		住宅	7 600	5 800	4 300	3 000	1 800	850	—	—	—	—	
		工业	1 250	950	760	610	—	—	—	—	—	—	
无锡市		商业	18 000	13 000	9 800	6 800	4 400	3 400	2000	1 400	950	550	2003. 1. 1
		住宅	6 200	4 800	3 600	2 550	1 700	1 000	650	450	—	—	
		工业	800	650	520	420	300	240	—	—	—	—	
苏州市	古城区内	商业	11 800	7 000	4 800	3 500	2 400	1 400	800	600	—	—	2002. 1. 1
		住宅	4 200	3 600	3 000	2 500	2 000	—	—	—	—	—	
		工业	800	660	520	400	300	250	—	—	—	—	
	古城区外	商业	11 800	7 000	4 800	3 500	2 400	1 400	800	600	—	—	
		住宅	—	3 600	2 900	2 400	1 600	1 000	600	400	—	—	
		工业	800	660	520	400	300	250	—	—	—	—	
常州市		商业	6 000	4 200	3 000	2000	1 200	600	—	—	—	—	2004. 1. 1
		住宅	4 000	3 000	2 100	1 200	800	350	—	—	—	—	
		工业	1 280	800	470	360	240	—	—	—	—	—	

续表

城市名称	用途	一级	二级	三级	四级	五级	六级	七级	八级	九级	十级	评估基准日
徐州市	综合	4 015	2 845	1 735	930	570	320	200	—	—	—	2003. 1. 1
	商业	4 705	3 570	2 595	1 920	1 010	770	450	260	—	—	
	住宅	2 400	1 760	965	640	360	185	—	—	—	—	
	工业	660	470	330	210	100	—	—	—	—	—	
连云港市 新海地区	商业	4 500	3 100	1 800	1 100	750	—	—	—	—	—	2004. 1. 1
	住宅	1 400	1 050	720	500	420	—	—	—	—	—	
	工业	480	440	390	330	270	—	—	—	—	—	
连云港市 连云地区	商业	3 850	2 350	1 400	850	550	—	—	—	—	—	
	住宅	1 250	900	600	440	340	—	—	—	—	—	
	工业	470	430	360	290	220	—	—	—	—	—	
盐城市	综合	4 800	3 000	1 700	1 000	650	450	—	—	—	—	2004. 1. 1
	商业	5 300	3 800	2 600	1 700	1 000	600	400	—	—	—	
	住宅	1 900	1 500	1 150	850	550	350	—	—	—	—	
	工业	400	300	240	200	—	—	—	—	—	—	
泰州市	商业	3 200	2 250	1 400	820	620	400	—	—	—	—	2002. 1. 1
	住宅	1 000	830	650	450	350	—	—	—	—	—	
	工业	500	420	340	270	—	—	—	—	—	—	
扬州市	商业	5 300	3 500	2 500	1 800	1 200	750	550	350	—	—	2003. 1. 1
	住宅	2 300	1 620	1 030	720	520	325	—	—	—	—	
	工业	600	450	350	270	210	—	—	—	—	—	
淮安市	商业	4 200	3 200	2 300	1 500	950	650	450	300	—	—	2004. 1. 1
	住宅	1 300	950	750	550	400	250	—	—	—	—	
	工业	450	400	340	240	200	—	—	—	—	—	
镇江市	商业	4 800	3 400	2 300	1 290	720	470	—	—	—	—	2002. 6. 30
	住宅	2 350	1 770	1 220	750	480	300	—	—	—	—	
	工业	—	—	500	390	310	250	—	—	—	—	
南通市	商业	4 000	2 900	2000	1 400	900	700	500	—	—	—	2001. 1. 1
	住宅	2 400	1 600	1 000	670	420	—	—	—	—	—	
	工业	800	500	340	200	—	—	—	—	—	—	
宿迁市	综合	2 080	970	450	280	240	—	—	—	—	—	2004. 1. 1
	商业	2 700	1 500	900	490	320	—	—	—	—	—	
	住宅	900	730	550	350	270	—	—	—	—	—	
	工业	440	340	260	220	180	—	—	—	—	—	

随着城市市区基准地价更新工作的进行，市（县、区）镇区基准地价更新工作也相继开展。

2007 年 4 月 29 日，省国土资源厅印发《关于全面建立全省城镇地价季度动态监测与基准地价更新制度的通知》（苏国土资发〔2007〕146 号），要求以市、县（市）为单位开展城镇地价季度动态监测与基准地价更新工作，依据本年 4 月 1 日出台的《江苏省城镇地价动态监测与基准地价更新技术规范（2007 年版）》，全省各地按季度复查和补充地价监测点，建立和维护地价监测体系，对城镇基准地价进行新一轮更新。金坛市国土资源局与南京农业大学土地管理学院、常州常地房地产评估有限公司合作,于 2008 年完成金坛市城区基准地价更新(见表 2-15)。

表 2-15　2008 年金坛市城区级别基准地价表　　单位:元/平方米

土地级别	商业用地			住宅用地			工业用地	
	基准地价	变幅	容积率	基准地价	变幅	容积率	基准地价	变幅
Ⅰ	4 170	4 790~3 240	1.8	1 665	2 050~1 280	1.6	500	550~450
Ⅱ	3 335	3 975~2 160	1.6	1 195	1 400~980	1.4	380	470~345
Ⅲ	2 065	3 250~1 545	1.2	845	1 050~630	1.2	300	350~270
Ⅳ	1 485	1 680~880	1.0	455	655~370	1.0	230	280~180
Ⅴ	795	910~630	0.9	360	380~300	0.9	210	220~180

2010 年,金坛市城区完成基准地价更新,其中商业用地划分为 5 个级别,住宅用地划分为 5 个级别,工业用地划分为 4 个级别(见表 2-16)。

表 2-16　2010 年金坛市城区级别基准地价表　　单位:元/平方米

土地级别	商业用地			住宅用地			工业用地	
	基准地价	变幅	容积率	基准地价	变幅	容积率	基准地价	变幅
Ⅰ	7 565	6 715~8 110	1.8	3 295	2 915~3 570	1.6	475	415~525
Ⅱ	4 875	3 990~6 715	1.6	2 580	2 215~2 915	1.4	350	315~415
Ⅲ	3 525	2 755~3 990	1.2	1 895	1 650~2 215	1.2	290	255~315
Ⅳ	2 030	1 580~2 755	1.0	1 400	1 215~1 650	1.0	215	205~255
Ⅴ	1 085	1 000~1 580	0.9	895	835~1 215	0.9	—	—

二、建制镇、乡集镇基准地价更新

建制镇、乡集镇土地基准地价更新,保持其现势性,对于乡镇土地利用和土地资产管理有着十分重要的意义。其余县城镇以上城镇土地基准地价更新,是省政府 2001 年印发的《江苏省政府关于加强国有土地资产管理的意见》中要求依法建立基准地价更新和公布制度的范围。全省各县(市、区)从本地实际出发安排建制镇、乡集镇土地基准地价更新工作,或同县城一并更新,或与县城分步实施。最终都在规定时限内提供出新的更新成果。2003 年 3 月—2004 年 5 月金坛市国土资源局对全市建制镇、乡集镇基准地价进行了更新。下列为薛埠镇及其他一等镇、朱林镇及其他二等镇更新后的 2004 年基准地价表(见表 2-17 至表 2-21)。

表 2-17　2004 年金坛市薛埠镇镇区级别基准地价表　　单位:元/平方米

土地级别		一	二	三
商业用地	基准地价	1 090	760	350
	变幅	800~1 400	500~900	280~500
	容积率	1.1	0.9	0.7
住宅用地	基准地价	500	360	260
	变幅	400~690	300~420	200~310
	容积率	1.3	1.1	0.9

续表

土地级别		一	二	三
工业用地	基准地价	200	180	145
	变幅	200～300	160～200	120～160

表 2-18　2004 年金坛市一等次建制镇商业用地基准地价及变幅表　　单位：元/平方米

建制镇名称	基准地价及变幅			
	一（容积率＝1.0）		二（容积率＝0.8）	
	地价	变幅	地价	变幅
直溪	830	660～1 040	530	320～700
水北	840	650～1 050	560	330～700
指前	800	620～1 030	510	300～600
社头	810	620～1 040	520	330～600
儒林	770	500～1 000		

表 2-19　2004 年金坛市一等次建制镇住宅用地基准地价及变幅表　　单位：元/平方米

建制镇名称	基准地价及变幅	
	地价	变幅
直溪	410	230～600
水北	400	230～600
指前	390	220～580
社头	380	200～540
儒林	400	250～580

表 2-20　2004 年金坛市一等次建制镇工业用地基准地价及变幅表　　单位：元/平方米

建制镇名称	基准地价及变幅	
	地价	变幅
直溪	160	120～240
水北	155	120～240
指前	155	120～230
社头	150	120～220
儒林	150	120～220

表 2-21　2004 年金坛市二等次建制镇镇区基准地价及变幅表　　单位：元/平方米

建制镇名称	地价					
	商业用地		住宅用地		工业用地	
	基准地价	变幅	基准地价	变幅	基准地价	变幅
朱林镇	650	550～790	330	230～450	150	100～170
建昌镇	640	530～770	340	240～450	145	100～160
白塔镇	610	500～760	320	220～430	140	100～160
茅麓镇	630	530～760	310	210～430	140	100～160
河头镇	650	550～800	320	220～440	150	100～170
洮西镇	470	380～640	320	220～440	140	100～160

续表

建制镇名称	地价					
	商业用地		住宅用地		工业用地	
	基准地价	变幅	基准地价	变幅	基准地价	变幅
西岗镇	470	390~650	300	200~420	130	100~150
尧塘镇	460	390~630	315	210~420	135	100~160

2004 年，高邮市开展市区及乡集镇土地分等定级与基准地价成果更新工作，其成果于 2005 年 5 月通过省验收。

2007 年 4 月 1 日出台的《江苏省城镇地价动态监测与基准地价更新技术规范（2007 年版）》要求建制镇、乡集镇的土地基准地价更新工作参照此规范执行。据此，一些县（市、区）国土资源部门组织开展建制镇、乡集镇的土地基准地价更新工作。东台市国土资源局组织并委托江苏金宁达不动产评估咨询有限公司承担，于当年即完成东台市建制镇、乡集镇土地定级估价。此次评估涉及东台市 24 个镇，共约 36.84 平方千米土地（见表 2-22）。

表 2-22　2007 年东台市建制镇、乡集镇土地定级估价结果　单位：平方千米，元/平方米

评估镇区	总面积	评估结果		评估镇区	总面积	评估结果	
		土地级别	基准地价			土地级别	基准地价
溱东镇	1.36	商业一级地	990	许河镇	0.90	商业一级地	580
		商业二级地	610			商业二级地	370
		商业三级地	350			住宅一级地	265
		住宅一级地	380			住宅二级地	200
		住宅二级地	310	五烈镇	1.10	商业一级地	610
		住宅三级地	260			商业二级地	380
安丰镇	1.42	商业一级地	1 050			住宅一级地	270
		商业二级地	630			住宅二级地	215
		商业三级地	370	台南镇	0.80	商业一级地	590
		住宅一级地	385			商业二级地	370
		住宅二级地	305			住宅一级地	245
		住宅三级地	255			住宅二级地	200
富安镇	2.45	商业一级地	1 000	后港镇	1.00	商业一级地	580
		商业二级地	620			商业二级地	380
		商业三级地	360			住宅一级地	255
		住宅一级地	380			住宅二级地	190
		住宅二级地	310	新曹农场	1.92	商业一级地	570
		住宅三级地	260			商业二级地	360
时堰镇	1.09	商业一级地	1 000			住宅一级地	245
		商业二级地	620			住宅二级地	200
		商业三级地	360	弶港农场	1.00	商业一级地	590
		住宅一级地	380			商业二级地	370
		住宅二级地	310			住宅一级地	270
		住宅三级地	260			住宅二级地	215

续表

评估镇区	总面积	评估结果		评估镇区	总面积	评估结果	
		土地级别	基准地价			土地级别	基准地价
三仓镇	3.50	商业一级地	1 030	四灶镇	1.80	商业一级地	550
		商业二级地	630			商业二级地	360
		商业三级地	370			住宅一级地	255
		住宅一级地	385			住宅二级地	190
		住宅二级地	310	海丰镇	1.00	商业一级地	550
		住宅三级地	260			商业二级地	350
南沈灶镇	1.80	商业一级地	820			住宅一级地	235
		商业二级地	520			住宅二级地	200
		住宅一级地	340	广山镇	1.45	商业一级地	520
		住宅二级地	260			商业二级地	310
头灶镇	0.83	商业一级地	800			住宅一级地	225
		商业二级地	470			住宅二级地	160
		住它一级地	315	新街镇	1.34	商业一级地	480
		住宅二级地	265			商业二级地	280
梁垛镇	1.65	商业一级地	790			住宅一级地	215
		商业二级地	460			住宅二级地	175
		住宅一级地	325	曹丿镇	2.13	商业一级地	500
		住宅二级地	270			商业二级地	310
弶港镇	2.30	商业一级地	810			住宅一级地	210
		商业二级地	460			住宅二级地	180
		商业三级地	310	富东镇	1.40	商业一级地	480
		住宅一级地	330			商业二级地	250
		住宅二级地	270			住宅一级地	210
		住宅三级地	220			住宅二级地	160
唐洋镇	2.78	商业一级地	760	新曹镇	0.58	商业一级地	460
		商业二级地	460			商业二级地	250
		住宅一级地	310			住宅一级地	200
		住宅二级地	260			住宅二级地	150
廉贻镇	1.24	商业一级地	740	——	——	——	——
		商业二级地	450	——	——	——	——
		住宅一级地	300	——	——	——	——
		住宅二级地	250	——	——	——	——

至2007年底，张家港、江阴、宜兴、扬中、通州、海门、如皋、海安、靖江、姜堰、泰兴、兴化、大丰、滨海等县（市、区）也相继完成建制镇、乡集镇的基准地价更新。

在陆续完成新一轮建制镇、乡集镇基准地价更新后，2010年始，一些县（市、区）将建制镇、乡集镇基准地价更新工作纳入地价动态监测和基准地价更新工作之中。

图 2-3　江阴市城镇土地分等定级与基准地价更新成果验收会

三、农用地基准地价评估

农用地基准地价评估与农用地定级工作同时展开，以农用地定级成果为基础，按照《农用地估价规程》(2001)要求，利用农用地投入产出效益资料，采用收益还原法、作用分值模型法等方法评估测算水田、旱地、菜地样点地价，并对样点地价进行一系列修正。以此为基础，对样点地价按农用地级别进行同一性检验，利用样点地价与农用地级别数学模型法、样点地价与定级单元分值法测算，分别评估不同土地级别的现有耕地和土地利用总体规划确定的"宜耕"未利用土地，在时点的长期农用地使用权或 30 年期农用地承包经营权的平均价格即为农用地的基准地价。

2001 年，江苏一些县(市、区)按照《农用地估价规程》(国土资源大调查专用稿)要求，先一步开展了农用地定级估价。其中，金坛市与南京农业大学土地管理学院合作，应用地理信息系统软件等技术对全市农用地(主要是耕地)进行定级与基准地价评估，历经一年多的努力，完成金坛市规划区外农用地 2002 年级别基准地价评估工作(表 2-23)。

表 2-23　2002 年金坛市农用地(规划区外)级别基准地价表　单位:元/平方米

级别	年期	水田			旱地		
		地价下限	平均地价	地价上限	地价下限	平均地价	地价上限
Ⅰ	30 年	20.50	23.50	26.70	17.00	19.10	21.20
	无限期	33.50	38.60	43.60	28.10	31.60	35.00
Ⅱ	30 年	16.20	20.70	25.30	15.90	17.40	18.80
	无限期	26.60	34.10	41.60	26.00	28.40	30.70
Ⅲ	30 年	10.70	15.40	20.00	12.20	13.50	14.80
	无限期	17.70	25.40	33.10	19.90	22.00	24.20

续表

级别	年期	水田			旱地		
		地价下限	平均地价	地价上限	地价下限	平均地价	地价上限
Ⅳ	30 年	8.50	11.20	14.00	8.10	11.10	14.10
	无限期	16.90	24.40	28.00	13.40	18.30	23.20

2003 年海门市采用两种技术方法评估农用地基准地价：一是在农用地定级基础上，用投入产出资料评估并确定基准地价；二是根据农用地级别指数、定级单元定级综合作用分值和投入产出资料，建立地价测算模型，评估并确定基准地价（表 2-24），以此建立了农用地宗地地价修正体系，并形成了农用地定级估价工作报告、技术报告以及相应的专题报告。

表 2-24　2003 年海门市农用地级别基准地价表　　单位：元/平方米

农用地级别		一		二		三		四	
		长期使用权	30 年承包经营权	长期使用权	30 年承包经营权	长期使用权	30 年承包经营权	长期使用权	30 年承包经营权
水田	基准地价	17.90	12.40	15.80	10.90	12.20	8.40	9.50	6.60
	变幅	12.40~23.40	8.60~16.20	11.50~20.10	7.90~13.90	10.20~14.20	7.00~9.80	6.10~12.90	4.30~8.90
旱地	基准地价	15.60	10.80	12.50	8.60	9.80	6.80	7.30	5.00
	变幅	12.20~19.00	8.50~13.10	7.00~18.00	4.80~12.40	4.20~15.40	3.20~10.40	3.10~11.50	2.10~7.90
菜地	基准地价	51.10	35.20	40.40	27.60	29.70	20.50	21.30	14.70
	变幅	43.90~58.30	30.30~40.10	30.00~50.00	20.0~34.50	22.90~3 650	15.80~25.20	15.50~27.10	10.70~18.70

图 2-4　2003 年海门市农用地土地定级估价成果验收会

金坛市、海门市农用地基准地价评估实践，为进一步开展农用地定级估价工作积累了经验，探求了方法。农用地基准地价的评估为集体土地流转、促进农村土地资产价值实现、促进城乡统筹发展奠定了基础，为依法科学合理统一管理农用地、完善土地等级价体系提供了依据。

四、农用地产能核算

农用地产能核算是国务院部署的新一轮国土资源大调查的项目之一。开展此项工作是贯彻落实《中华人民共和国土地管理法》，科学评价不同区域农用地综合生产能力，分析评价农用地利用强度和潜力，切实掌握我国农用地资源状况的重要举措。开展农用地产能核算，有利于实现土地管理由数量管理为主向数量、质量、生态管护并重管理转变，对于保证粮食安全和尔后的基本农田划定和征地制度改革具有十分重要的意义。为此2007年8月，国土资源部决定在江苏等10个省开展农用地产能核算试点，并由国家农用地分等定级估价办公室组织编写《农用地产能核算技术规范（国土资源大调查专用稿）》。

2008年1月3日，省政府办公厅转发省国土资源厅《关于开展全省农用地产能核算工作意见》（苏政办发，〔2008〕1号），明确由各市、县政府组织和领导所辖行政区的农用地产能核算工作。1月30日，省国土资源厅、省农林厅、省统计局和省农科院4个部门（单位）联合印发由省国土资源厅根据《农用地产能核算技术规范》，结合江苏实际情况，组织编制完成的《江苏省农用地产能核算工作方案》《江苏省农用地产能核算技术方案》，并确定基于农用地分等的产能核算工作方法。方案经专家论证通过后，全省即开展农用地产能核算工作。3月21—22日，全省农用地产能核算培训会议在南京召开。4—5月，县级技术承担单位配合县级项目实施组织进行分等单元图的更新和补绘、工作底图编制、样点选取、数据调查和资料收集；7月中旬，省国土资源厅组织国土、农林、统计、农科院及高校有关专家对数据调查的科学性、合法性和产能核算模型构建的拟合度、显著性等进行综合评价与检验，通过中期评审后，确定各二级指标区理论产能和可实现产能核算模型；9月中旬，省国土资源厅组织有关专家对县级产能核算成果进行预检；12月，省级农用地产能核算汇总工作正式启动。

全省统一采用基于农用地分等的方法，即在县级农用地分等成果基础上，对农用地分等资料进行整理，并补充调查所需资料后，建立农用地产能核算数据库，采用一定的数理分析方法，分别核算农用地不同层次（理论产能、可实现产能和实际产能）和不同区域（乡镇、县域、省域）的产能。全省农用地产能核算成果见表2-25，核算基期年为2006年。

表2-25　2008年江苏省农用地产能核算结果表

城市	耕地面积（公顷）	理论产能		可实现产能		实际产能	
		理论产能（万吨）	理论单产（千克/公顷）	可实现产能（万吨）	可实现单产（千克/公顷）	实际产能（万吨）	实际单产（千克/公顷）
南京市	243 686. 35	443. 84	18 213. 58	395. 57	16 232. 75	338. 24	13 880. 14
无锡市	133 352. 29	251. 42	18 853. 82	225. 70	16 925. 09	179. 63	13 470. 33
徐州市	596 217. 30	1 230. 87	20 644. 65	1 054. 02	17 678. 45	852. 20	14 293. 45
常州市	161 806. 10	304. 97	18 847. 87	272. 42	16 836. 20	235. 14	14 532. 21
苏州市	239 649. 13	469. 02	19 571. 11	419. 71	17 513. 52	348. 43	14 539. 17
南通市	456 053. 23	837. 43	18 362. 55	782. 19	17 151. 29	683. 38	14 984. 65

续表

城市	耕地面积（公顷）	理论产能		可实现产能		实际产能	
		理论产能（万吨）	理论单产（千克/公顷）	可实现产能（万吨）	可实现单产（千克/公顷）	实际产能（万吨）	实际单产（千克/公顷）
连云港市	385 741.01	781.43	20 257.89	669.27	17 350.24	545.01	14 128.91
淮安市	487 606.50	932.55	19 125.05	823.77	16 894.16	685.08	14 049.85
盐城市	815 642.30	1 573.82	19 295.47	1 414.67	17 344.25	1 227.71	15 052.06
扬州市	314 587.03	614.63	19 537.68	550.94	17 513.12	492.99	15 671.02
镇江市	165 085.83	306.63	18 573.97	269.25	16 309.70	230.76	13 978.18
泰州市	315 763.55	605.45	19 174.16	556.31	17 617.93	522.46	16 545.92
宿迁市	453 544.93	912.71	20 123.92	799.58	17 629.57	630.30	13 897.19
合计	4 768 735.54	9 264.77	19 428.15	8 233.40	17 265.37	6 971.33	14 618.82

根据全省农用地产能核算成果，全省平均理论单产为每公顷19 428.15千克，其中连云港市海州区理论单产最高，为每公顷22 175.97千克，淮安市盱眙县理论单产最低，为每公顷17 031.90千克。全省平均可实现单产为每公顷17 265.37千克，其中连云港市海州区可实现单产最高，为每公顷19 618.20千克，盱眙县可实现单产最低，为每公顷14 905.27千克。全省平均实际单产为每公顷14 618.82千克，其中盐城市盐都区实际单产最高，为每公顷17 093.01千克，无锡市南长区实际单产最低，为每公顷12 403.27千克。

全省理论产能为9 264.77万吨，其中泗洪县理论产能最高，为287.02万吨，徐州市泉山区理论产能最低，仅为0.74万吨；全省可实现产能为8 233.40万吨，其中沭阳县可实现产能最高，为249.75万吨，徐州市泉山区可实现产能最低，仅为0.65万吨；全省实际产能总计6 971.33万吨，其中射阳县实际产能最高，为225.82万吨，徐州市泉山区实际产能最低，仅为0.49万吨。

2009年1月19日，全省农用地产能核算成果在南京通过预检，在全国率先完成农用地产能核算部级试点工作；5月27日，全省农用地产能核算成果验收通过，成为全国首个通过国土资源部验收的省份。

第四节 宗地价格更新评估

一、标定地价更新

标定地价更新，保持其现势性，对于调控土地市场，促进土地使用制度深化改革，对于规范土地评估，确保国有土地资产的保值增值具有重要意义。2001年10月24日，省政府印发《省政府关于加强国有土地资产管理的意见》，要求各市、县人民政府依法建立基准地价、标定地价更新和公布制度。基准地价未更新或地价水平已发生重大变化的市、县，应立即着手部署基准地价的更新调整工作。各地基准地价调整更新和标定地价的评估确定工作，省辖市市区须于2002年上半年完成，县（市）城镇须于2002年10月底前完成。提出标定地价每3~4年更新一次，其间也可根据土地市场变化情况适时进行调整。据此，全省各级国土资源部门组织标定地价更新工作。

二、“招拍挂”出让宗地价格评估

随着竞争性出让国有土地使用权的逐步推行，鉴于土地市场的实际运行情况，在以招标、拍卖方式出让国有土地使用权的基础上，增添了挂牌出让方式，从2002年起，国有土地使用权出让即以“招、拍、挂”方式进行。因此国有土地使用权出让价格评估，即包括招标、拍卖、挂牌出让国有土地使用权价格评估和协议出让价格评估。“招、拍、挂”出让国有土地使用权价格评估是对宗地规划用途条件下市场价值的评估，换言之，规划条件是“招、拍、挂”出让国有土地使用权价格评估的重要依据。协议出让是“招、拍、挂”出让范围以外的土地一级市场交易类型。协议出让国有土地使用权价格是由政府与土地使用者协商而定，而不是公开竞价。协议出让是有最低价限制的。江苏对出让国有土地使用权的价格都要求进行评估。评估出的宗地价格作为政府决定出让底价的参考依据。在尚未明确增加挂牌出让方式的2001年，《省政府关于加强国有土地资产管理的意见》规定，“招标拍卖底价在土地评估基础上确定”“确需协议供地的，供地价格必须在地价评估的基础上，按照不低于省政府确定的协议出让最低价的规定，集体审核确定，协议结果向社会公布，接受监督。”

2002年，国土资源部印发《招标拍卖挂牌出让国有土地使用权规定》（国土资源部11号令）宣布，从2002年7月1日起，全国范围内凡商业、旅游、娱乐和商品住宅等各类经营性用地，必须以招标、拍卖、挂牌等方式出让国有土地使用权。自此，江苏土地市场交易中，国有土地使用权出让进入以招标、拍卖、挂牌等方式为主的阶段。

2006年，国土资源部印发《招标拍卖挂牌出让国有土地使用权规范（试行）》《协议出让国有土地使用权规范（试行）》，规定：市、县国土资源管理部门应当根据拟出让地块的条件和土地市场情况，依据《城镇土地估价规程》，组织对拟出让地块的正常土地市场价格进行评估。有底价出让的，市、县国土资源管理部门或国有土地使用权出让协调决策机构应当根据土地估价结果、产业政策和土地市场情况等，集体决策，综合确定出让底价和投标、竞买的保证金。

2001—2010年期间，省国土资源厅委托相关土地评估机构对本省部分地区新增出让宗地底价进行评估，各地根据省里文件要求也普遍委托或通过招标确定相关土地评估机构对本地区出让宗地底价进行评估。评估采用市场比较法、成本逼近法、基准地价系数修正法、收益还原法等。徐州市区出让成交374宗地、2 945.11公顷，成交金额332.14亿元。据统计，这期间，江苏金宁达公司完成9 159宗地出让底价评估，计20 486.40公顷，总地价1 243亿元（表2-26）。2006—2010年江苏苏信公司完成22宗底价评估，涉及总面积约76.73公顷，总地价约14.70亿元（评估结果见表2-27）。

表2-26　2001—2010年江苏金宁达公司评估的全省部分地区土地出让底价统计表

评估年	宗数	面积（公顷）	平均单价（元/平方米）	总价（亿元）
2001	730	746.05	440	32.81
2002	948	1 971.56	374	73.74
2003	1 389	5 184.34	461	239.00
2004	805	1 711.70	499	85.41
2005	822	1 730.25	500	86.51

续表

评估年	宗数	面积（公顷）	平均单价（元/平方米）	总价（亿元）
2006	1 030	2 101. 59	460	96. 67
2007	1 137	2 325. 50	760	176. 74
2008	1 042	2 176. 15	1 000	217. 62
2009	628	1 269. 63	890	113. 00
2010	628	1 269. 63	957	121. 50
合计	9 159	20 486. 40	607	1 243. 00

表 2-27　2006—2010 年江苏苏信公司评估的全省部分地区出让底价统计表

评估年	宗数	面积（公顷）	平均单价（元/平方米）	总价（亿元）
2006	6	4. 52	3226	1. 46
2007	6	29. 90	579	1. 73
2010	10	42. 31	2719	11. 51
合计	22	76. 73	1915	14. 70

随着江苏市场经济不断发展，土地交易市场越发繁荣，国有土地出让规模不断增大，招标拍卖挂牌出让土地的比重逐步加大，但在一个时期内，江苏协议出让土地仍然有一个较大的空间。

三、市场交易流转宗地价格评估

随着土地使用制度改革的逐步深入，江苏土地市场日益繁荣，进入第二个“十年”，土地转让、出租、抵押等土地流转交易不断增加，地价评估业务则随之增多。2001 年开始，全省各地按照“工业以市场比较法、基准地价系数修正法、成本逼近法为主，商住经营性用地以市场比较法、剩余法、基准地价系数修正法为主”的方法要求对土地市场交易价格进行评估。至 2008 年，全省城镇土地宗地评估数量共 109. 45 万宗，其中，2001 年 2. 28 万宗，2002 年 2. 81 万宗，2003 年 7. 61 万宗，2004 年 16. 28 万宗，2005 年 15. 91 万宗，2006 年 19. 48 万宗，2007 年 19. 23 万宗，2008 年 25. 85 万宗。2001—2010 年江苏金宁达评估公司完成了 3. 39 万宗交易地价评估，总面积约 7. 42 万公顷，总地价约 1. 37 万亿元（表 2-28）。

表 2-28　2001—2010 年江苏金宁达公司评估的交易地价统计表

评估时段	宗数	面积（公顷）	单价（元/平方米）	总价（亿元）
2001 年	386	897. 38	904	81. 12
2002 年	3 438	6 896. 34	957	659. 98
2003 年	5 278	16 170. 79	2 178	3 522. 00
2004 年	2 937	6 111. 92	1 487	908. 62
2005 年	3 008	6 217. 42	1 856	1 153. 95
2006 年	3 841	7 778. 37	1 960	1 524. 56

续表

评估时段	宗数	面积（公顷）	单价（元/平方米）	总价（亿元）
2007 年	4 303	8 726.30	1 890	1 649.27
2008 年	3 766	7 747.53	1 795	1 390.68
2009 年	3 898	7 918.14	2 074	1 642.22
2010 年	3 081	5 714.92	1 996	1 140.70
合计	33 936	74 179.11	1 843	13 673.10

第五节　城镇地价动态监测

一、城镇地价年度动态监测

城市土地价格动态监测并公示，是政府决策的重要支撑，是政务公开的重要形式与内容，是服务于社会并接受社会监督的有效途径。随着土地使用制度改革的深化，土地资源的资产价值得以体现，为逐步适应城市建设、企业改革、经济结构调整的需要，2001 年 4 月，国务院下发《国务院关于加强国有土地资产管理的通知》（国发〔2001〕15 号），要求各级人民政府抓紧建立地价动态监测信息系统，逐步对全国重点城市和重点地区城市的地价开展日常监测工作，以便及时向社会提供客观的地价信息。因此，国家建立了以标准宗地为监测对象的城市地价动态监测体系，该体系覆盖了直辖市、计划单列市、省会城市以及长江三角洲、珠江三角洲、京津地区 50 个主要城市。江苏南京、无锡、常州、苏州、南通、扬州被纳入其中。是年 10 月 24 日，省政府印发《江苏省政府关于加强国有土地资产管理的意见》（苏政发〔2001〕141 号），要求加强全省地价动态监测，对全省重要城市地价水平动态变化情况进行监测，定期公布城镇地价指数。

2002 年 6 月，全省启动省级地价动态监测体系的建立工作。南京市在完成市区综合定级和分类定级的基础上，对商业、住宅、工业用地的基准地价和综合级别基准地价进行全面的数据更新，建立地价动态监测体系，其他各市依据国家规程、规范开展工作。

2003 年 3 月，省国土资源厅组织实施 2003 年度全省城市地价动态监测工作，根据《城市地价动态监测体系技术规范》《江苏省城市地价动态监测体系研究技术方案》，确定南京、苏州、无锡、常州、南通、泰州、徐州 7 个城市作为江苏省地价动态监测重点城市，建立全省地价监测信息系统，共设立地价监测点 612 个。

2004 年 3 月，省国土资源厅在网上公布首份年度城市地价动态监测报告即《江苏省 2003 年度城市地价动态监测报告》，3 月 26 日召开江苏省城市地价动态监测成果发布会，正式公布全省城市地价指数（表 2-29），这在全国省级行政区中尚属首家。至此，全省城市地价动态监测工作纳入年度常规工作。

表 2-29　2000 年—2003 年江苏省地价指数(环比指数)表　　单位:%

用途	2000 年	2001 年	2002 年	2003 年
综合	100.00	107.61	108.47	113.62
商业	100.00	106.98	106.67	109.36
住宅	100.00	109.47	111.94	116.61
工业	100.00	102.03	101.01	101.10

5 月,江苏省 7 个地价监测重点城市的土地价格调查项目成果,在南京通过了国土资源部及中国土地勘测规划院组织的国家级验收。与此同时,江苏决定扩大城市地价动态监测范围,南京、苏州、南通等 13 个省辖市以及张家港、高邮、新沂等 13 个县(市、区)被纳入城市地价动态监测范围。针对新增加的监测城市,在各城市完成城市土地的综合定级与分类定级、基准地价更新及其修正体系建立的基础上,采用多元回归分析的方法对测算范围内影响地价的因素进行分析,并据此划分为若干个地价区段,然后在地价区段内按照分层抽样的方法对原地价监测点进行分析,并据此设立地价动态监测点,然后按统一的地价内涵对监测点地价进行评估,形成各城市地价动态监测体系框架和监测点数据库。全年全省共设立 1 797 个监测样点,划分 968 个地价区段,在全面收集地价动态监测点资料、市场交易样点和地价资料的基础上,建立 2004 年度全省城市地价监测信息点数据库。是年 9 月,江苏省关于全省城市地价动态监测体系构建的研究成果通过江苏省科技厅组织的科技鉴定,鉴定结论表明我省城市地价动态监测体系研究成果的技术路线合理,方法正确,手段先进,成果实用性强,在建立省级城市地价动态监测体系方面,达到国内领先水平。这一年,作为首批地价动态监测重点城市的常州市即开始按季度对监测点地价进行评估,并向省国土资源厅以及国土资源部上报季度数据和年度地价指数等动态监测成果,包括报告文本、各种表格、图件。常州市地价动态监测体系,为常州市人民政府对土地市场的引导和宏观调控、防止常州市城市土地价格出现过大波动发挥了积极的作用。

2005 年,省国土资源厅发出通知,要求全省各地在原有范围的基础上,开展对县城镇以上城市地价变化情况的监测,首次将监测范围扩大到全省所有县城镇以上城市,是全国首个实现对全省城市地价动态监测的省份,并建立起全国首家省级地价动态监测信息网络系统。本次监测共设立监测样点 5 101 个,划分地价区段 2 713 个,收集比较案例资料 22 000 份、农地取得费资料 1 400 份,在此基础上形成了 2005 年度江苏省城市地价动态监测数据库。

2006 年,对 2005 年度布设的地价动态监测点进行维护与更新,全省共设立地价监测点 5 203 个,平均各城市 70 个监测点,最多的城市设置了 201 个监测点,最少的城市设置了 30 个监测点。

2007 年 4 月 1 日,为了适时准确把握城市土地市场运行状况,满足国土资源管理参与宏观调控的战略需求,江苏出台《江苏省城镇地价动态监测与基准地价更新技术规范(2007 年)》,规定地价动态监测的技术路线是,以城镇土地定级估价成果为基础,划分商业、住宅、工业等用途地价区段,布设地价动态监测点并测算其地价,确定区段地价与地价指数,采用“以价定级”的思路,实现了基准地价的动态快速评估。

为切实履行国土资源部门参与宏观调控的职能,及时掌握地价变化情况,加强土地市场动态变化分析,建立土地市场快速反应机制,4 月 29 日,省国土资源厅印发《关于全面建立全省城镇地价季度动态监测与基准地价更新制度的通知》(苏国土资发〔2007〕146 号),决定在全省范围内建立全省城镇地价季度动态监测与基准地价更新制度。要求全省各城镇自 2007 年第二季度起城市地价动态监测需按季度进行，城市基准地价更新需按年度进行；城市地价季度动态监测成果应于下季度第一个月月底前向社会公布，基准地价更新成果在下一年第一个月月底前向社会公布；省国土资源厅每年按年度发布江苏省城市地价动态监测报告。通知决定以市、县（市）为单位开展城镇地价季度动态监测与基准地价更新工作，按季度复查和补充地价监测点，建立和维护地价监测体系。

是年10月16日，省国土资源厅召开2007年上半年全省城市地价动态监测成果发布会（见图2-5）。该成果全面科学地反映全省地价实际变化情况，客观揭示江苏地价发展走势，正确引导全社会对地价内涵的认识。这次成果是国土资源厅组织各地国土资源部门与相关技术协作单位对上半年全省地价进行监测获取的。全省城市地价动态监测成果表明，2007年上半年城市综合地价为903.85元/平方米，与2006年底相比增长7.18%。从不同用途看，商业用地平均地价为1 350.20元/平方米，与2006年底相比增长4.42%；住宅用地平均地价为932.56元/平方米，与2006年底相比增长7.99%；工业用地平均地价为368.83元/平方米，与2006年底相比增长18.25%。从区域间地价状况来看，2007年上半年苏南、苏中、苏北三大区域的城市地价水平在地域空间上仍呈梯度分布，苏南地区的地价水平继续处于全省首位，苏中地区地价水平居中，苏北最低。2007年上半年苏南综合地价为956.49元/平方米，高出全省平均综合地价52.64元/平方米，苏中综合地价835.27元/平方米，低于全省68.58元/平方米；苏北综合地价为714.51元/平方米，低于全省189.34元/平方米。总体而言，地价状况符合江苏省土地市场实际情况，商业用地地价涨速平稳，住宅用地地价涨速加快，工业用地地价涨幅较大。地价动态监测成果还分析了影响全省城市地价的主要因素。一是国民经济快速发展。上半年，全省经济继续在高位上稳定运行，呈现出协调性好、质量提高、结构改善、收入增加的良好局面。城市化进程进一步加快，重大基础设施和重大产业项目建设已逐步实现。经济持续快速发展，居民人均收入增长，基础设施日益完善，这些都客观上促进了地价的上涨。二是房地产需求旺盛。上半年全省房地产开发用地供应量比去年同期增加了590公顷，同比增长17.9%，但从市场供求关系看，居民购房需求旺盛。城市拆迁、外来人口的增加、非本埠购房者增多、购买第二套以上住房的投资者增多、消费升级、人民币升值等因素，都催使房地产需求更加旺盛。三是商品住宅价格持续上涨。虽然各地加大了经济适用房等用地的投入量，但此类用地总体规模小，仍难以较好地发挥平抑房价的积极作用。四是工业用地出让最低价标准的提高。工业用地出让最低价标准的确定和实施及工业用地引入市场竞争机制，在一定程度上促使全省工业用地地价抬升，同时对经营性用地地价增长也具有一定的拉动作用。此外，城市拆迁费用标准与新增建设用地有偿使用费等征地费用标准的提高，致使土地开发成本上升，客观上抬升了地价。

2008年3月，国土资源部印发《关于进一步加强城市地价动态监测工作的通知》（国土资发〔2008〕51号），对城市地价动态监测工作中涉及的地价监测、监测点、监测地价等概念分别进行了界定，并首次提出建立城市地价动态监测制度。要求按照“重点区域、重点监测”的原则，将此前50个纳入国家级监测范围的城市覆盖面扩展至涵盖各直辖市、省会城市、计划单列市和长江三角洲、珠江三角洲及环渤海地区主要城市在内的全国105个城市，并继续扩大省级试点范围，鼓励有条件的省（区、市）按照统一的工作要求和技术规范，开展行政区域全覆盖的监测工作。城市地价动态监测工作自此向全国城镇全域覆盖的目标又迈进了一步。江苏省纳入国家级城市地价动态监测范围的仍为原定的南京、无锡、常州、苏州、南通、扬州、徐州等7个城市，其中南京市属国家重点监测城市。

图 2-5　2007 年 10 月，省厅召开 2007 年上半年江苏省城市地价动态监测成果发布会

是年 9 月，省国土资源厅发布《关于进一步加强全省城镇地价动态监测工作的通知》（苏国土资发〔2008〕264 号），明确了城镇地价动态监测范围为城市市区、县城镇城区（包括开发区、独立工矿区），主要目标和任务是通过确定地价监测范围，设立与补充地价监测点，及时跟踪采集地价监测点的地价信息，定期收集、汇总、整理、分析，形成季度和年度监测成果，按时上报并适时公布，实现对全省城镇地价水平和变动情况的实时监测，为政府部门把握土地市场运行态势和价格走势，增强市场监管和调控能力提供服务，为国土资源管理部门参与宏观调控提供决策依据，同时满足社会公众的信息需求。全省城镇地价动态监测工作由省国土资源厅统一组织，省地产发展中心具体组织实施。市、县（市）国土资源局负责本地区的城镇地价动态监测工作，省辖市国土资源局加强对辖区内县（市）工作的指导、督促和检查。全省各地落实一家土地评估事业单位或土地评估中介机构（资信等级二级以上）作为技术承担单位，并按时上报季度和年度监测成果。2008 年前三季度地价动态监测成果及相关基础数据于 2008 年 10 月 31 日前上报省厅。往后在每季度第一个月底前，在向社会公布上一季度或年度地价动态监测成果的同时，将监测成果及相关基础数据上报省厅。通知要求有条件的地方可扩大到建制镇、乡集镇。至年底，江苏完成县级以上城镇地价动态监测与基准地价更新，部分完成建制镇、乡集镇镇区的地价动态监测与基准地价更新。

2010 年，根据城镇用地拓展情况，省国土资源厅调整了地价动态监测范围。参照土地交易、房屋交易、房地产价格和相关社会经济指标等资料，以及市场交易情况，对全省 8 500 多个地价监测点进行动态更新维护，在市、县调查的基础上，完成了地价动态监测和基准地价更新（见表 2-30、表 2-31、图 2-6）。

表 2-30　2000—2010 年江苏省地价指数(环比指数)一览表　单位:%

年份	用途			
	综合	商业	住宅	工业
2000	100.00	100.00	100.00	100.00
2001	107.61	106.98	109.47	102.03
2002	108.47	106.67	111.94	101.01
2003	113.62	109.36	116.61	101.10
2004	109.85	107.68	111.26	101.42
2005	105.49	105.79	105.98	101.38
2006	105.39	105.54	105.73	101.86
2007	110.46	107.78	112.25	119.12
2008	94.72	98.46	93.35	100.89
2009	107.84	108.12	111.75	100.71
2010	107.59	106.54	109.40	101.00

表 2-31　2000—2010 年江苏省城市地价水平表　单位:元/平方米

年份	用途			
	综合	商业	住宅	工业
2000	521	862	485	286
2001	560	922	531	292
2002	608	983	594	295
2003	690	1 075	693	298
2004	759	1 158	771	302
2005	800	1 225	817	306
2006	843	1 293	864	312
2007	932	1 388	969	372
2008	883	1 367	905	375
2009	952	1 478	1 011	378
2010	1 024	1 575	1 106	382

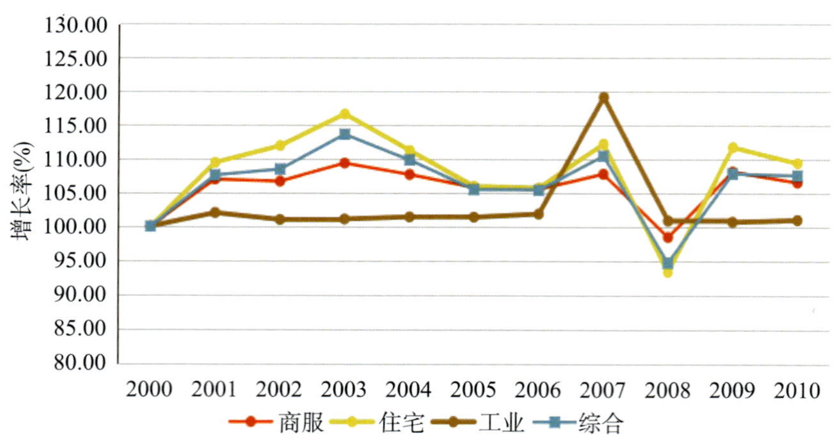

图 2-6　2000—2010 年江苏省环比地价指数变化图

2009—2010年，国土资源部土地利用管理司、中国土地勘测规划院对全国105个城市年度地价动态监测工作进行综合考评，其中2010年度南京名列第一，无锡第六，扬州、南通、徐州也位列前20。

二、城镇地价季度动态监测

开展城镇地价动态监测，按季度监测各用途地价水平及变化趋势，为社会和公众及时提供准确的地价水平及其变化趋势信息，发挥地价“晴雨表”的作用，引导投资，实现通过地价杠杆调节土地资源配置的目标，构建自然资源政府公示价格体系，为健全城乡统一的土地市场提供基础。建立城市地价动态监测常态化机制，及时发布城镇地价动态监测报告，真实、准确地反映季度和年度的地价变化趋势，对地价信息进行深层次分析，理清地价变化规律，分析地价变化与土地市场供需的关系，为政府调控土地市场提供决策依据，有利于土地管理参与宏观调控。通过比较分析地价变化与国民经济宏观指标、房地产市场发展指标变化的关系，判断地价与经济宏观发展形势及房地产市场发展的协调状况，为社会经济良性运行提供服务。同时加强土地市场动态监测监管，对住宅用地终止出让、流拍、地价走势超出合理区间或发生异常交易等情况，及时预警并采取针对性措施，有利于完善“稳控”措施，促进土地市场平稳健康发展，促进地价管理规范化、精细化，对加强地价管理、建立规范有序的土地市场、深化土地使用制度改革、科学配置土地资源等有着十分重要的作用和意义。

根据省国土资源厅2007年4月29日印发的《关于全面建立全省城镇地价季度动态监测与基准地价更新制度的通知》（苏国土资发〔2007〕146号）要求，2007—2008年省国土资源厅按年度发布江苏省城市地价动态监测报告。2009年第一季度开始，省国土资源厅按季度统计各地城市地价动态监测，按年度发布江苏省城市地价动态监测报告（见表2-32）。

表2-32　2007—2010年度江苏省城市地价季度动态监测统计表

年份	地价水平（元/平方米）			环比指数（%）		
	商服用地	住宅用地	工业用地	商服用地	住宅用地	工业用地
2007上半年	1 350	933	369	104.42	107.99	118.25
2007全年	1 388	969	372	107.38	112.25	119.12
2008全年	1 367	905	375	98.46	93.35	100.89
2009年第一季度	1 368	904	375	100.08	99.87	100.06
2009年第二季度	1 384	912	375	101.14	100.94	100.07
2009年第三季度	1 428	960	376	103.23	105.20	100.15
2009年第四季度	1 478	1 011	378	103.46	105.37	100.44
2010年第一季度	1 501	1 040	379	101.60	102.88	100.25
2010年第二季度	1 519	1 057	380	101.14	101.60	100.29
2010年第三季度	1 545	1 076	381	101.75	101.80	100.20
2010年第四季度	1 575	1 106	382	101.89	102.81	100.27

三、城镇地价动态监测信息系统建设

地价动态监测是我国地价领域的重要基础性工作，是地价管理乃至整个土地利用管理工作的重要组成部分。在城镇地价动态监测系统建设过程中，地价监测点的设立是系统建设的前提，地价监测样点规范采集是系统建设的基础，地价指数编制是系统建设实现的保障，以计算机和互联网为主要载体的城镇地价动态监测信息系统的建立是其最终的依托。因此，城镇地价动态监测信息系统的建设对于城镇地价动态监测具有极其重要的意义。

2001 年 4 月，国务院下发《国务院关于加强国有土地资产管理的通知》（国发〔2001〕15 号），要求各级人民政府抓紧建立地价动态监测信息系统，逐步对全国重点城市和重点地区城市的地价进行日常监测工作，以便及时向社会提供客观的地价信息。

2004 年，江苏省城市地价动态监测范围有所扩大，形成更为丰富的现势地价资料，为研发江苏省城市地价监测信息系统提供了条件。省国土资源厅组织专家和地价工作者，利用地价动态监测点资料、市场交易样点等地价资料，建立了基于 Mapx+SQLServer 的江苏省城市地价动态监测信息系统。该系统满足了省国土资源厅在地价信息管理方面的要求，包括基准地价信息和所有在省国土资源厅、市、县国土资源局办理出让、转让、抵押等的全部成交案例的地价信息，以及所有改制企业的地价信息，满足各城镇土地管理部门对地价信息资料的采集、维护、分析处理、输出和传输工作，用户在浏览器即可查询不同城镇的地价监测点分布状况和地价指数。

为了适时准确把握城镇土地市场运行状况，满足国土资源管理参与宏观调控的战略需求，江苏省于 2008 年研发更新了《江苏省城市地价动态监测信息系统（2008 年）》。更新后的江苏省城市地价动态监测系统严格按照《城市地价动态监测技术规范》（TD/T 1009—2007）和《江苏省城镇地价动态监测与基准地价更新技术规范（2007 年）》的要求，结合实际，利用 GIS 技术，对全省城市地价动态监测数据进行汇总、分析，具有地价区段划分、地价监测点设立、地价信息采集、监测点地价评估、地价指标测算等主要功能（见图 2-7）。

该信息系统有效地推动了全省地价动态监测工作的开展，提高了全省城镇地价动态监测工作的时效性、规范性，保证了全省地价动态监测成果的质量，为全省城镇地价动态监测机制的建立提供了基础。

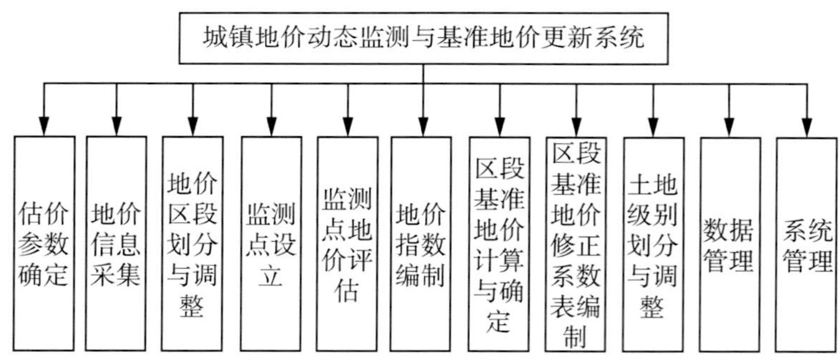

图 2-7　系统功能结构图

第六节 地价管理

一、土地最低保护价标准

（一）协议出让最低价标准

协议出让最低价即协议出让国有土地使用权最低价，是指省级以上人民政府为了宏观调控土地市场，防止低价出让国有土地使用权而实施的出让价格最低控制标准，主要适用于政府协议出让土地。其作用在于：一是防止地方政府压价竞争，造成国有土地收益流失；二是提高土地使用权出让的透明度，便于实施监督；三是便于土地使用者确定合理的投资方向。江苏省国土资源厅于2001年依据《江苏省土地管理条例》，组织开展协议出让国有土地使用权最低价评定。是年4月，印发《关于开展协议出让国有土地使用权最低价评定工作试点的函》，确定昆山、江宁、江都、沭阳等4个县（市、区）为试点单位。6月，又印发《关于协助开展协议出让国有土地使用权最低价评定工作的函》，在总结4个县（市、区）试点成果的基础上，全省开展协议出让国有土地使用权最低价评定工作。

2002年3月，江苏省政府发布了《江苏省政府批转省国土资源厅省物价局关于公布全省协议出让国有土地使用权最低价的请示的通知》（苏政发〔2002〕44号），明确了协议出让最低价适用范围、地价内涵以及协议出让最低价的应用等相关规定，并规定协议出让最低价适用于工业、基础设施、公益事业等可以采用协议出让方式供地的项目，主要集中于城镇周围新增建设用地和少量的存量建设用地。对于商业、旅游、娱乐和房地产开发等经营性项目用地，必须由当地政府组织以招标、拍卖或挂牌出让方式供地。协议出让最低价由土地取得费用、利息和国家土地所有权收益两个主体部分构成。协议出让最低价评估区域的实际开发程度为：宗地外达到三通至五通，宗地内达到土地平整。土地使用年期：按工业用地法定最高出让年期设定为50年，并确定全省范围内市、县（市、区）的协议出让最低价标准（见表2-33）。

表2-33 2002年江苏省城镇国有土地使用权协议出让最低价标准 单位：元/平方米

市别	城区	乡镇建成区	开发区	市别	城区	乡镇建成区	开发区
南京市	200	105~150	120~160	无锡	200	125~170	140~180
徐州市	80~165	70~130	110~130	常州市	190	120~160	120~180
苏州市	155~220	130~165	120~200	南通市	120~170	105~135	115~150
连云港市	80~160	70~110	95~130	淮安市	90~160	75~140	130
盐城市	80~150	70~115	90~130	扬州市	170	100~140	110~140
镇江市	180	120~150	125~140	泰州市	115~160	100~130	105~130
宿迁市	80~140	70~100	110	——	——	——	——

据此，市、县（市、区）结合本地实际，确定执行标准。常州金坛市执行的标准是：市区（规划区

内）130 元/平方米；乡镇（规划区外）120~125 元/平方米。江苏省成为全国首个公布协议出让最低价标准的省份。

江苏省城镇国有土地使用权协议出让最低价标准调研成果，因其内容较全面、方法有创新、技术亦新颖，获得 2002 年度江苏省国土资源科技创新奖二等奖。

2006 年 8 月，为让成果更好适应市场需要，江苏省国土资源厅印发《关于开展全省协议出让国有土地使用权最低价调整工作的通知》，全省统一调整更新协议出让国有土地使用权最低价、建立更新全省协议出让国有土地使用权最低价标准体系并优化了全省协议出让国有土地使用权最低价管理信息系统（见表 2-34）。南京等地结合本地实际情况，制定土地协议出让地价评估实施细则，规范土地协议出让工作，进一步完善了协议出让最低价制度，加强了土地使用权协议出让价格管理。协议出让最低价相关政策的制定，为规范土地市场、保障国家土地所有权的经济收益、维护土地一级市场的正常供地秩序、促进土地有偿使用制度改革的进一步深入、加强国有土地使用权出让管理、政府宏观调控地价水平等提供参考。

表 2-34　2006 年江苏省城镇国有土地使用权协议出让最低价空间体系　　单位：元/平方米

市县名称	城区	乡镇建成区	开发区	市县名称	城区	乡镇建成区	开发区
南京市区	200	105~150	120~160	淮安市区	160	130~140	130
无锡市区	200	125~170	140~180	淮阴区	130	80~90	——
徐州市区	165	80~130	130	楚州区	120	100~110	——
丰县	90	78~85	——	涟水	90	75~80	——
沛县	100	80~90	——	洪泽	100	85~90	——
铜山县	115	80~95	110	盱眙	90	80~85	——
睢宁县	80	70~75	——	金湖	100	90~100	——
邳州市	110	80~95	——	盐城市区	150	115	130
新沂市	110	80~95	——	响水	80	70~75	——
常州市区	190	120~160	120~180	滨海	80	70~75	——
苏州市区	190~220	130~165	120~200	阜宁	90	80~85	——
常熟	165	135~145	150	射阳	90	80~85	90
张家港	160	130~145	140~150	建湖	110	90~105	——
昆山	165	140~160	160	盐都	115	95~110	——
吴江	160	130~150	155~170	大丰	115	95~100	——
太仓	155	130~145	130~140	东台	120	90~100	——
南通市区	170	135	140~150	扬州市区	170	100~140	110~140
海安	125	100~120	——	镇江市区	180	120~150	125~140
如皋	120	100~115	115	泰州市区	160	130	130
如东	120	105~115	115	兴化	115	100~110	105
通州	140	110~130	135	姜堰	130	110~125	125
海门市	145	110~135	135	泰兴	130	110~125	125
启东市	140	110~130	130	靖江市	150	115~130	140

续表

市县名称	城区	乡镇建成区	开发区	市县名称	城区	乡镇建成区	开发区
连云港市区	160	75～110	95～130	宿迁市区	140	100	110
东海	95	75～90	——	宿豫	90	70～75	——
灌云	90	75～85	——	沭阳	80	70～75	——
灌南	80	70～75	——	泗阳	90	75～85	——
——	——	——	——	泗县	95	75～90	——

（二）工业用地出让最低价标准

工业用地出让最低价标准的调整发布实施，是加强工业用地调控的一项重大政策，是运用土地价格手段参与宏观调控的重要举措，对有效抑制工业用地的低成本扩张，维护土地市场秩序，推进区域协调发展，保障土地所有者合法权益，促进土地的节约集约利用具有重要意义，而且对于“以工补农、以城促乡、城乡统筹”的和谐社会的建立具有深远影响。

为厘清工业用地的价格形成机制，使工业用地价格能充分反映市场供求状况和资源稀缺程度，更大程度上发挥市场配置土地资源的基础性作用，针对当前工业用地的供求状况，合理制定工业用地出让价格的最低控制标准，有利于推进工业用地市场化配置，促进产业结构调整和产业升级。

2006 年 8 月，国务院颁布《关于加强土地调控有关问题的通知》（国发〔2006〕31 号），提出“建立工业用地出让最低价标准统一公布制度”，并明确“国家根据土地等级、区域土地利用政策等，统一制定并公布各地工业用地出让最低价标准”。是年 12 月，为贯彻落实国发〔2006〕31 号精神，加强对工业用地的调控和管理，促进土地节约集约利用，国土资源部统一发布了《全国工业用地出让最低价标准》（国土资发〔2006〕307 号），该标准将全国工业用地分为十五等，江苏省等别区间为四至十三等，自 2007 年 1 月 1 日起实施。

2007 年 3 月，根据国务院、国土资源部要求，结合江苏实际，省政府办公厅印发省国土资源厅、物价局制定的《江苏省工业用地出让最低价标准》，明确了全省各等别工业用地的出让最低价标准及标准适用范围、工业用地法定出让年期等相关规定。全省各地按此标准执行。据此，全省一些市、县（市）明确了工业用地出让最低价标准。泰州市执行《江苏省工业用地出让最低价标准》：海陵区、高港区土地等别为七等，工业用地出让最低价标准为 288 元/平方米；靖江市、泰兴市土地等别为九等，工业用地出让最低价标准为 204 元/平方米；姜堰市土地等别为十等，工业用地出让最低价标准为 168 元/平方米；兴化市土地等别为十一等，工业用地出让最低价标准为 144 元/平方米。

2008 年 12 月，根据《中华人民共和国土地管理法》和《中华人民共和国土地管理法实施条例》相关规定，国土资源部按照《城镇土地分等定级规程》（GB/T 18507—2001）对各地社会经济发展水平、土地资源状况、基准地价水平等因素进行了综合评定，依据评定结果调整了部分地区的土地等别，印发了《国土资源部关于调整部分地区土地等别的通知》（国土资发〔2008〕308 号），明确规定“2009 年 1 月 1 日起，《工业项目建设用地控制指标》和《全国工业用地出让最低价标准》统一按调整后的土地等别执行”。据此，江苏省工业用地出让最低价执行区间调整为四等至十三等，共十个等别，具体标准和地区分类见表 2-35。

表 2-35　2008 年江苏省工业用地出让最低价标准一览表　单元:元/平方米

等别	区域名称	最低价标准
四等	常州市(天宁区、钟楼区)、南京市(白下区、鼓楼区、建邺区、秦淮区、下关区、玄武区、雨花台区)、苏州市(沧浪区、虎丘区、金阊区、平江区)、无锡市(北塘区、滨湖区、崇安区、南长区)	480
五等	徐州市(鼓楼区、云龙区)、南通市(崇川区、港闸区)	384
六等	扬州市(维扬区、广陵区)、镇江市(京口区、润州区)、南京市栖霞区、常州市(戚墅堰区、新北区)、苏州市(吴中区、相城区)、江阴市、昆山市、张家港市	336
七等	连云港市新浦区、泰州市(海陵区、高港区)、南京市江宁区、无锡市(锡山区、惠山区)、苏州市吴江市、宜兴市、常熟市	288
八等	淮安市(清河区、清浦区)、常州市武进区、连云港市海州区、太仓市	252
九等	丹阳市、海门市、靖江市、溧阳市、如皋市、泰兴市、通州市、盐城市亭湖区、扬中市、徐州市泉山区、连云港市连云区、南京市(六合区、浦口区)、启东市、金坛市	204
十等	东台市、江都市、姜堰市、仪征市、徐州市(贾汪区、九里区)、镇江市丹徒区、淮安市楚州区、扬州市邗江区	168
十一等	宝应县、大丰市、南京市(高淳区、溧水区)、高邮市、海安县、句容市、邳州市、如东县、宿迁市宿城区、新沂市、兴化市	144
十二等	东海县、赣榆县、洪泽县、建湖县、金湖县、沛县、射阳县、铜山县、盐城市盐都区、淮安市淮阴区	120
十三等	滨海县、丰县、阜宁县、灌南县、灌云县、涟水县、沭阳县、宿迁市宿豫区、睢宁县、响水县、盱眙县、泗洪县、泗阳县	96

2009 年 5 月,针对当时经济形势和土地市场运行变化情况,为进一步落实党中央、国务院关于扩大内需促进经济平稳较快发展的重大决策,更好地履行部门职责,充分发挥地价政策在宏观调控中的作用,国土资源部印发《国土资源部关于调整工业用地出让最低价标准实施政策的通知》(国土资发〔2009〕56 号),对《全国工业用地出让最低价标准》实施政策进行了适当调整,进一步明确了工业用地出让底价(价格)的测算方式和管理要求,为工业用地出让价格的确定提供了政策依据。是年 6 月,为贯彻执行国土资源部调整政策,充分发挥地价对工业结构调整和优化升级的促进作用,加快经济发展方式转变,针对工业用地出让最低价标准实施政策调整的有关问题,江苏省国土资源厅印发《关于调整工业用地出让最低价标准实施政策的通知》(苏国土资发〔2009〕175 号),明确了江苏省工业用地出让最低价标准实施政策调整的对象,包括“属于优先发展产业且用地集约的”和“属于以农、林、牧、渔业产品初加工为主的”两类工业项目用地;同时,对政策调整的目标与减价标准、政策调整的申报与认定程序,以及政策调整的落实与监管进行了相关说明。是年,江苏省国土资源厅印发文件,调整江苏省部分地区工业用地出让最低价标准。调整范围为连云港市海州区、南通市港闸区、淮安市楚州区、徐州市鼓楼区等 4 区的工业用地出让最低价标准。调整前后标准见表 2-36。

表 2-36　2009 年江苏省部分地区工业用地出让最低标准价调整情况表　单位:元/平方米

序号	行政区域	调整前最低价标准	调整后最低价标准
1	连云港市海州区	252	204
2	南通市港闸区	384	336
3	淮安市楚州区	168	144
4	徐州市鼓楼区	284	336

依据工业用地出让最低价标准,全省各地积极开展工业用地出让工作。

（三）征地区片综合地价最低标准

征地区片综合地价是集体土地征地综合补偿标准。为合理利用土地，保护被征地农民合法权益，维护社会稳定，国务院于 2004 年 10 月印发《关于深化改革严格土地管理的决定》（国发〔2004〕28 号），明确提出“省、自治区、直辖市人民政府要制定并公布各市县征地的统一年产值标准或区片综合地价，征地补偿做到同地同价，国家重点建设项目必须将征地费用足额列入概算”。征地补偿标准的调整、批准和公布，事关农民的切身利益，事关经济社会发展，事关社会稳定，在国土资源部的组织指导下，江苏省积极开展征地统一年产值标准和区片综合地价的测算工作。

是年 11 月，国土资源部制定《关于完善征地补偿安置制度的指导意见》（国土资发〔2004〕238 号），提出“有条件的地区，省级国土资源部门可会同有关部门制定省域内各县（市）征地区片综合地价，报省级人民政府批准后公布执行，实行征地补偿”，进一步加强和改进征地补偿安置工作。

2005 年 7 月 23 日，国土资源部印发《关于开展制定征地统一年产值标准和征地区片综合地价工作的通知》（国土资发〔2005〕144 号），正式要求各地要制定并发布征地的统一年产值标准和区片综合地价，对新的征地补偿标准的有关问题做了进一步调查研究。为做好新的征地补偿标准的公布实施工作，是年 7 月 31 日，江苏省发布《江苏省征地补偿和被征地农民基本生活保障办法》（江苏省人民政府令第 26 号），全省划分为四类地区，执行相应的征地补偿和基本生活保障标准，最低补偿费标准为土地补偿费 1.2 万元/亩，安置补助费每人 1.1 万元。

2006 年 3 月，为贯彻落实《国务院关于深化改革严格土地管理的决定》（国发〔2004〕28 号）和国土资源部《关于完善制定征地统一年产值标准和征地区片综合地价工作的通知》（国土资发〔2005〕144 号）等文件精神，江苏省国土资源厅下发了《关于抓紧开展制定征地区片综合地价工作的通知》（苏国土资发〔2006〕59 号），要求各地抓紧开展制定征地区片综合地价。全省各地根据《江苏省征地补偿和被征地农民基本生活保障办法》，按照《江苏省制定征地区片综合地价工作方案》及相关工作要求，依据地类、产值、区位条件、交通条件、农用地等级、土地利用状况、土地供求关系、当地经济发展水平等主要因素，划分征地区片，测算并确定征地区片综合地价，并建立征地区片综合地价修正体系。江苏部分市、县（市）征地区片综合地价见表 2-37、表 2-38。

表 2-37　2005 年江苏部分市区征地区片综合地价一览表

评价区名称	级别	区片个数	基准人均耕地（亩）				综合地价（元/平方米）	综合地价（万元/亩）
无锡市市区	1	6	崇安、南长、北塘、滨湖区等	0.266 7	惠山、锡山、新区等	0.243 9	150	10.00
	2	10		0.363 6		0.322 6	120	8.00
	3	22		0.571 4		0.476 2	90	6.00
	4	15		1.090 9		0.789 5	65	4.33
南通市市区	1	1	0.51				80	5.33
	2	5	0.85				60	4.00
	3	6	1.275				50	3.33

续表

<table>
<tr><th colspan="2">评价区名称</th><th>级别</th><th>区片个数</th><th colspan="4">基准人均耕地（亩）</th><th>综合地价（元/平方米）</th><th>综合地价（万元/亩）</th></tr>
<tr><td colspan="2" rowspan="4">盐城市市区</td><td>1</td><td>1</td><td rowspan="4">亭湖区</td><td>0. 487 5</td><td rowspan="4">盐都区</td><td>0. 383 7</td><td>61</td><td>4. 07</td></tr>
<tr><td>2</td><td>5</td><td>0. 812 5</td><td>0. 611 1</td><td>45</td><td>3. 00</td></tr>
<tr><td>3</td><td>6</td><td>1. 392 9</td><td>0. 970 6</td><td>35</td><td>2. 33</td></tr>
<tr><td>4</td><td>5</td><td>2. 166 7</td><td>1. 375 0</td><td>30</td><td>2. 00</td></tr>
<tr><td colspan="2" rowspan="4">扬州市市区</td><td>1</td><td>1</td><td colspan="4">0. 439 7</td><td>82</td><td>5. 47</td></tr>
<tr><td>2</td><td>2</td><td colspan="4">0. 708 3</td><td>60</td><td>4. 00</td></tr>
<tr><td>3</td><td>5</td><td colspan="4">1. 159 1</td><td>46</td><td>3. 07</td></tr>
<tr><td>4</td><td>5</td><td colspan="4">1. 593 7</td><td>40</td><td>2. 67</td></tr>
<tr><td rowspan="4">镇江市</td><td rowspan="2">京口润州</td><td>1</td><td>3</td><td colspan="4">0. 359 2</td><td>95</td><td>6. 33</td></tr>
<tr><td>2</td><td>6</td><td colspan="4">0. 500 0</td><td>75</td><td>5. 00</td></tr>
<tr><td rowspan="2">新区</td><td>1</td><td>2</td><td>丁卯街道</td><td>0. 708 3</td><td>新区其他镇</td><td>0. 500 0</td><td>60</td><td>4. 00</td></tr>
<tr><td>2</td><td>4</td><td colspan="4">0. 609 4</td><td>53</td><td>3. 53</td></tr>
</table>

表 2-38　2005 年江苏部分县（市）征地区片综合地价一览表

评价区名称	级别	区片个数	基准人均耕地（亩）	综合地价（元/平方米）	综合地价（万元/亩）
江阴市	1	6	0. 384 6	105	7. 00
	2	6	0. 476 2	90	6. 00
	3	10	0. 625 0	75	5. 00
宜兴市	1	3	0. 418 0	85	5. 67
	2	9	0. 621 9	65	4. 33
	3	10	0. 910 7	52	3. 47
	4	9	1. 416 7	42	2. 80
通州市	1	3	0. 527 0	58	3. 87
	2	8	0. 750 0	47	3. 13
	3	7	0. 928 6	42	2. 80
海门市	1	1	0. 557 0	56	3. 73
	2	4	0. 722 2	48	3. 20
	3	2	0. 928 6	42	2. 80
海安县	1	1	0. 590 9	54	3. 60
	2	3	0. 847 8	44	2. 93
	3	2	1. 147 1	38	2. 53
如皋市	1	1	0. 629 0	52	3. 40
	2	12	0. 886 3	43	2. 87
	3	3	1. 300 0	36	2. 40
启东市	1	2	0. 541 7	57	3. 80
	2	4	0. 780 0	46	3. 07
	3	6	1. 026 3	40	2. 67
如东县	1	3	0. 672 4	50	3. 33
	2	6	1. 026 3	40	2. 67
	3	6	1. 392 9	35	2. 33

续表

评价区名称	级别	区片个数	基准人均耕地（亩）	综合地价（元/平方米）	综合地价（万元/亩）
东台市	1	1	0.515 6	50	3.33
	2	11	0.868 4	37	2.47
	3	6	1.269 2	31	2.07
	4	2	2.062 5	26	1.73
大丰市	1	2	1.031 2	34	2.27
	2	5	1.375 0	30	2.00
	3	1	2.062 5	26	1.73
射阳县	1	1	0.611 1	45	3.00
	2	13	1.031 3	34	2.27
	3	6	1.833 3	27	1.80
建湖县	1	1	0.660 0	43	2.87
	2	7	1.031 3	34	2.27
	3	1	1.500 0	29	1.93
阜宁县	1	1	0.634 6	44	2.93
	2	15	1.100 0	33	2.20
	3	3	1.833 3	27	1.80
滨海县	1	1	0.634 6	44	2.93
	2	7	0.970 6	35	2.33
	3	7	1.375 0	30	2.00
	4	3	2.062 6	26	1.73
响水县	1	2	0.748 3	40	2.67
	2	9	1.100 0	33	2.20
	3	1	2.075 5	26	1.73
赣榆县	1	3	0.589 3	46	3.07
	2	6	0.970 6	35	2.33
	3	8	1.500 0	29	1.93
东海县	1	2	0.589 3	46	3.07
	2	7	1.031 2	34	2.27
	3	3	1.500 0	29	1.93
灌云县	1	4	0.701 5	42	2.80
	2	9	1.134 0	33	2.20
	3	7	1.809 2	27	1.80
灌南县	1	1	0.660 0	43	2.87
	2	10	1.031 2	34	2.27
	3	4	1.649 9	28	1.87
	4	5	1.593 7	40	2.67
高邮市	1	1	0.629 0	52	3.47
	2	11	0.928 6	42	2.80

续表

评价区名称	级别	区片个数	基准人均耕地（亩）	综合地价（元/平方米）	综合地价（万元/亩）
扬中市	1	1	0.361 1	75	5.00
	2	5	0.500 0	60	4.00
	3	5	0.812 5	45	3.00
丹阳市	1	8	0.419 4	67.50	4.50
	2	8	0.590 9	54	3.60
	3	1	0.928 6	42	2.80
兴化市	1	2	0.609 4	53	3.53
	2	14	0.928 6	43	2.87
	3	5	1.300 0	36	2.40
靖江市	1	4	0.464 3	63	4.20
	2	3	0.672 4	50	3.33
	3	5	0.975 0	41	2.73
姜堰市	1	3	0.573 5	55	3.67
	2	6	0.812 5	45	3.00
	3	7	1.083 3	39	2.60
泰兴市	1	2	0.423 9	67	4.50
	2	6	0.487 5	61	4.10
	3	13	0.629 0	52	3.50
	4	2	0.812 5	45	3.00

征地区片综合地价标准制定后，全省国土资源系统在党委和政府的统一领导下，严格按照国土资源部和省国土资源厅的工作部署，稳步推进征地区片综合地价的落实工作。通过加强领导、落实责任、精心组织、周密部署，从维护被征地农民合法权益、完善土地征收工作出发，及时研究和解决工作中出现的新情况、新问题；同时紧密关注新老征地补偿标准过渡期间的不稳定因素，妥善并及时做好征地补偿标准的调整、报批和公布实施工作。

2010 年，南京市调整征地补偿安置费用构成，将“安置补助费”“土地补偿费”统一合并为“征地区片补偿费”，并将市区集体土地划分为三个征地区片，并明确各区片征地综合价格。一级区片主要位于绕城公路内，征地区片价为每亩 11.30 万元，基准人均土地为 0.70 亩；二级区片主要位于绕城公路与绕越公路之间，征地区片价为每亩 8.20 万元，基准人均土地为 1.00 亩；三级区片主要位于绕越公路以外，征地区片价为每亩 5.80 万元，基准人均土地为 1.50 亩。

此外，2007 年 9 月至 2010 年 5 月，由南通市国土资源局、南京农业大学和南通市土地复垦中心合作，完成基于农地发展权的征地区片价研究，并在南通市制订征地区片价的工作中予以应用。该成果获得 2010 年度江苏省国土资源科技创新奖一等奖。

二、城镇基础地价公示

城镇基础地价指的是城镇基准地价和标定地价。建立城镇基准地价和标定地价体系并进行公示，可以向社会提供客观、公正、合理的地价信息，有利于完善土地管理制度体系，落实国土资源管理制度改革，对于土地市场交易的健康运行，防止国有土地资产流失，加强国有土地资产管理具有极其重要的意义。2001 年，国务院印发《国务院关于加强国有土地资产管理的通知》（国发〔2001〕15 号）提出市、县人民政府依法定期确定、公布当地的基准地价和标定地价，并依法建立标定地价更新和公布制度。江苏省在标定地价的地价内涵、技术思路、服务对象等方面开展了理论层面研究，并将其应用于实践，不仅与前期的标准地价进行历史衔接，也为后期的实践探索奠定基础。

是年，国土资源部印发《关于改革土地估价结果确认和土地资产处置审批办法的通知》（国土资发〔2001〕44 号），要求市、县人民政府土地行政主管部门定期公布当地的基准地价和标定地价，并提供地价查询服务。

是年，10 月 24 日江苏省人民政府印发《省政府关于加强国有土地资产管理的意见》，要求各市、县人民政府依法建立标定地价更新和公布制度。基准地价未更新或地价水平已发生重大变化的市、县，应立即着手部署基准地价的更新调整工作。此项工作即基准地价调整更新和标定地价的评估确定工作，要求省辖市市区须于 2002 年上半年完成，县（市）城镇须于 2002 年 10 月底前完成。同时提出标定地价每 3~4 年更新一次，其间也可根据土地市场变化情况适时进行调整。基于此，扬州市在全市范围组织开展了基准地价调整更新。

2008 年 10 月 7 日，扬州市国土资源局公布该市 2004 年级别基准地价，具体见表 2-39。

表 2-39　扬州市 2004 年级别基准地价一览表　　单位：元/平方米

地区	用途	土地级别	基准地价	评估基准日	设定年限	容积率	开发水平
扬州市区	商业	1 级地	5 300	2003. 1. 1	40	1. 9	六通一平
		2 级地	3 500	2003. 1. 1	40	1. 6	六通一平
		3 级地	2 500	2003. 1. 1	40	1. 4	六通一平
		4 级地	1 800	2003. 1. 1	40	1. 2	五通一平
		5 级地	1 200	2003. 1. 1	40	1. 0	五通一平
		6 级地	750	2003. 1. 1	40	0. 9	五通一平
		7 级地	550	2003. 1. 1	40	0. 9	四通一平
		8 级地	350	2003. 1. 1	40	0. 8	四通一平
	住宅	1 级地	2 300	2003. 1. 1	70	1. 4	六通一平
		2 级地	1 620	2003. 1. 1	70	1. 3	六通一平
		3 级地	1 030	2003. 1. 1	70	1. 1	五通一平
		4 级地	720	2003. 1. 1	70	0. 9	五通一平
		5 级地	520	2003. 1. 1	70	0. 8	四通一平
		6 级地	325	2003. 1. 1	70	0. 7	四通一平
	工业	1 级地	600	2003. 1. 1	50	—	六通一平
		2 级地	450	2003. 1. 1	50	—	六通一平
		3 级地	350	2003. 1. 1	50	—	五通一平
		4 级地	270	2003. 1. 1	50	—	五通一平
		5 级地	210	2003. 1. 1	50	—	四通一平

续表

地区	用途	土地级别	基准地价	评估基准日	设定年限	容积率	开发水平
宝应县	商业	1级地	1700	2004.6.1	40	—	—
		2级地	940	2004.6.1	40	—	—
		3级地	580	2004.6.1	40	—	—
		4级地	310	2004.6.1	40	—	—
	住宅	1级地	640	2004.6.1	70	—	—
		2级地	480	2004.6.1	70	—	—
		3级地	360	2004.6.1	70	—	—
		4级地	160	2004.6.1	70	—	—
	工业	1级地	370	2004.6.1	50	—	—
		2级地	290	2004.6.1	50	—	—
		3级地	220	2004.6.1	50	—	—
		4级地	160	2004.6.1	50	—	—

三、国有企业改制土地资产处置审批改革

根据中央关于改革行政审批制度的精神，2001年3月，国土资源部印发《关于改革土地估价结果确认和土地资产处置审批办法的通知》，取消国有企业改制土地估价结果确认制度。据此，江苏改革土地估价确认管理，建立土地估价机构业绩报告定期备案、土地行政部门定期随机抽查、土地估价报告评议与违规处罚结果公布等监管制度。加大力度进行国有企业改革，对省属企业和国土资源部下放处置权的中央所属企业使用的国有土地加以处置。明确以土地估价报告备案取代土地估价结果确认审批，规范土地资产处置方案报批程序。企业改制涉及的划拨土地需要转为出让（租赁）土地的，直接办理变更登记或有偿用地手续，不再进行处置审批，取消了此前的土地出让（租赁）审批制。是年3月，省政府对原省轻工厅所属13家企业实行分类改制，其中陶瓷进出口公司等3家采取出让方式，莱茵达大酒店采取作价出资（入股）方式，江苏省家具公司采取作价冲抵债务方式处置国有划拨土地使用权。3月3日，新淮铁路389.50公顷国有土地使用权以作价入股方式进行处置。4月，省政府以授权经营方式处置南京港改制中的国有土地使用权。8月28日，江苏省建筑工程公司所具国有土地使用权采用出让、租赁方式处置土地资产。11月16日，跃进汽车集团位于南京市城区内的3 173公顷国有土地保留划拨土地使用权给改制后的有限公司使用，位于城郊结合部的16 732公顷国有土地作价入股投入转制后的有限公司。11月20日，省政府批准处置中国化学工程第十四建设公司涉及的2 446.96公顷国有土地，其使用权以作价出资方式投入转制后的有限责任公司，并委托中国化学工程公司代表国家持有。除此，全年共处置国有企业土地资产837宗，面积2 165公顷，资产总额74.90亿元。其中，省国土资源厅直接处理193宗，面积1 679公顷，处置金额61.9亿元。

2004年11月30日，省政府印发《省政府关于进一步加强省属国有企（事）业单位改制后国有土地使用权管理的通知》（苏政发〔2004〕96号）规定：省属国有企事业单位改制后的企业以出让方式取得国有土地使用权的，转让股权时，企业应按转让时土地评估确认地价的20%～100%补缴国有土地使用权收益。股权转让收入不高于原国有产权转让价格的，经省国资委会同省国土资源厅批准可暂不补缴。改制后的企业通过增资扩股方式，引进战略投资者投资，不涉及股权转让的，可暂不补缴。改

制后的企业持有的已纳入改制资产范围和已用全部国有土地使用权弥补应由国有股东承担净负债的，转让股权时不补缴。补缴工作由省国资委会同省国土资源厅办理，补缴收入上交省国资委财务专户。

2006年1月18日，省贸易资产管理有限公司要求将位于南京草场门大街266.31公顷国有土地使用权作价持股改为以出让方式处置，未获省国土资源厅批准。6月19日，省国土资源厅批复江苏省水产公司3宗56.35公顷国有土地使用权，转让后所得资金冲抵企业负债后，剩余部分按规定补交出让金。同年，省政府对省农垦集团所使用的68宗地、1.49万公顷国有土地以总额2.12亿元作价出资注入省农垦集团；以“保留划拨土地使用权”的方式对省粮食集团有限责任公司国有土地使用权进行处置。省国土资源厅印发《关于将张家港储运部改制中划拨土地划转给粮食集团的办理意见》：鉴于省粮食集团有限责任公司是省政府批准设立的国有独资公司，省江海粮油贸易公司为其全资子公司，为支持省粮食集团有限责任公司改制工作，同意将省江海粮油贸易公司张家港储运部所拥有的6宗划拨土地（总面积24.74公顷）划转给省粮食集团有限责任公司，不改变土地用途和性质，划拨土地明细见表2-40。

表2-40　省江海粮油贸易公司向省粮食集团有限责任公司划转土地统计表

土地证号	土地使用者	土地坐落	土地用途	使用权面积（公顷）	备注
张国用（2003）字第080412号	江苏省江海粮油贸易公司张家港储运部	西五节桥街1号	仓储	16.63	仓库、堆场
张国用（2000）字第0800031号	江苏省江海粮油贸易公司张家港储运部	西五节桥街1号	商业服务业	0.96	武警边防营房及招待所
张国用（2000）字第0800032号	江苏省江海粮油贸易公司张家港储运部	西五节桥街1号	商业服务业	0.16	
张国用（1998）字第0801712号	江苏省江海粮油贸易公司张家港储运部	中兴镇江海路	绿化	0.49	幼儿园活动场所
张国用（1998）字第0800067号	江苏省江海粮油贸易公司张家港储运部	中心镇江海路	教育	0.09	幼儿园
张国用（2000）字第0800029号	江苏省江海粮油贸易公司张家港储运部	西五节桥街1号	港口码头用地	6.41	
合计				24.74	

2008年11月14日，根据徐州矿务集团有限公司申请，省国土资源厅撤销其授权经营的4宗、总面积971.20公顷国有土地使用权，恢复划拨使用性质。

国有企业改制所涉及的国有土地资产处置工作涉及面广，需要多方部门合作，因此全省各市、县（市）人民政府纷纷出台政策性文件，按隶属关系处置了其所属国有企业改制所涉及的国有土地使用权，将这项工作全面推开。徐州市人民政府于2002年出台了《关于市属国有企业改革发展和脱困土地资产处置意见》。为此，在市政府基本认定企业改制和破产重组方案的基础上，土地、财政和劳动部门就土地价格、企业净资产或净负债，职工安置费用等事项进行评估和核定。按政策，企业需承担改制费用为：交于市国土局土地出让金10%留成部分，交于财政局净资产余额包括90%出让金，交纳4%的房地产契税。据此，当年即以出让方式处置了37家市属改制企业的土地资产，涉及土地59宗，面积400公顷，资产总量9亿元。并以授权经营方式处置了徐州矿务局集团500公项土地，土地资产总额7.8亿元，得到省政府的批准。2003年，以出让方式处置了市属改制企业的52宗土地，面积38.93公顷，实现土地收益2 773万元；采取收储方式处置破产企业的40宗地，合同收储土地

146.67公顷，合同补偿金3.28亿元。2004—2008年，徐州市以出让方式处置了市属改制企业的238宗、532.32公顷土地，显化土地资产总额达18亿元；其间，2004年还采取收储方式处置破产企业55宗地、80公顷，合同支付金额近1.5亿元。无锡市国土资源局根据市政府文件所明确的政策，于2001—2006年共处置了市属改置企业所使用的国有土地244宗、386.1公顷，评估核定土地资产总量19.55亿元，所获出让金全部作为国有资本金注入改制后的企业。

第三章

第三个“十年”

（2011 — 2020）

2011—2020年是第三个"十年"，是江苏地价强化体系建设，完善制度管理重要的十年，是江苏地价业务水平全面提高，地价管理能力大为提升的十年。这十年，江苏秉持"管理为主，以管促建"的主基调，运用新的管理理念和方法，全面进行地价管理，管理体制机制逐步优化，形成了以地价保护、地价公示为特征的地价管理制度体系，制定了集体建设用地基准地价和农用地基准地价，加强了城镇地价动态监测体系建设，实现了城乡基准地价全覆盖、城镇标定地价全覆盖。建立了较为完备的地价评估体系，全省地价业务体系日趋完善，地价体系保障能力持续提升，价格服务监管作用日益凸显。纵观第三个"十年"江苏地价工作之实践，江苏地价呈现出两个"全国首次"：首次进行了科技研发用地基准地价评估；首次采用信息系统辅助开展耕地质量监测评价工作。此外，江苏还实现了土地市场网上交易系统全省覆盖，走在全国前列。

第一节　土地等别更新

一、城镇土地等别更新

随着经济社会的提速发展，江苏城镇经济建设发展迅速，城镇之间的差异性发生新的变化。加之江苏在2008—2013年多次进行行政区划调整，因而2008年确定的城镇土地等别已不适应城镇经济发展现实水平，也不完全符合各城镇土地资源利用状况，需加以整合、调整、更新，使之符合江苏城镇土地实际现状，这对于城镇土地科学利用、城镇土地市场发展以至全省经济社会持续发展等具有重要意义。截至2013年底，全省土地分等对象由原有106个分等单元变为100个。经综合评定、调整后，全省县（市、区）四等及以下有：四等13个，五等4个，六等11个，七等9个，八等5个，九等15个，十等8个，十一等12个，十二等10个，十三等13个。调整后全省城镇土地等别情况见表3-1。

表3-1　2013年江苏省城镇土地等别一览表

等别	行政区划名称
四等	常州市（天宁区、钟楼区）、南京市（秦淮区、鼓楼区、建邺区、玄武区、雨花台区）、苏州市（平江区、虎丘区）、无锡市（北塘区、滨湖区、崇安区、南长区）
五等	徐州市（鼓楼区、云龙区）、南通市（崇川区、港闸区）
六等	扬州市广陵区、镇江市（京口区、润州区）、南京市栖霞区、常州市（戚墅堰区、新北区）、苏州市（吴中区、相城区）、江阴市、昆山市、张家港市
七等	连云港市新浦区、泰州市（海陵区、高港区）、南京市江宁区、无锡市（锡山区、惠山区）、苏州市吴江市、宜兴市、常熟市
八等	淮安市（清河区、清浦区）、常州市武进区、连云港市海州区、太仓市
九等	丹阳市、海门市、靖江市、溧阳市、如皋市、泰兴市、通州市、盐城市亭湖区、扬中市、徐州市泉山区、连云港市连云区、南京市（六合区、浦口区）、启东市、金坛市
十等	东台市、扬州市（邗江区、江都区）、泰州市姜堰区、仪征市、徐州市贾汪区、镇江市丹徒区、淮安市淮安区

续表

等别	行政区划名称
十一等	宝应县、大丰市、南京市（高淳区、溧水区）、高邮市、海安县、句容市、邳州市、如东县、宿迁市宿城区、新沂市、兴化市
十二等	东海县、赣榆县、洪泽县、建湖县、金湖县、沛县、射阳县、铜山县、盐城市盐都区、淮安市淮阴区
十三等	滨海县、丰县、阜宁县、灌南县、灌云县、涟水县、沭阳县、宿迁市宿豫区、睢宁县、响水县、盱眙县、泗洪县、泗阳县

2014 年 7 月 14 日，省国土资源厅根据国土资源部要求，印发《江苏省国土资源厅关于开展全省城镇土地等别应用情况调查工作的通知》（苏国土资发〔2014〕239 号），部署开展全省城镇土地等别应用情况调查工作。本次城镇土地等别评价工作是依据最新的行政区划，以县级行政区为评价对象，对全省所有县（市、区）进行综合评价，涉及的分等单元为 85 个，其中省辖市区 9 个，其他各县（市、区）76 个。考虑各项数据的可获取性，此次等别调整更新按照《城镇土地分等定级规程》中的要求选择了 7 大类评价因素，16 项评价因子。各评价因子权重值的确定采用了特尔斐专家咨询法，具体情况详见表 3-2。

表 3-2　2014 年江苏省城镇土地等别调整更新评价体系及权重一览表

因素	因素权重	因子	评价指标	因子权重
城镇区位	0.123 0	交通区位	城镇交通条件指数	0.050 4
		城镇对外辐射能力	城镇对外辐射能力指数	0.072 6
城镇集聚规模	0.227 0	城镇人口规模	城镇人口规模	0.089 4
		城镇非农产业规模	城镇二三产业增加值	0.074 7
		城镇工业经济规模	城镇工业销售收入	0.062 9
城镇基础设施	0.084 0	道路状况	城镇人均铺装道路面积	0.084 0
城镇用地投入产出水平	0.120 0	城镇非农产业产出效果	城镇单位用地二三产业增加值	0.052 1
		城镇固定资产投资强度	城镇单位用地建设固定资产投资	0.042 4
		城镇劳动力投入强度	城镇单位用地从业人员数	0.025 6
区域经济发展水平	0.289 0	国内生产总值	国内生产总值综合指数	0.090 5
		财政状况	地方财政收入综合指数	0.069 1
		固定资产投资状况	全社会固定资产投资综合指数	0.054 0
		商业活动	社会消费品零售总额综合指数	0.043 6
		外贸活动	外贸出口额综合指数	0.031 8
区域综合服务能力	0.101 0	金融状况	人均年末银行储蓄存款余额	0.101 0
区域土地供应潜力	0.056 0	区域人口密度	区域人口密度	0.056 0

通过多因素法初步测算，全省城镇土地等别与现行土地等别基本一致，结合市场资料分析、地方反馈上报等别等因素分析，根据《城镇土地分等定级规程》（GB/T 18507—2014）规定的调整原则，最终确定全省城镇土地等别保持不变。

二、耕地质量等级成果补充完善

随着第二次土地调查工作的完成，以及各地陆续开展大量的基本农田建设、土地开发与整理等国土整治活动，耕地数量及空间位置、耕地质量都发生了较大的变化，原有耕地质量等别体系已不适应国土资源管理的要求。因此国土资源部于 2011 年底，部署开展耕地质量等级成果补充完善工作。工作总体思路是，以上一轮农用地分等成果为基础，结合最新土地变更调查成果，按照《农用地质量分等规程》及上一轮农用地分等工作确定的相关参数，通过开展补充调查，补充、更新有关原始数据，重新计算并确定耕地质量等别，形成与最新土地变更调查成果一致的耕地质量等别成果。

2012年5月23日，省国土资源厅转发国土资源部《关于部署开展2011年全国耕地质量等级成果补充完善与年度变更试点工作的通知》，要求各地在第二次土地调查成果基础上，全面开展耕地质量等级成果补充完善工作。

2012年6月12日，《省政府办公厅转发省国土资源厅关于开展全省耕地质量等级成果补充完善工作意见的通知》（苏政办发〔2012〕114号），明确全省耕地质量等级成果补充完善工作由省国土资源厅统一组织，市、县（市、区）国土资源部门具体实施，要求当月正式启动，2012年底前完成县级成果，2013年6月30日完成全省汇总成果并报国土资源部。7月，江苏成立省耕地质量等级成果补充完善工作领导小组，印发全省耕地质量等级成果补充完善工作方案与技术方案。8月，举办全省工作部署与培训会议；通过公开招投标方式，确定15家社会中介机构入围县级技术单位推荐目录；组织开展金坛、东海试点工作。8月15日，省国土资源厅委托省土地开发整理中心承担省级耕地质量等级成果补充完善工作任务，要求按照《农用地质量分等规程》（GB/T 28407—2012）开展工作。10月19日，组织召开全省耕地质量等级成果补充完善工作推进会。10月29日，省国土资源厅印发《关于加快推进耕地质量等级成果补充完善工作的通知》（苏国土资发〔2012〕441号），要求按时提交县级成果，加强数据审核，建立周报制度。

本次全省耕地质量等级成果补充完善工作以上一轮农用地分等成果和2011年度土地变更调查成果为基础，采用“省-市-县”三级联动方式全面开展。按照既定工作目标和工作计划，编制相关工作方案和技术方案，研发耕地质量等别评定信息系统，形成全省112个县级耕地质量等别成果，经县级成果验收和平衡后，形成市级汇总成果。在市、县级成果的基础上，省级采用“六位一体”追溯法进行省级汇总工作，编制形成省级1∶50万耕地质量等别成果。

2013年6月，全省按规定的时间节点要求，形成了县级、市级、省级三个级别的报告、图件、数据库及表格成果。9月，全省耕地质量等级成果补充完善市级汇总验收会在南京召开，13个市的市级汇总成果通过验收。10月31日，江苏省级汇总成果顺利通过国家验收，得到专家一致肯定。

根据全省耕地质量等级补充完善成果：全省耕地自然质量等分五等、六等、七等三个等别，五等地面积较少，六等地面积超过三分之二，按面积加权平均计算得到全省平均自然质量等别为6.2等。全省耕地利用等跨四至八等五个等别，全省以六等地为主，五等、七等面积约占全省耕地的四分之一，四等、八等耕地面积较少，按面积加权平均计算得到全省耕地平均利用等别为6.1等；按全国优、高、中、低的耕地等别划分标准（一等最好，十五等最差，一至四等为优等地，五至八等为高等地，九至十二为中等地，十三至十五为低等地），全省优等地共为0.29万公顷，其余均为高等地。全省耕地经济等为六、七、八、九等四个等别，以七、八等耕地为主，六等、九等耕地面积较少，按面积加权平均计算得到全省耕地平均经济等别为7.6等。具体结果见表3-3、3-4、3-5。

该项工作首次全面精确地查清了江苏省耕地质量现状，建立了全省耕地质量数据库资料，形成了精度高、现势性强、体系完整的耕地质量等级成果，增强了耕地质量成果的应用性，为实现数量与质量并重管理提供了科学依据和技术支撑。

表 3-3 2011 年度江苏省耕地自然质量等面积统计表 单位：公顷，%

等别类型	五等	六等	七等
面积	144 730. 66	3 504 143. 77	935 538. 16
比例	3. 16	76. 44	20. 40

表 3-4 2011 年度江苏省耕地利用等面积统计表 单位：公顷，%

等别类型	四等	五等	六等	七等	八等
利用等	2 906. 43	476 075. 82	3 283 828. 02	817 581. 13	4 021. 19
比例	0. 06	10. 38	71. 64	17. 83	0. 09

表 3-5 2011 年度江苏省耕地经济等面积统计表 单位：公顷，%

等别类型	六等	七等	八等	九等
经济等	80 397. 06	1 973 050. 73	2 403 112. 77	127 852. 03
比例	1. 75	43. 04	52. 42	2. 79

三、耕地质量和耕地产能评价试点

2018 年 5 月 9 日，自然资源部办公厅印发《关于开展耕地质量和耕地产能评价试点工作的通知》（自然资办函〔2018〕236 号），部署开展耕地质量评价试点工作，要求江苏、黑龙江两省在全省范围内开展耕地质量评价。6 月 12 日，省国土资源厅印发《关于开展耕地质量和耕地产能评价试点工作的通知》（苏国土资发〔2018〕227 号），要求各县（市、区）按照《耕地质量调查监测评价规范》（试用稿）的技术思路和方法，组织开展耕地质量和耕地产能评价试点工作。

是年 6 月，按照“试点先行”的原则，全省在新沂市、邳州市和盱眙县三地开展前期试点工作，细化省级和县级资料收集清单，并同步向省政府上报；7 月初，省政府组织召开耕地质量和耕地产能评价试点工作省级部门协调会，省国土、财政、农委、环保、水利、气象等单位参加；7 月底，邀请南京师范大学、浙江财经大学、南京农业大学、南京土壤所、南京地理所的专家进行耕地质量和耕地产能两套评价指标体系论证，建立切合我省实际的耕地质量和耕地产能评价两套指标体系，编制形成《江苏省耕地质量和耕地产能评价试点技术方案》并下发至各市、县（市、区）国土资源局；8 月初，省厅牵头组织对全省国土系统相关工作人员和技术人员开展业务培训；8 月底，完成县级耕地质量和耕地产能评价成果质检，编制形成全省汇总成果，并按要求报部。

江苏省耕地质量和耕地产能评价试点工作采用省-市-县三级联动、三级协同的方式，总体上按省级准备、市级衔接、县级评价、省级汇总的程序开展，三级主管部门及技术协作单位密切配合、全程互动。试点工作以县级工作为基础，依据两套评价指标体系，通过调查收集农业、环保、水利、气象等相关资料，综合评定县级耕地质量等别和耕地产能等别，最终汇总形成全省耕地质量和耕地产能评价成果。

耕地质量等别根据耕地质量指数按等间距法进行划分，分为优、良、中、低四个等别。根据试点成果，江苏省耕地质量有优、良、中三个等别，主要以良等地为主，面积为 2 789 319. 92 公顷，占全省耕地面积的 60. 80%；其次为优等地，面积为 1 789 354. 48 公顷，占全省耕地面积的 39. 01%；中等地面积较少，仅占全省耕地的 0.19%（见表 3-6、图 3-1）。

表 3-6　江苏省耕地质量等别面积统计表　　单位：公顷，%

等别类型	优	良	中
质量等别面积	1 789 354.48	2 789 319.92	8 702.29
比例	39.01	60.80	0.19

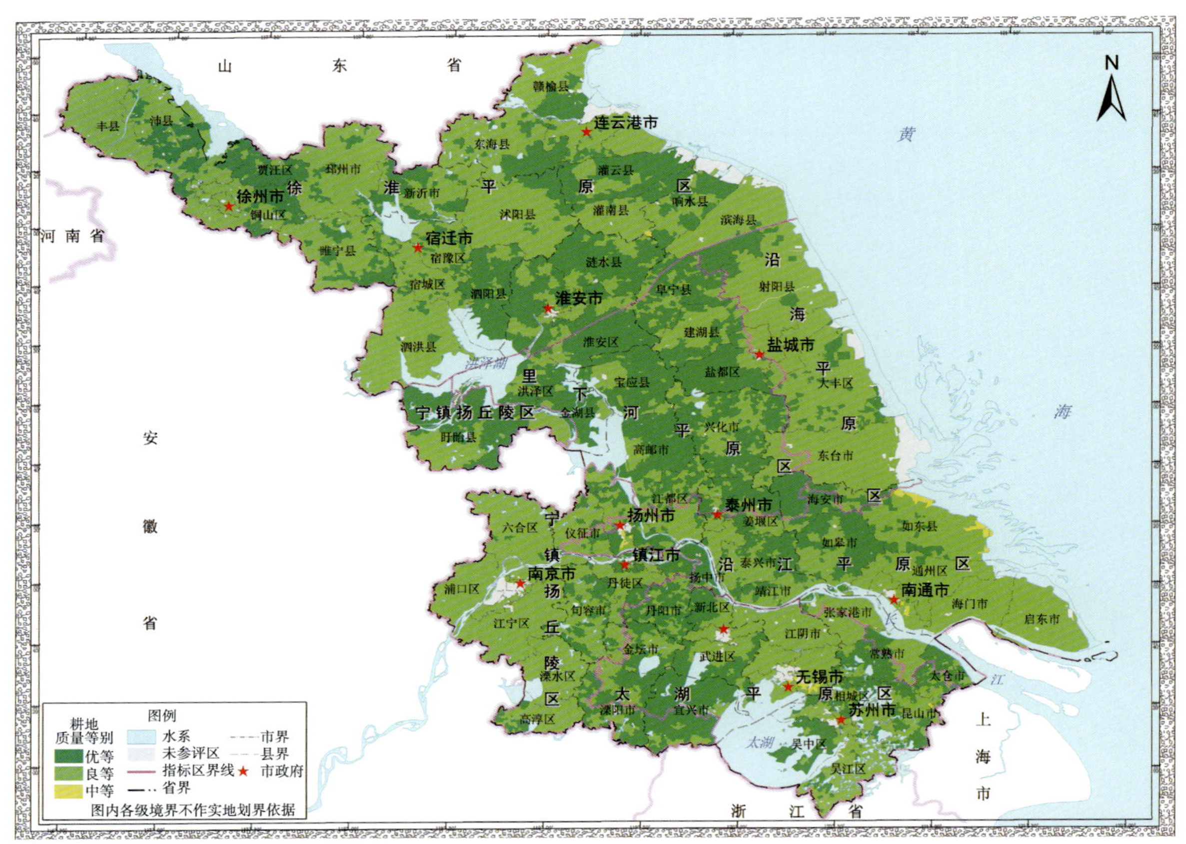

图 3-1　2018 年度耕地质量等别图

耕地产能等别根据耕地产能指数按等间距法进行划分，分为一至十五等（一等最高，十五等最低）。根据试点成果，江苏省耕地产能跨六等至九等四个等别：全省主要以七等地为主，面积为 2 416 053.06 公顷，占全省耕地面积的 52.67%；其次为八等地，面积为 1 501 365.32 公顷，占全省耕地面积的 32.73%；六等地面积为 558 352.23 公顷，占全省耕地面积的 12.17%；九等地面积为 111 606.03 公顷，占全省耕地面积的 2.43%。按等别面积加权平均计算得到全省耕地产能平均等别为 7.25 等（见表 3-7、图 3-2）。

表 3-7　江苏省耕地产能等别面积统计表　　单位：公顷，%

等别类型	六等	七等	八等	九等
产能等别面积	558 352.23	2 416 053.06	1 501 365.32	111 606.03
比例	12.17	52.67	32.73	2.43

图 3-2　2018 年度耕地产能等别图

第二节　土地级别更新

一、城镇土地级别更新

2011 年以来，江苏省城镇地价动态监测与基准地价更新工作紧密结合，在动态监测的基础上，土地级别通过地价区段归并而形成，划分采用聚类分析法、数轴散点图或频率直方图等方法，根据地价区段基准地价及时更新级别基准地价，实现城镇土地级别基准地价的快速更新。

2019 年 9 月，江苏省制定《江苏省公示地价体系建设技术指引（试行）》，对城镇土地定级估价工作的技术路线进行审慎修改，将原先的城镇地价动态监测与基准地价更新工作分离并进行独立开展，采取“先定级后估价”的技术思路。根据地方土地管理和实际情况需要，在全面收集影响城镇土地质量的因素因子资料的基础上，按规定方法和程序选择定级因素、划分定级单元、计算定级单元各定级因素分值和定级指数，最终确定城镇建设用地级别。在城镇建设用地定级的基础上，采用规范的评估方法，利用市场交易、收益资料等评估基准地价，确定分用途不同级别的城镇建设用地基准地价（见表 3-8）。

表 3-8　2020 年江苏省各设区市城镇土地定级结果统计表

行政区域	商服级别数	住宅级别数	工业级别数
南京市	10	8	7
无锡市	8	8	5
徐州市	11	9	4
常州市	9	7	4
苏州市	6	6	5
南通市	7	6	4
连云港市	7	7	4
淮安市	7	6	5
盐城市	7	6	4
扬州市	7	6	4
镇江市	7	6	6
泰州市	7	6	5
宿迁市	6	5	4

二、集体建设用地定级

1982 年宪法确立了我国土地的公有制即城市土地全民所有制和农村土地集体所有制。在长期特殊的土地二元所有制下，城乡建设用地使用双轨运行，致使国有建设用地市场化程度不断提高，而集体土地市场发育却很缓慢，集体建设用地的价值不能显化，由此产生了城乡土地发展权的不平衡。根据 2004 年《国务院关于深化改革严格土地管理的决定》，江苏在集体建设用地使用制度改革实践中积累了经验。2013 年，《中共中央关于全面深化改革若干重大问题的决定》提出建立城乡统一的建设用地市场。2014 年，《中共中央、国务院关于全面深化农村改革加快推进农业现代化的若干意见》提出引导和规范农村集体经营性建设用地入市，明确了集体建设用地的入市范围，并在江苏省常州市武进区等 33 个县（市、区）开展了农村集体经营性建设用地入市试点工作。

随着集体建设用地的扩权赋能，其资产价值逐步显化，市场流转渐趋活跃，随之而来的集体建设用地定级估价工作提上议事日程。集体建设用地定级估价对全面掌握集体建设用地质量及利用状况，规范集体建设用地流转，科学管理和合理利用集体建设用地具有重要意义。由于与国有土地在产权状态、空间分布、影响因素等方面存在较大的差异，集体建设用地定级应当更有针对性的考量。

2015 年，为深入贯彻落实党的十八大和十八届三中、四中全会精神，加快形成城乡经济社会发展一体化格局，探索农村集体经营性建设用地流转新模式，江苏确定宜兴市为全省集体经营性建设用地流转试点城市，开展了集体经营性建设用地年租金标准研究。试点工作结合宜兴的地方特色，建立了宜兴市集体经营性建设用地定级的因素指标体系，分别划分了集体建设用地的商服用地级别和工业用地级别，成为依法规范有序实施集体经营性建设用地入市、快速推动城乡统一的建设用地市场建设的生动样本。

为推动集体经营性建设用地入市，作为全国农村“三块地”改革的试点地区之一，常州市武进区于 2017 年率先在全省范围内开展集体建设用地定级与基准地价评估工作，形成了与国有土地相融合的城乡一体化建设用地级别与价格体系。武进区城乡一体化建设用地定级采用多因素因子综合分析的方法，通过建立定级指标体系、确定指标权重、计算指标总分值的方法，划分了商服、宅基地和工矿仓储用地的土地级别，级别范围扩展到武进区全域，为全省集体土地定级估价提供了全新的思路。

2019 年，按照《自然资源部办公厅关于部署开展 2019 年度自然资源评价评估工作的通知》（自然资办发〔2019〕36 号）文件要求，江苏省全面部署开展集体建设用地定级估价工作。集体建设用地定级估价主要参照《集体建设用地定级与基准地价评估技术指引》和《城镇土地分等定级规程》（GB/T 18507—2014）的技术思路开展。至 2020 年，全省所有县（市、区）完成了集体建设用地定级工作，划分了集体建设用地的土地级别，土地用途类型主要包括商服用地、宅基地和工矿仓储用地（见表 3-9）。

表 3-9　2020 年江苏省各设区市集体建设用地定级结果统计表

行政区域	商服用地级别数	宅基地级别数	工业用地级别数
南京市	6	6	6
无锡市	8	8	5
徐州市	8	—	5
常州市	6	6	4
苏州市	3	3	2
南通市	7	6	4
连云港市	5	3	3
淮安市	5	5	4
盐城市	4	4	4
扬州市	4	4	3
镇江市	4	4	4
泰州市	7	6	5
宿迁市	4	4	4

三、耕地质量定级试点

2016 年 3 月，国土资源部办公厅下发《关于部署开展 2016 年全国耕地质量等级调查评价与监测工作的通知》（国土资厅发〔2016〕7 号），要求开展耕地质量定级与农用地估价试点工作，完善耕地质量定级与农用地估价技术思路与方法，为全面开展耕地质量定级与估价工作奠定基础。5 月 23 日，按照国土资源部工作部署，省国土资源厅办公室印发《关于开展耕地质量定级和农用地估价试点工作的通知》（苏国土资办发〔2016〕53 号），明确在宜兴市、泰兴市、东海县开展耕地质量定级与农用地估价试点，为全面开展耕地质量定级与估价工作奠定基础。试点的目标和途径，应在土地利用现状变更调查的基础上，应用 GIS 技术构建定级信息系统，确定一套适合江苏的评价方法和指标体系，实现耕地质量定级成果的县域内统一可比，并能通过级别反映耕地农业收益能力的差异。基于农用地估价的耕地质量定级内涵可表述为揭示在自然、社会经济和区位等因素综合影响下的全省耕地农业收益能力空间分异的过程，相对应的耕地质量是指耕地的自然、社会经济和区位等因素的综合。其中，耕地的自然因素包括气候、地形地貌、土壤条件、水资源状况等；耕地的社会经济因素包括基础设施条件、耕作便利条件和土地利用状况等；耕地的区位因素包括区位条件和交通条件。

耕地质量定级的技术途径是：依据定级的目的和原则，在评价区域内采用叠置法、网格法和多边形法划分耕地定级单元，将定级单元作为获取数据的基本空间单位；建立耕地定级因素因子指标体系，并根据主导因素、差异性、稳定性等原则对定级因素因子进行筛选；运用特尔斐法和层次分析法等方法测定各因素因子对级别影响的权重；对各因素因子的指标值进行分析，求出点状、线状和面状因子的作用分值，绘制成因子作用分值图；通过因子作用分值图与定级单元叠加，进行分值赋值及量化；计算各定级单元的定级指数，借助于定级信息系统划分耕地级别。试点应用因素法、修正法、样地法三种方式对试点区域开展耕地质量定级。2017 年试点工作完成，取得了初步成果。

其中泰兴市综合采用因素法、修正法，确定最终级别。由于采用因素法在初步确定耕地质量级别时，考虑了各级耕地之间的渐变过渡，因此未产生跳级现象；因素法定级时还保持了自然地块和行政村界线的完整性，在空间上体现出了连续性和一致性。而修正法由于是在原来耕地质量分等成果的基础上进行修正，根据修正系数测算的结果可能出现跳级现象，在空间上不能体现连续性和一致性，因此泰兴市耕地质量定级以因素法确定的级别为准，适当考虑修正法的定级结果进行微调，定级结果如图 3-3。

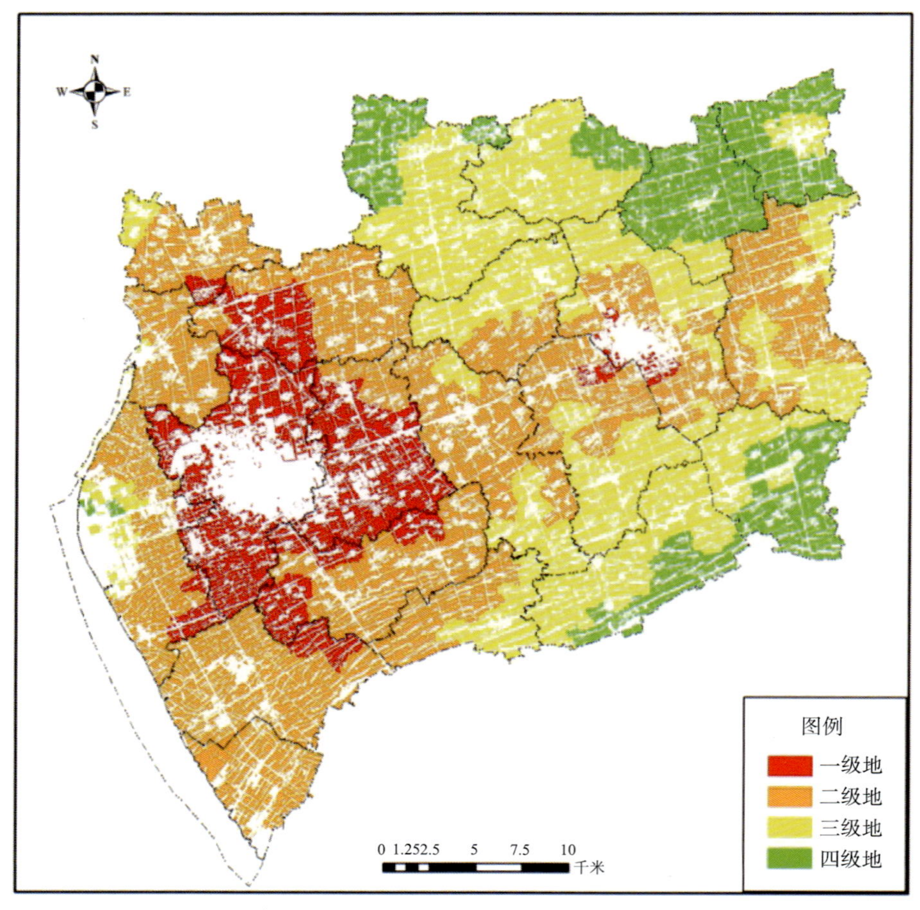

图 3-3　2017 年泰兴市耕地质量定级结果图

2017 年 5 月—2018 年 5 月，江苏省土地开发整理中心和江苏苏地仁合土地房地产资产评估测绘造价咨询有限公司组织专题研究，并在扬州市江都区进行验证，对比分析因素法、修正法和样地法

3 种方法的定级结果，从评价结果的可比性、与等别成果的衔接、评价工作的便利性等方面综合考虑，建议选择因素法作为江苏省耕地质量定级的方法，并形成了耕地质量定级工作制图规范等相关技术规范，为全省下一步全面开展耕地质量定级工作提供重要技术支撑和依据，其研究成果获得 2021 年江苏省土地学会科学技术奖三等奖（见图 3-4）。

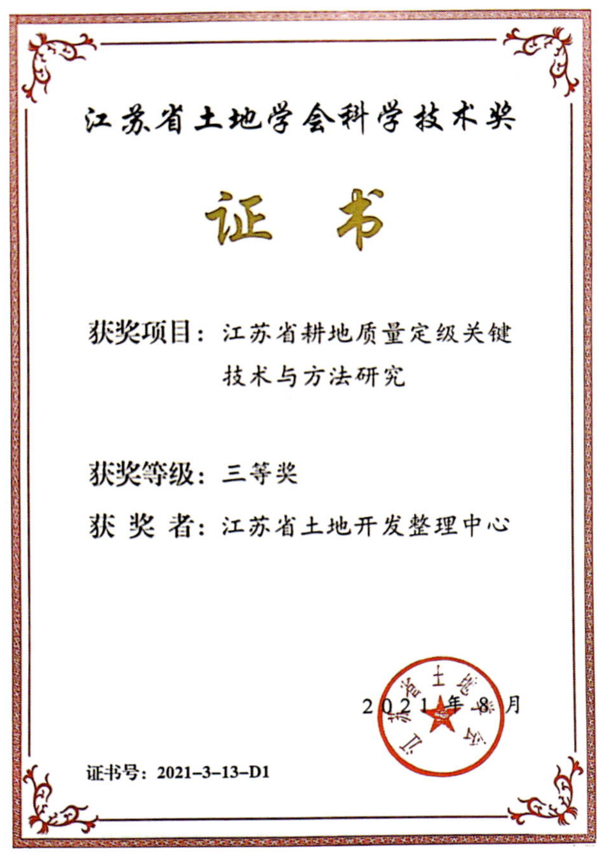

图 3-4　2021 年江苏省土地学会科学技术奖三等奖

第三节　集体土地基准地价评估

一、集体建设用地基准地价评估

城乡统一建设用地市场的建设已成为深化土地改革的关键一环，在对集体建设用地定级工作的基础上，需要进一步建立集体建设用地基准地价体系，以推进集体经营性建设用地入市。2017 年，常州市武进区在国有建设用地基准地价成果的基础上，形成了城乡一体化建设用地基准地价成果，成为江苏省首个集国有建设用地基准地价和集体建设用地基准地价于一体的城乡建设用地基准地价成果的地区。是年 2 月 23 日，《常州市武进区人民政府关于公布武进区城乡一体化建设用地基准地价成果的通知》（武政发〔2017〕32 号）对外公布了具体成果，并说明本次基准地价评估基准日为 2017 年

表 3-10　常州市武进区城乡一体化商服用地地价区段基准地价表

所在镇区	区段编号	区段名称	区段面积（公顷）	区段范围	设定容积率	设定开度程度	平均深度（米）	平均宽度（米）	基准地价（元/平方米）
戚墅堰街道	001087S	戚大街	27.41	南至或月路，北至大明路	1.8	六通一平	14	9	3 245
丁堰街道	002097S	东方西路中段	34.17	东至大明路，西至青洋路	1.6	六通一平	14	8	2 440
潞城街道	003085S	东方东路	46.23	东至兴东路，西至龙城大道	1.8	六通一平	14	6	3 295
湖塘镇	100025S	花园街	49.92	东至南洋广场，南至又一城，西至新世纪大酒店，北至定安路	2.3	六通一平	18	9	7 680
	100030S	长虹路	72.51	东至和平南路，南至延政路，西至兰陵中路，北至定安路	2.2	六通一平	18	9	7 450
	100034S	兰陵路	51.00	南至延陵中路，北至人民中路	2.2	六通一平	18	9	7 155
	100050S	人民路	51.66	东至星火路西侧，南至湖塘实验初中，西至阳湖广场，北至聚湖路南侧	2.1	六通一平	18	10	5 530
	100057S	星火路	60.62	东至丽华路，南至长虹路北侧，西至南洋广场，北至人民路	2.1	六通一平	18	10	5 215
	100061S	玉塘路	39.18	东至兰陵中路，南至广电路，西至长虹路，北至人民西路	2	六通一平	14	6	4 865
	100062S	延政中路	62.35	东至丽华南路，南至酒湖路，西至兰陵中路，北至延政路	2	六通一平	15	10	4 870
	100066S	丽华南路	56.21	东至湖塘装饰市场，南至延政路，西至和平南路，北至长安路树	2	六通一平	15	10	4 595
	100069S	丽华路	44.82	南至长安路，北至金鸡东路	1.8	六通一平	18	10	3 975
	100073S	金鸡东路	60.30	东至丽华路，南至金鸡东路路，西至锦湖公寓，北至东方公寓	1.8	六通一平	15	7	3 880
	100076S	滆湖路	103.48	东至丽华南路，南至滆湖路，西至兰陵中路，北至延政路	1.8	六通一平	14	8	3 725
	100081S	聚湖路	50.89	东至锦湖公寓，南至阳湖广场，西至长江路，北至武进大桥	1.8	六通一平	15	7	3 570
	100089S	鸣新路	53.69	东至和平南路，南至武南路，两至兰陵中路，北至滆湖路	1.7	六通一平	14	8	2 960
	100092S	武南中路	139.29	东至丽华南路，南至武南路，西至兰陵中路，北至滆湖路	1.7	六通一平	14	8	2 665
牛塘镇	102001S	湖滨路-延政路	14.36	南至人民西路，北至京杭大运河	1.7	六通一平	10	8	2 300
	102083S	东龙路北段	15.96	南至京杭运河，北至中吴大道	1.8	六通一平	14	8	3 450
	102094S	湖滨北路	51.35	东至东龙路，南至长虹西路，西至南运河，北至 312 国道	1.7	六通一平	14	1	2 555
	102098S	东龙路	43.68	东至江苏亚邦医药物流中心，南至人民西路，西至南运河，北至京杭大运河	1.7	六通一平	14	7	2 270
洛阳镇	103001S	东都东路	9.02	东至阳光路西，西至武进港	1.7	六通一平	10	7	2 640
	103002S	珍珠市场	7.04	东至阳光路西，西至武进港东	1.6	六通一平	10	7	2 280
	103003S	遥洛路-东都西路	10.73	东至武进港，西至洛西河	1.5	六通一平	9	6	1 940

续表

所在镇区	区段编号	区段名称	区段面积（公顷）	区段范围	设定容积率	设定开度程度	平均深度（米）	平均宽度（米）	基准地价（元/平方米）
遥观镇	104001S	临津路-政和路	25.58	南至青城路，西至工业大道以西，北至派山所	1.7	六通一平	10	8	2 700
	104002S	今创路	26.01	南至市吴盛房地产有限公司，北至中吴大道南	1.6	六通一平	10	7	2 320
	104003S	河苑家园	8.35	南至中吴大道北，北至镇界	1.6	六通一平	10	7	2 300
横林镇	105001S	312 国道-顺通路	23.01	东至顺通路东，南至通顺路，西至红星桥，北至京杭运河	1.8	六通一平	12	8	3 510
	105002S	顺通路-公园路	14.15	南至长虹路北，西至横洛路，北至通顺路	1.7	六通一平	12	8	2 800
	105003S	崔横路	6.71	南至崔卫东路，西至崔西路	1.5	六通一平	10	8	1 960
横山桥镇	106001S	羊绒城	25.96	东至三山港，西至沪宁高速公路东	1.8	六通一平	12	8	3 390
	106002S	江南路	8.71	南至潞横河，北至常州盛拓电子科技公司	1.7	六通一平	12	8	2 590
	106003S	横山桥农副产品批发市场	9.43	南至东方东路南，北至潞横河	1.6	六通一平	9	6	2 290
雪堰镇	110001S	建业街	12.74	东至梅塘浜，西至雪湖路西，北至武进港	1.6	六通一平	9	7	2 280
	110002S	潘北路-潘中路	20.43	东至江苏旷达集团，南至 342 省道，北至潘家卫生院	1.5	六通一平	9	6	1 930
	110003S	雪堰镇	9.86	南至 342 省道，北至旷宏汽车配件公司	1.7	六通一平	11	8	2 770
前黄镇	113001S	德西路	20.11	东至永胜路，南至镇界北，西至文雅路西，北至永胜河一号桥	1.6	六通一平	9	7	2 230
	113002S	景德路	11.51	东至镇界，南至镇界，西至前黄桥	1.5	六通一平	9	6	1 900
礼嘉镇	114001S	礼坂路	11.56	东至礼嘉大河，南至武进大道北，北至甘棠路	1.6	六通一平	10	7	2 260
嘉泽镇	119001S	茶泽街-嘉兴路	8.55	东至夏溪河，南至建设路，西至环镇路	1.6	六通一平	10	8	2 210
	119002S	建设路	5.03	东至嘉兴路西，西至环镇路，北至茶泽街	1.5	六通一平	9	6	1 890
湟里镇	120001S	金鼎路-阜新中路	15.93	东至湟东北路，西至成湟河	1.7	六通一平	10	8	2 680
	120002S	中学路	11.43	东至湟东北路，南至桃园路，西至 239 省道，北至湟里河	1.6	六通一平	10	8	2 310
	120003S	湟东公路	5.70	南至人民大桥，北至常州市铁本铸钢有限公司南	1.5	六通一平	9	7	1 850
	120004S	东丰公路	15.01	南至凯达路，北至前湖桥	1.6	六通一平	10	8	2 180
经发区（西湖街道）	400001S	绿扬路-禾香路	13.18	东至绿扬路东，西至振兴北路东	1.7	六通一平	10	8	2 700
	400002S	长虹西路	15.14	南至长虹西路，北至镇界	1.6	六通一平	9	6	2 280
高新区南区（南夏墅街道）	411001S	武宜南路-新知路	15.23	东至新知路，南至永安河北，西至武宜南路，北至新知路	1.7	六通一平	10	8	2 740
	411002S	武宜南路	8.86	南至南太高速公路北，北至西湖路南	1.6	六通一平	10	8	2 300

注：设定土地开发程度均为“六通一平”，即宗地红线外“通路、通电、供水、排水、通讯和通气”、红线内“场地平整”。

表 3-11　常州市武进区城乡一体化住宅用地地价区段基准地价表

所在镇区	区段编号	区段名称	区段面积（公顷）	区段范围	设定容积率	设定开度程度	基准地价（元/平方米）
戚墅堰街道	001050J	戚墅堰街道雕庄住宅区段	207.91	东至丁堰村界，南至芳港村界，西至天宁区界，北至天宁区界	1.8	六通一平	2 365
丁堰街道	002046J	丁堰街道圩墩新村珍珠海区段	544.12	东至新南村界，南至芳庄村界，西至天宁区界，北至芳港村界	1.9	六通一平	2 580
潞城街道	003042J	潞城街道青龙乡住宅区段	411.18	东至大明路，南至京沪铁路，西至新北区界，北至新北区界	2.0	六通一平	3 065
	003045J	戚墅堰街道雕庄住宅区段	752.20	东至省庄村界，南至常丰村，西至曙光村界，北至潞城村	1.9	六通一平	2 700
湖塘镇	100013J	湖塘镇莱蒙城住宅区段	379.57	东至和平南路，南至滆湖路，西至兰陵路，北至长虹中路	2.2	六通一平	4 520
	100017J	湖塘蚀新城南都住宅区段	367.42	东至降子路，南至长虹中路，西至兰陵中路，北至定安中路	2.2	六通一平	4 305
	100026J	湖塘镇锦湖公寓住宅区段	501.57	东至降子路，南至定安路，西至兰陵路，北至京杭运河	2.0	六通一平	3 555
	100031J	湖塘镇喜盈门花苑住宅区段	498.88	东至丽华路，南至长虹东路，西至降子路，北至京杭运河	2.0	六通一平	3 330
	100035J	湖塘镇北建新村住宅区段	636.14	东至兰陵路，南至长虹路-定安西路，西至长江南路，北至京杭运河	2.0	六通一平	3 180
	100036J	湖塘镇中凉新村住宅区段	200.28	东至采菱河，南至京杭运河，西至武进-天宁区区界，北至中吴大道	2.0	六通一平	3 265
	100039J	湖塘镇御城住宅区段	287.25	东至丽华南路，南至滆湖路，西至和平南路，北至长虹东路	1.9	六通一平	3 055
	100040J	湖塘镇刁庄住宅区段	660.19	东至兰陵南路，南至滆湖西路，西至长江南路，北至长虹路广电路	1.9	六通一平	3 075
	100041J	湖塘镇长虹村住宅区段	268.02	东至采菱河，南至长虹东路，西至丽华南路，北至人民东路	1.9	六通一平	3 030
	100047J	湖塘镇大学新村住宅区段	912.74	东至丽华南路，南至武南运河，西至风林路，北至涡湖路	1.9	六通一平	2 570
	100049J	湖塘镇凤凰路住宅区段	385.70	较至青洋南路，南至长虹路，西至采菱河-丽华南路，北至京杭运河	1.8	六通一平	2 370
牛塘镇	102001J	牛塘镇金色湖滨住宅区段	603.05	东至东龙路东，南至虹西路，西至武宜运河，北至京杭大运河	1.7	六通一平	2 230
	102002J	牛塘镇九州豪庭住宅区段	296.73	东至镇界，南至滆湖路，西至武宜运河，北至延政西路北	1.8	六通一平	2 060
	102051J	牛塘镇卢家港住宅区段	207.55	东至镇界，南至兴隆河，西至武宜运河，北至滆湖路	1.6	六通一平	2 310
洛阳镇	103001J	洛阳镇新科花园住宅区段	120.54	东至阳光路东，南至宜家坝河，西至武进港，北至新科东路以北	1.7	六通一平	2000
	103002J	洛阳镇崔北新村住宅区段	156.80	东至武进港，南至永安里路，西至戴洛路西，北至新科西路北	1.6	六通一平	1 640
遥观镇	104001J	遥观镇观澜云庭住宅区段	197.50	东至杨岸头村，南至长虹路，西至工业大道，北至留道村	1.8	六通一平	2 310
	104002J	遥观镇剑湖华庭住宅区段	293.91	东至卡特大道，南至遥观派出所，西至工业大道，北至广电路	1.7	六通一平	1 920
	104003J	遥观镇剑湖住宅区段	176.67	东至卡特大道，南至广电路，西至今创路，北至镇界	1.6	六通一平	1 630

续表

所在镇区	区段编号	区段名称	区段面积（公顷）	区段范围	设定容积率	设定开度程度	基准地价（元/平方米）
横林镇	105001J	横林镇中天花园住宅区段	350. 30	东至瑞丰安置小区东，南至长虹路，西至横洛路，北至京杭运河	1. 8	六通一平	2 420
	105002J	横林镇崔桥住宅区段	169. 93	东至胡阳路，南至新横崔路，西至红星河，北至崔蓉路北	1. 5	六通一平	1 610
横山桥镇	106001J	横山桥文隆苑住宅区段	309. 31	东至胡阳路，南至潞横河，西至沪宁高速公路，北至清明山	1. 8	六通一平	2 350
	106002J	横山桥颐景苑住宅区段	440. 63	东至三山港，南至镇界，西至镇界，北至潞横河	1. 7	六通一平	1 930
雪堰镇	110001J	雪堰镇雪湖家园住宅区段	141. 03	东至雪东村安置区，南至陆马公路，西至光电路西，北至武进港	1. 6	六通一平	1 620
	110002J	雪堰镇世纪锦苑住宅区段	204. 46	东至东板桥河，南至 342 省道，西至潘北路，北至曹家桥	1. 7	六通一平	1 890
前黄镇	113001J	前黄镇瑞丰园住宅区段	153. 18	东至华中铸造公司，南至前黄中心小学，西至新知路，北至永胜河	1. 6	六通一平	1 610
礼嘉镇	114001J	礼嘉镇嘉盛花园住宅区段	222. 80	东至礼毛路东侧，南至武进大道，西至青洋路、礼坂路，北至城河路	1. 6	六通一平	1 630
嘉泽镇	119001J	嘉泽镇花都嘉苑住宅区段	391. 95	东至孟津河，南至嘉城路，西至环镇路西侧河沟，北至延政西路	1. 6	六通一平	1 620
湟里镇	120 001J	湟里镇金东公馆住宅区段	527. 20	东至环镇路，南至桃园路南，西至 239 省道西，北至镇界、园区路	1. 6	六通一平	1 620
	120002J	湟里镇东安住宅区段	575. 51	东至孟津河西，南至三塘河，西至晶鑫路，北至北干河北	1. 5	六通一平	1 510
经发区（西湖街道）	400001J	经发区津通雅苑住宅区段	630. 00	东至孟津河，南至镇界，西至横沟（振兴北路东侧），北至广播电视技术中心	1. 7	六通一平	2 390
	400002J	经发区聚新家园住宅区段	404. 67	东至长顺家园，南至长虹西路，西至新扁担河西，北至环湖北路	1. 6	六通一平	2 050
高新区南区（南夏墅街道）	411001J	高新区南河花园住宅区段	525. 01	东至南太湖高速公路，南至南太湖高速公路，西至枫林路，北至武南河	1. 7	六通一平	2 340
	411002J	高新区南淳家园住宅区段	308. 63	东至凤栖路，南至龙顺河，西至湖滨大道，北至武进大道	1. 6	六通一平	2 030

注：设定土地开发程度均为“六通一平”，即宗地红线外“通路、通电、供水、排水、通讯和通气”、红线内“场地平整”。

表 3-12　常州市武进区城乡一体化工业用地地价区段基准地价表

所在镇区	区段编号	区段名称	区段面积（公顷）	区段范围	设定容开发程度	基准地价（元/平方米）
戚墅堰街道	001018G	常州经济开发区老工业集中区	208.91	东至新南村界，南至梅港村界，西至剑湖村村界，北至芳指村界	六通一平	420
丁堰街道	002019G	常州经济开发区南区	460.18	东至常丰村界，南至剑湖村界，西至天宁区界，北至新北区界	六通一平	430
潞城街道	003020G	常州经济开发区北区	2 476.93	东至金丰村界，南至前杨村界，西至常丰村界，北至天宁区界	六通一平	445
湖塘镇	100015G	纺织工业园	1 233.36	东至常遥公路，南至长虹路，西至将子路-星火路，北至京杭运河-武进-戚墅堰区区界	六通一平	445
	100016G	湖塘工业集中区	1 302.65	东至兰陵中路，南至长虹西路-淹城，西至南运河，北至武进区界-京杭运河	六通一平	450
	100017G	武南工业区	588.05	东至兰陵中路，南至武南路，西至长江南路，北至延政路	六通一平	435
牛塘镇	102001G	牛塘镇镇区（南区）	1 196.84	东至淹桥河（镇界），南至镇界，西至武宜运河，北至虹西路	六通一平	430
	102021G	牛塘镇工业集中区	647.85	东至南运河，南至长虹西路，西至南运河，北至武进区界-京杭运河	六通一平	440
洛阳镇	103001G	洛阳镇镇区（东区）	158.56	东至阳光路东，南至宜家坝河，西至武进港，北至新科东路以北	六通一平	405
	103002G	洛阳镇镇区（西区）	201.58	东至武进港，南至永安里路，西至戴洛路西，北至新科西路以北	六通一平	400
	103003G	洛阳镇工业集中区	217.22	东至武进港，南至武南河，西至藏洛路，北至武进港	六通一平	405
遥观镇	104001G	遥观镇镇区（南区）	695.51	东至卡特大道，南至长虹路，西至工业大道以西，北至广电路	六通一平	450
	104002G	遥观镇镇区（北区）	516.39	东至卡特大道，南至广电路，西至镇界，北至镇界	六通一平	400
横林镇	105001G	横林镇镇区（南区）	581.69	东至镇界，南至长虹路，西至武进港，北至镇界，京杭运河	六通一平	445
	105002G	横林镇镇区（北区）	793.05	东至朝阳路，南至京杭大运河，西至二贤河，北至二贤河	六通一平	400
横山桥镇	106001G	横山桥镇镇区（南区）	743.68	东至三山港，南至镇界，西至镇界，北至潞横路	六通一平	445
	106002G	横山桥镇镇区（北区）	770.05	东至朝阳路、三山港，南至潞横河，西至镇界，北至大沟、镇界	六通一平	405
雪堰镇	110001G	雪堰镇镇区（南区）	439.99	东至陆马公路，南至陆马公路，西至恒立路西，北至武进港、陆马公路	六通一平	400
	110002G	彗堰镇镇区（北区）	471.69	东至武进港，南至 342 省道，西至潘北公路，北至锡宜高速公路	六通一平	405
前黄镇	113001G	前黄镇镇区	427.05	东至吉家桥、镇界，南至前黄中心小学，西至文雅路西，北至镇界	六通一平	400
礼嘉镇	114001G	礼嘉镇镇区	641.81	东至礼政路东、礼毛路东，南至武进大道、陈家村，西至青洋路，北至付家塘村	六通一平	400
嘉泽镇	119001G	嘉泽镇镇区	391.95	东至东干村，南至嘉成路，西至环镇路西侧河沟，北至延政西路	六通一平	400

续表

所在镇区	区段编号	区段名称	区段面积（公顷）	区段范围	设定容开发程度	基准地价（元/平方米）
湟里镇	120001G	湟里镇镇区（北区）	514.83	东至环镇路，南至桃园路、湟里地税分局，西至成湟河，北至镇界、园区路	六通一平	400
	120002G	湟里镇镇区（南区）	632.32	东至生产河、安大道，南至三塘河，西至晶鑫路，北至留安村	六通一平	390
经发区（西湖街道）	400001G	经发区祥云路区域	1 000.95	东至振兴北路，南至镇界，西至扁担河，北至孟津河	六通一平	455
	400002G	经发区长虹西路区域	1 335.74	东至镇界以西，南至孟津河，西至扁担河，北至张家村	六通一平	405
高新区南区（南夏墅街道）	411001G	高新区武宜南路区域	1 401.41	东至夏政路、永安河，南至阳湖路、龙顺河，西至湖滨大道，北至镇界	六通一平	445
	411002G	高新区武进大道区域	1 527.54	东至夏政路、永安河，南至武进大道、龙顺河，西至湖滨大道，北至阳湖路	六通一平	405

注：设定土地开发程度均为“六通一平”，即宗地红线外“通路、通电、供水、排水、通讯和通气”、红线内“场地平整”。

1月1日。成果以建立“城乡统一的建设用地市场”为目标，以土地资源“同地同权同价”为原则，编制了集体商服和工业用地基准地价，同时探索形成了宅基地使用权有偿退出价格体系，具体内容见表3-10、3-11、3-12。在城乡一体化建设用地基准地价成果基础上，结合多规合一的村庄规划成果，有关机构组织专家研究探索建立城乡融合背景下建设用地基准地价评估体系，该项成果获得了江苏省土地学会科学技术奖三等奖（见图3-5）。

江苏省土地学会科学技术奖

证书

获奖项目：城乡融合背景下建设用地基准地价评估体系构建

获奖等级：三等奖

获 奖 者：江苏苏地仁合土地房地产资产评估测绘造价咨询有限公司

2021年8月

证书号：2021-3-04-D1

图3-5　2021年江苏省土地学会科学技术奖三等奖

作为江苏省唯一的中央农村土地制度改革试点地区，常州市武进在坚守改革底线的基础上，探索建立“同权同价、流转顺畅、收益共享”的农村集体经营性建设用地入市制度，并同步统筹协调推进土地征收和宅基地制度改革。武进区在江苏率先试水农村集体经营性建设用地入市制度改革，推出了《常州市武进区农村集体经营性建设用地入市管理办法（试行）》等，确定了以多规融合为基础的城乡一体化全覆盖建设用地基准地价体系，通过开发网上交易系统，与国有建设用地网上交易并网统一运行，集体土地与国有土地一样可出让、租赁、作价出资入股，获得不动产权证，并享有转让、抵押等权能。2017年6月，江苏雷利电机股份有限公司在深交所挂牌上市，该公司首次公开募股的“家电智能化组件”项目使用土地性质为集体土地，成为全国首家以取得集体经营性建设用地使用权后上市的企业。雷利公开募股上市，成为中央农村土地使用制度改革试点以来，全国首家以出让方式取得集体经营性建设用地使用权后，实现沪深A股IPO上市的企业，是以城乡统一的建设用地市场为基础，首次在资本市场实现集体经营性建设用地与国有土地同等入市、同权同价。

为进一步探索集体建设用地基准地价评估的技术思路和评估方法，并为全省开展集体建设用地基准地价评估工作积累经验，2018年，省国土资源厅选取无锡市、常州市2个设区市探索开展集体建设用地定级估价工作。两个设区市充分参考《集体建设用地定级与基准地价评估技术指引》、《城镇土地分等定级规程》（GB/T 18507—2014）和《城镇土地估价规程》（GB/T 18508—2014）并结合自身实际优选定级指标和估价参数,采用先定级后估价的方法,建立了集体建设用地基准地价体系。无锡市和常州市两个试点,为后续全省集体建设用地基准地价评估全面铺开提供了丰富的实践经验,奠定了坚实的技术基础。

表 3-13　2019 年度常州市市区集体建设用地级别基准地价

用途	土地级别	设定容积率	设定开发程度	基准地价(元/平方米)
商服用地	一级地	2.0	六通一平	8 500
	二级地	1.8	六通一平	6 000
	三级地	1.6	六通一平	4 000
	四级地	1.5	六通一平	2 600
	五级地	1.2	六通一平	1 820
	六级地	1.0	五通一平	1 500
宅基地	一级地	1.8	六通一平	5 200
	二级地	1.6	六通一平	3 700
	三级地	1.5	六通一平	2 500
	四级地	1.4	六通一平	1 900
	五级地	1.4	六通一平	1 350
	六级地	1.2	五通一平	1 000
工业用地	一级地	1.0	六通一平	500
	二级地	1.0	六通一平	450
	三级地	1.0	六通一平	420
	四级地	1.0	五通一平	400
公共管理与公共服务用地	一级地	1.5	六通一平	2 300
	二级地	1.3	六通一平	1 800
	三级地	1.2	六通一平	1 400
	四级地	1.2	六通一平	1 100
	五级地	1.0	五通一平	800

注:估价期日为 2020 年 1 月 1 日。

2019 年,江苏省在试点工作的基础上,全面开展全省集体建设用地基准地价制定工作。此次集体建设用地基准地价评估的技术思路主要是按照《农村集体土地价格评估技术指引》的要求,参照《城镇土地分等定级规程》(GB/T 18507—2014)和《城镇土地估价规程》(GB/T 18508—2014)相关内容,在充分调查影响集体建设用地质量的自然、社会、经济等因素的基础上,按规定方法和程序选择定级因素、划分定级单元、计算定级单元各定级因素分值和定级指数,最终确定集体建设用地级别。在集体建设用地定级的基础上,充分考虑集体建设用地的交易案例、经营收益、土地征收中的补偿安置情况、同区域城镇建设用地市场水平及相关政策导向,确定分用途不同级别的集体建设用地基准地价,并编制基准地价修正体系。截至 2020 年底,全省所有县城镇以上城市完成了集体建设用地定级估价工作,划分了集体建设用地级别,在此基础上,评估了集体建设用地商服用地、宅基地和工矿仓储用地基准地价,建立了基准地价修正体系。各地集体建设用地基准地价的内涵设定虽不尽一致,但均提供出各级别的基准地价(表 3-14)。

在当前集体土地市场起步和培育阶段,江苏省从公示地价体系入手,显化集体土地资产,引导市场信息的形成,为集体经营性建设用地入市、自然资源资产清查等各项资源资产管理工作提供了价格基础。

表 3-14　2020 年江苏省各设区市市区集体建设用地基准地价成果

单位:元/平方米

行政区域	用途	一级	二级	三级	四级	五级	六级	七级	八级
南京市	商服用地	7 880	5 360	3 470	2 590	1 950	1 770	—	—
	宅基地	14 100	8 320	4 770	3 010	2 230	1 600	—	—
	工业用地	735	585	530	470	420	300	—	—
无锡市	商服用地	23 980	14 010	9 300	7 000	4 520	3 200	2 050	1 680
	宅基地	10 650	8 940	7 525	5 625	3 880	2 460	1 840	1 325
	工业用地	875	700	600	480	400	—	—	—
徐州市	商服用地	5 800	3 000	1 600	1 200	800	500	400	300
	工业用地	330	240	185	168	135	—	—	—
常州市	商服用地	8 500	6 000	4 000	2 600	1 820	1 500	—	—
	宅基地	5 200	3 700	2 500	1 900	1 350	1 000	—	—
	工业用地	500	450	420	400	—	—	—	—
苏州市	商服用地	5 100	3 000	1 800	—	—	—	—	—
	宅基地	4 200	2 712	1 800	—	—	—	—	—
	工业用地	490	330	—	—	—	—	—	—
南通市	商服用地	13 340	8 250	5 410	3 810	2 900	1 880	1 400	—
	宅基地	11 060	8 560	5 810	4 620	2 780	1 900	—	—
	工业用地	750	530	470	405	—	—	—	—
连云港市	商服用地	4 075	3 060	2 250	1 420	930	—	—	—
	宅基地	1 785	1 400	990	—	—	—	—	—
	工业用地	370	280	190	—	—	—	—	—
淮安市	商服用地	3 610	1 860	1 220	820	560	—	—	—
	宅基地	1990	1 520	1 260	710	480	—	—	—
	工业用地	350	260	195	160	—	—	—	—
盐城市	商服用地	3 025	1 510	1 080	700	—	—	—	—
	宅基地	2 285	1 495	750	510	—	—	—	—
	工业用地	340	265	215	180	—	—	—	—
扬州市	商服用地	3 100	2 200	1 500	800	—	—	—	—
	宅基地	2 000	1 400	800	500	—	—	—	—
	工业用地	400	240	180	—	—	—	—	—
镇江市	商服用地	5 470	3 530	2 450	1 645	—	—	—	—
	宅基地	2 490	2 020	1 580	1 075	—	—	—	—
	工业用地	585	405	320	270	—	—	—	—
泰州市	商服用地	8 330	7 310	5 260	3 900	2 600	1 370	880	—
	宅基地	4 320	3 320	2 430	1 590	1 020	520	—	—
	工业用地	610	585	395	330	310	—	—	—
宿迁市	商服用地	2 030	1 720	1 010	660	—	—	—	—
	宅基地	1 750	1 210	960	710	—	—	—	—
	工业用地	180	135	120	105	—	—	—	—

注:无锡市建设用地“同地同权同价”。淮安市估价期日为 2022 年 1 月 1 日,无锡市、常州市、宿迁市估价期日为 2020 年 1 月 1 日,其他各市估价期日为 2021 年 1 月 1 日。南京市、淮安市为上报数据,具体以地方公布数据为准。

体系。由此，城镇基准地价体系建设应是一个颇为多解的命题。对此，江苏仅构建了符合本省城镇特点、地价实际和管理需要的以级别基准地价为主体的城镇基准地价体系。

基准地价体系建设内容，主要有八个方面，即基准地价内涵扩展、评价方法创新、外业巡查、信息系统研发、基准地价更新、修正系数确定、电子化备案、基准地价公示。

随着产业转型升级的不断推进和科技创新的深化发展，新业态、新产业发展迅猛。与此相应，介于商务办公用地与工业用地之间的科技研发用地在城市中的规模比例不断扩大，但以往实行的部分土地供应和管理政策已难以满足需求。2011 年，南京市开创性地进行了科技研发用地基准地价评估。对南京市市区范围内的科技研发用地制定了级别基准地价和挂牌出让起始价标准及相应的管理措施，这对进一步规范科技研发用地管理、提高该类用地使用效率、实现其优化配置发挥了重大作用。这在全国尚属首次，且其成果获得江苏国土资源年度科技奖。

2014 年发布的《城镇土地分等定级规程》（GB/T 18507—2014）和《城镇土地估价规程》（GB/T 18508—2014）对地价内涵、技术方法、工具手段和基准地价更新频率等方面进行了修订，以有效衔接相关法律法规，更好适应土地市场现状和估价技术发展水平。为适应地价变化及管理的需要，江苏对《江苏省城镇地价动态监测与基准地价更新技术规范（2007 年版）》进行修订，制定《江苏省城镇地价动态监测与基准地价更新技术规范（2014 年版）》。根据新规范，土地级别通过地价区段归并而形成，划分采用聚类分析法、数轴散点图或频率直方图等方法。在统计每个级别内的地价区段的面积与区段基准地价的基础上，采用面积加权平均法，测算出级别基准地价。

2015 年 3 月，国土资源部办公厅印发《关于实施〈城镇土地分等定级规程〉和〈城镇土地估价规程〉有关问题的通知》（国土资厅发〔2015〕12 号），要求市、县国土资源主管部门应严格按照规程，开展基准地价制定、更新和公布工作。基准地价每 3 年全面更新一次；超过 6 年未全面更新的，在土地估价报告中不再使用基准地价系数修正法；不能以网格等形式借助计算机信息系统实时更新基准地价。是年 11 月，为进一步提高地价管理水平，加强基准地价评估基础工作督查，引导土地市场健康平稳发展，省国土资源厅印发《关于开展城镇地价动态监测与基准地价更新外业巡查工作的通知》（苏国土资发〔2015〕411 号），在全省范围内开展城镇地价动态监测与基准地价更新外业巡查工作，主要从上一年度基准地价成果公布情况、本年度季度数据上报及时性情况、地价区段划分情况、地价监测点设立情况、基础资料情况、估价师对监测点的熟悉情况等方面进行检查。在提供年度基准地价变更评估结果的同时，编制了基准地价修正体系。由于拥有雄厚的科技力量，且有新版《江苏省城镇地价动态监测与基准地价更新信息系统（2014 年版）》应用，江苏年度基准地价变更，已很成熟地借助信息化技术手段实时进行更新，并同步用于省级数据汇总分析，旨在进一步增强基准地价成果的现势性和表征性，提升地价管理效能。

2016 年 12 月，国土资源部等八部门联合印发《关于扩大国有土地有偿使用范围的意见》（国土资规〔2016〕20 号），扩大国有土地有偿使用范围，并将公共服务项目用地纳入其内，要求市、县人民政府依据当地土地取得成本、市场供需、产业政策和其他用途基准地价等，制定公共服务项目用地基准地价。从 2017 年 8 月 1 日起，将公共管理与公共服务用地基准地价列入基准地价体系，基准地价内涵由原有的商服、住宅、工业用地基准地价扩展到公共管理与公共服务用地基准地价。各地按此体系进行基准地价评估。2018 年泰州市区公共管理与公共服务用地基准地价见表 3-16。

表 3-16　2018 年泰州市区公共管理与公共服务用地基准地价一览表

土地用途	土地级别	基准地价（元/平方米）	设定开发程度	设定容积率
基础设施类	一级	545	六通一平	1.0
	二级	395	六通一平	1.0
	三级	300	六通一平	1.0
办公类	一级	2 750	六通一平	1.6
	二级	1 210	六通一平	1.4
	三级	560	六通一平	1.2
营业类	一级	2 300	六通一平	1.6
	二级	1 010	六通一平	1.4
	三级	470	六通一平	1.2

2019 年 6 月，《自然资源部办公厅关于部署开展 2019 年度自然资源评价评估工作的通知》（自然资办发〔2019〕36 号）要求继续完善规范城乡基准地价体系。8 月，江苏省自然资源厅《关于开展自然资源评价评估工作建立公示地价体系的通知》（苏自然资函〔2019〕625 号）明确具体工作内容，要求全省各地应在 2020 年 12 月 31 日前完成所辖区域内涵盖商服用地、住宅用地、工业用地、公共管理与公共服务用地的城镇基准地价。总之，我们所建设的城镇基准地价体系包含了商服、住宅、工业用地和公共管理与公共服务用地等有偿使用地类基准地价，即体现了有偿使用地类基准地价齐全的特点。这是到目前为止最为完整的城镇基准地价体系。

随后，江苏省制定和发布了《江苏省公示地价体系建设技术指引（试行）》，对城镇土地定级估价工作的技术路线进行审慎修改，采取“先定级后估价”的技术思路，开展基准地价制定工作。此举同时将原先的城镇地价动态监测与基准地价更新工作分离并进行独立开展。

各地从地方土地管理和实际情况需要，在全面收集影响城镇土地质量的因素因子资料的基础上，按规定方法和程序选择定级因素、划分定级单元、计算定级单元各定级因素分值和定级指数，最终确定城镇建设用地级别。在城镇建设用地定级的基础上，采用规范的评估方法，利用市场交易、收益资料等评估基准地价，确定分用途不同级别的城镇建设用地基准地价。

2020 年 6 月，《江苏省自然资源厅转发自然资源部办公厅关于部署开展 2020 年度自然资源评价评估工作的通知》（苏自然资函〔2020〕512 号）再次明确要求各地要加大统筹力度，确保在 2020 年 12 月 31 日前实现城乡基准地价全覆盖、城镇标定地价全覆盖。江苏加大统筹力度，按期完成了规定任务，同时完成了集体建设用地基准地价评估和农用地基准地价制定，基本实现了城乡基准地价全覆盖（见表 3-17）。

随着实践的积累，江苏进一步加强对于城乡基准地价体系的实践探索和研究，省地价所组织专家对此作了专题调查研究，取得不菲的收获，其成果《江苏省城乡一体化基准地价体系建设调研报告》，被评为 2018 年度江苏省自然资源管理优秀调研报告二等奖（图 3-6）。

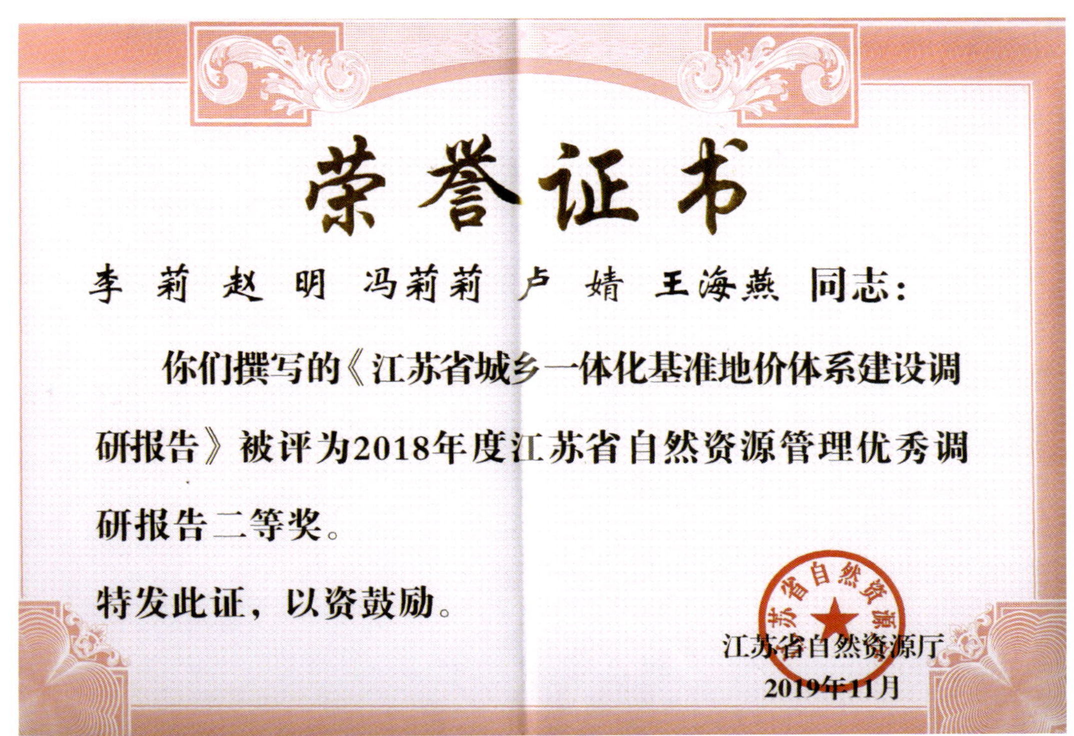

图 3-6　2018 年度江苏省自然资源管理优秀调研报告二等奖

鉴于如前所述的江苏城镇基准地价体系建设已是“水到渠成”，城乡一体化基准地价体系尚在构建之中，故本条目主要反映城镇基准地价体系建设情况。

二、标定地价体系建设

与基准地价评估工作类似，第三个“十年”的标定地价评估工作同样聚焦于地价评估的全面化、信息化和透明化。全省各市、县（区）全面开展标定地价体系建设工作，完善标定地价公示体系，实现城镇标定地价全覆盖。

标准宗地的选定是标定地价体系建设的基础。标准宗地选定的原则是，要考虑标准宗地的多功能性，要有代表性、显著性、恒久性和均匀性。在全省各地历年选定并维护、补充标准宗地的的基础上，江苏开展城镇标定地价体系建设工作。

2012 年 7 月 10 日，国土资源部办公厅印发《关于做好 2012 年城市土地价格调查与监测工作的通知》（国土资厅发〔2012〕41 号），要求在上海、长沙、唐山 3 市开展标定地价公示试点工作。三个试点城市根据要求，分别制定了相应的技术指南，并于 2013 年底基本完成了标定地价公示试点工作。

2013 年 5 月 2 日，《国土资源部办公厅关于 2013 年度城市地价调查与监测工作有关问题的通知》（国土资厅发〔2013〕23 号）明确要求，“鼓励有条件的城市主动开展标定地价试点，试点方案应经省级国土资源主管部门同意后报部备案。”根据要求，江苏省鼓励各城市建立标定地价体系，对此全省各市都积极开展标定地价体系建设工作。其中，宿迁市在 2014 年 7 月 17 日印发《宿迁市推进节约集约用地实施方案》的通知中提出：“逐步建立标定地价体系，实现基准地价、标定地价、市场交易地价等信息定期发布。”是年 8 月，修订印发的《江苏省城镇地价动态监测与基准地价更新技术规范（2014 年版）》

表 3-17　2020 年江苏省设区市市区城镇建设用地级别基准地价表

单位：元/平方米

行政区域	用途	一级	二级	三级	四级	五级	六级	七级	八级	九级	十级	十一级
南京市	商服用地	64 500	40 000	27 500	16 500	10 400	6 750	5 250	3 840	3 000	2 200	—
	住宅用地	80 300	63 800	49 500	36 000	24 300	17 100	10 400	5 250	—	—	—
	工业用地	—	—	1 100	700	570	460	350	—	—	—	—
	科研用地、公用设施用地和公园与绿地	2 300	1 500	800	600	460	340	—	—	—	—	—
	机关团体、新闻出版、教育、医疗卫生、社会福利、文化设施和体育用地	8 750	6 500	4 500	2 600	1 200	750	—	—	—	—	—
无锡市	商服用地	23 980	14 010	9 300	7 000	4 520	3 200	2 050	1 680	—	—	—
	住宅用地	31 500	28 875	21 560	16 800	10 500	7 600	5 600	3 520	—	—	—
	工业用地	875	700	600	480	400	—	—	—	—	—	—
	办公类	15 000	8 125	5 025	2000	1 600	—	—	—	—	—	—
	基础服务类	1 600	640	518	432	420	—	—	—	—	—	—
	基础设施类	700	560	480	385	320	—	—	—	—	—	—
徐州市	商服用地	22 600	14 700	10 600	8 100	6 300	4 100	3 200	2 100	1 400	1 100	900
	住宅用地	21 000	15 500	11 400	8 200	6 500	4 800	2 900	2 300	1 600	—	—
	工业用地	450	385	270	200	—	—	—	—	—	—	—
	医卫慈善用地	3 000	1 700	900	600	—	—	—	—	—	—	—
	科教用地	2 800	1 300	800	600	—	—	—	—	—	—	—
	文化体育用地	1 700	1 100	600	400	—	—	—	—	—	—	—
	公用设施用地	1 300	900	500	300	—	—	—	—	—	—	—
常州市	商服用地	15 000	8 700	6 500	4 800	4 000	3 000	2 600	2000	1 500	—	—
	住宅用地	16 000	13 500	10 000	8 500	6 500	5 000	4 000	—	—	—	—
	工业用地	550	520	480	450	—	—	—	—	—	—	—
	科教用地	2 500	2 300	1 800	1 400	1 100	900	—	—	—	—	—
	医卫慈善用地	2 500	2 300	1 800	1 400	1 100	900	—	—	—	—	—
	文化体育用地	2 500	2 300	1 800	1 400	1 100	900	—	—	—	—	—

续表

行政区域	用途	一级	二级	三级	四级	五级	六级	七级	八级	九级	十级	十一级
苏州市	商服用地	50 465	34 625	19 086	11 458	7 281	4 736	—	—	—	—	—
	住宅用地	63 180	49 529	35 100	29 600	23 500	14 925	—	—	—	—	—
	工业用地	1 250	1 045	820	540	350	—	—	—	—	—	—
	公共管理与公共服用地	1 800	1 500	1 230	1 005	750	—	—	—	—	—	—
南通市	商服用地	16 850	10 040	6 410	4 820	3 710	2 510	1 850	—	—	—	—
	住宅用地	26 380	20 800	13 810	10 270	7 500	4 550	—	—	—	—	—
	工业用地	780	545	480	415	—	—	—	—	—	—	—
	机关团体用地、新闻出版用地和科研用地	1 810	1 250	1 000	850	590	—	—	—	—	—	—
	教育用地、医疗卫生用地、社会福利用地和文化设施用地	2 080	1 620	1 280	920	680	—	—	—	—	—	—
	公用设施用地和公园与绿地	980	780	565	480	415	—	—	—	—	—	—
连云港市	商服用地	9 300	6 280	4 530	3 400	2 500	1 670	1 170	—	—	—	—
	住宅用地	10 010	7 255	5 420	4 215	3 635	2 625	1 970	—	—	—	—
	工业用地	565	410	315	225	—	—	—	—	—	—	—
	教育用地	1 545	1 045	740	550	—	—	—	—	—	—	—
	科研用地	2 400	1 625	1 150	855	—	—	—	—	—	—	—
	医疗卫生用地	2 570	1 740	1 230	915	—	—	—	—	—	—	—
	文化设施用地	1 885	1 280	905	670	—	—	—	—	—	—	—
	体育用地	1 545	1 045	740	550	—	—	—	—	—	—	—
	公用设施用地	685	465	330	245	—	—	—	—	—	—	—
淮安市	商服用地	12 900	7 500	4 830	3 040	2 020	1 350	1 000	—	—	—	—
	住宅用地	13 800	8 700	5 600	4 700	3 250	1 820	—	—	—	—	—
	工业用地	480	355	295	245	180	—	—	—	—	—	—
	办公类	2 380	1 750	1 200	750	400	—	—	—	—	—	—
	基础服务类	2 600	2000	1 450	920	500	—	—	—	—	—	—
	基础设施类	520	380	300	260	200	—	—	—	—	—	—

续表

行政区域	用途	一级	二级	三级	四级	五级	六级	七级	八级	九级	十级	十一级
盐城市	商服用地	13 860	8 250	5 860	3 740	2 410	1 350	950	—	—	—	—
	住宅用地	15 330	12 210	9 580	7 890	5 630	3 880	—	—	—	—	—
	工业用地	430	325	305	240	—	—	—	—	—	—	—
	机关团体用地、新闻出版用地和科研用地	2000	1 510	840	420	—	—	—	—	—	—	—
	教育用地、医疗卫生用地、社会福利用地和文化设施用地	2 510	1 690	1 000	500	—	—	—	—	—	—	—
	公用设施用地和公园与绿地	450	350	315	260	—	—	—	—	—	—	—
扬州市	商服用地	11 200	8 400	6 200	5 000	4 000	3 200	2 300	—	—	—	—
	住宅用地	13 500	10 800	8 600	6 600	4 700	2 800	—	—	—	—	—
	工业用地	480	400	300	270	—	—	—	—	—	—	—
	科教用地	1 600	1 200	900	700	—	—	—	—	—	—	—
	医卫慈善用地	1 550	1 100	850	600	—	—	—	—	—	—	—
	文化体育用地	1 000	800	600	500	—	—	—	—	—	—	—
	公用设施用地	700	600	500	400	—	—	—	—	—	—	—
镇江市	商服用地	10 975	7 885	6 840	4 410	3 065	2 660	2 055	—	—	—	—
	住宅用地	8 965	7 475	6 065	4 740	3 230	2 150	—	—	—	—	—
	工业用地	985	805	610	420	335	285	—	—	—	—	—
	教育用地	1 325	1 090	820	570	450	—	—	—	—	—	—
	科研用地	1 770	1 450	1 095	760	700	—	—	—	—	—	—
	医疗卫生用地	1 845	1 510	1 140	790	625	—	—	—	—	—	—
	文化设施用地	1 620	1 330	1 005	695	550	—	—	—	—	—	—
	体育用地	1 325	1 090	820	570	450	—	—	—	—	—	—
	公用设施用地	1 180	965	730	505	400	—	—	—	—	—	—

续表

行政区域	用途	一级	二级	三级	四级	五级	六级	七级	八级	九级	十级	十一级
泰州市	商服用地	9 220	8 120	5 840	4 330	2 890	1 520	980	—	—	—	—
	住宅用地	9 600	7 370	5 410	3 480	2 250	1 050	—	—	—	—	—
	工业用地	620	595	400	340	310	—	—	—	—	—	—
	机关团体用地、新闻出版用地和科研用地	2 850	1 310	580	470	—	—	—	—	—	—	—
	教育用地、医疗卫生用地、社会福利用地和文化设施用地	2 430	1 230	520	450	—	—	—	—	—	—	—
	公用设施用地和公园与绿地	560	410	330	310	—	—	—	—	—	—	—
宿迁市	商服用地	10 570	7 080	3 830	2 230	1 730	1 250	—	—	—	—	—
	住宅用地	11 710	8 080	4 550	2 630	2 060	—	—	—	—	—	—
	工业用地	335	265	180	145	—	—	—	—	—	—	—
	公共服务类	4 800	2 990	1 410	740	—	—	—	—	—	—	—
	公共设施类	335	265	180	145	—	—	—	—	—	—	—

注：淮安市估价期日为 2022 年 1 月 1 日，无锡市、宿迁市估价期日为 2020 年 1 月 1 日，其他各市估价期日为 2021 年 1 月 1 日。南京市、淮安市为上报数据，具体以地方公布数据为准。

新增《标定地价影响因素指标说明表》，在附录中增加标定地价体系建立的内容，主要包括三大部分：标准宗地的选取、标定地价评估修正体系的建立、标定地价的公示。新规范中首次提出标定地价的相关内容，并且在验收办法中提出，鼓励各地探索开展标定地价工作。据此，对一些区段进行整合等形成均质区域，然后优选监测点作为标准宗地，标定地价等于该标准宗地的设定地价。

2017 年 7 月 12 日，《国土资源部办公厅关于加强公示地价体系建设和管理有关问题的通知》（国土资厅发〔2017〕27 号）指出：标定地价是政府为管理需要确定的、符合一定条件的标准宗地土地权利价格，是宗地评估、地价管理和有关税费确定的重要依据。要求从 2018 年开始，各市、县国土资源主管部门，要全面启动城镇标定地价体系建设，有条件的地区，标定地价体系可逐步扩展到农村集体建设用地。

2018 年，国家首部《标定地价规程》（TD/T 1052—2017）发布实施。是年 5 月，《自然资源部办公厅关于部署开展 2018 年城乡地价调查与监测工作的通知》（自然资办发〔2018〕10 号）中明确要求，应依据《标定地价规程》，力争在 2018 年完成所有地级以上城市标定地价公示工作部署启动。据此，南通市市区、盐城市市区等地在 2018 年探索开展标定地价体系建设工作。

2019 年，无锡市作为全省首家全面建立标定地价的城市，率先完成了 2019 年度标定地价体系建设工作，估价期日为 2020 年 1 月 1 日，设立标准宗地 86 宗，包括商服、住宅、工业和公共管理与公共服务用地四种用途，公示范围分别为 3 166.86 公顷，33 029.02 公顷，31 588.42 公顷和 1 864.10 公顷。无锡市 2019 年度标定地价见表 3-18。

表 3-18　2019 年度无锡市市区标定地价表　　单位：元/平方米

标准宗地编号	标准宗地名称	容积率	开发水平	地面地价	楼面地价
320211Z0100601	山水湖滨花园	1.78	六通一平	24 203	13 597
320213Z0100401	清扬康臣	1.6	六通一平	19 304	12 065
320211Z0100201	路劲天御	2.2	六通一平	28 240	12 836
320211Z0100101	荣御华府	1.98	六通一平	29 417	14 857
320211Z0100701	湖山湾家园	1.5	六通一平	12 015	8 010
320211Z0100401	溪湾雅苑一区	2.46	六通一平	29 493	11 989
320214H0100101	中南君悦府	1.7	六通一平	16 040	9 435
320205H0100101	华润江南府	2.5	六通一平	24 927	9 971
320205Z0100501	蓝光 COCO 蜜园	1.68	六通一平	26 545	15 801
320205Z0100701	紫金新城嘉荫园	1.5	六通一平	12 762	8 508
320205Z0100401	御景华庭	1.26	六通一平	7 590	6 024
320214Z0100201	碧桂园梅公馆	2.0	六通一平	19 441	9 721
320206Z0100401	华夏泉绅·永利花苑	1.8	六通一平	16 121	8 956
320213Z0100401	阅山花园	1.8	六通一平	17 600	9 778
320206Z0100601	中富美林湖	1.5	六通一平	13 505	9 005
320211Z0100601	阿维侬庄园	1.5	六通一平	11 952	7 968
320211Z0100301	中海英伦观邸	1.2	六通一平	10 657	8 881

续表

标准宗地编号	标准宗地名称	容积率	开发水平	地面地价	楼面地价
320206Z0100801	盛世兰亭	1.3	六通一平	9 120	7 015
320206Z0100501	雅景园小区	1.8	六通一平	14 884	8 269
320206Z0100101	实地玫瑰庄园	3.0	六通一平	24 450	8 150
320206Z0100201	融创玉兰公馆	2.4	六通一平	29 372	12 238
320214Z0100601	富力桃园	2.5	六通一平	24 485	9 794
320214Z0100701	中海寰宇天下	1.9	六通一平	19 163	10 086
320205Z0100901	首创隽府	1.8	六通一平	19 908	11 060
320213Z0100501	恒大悦珑湾	2.2	六通一平	27 661	12 573
320206Z0100701	龙韵怡景苑	2.0	六通一平	14 063	7 031
320213Z0100701	金河湾家园	1.8	六通一平	15 989	8 883
320205H0100101	红豆首府	1.6	六通一平	10 200	6 375
320205Z0100301	美的·中骏雍景湾	1.8	六通一平	10 860	6 033
320211H0100101	万科海上传奇	2.8	六通一平	40 705	14 537
320214Z0100401	协信阿卡迪亚	1.2	六通一平	15 870	13 225
320205Z0100801	中洲花溪樾	1.2	六通一平	7 220	6 017
320214Z0100101	金世苑小区	1.6	六通一平	11 582	7 239
320211Z0100501	绿城凤起和鸣	2.2	六通一平	40 841	18 564
320206Z0100301	祥育苑	1.2	六通一平	7 886	6 572
320205Z0100101	金色庭园	1.5	六通一平	12 200	8 133
320214Z0100501	宝盛花园	2.2	六通一平	18 806	8 548
320213H0100101	清扬御庭	2.2	六通一平	27 349	12 431
320211Z0100801	落霞苑五期	2.5	六通一平	11 519	4 608
320211Z0100901	融创壹号院	1.8	六通一平	32 703	18 168
320213Z0100101	无锡市华源房地产开发公司	4.0	六通一平	55 886	13 971
320213Z0100301	嘉禾现代城	2.25	六通一平	41 579	18 479
320213Z0100201	无锡惠远置业有限公司	2.5	六通一平	31 391	12 556
320213H0100201	彩旸香江	1.8	六通一平	18 432	10 240
320205Z0100201	泾秀苑	3.0	六通一平	18 300	6 100
320205Z0100601	宛溪雅居	1.50	六通一平	10 856	7 237
320214Z0100301	宝龙世家	1.30	六通一平	10 628	8 175
320211S0400501	无锡鲁能万豪酒店	1.2	六通一平	1 920	1 600
320211S0500101	银华金融大厦	6.8	六通一平	19 427	2 857
320211S0400201	雪浪小镇	1	六通一平	1 080	1 080
320214S0100201	宝龙商业广场	3	六通一平	9 808	3 269
320213H0500101	国金中心	9.61	六通一平	48 276	5 024

续表

标准宗地编号	标准宗地名称	容积率	开发水平	地面地价	楼面地价
320205S0200101	万力装饰城	1.6	六通一平	1 669	1 043
320214S0200101	南方不锈钢交易中心	1.1	六通一平	1 175	1 068
320205S0100301	先锋国际汽车广场	1.2	六通一平	2 121	1 768
320205S0500201	兖矿信达大厦	4.6	六通一平	5 053	1 099
320206H0500101	惠山万达广场	1.2	六通一平	2 251	1 876
320213S0100201	苏宁广场	8.5	六通一平	79 633	9 369
320211S0600301	无锡融创万达	0.8	六通一平	961	—
320213S0100101	南长街	0.88	六通一平	1 768	—
320213S0200501	汇坚国际五金机电城	1.2	六通一平	4 423	3 686
320213S0100301	火车站站前商贸区	0.8	六通一平	6 856	—
320211S0100401	湖滨商业街	1.2	六通一平	3 602	3002
320213S0200401	锡沪名品城	1	六通一平	1 200	1 200
320211S0600701	无锡拈花湾度假村	0.6	六通一平	603	—
320211S0100601	万象城	1.2	六通一平	1 261	1 051
320213G0100101	新瑞阳光粒子医疗装备(无锡)有限公司	—	六通一平	811	—
320214G0100101	无锡深南电路有限公司	—	六通一平	619	—
320214G0100201	久保田建机(无锡)有限公司)	—	六通一平	679	—
320205G0100501	无锡宝骏科技有限公司	—	六通一平	524	—
320205G0100101	江苏爱玛车业科技有限公司	—	六通一平	527	—
320205G0100101	江苏宏源纺机股份有限公司	—	六通一平	602	—
320214G0100301	无锡市益群动力机械科技有限公司	—	六通一平	663	—
320205G0100101	有信制造(无锡)有限公司	—	六通一平	595	—
320205G0100301	无锡市胜源纸品有限公司	—	六通一平	527	—
320205G0100401	小鸟车业有限公司	—	六通一平	499	—
320206G0100101	嘉科(无锡)密封技术有限公司	—	六通一平	600	—
320206G0100201	无锡市荣允瓶盖有限公司	—	六通一平	515	—
320206G0100301	江苏韦兰德特种装备科技有限公司	—	六通一平	514	—
320206G0100401	无锡威卡威汽车零部件有限公司	—	六通一平	552	—
320211G0100101	无锡佳能工程机械有限公司	—	六通一平	564	—
320211G0100201	无锡双龙信息纸有限公司	—	六通一平	565	—
L0400401	中科院软件所	3	六通一平	1202	401
L0300201	华夏天一双语学校	1.2	六通一平	461	384
L0300301	吴风实验学校	1.2	六通一平	970	809
L0400101	中电海康无锡科技有限公司	3	六通一平	990	330

按照自然资源部办公厅2020年5月印发《关于部署开展2020年度自然资源评价评估工作的通知》（自然资办发〔2020〕23号）要求，江苏省自然资源厅于同年6月转发该通知时，再次明确各地要加大统筹力度，确保在2020年12月31日前，实现城乡基准地价全覆盖、城镇标定地价全覆盖。

此次标定地价评估的技术思路主要是，在土地级别或均质地域基础上划定标定区域，设定标准宗地，跟踪标准宗地及其所在标定区域的地价影响因素变化，采用规范的评估方法，定期评估标准宗地的标定地价，按规定内容与规范格式向社会公布，形成区域内土地市场的正常价值参考。截至2020年底，全省各市、县（区）均已完成了城镇标定地价体系建设工作。据统计，全省共设有标准宗地2 070个，其中商服用地645个，住宅用地763个，工矿仓储用地460个，商住混合用地156个，公共管理与公共服务用地46个（见表3-19）。

表3-19　2020年江苏省各设区市标准宗地一览表　　单位：个

行政区域	商服用地	住宅用地	工矿仓储用地	商住混合用地	公共管理与公共服务用地
南京市	38	81	19	0	0
无锡市	66	92	85	14	4
苏州市	154	123	101	0	42
常州市	44	35	20	29	0
徐州市	87	95	36	6	0
连云港市	14	28	23	34	0
盐城市	44	59	35	21	0
泰州市	41	29	19	22	0
扬州市	34	57	26	2	0
淮安市	20	36	19	0	0
镇江市	18	29	24	15	0
南通市	53	58	28	6	0
宿迁市	32	41	25	7	0
全省	645	763	460	156	46

三、公示地价体系建设

地价公示是法定的一项地价管理制度，基准地价、标定地价则是公示地价的主要内容，是我国最基本的地价标准，也是地价体系的重要组成部分，是土地资产权益保护和土地宏观调控等方面的重要支撑。早在1998年，国土资源部就将“指导和监督基准地价、标定地价等政府公示地价的评估与公布工作”纳入其工作职能。各级土地管理部门对此也都很为重视。二十余年的地价建设，特别是地价公示和地价监测体系逐步完善和信息化建设的实践，江苏有了丰富的经验积累。在此基础上，加快完善以基准地价、标定地价为核心的公示地价体系，支撑城乡土地市场一体化建设则是江苏在第三个“十年”的重点工作。基准地价作为出让地价评估的重要依据，定期更新公布基准地价，对于客观反映土地市场情况、充分发挥地价宏观调控作用、建立规范有序的土地市场，具有十分重要的意义。

2011年以后，全省各市、县自然资源主管部门严格按照国家技术要求，及时制定并公布基准地价，依托自然资源门户网站、土地使用权出让网上交易系统等媒体，更新公布基准地价成果，满足各行业各群体的信息需求，实现地价数据的社会化服务，为政府制定地价管理与调控政策、增强市场监管能力提供依据。

2013年6月21日，省国土资源厅转发国土资源部办公厅《关于2013年度城市地价调查与监测工作有关问题的通知》（苏国土资厅发〔2013〕236号），提出“地价动态监测、标定地价公示和基准地价更新是服务社会的公益性工作，又是服务于财税管理和土地管理的基础性工作。各地要结合本地实际，完善地价监测信息化建设，逐步建立标定地价公示制度”，推进了标定地价公示规模化开展，标志着公示地价体系建设和地价管理工作步入新的时期。2016年，国土资源部办公厅印发《关于部署开展2016年度城乡地价调查与监测工作的通知》（国土资厅发〔2016〕17号）要求启动农村土地公示地价体系建设。

2017年7月12日，国土资源部办公厅印发《关于加强公示地价体系建设和管理有关问题的通知》（国土资厅发〔2017〕27号）要求，进一步加强公示地价体系建设和管理。紧接着，省国土资源厅于当月28日即转发这一通知（苏国土资发〔2017〕299号），要求全省各地应根据部、省有关工作部署，按时完成基准地价的更新、发布，及时完成基准地价电子化备案，按要求开展公共服务项目用地基准地价，国有农用地和集体土地基准地价的制定与发布工作，加快标定地价体系建设。至此，全省基准地价体系建设由城镇建设用地基准地价拓展到了农用地和集体建设用地基准地价，土地定级估价工作的评估对象也由原先的城镇建设用地扩大到农用地和集体建设用地，把土地资源置于高效开放的城乡统筹市场来考虑。

2018年，自然资源部将此领域的职能拓展为“建立政府公示自然资源价格体系”，公示地价的核心理念和思想也正在逐步被借鉴、融入“公示自然资源价格”之中。

2019年6月，《自然资源部办公厅关于部署开展2019年度自然资源评价评估工作的通知》（自然资办发〔2019〕36号）中要求，“全面实现城镇标定地价公示。各省级自然资源主管部门要组织本行政区域内所有市（县）启动城镇标定地价公示工作”，确保在2020年12月31日前完成。是年8月7日，省自然资源厅印发《江苏省自然资源厅关于开展自然资源评价评估工作建立公示地价体系的通知》（苏自然资函〔2019〕625号）再次明确“各地应在2020年12月31日前完成所辖区域内涵盖商服用地、农用地和集体建设用地基准地价及城镇标定地价的制订、公示工作，建立公示地价体系”

2020年5月8日，省自然资源厅印发《江苏省自然资源厅关于加快推进公示地价体系建设的通知》（苏自然资函〔2020〕400号）督促各地加快推进全省公示地价体系建设。明确每3年对基准地价进行一次全面更新并及时公布其成果，标定地价评估及公示工作，以年度为周期开展，每年的第一季度完成标准宗地在当年1月1日的标定地价公示。据此，各地在完成基准地价更新之后即将新成果予以公示。图3-7展现的是《2019年度无锡市自然资源和规划局公布的2019年度市区公示地价体系建设建设成果》。

2020年6月3日，省自然资源厅转发《自然部资源办公厅关于部署开展2020年度自然资源评价评估工作的通知》（苏自然资函〔2020〕512号）要求，在2020年12月31日前建立公示地价体系，实现城乡基准地价全覆盖、城镇标定地价全覆盖。

是年12月18日，省自然资源厅印发《江苏省公示地价体系建设技术指引（试行）》，明确要求，各级自然资源管理部门负责做好地价成果验收、发布工作，并对公示内容和公示方式做了具体要求。至2021年，江苏各市、县（市、区）按要求基本完成了地价成果制定和公示工作。

无锡市自然资源和规划局

2019 年度无锡市市区公示地价体系建设成果

时间：2021-07-27 16:15　浏览次数:2004　来源：无锡市自然资源和规划局　字号：[大 中 小]

信息索引号	01400669X/2021-00224	发文日期	2021-07-27	公开日期	2021-07-27
文件编号		公开时限	长期公开		
发布机构	无锡市自然资源和规划局	公开形式	网站、文件、政府公报		
公开方式	主动公开	公开范围	面向社会		
有效期	长期	公开程序	部门编制，经办公室审核后公开		
主题	国土资源、能源--土地	体裁	公告		
关键词	统计，资源，土地	文件下载			
内容概述	2019 年度无锡市市区公示地价体系建设成果				

根据《自然资源部办公厅关于部署开展 2020 年度自然资源评价评估工作的通知》（自然资办发〔2020〕23 号）和《江苏省自然资源厅关于加快推进公示地价体系建设的通知》（苏自然资函〔2020〕400 号）等文件要求，我局已完成2019 年度无锡市市区公示地价体系建设成果，现已报经市人民政府批准，对外公布。

附件1-2019年度无锡市市区建设用地基准地价表.docx

附件2-2019年度无锡市市区农用地基准地价表.docx

附件3-2019年度无锡市市区标定地价表.docx

附件4-无锡标定地价和新基准地价图-成果图.PDF

本篇文章共有1页 当前为第 1 页

图 3-7　2019 年度无锡市市区公示地价体系建设成果

第五节　动态监测制度

一、城镇地价动态监测制度

（一）城镇地价季度动态监测制度

城市地价动态监测是地价管理的重要基础性工作，为政府部门把握土地市场运行态势和价格走向，增强市场监管和调控能力提供服务。通过多年的努力，全省城市地价动态监测工作进展较为顺利，形成了良好的工作制度和相对稳定的技术队伍，实行按季度数据分析汇总和按年度报告发布制度，省国土资源厅则按年度发布江苏省城市地价动态监测报告。依此，在全省 2009、2010 年连续两年进行城镇地价季度动态监测与基准地价更新，取得经验的基础上，进入第三个“十年”，即从 2011 年起，全省全面建立起城镇地价季度动态监测与基准地价更新制度。2011—2020 年度江苏省城市地价季度动态监测情况见表 3-20。

表 3-20　2011—2020 年度江苏省城市地价季度动态监测统计表

年份	地价水平(元/平方米)			环比指数/环比增长率(%)		
	商服用地	住宅用地	工业用地	商服用地	住宅用地	工业用地
2011 年第一季度	1 612	1 126	383	102.36	101.81	100.28
2011 年第二季度	1 650	1 140	390	102.34	101.19	101.85
2011 年第三季度	1 672	1 144	392	101.35	100.35	100.55
2011 年第四季度	1 666	1 130	393	99.62	98.84	100.12
2012 年第一季度	1 703	1 126	395	102.22	99.63	100.43
2012 年第二季度	1 704	1 132	407	100.07	100.48	103.02
2012 年第三季度	1 708	1 130	407	100.24	99.81	100.15
2012 年第四季度	1 715	1 135	408	100.40	100.49	100.18
2013 年第一季度	1 728	1 142	409	100.74	100.58	100.20
2013 年第二季度	1 742	1 152	409	100.82	100.93	100.16
2013 年第三季度	1 757	1 165	410	100.88	101.07	100.19
2013 年第四季度	1 768	1 175	414	100.63	100.91	100.84
2014 年第一季度	6 221	3 163	408	0.49	0.66	0.37
2014 年第二季度	6 210	3 135	411	−0.17	−0.87	0.69
2014 年第三季度	6 189	3 091	412	−0.34	−1.43	0.17
2014 年第四季度	6 174	3 082	412	−0.24	−0.28	0.07
2015 年第一季度	6 267	3 456	406	0.00	−0.05	0.21
2015 年第二季度	6 280	3 468	407	0.21	0.32	0.14
2015 年第三季度	6 305	3 486	406	0.39	0.53	−0.07
2015 年第四季度	6 328	3 540	408	0.36	1.53	0.38
2016 年第一季度	6 598	3 869	405	0.95	3.75	0.66
2016 年第二季度	6 692	4 112	405	1.42	6.28	0.11
2016 年第三季度	6 761	4 394	406	1.03	6.88	0.14
2016 年第四季度	6 802	4 477	406	0.61	1.88	0.07
2017 年第一季度	6 530	4 765	409	0.56	1.63	0.26
2017 年第二季度	6 554	4 829	410	0.36	1.35	0.28
2017 年第三季度	6 575	4 876	411	0.33	0.98	0.19
2017 年第四季度	6 588	4 927	412	0.19	1.04	0.16
2018 年第一季度	6 603	4 962	412	0.24	0.71	0.19
2018 年第二季度	6 620	5 004	413	0.26	0.85	0.27
2018 年第三季度	6 633	5 034	414	0.19	0.59	0.11
2018 年第四季度	6 638	5 062	414	0.08	0.56	0.09
2019 年第一季度	11 076	10 761	391	0.05	0.53	0.12
2019 年第二季度	11 090	10 838	392	0.12	0.72	0.20
2019 年第三季度	11 106	10 902	393	0.15	0.59	0.14
2019 年第四季度	11 114	10 956	393	0.07	0.50	0.13
2020 年第一季度	11 081	10 989	393	−0.15	0.15	0.09
2020 年第二季度	11 020	11 069	394	−0.55	0.72	0.19
2020 年第三季度	10 994	11 153	395	−0.24	0.76	0.31

续表

年份	地价水平(元/平方米)			环比指数/环比增长率(%)		
	商服用地	住宅用地	工业用地	商服用地	住宅用地	工业用地
2020 年第四季度	10 983	11 234	396	-0. 10	0. 73	0. 12

数据说明：以上数据来源于《江苏省城市地价动态监测报告》(2011—2018 年)。2007 年至 2013 年使用地价指数，2014 年开始使用地价增长率。2014 年修订省级技术规范，对区段地价水平的测算方法和区段面积的划分和监测范围的确定进行了调整，2019 年再次修订技术规范，地价水平与往年地价水平不存在可比性。为成果公布需要，地价水平结果四舍五入取整，地价增长率为地价水平值保留四位小数后的测算结果，结果保留两位小数。

（二）城镇地价动态监测外业巡查制度

开展城镇地价动态监测与基准地价更新工作，是运用土地政策参与宏观调控的重要技术手段，也是完善土地资源市场配置体系的重要业务基础。在已开展城镇地价动态监测与基准地价更新工作的基础上，适时开展外业巡查工作，是提高地价动态监测工作成果的真实性、代表性，保障成果的应用性和适宜性的有益补充。

为此，根据新要求，省国土资源厅于 2015 年 11 月 11 日印发《江苏省国土资源厅关于开展城镇地价动态监测与基准地价更新外业巡查工作的通知》(苏国土资发〔2015〕411 号)，决定在全省开展城镇地价动态监测与基准地价更新外业巡查工作。外业巡查是江苏城镇地价动态监测与基准地价更新制度的重要组成部分，是按年度开展的连续性工作，表现出制度化特征。外业巡查工作一般安排在巡查工作年的 5 至 10 月份进行。

外业巡查工作以各地上报的城镇地价动态监测与基准地价更新成果为基础，主要从上一年度基准地价成果公布情况、本年度季度上报及时性情况、地价区段划分情况、地价监测点设立情况、基础资料情况、估价师对监测点熟悉情况等方面进行巡查。巡查结果全省通报。外业巡查工作采用内业资料核查和外业实地勘察相结合的方法，按照“省-市-县”联动的方式进行。外业巡查评分体系见表 3-21。

表 3-21　江苏省城镇地价动态监测与基准地价更新检查评分表

被检查地区：　　　　　　　　　　　　检查人员：　　　　　　　检查日期：

序号	巡查内容		分值	评分标准			
				一等	二等	三等	四等
1	上一年度基准地价成果公布情况		10	以公布网址为主，按时间及时进行成果公布(10 分)	——	——	未进行成果公布(0 分)
2	季度数据上报及时性情况		5	按要求上报季度监测成果，四个季度的上报截止时间分别为四季度是 1 月 31 日，一季度是 4 月 30 日，二季度是 7 月 15 日，三季度 10 月 31 日(5 分)	——	——	未按要求的时间上报季度数据(0 分)
3	地价区段划分情况(6 分)	地价区段面积	3	地价区段划分合理，面积适中(3 分)	地价区段划分较合理，面积较适中(2 分)	地价区段划分合理性一般，个别区段面积过大(1 分)	地价区段划分不合理(0 分)
4		区段内地价监测点水平	3	区段内地价监测点水平相当，区段内商服、住宅用地的最高值与最低值相差不超过最低值的 30%，工业用地不超过 10%(3 分)	区段内地价监测点水平较相当，有 1 个地价区段内监测点水平不符合规范要求(2 分)	区段内地价监测点水平基本相当，有 2 个地价区段内监测点水平不符合规范要求(1 分)	区段内地价监测点水平基本相当，有 2 个以上地价区段内监测点水平不符合规范要求(0 分)

续表

序号	巡查内容		分值	评分标准			
				一等	二等	三等	四等
5	地价监测点设立情况（15分）	地价监测点的数量	3	监测点的数量符合规范要求，省辖市不低于180个，县级城市总数不低于80个（3分）	地价监测点的数量基本符合规范要求，缺少总数不超过5个（2分）	监测点的数量基本符合规范要求，缺少总数不超过10个（1分）	地价监测点的数量不符合规范要求，总数缺少10个以上（0分）
6		区段内地价监测点数量	3	各用途每区段不少于2个地价监测点（3分）	90%以上的区段不少于2个地价监测点（2分）	80%以上的区段不少于2个地价监测点（1分）	70%以上的区段不少于2个地价监测点（0分）
7		地价监测点的代表性	6	地价监测点在利用条件、利用状况、开发程度等方面与设定条件一致（6分）	地价监测点在利用条件、利用状况、开发程度等与设定条件有1个不一致（4分）	地价监测点在利用条件、利用状况、开发程度等与设定条件有2个不一致（2分）	地价监测点在利用条件、利用状况、开发程度等与设定条件有2个以上不一致（0分）
8		地价监测点的稳定性	3	年度监测点累计更新数量原则上不超过该城市第一季度监测点总数的10%（3分）	——	——	年度监测点累计更新数量超过10%（0分）
9	基础资料情况（48分）	地价监测点的宗地图情况	6	每个抽查的地价监测点均有宗地图，且切实反映地价监测点情况（6分）	抽查的地价监测点中有1个没有宗地图，且其他有宗地图的较为真实反映地价监测点情况（4分）	抽查的地价监测点中有2个没有宗地图，且其他有宗地图的较为真实反映地价监测点情况（2分）	抽查的地价监测点中有2个以上没有宗地图（0分）
10		地价监测点的影像照片情况	6	每个抽查的地价监测点均有影像照片，且切实反映地价监测点的利用情况（6分）	抽查的地价监测点中有1个监测点的影像照片与地价监测点的实际利用情况不符（4分）	抽查的地价监测点中有2个监测点的影像照片与地价监测点的实际利用情况不符（2分）	抽查的地价监测点中有2个以上监测点的影像照片与地价监测点的实际利用情况不符（0分）
11		地价监测点的土地权属资料情况	6	所抽查的地价监测点土地权属资料齐全，填写准确，且切实反映地价监测点情况（6分）	抽查的地价监测点中有1处土地权属信息错误（4分）	抽查的地价监测点中有2处土地权属信息错误（2分）	抽查的地价监测点中有2处以上土地权属信息错误（0分）
12		地价监测点登记表填写是否全面准确	6	所抽查的地价监测点登记表填写准确（6分）	所抽查的地价监测点登记表填写较为准确，有1处错误点（4分）	所抽查的地价监测点登记表填写准确性一般，有2处错误点（2分）	所抽查的地价监测点登记表填写准确性差，错误点超过2处（0分）
13		地价监测点技术要点表填写是否准确	6	所抽查的地价监测点技术要点表填写准确（6分）	所抽查的地价监测点技术要点表填写较为准确，有1处错误（4分）	所抽查的地价监测点技术要点表填写准确性一般，有2处错误（2分）	地价监测点技术要点表填写准确性差，错误点超过2处（0分）
14		比较案例资料情况	6	所抽查监测点的比较案例全面真实有效（6分）	所抽查监测点的比较案例中存在1个虚假案例（4分）	所抽查监测点的比较案例中存在2个虚假案例（2分）	所抽查监测点的比较案例中存在2个以上虚假案例（0分）
15		租金水平资料情况	6	所抽查监测点的租金水平资料齐全、有效，符合当地实际情况（6分）	所抽查监测点的租金水平资料存在1个缺失或者不真实的现象（4分）	所抽查监测点的租金水平资料存在2个缺失或者不真实的现象（2分）	所抽查监测点的租金水平资料存在2个以上缺失或者不真实的现象（0分）
16		售价资料情况	6	所抽查监测点的售价资料齐全、有效，符合当地实际情况（6分）	所抽查监测点的售价资料存在1个缺失或者不真实的现象（4分）	所抽查监测点的售价资料存在2个缺失或者不真实的现象（2分）	所抽查监测点的售价资料存在2个以上缺失或者不真实的现象（0分）

续表

序号	巡查内容	分值	评分标准			
			一等	二等	三等	四等
17	地价监测点测算过程	5	估价参数准确，计算方法合理，测算结果与基础资料一致（5分）	——	——	测算结果与基础资料不一致（0分）
18	地价监测点与估价师的对应关系是否真实	2	地价监测点与估价师的对应关系真实（2分）	——	——	地价监测点与估价师的对应关系不真实（0分）
19	签字估价师对监测点的情况是否熟悉	6	签字估价师对监测点的情况熟悉（6分）	签字估价师对监测点的较为熟悉（4分）	签字估价师对监测点的熟悉情况一般（2分）	签字估价师对监测点的不熟悉（0分）
20	整体印象分	3	工作整体符合技术规范要求（3分）	工作整体较符合技术规范要求（2分）	工作整体基本符合技术规范要求（1分）	工作过程中存在技术问题较多（0分）
总计		100	——	——	——	——

据此，是年10月下旬开始，首次外业巡查涉及全省71个监测区域、13 092个监测点，从选点、内业资料核查到外业分组、实地勘察，工作量较大，需耗费大量的人力、物力。在时间紧、工作任务重的困难条件下，江苏省地价所采用分批次、分组的方法，对全省各监测区域有重点地开展外业巡查工作。此次外业巡查工作以各地上报的城镇地价动态监测与基准地价更新成果数据库为基础，对内业资料进行核查，在外业实地勘察，抽查地价监测点，其中每个监测区域各用途地价监测点外业巡查的比例为10%左右，原则上每个地区商服用地监测点不少于10个，住宅用地监测点不少于5个，工业用地监测点不少于2个。

据此，江苏省地价所组织技术人员在对江宁区、溧水区、高淳区开展外业巡查试点工作之后，11月开始陆续对全省其他地区开展外业巡查工作，第一批次已完成南京市区、江宁区、溧水区、高淳区、浦口区、六合区，扬州市区、江都区、仪征市，无锡市区、江阴市，镇江市区、句容市，盐城市区、射阳县、大丰区等16个监测区域的外业巡查工作，共核查监测点272个（见表3-22）。

表3-22　江苏省城镇地价动态监测与基准地价更新外业巡查第一批次评分汇总表

序号	地区	得分
1	江阴市	90
2	南京市区	87.5
3	无锡市区	87
4	扬州市区	86
5	江宁区	85
6	大丰区	85
7	盐城市区	84
8	江都区	83
9	镇江市区	81
10	射阳县	76
11	仪征市	73
12	句容市	72
13	六合区	70.5
14	溧水区	70

续表

序号	地区	得分
15	浦口区	68.5
16	高淳区	60

2016年10月28日，省国土资源厅印发《江苏省国土资源厅关于开展2016年全省城镇地价动态监测与基准地价更新外业巡查工作的通知》（苏国土资发〔2016〕326号），自11月初开始，省地价所组织技术人员开展外业巡查工作，完成了泰州、连云港、常州、淮安、宿迁等地10个监测城市的外业巡查，共核查地价监测点170个。从检查的情况来看，多数地区高度重视、认真组织、积极开展，协同技术单位及时上报季度和年度成果，较好地完成了地价动态监测与基准地价更新工作。

检查的重点内容，在原七个重点基础上增加监测范围确定情况，共八项。根据外业巡查的实际情况，依据检查评分标准进行评分，2016年外业巡查各地区的评分情况见表3-23。

表3-23　2016年外业巡查评分汇总表

序号	地区	得分
1	常州市区	92
2	淮安市区	88
3	泰州市区	85
4	宿迁市区	84
5	连云港市区	83
6	泰兴市	80
7	金坛区	78
8	东海县	74
9	沭阳县	72
10	金湖县	60

（三）城镇地价年度动态监测报告制度

经过多年建设，江苏省地价动态监测制度逐渐成熟，运行亦趋规范。各地通过季度地价动态监测，编制地区年度地价动态监测报告。在此基础上，经汇总分析，形成江苏省年度地价动态监测报告。该报告可及时向社会提供客观系统的地价信息和变化趋势分析，为土地参与宏观经济调控提供科学基础。全省地价动态监测报告主要内容分为六个方面：一是年度全省城市地价动态监测工作概况，包括监测范围、监测过程，监测时段、工作任务、监测数据采集、监测对象与说明、地价内涵设定、地价水平、地价指数的测算方法；二是年度全省城市地价状况，包括地价水平状况、地价增长率；三是年度全省城市地价的主要影响因素分析；四是年度全省城市地价动态变化与土地市场供应状况关系分析；五是年度全省城市地价动态变化与社会经济发展主要指标关联分析；六是年度全省城市地价变化趋势。尔后的年度报告主要内容则随着全省社会经济新发展、地价动态监测工作新情况和特定影响因素等而不断丰富，比如增加技术路线、地价对比分析、疫情影响因素等内容。

2011—2013年，全省布设和维护地价动态监测点分别为10 280个、11 290个、11 886个。

2014年8月14日，省国土资源厅发布《江苏省城镇地价动态监测与基准地价更新技术规范（2014年版）》，并同步研发《江苏省城镇地价动态监测与基准地价更新信息系统》（以下简称系统）。

该版对监测范围的确定、地价区段的划分和区段地价水平的测算方法进行了调整，同时将原有“商业用地”统一改为“商服用地”。

2014 年度，江苏城市地价动态监测范围包括全省所有建制镇以上城市的建成区和近期建设规划区，其中全省监测区域共 71 个，三大区域包括苏中、苏南和苏北地区，由系统自动汇总形成各个监测城市的平均地价，再计算各区域和全省地价水平及地价指数。全省城市综合地价水平值为 1 667 元/平方米，较 2013 年度同比下降 1.25%。其中商服用地地价水平值为 6 174 元/平方米，下降 0.26%；住宅用地地价水平值为 3 082 元/平方米，下降 1.92%；工业用地地价水平值为 412 元/平方米，增长 1.29%。

为保证省级监测成果的衔接性、可比性，以土地变更调查遥感影像成果为依据，按照建成区为主（不包含乡镇）原则划定省级监测范围，从 2015 年度开始，省级成果只汇总、统计、分析省级监测范围内的相关区段及监测点。同时调整省级数据汇总思路，地价水平、地价指数为省级监测范围内不变区段的测算结果。同时江苏省城市地价动态监测工作实行按季度数据分析汇总和按年度发布报告。

2015 年，全省 71 个监测单元共设有地价区段 6 168 个，地价监测点 13 664 个，其中商服用地地价区段 3 346 个，地价监测点 7 249 个；住宅用地地价区段 1 938 个，地价监测点 4 482 个；工业用地地价区段 884 个，地价监测点 1 933 个。其中，参与省级数据汇总的区段共 5 195 个，监测点 11 529 个。经测算汇总，全省综合地价为 1 709 元/平方米，较上年度同比增长 1.94%。其中商服用地价格为 6 328 元/平方米，增长 0.97%；住宅用地价格为 3 540 元/平方米，增长 2.36%；工业地价为 408 元/平方米，增长 0.66%。监测成果已上报政府批准发布，《江苏省城市地价动态监测报告（2015 年度）》于 2016 年 4 月在江苏土地市场网发布。

2016 年，以 2015 年度布设的地价监测点为基础，根据地价监测点相对稳定的要求，对原有的地价监测点进行维护和更新。至年底，该年度全省布设的城镇地价动态监测范围，包括全省所有县城镇以上城镇的建成区和近期建设规划区，共 71 个监测单元，共设有地价监测区段 6 240 个，地价监测点 13 756 个，其中商服用地地价监测区段 3 393 个，地价监测点 7 315 个；住宅用地地价监测区段 1 960 个，地价监测点 4 511 个；工业用地地价监测区段 887 个，地价监测点 1930 个。通过对监测结果测算，本年度全省综合地价水平为 1 934 元/平方米，较上年提高了 257 元/平方米，同比增长 15.30%。其中商服用地平均地价水平为 6 802 元/平方米，提高了 267 元/平方米，增长 4.08%；住宅用地平均地价水平为 4 477 元/平方米，提高了 749 元/平方米，增长 20.08%；工业用地地价水平为 406 元/平方米，提高了 4 元/平方米，增长 0.98%。在此基础上进行不同区域、不同用途地价情况分析和影响因素分析，编制形成 2016 年度全省年度地价动态监测报告。

2017 年，城镇地价动态监测以 2016 年度布设的地价监测点为基础，参照国家级动态监测数据汇总思路，根据监测范围、地价区段、地价监测点相对稳定的要求，对原有的地价区段、地价监测点进行维护和更新。截至 12 月 31 日，全省共设有地价区段共 5 727 个，地价监测点 12 722 个，其中商服用地地价区段 3 159 个，地价监测点 6 848 个；住宅用地地价区段 1 674 个，地价监测点 3 935 个；工业用地地价区段 894 个，地价监测点 1 939 个。

2018 年，全省 71 个监测单元共设有地价区段共 5 723 个，地价监测点 12 682 个，其中商服用地地价区段 3 157 个，地价监测点 6 826 个；住宅用地地价区段 1 672 个，地价监测点 3 920 个；工业用地地价区段 894 个，地价监测点 1 936 个。

2019 年，为及时全面掌握全省城镇地价状况，统一城镇地价动态监测的程序和方法，提高地价动态监测和管理效率，真实、准确反映地价动态变化趋势，切实起到监测地价反映市场的作用，江苏省对《江苏省城镇地价动态监测与基准地价更新技术规范（2014 年版）》进行了修订，形成《江苏省城镇地价动态监测技术规范（2019 年版）》并发布实施。新技术规范要求真实、准确地反映季度和年度的地价变化趋势，及时发布城镇地价动态监测报告；围绕土地、房地产市场重点、难点、热点问题，开展相关研究分析，为加强宏观调控提供决策依据。同时，首次明确要求南京等 7 个国家级监测城市的国家级监测范围、区段和监测点纳入省级监测范围，同一监测点的基础数据和监测指标应保持一致。省级监测范围可结合实际，在国家级监测范围基础上适当补充和扩展，整体监测工作保持联动。

根据新规范要求，全省各设区市、县（市、区）通过确定地价监测范围，划分商服、住宅、工业等用途地价区段，设立地价监测点，按季度对监测范围内各用途地价监测点的地价信息进行了收集整理、评估分析，并形成市、县级动态监测成果，在此基础上按年度汇总形成省级地价监测报告并向社会发布。遵此，2019 年度，苏州市吴中区、相城区 2 个区纳入苏州城区监测范围，故全省监测单元由上年的 71 个调整为 69 个。各监测单元微调地价区段、地价监测点，全年全省共设有地价区段共 5 185 个，地价监测点 10 843 个，其中商服用地地价区段 2 929 个，地价监测点 6 026 个；住宅用地地价区段 1 678 个，地价监测点 3 561 个；工业用地地价区段 578 个，地价监测点 1 256 个。

2020 年，以 2019 年度布设的地价监测点为基础，参照国家级动态监测数据汇总思路，根据地价区段、地价监测点相对稳定的要求，对原有的地价区段、地价监测点进行维护和更新。截至 12 月 31 日，全省 69 个监测单元共设有地价区段共 5 185 个，地价监测点 10 879 个，其中商服用地地价区段 2 929 个，地价监测点 6 040 个；住宅用地地价区段 1 678 个，地价监测点 3 581 个；工业用地地价区段 578 个，地价监测点 1 258 个。在全省各市、县（市、区）2020 年度城市地价动态监测成果基础上，分析了 2020 年度全省和苏南、苏中、苏北三个区域及 13 个设区市市域、城区分用途（商服、住宅、工业）地价状况，对全省地价变化进行了年度同比、季度环比与空间分布分析，此外还分析了宏观政策、金融、市场等因素与地价水平变化之间的关系，探讨了全省城市地价动态变化与社会经济发展主要指标的关联性，揭示了全省 2020 年度城市地价动态变化的原因，对 2021 年度全省地价变化趋势进行了展望，对全省土地市场调控具有一定的参考价值（见图 3-8）。

2011—2020 年江苏省城市地价动态监测基本信息与同比增长率数据见表 3-24、表 3-25。

表 3-24　2011—2020 年江苏省城市地价动态监测基本信息表　　单位：个

年份	总计		商服		住宅		工业	
	地价区段	地价监测点	地价区段	地价监测点	地价区段	地价监测点	地价区段	地价监测点
2011	—	10 280	—	—	—	—	—	—
2012	—	11 290	—	—	—	—	—	—
2013	—	11 886	—	—	—	—	—	—
2014	5 951	13 092	3 244	7 074	1 854	4 180	853	1 838
2015	6 168	13 664	3 346	7 249	1 938	4 482	884	1 933
2016	6 240	13 756	3 393	7 315	1 960	4 511	887	1 930
2017	5 727	12 722	3 159	6 848	1 674	3 935	894	1 939

续表

年份	总计		商服		住宅		工业	
	地价区段	地价监测点	地价区段	地价监测点	地价区段	地价监测点	地价区段	地价监测点
2018	5 723	12 682	3 157	6 826	1 672	3 920	894	1 936
2019	5 185	10 843	2 929	6 026	1 678	3 561	578	1 256
2020	5 185	10 879	2 929	6 040	1 678	3 581	578	1 258

表 3-25　2011—2020 年江苏省城市地价动态监测同比增长率统计表　　单位:%

年份	商服用地	住宅用地	工业用地
2011	5. 78	2. 18	2. 81
2012	2. 95	0. 41	3. 81
2013	3. 10	3. 55	1. 39
2014	-0. 26	-1. 92	1. 29
2015	0. 97	2. 36	0. 66
2016	4. 08	20. 08	0. 98
2017	1. 44	5. 10	0. 89
2018	0. 76	2. 73	0. 65
2019	0. 39	2. 36	0. 59
2020	-1. 03	2. 38	0. 72

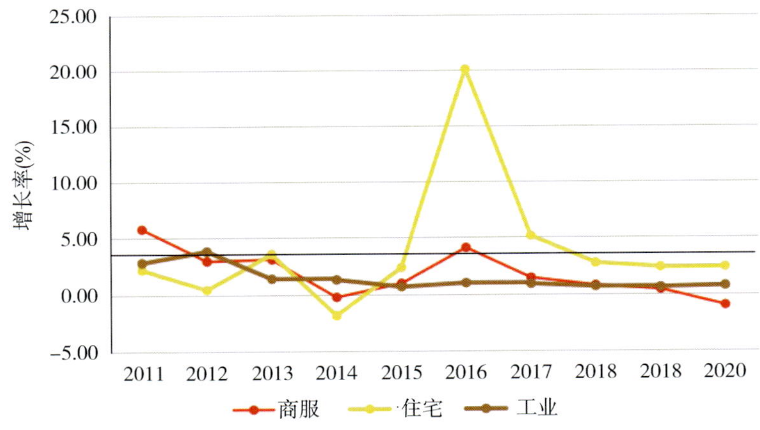

图 3-8　2011—2020 年全省分用途平均地价同比增长率变化图

规范城镇地价动态监测制度，需要科学的城镇地价动态监测体系予以支撑，为此，江苏加强了动态监测体系的建设与研究。为进一步探索动态监测体系建设和应用的内容、特点及运行规律，以把握建设和应用的主动权，省土地开发整理中心组织专家开展专题研究，取得有益的成果，其课题《江苏省城镇地价动态监测体系建设与应用研究》，获得 2016 年江苏省国土资源科技创新奖二等奖（图 3-9）。

二、城镇地价动态监测更新信息系统研发

江苏城市地价动态监测信息系统，自 2008 年研发投入使用后，在省级数据汇总、土地利用管理等工作方面发挥了重要作用。但该系统功能比较简单，仅能满足全省地价指数的汇总和编制，无相关分析功能，尚未实现地价动态监测成果的规范化和图、数一体化管理。随着管理、应用层次需求的不断拓展，滞后的监测系统功能已经不利于成果的管理和全面应用，需重新开发以适应市场变化，提高工

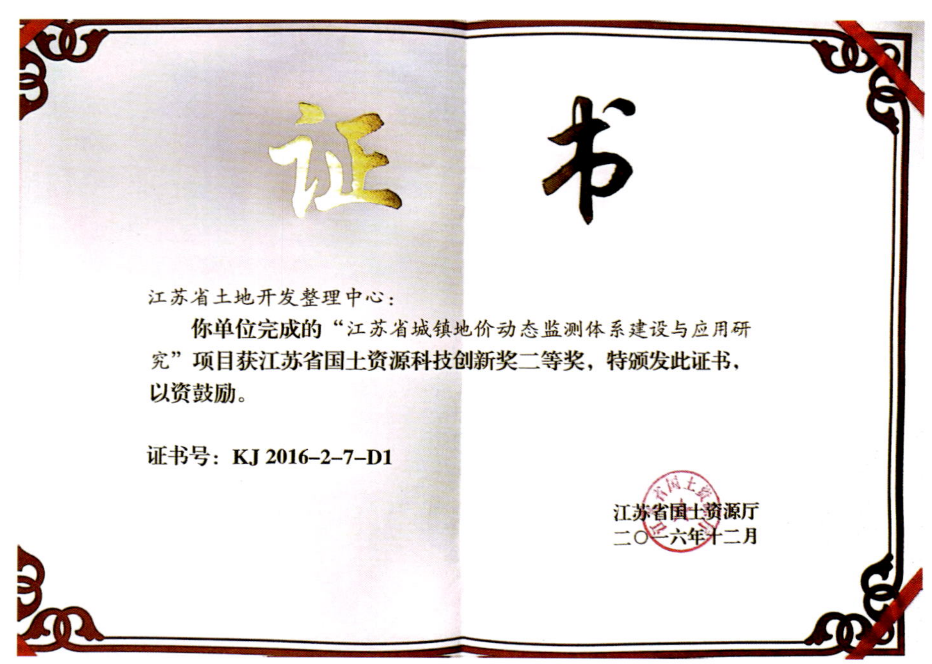
证书

江苏省土地开发整理中心：

你单位完成的“江苏省城镇地价动态监测体系建设与应用研究”项目获江苏省国土资源科技创新奖二等奖，特颁发此证书，以资鼓励。

证书号：KJ 2016-2-7-D1

江苏省国土资源厅
二〇一六年十二月

图 3-9　2016 年江苏省国土资源科技创新奖二等奖

作成果的规范性、完整性。通过建立全省统一的更为先进科学的地价动态监测信息系统，可进一步提升地价监测工作的技术水平，实现地价监测成果的科学管理，拓展地价监测成果的应用领域，为政府部门加强土地市场监管和调控、实现地价信息社会化服务提供更好的技术支撑。

为此，按照《江苏省国土资源厅关于下发 2014 年度江苏省城市地价动态监测任务书的通知》（苏国土资函〔2014〕862 号）要求，江苏省地价所负责研发了《江苏省城镇地价动态监测与基准地价更新信息系统（2014 年版）》，用于省级数据汇总分析（图 3-10、3-11）。该系统包括市县级建库、省级质检和汇总、查询分析三个子系统，具有基础分析工具、不同区域地价监测指标对比分析、地价与经济社会发展关联分析等功能。通过建立全省统一的地价动态监测系统，对县级数据库成果进行质检，保证了全省地价动态监测数据的时效性、准确性，有助于提升全省地价管理的效率和水平。

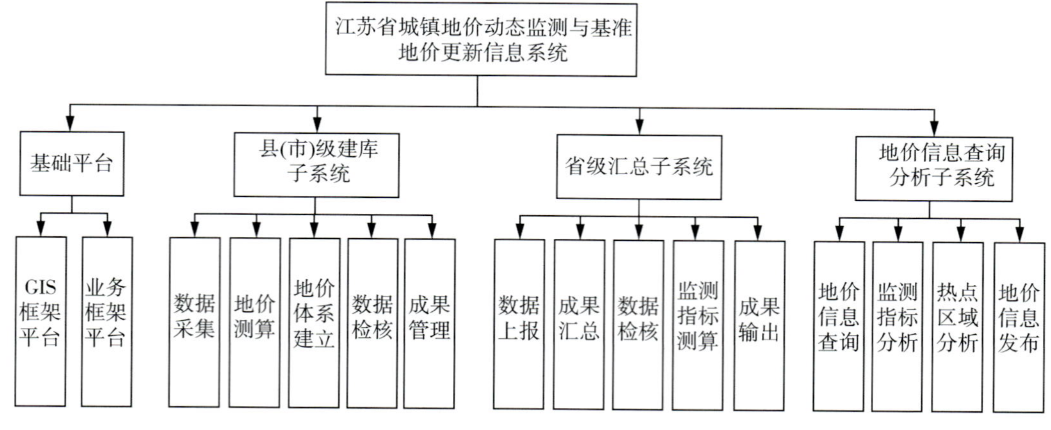

图 3-10　系统功能结构图

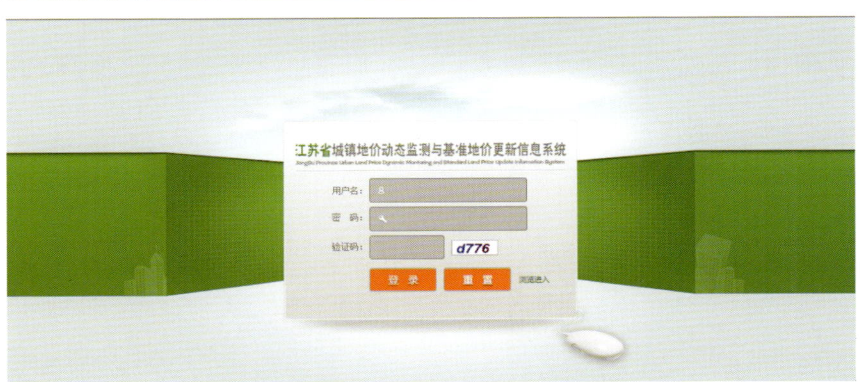

图 3-11　江苏省地价动态监测与基准地价更新信息系统

三、耕地质量等别年度更新与监测制度

2012 年 12 月 7 日，国土资源部办公厅印发《关于印发<耕地质量等别调查评价与监测工作方案>的通知》（国土资厅发〔2012〕60 号），要求各省在耕地质量等别全面评价成果的基础上，定期开展年度更新与监测工作。为更好地反映耕地质量等别现状、保持耕地质量等别成果的现势性，基于土地变更调查成果，江苏省探索开展了耕地质量等别年度更新和监测工作。

2013 年，国土资源部办公厅印发《关于部署开展 2013 年全国耕地质量等别调查评价与监测工作的通知》（国土资厅发〔2013〕4号），将江苏列为10个开展耕地质量等级年度更新评价和年度监测评价试点工作的省份之一。江苏省选择金坛市、东海县开展2012—2013年度耕地质量等级年度更新评价试点工作。同时，基于东海县监测示范基地，开展耕地质量等级年度监测试点工作。通过总结试点工作实践和经验，江苏初步探索形成了年度更新评价、年度监测评价的工作程序和操作规范，建立了技术方法体系。

2014年初，国土资源部办公厅印发《关于部署开展2014年全国耕地质量等别调查评价与监测工作的通知》（国土资厅发〔2014〕8号），全面部署开展耕地质量等别年度更新评价工作，并继续开展年度监测评价试点工作。按照文件要求，江苏省在耕地质量等级补充完善成果基础上，结合2013年度土地利用变更调查数据，针对全省110个县（市、区）2012—2013年度内耕地现状变化（建设占用、灾害损毁、农业结构调整、生态退耕、补充开发）及耕地质量建设（土地整治、农业综合开发、农田水利建设等）等引起的耕地质量等别变化，开展耕地质量等别年度更新评价工作，形成了基于2013年度土地利用变更调查的耕地质量等别成果，保证了耕地质量等别成果的现势性。同时以东海县、宜兴市为试点地区开展耕地质量等别年度监测试点工作，研究渐变耕地的变化规律，为全面开展年度监测工作提供工作经验和技术支持。

2015年11月10日，国土资源部组织验收组对江苏省2013年度耕地质量等别年度更新评价与监测试点成果进行了验收。验收组认为，江苏省提供的成果，基础资料翔实可靠，技术路线科学合理，符合国家规程要求，同时体现江苏在信息化管理方面的优势和特色，一致评定通过验收。

2013年度江苏省耕地自然质量等别评定结果见表3-26、3-27、3-28。

2013年度江苏省耕地利用质量等别评定结果见表3-29、3-30、3-31。

2013年度江苏省耕地经济质量等别评定结果见表3-32、3-33、3-34。

表3-26 2013年度江苏省耕地自然质量等别评定地类面积汇总表 单位：公顷

地类名称	五等	六等	七等	合计
水田	131 120.45	2 214 437.05	359 044.42	2 704 601.92
水浇地	8 326.89	304 239.21	158 046.97	470 613.07
旱地	18 057.83	994 977.71	393 405.45	1 406 440.99

表3-27 2013年度江苏省各分等指标区耕地自然质量等面积统计表 单位：公顷，%

分等指标区		五等	六等	七等	合计
徐淮平原区	面积	68 245.61	1 318 932.75	405 984.77	1 793 163.13
	比例	3.81	73.55	22.64	100.00
沿海平原区	面积	0.00	251 004.22	206 433.17	457 437.39
	比例	0.00	54.87	45.13	100.00
里下河平原区	面积	3 786.35	575 264.30	161 910.96	740 961.61
	比例	0.51	77.64	21.85	100.00
沿江平原区	面积	48 425.65	558 357.61	51 447.90	658 231.16
	比例	7.36	84.83	7.82	100.00
宁镇扬丘陵区	面积	29 187.47	463 583.83	71 965.08	564 736.38
	比例	5.17	82.09	12.74	100.00

续表

分等指标区		五等	六等	七等	合计
太湖平原区	面积	7 860. 09	346 511. 26	12 754. 96	367 126. 31
	比例	2. 14	94. 38	3. 47	100. 00

表 3-28　2013 年度江苏省各市耕地自然质量等面积统计表　单位：公顷，%

行政区域		五等	六等	七等	合计
南京市	面积	17 000. 83	186 031. 23	34 501. 24	237 533. 30
	比例	7. 16	78. 32	14. 52	100. 00
无锡市	面积	1 952. 27	114 179. 57	852. 69	116 984. 53
	比例	1. 67	97. 60	0. 73	100. 00
徐州市	面积	21 547. 14	479 409. 77	98 722. 92	599 679. 83
	比例	3. 59	79. 94	16. 46	100. 00
常州市	面积	1 084. 69	140 877. 74	8 168. 27	150 130. 70
	比例	0. 72	93. 84	5. 44	100. 00
苏州市	面积	4 849. 02	153 264. 54	4 686. 44	162 800. 00
	比例	2. 98	94. 14	2. 88	100. 00
南通市	面积	19 466. 19	379 601. 27	46 299. 17	445 366. 63
	比例	4. 37	85. 23	10. 40	100. 00
连云港市	面积	45 604. 55	297 526. 74	49 464. 94	392 596. 23
	比例	11. 62	75. 78	12. 60	100. 00
淮安市	面积	3 505. 67	323 532. 50	144 890. 11	471 928. 28
	比例	0. 74	68. 56	30. 70	100. 00
盐城市	面积	2 464. 76	505 113. 24	329 104. 19	836 682. 19
	比例	0. 29	60. 37	39. 33	100. 00
扬州市	面积	9 130. 95	267 981. 78	7 074. 34	284 187. 07
	比例	3. 21	94. 30	2. 49	100. 00
镇江市	面积	18 244. 59	133 646. 68	5 344. 59	157 235. 86
	比例	11. 60	85. 00	3. 40	100. 00
泰州市	面积	11 989. 90	270 938. 28	13 830. 35	296 758. 53
	比例	4. 04	91. 30	4. 66	100. 00
宿迁市	面积	664. 61	261 550. 63	167 557. 59	429 772. 83
	比例	0. 15	60. 86	38. 99	100. 00
全省	面积	157 505. 17	3 513 653. 97	910 496. 84	4 581 655. 98
	比例	3. 44	76. 69	19. 87	100. 00

表 3-29　2013 年度江苏省耕地利用等面积汇总表　单位：公顷

地类名称	四等	五等	六等	七等	八等	合计
水田	2 610. 39	394 086. 81	1 991 639. 04	315 990. 28	275. 40	2 704 601. 92
水浇地	0. 94	18 575. 94	322 968. 61	127 676. 35	1 391. 23	470 613. 07
旱地	473. 52	85 628. 54	964 643. 06	353 521. 59	2 174. 28	1 406 440. 99

表 3-30　2013 年度江苏省分等指标区耕地利用质量等面积统计表　单位：公顷，%

分等指标区		四等	五等	六等	七等	八等	合计
徐淮平原区	面积	0	139 826.13	1 243 843.71	407 432.67	2 060.62	1 793 163.13
	比例	0	7.8	69.37	22.72	0.11	100
沿海平原区	面积	0	7 094.92	280 746.29	167 815.89	1 780.29	457 437.39
	比例	0	1.55	61.37	36.69	0.39	100
里下河平原区	面积	0	83 505.63	543 204.55	114 251.43	0	740 961.61
	比例	0	11.27	73.31	15.42	0	100
沿江平原区	面积	3 084.85	111 527.58	512 744.95	30 873.78	0	658 231.16
	比例	0.47	16.94	77.9	4.69	0	100
宁镇扬丘陵区	面积	0	59 848.17	432 255.73	72 632.48	0	564 736.38
	比例	0	10.6	76.54	12.86	0	100
太湖平原区	面积	0	96 488.86	266 455.48	4 181.97	0	367 126.31
	比例	0	26.28	72.58	1.14	0	100

表 3-31　2013 年度江苏省各市耕地利用质量等面积统计表　单位：公顷，%

行政区域		四等	五等	六等	七等	八等	合计
南京市	面积	0.00	35 903.76	170 635.76	30 993.78	0.00	237 533.30
	比例	0.00	15.12	71.83	13.05	0.00	100.00
无锡市	面积	0.00	19 131.43	97 451.02	402.08	0.00	116 984.53
	比例	0.00	16.35	83.31	0.34	0.00	100.00
徐州市	面积	0.00	33 581.08	493 938.63	72 107.61	52.51	599 679.83
	比例	0.00	5.60	82.37	12.02	0.01	100.00
常州市	面积	0.00	46 036.24	102 313.06	1 781.40	0.00	150 130.70
	比例	0.00	30.66	68.15	1.19	0.00	100.00
苏州市	面积	0.00	59 365.53	100 092.17	3 342.30	0.00	162 800.00
	比例	0.00	36.47	61.48	2.05	0.00	100.00
南通市	面积	0.00	59 435.39	365 155.73	20 775.51	0.00	445 366.63
	比例	0.00	13.35	81.99	4.66	0.00	100.00
连云港市	面积	0.00	90 322.88	248 122.07	54 151.28	0.00	392 596.23
	比例	0.00	23.01	63.20	13.79	0.00	100.00
淮安市	面积	0.00	20 053.51	312 959.87	138 860.51	54.39	471 928.28
	比例	0.00	4.25	66.32	29.42	0.01	100.00
盐城市	面积	0.00	9 233.98	543 111.96	282 555.96	1 780.29	836 682.19
	比例	0.00	1.10	64.92	33.77	0.21	100.00
扬州市	面积	0.00	32 849.82	236 599.62	14 737.63	0.00	284 187.07
	比例	0.00	11.56	83.25	5.19	0.00	100.00
镇江市	面积	3 084.85	17 554.55	132 161.74	4 434.72	0.00	157 235.86
	比例	1.96	11.16	84.06	2.82	0.00	100.00
泰州市	面积	0.00	70 134.42	218 690.92	7 933.19	0.00	296 758.53
	比例	0.00	23.63	73.70	2.67	0.00	100.00
宿迁市	面积	0.00	4 688.70	258 018.16	165 112.25	1 953.72	429 772.83
	比例	0.00	1.09	60.04	38.42	0.45	100.00

续表

行政区域		四等	五等	六等	七等	八等	合计
全省	面积	3 084. 85	498 291. 29	3 279 250. 71	797 188. 22	3 840. 91	4 581 655. 98
	比例	0. 07	10. 88	71. 57	17. 40	0. 08	100. 00

表 3-32　2013 年度江苏省耕地经济质量等别评定地类面积汇总表　　单位：公顷

地类名称	六等	七等	八等	九等	合计
水田	70 236. 47	1 410 182. 42	1 182 103. 74	42 079. 29	2 704 601. 92
水浇地	2 714. 86	160 923. 62	291 778. 45	15 196. 14	470 613. 07
旱地	9 398. 03	429 308. 6	900 208. 02	67 526. 34	1 406 440. 99

表 3-33　2013 年度江苏省分等指标区耕地经济质量等面积统计表　　单位：公顷，%

分等指标区		六等	七等	八等	九等	合计
徐淮平原区	面积	29 490. 59	566 887. 89	1 112 464. 54	84 320. 11	1 793 163. 13
	比例	1. 64	31. 61	62. 05	4. 70	100. 00
沿海平原区	面积	1 996. 80	125 932. 26	301 570. 93	27 937. 40	457 437. 39
	比例	0. 44	27. 53	65. 93	6. 11	100. 00
里下河平原区	面积	15 714. 69	387 503. 92	330 810. 88	6 932. 12	740 961. 61
	比例	2. 12	52. 30	44. 65	0. 94	100. 00
沿江平原区	面积	12 681. 58	423 080. 42	219 248. 17	3 220. 99	658 231. 16
	比例	1. 93	64. 28	33. 31	0. 49	100. 00
宁镇扬丘陵区	面积	1 217. 56	247 000. 90	314 195. 14	2 322. 78	564 736. 38
	比例	0. 22	43. 74	55. 64	0. 41	100. 00
太湖平原区	面积	21 248. 14	250 009. 25	95 800. 55	68. 37	367 126. 31
	比例	5. 79	68. 10	26. 09	0. 02	100. 00

表 3-34　2013 年度江苏省各市耕地经济质量等面积统计表　　单位：公顷，%

行政区域		六等	七等	八等	九等	合计
南京市	面积	0. 00	116 506. 79	120 657. 39	369. 12	237 533. 30
	比例	0. 00	49. 04	50. 80	0. 16	100. 00
无锡市	面积	3 058. 36	71 358. 81	42 567. 36	0. 00	116 984. 53
	比例	2. 61	61. 00	36. 39	0. 00	100. 00
徐州市	面积	0. 00	180 852. 73	398 982. 37	19 844. 73	599 679. 83
	比例	0. 00	30. 16	66. 53	3. 31	100. 00
常州市	面积	5 628. 93	110 624. 49	33 808. 91	68. 37	150 130. 70
	比例	3. 75	73. 68	22. 52	0. 05	100. 00
苏州市	面积	18 654. 25	106 893. 56	37 252. 19	0. 00	162 800. 00
	比例	11. 46	65. 66	22. 88	0. 00	100. 00
南通市	面积	2 142. 45	312 146. 29	127 856. 89	3 221. 00	445 366. 63
	比例	0. 48	70. 09	28. 71	0. 72	100. 00
连云港市	面积	29 253. 15	205 214. 57	154 264. 91	3 863. 60	392 596. 23
	比例	7. 45	52. 28	39. 29	0. 98	100. 00

续表

行政区域		六等	七等	八等	九等	合计
淮安市	面积	2018. 35	181 649. 60	271 985. 42	16 274. 91	471 928. 28
	比例	0. 43	38. 49	57. 63	3. 45	100. 00
盐城市	面积	1 996. 78	196 963. 41	600 918. 94	36 803. 06	836 682. 19
	比例	0. 24	23. 54	71. 82	4. 40	100. 00
扬州市	面积	0. 00	149 759. 25	133 959. 92	467. 90	284 187. 07
	比例	0. 00	52. 70	47. 14	0. 16	100. 00
镇江市	面积	5 383. 46	68 510. 27	82 962. 09	380. 04	157 235. 86
	比例	3. 42	43. 58	52. 76	0. 24	100. 00
泰州市	面积	13 976. 18	194 345. 80	88 436. 55	0. 00	296 758. 53
	比例	4. 71	65. 49	29. 80	0. 00	100. 00
宿迁市	面积	237. 45	105 589. 07	280 437. 27	43 509. 04	429 772. 83
	比例	0. 06	24. 57	65. 25	10. 12	100. 00
全省	面积	82 349. 36	2000 414. 64	2 374 090. 21	124 801. 77	4 581 655. 98
	比例	1. 80	43. 66	51. 82	2. 72	100. 00

2016 年，在开展耕地质量等级调查评价与监测工作的同时，省国土资源厅对盐城、连云港、淮安、宿迁四个设区市所辖的 26 个县（市、区）在城市周边永久基本农田划定工作中，所涉及的耕地质量等别进行了审核。

2019 年，基于 2018 年度土地利用变更调查数据，江苏开展耕地质量等别年度更新评价工作，形成全省耕地质量等别成果。该成果显示：全省耕地平均自然等别为 6. 15 等，平均利用等别为 6. 05 等，平均经济等别为 7. 54 等。全省耕地利用等别为四至八等五个等别，以六等地为主，四等、八等耕地面积较少；按全国优、高、中、低等别耕地的划分标准，全省 0. 06%的耕地为优等地，其余均为高等地。具体结果见表 3-35、3-36。

表 3-35　2018 年度江苏省耕地利用等面积统计表　　单位：公顷，%

等类	四等	五等	六等	七等	八等
利用等	2 975. 16	529 462. 52	3 297 039. 18	762 699. 26	3 098. 29
比例	0. 06	11. 52	71. 75	16. 60	0. 07

表 3-36　2018 年度江苏省各市耕地利用等面积统计表　　单位：公顷

行政区域	四等	五等	六等	七等	八等
南京市	0. 00	36 107. 44	168 911. 42	30 055. 17	0. 00
无锡市	0. 00	18 660. 78	95 849. 43	397. 89	0. 00
徐州市	0. 00	34 419. 10	499 915. 14	68 065. 59	46. 63
常州市	0. 00	48 342. 92	103 299. 34	1 594. 59	0. 00
苏州市	0. 00	60 694. 99	96 050. 69	3 311. 49	0. 00
南通市	0. 00	60 650. 99	365 118. 82	19 312. 36	0. 00
连云港市	0. 00	92 424. 46	247 213. 61	52 030. 42	0. 00

续表

行政区域	四等	五等	六等	七等	八等
淮安市	0.00	33 428.47	317 718.17	124 508.08	43.35
盐城市	0.00	12 425.11	551 587.42	277 934.19	1 150.38
扬州市	0.00	35 155.36	239 321.42	12 393.53	0.00
镇江市	2 975.16	21 969.63	125 935.81	4 301.97	0.00
泰州市	0.00	70 304.22	220 360.09	7 162.12	0.00
宿迁市	0.00	4 879.05	265 757.85	161 631.87	1 857.94

2014—2019年期间，江苏省根据耕地质量等别渐变类型区和变化的主导因素，开展了耕地质量等别年度监测评价工作，全面掌握年度内耕地质量等别渐变类型、主导因素及其对耕地质量等别与产能变化的影响情况。

江苏省在开展耕地质量等别年度更新评价工作中，通过建立信息系统辅助开展工作，有效提升了成果的规范性、完整性、一致性、逻辑性，是全国率先采用信息系统辅助开展耕地质量等别评价的省份，体现江苏在土地评价方面应用信息化的优势和特色（图3-12）。

图3-12　江苏省耕地质量等别评价信息系统

依托耕地质量评价相关工作，江苏省土地开发整理中心组织专家，深入开展课题研究，为提升全省耕地质量评价工作水平提供参考。其中，《江苏省耕地质量等别评价、更新与监测应用研究项目》获得2015年江苏省国土资源科技创新奖一等奖（见图3-13），《江苏省新增耕地质量快速评定方法探索与应用研究项目》获得2017年江苏省国土资源科技创新奖三等奖（见图3-14）。

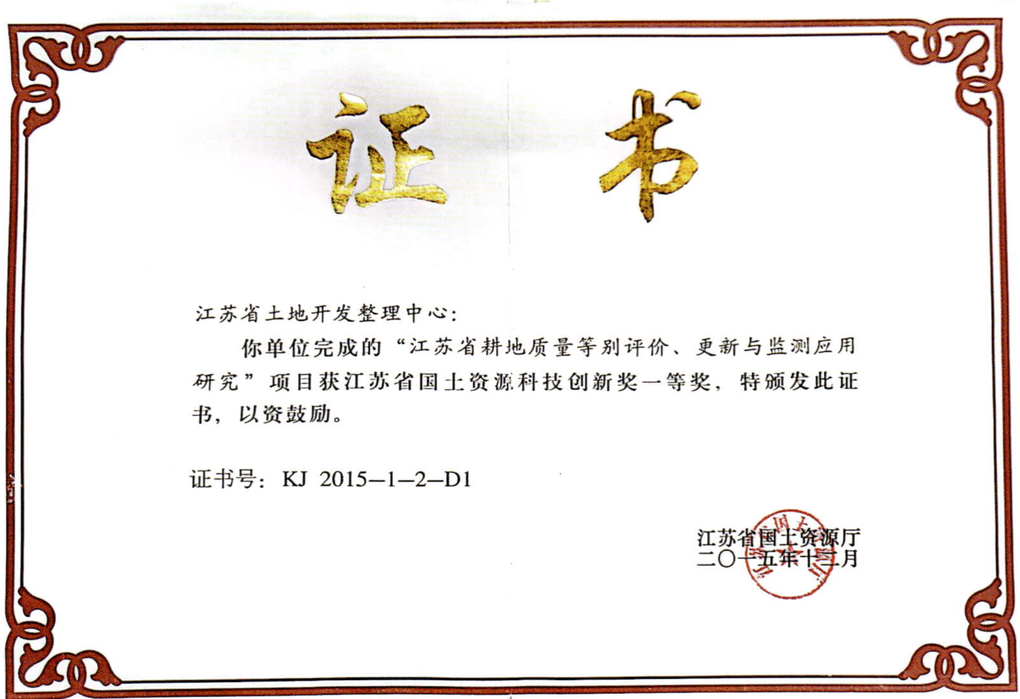
证书

江苏省土地开发整理中心：

你单位完成的“江苏省耕地质量等别评价、更新与监测应用研究”项目获江苏省国土资源科技创新奖一等奖，特颁发此证书，以资鼓励。

证书号：KJ 2015—1—2—D1

江苏省国土资源厅
二〇一五年十二月

图 3-13　2015 年江苏省国土资源科技创新奖一等奖

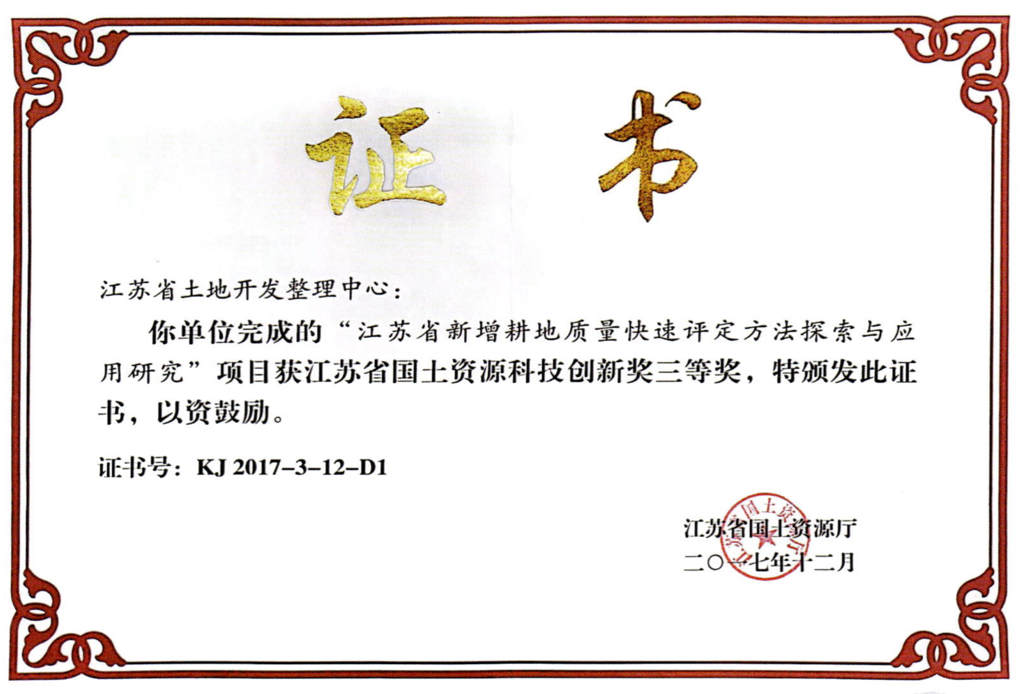
证书

江苏省土地开发整理中心：

你单位完成的“江苏省新增耕地质量快速评定方法探索与应用研究”项目获江苏省国土资源科技创新奖三等奖，特颁发此证书，以资鼓励。

证书号：KJ 2017—3—12—D1

江苏省国土资源厅
二〇一七年十二月

图 3-14　2017 年江苏省国土资源科技创新奖三等奖

第六节 地价管理制度

一、土地出让最低价制度

（一）协议出让最低价制度

如前所述，协议出让最低价制度，作为地价管理重要内容和国有土地资产不流失的重要举措，在第二个十年伊始，江苏即已实施，至今近二十年。步入第三个“十年”，江苏虽然以协议方式出让国有土地使用权的比重愈来愈小，但作为地价管理制度的重要一项，协议出让最低价制度却更为规范，实施更为严格。全省各地大都严格制订了协议出让最低价制度，以制度管人管事。2016 年 4 月，南京市国土资源局印发《市本级土地协议出让审批与管理工作规则（试行）》（宁国土规〔2016〕1 号），就南京市本级土地协议出让作出了相关要求，界定了土地协议出让的五种基本类型：一是划拨土地补办协议出让，具体指原以划拨方式取得土地后，按原用途和现状办理土地协议出让，一般包括房地产交易、企业改制补办出让以及自有划拨土地补办出让等类型；二是“以大带小”协议出让，具体指已出让土地周边的零星地块（含地下空间），因地块面积较小、形状不规则、不具备单独宗地规划建设条件，或虽具备独立规划建设条件，但与相邻已出让地块统一规划建设土地利用效率效益更优，更有利于土地节约集约利用的，将其以协议方式出让给相邻已出让土地使用者；三是改变原用地条件协议出让，具体指土地出让后，在用地范围基本不变的情况下，土地用途、容积率、用地边界、建筑密度等规划建设条件以及其他土地使用条件发生变化，采用协议出让方式完善用地手续；四是低效用地再开发协议出让，具体指城镇中布局散乱、设施落后、利用粗放、用途不合理的存量国有建设用地，符合《中共南京市委办公厅、南京市人民政府办公厅印发<关于推进城镇低效用地再开发促进节约集约用地的实施试点意见>的通知》（宁委办发〔2014〕81 号）、《市政府办公厅关于印发南京市城镇低效用地再开发工作补充意见的通知》（宁政办发〔2016〕20 号）文件规定，由原土地使用权人自主实施改造开发利用，采用协议出让方式完善用地手续；五是其他土地协议出让，具体指除以上四种类型外、其他符合政策规定可采取协议方式办理土地出让手续的，包括保障性住房、社区中心等公共服务设施中配套商服设施用地协议出让，以及闲置土地置换等土地协议出让。此外，还明确了各种类型办理协议出让手续的依据，规范了审批程序，并对协议出让地价评估、资金管理等作出了严格要求。

（二）工业用地出让最低价制度

在既往工作的基础上，江苏省逐步完善工业用地出让最低价制度，调整工业用地出让最低价政策，细化制定高标准厂房工业用地、农产品加工业项目用地、科研研发类用地等相关产业用地出让最低价标准，明确各种情况下最大减价修正幅度，实行差别化出让起始价等，加强地价政策与产业政策的协调配合。此举进一步促进了实体经济高质量发展，健全了土地节约集约利用机制体制。

2012 年 8 月，江苏省国土资源厅为贯彻落实《国土资源部关于大力推进节约集约用地制度建设的意见》（国土资发〔2012〕47号）要求，研究制定了《关于鼓励高标准厂房建设 促进产业集聚规模发展推进土地节约集约利用的意见》（苏国土资发〔2012〕356号），明确"高标准厂房工业用地在确定土地出让底价时可按相关规定以不低于所在地土地等别相对应《全国工业用地出让最低价标准》的70%执行"。

2014年，围绕使市场在资源配置中起决定性作用的要求，江苏省在《关于全面推进节约集约用地的意见》（苏发〔2014〕6号）中规定，各地可以结合区域经济发展特点，制定高于国家标准的工业用地出让最低价标准，促进形成有效调节工业用地和居住用地的合理比价机制。

2015年，丹阳、溧阳、南京等地出台实施新的工业用地政策，其中丹阳市新增建设用地工业项目用地出让最低价由原来的每亩13.60万元调至25万元；溧阳市工业用地出让最低价由原来的每亩16.60万元调至19.60万元，同时另行收取工业用地指标费每亩3万元。考虑到企业投资风险和产业"落地难"等问题，南京市发布《南京市政府关于调整我市工业科研用地供应政策的通知》，要求新增出让工业用地最低价标准继续执行《南京市国土资源管理转型创新总体方案》规定。

2016年，为积极推进供给侧结构性改革，降低企业用地成本，助推产业转型升级和企业提质增效，江苏省政府办公厅出台了《关于改革工业用地供应方式促进产业转型升级和企业提质增效的指导意见》（苏政办发〔2016〕93号），鼓励各地结合实际，围绕"充分发挥市场在资源配置中的决定性作用，更好地发挥政府的作用"这一主线，坚持以市场化改革和推进新型工业化为导向，探索实行长期租赁、租让结合、先租后让、弹性出让等多种方式并存的工业用地供应制度。同时对工业用地出让价格和租金管理提出要求："工业用地租让结合、先租后让、弹性出让的出让价格应当符合国家和省地价评估技术要求，按照折算后不低于出让时国家规定的工业用地出让最低价标准的原则确定。工业用地租让结合、先租后让、弹性出让的出让起始价格，依照基准地价对应的最高使用期限进行年期修正。科研研发类工业用地出让价格可以按照不低于工业用地出让最低价标准120%的原则确定。土地使用者可在规定期限内，按合同约定，分期缴纳土地出让价款，降低工业企业用地成本。"按此，全省各地出台政策，在工业用地出让中既要保障发展又要坚持地价红线。是年11月，泰州市人民政府办公室印发文件，明确工业用地弹性出让价格应当符合国家、省、市工业用地价格管理政策和评估技术要求，按照折算后既不低于出让时国家规定的工业用地出让最低价标准，也不低于相同地段工业用地基准地价的原则执行。

2017年，江苏省研究制定了《关于进一步加快农产品加工业发展的实施意见》（苏政办发〔2017〕63号），要求对于省确定的优先发展产业且用地集约达到国家标准的农产品加工业项目用地，在确定土地出让底价时，可按不低于所在地土地等别相对应的工业用地最低价标准的70%执行。

2018年，为贯彻落实江苏省人民政府《关于进一步降低企业负担促进实体经济高质量发展若干政策措施的通知》（苏政发〔2018〕136号）文件精神，江苏省自然资源厅制定了《关于进一步降低企业发展成本服务保障实体经济高质量发展的指导意见》（苏自然资发〔2018〕1号），明确"对于省级13个先进制造业集群名单和省级优先发展产业目录及高标准厂房用地、且用地集约达到国家和省标准的，在确定土地出让底价时，可按不低于所在地土地等别相对应的工业用地最低价标准的70%，且不低于实际土地取得成本、土地前期开发成本和按规定应收取相关费用之和的原则执行。对于符合节约集约用地要求、属于战略性新兴产业、高端制造业等国家和省鼓励发展的产业项目，可根据产业性质、准入评价分类结果实行差别化的出让起始价政策；鼓励产业层次高、发展潜力大的产业企业、科研研发企业和金融企业在江苏省设立总部型机构，促进总部企业集聚发展，在市场评估价基础上按照办公自持比例设定修正系数确定出让起始价；其他科研研发类用地可按照不低于工业用地出让最低价标准120%确定出让起始价”。据此，各地确定工业用地出让最低价标准，努力推进工业用地出让工作。是年，泰州市工业用地出让1 173.47公顷，成交价43.55亿元，均价371.13元/平方米。

二、征地区片综合地价最低标准调整制度

为应对城市化浪潮下城镇建设用地的不足，农用地被规模化征用并流入城镇建设用地市场，但征地补偿标准不合理、同地不同价等问题开始不断涌现，损害了农民的权益。为解决这些问题，依法合理做好征地补偿安置工作、维护被征地农民合法权益、保障和促进地方经济发展，江苏适时调整更新全省征地补偿标准，逐步完成全省征地区片综合地价制定工作。2011年3月，江苏省印发《江苏省政府关于调整征地补偿标准的通知》（苏政发〔2011〕40号），调整了征地补偿标准，最低补偿标准为土地补偿费1.6万元/亩，安置补助费每人1.4万元。

2013年9月，《江苏省征地补偿和被征地农民社会保障办法》（江苏省人民政府令第93号）实施，根据土地价值和经济社会发展水平，全省以县级行政区为单元划分为四类地区，执行相应的征地补偿标准，同时规定“市人民政府可以根据土地区位条件制定征地补偿区片价格，报省人民政府批准后，按照区片价格确定征地补偿费用”。

2015年6月，南京市政府印发《关于贯彻落实〈江苏省征地补偿和被征地农民社会保障办法〉的通知》（宁政发〔2015〕124号），在继续执行由征地区片价补偿费、青苗和附着物综合补偿费两项构成的征地区片综合地价补偿机制的基础上，提高征地区片补偿标准并调整分配方式。一级区片的征地补偿提升至每亩14.84万元，基准人均土地为0.70亩；二级区片的提升至每亩11.11万元，基准人均土地为1.00亩；三级区片的提升至每亩8.21万元，基准人均土地为1.50亩。同时同步调整被征地农民一次性生活补助费标准，由原来的每人1.00万元提高至省政府规定的安置补偿费最低标准。2010、2015年南京市征地区片价评估结果见表3-37。

表3-37 2010、2015年南京市征地区片价评估结果 单位：平方千米，元/平方米

评估范围（县、镇名称）	年度	总面积	估价结果	
			级别	价格
南京市江南八区	2010	251.45	一	170
			二	123
			三	87
南京市江宁区	2010	1 822.97	一	105
			二	79
			三	62.5
南京市六合区	2010	1 152.85	一	87
			二	61.5
南京市浦口区	2010	576.71	一	88.5
			二	60.75

续表

评估范围（县、镇名称）	年度	总面积	估价结果	
			级别	价格
南京市江宁区	2015	1 563.33	一	189
			二	153
			三	129

2019年11月，按照新修正的《土地管理法》规定和《自然资源部办公厅关于加快制定征收农用地区片综合地价工作的通知》（自然资办发〔2019〕53号）文件要求，江苏省自然资源厅印发了《关于开展征地区片综合地价制订工作的通知》（苏自然资函〔2019〕979号），经省政府同意，在全省范围内部署开展征地区片综合地价制定工作。该项工作按照省级控制、市级平衡、县级协调的方法，做好县域内整体补偿水平的平衡和相邻区域间补偿水平的衔接，其中省级控制主要根据全省土地资源条件、土地产值、土地区位及经济社会发展水平等，划分江苏省征地区片综合地价地区分类，并确定各类别区片综合地价最低标准。

本次征地区片综合地价的基准日为2020年1月1日。基于城镇土地分等的思路，采用多因素综合评价法，综合考虑土地原用途、土地资源条件、土地产值、土地区位、土地供求关系、人口以及经济社会发展水平等因素，初步划分征地区片，在此基础上，运用农用地产值修正法和征地案例比较法测算征地区片综合地价。

2020年5月，《关于公布江苏省征地区片综合地价最低标准的通知》（苏政发〔2020〕44号）经省政府批准公布，全省征地区片综合地价地区分类及最低标准见表3-38。在省级最低标准的基础上，各地于2020年底前陆续公布实施了征地区片综合地价执行标准。

表3-38　江苏省征地区片综合地价地区分类及最低标准　　单位：元/亩

类别	地区	最低标准
一类	南京市玄武区、秦淮区、建邺区、鼓楼区、浦口区、栖霞区、雨花台区、江宁区，无锡市锡山区、惠山区、滨湖区、梁溪区、新吴区、江阴市，常州市天宁区、钟楼区、新北区、武进区，苏州市虎丘区、吴中区、相城区、姑苏区、吴江区、常熟市、张家港市、昆山市、太仓市	64 000
二类	南京市六合区、溧水区、高淳区，宜兴市，常州市金坛区、溧阳市，南通市崇川区、港闸区，扬州市广陵区、邗江区，镇江市京口区、润州区、扬中市，泰州市海陵区、高港区	55 000
三类	徐州市鼓楼区、云龙区、泉山区、铜山区，南通市通州区、如东县、启东市、如皋市、海门市、海安市，连云港市连云区、海州区，淮安市清江浦区，盐城市亭湖区、盐都区，扬州市江都区、宝应县、仪征市、高邮市，镇江市丹徒区、丹阳市、句容市，泰州市姜堰区、兴化市、靖江市、泰兴市，宿迁市宿城区	47 000
四类	徐州市贾汪区、丰县、沛县、睢宁县、新沂市、邳州市，连云港市赣榆区、东海县、灌云县、灌南县，淮安市淮安区、淮阴区、洪泽区、涟水县、盱眙县、金湖县，盐城市大丰区、响水县、滨海县、阜宁县、射阳县、建湖县、东台市，宿迁市宿豫区、沭阳县、泗阳县、泗洪县	40 000

三、土地出让底价制度

（一）城镇土地出让底价制度

为保护和合理开发利用土地，加强国有土地资产管理，切实防止国有土地资产流失，江苏施行城镇土地出让底价制度。该项制度主要内容有三个方面，一是市场评估，二是集体会审，三是政府确定。凡是城镇土地使用权出让的，必先通过评估，其评估价作为决策机构确定出让底价的依据。随着土地市场的不断完善和规范，各市、县陆续采用招投标方式公开选取专业土地评估机构对出让地块进行评估，大大提高了出让地价评估的专业性和准确性。例如 2016 年，全省有偿供地 30.76 万亩，占比 55.92%。其中，“招拍挂”方式出让 30.05 万亩，占有偿供地的 97.71%；其底价均经专业土地评估机构评定出评估价，交由有权部门集体决定出让交易底价，然后在土地市场公开竞价成交。全年土地出让金合同总额 6 150.64 亿元，同比增长 38.63%。

为进一步完善城镇建设用地出让底价制度，防止出现土地估价结果失真、背离土地市场价格，江苏着重从公开选取评估机构、定期更新基准地价、规范土地评估报告审查、严格技术标准等方面入手，把好城镇建设用地出让工作第一道关，使之更加科学、规范、准确。为此，各市、县自然资源主管部门根据工作实际情况成立土地估价报告技术审查专家库，从专家库中随机抽取专家成立估价报告审查小组；当土地估价报告经审查小组协商一致后，由组长根据各专家意见汇总，形成审查小组书面意见，出具宗地评估过程及估价结果是否合格的审查意见。

2018 年，为规范国有建设用地使用权出让地价评估行为，省国土资源厅办公室印发通知（苏国土资办发〔2018〕36 号），转发《国有建设用地使用权出让地价评估技术规范》，明确要求各地结合本地实际遵照执行，进一步加强技术要求，严格技术标准。2014—2020 年江苏金宁达评估公司完成了 1.32 万宗交易地价评估，总面积 3.81 万公顷，总地价 7 811.53 亿元（表 3-39）。

表 3-39　2014—2020 年江苏金宁达公司评估的交易地价统计表

评估时段	宗数	面积（公顷）	单价（元/平方米）	总价（亿元）
2014 年	935	2 397.36	1 123.74	269.40
2015 年	1 863	4 652.13	1 799.11	836.97
2016 年	2 289	9 821.19	790.42	776.29
2017 年	1 913	4 018.08	1 402.31	563.46
2018 年	2 232	5 601.22	2 267.06	1 269.83
2019 年	1 700	5 072.36	3 384.78	1 716.88
2020 年	2 257	6 492.78	3 663.61	2 378.70
合计	13 189	38 055.12	2 052.69（均价）	7 811.53

2019 年 1 月和 7 月，省自然资源厅先后发布了《江苏省自然资源厅关于进一步加强土地供应和开发利用监管工作的指导意见》（苏自然资发〔2019〕9 号）、《中共江苏省自然资源厅党组关于严格执行国有建设用地出让规定进一步加强监管监督工作的意见》（苏自然资党组发〔2019〕94 号），进一步明确要健全供地集体决策机制。南京、扬州、苏州等地进行了积极探索，如《扬州市国有土地使用权出让情况专项清理工作实施方案》，明确出让底价是否经过评估、是否经过集体决策是供地过程规范性的重要原则之一；南京市印发的《关于严格我市城乡规划、国土、征收管理工作的纪律规定》，指出经营性用地应严格执行市场评估地价、集体会审定价和政府审定地价制度；苏州市要求重大行政决策应当经过公众参与、专家论证、风险评估、合法性审查、廉洁性评估、集体讨论决定等行政决策程序，确保决策内容和程序的合法性，该年全市成功拍卖土地 70 宗、482 公顷，揽金 1 180.6 亿元；句容市明确全市非工业及仓储用地出让采取“双会双段”决策方式，进一步完善了土地出让集体决策制度等。

根据公布数据统计，2011—2020 年全省土地出让总面积为 405.19 万亩，土地出让合同金额为 60 487.91 亿元。其中，2020 年公开出让面积为 40.12 万亩，土地出让合同金额为 9 626.20 亿元（见表

3-40）。

表 3-40　2011—2020 年江苏省出让国有土地使用权统计表

年份	土地供应总量（万亩）	土地出让总面积（万亩）	土地出让合同金额（亿元）
2011	64.33	51.07	4 610.64
2012	72.99	50.80	3 907.40
2013	75.76	52.59	5 824.16
2014	59.27	37.02	4 141.72
2015	60.91	35.00	4 436.78
2016	55.01	30.75	6 150.63
2017	61.18	36.22	7 172.12
2018	73.91	36.89	6 661.50
2019	60.48	34.73	7 956.76
2020	67.60	40.12	9 626.20
合计	651.44	405.19	60 487.91

数据来源：江苏省自然资源网站公布数据，2011—2020 年度综合统计情况报告。

（二）集体经营性建设用地出让底价制度

随着新修订的《土地管理法》的出台，符合条件的农村集体经营性建设用地可以入市交易。参照城镇建设用地出让底价制度，依据国家以及省有关文件精神，部分市县出台了具体管理办法，对集体经营性建设用地出让底价作出了相关规定。如《南京市集体建设用地使用权流转管理办法》要求，在确定出让底价过程中，政府根据有关产业政策，对土地估价结果进行修订，形成出让底价，并根据城乡发展和土地市场状况，对最低保护价适时进行调整；《连云港市赣榆区集体经营性建设用地入市管理办法（试行）》提出：集体经营性建设用地入市交易底价，采用招标、拍卖、挂牌形式的应明确是否设置保留底价；《南通市通州区集体经营性建设用地入市暂行办法》也对土地出让底价提出了要求：集体经营性建设用地使用权入市起始价由集体经济组织委托评估机构评估后确定，集体经济组织可根据评估价，适当加价或减价确定入市价格，但最低不得低于评估价的 80%，且不得低于当地土地取得的各项客观成本费用之和。

根据各地试点实践情况，通常规定集体经营性建设用地出让底价不得低于农村集体经营性建设用地（或出让地块所在地区）基准地价的一定比例（比如 70%），或者同时规定出让底价不得低于国家规定的相应国有建设用地出让最低价标准。通过农村集体经营性建设用地市场交易规则和出让底价、服务监管制度的构建，初步建立了公平合理的土地增值收益分配机制，有利于推动“同权同价、流转顺畅、收益共享”的城乡统一建设用地市场建设。

四、土地价格申报制度

土地价格申报在土地市场发育过程中起着合理土地评估，规范交易行为，稳定市场发展的重要作用，因此省政府十分重视土地交易价格申报，出台相关政策。1997 年出台的《江苏省城镇国有土地使用权出让和转让实施办法》，明确“对不如实申报土地使用权转让、出租成交价格者，市、县人民政府土地管理部门或房产管理部门可责令其补交所漏国务院和省人民政府规费”。2003 年实施的《江苏省国有土地储备办法》规定“土地使用权转让申报价比标定地价低 20%以上，由政府优先购买”。经过二十余年实际运作，江苏已经形成比较成熟的城镇土地价格申报制度。

图 3-15　2018 年 8 月，南京市完善建设用地使用权二级市场试点通过预验收

针对完善建设用地使用权转让、出租、抵押二级市场的需求，为进一步完善土地价格申报制度，2020 年 7 月，省政府办公厅印发了《江苏省政府办公厅关于完善建设用地使用权转让、出租、抵押二级市场的实施意见》（苏政办发〔2020〕56 号），明确建设用地使用权转让、出租、抵押时必须依法申报交易价格。据此，各市结合自身实际，制定具体实施办法，如南京市出台了《南京市国有建设用地使用权转让、出租、抵押二级市场管理办法》，明确规定“转让双方应当依法如实申报交易价格，不得虚假申报”。

五、政府优先购买制度

土地优先购买权制度是政府在特定情况下调控土地市场，防止土地投机和国有资产流失，保障国有土地资源合理、高效利用，实现地尽其用的重要手段。为深入贯彻国家的相关规定，江苏省于 1997 年公布的《江苏省城镇国有土地使用权出让和转让实施办法》，明确“县级以上人民政府可根据需要，采取行政或经济手段调控土地市场价格，在土地使用权转让的市场价格不合理上涨时，可以规定最高限价；在土地转让价格明显过低时，市、县人民政府有优先购买权”。2003 年实施的《江苏省国有土地储备办法》中，将行使条件由以往的“转让价格明显过低”转变为“比标定地价低 20%以上”，进一步明确了价格参照标准，强化了对土地转让价格的监督管理。

针对土地二级市场建设要求，《江苏省政府办公厅关于完善建设用地使用权转让、出租、抵押二级市场的实施意见》（苏政办发〔2020〕56 号）将政府优先购买权行使情形界定为“申报价格比标定地价低 20%以上的，市、县人民政府可行使优先购买权”。在此基础上，南京市结合自身实际，进一步研究、探索、完善了配套措施，率先出台《南京市国有建设用地使用权转让、出租、抵押二级市场管理办法》，明确交易价格比标定地价低20%以上的，经营性用地由政府委托储备机构优先购买，工业、科研用地由土地交易管理机构报经有批准权限的人民政府批准，或由政府委托地块所在的园区平台优先购买”。

六、地价评估制度

江苏地价评估早在上世纪八十年代即已开始，经历三十余年不断探索，已然形成较为完善的制度。第三个“十年”，江苏地价评估制度有了更新的发展，规范、细化了土地价格评估制度及其相关制度，为全省土地出让以及土地流转等提供了基础支撑。江苏形成的地价评估制度，其内容包括基准地价更新、标定地价评估，以及交易地价评估（包括一级土地市场土地出让价评估和二级土地市场土地流转、转让、出租、抵押价评估）等。

第三个“十年”中，江苏按照国家相关要求与技术规范，对基准地价、标定地价，按规定定期或因需要进行动态更新评估，这在上述条目中多有表达；对土地使用权出让评估，即确定国有土地使用权出让底价、最低价标准等，必须经过评估，这是规定程序；对转让、出租、抵押等二级土地市场交易地价也需要评估，其结果作为交易双方认定交易价的参考，也是政府掌握成交价的依据；对企业改制、兼并、分立、解散、破产而发生土地使用权转移，需要土地估价，显化土地资产量，比如仅2016年，经省国土资源厅处置的改制企业土地就有130宗、425.89亩、评估核定资金31.23亿元；对征收土地增值税需要进行地价评估等。随着土地市场的不断完善，城市土地利用向纵深发展，地价评估业务和技术也不断出新。对此，各地结合自身实际情况，出台多项评估政策与规定，指导地价评估工作的展开。如苏州市发布《苏州市地下（地上）空间建设用地使用权利用和登记暂行办法》（苏府规字〔2011〕8号），明确了地下空间使用权地价的修正体系；南京市出台《南京市土地协议出让地价评估实施细则》，明确了协议出让地价评估中土地价格的确定方式及地价评估采用的评估方法等。

江苏土地招标、拍卖、挂牌出让活动逐步利用网络技术进行网上交易，进一步推进江苏土地出让的公平、公正、公开，这是土地市场成熟的表现，是土地市场较高层次的反映。网上交易前，各地对拟出让宗地或地块都要组织出让价格评估。根据评估价格，经审核形成出让底价。进入网上交易，公开出让起价，而底价则作为成交的底线。总之，无论采用何种方式交易，地价评估是必不可少的环节。这虽是规定，但也是江苏土地市场中的自觉行为。

鉴于江苏市场经济的高速发展，江苏二级土地市场同样得到有效运行，进一步发挥了市场在资源配置中的决定性作用，促进了土地要素流通，提高了节约集约用地水平，推动了经济高质量发展。同土地出让市场网上运作一样，在取得经验之后，土地转让、出租市场也进入网上交易。土地交易前均进行地价评估，并以此作为政府优先购买的依据和调控土地市场的参考。

七、估价行业管理制度

随着我国城镇土地使用制度改革，城镇基准地价体系逐步完善，土地市场不断发育，市场化土地评估服务的需求日益增长。鉴于此，土地估价的中介服务逐步被运用于经济活动的各个方面，市场对土地估价行业的建设提出了客观需求。

江苏土地估价行业形成于上世纪九十年代初期，伴随着土地使用制度改革的逐渐深入而不断壮大，已然成为全省土地市场活动中一个重要的中介行业。为适应市场经济建设的要求，根据国家关于社会中介机构与政府主管部门脱钩的精神，建立一支与社会主义市场经济发展相适应的土地评估中介队伍，保证评估机构独立、客观、公正，国土资源部于1999年9月印发《关于土地评估机构与政府主管部门脱钩的通知》（国土资发〔1999〕318号），据此江苏开展了土地评估机构与政府主管部门脱钩工作，从根本上解决土地评估行业平等竞争和独立、客观、公正执业问题。经过两年多工作，全省省、市、县土地估价所基本完成人、财、物脱钩，组成新的土地评估企业，从此江苏地价评估中介服务项目完全由地价评估公司从市场中获取。

2000年，江苏省土地估价协会成立。2002年8月，国土资源部印发《关于改革土地估价人员和机构监督管理方式的通知》，据此，江苏对土地估价行业管理方式实施改革。全省一些原属行政管理的包括土地估价师资格考试、继续教育培训、土地估价机构资质认证、信息公示、土地估价人员和机构监督、土地估价报告审定等工作，转由省土地估价协会作为行业自律管理。省国土资源行政部门主要负责土地估价行业监督与管理任务，变事前审批为事后监管。

经过二十年发展，省土地估价协会体系制度逐渐健全，程序规范逐渐完善，管理业务逐渐拓展，规模和影响力逐渐扩大。截至2014年，全省约有2 000多人通过国家考试认证，取得土地估价师资格证书，其中约一半人员进行了执业注册登记，在评估机构执业，为行业发展的人才储备奠定了扎实的基础。是年，国务院取消了土地估价师资格，按照国家职业资格目录要求，房地产估价师的实施部门由原人事部、建设部变更为住房城乡建设部、国土资源部、人力资源社会保障部，房地产估价师增加土地估价专业。整合后房地产（土地估价专业）估价师实行准入类职业资格制度，纳入国家职业资格目录。

2015年12月18日，协会召开第五次会员代表大会，更名为“江苏省土地估价与不动产登记代理协会”。据统计，至2015年底，江苏省土地估价与不动产登记代理协会团体会员174家。

省自然资源厅十分重视土地估价行业的发展，连续四年在全省开展土地估价报告质量抽查工作，把好全省土地估价报告质量关。通过检查监督机制，规范行业自律管理，大力提升土地估价机构和专业人员的技术水平和专业服务能力，全省土地估价报告合格率和优秀率明显提升。

根据《资产评估法》规定，对从事土地估价业务的评估机构管理，由资质管理转变为备案管理。2017年，江苏省国土资源厅开发利用处委托省土地估价与不动产登记代理协会协助做好行业备案管理工作。截至2020年底，全省已备案的土地评估机构共有228家，注册土地估价师1 843名。另外，我省积极推进土地估价报告电子备案系统工作，截至2020年底，全省电子备案的报告数量为119 317份。

第四章

江苏地价的作用与发展前景

纵观三十年的发展历程，江苏地价建设与管理取得了辉煌成就，在江苏土地事业发展过程中发挥了重要作用，为土地市场发展提供动力，为土地使用制度改革提供基础，为土地资产保值增值提供支持，为土地权益维护提供保障，为土地税费收缴提供依据。总之，江苏地价在江苏社会主义市场建设，尤其在江苏土地市场建设中发挥了突出的作用，为江苏经济建设和社会进步做出了重要贡献。往后，在“三十年”的基础上，江苏地价人将不骄不躁，继续努力，坚持不懈，奋力前行，把江苏地价推向一个更新的高度。不远的将来，江苏地价理论更丰富，地价体系更优化，地价机制更创新，地价制度更完善，地价管理更有效，地价作用更凸显。

第一节　三十年江苏地价的作用

一、地价评估，为土地市场发展提供动力

1999 年起江苏经营性用地实行招标、拍卖、挂牌出让，2004 年起工业用地逐步实行招标、拍卖、挂牌出让，标志着江苏土地真正进入市场，土地出让由协议方式向公开市场全方位转化。市场是最有效的资源配置形式，价格是市场调节的杠杆，提升土地要素市场化配置水平，离不开科学的地价评估和价格体系。地价评估通过对不同属性和尺度的土地价格的制定，形成基于政府公信力的价格指导，为建立统一建设用地市场奠定基础，为市场健康发展提供保障。特别是在土地分等定级与基准地价更新工作基础上，江苏整合构建有机统一的“以价定级”体系，城镇地价动态监测与基准地价更新成为全省土地利用管理的常态工作，形成了反馈市场行情的价格“晴雨表”，促进了土地一、二级市场的培育发展。特别是江苏作为经济发达省份，金融市场十分活跃，带动了金融工具的创新和资本市场的发展。

在资本市场中，土地因其稀缺性强、价值量大、保值性强的特征，价值也愈发受到人们重视，用作抵押贷款的额度越来越大。应用基准地价成果开展抵押价值评估，提高土地资产评估的质量和准确度，为土地抵押贷款提供价值依据，同时为土地管理部门和金融机构审查和判断抵押价值是否准确提供基本的参考依据，保证贷款资金的安全，为防范风险维护金融秩序稳定发挥了重要作用。

江苏作为全国第一个开展城镇地价动态监测的省份，在全国地价管理改革中率先探索。通过对土地、房地产市场分析研究，围绕国家“稳地价、稳房价、稳预期”的调控目标，对重点城市楼市和土地市场进行房地联动监测，从土地供应量和结构、房地比价、租售比、量价关系、库存去化等方面综合分析，真实揭示市场变化，为政府精准实施“因城施策”战略提供参考。对住宅地价走势超出合理区间或发生异常交易严重影响市场预期的城市及时预警并督促整改，为构建江苏房地产市场健康发展长效机制提供参考。

二、地价体系，为土地使用制度改革提供基础

江苏省城镇国有土地使用制度改革始于二十世纪八十年代末，地价理论研究、探索和实践行影相随，贯穿于土地使用制度改革的始终。1990 年完成城镇土地定级估价国家级试点任务，1991 年进行省级试点，1997 年公布全省首轮城镇基准地价，2002 年部署农用地分等定级，2015 年开展集体建设用地定级估价，以及此后的地价动态监测与公示地价体系建设工作，为推进土地使用制度改革、建立土地市场夯实了价值基础。

通过多年的探索实践，江苏建立了以土地等、级、价组成的土地质量和价值评估体系，以基准地价、标定地价为核心，包含宗地地价、评估价、最低价、市场交易价等多种价格形式相互影响、相互联系的地价体系，构建了城市地价动态监测分析机制。在土地使用制度改革进程中，地价在各个阶段都发挥着重要的作用，为土地有偿使用提供了价值基础和价格依据。在遵循国家规范和省技术指引的前提下，江苏省地价建设范围从单一的城镇建设用地扩展到农用地、集体建设用地，实现了全省范围内城镇建设用地、集体建设用地、农用地基准地价全覆盖。通过评定各类基准地价，显化土地市场价值，确定各类用地“招拍挂”出让底价，为各类土地交易活动提供土地价格或租金参考依据，直接推动和规范了土地有偿使用，为深化土地使用制度改革注入活力。

城镇基准地价体系的建立，保障土地作为基本生产要素进入市场，国家土地所有权在经济上得到实现。集体建设用地和农用地基准地价体系的建立，为集体经营性建设用地出让和农用地流转提供了价值依据，实现集体所有土地的资产价值，壮大发展集体经济。农用地基准地价、集体建设用地基准地价和城镇建设用地基准地价等城乡基准地价体系的建立，揭示了不同土地用途的价格形成机制和价格增值规律，使得农民分享工业化和城市化的红利，实现共同富裕。公示地价体系为切实维护各方土地权益，协调解决不同权利主体间的利益关系，调节收益分配关系提供了依据。在地价的确定方式上，形成了地价评估制度、集体决策制度；在地价的市场形成机制上，建立了土地招标拍卖挂牌制度、协议出让最低价制度、土地成交价格申报制度和政府优先购买制度；在地价的监测上，建立了基准地价、标定地价确定和定期更新、公布制度，建立了地价动态监测制度。这些体系、机制和制度的建立，为加强土地资产管理、规范土地市场发展、调控房地产市场发挥了重要作用，为制订土地取得、土地供应、土地转让、土地资产处置以及土地市场调控等土地利用管理规章制度提供了依据。根据 2017 年国土资源部等八部门印发的《关于扩大国有土地有偿使用范围的意见》（国土资规〔2016〕20 号），江苏深入推进公用设施用地有偿使用和国有农场土地制度改革，土地有偿使用制度全面提速。

三、地价保护，为土地资产保值增值提供支持

土地不仅是重要的资源，也是重要的资产，土地资产能否实现保值增值，在于地价能否真实地反映土地市场交易的本质。在江苏地价管理工作实践中，从城镇国有土地使用权出让、租赁、作价出资（入股）到转让、出租、抵押等二级市场流转，包括集体经营性建设用地出让、出租和作价出资（入股），地价承担了促进土地资产价格显化、实现土地利用方式转变的重要职能。为了确保地价在市场运行中公平公正，确保国有和集体土地资产不流失，维护土地权利人的资产权益，江苏通过制定一系列地

价保护政策，实施协议出让最低价标准、工业用地出让最低价标准，建立公示地价体系，实行动态更新调整机制，保证了地价成果的现势性，为国有和集体土地使用权设立和变更提供价格支撑，实现资产保值增值。

在集体经营性建设用地入市改革推进过程中，江苏各地着力完善集体经营性建设用地入市价格形成机制。集体经营性建设用地入市收益主要用作集体积累，用于发展和壮大集体经济，用于农村基础设施建设、农村居民民生项目和农村公共服务运行维护等支出，进而保障了农民生活质量，提升了农民生活水平。在农村宅基地制度改革中涉及的宅基地流转、宅基地自愿有偿退出等环节，地价工作在促进宅基地价值显化、保障农民土地财产权益等方面发挥了重要作用。

四、地价管理，为土地权益维护提供保障

地价作为现代市场经济体系的重要内容，是土地资产实现产权明晰、价值确定、合理处置、变更登记的重要依据。地价管理包括地价评估、成交价申报、地价审核、出让底价确定、政府优先购买权等的制度设计和实施，在我省国有土地价格评估和土地资产处置中发挥了巨大的作用，成为国有企业土地出让、作价出资（入股）、授权经营、租赁价格评估和认定的主要依据，极大地配合和支持了国有企业改制，盘活了国有土地资产，推动国有企业顺利转制成为适应经济高速发展的现代企业。

“三农”问题是关系国计民生的根本性问题，以习近平同志为核心的党中央高度重视“三农”工作，强调全面实施乡村振兴战略，深化农村改革，实现农业农村现代化。征地问题涉及到农民和土地的关系，关系到农民利益、城乡发展和社会稳定。江苏省开展了征地区片综合地价制定工作，省政府公布了全省四类地区的征地区片综合地价最低标准。在此基础上，各市、县制定并公布实施了地方具体征地补偿标准，为集体土地征收进行土地价值核算提供重要的参考依据。征地区片综合地价是对被征收耕地年产值倍数补偿办法的重大改革，有利于解决征地补偿标准不合理、同地不同价等问题，充分体现对被征地农民合法土地权益的维护和保障，保障被征地农民原有生活水平不降低、长远生计有保障。

农用地和集体经营性建设用地基准地价的制定，明晰了集体土地资产，为农用地流转和集体经营性建设用地出让、出租以及转让、入股、抵押等入市工作计算土地价格或租金提供基本依据，农村集体经济组织、农民个体都可以获得土地相关收益，保障了合法权益。集体经营性建设用地入市用于农村一二三产业融合发展用地，有利于构建城乡统一的建设用地市场，盘活农村集体存量土地资源，促进乡村振兴和城乡融合发展。

2019 年 4 月，中共中央办公厅、国务院办公厅印发《关于统筹推进自然资源资产产权制度改革的指导意见》，要求处理好自然资源资产所有权与使用权的关系，创新自然资源资产全民所有权和集体所有权的实现形式。对此，随着江苏省城镇建设用地基准地价、农用地基准地价、集体建设用地基准地价、标定地价等地价体系的不断建立，土地所有权、使用权在经济上的实现有了价格基础，显化了土地资产价值，确保土地资产所有者和使用者的合理土地收益。

五、地价成果，为土地税费收缴提供依据

依据地价而获取的土地收益，应当缴纳相关税费，包括城镇土地使用税、耕地占用税、土地增值

税、城建税、教育印花税、房产税、个人所得税以及教育附加费等。换言之，地价的一项重要功能是为税收服务的。根据现行税费政策，土地使用税、增值税、契税等都是以土地等别制定收税标准。作为重要的计税依据，地价体现了不同土地的级差收益，为税费征收提供了税费标准。标定地价集中体现了各地土地利用级间差异、土地级差收益，作为政府公示地价，在一定区域范围内具有价格代表性和现势性，可以为税务机关计收土地增值税等相关税收提供价格参考。国家征收土地税费后，通过公共投资等方式将土地收益还利于民，实现土地收益的再次分配。基准地价作为依据可以防止为不交或少交增值税而虚报土地交易价格、或以不符合实际的价格转让土地的行为，从价征收。

第二节　江苏地价发展前景

一、深入研究探索，地价理论更丰富

党的二十大报告对新时代党和国家事业发展做出科学完整的战略部署。习近平总书记强调，从现在起，中国共产党的中心任务就是团结带领全国各族人民全面建成社会主义现代化强国、实现第二个百年奋斗目标，以中国式现代化全面推进中华民族伟大复兴。新时代的江苏地价工作要锚定党的中心任务和发展的总体目标，完整、准确、全面贯彻新发展理念，推进生态优先、节约集约、绿色低碳发展，发挥价格对于资源保护、发展保障、权益维护、市场稳定的重要作用，坚持社会主义市场经济改革方向，着力构建高水平社会主义市场经济体制，建设现代化产业体系，全面推进乡村振兴，促进区域协调发展，加快构建新发展格局，扎实推动高质量发展。因此，构建完善的地价理论体系，拓展地价内涵的广度和深度，是社会发展进步的重要条件和工作基础。为进一步推动中国式现代化发展，地价理论体系需从以下三方面进一步深入完善。

一是明确不同类别土地产权结构，深化土地市场化改革。新中国成立之后，我国土地产权长期保持的基本特征是公有制，城市土地归国家所有而农村土地归集体所有。1980 年开始的土地制度市场化改革将土地所有权和使用权进行分割，从而构成今天的土地价格（本质是土地使用权价格）。随着社会经济的发展，建设用地需求不断增加，而城镇用地已经难以满足。此时，如何调动其他类型土地的市场活力是解决这一发展问题的关键所在。但是不同土地类型产权权能结构不同，导致市场化存在诸多障碍。因此，需要建立中国特色土地产权理论，明确不同类别土地的产权结构和权能范围，从而为地价理论体系构建提供基础，有效保障个人利益和国家利益，促进各类土地在市场中的自由流转，推动市场一体化机制运行。

二是构建农村集体建设用地价值理论体系，为建立城乡统一建设用地市场提供理论基础。因土地管理制度差异，我国城乡所有权地位不对等，城乡发展存在二元对立，严重制约了农村集体建设用地市场的建设，损害了农民的土地权益。因此，认识城乡土地权能和价值价格差异，理解“三权分置”下的农村集体建设用地产权组成和土地价值构成，搭建农村宅基地价值评估理论体系，研究集体经营性建设用地市场运行机制，能够为建立健全公平合理的土地增值收益分配制度，促进城乡要素配置流转畅通，打破城乡二元对立格局，实现城乡一体化协调发展提供理论支撑。

三是拓展土地价值构成，应对自然资源资产价值内涵和自然资源经济价值、生态价值和社会价值的评估方法及其适用性进行更加深入的探讨。构建囊括土地要素价值和自然资源价值于一体的土地价值理论体系。新时代背景下，"大力推进生态文明建设"、"绿水青山就是金山银山"、实现"双碳"目标是我国未来几十年的发展目标。如何对自然资源进行定价并形成市场体制，从而合理有效配置资源，是实现这一目标的有效途径。因此，以土地要素为本底，依托现有的地价工作体系，将自然资源要素纳入土地价值，探索构建自然资源政府公示价格体系和价格监测机制，积极开展充分反映市场供求关系、资源稀缺程度、环境损害成本的等级与价格理论体系研究，深入探讨自然资源资产价值内涵和自然资源经济价值、生态价值和社会价值的评估方法及其适用性，支撑自然资源管理向数量、质量与生态管护并重转变，为促进自然资源保护与合理开发利用提供价值理论依据。

二、优化地价体系，地价制度更完善

在市场经济为主导的社会主义经济制度体系下，充分发挥市场在资源配置中的决定性作用。按照要素市场化配置改革要求，江苏需加快完善地价动态监测更新体系，完善城乡一体的基准地价体系，探索建立城乡基准地价、标定地价与市场交易价格挂钩的动态调整体系；完善政府公示地价制定、更新、发布、调整制度，建立健全地价管理制度，进一步加强土地价格管理，为促进土地资源要素流转、构建全国统一大市场、推进城乡融合和区域协调发展提供基础保障。在基准地价体系建设方面，应加强基准地价覆盖区域与国土空间规划成果的衔接性，积极探索除商业、住宅、工业用途外的其他用途土地和混合用地的基准地价评估，探索研究高新技术产业用地等细分地类的基准地价评估。在地价动态监测方面，应根据经济社会发展、城市开发建设状况及时增设地价动态监测点、更新监测点资料，尝试探索将地价动态监测区域由城市向城乡结合部乃至农村地区延伸。要充分挖掘、高效利用地价动态监测成果，强化地价工作在助力房地产精准调控、引导产业高质量发展方面的支撑作用。

地价制度建设始终要围绕更好地发挥土地市场功能，强化竞争政策基础地位，坚持有效市场、有为政府的工作原则，结合江苏的实践，从最低限价制度、土地出让底价制度、基准地价和标定地价制度、城市地价动态监测制度等方面探索，总结并形成中国特色、江苏特点的地价制度体系。

三、创新地价机制，地价管理更有效

土地资源是支撑国民经济和社会发展的基础性资源，土地的科学配置和高效集约利用对于加快发展方式绿色转型、协同推进经济高质量发展和生态环境高水平保护具有重要意义。构建充分反映市场供求状况和资源稀缺程度、充分体现生态价值的地价形成机制，是推动土地利用绿色转型、促进土地节约集约利用的关键。为健全地价形成机制、更好适应绿色发展要求，未来应注重做好如下几方面的工作。一是要加快完善更加符合工业用地利用特征的工业地价机制。针对工业企业生命周期相对较短的问题，近年来许多地区探索了"先租后让""租让结合""弹性出让"等工业用地供应方式，这些供地方式中的地价内涵与传统固定年期的情形有所差异，亟待探讨。随着新产业、新业态的发展，涉及新型产业用地的土地混合利用实践不断涌现，相关地价形成机制也有待进一步完善。二是要进一步完善土地二级市场价格形成机制。价格机制和竞争机制作为市场机制的两大基本机制，价格机制引导市场供需灵活调整，竞争机制促使市场主体优胜劣汰，价格是市场调节的核心枢纽。在新增建设用地总量严格控制的背景下，土地二级市场体系建设对于盘活存量建设用地资源、加强土地要素保障能力具有至关重要的意义。应聚焦交易规则不健全、交易信息不对称、交易平台不规范等关键问题，持续完善土地二级市场的价格机制。三是完善自然资源资产价值核算理论体系和方法。科学评估自然资源资产价值，是真实反映自然资源稀缺性的必然选择，是推进生态文明建设、推动高质量发展的必然要求。规范集体建设用地交易机制和价格形成机制，参照城市土地市场的交易规范，不断提升农村集体经营性建设用地市场的信息化、规范化程度，从而提升集体经营性建设用地市场的运行效率，促进资产价值显化。

根据构建高水平社会主义市场经济体制要求，立足市场，放眼全局，反馈市场，与时俱进，持续拓展地价管理的范围广度与逻辑深度，进一步完善现代化地价管理体系，加强土地价格管理，合理有效开发利用和经营土地，规范国有建设用地使用权出让行为，保障土地所有者、使用者的合法权益，增强市场表征，丰富实践应用，促进新发展阶段地价管理工作向更全、更准、更新的多维度目标发展提升，“争当表率、争做示范、走在前列”。实现有效市场与有为政府更好结合，市场与政府间“双轮驱动”相互促进，促进土地要素高效率配置，为构建新发展格局、提高社会主义市场经济运行效率、推动高质量发展提供基础保障。

四、拓展地价应用，地价作用更凸显

三十年来的土地有偿使用制度改革有效释放了土地资源潜力，激发了土地市场活力，为城镇化进程注入了强劲动力。地价作为土地市场各因素综合作用的结果，在土地制度改革、土地市场建设、房地产市场宏观调控、土地税费收缴、领导干部离任审计、宗地评估、全民所有自然资源资产清查和平衡表编制等方面得到应用。地价作为调控土地市场供需的有力杠杆，能够灵敏地反映市场的供需状况、土地的利用状况和市场动态变化，引导投资和需求，调整土地市场经济主体之间经济利益关系，促进土地资源合理有效利用，在推进土地使用制度改革、量化国有土地资产、促进土地市场和房地产市场健康平稳运行中发挥了重要作用。

随着我国自然资源改革的不断深化，土地市场建设的不断完善，地价及地价管理的作用和任务也在不断加强。坚持以推动高质量发展为目标，构建价格与资源配置联动机制，着力提高配置效率和全要素生产率，推动经济实现质的有效提升和量的合理增长。由于土地资源的稀缺性，有限空间无法同时满足各类使用功能的要求，在保障基础设施和民生用地的前提下，通过揭示土地利用现状、土地利用方向与价格正向关系，按土地质量、权利价格、组织功能确定的优先次序确定生态、经济、社会等功能用途，实现土地利用方式的优化组合，使江苏建立的公示地价成果对土地利用总体规划和城市规划发挥了重要参考作用，在城市规划编制和修订中进一步科学合理统筹安排，实现土地利用的最佳结构与空间配置，提高土地利用效率，促进节约集约用地。与此同时，完善差别化的产业用地地价政策，支撑现代化产业体系发展，增强土地资源供应保障能力，降低实体经济发展成本，着力提升产业链、供应链的韧性与安全水平。

在加快构建以国内大循环为主体、国内国际双循环相互促进的新发展格局下，江苏地价管理工作将以习近平生态文明思想为指导，坚持山水林田湖草沙一体化保护和系统治理，推动绿色发展，促进人与自然和谐共生，不断拓展地价服务领域，推动地价成果在国土空间规划编制、集体经营性建设用地入市、土地污染损害补偿、土地所有者权益实现、耕地保护、用途管制、生态修复等方面得到广泛运用，科学规划合理布局，强化国土空间开发保护，优化土地资源配置，提升地价管理水平，着力构建科学合理、规范有序、务实管用的长效机制，促进地价管理工作规范化、精细化，进一步发挥地价管理在中国式现代化建设过程中的支撑和保障作用。

附件

江苏省城乡地价体系成果图集

图件说明

《江苏省城乡地价体系成果图集》采用专题地图结合统计图表的多元化表达形式，全面、真实、直观地反映全省城市和重点区域的地价水平、变化趋势、空间分布特征，为各级管理部门激发土地要素活力，赋能经济高质量发展提供了第一手基础资料，同时也为社会各界快速了解全省城市地价情况、研究土地价格规律提供了丰富详实的信息。

本成果图基于土地等-级-价体系，由省级专题图组和13个设区市专题图组共计148幅专题地图组成，集中展示了全省城镇土地等别、土地级别、公示地价、动态监测地价等多项最新地价工作成果，综合反映了全省土地价格的总体水平。其中，省级专题图组收录了全省城镇土地等别、动态监测地价、征地片区综合地价、工业用地出让最低价等系列专题图；设区市专题图组收录了全省13市市区范围的国有建设用地基准地价、集体建设用地基准地价、农用地基准地价及国有建设用地标定地价等系列专题图。

一、工作范围

1. 公示地价范围，为全省各县级及以上自然资源主管部门根据本行政辖区土地市场发育程度和政府的服务监管需求确定。

2. 监测范围，以城镇建成区为主，适当考虑城镇近期发展区域。

3. 征地区片综合地价范围，为全省县级行政辖区范围内有集体农用地的行政村及社区。

二、估价期日

1. 公示地价估价期日设定为更新年度的1月1日。

2. 季度监测地价估价期日设定为各季度的最后一日，年度监测地价估价期日设定为每年的12月31日。

3. 工业用地出让最低价估价期日设定为2007年1月1日。

4. 征地区片综合地价最低标准估价期日设定为2020年1月1日。

三、数据来源

本书中相关数据主要通过以下途径获取：

1. 基准地价数据来源于全国基准地价备案系统。

2. 标定地价数据来源于标定地价省级备案成果。

3. 地价监测数据来源于江苏省城镇地价动态监测与基准地价更新信息系统。

4. 工业用地出让最低价数据来源于《江苏省政府办公厅关于印发江苏省工业用地出让最低价标

准的通知》(苏政办发〔2007〕21 号)、《国土资源部关于调整部分地区土地等别的通知》(国土资发〔2008〕308 号)。

5. 征地区片综合地价数据来源于《省政府关于公布江苏省征地区片综合地价最低标准的通知》(苏政发〔2020〕44 号)。

6. 经济、人口等相关统计数据来源于江苏省统计局与各设区市统计部门的网站、年鉴、公报等公开信息。

7. 成果图的行政界线数据时间为 2021 年,市级界线来源于公开版江苏省天地图,乡镇界线来源于省级基础测绘数据。

四、内容表达

1. 成果图中省级专题图采用双标准纬线正轴等角割圆锥投影,标准纬线为:北纬 32 度、34 度;设区市专题图采用高斯-克吕格投影。

2. 设区市专题图中基准地价、标定地价数据统一以地面地价形式表达,估价期日在图中附表进行注明。

3. 设区市基准地价专题图以上下分式注记表示其级别和价格,但因部分地区的公共管理与公共服务用地级别基准地价图存在一个级别包含科教、医卫慈善、文化体育、公用设施等多类地价,耕地级别基准地价图存在一个级别包含水田、旱地等多类地价的情况,为了便于展示,本成果图只在图上标注级别,其对应价格在图中附表进行注明。

4. 由于南京市估价范围较大,为更好地展示建设用地(国有)基准地价分布情况,特选取中心城区范围放大表示,此"中心城区"仅指空间相对范围,无其他含义。

图件目录

无锡市

徐州市

常州市

宿迁市

图　　例

（一）地理要素

符号	名称	符号	名称
★	县级以上政府驻地		省级界
	乡镇、街道驻地		设区市界
	村庄		县级界
	火车站		乡级界
	飞机场		高速公路
	汽车站		铁路
	港口		地铁
	风景名胜		道路
	酒店		大桥
	医院		隧道
	高等院校		汽渡
	图书馆		河流
	博物馆		运河
			水域
			绿地

（二）专题要素

I	一级地
II	二级地
III	三级地
IV	四级地
V	五级地
VI	六级地
VII	七级地
VIII	八级地
IX	九级地
X	十级地
XI	十一级地

	商服用地标定区域
	住宅用地标定区域
	工矿仓储用地标定区域
•	商服用地标准宗地
•	住宅用地标准宗地
•	工矿仓储用地标准宗地
S51002 / 18930	商服用地标定区域编号 / 商服用地标定地价（元/平方米）
Z70006 / 14550	住宅用地标定区域编号 / 住宅用地标定地价（元/平方米）
G61001 / 200	工矿仓储用地标定区域编号 / 工矿仓储用地标定地价（元/平方米）

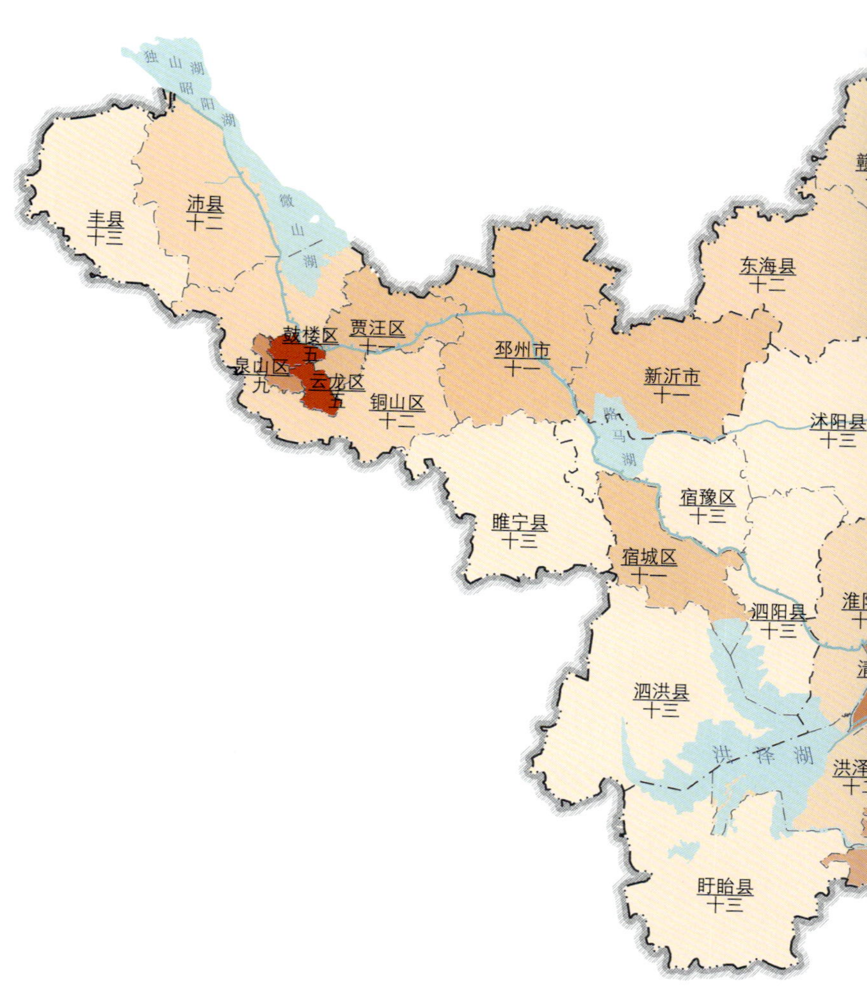

名称	土地等别（等）
玄武区	四
秦淮区	四
建邺区	四
鼓楼区	四
雨花台区	四
栖霞区	六

六合区
九
浦口区
九
南京城区
江宁区
七

2020年各设区市地区生产总值(亿元)

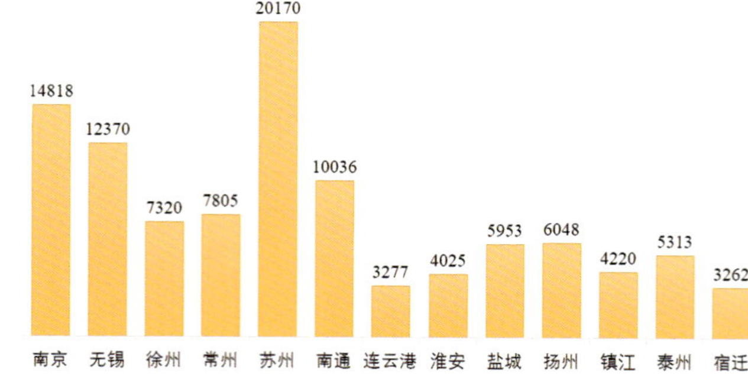

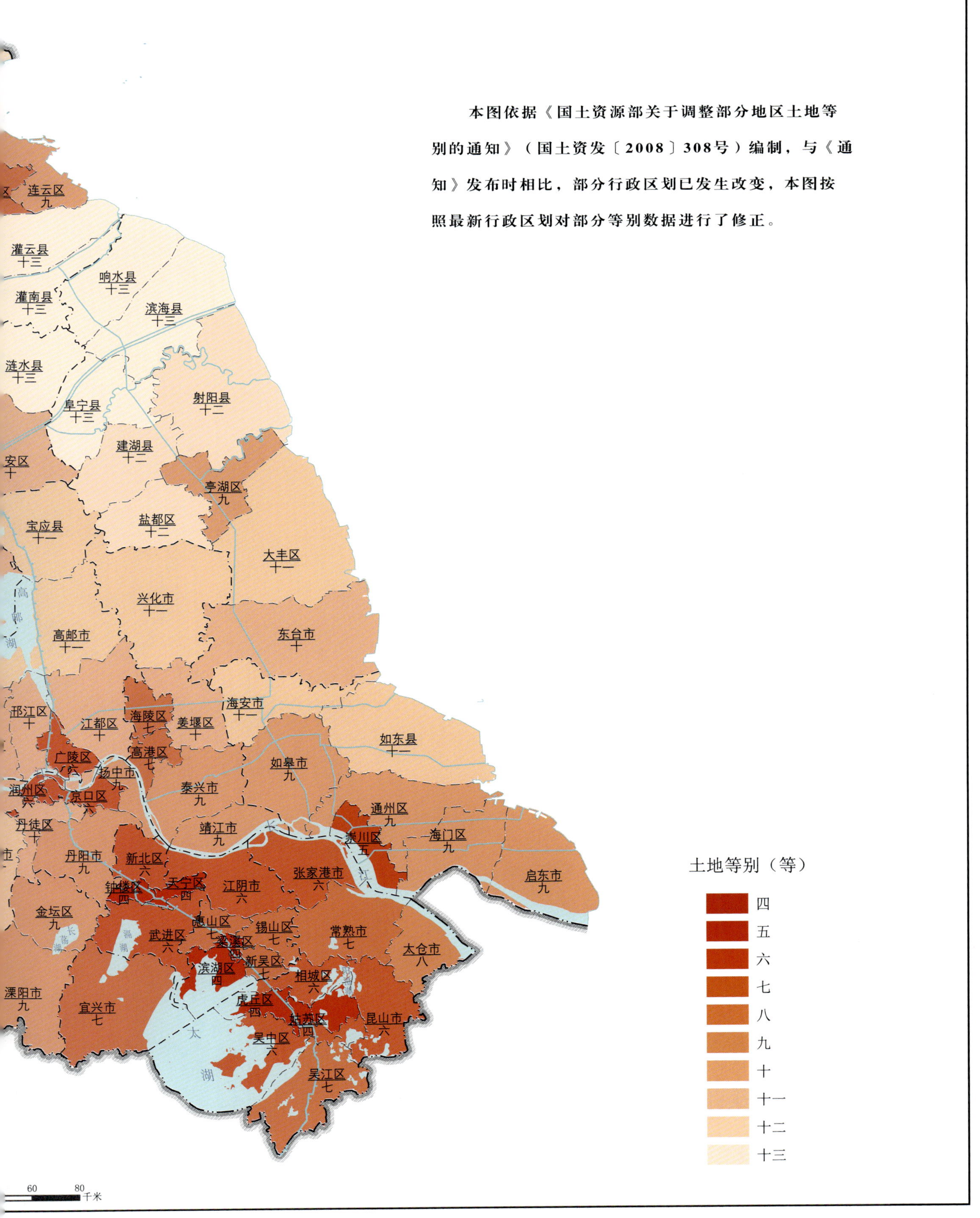

本图依据《国土资源部关于调整部分地区土地等别的通知》（国土资发〔2008〕308号）编制，与《通知》发布时相比，部分行政区划已发生改变，本图按照最新行政区划对部分等别数据进行了修正。

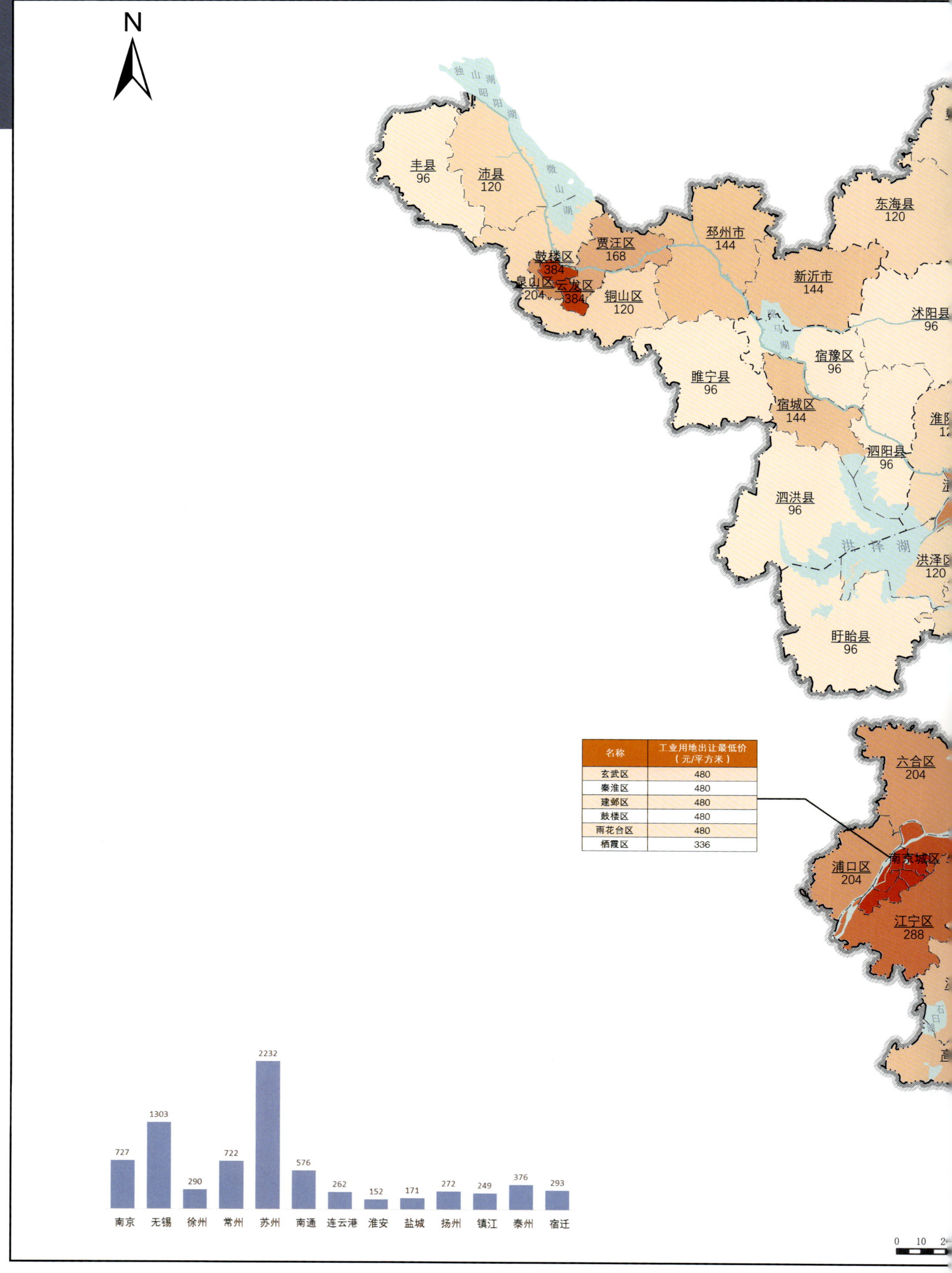

名称	工业用地出让最低价（元/平方米）
玄武区	480
秦淮区	480
建邺区	480
鼓楼区	480
雨花台区	480
栖霞区	336

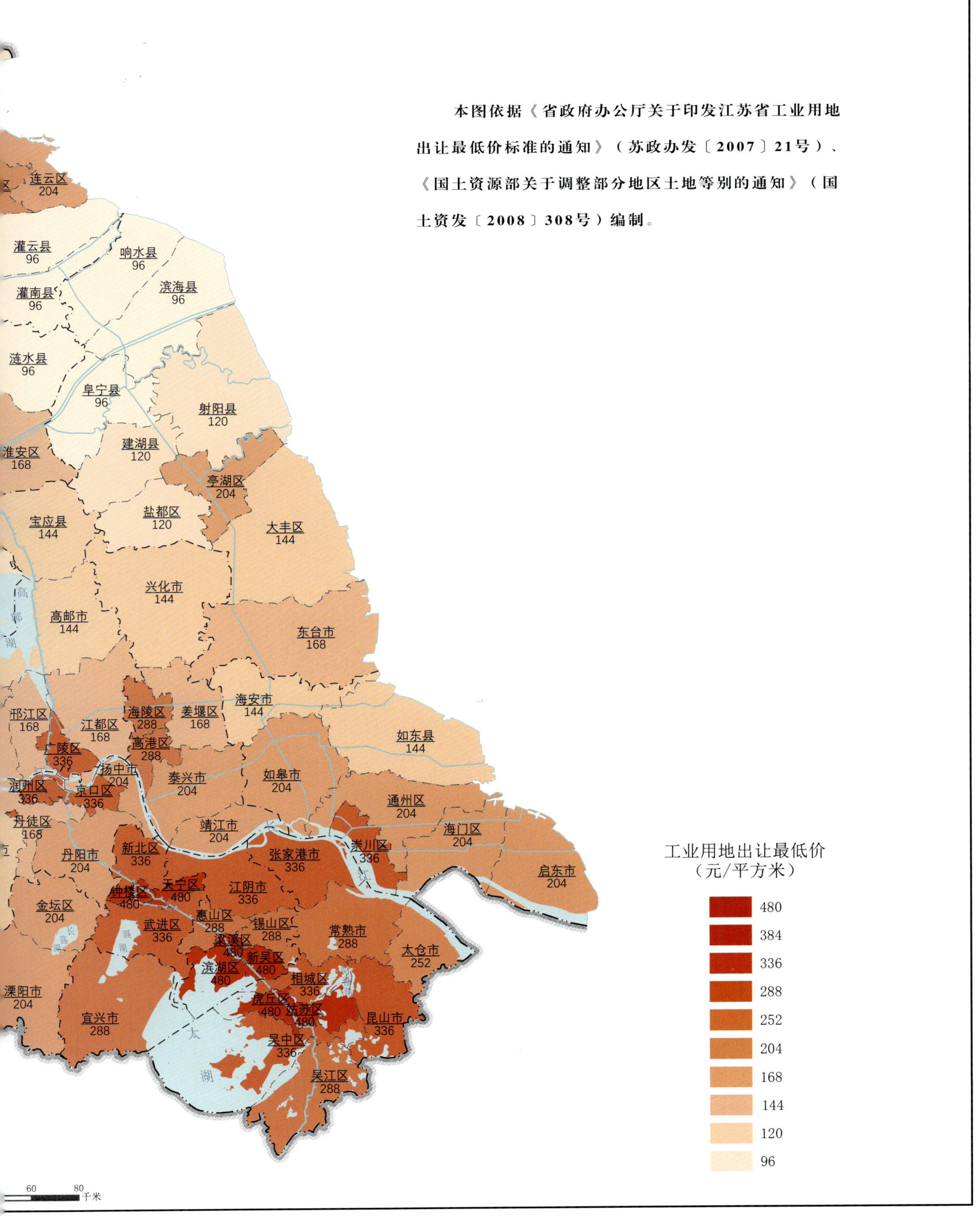

本图依据《省政府办公厅关于印发江苏省工业用地出让最低价标准的通知》（苏政办发〔2007〕21号）、《国土资源部关于调整部分地区土地等别的通知》（国土资发〔2008〕308号）编制。

（估价期日：2007年1月1日）

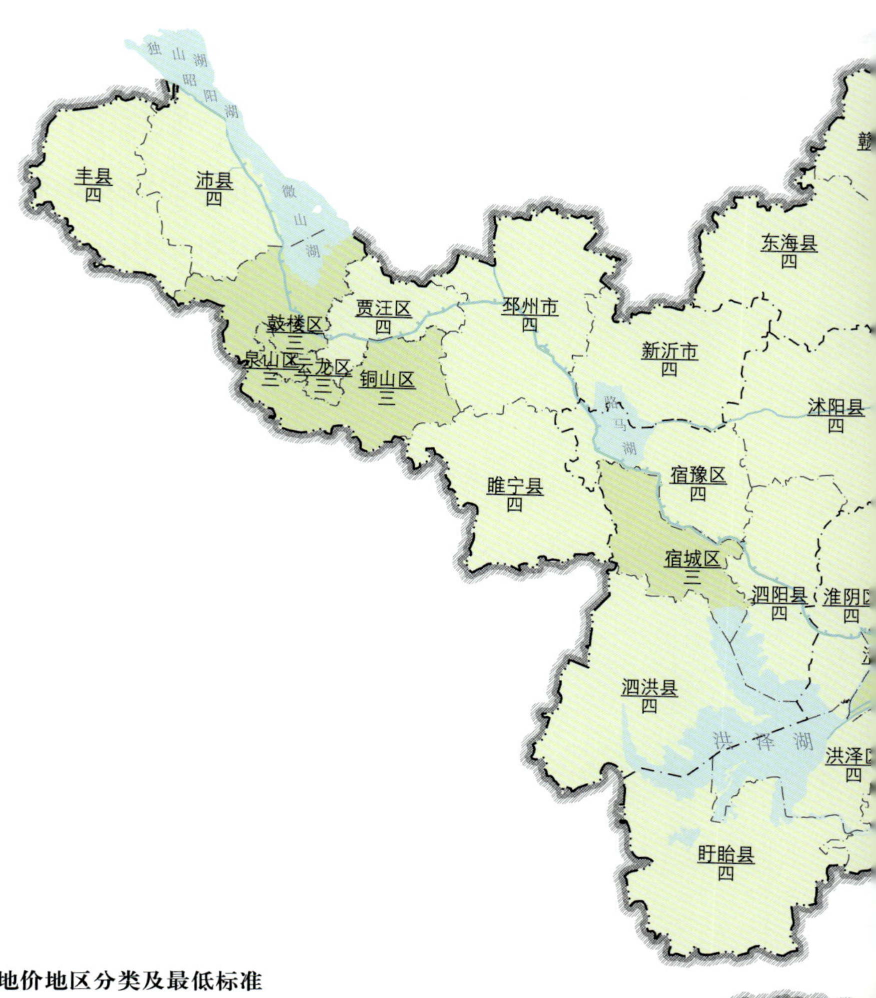

江苏省征地区片综合地价地区分类及最低标准

类　别	地　　区	征地区片综合地价最低标准（元/亩）
一类	南 京 市：玄武区、秦淮区、建邺区、鼓楼区、浦口区、栖霞区、雨花台区、江宁区 无 锡 市：锡山区、惠山区、滨湖区、梁溪区、新吴区、江阴市 常 州 市：天宁区、钟楼区、新北区、武进区 苏 州 市：虎丘区、吴中区、相城区、姑苏区、吴江区、常熟市、张家港市、昆山市、太仓市	64000
二类	南 京 市：六合区、溧水区、高淳区 无 锡 市：宜兴市 常 州 市：金坛区、溧阳市 南 通 市：崇川区、港闸区 扬 州 市：广陵区、邗江区 镇 江 市：京口区、润州区、扬中市 泰 州 市：海陵区、高港区	55000
三类	徐 州 市：鼓楼区、云龙区、泉山区、铜山区 南 通 市：通州区、如东县、启东市、如皋市、海门市、海安市 连云港市：连云区、海州区 淮 安 市：清江浦区 盐 城 市：亭湖区、盐都区 扬 州 市：江都区、宝应县、仪征市、高邮市 镇 江 市：丹徒区、丹阳市、句容市 泰 州 市：姜堰区、兴化市、靖江市、泰兴市 宿 迁 市：宿城区	47000
四类	徐 州 市：贾汪区、丰县、沛县、睢宁县、新沂市、邳州市 连云港市：赣榆区、东海县、灌云县、灌南县 淮 安 市：淮安区、淮阴区、洪泽区、涟水县、盱眙县、金湖县 盐 城 市：大丰区、响水县、滨海县、阜宁县、射阳县、建湖县、东台市 宿 迁 市：宿豫区、沭阳县、泗阳县、泗洪县	40000

0 10 20

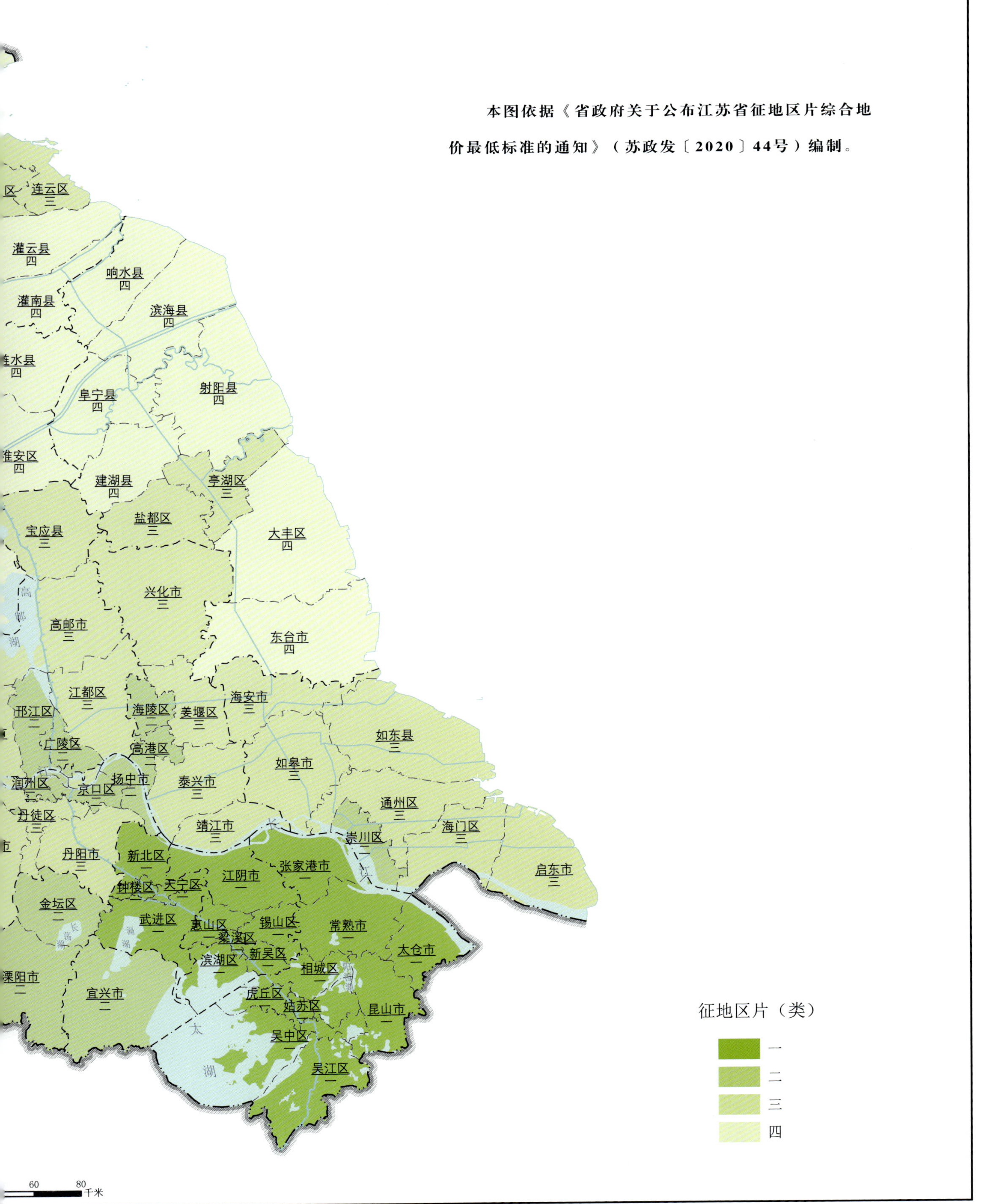

（估价期日：2020年1月1日）

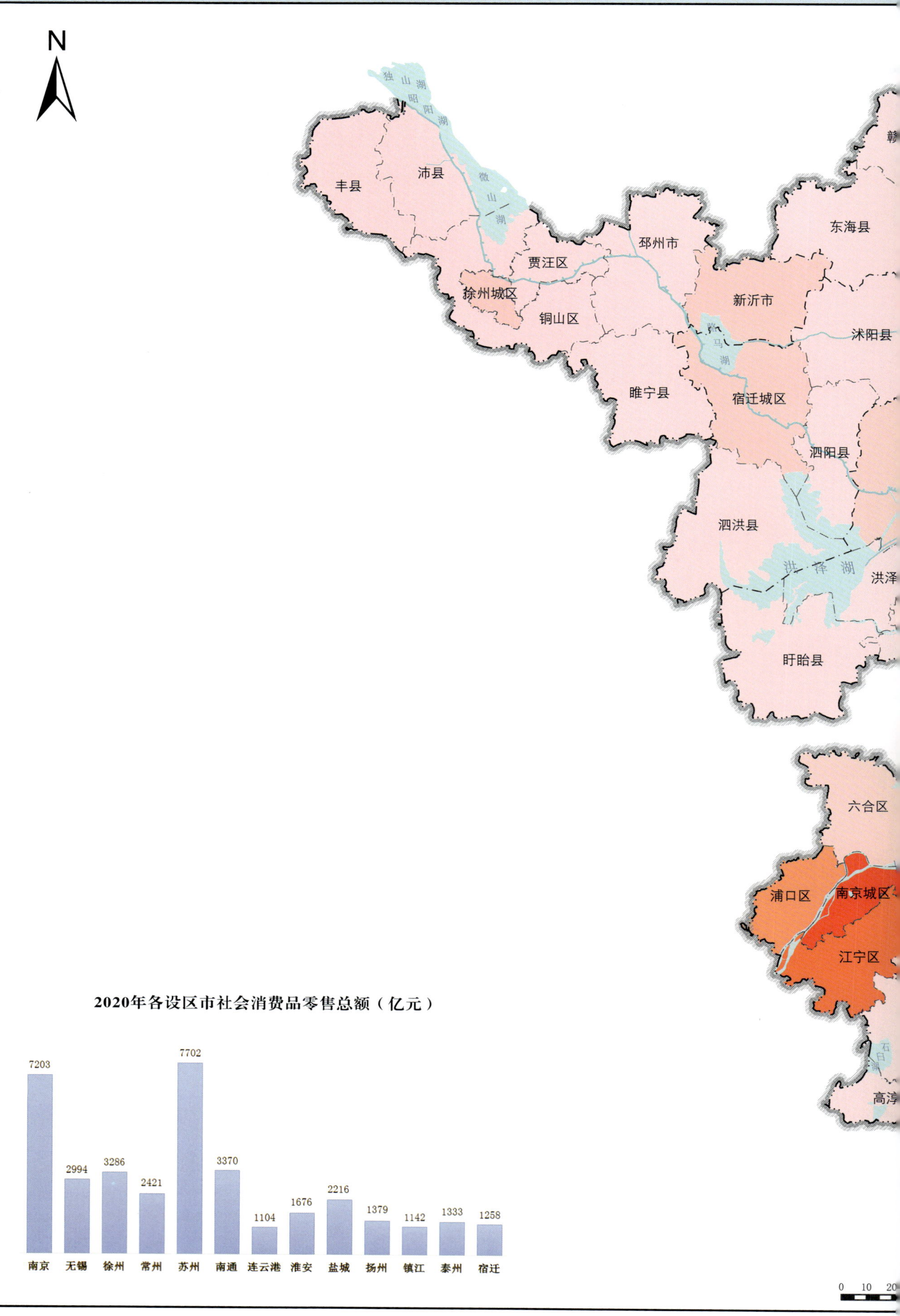

2020年各设区市社会消费品零售总额（亿元）

南京	无锡	徐州	常州	苏州	南通	连云港	淮安	盐城	扬州	镇江	泰州	宿迁
7203	2994	3286	2421	7702	3370	1104	1676	2216	1379	1142	1333	1258

商服用地动态监测地价图

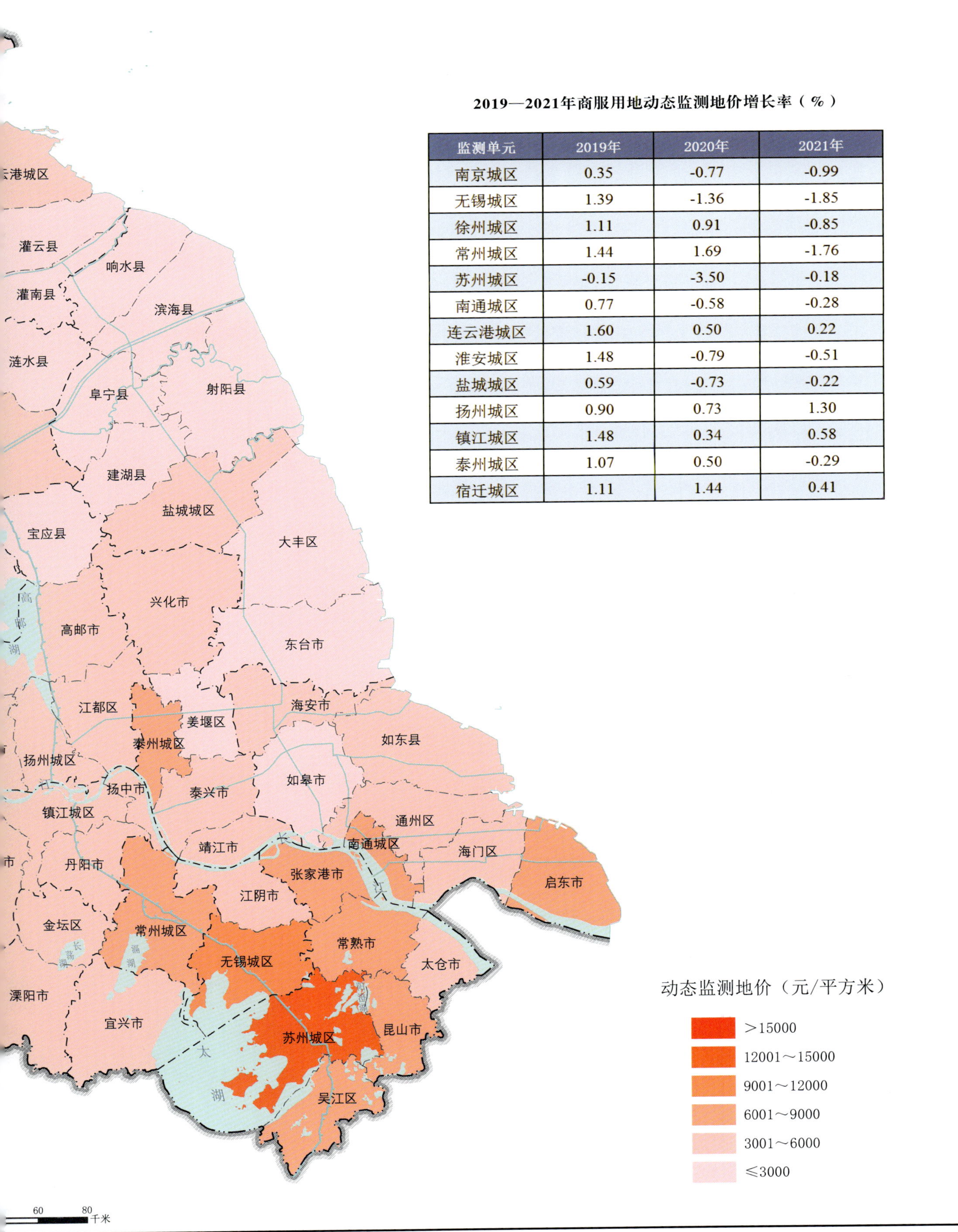

2019—2021年商服用地动态监测地价增长率（%）

监测单元	2019年	2020年	2021年
南京城区	0.35	-0.77	-0.99
无锡城区	1.39	-1.36	-1.85
徐州城区	1.11	0.91	-0.85
常州城区	1.44	1.69	-1.76
苏州城区	-0.15	-3.50	-0.18
南通城区	0.77	-0.58	-0.28
连云港城区	1.60	0.50	0.22
淮安城区	1.48	-0.79	-0.51
盐城城区	0.59	-0.73	-0.22
扬州城区	0.90	0.73	1.30
镇江城区	1.48	0.34	0.58
泰州城区	1.07	0.50	-0.29
宿迁城区	1.11	1.44	0.41

（监测期日：2021年12月31日）

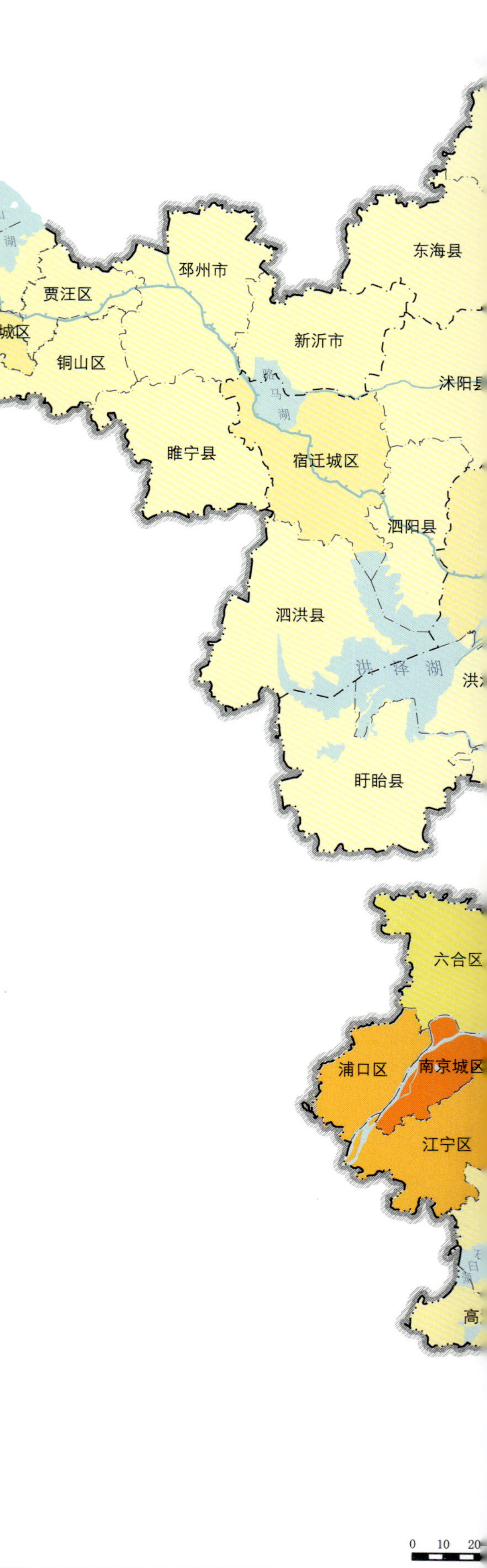

独山湖
昭阳湖
微山湖
丰县
沛县
东海县
邳州市
贾汪区
徐州城区
铜山区
新沂市
沭阳县
骆马湖
睢宁县
宿迁城区
泗阳县
泗洪县
洪泽湖
盱眙县
六合区
浦口区
南京城区
江宁区
高

2020年各设区市人均住房建筑面积（平方米）

设区市	城镇常住居民人均住房建筑面积（平方米）	农村常住居民人均住房建筑面积（平方米）
南京	40.5	64.4
无锡	49.2	60.6
徐州	51.7	56.3
常州	50.8	76.0
苏州	46.0	67.5
镇江	51.3	61.3
南通	52.2	68.4
扬州	47.5	61.3
泰州	59.3	70.0
连云港	49.6	53.1
淮安	50.1	54.9
盐城	49.3	58.7
宿迁	45.1	51.6

0 10 20

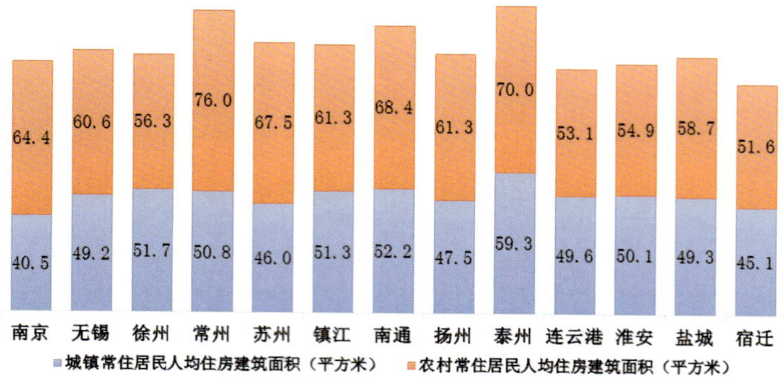

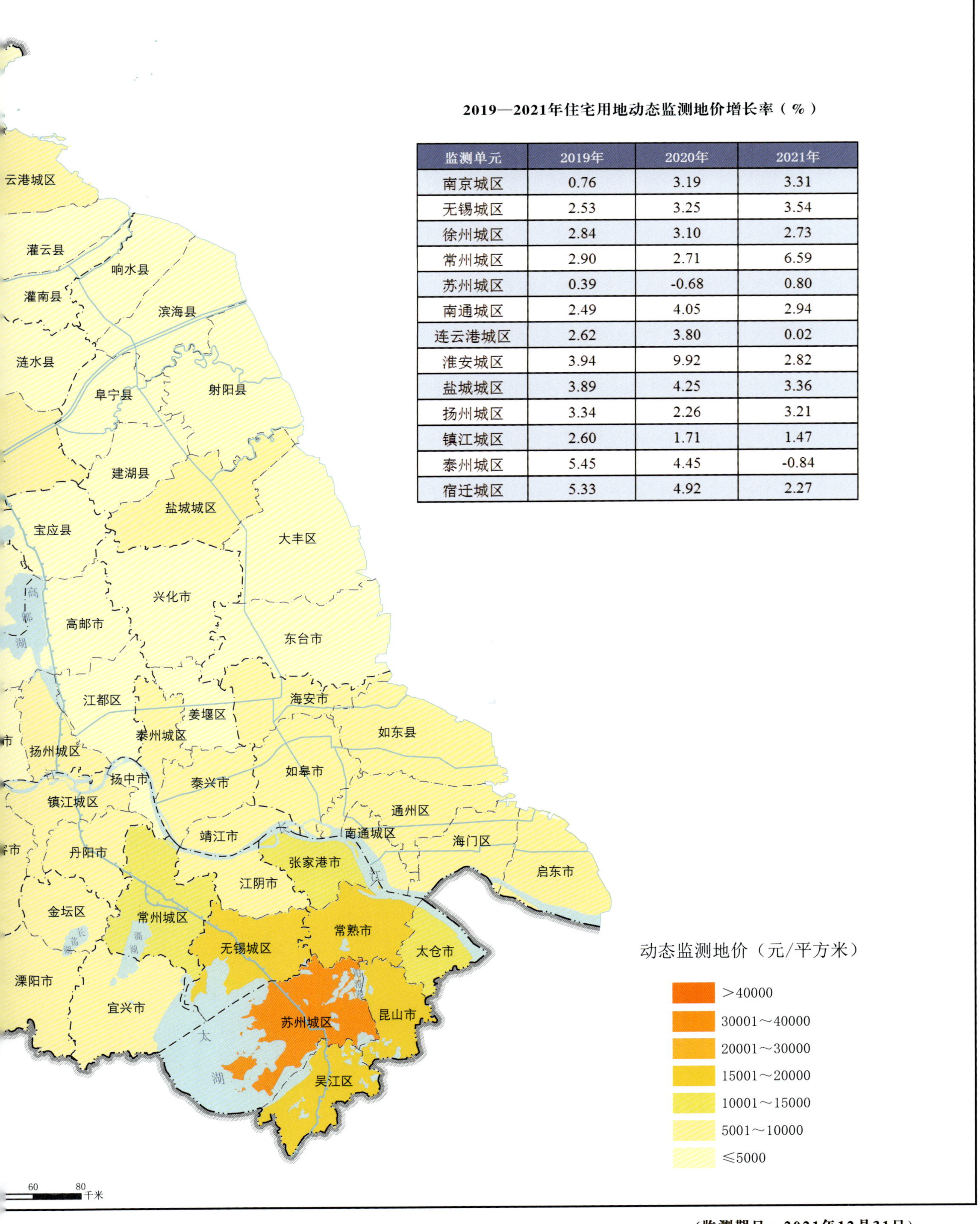

2019—2021年住宅用地动态监测地价增长率（%）

监测单元	2019年	2020年	2021年
南京城区	0.76	3.19	3.31
无锡城区	2.53	3.25	3.54
徐州城区	2.84	3.10	2.73
常州城区	2.90	2.71	6.59
苏州城区	0.39	-0.68	0.80
南通城区	2.49	4.05	2.94
连云港城区	2.62	3.80	0.02
淮安城区	3.94	9.92	2.82
盐城城区	3.89	4.25	3.36
扬州城区	3.34	2.26	3.21
镇江城区	2.60	1.71	1.47
泰州城区	5.45	4.45	-0.84
宿迁城区	5.33	4.92	2.27

（监测期日：2021年12月31日）

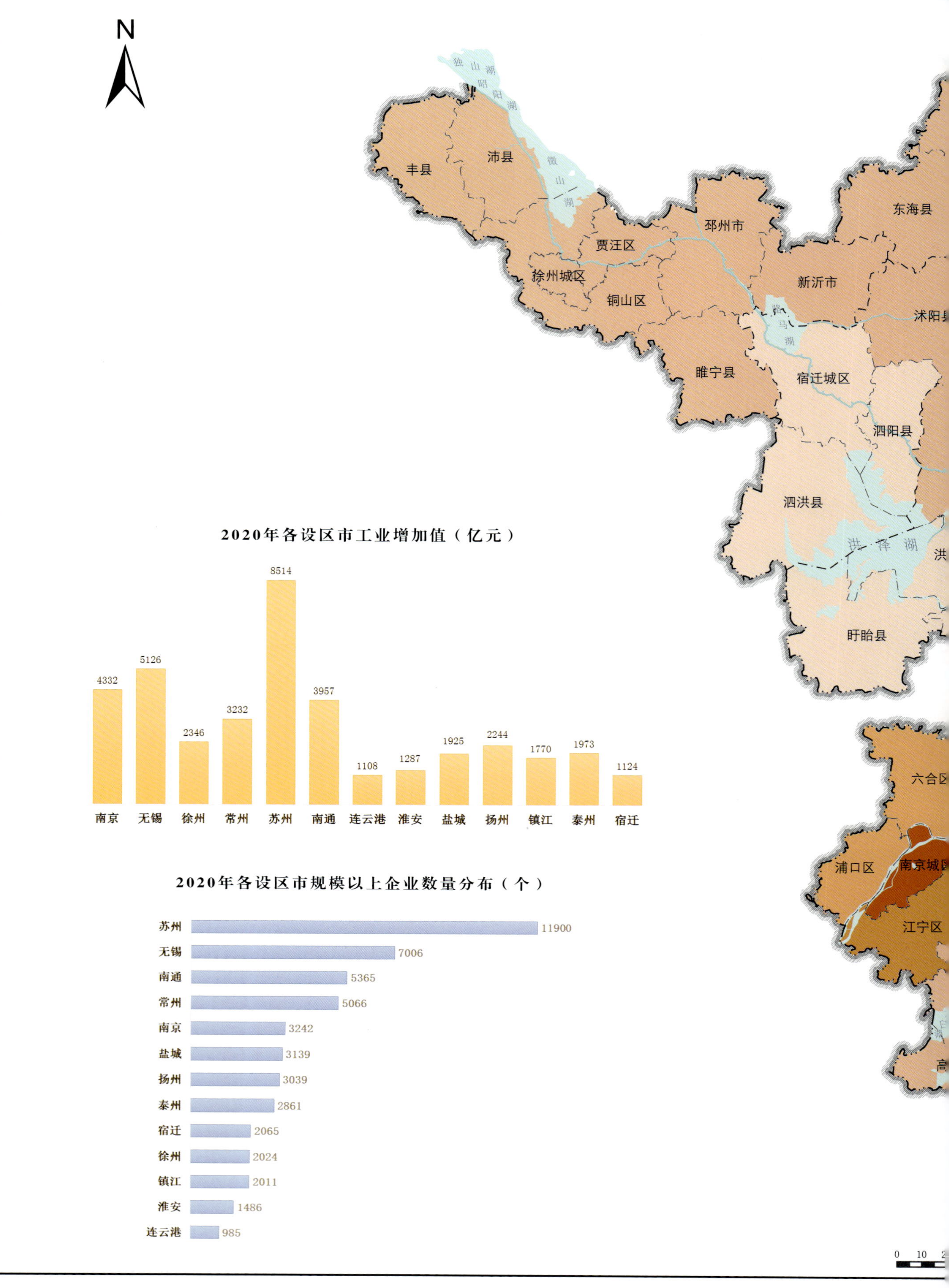
N
独山湖
昭阳湖
微山湖
丰县
沛县
邳州市
东海县
贾汪区
徐州城区
铜山区
新沂市
沭阳县
骆马湖
睢宁县
宿迁城区
泗阳县
泗洪县
洪泽湖
盱眙县
六合区
浦口区
南京城区
江宁区
2020年各设区市工业增加值（亿元）
4332
5126
2346
3232
8514
3957
1108
1287
1925
2244
1770
1973
1124
南京
无锡
徐州
常州
苏州
南通
连云港
淮安
盐城
扬州
镇江
泰州
宿迁
2020年各设区市规模以上企业数量分布（个）
苏州 11900
无锡 7006
南通 5365
常州 5066
南京 3242
盐城 3139
扬州 3039
泰州 2861
宿迁 2065
徐州 2024
镇江 2011
淮安 1486
连云港 985

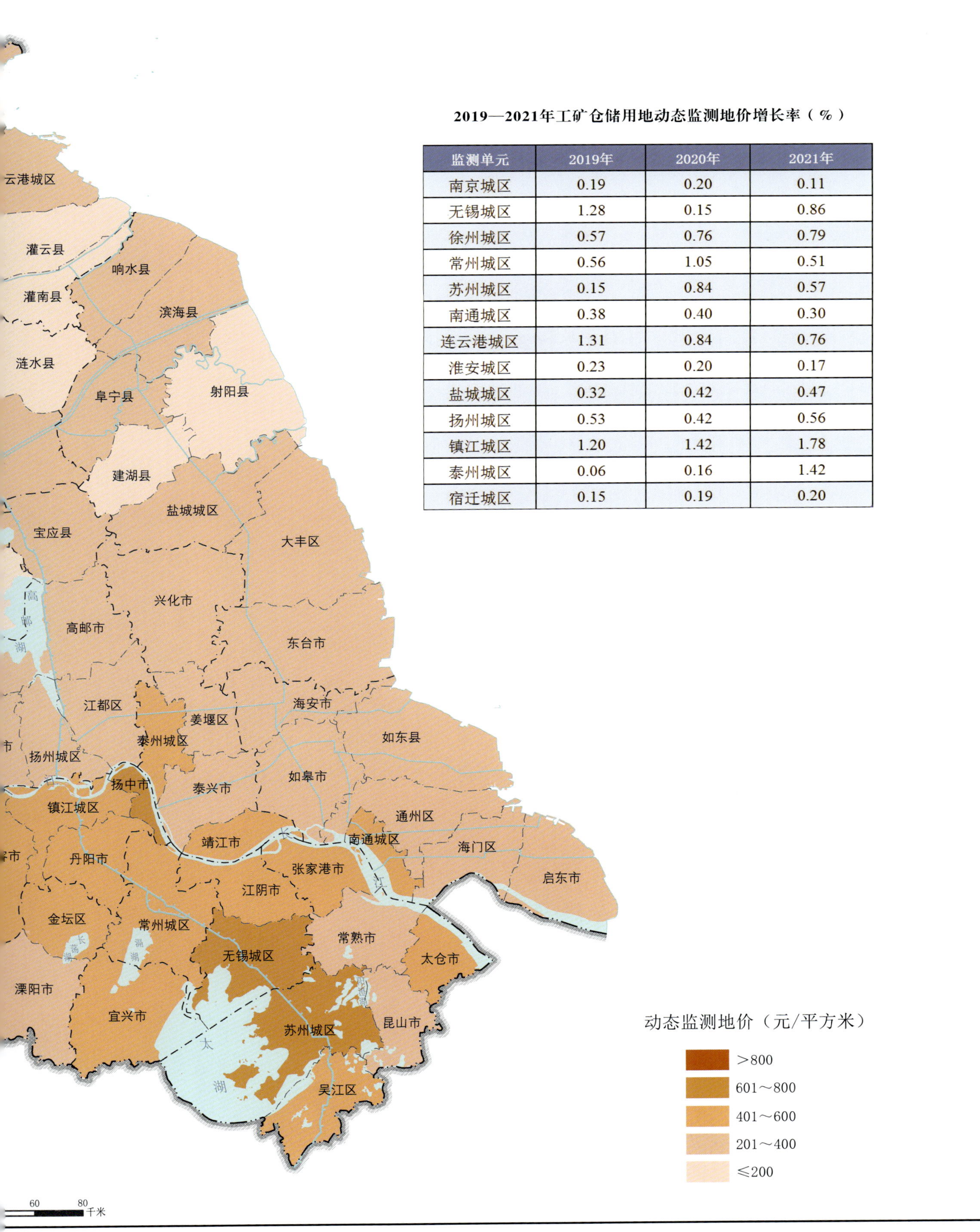

2019—2021年工矿仓储用地动态监测地价增长率（%）

监测单元	2019年	2020年	2021年
南京城区	0.19	0.20	0.11
无锡城区	1.28	0.15	0.86
徐州城区	0.57	0.76	0.79
常州城区	0.56	1.05	0.51
苏州城区	0.15	0.84	0.57
南通城区	0.38	0.40	0.30
连云港城区	1.31	0.84	0.76
淮安城区	0.23	0.20	0.17
盐城城区	0.32	0.42	0.47
扬州城区	0.53	0.42	0.56
镇江城区	1.20	1.42	1.78
泰州城区	0.06	0.16	1.42
宿迁城区	0.15	0.19	0.20

（监测期日：2021年12月31日）

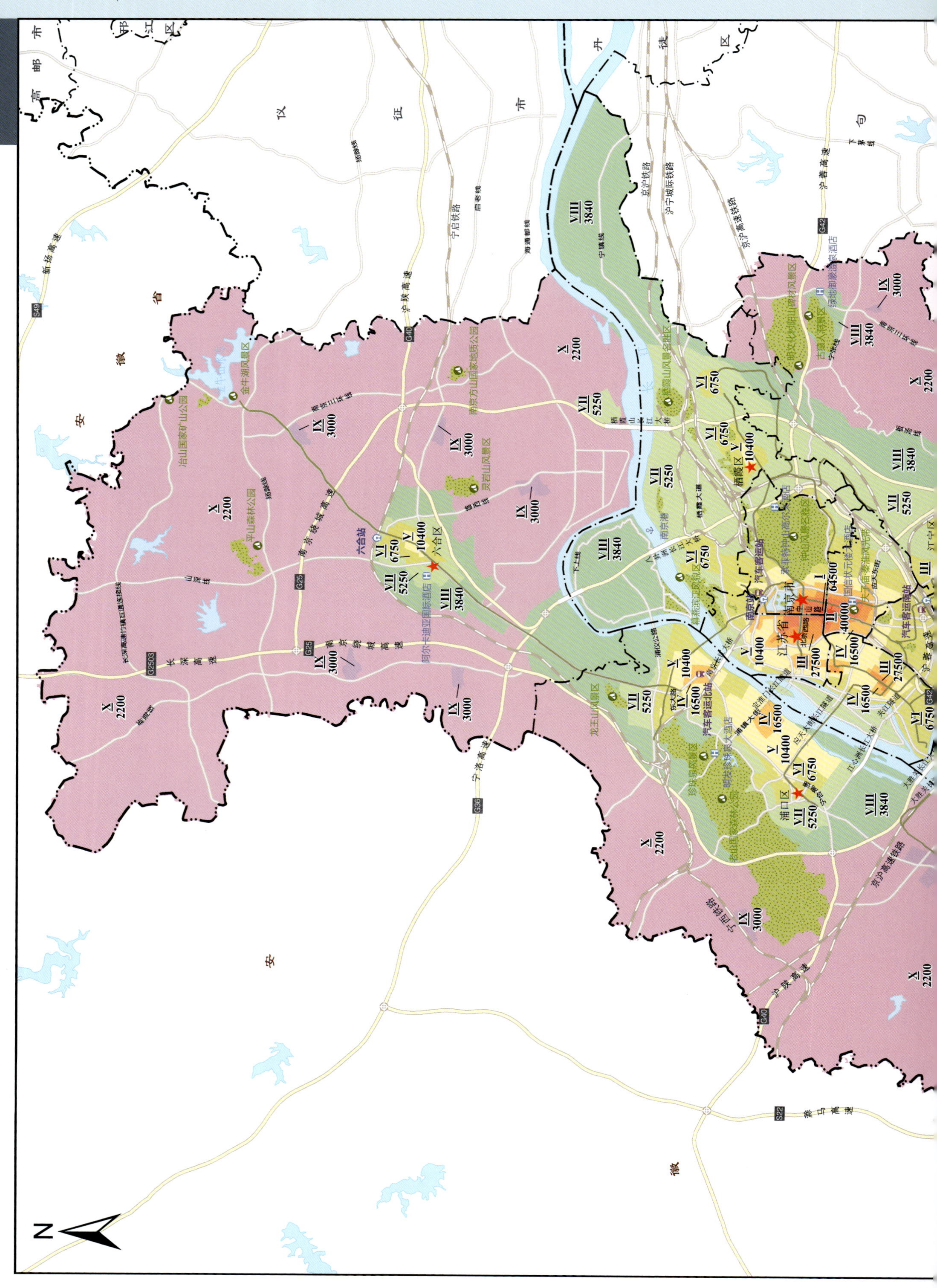
六合区
浦口区
南京市
江苏省
六合站
南京站
汽车客运北站
南京铁城高速
长深高速
宁洛高速
沪陕高速
京沪高速铁路
沪宁城际铁路
京沪铁路
宁启铁路
金牛湖风景区
冶山国家矿山公园
平山森林公园
灵岩山风景区
南京方山国家地质公园
老山国家森林公园
龙王山风景区
珍珠泉风景区

商服用地（国有）级别基准地价图

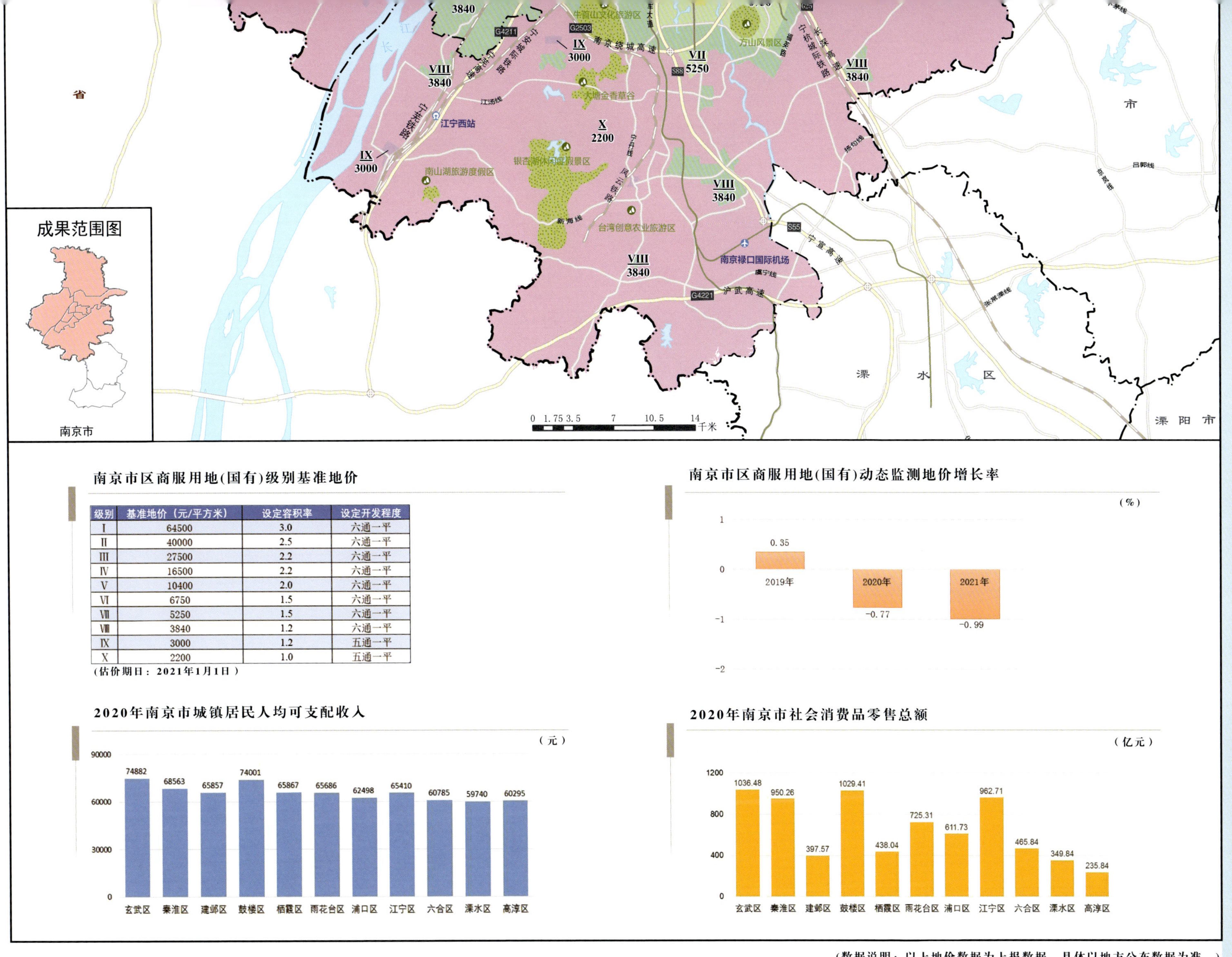

南京市区商服用地(国有)级别基准地价

级别	基准地价（元/平方米）	设定容积率	设定开发程度
Ⅰ	64500	3.0	六通一平
Ⅱ	40000	2.5	六通一平
Ⅲ	27500	2.2	六通一平
Ⅳ	16500	2.2	六通一平
Ⅴ	10400	2.0	六通一平
Ⅵ	6750	1.5	六通一平
Ⅶ	5250	1.5	六通一平
Ⅷ	3840	1.2	六通一平
Ⅸ	3000	1.2	五通一平
Ⅹ	2200	1.0	五通一平

（估价期日：2021年1月1日）

南京市区商服用地(国有)动态监测地价增长率

2020年南京市城镇居民人均可支配收入

2020年南京市社会消费品零售总额

（数据说明：以上地价数据为上报数据，具体以地方公布数据为准。）

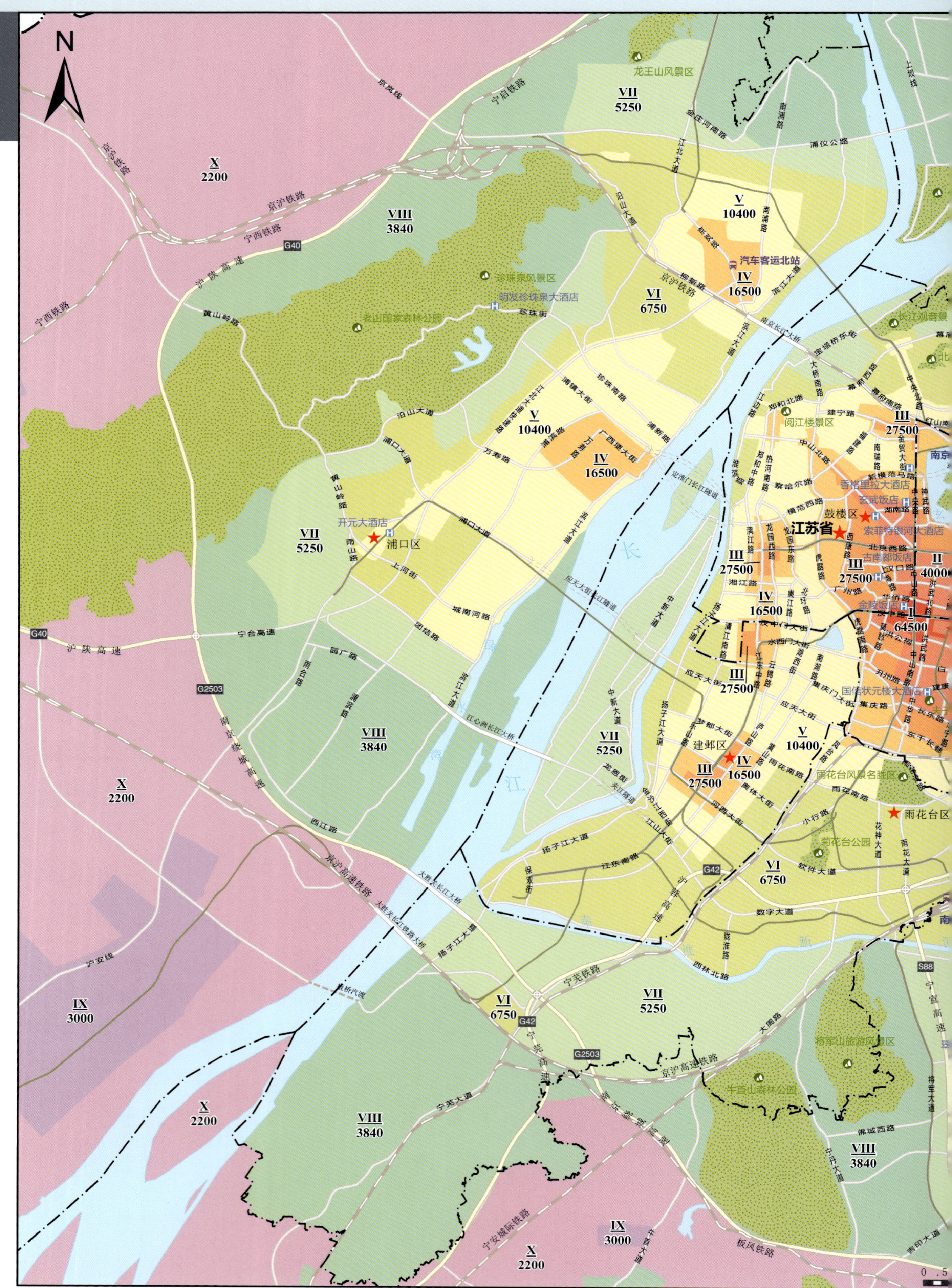

N
龙王山风景区
VII 5250
X 2200
VIII 3840
V 10400
汽车客运北站
IV 16500
VI 6750
珍珠泉风景区
明发珍珠泉大酒店
老山国家森林公园
长江观音景
阅江楼景区
III 27500
V 10400
IV 16500
香格里拉大酒店
玄武饭店
鼓楼区
江苏省
索菲特银河大酒店
古南都饭店
开元大酒店
浦口区
VII 5250
III 27500
III 27500
II 40000
IV 16500
金陵饭店
I 64500
III 27500
国信状元楼大酒店
VIII 3840
X 2200
VII 5250
V 10400
建邺区
IV 16500
III 27500
雨花台风景名胜区
雨花台区
菊花台公园
VI 6750
IX 3000
VI 6750
VII 5250
将军山旅游风景区
牛首山森林公园
X 2200
VIII 3840
VIII 3840
IX 3000
X 2200

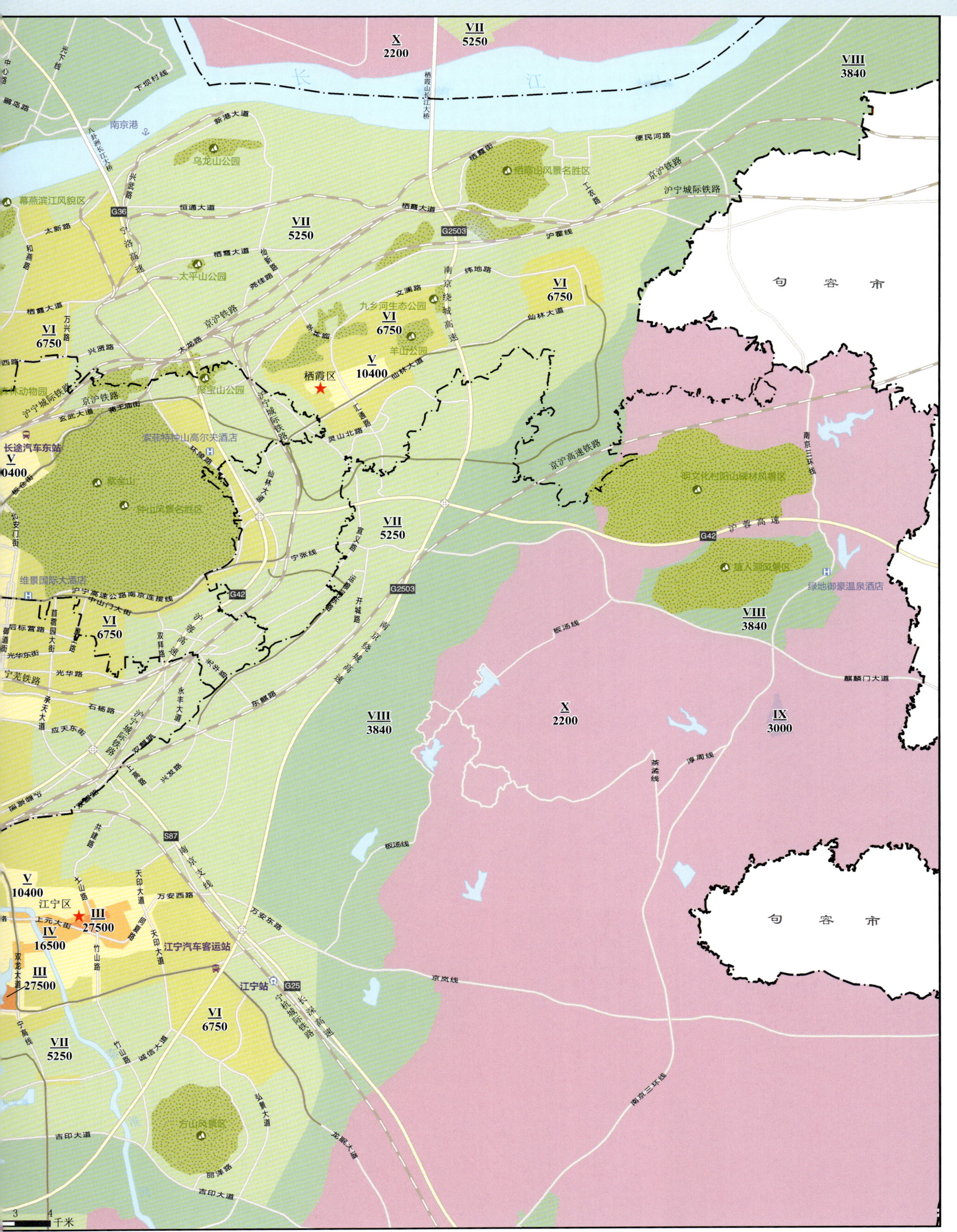

（数据说明：以上地价数据为上报数据，具体以地方公布数据为准。）

地价成果图

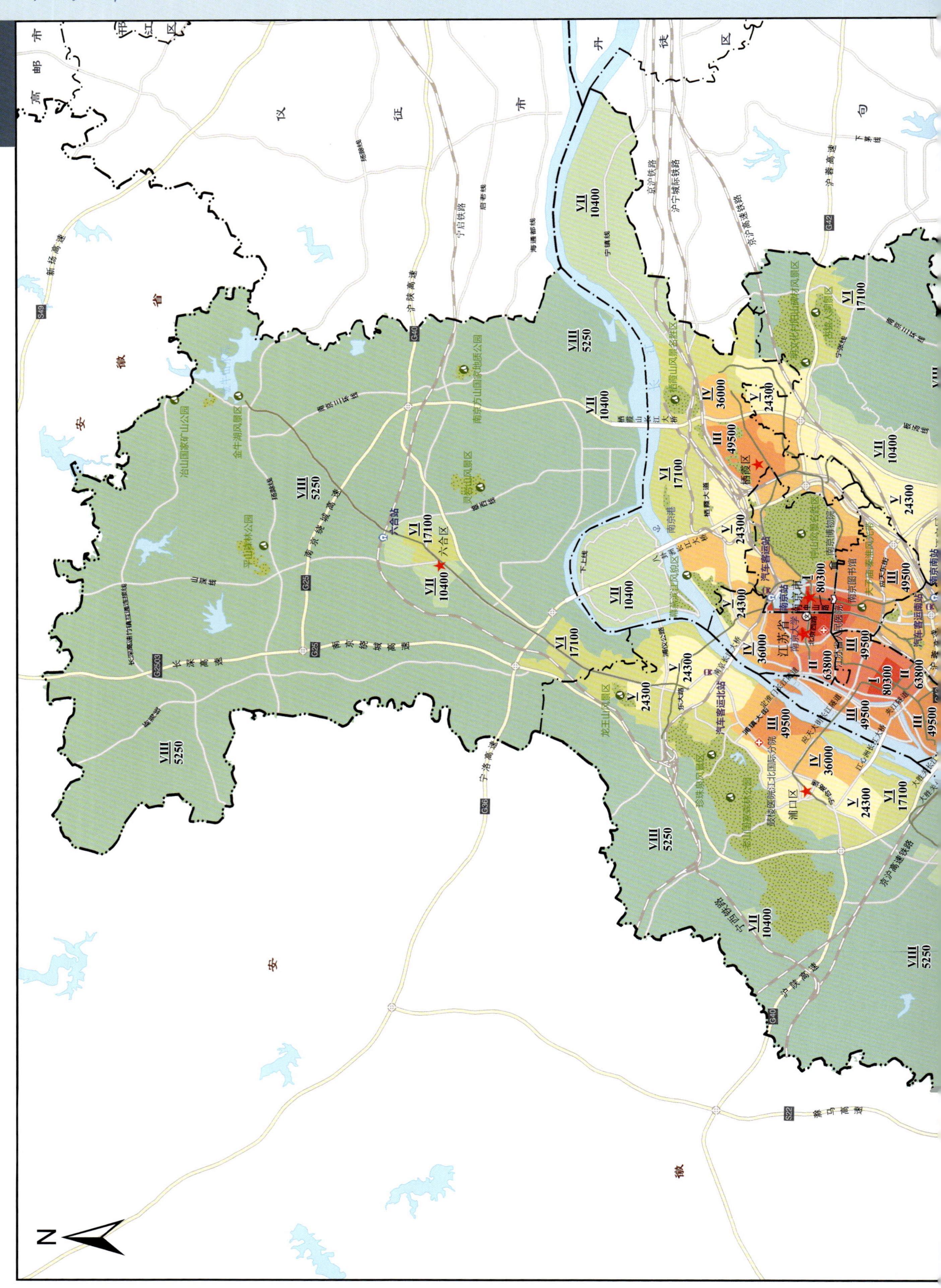

住宅用地(国有)级别基准地价图

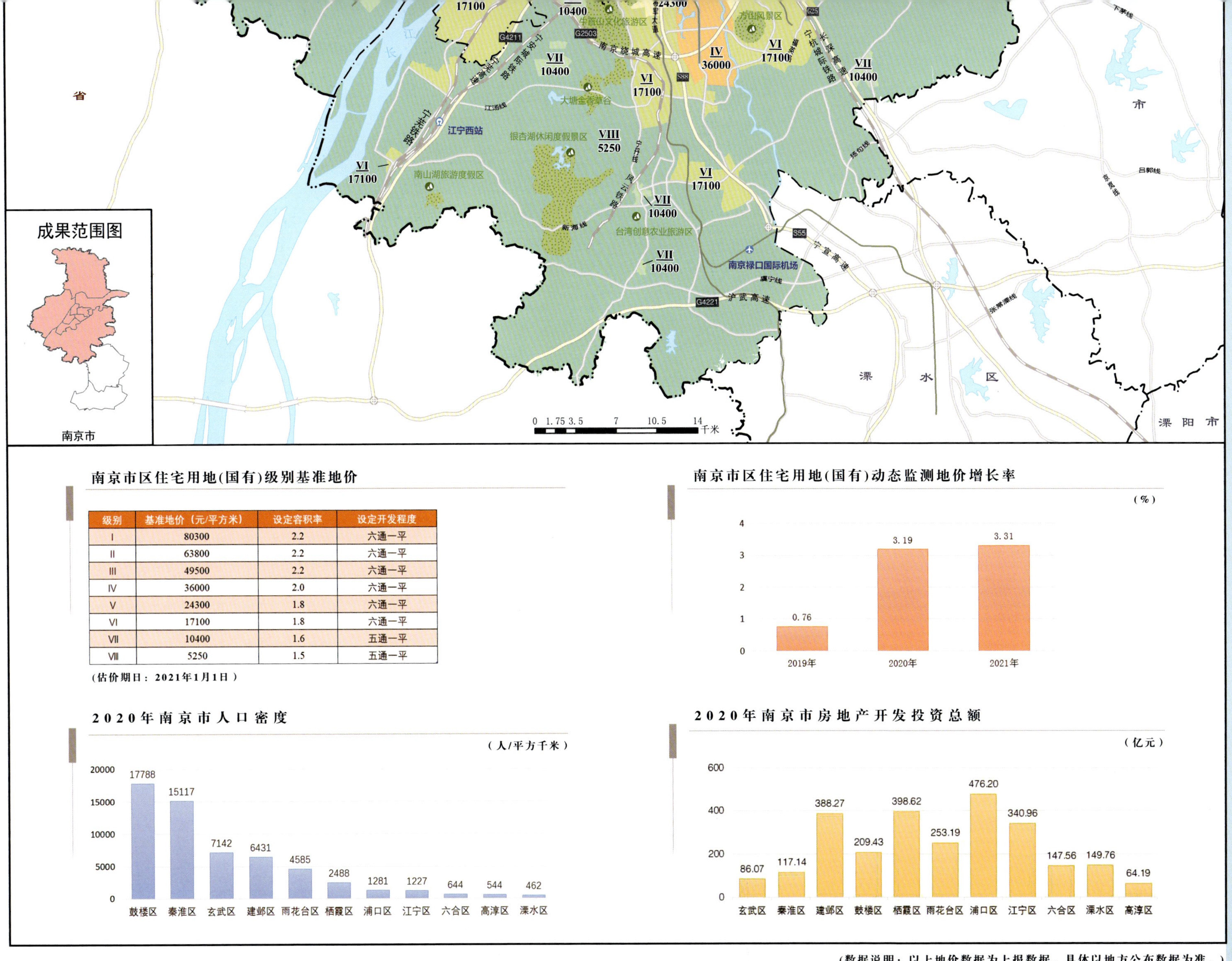

南京市区住宅用地(国有)级别基准地价

级别	基准地价（元/平方米）	设定容积率	设定开发程度
Ⅰ	80300	2.2	六通一平
Ⅱ	63800	2.2	六通一平
Ⅲ	49500	2.2	六通一平
Ⅳ	36000	2.0	六通一平
Ⅴ	24300	1.8	六通一平
Ⅵ	17100	1.8	六通一平
Ⅶ	10400	1.6	五通一平
Ⅷ	5250	1.5	五通一平

（估价期日：2021年1月1日）

南京市区住宅用地(国有)动态监测地价增长率

2020年南京市人口密度

2020年南京市房地产开发投资总额

（数据说明：以上地价数据为上报数据，具体以地方公布数据为准。）

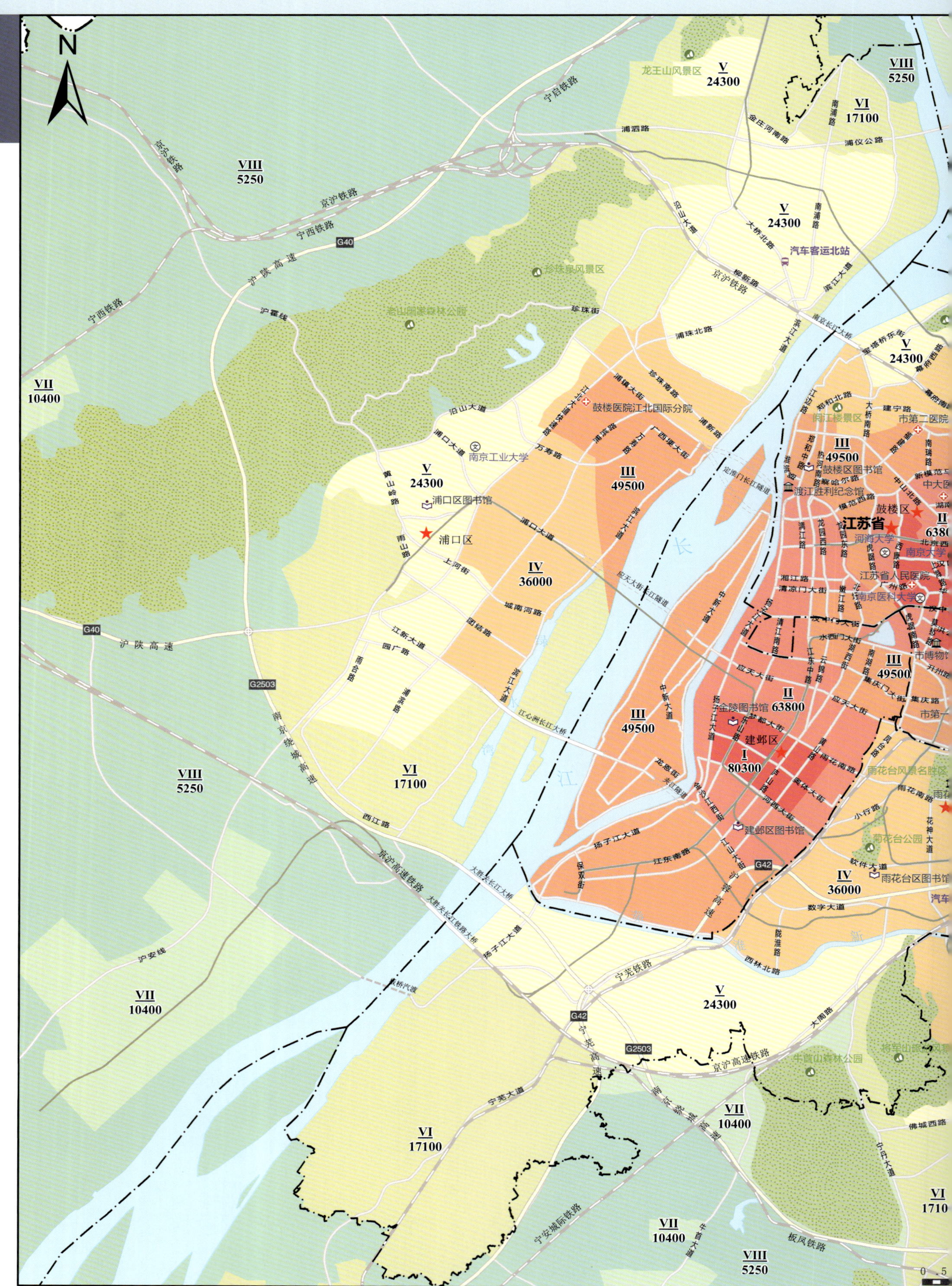
N
VIII
5250
VII
10400
V
24300
VI
17100
IV
36000
III
49500
II
63800
I
80300
龙王山风景区
珍珠泉风景区
老山国家森林公园
浦口区
浦口区图书馆
南京工业大学
鼓楼医院江北国际分院
汽车客运北站
江苏省
鼓楼区
建邺区
金陵图书馆
建邺区图书馆
雨花台区图书馆
雨花台公园
雨花台风景名胜区
河海大学
江苏省人民医院
南京医科大学
渡江胜利纪念馆
鼓楼区图书馆
阅江楼景区
市第二医院
牛首山森林公园
长
江
京沪铁路
宁西铁路
宁启铁路
沪陕高速
京沪高速铁路
宁芜铁路
宁安城际铁路
板凤铁路
南京绕城高速
沪宁高速
江北大道
扬子江大道
浦口大道
沿山大道
浦珠路
浦泗路
浦仪公路
城南河路
团结路
江浦街道
江新大道
中山北路
应天大街
集庆路
汉中门大街
水西门大街
清凉门大街
湘江路
江东南路
江东中路
江东北路
河西大街
奥体大街
梦都大街
扬子江大道
西江路
大胜关长江大桥
大胜关长江铁路大桥
江心洲长江大桥
南京长江大桥
数字大道
软件大道
宁丹大道
牛首大道
宁芜大道
西林北路
花神大道
G40
G2503
G42

住宅用地（国有）级别基准地价图（中心城区）

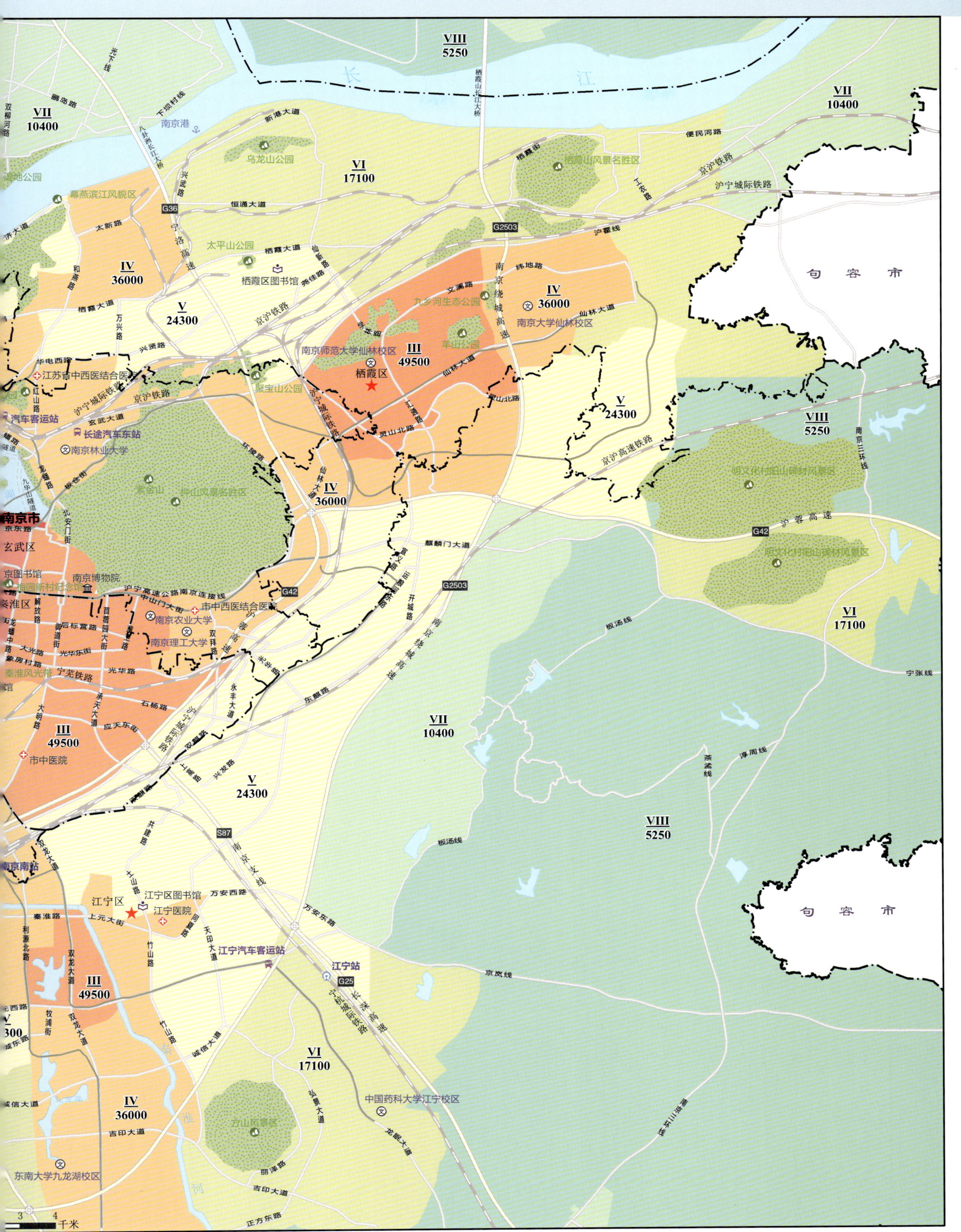

(数据说明：以上地价数据为上报数据，具体以地方公布数据为准。)

地价成果图

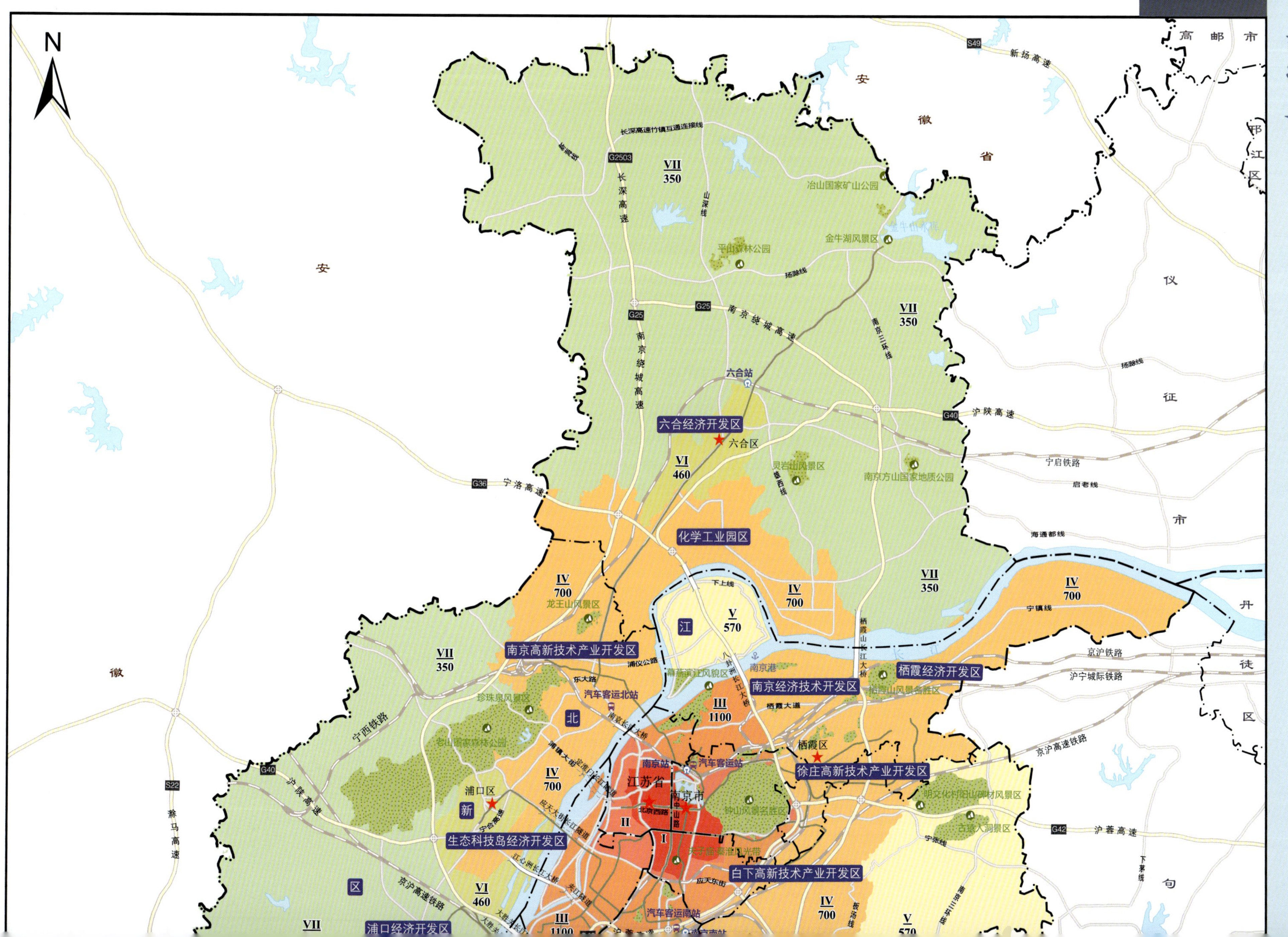
N
六合经济开发区
六合区
六合站
化学工业园区
南京高新技术产业开发区
南京经济技术开发区
栖霞经济开发区
徐庄高新技术产业开发区
生态科技岛经济开发区
白下高新技术产业开发区
浦口经济开发区
栖霞区
浦口区
江苏省
南京市
南京站
汽车客运站
汽车客运北站
汽车客运南站
冶山国家矿山公园
金牛湖风景区
平山森林公园
灵岩山风景区
南京方山国家地质公园
龙王山风景区
珍珠泉风景区
老山国家森林公园
钟山风景名胜区
栖霞山风景名胜区
幕燕滨江风貌区
明文化村阳山碑材风景区
古泉大洞景区
VII
350
VI
460
V
570
IV
700
III
1100
II
I
长深高速
南京绕城高速
沪陕高速
宁洛高速
沪蓉高速
新扬高速
溧马高速
宁启铁路
京沪铁路
沪宁城际铁路
京沪高速铁路
宁西铁路
南京港
南京长江大桥
栖霞山长江大桥
江心洲长江大桥
浦仪公路
高邮市
仪征市
句
丹徒区
邗江区
安徽省

工矿仓储用地（国有）级别基准地价图

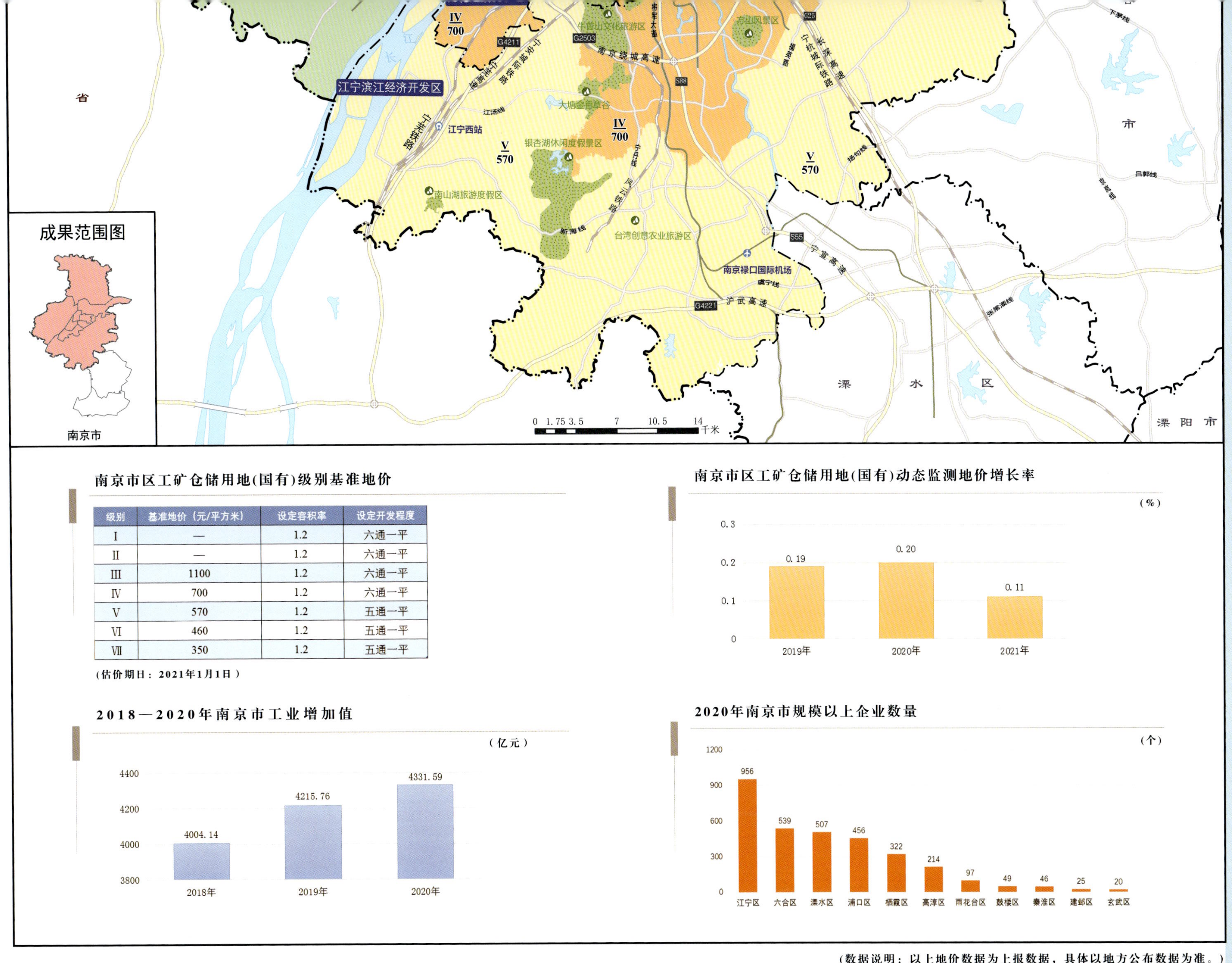

南京市区工矿仓储用地(国有)级别基准地价

级别	基准地价（元/平方米）	设定容积率	设定开发程度
Ⅰ	—	1.2	六通一平
Ⅱ	—	1.2	六通一平
Ⅲ	1100	1.2	六通一平
Ⅳ	700	1.2	六通一平
Ⅴ	570	1.2	五通一平
Ⅵ	460	1.2	五通一平
Ⅶ	350	1.2	五通一平

（估价期日：2021年1月1日）

（数据说明：以上地价数据为上报数据，具体以地方公布数据为准。）

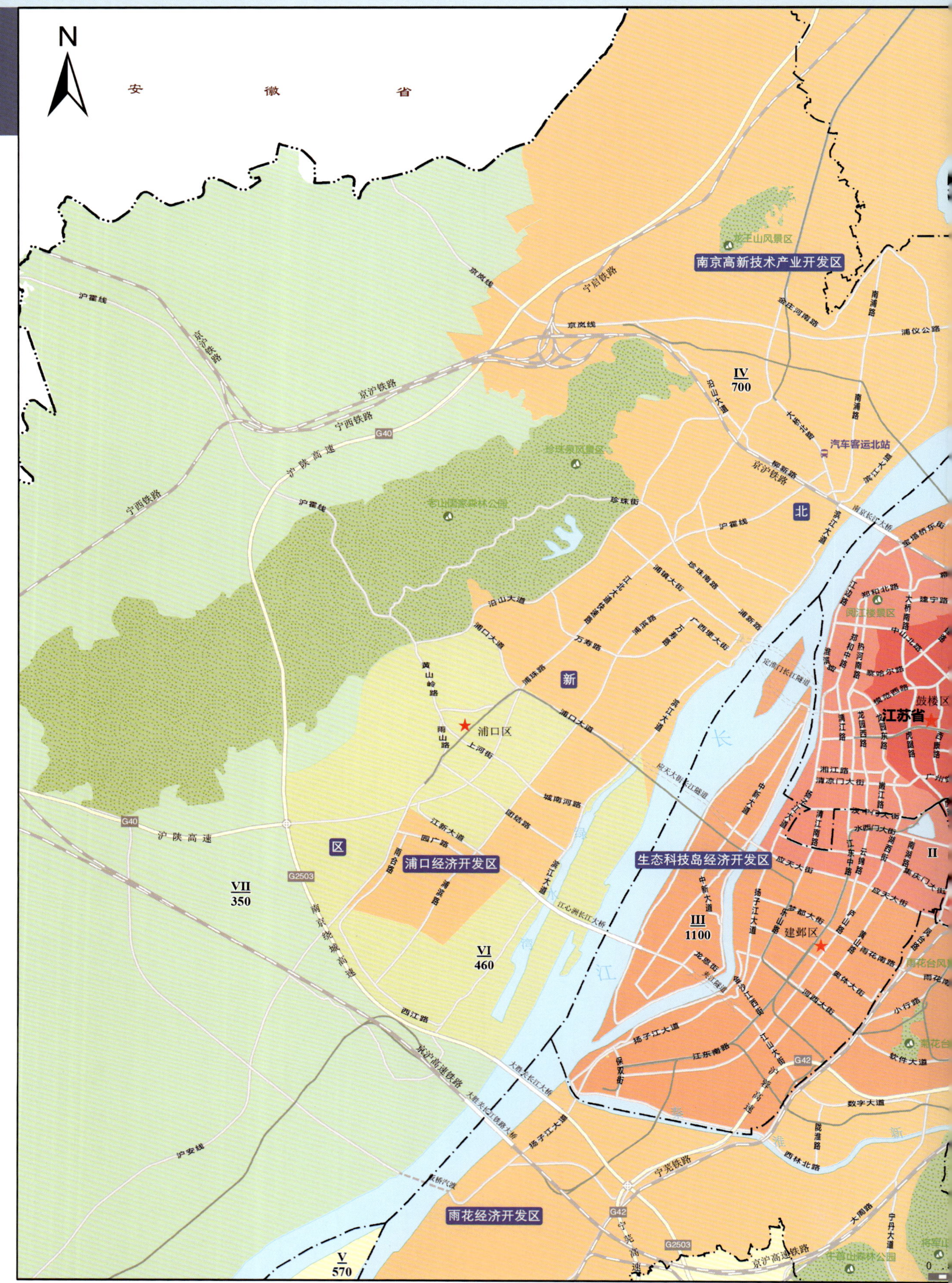
N
安 徽 省
南京高新技术产业开发区
浦口经济开发区
生态科技岛经济开发区
雨花经济开发区
浦口区
建邺区
鼓楼区
江苏省
新
北
区
IV
700
VII
350
VI
460
III
1100
V
570
II
长
江

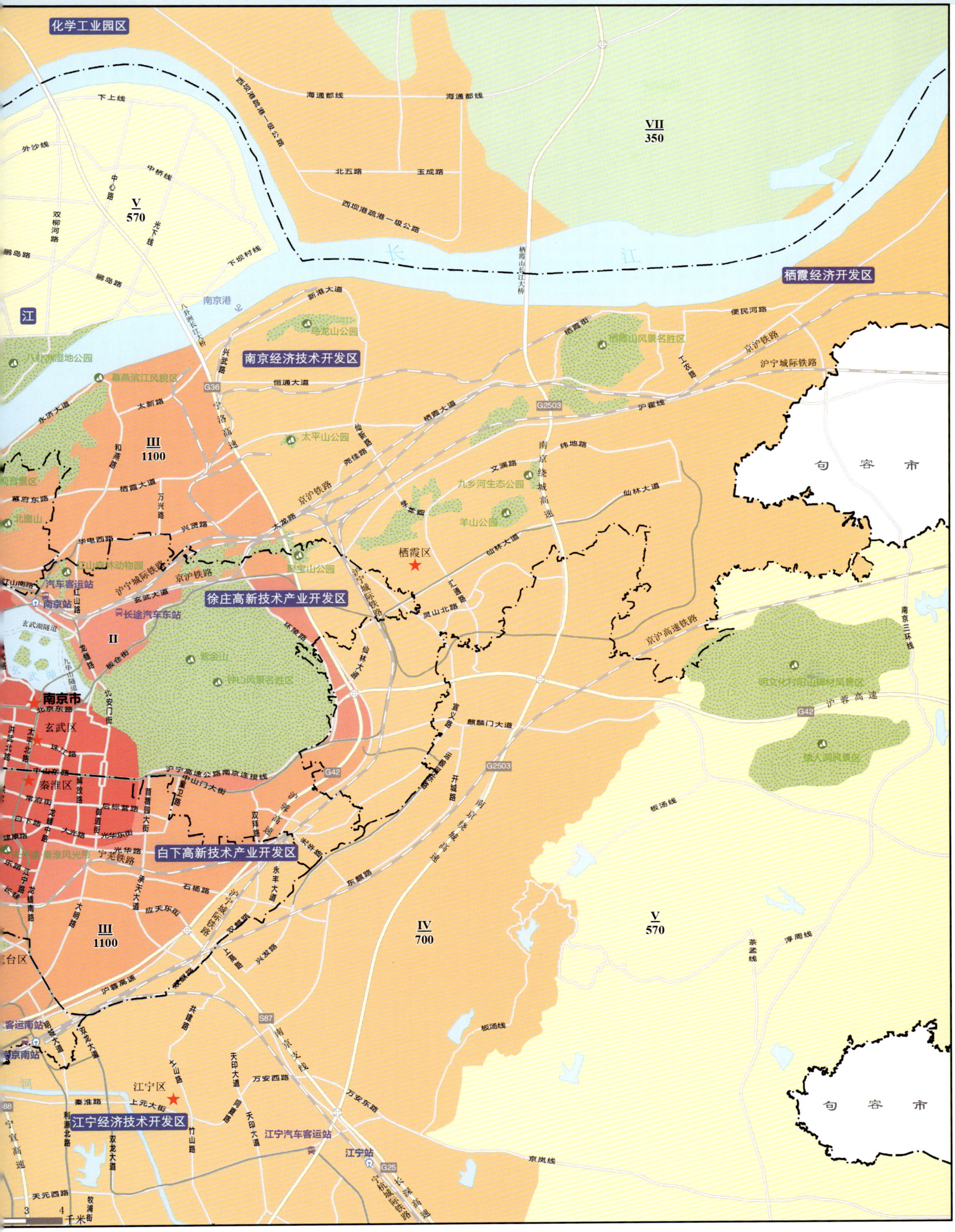
化学工业园区
海通都线
西坝港疏港一级公路
VII
350
下上线
外沙线
中桥线
V
570
中心路
双柳河路
光华线
北五路
玉成路
鹏岛路
下坝村线
长
江
栖霞山长江大桥
栖霞经济开发区
南京港
八卦洲长江大桥
新港大道
乌龙山公园
江
八卦洲湿地公园
南京经济技术开发区
兴武路
幕燕滨江风貌区
恒通大道
便民河路
栖霞山风景名胜区
京沪铁路
沪宁城际铁路
工农路
大新路
永济大道
III
1100
和燕路
沪霞线
栖霞大道
太平山公园
仙新路
尧佳路
南京绕城高速
纬地路
句　容　市
文澜路
九乡河生态公园
幕府东路
栖霞大道
万兴路
京沪铁路
仙林大道
羊山公园
北固山
兴贤路
太龙路
华电西路
栖霞区
仙林大道
红山森林动物园
聚宝山公园
沪宁城际铁路
京沪铁路
汽车客运站
玄武大道
徐庄高新技术产业开发区
灵山北路
南京站
长途汽车东站
京沪高速铁路
玄武湖隧道
II
环陵路
仙林大道
龙蟠路
紫金山
钟山风景名胜区
南京三环线
明文化村阳山碑材风景区
南京市
北京东路
北安门街
玄武区
宣义路
麒麟门大道
沪蓉高速
汤山风景区
秦淮区
沪宁高速公路南京连接线
中山门大街
G2503
板汤线
白下高新技术产业开发区
宁芜铁路
光华东街
石杨路
应天东街
永丰大道
双麒路
东麒路
IV
700
V
570
III
1100
雨台区
沪蓉高速
上坊路
兴发路
茶孟线
淳周线
客运南站
南京南站
双龙大道
S87
南京支线
板汤线
江宁区
天印大道
万安西路
秦淮路
上元大街
江宁经济技术开发区
竹山路
万安东路
句　容　市
江宁汽车客运站
江宁站
宁宣高速
天元西路
京庆线
G25
3
4
千米

地价成果图

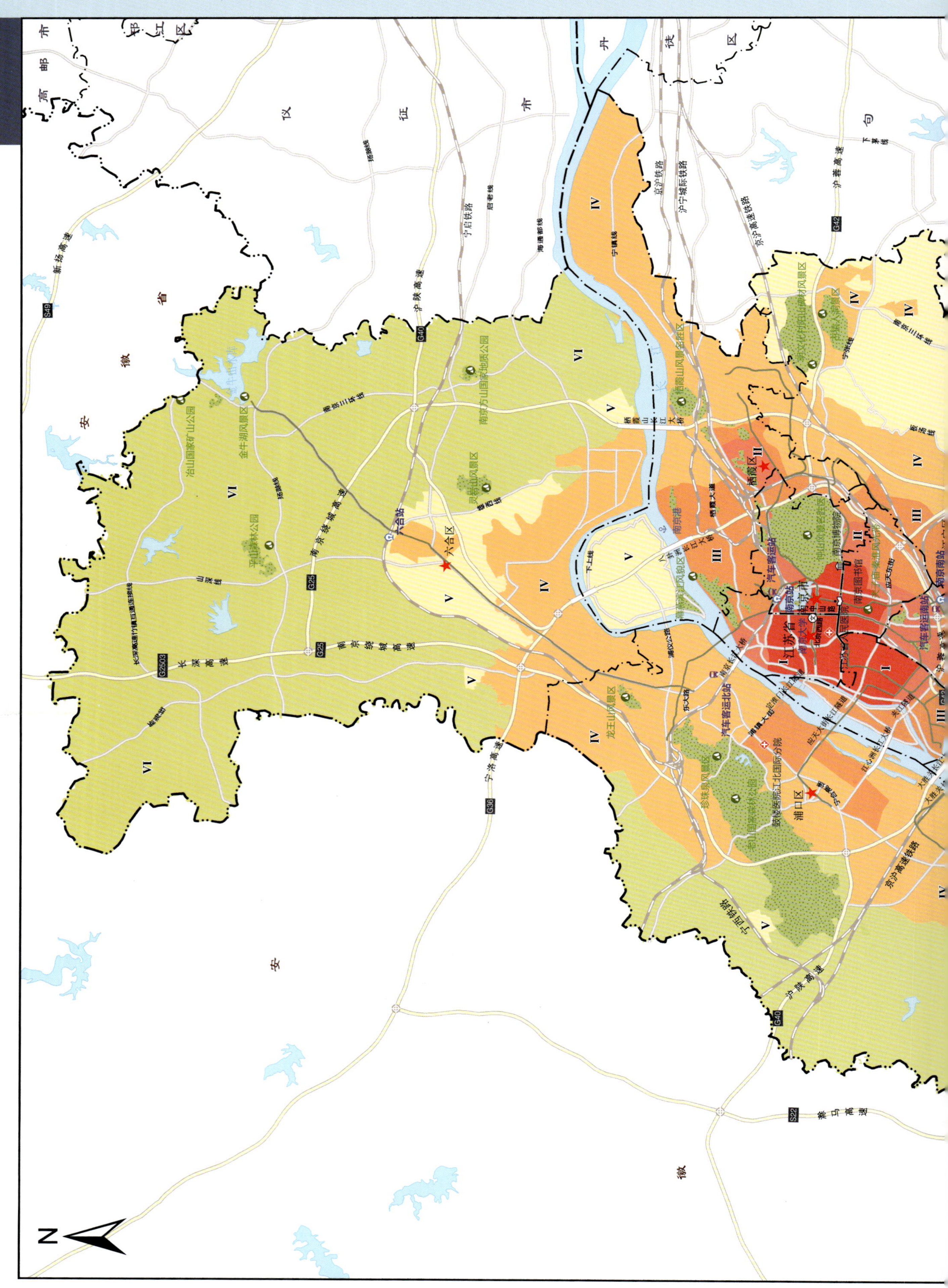
六合区
浦口区
栖霞区
南京市
江苏省
南京站
六合站
汽车客运站
汽车客运北站
南京博物院
南京图书馆
冶山国家矿山公园
金牛湖风景区
平山森林公园
灵岩山风景区
南京方山国家地质公园
龙王山风景区
珍珠泉风景区
老山国家森林公园
栖霞山风景名胜区
钟山风景名胜区
长深高速
南京绕城高速
宁洛高速
沪陕高速
宁合高速
马鞍高速
宁启铁路
京沪铁路
沪宁城际铁路
京沪高速铁路
S49
G40
G25
G2503
G36
G42
S22
仪
征
市
安
徽
省
I
II
III
IV
V
VI

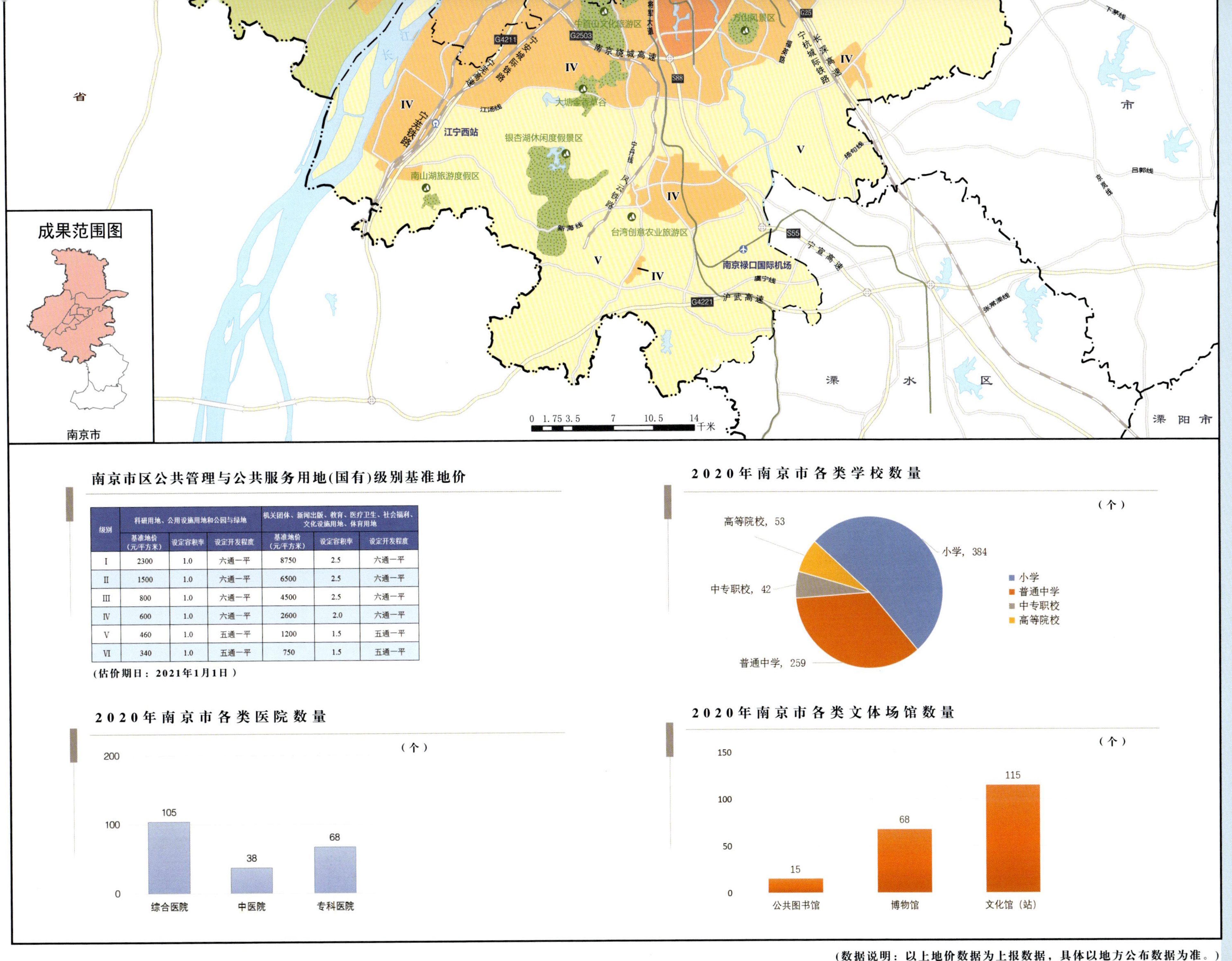

南京市区公共管理与公共服务用地(国有)级别基准地价

级别	科研用地、公用设施用地和公园与绿地			机关团体、新闻出版、教育、医疗卫生、社会福利、文化设施用地、体育用地		
	基准地价(元/平方米)	设定容积率	设定开发程度	基准地价(元/平方米)	设定容积率	设定开发程度
I	2300	1.0	六通一平	8750	2.5	六通一平
II	1500	1.0	六通一平	6500	2.5	六通一平
III	800	1.0	六通一平	4500	2.5	六通一平
IV	600	1.0	六通一平	2600	2.0	六通一平
V	460	1.0	五通一平	1200	1.5	五通一平
VI	340	1.0	五通一平	750	1.5	五通一平

（估价期日：2021年1月1日）

2020年南京市各类学校数量

2020年南京市各类医院数量

2020年南京市各类文体场馆数量

（数据说明：以上地价数据为上报数据，具体以地方公布数据为准。）

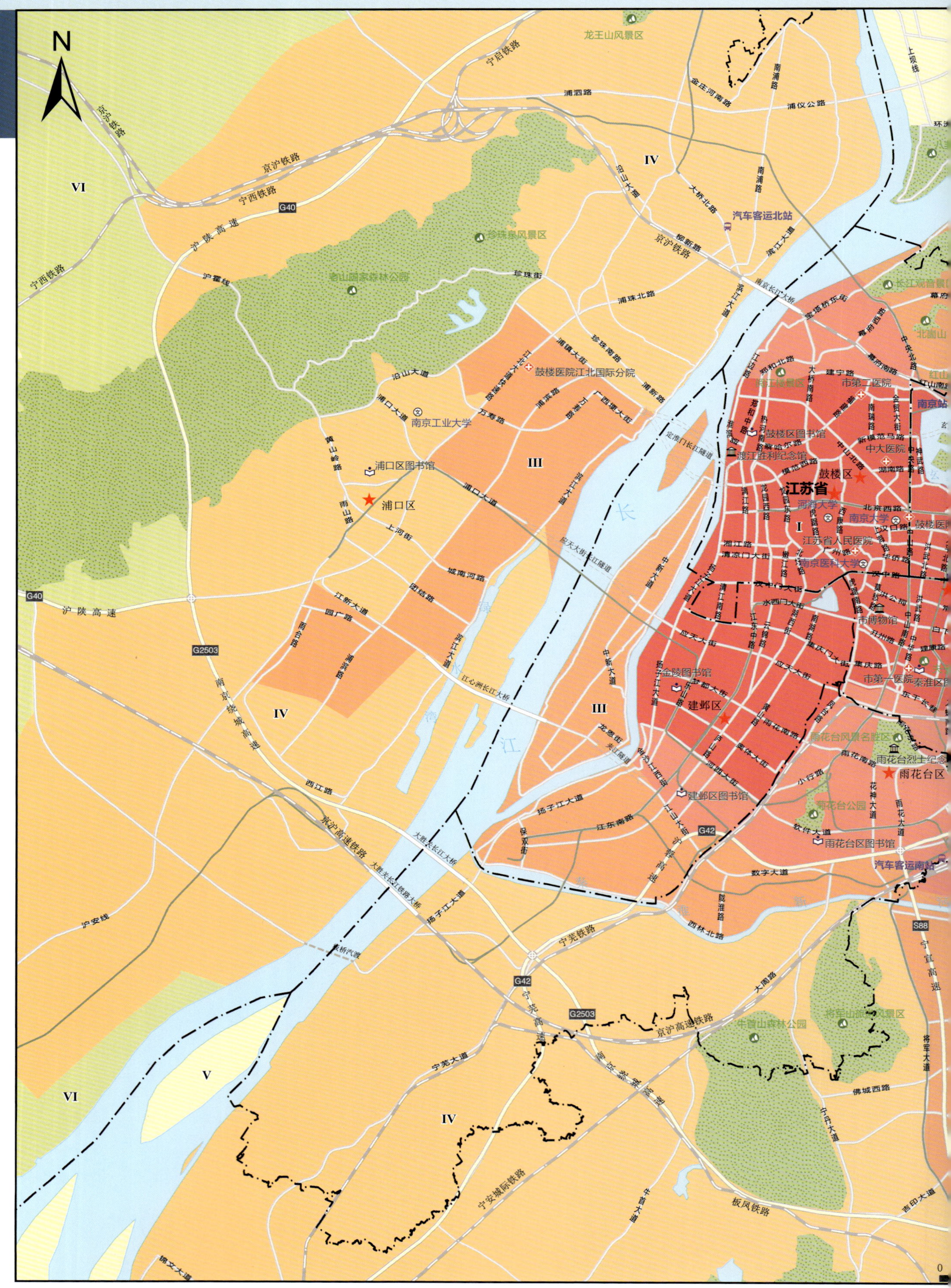
N
龙王山风景区
宁启铁路
浦泗路
京沪铁路
宁西铁路
沪陕高速
G40
珍珠泉风景区
老山国家森林公园
珍珠街
浦珠北路
汽车客运北站
南京长江大桥
鼓楼医院江北国际分院
南京工业大学
浦口区图书馆
浦口区
江苏省
鼓楼区
河海大学
南京大学
江苏省人民医院
南京医科大学
市第二医院
中大医院
渡江胜利纪念馆
鼓楼区图书馆
南京站
市博物馆
市第一医院
金陵图书馆
建邺区
建邺区图书馆
雨花台风景名胜区
雨花台烈士纪念
雨花台区
雨花台区图书馆
汽车客运南站
G42
G2503
S88
牛首山森林公园
将军山旅游风景区
京沪高速铁路
宁芜铁路
宁安城际铁路
板风铁路
大胜关长江大桥
大胜关长江铁路大桥
江心洲长江大桥
定淮门长江隧道
应天大街长江隧道
沪安线
数字大道
西林北路
佛城西路
I
III
IV
V
VI

公共管理与公共服务用地(国有)级别基准地价图(中心城区)

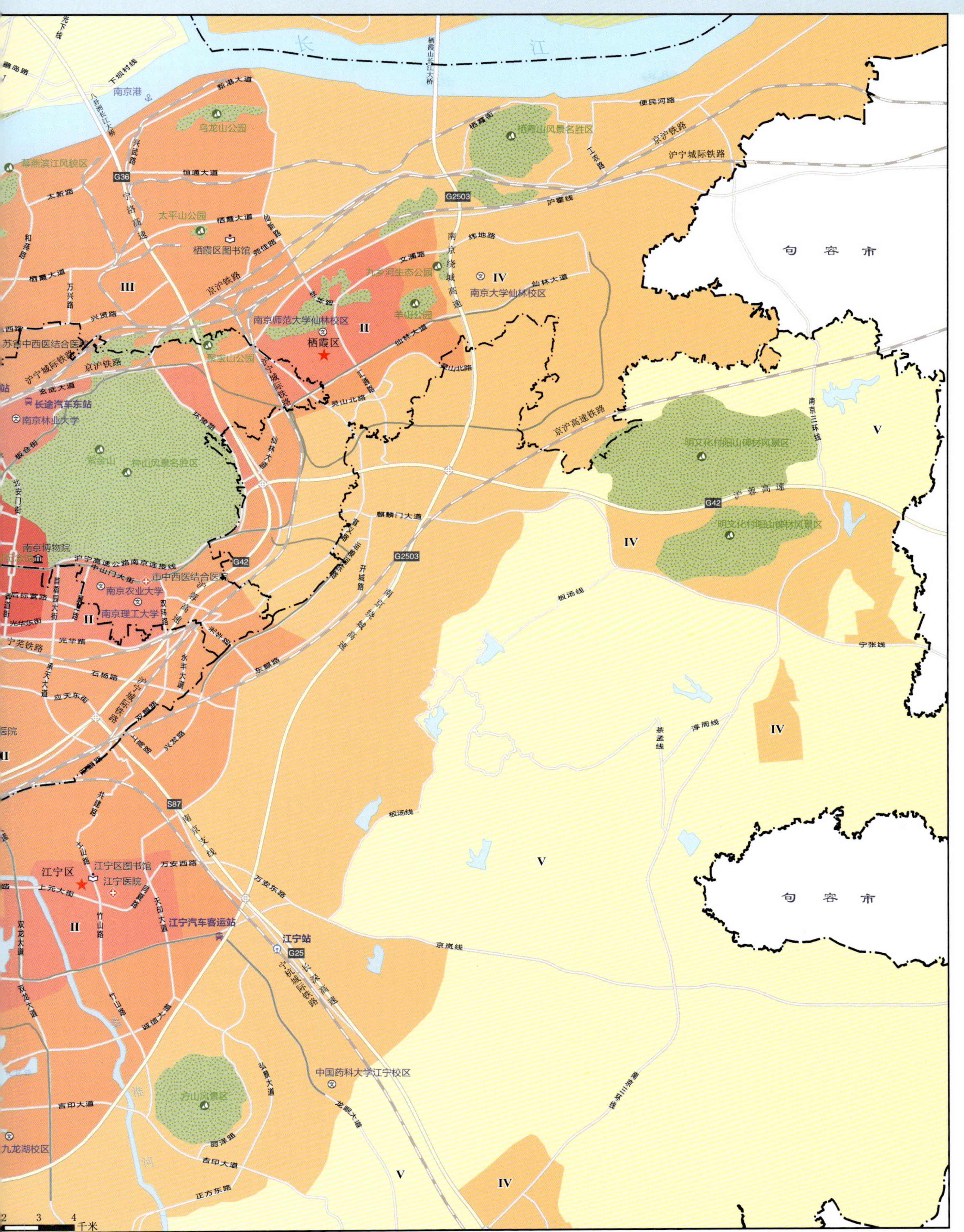

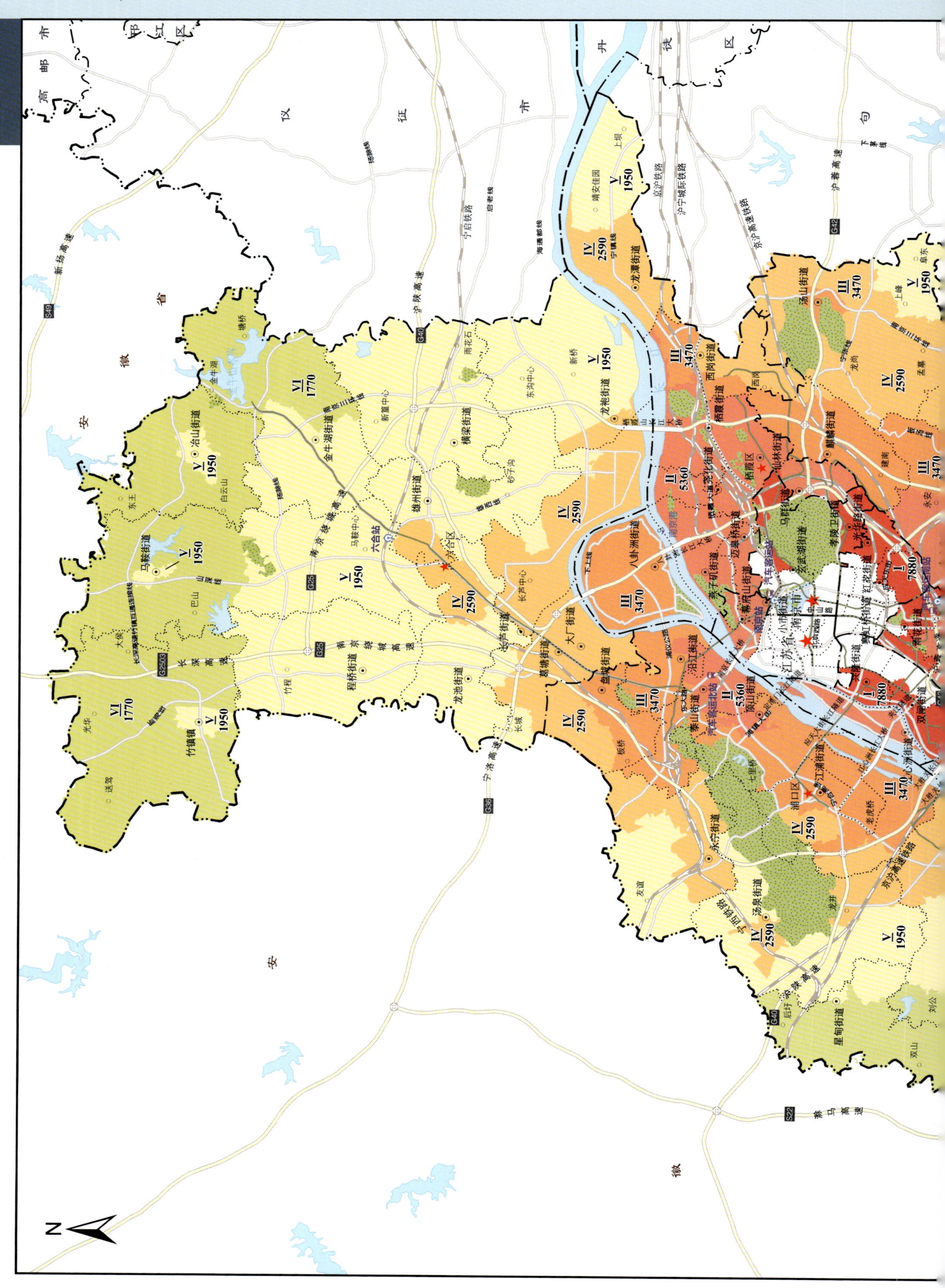
六合区
浦口区
六合站
南京站
汽车客运北站
汽车客运站
雄州街道
横梁街道
龙袍街道
龙池街道
程桥街道
冶山街道
马鞍街道
竹镇镇
金牛湖街道
大厂街道
葛塘街道
长芦街道
盘城街道
沿江街道
泰山街道
顶山街道
江浦街道
永宁街道
汤泉街道
星甸街道
西岗街道
栖霞街道
仙林街道
迈皋桥街道
燕子矶街道
八卦洲街道
汤山街道
麒麟街道
马群街道
孝陵卫街道
龙潭街道
宁陕高速
宁洛高速
长深高速
沪蓉高速
滁马高速
京沪铁路
沪宁城际铁路
京沪高速铁路

商服用地（集体）级别基准地价图

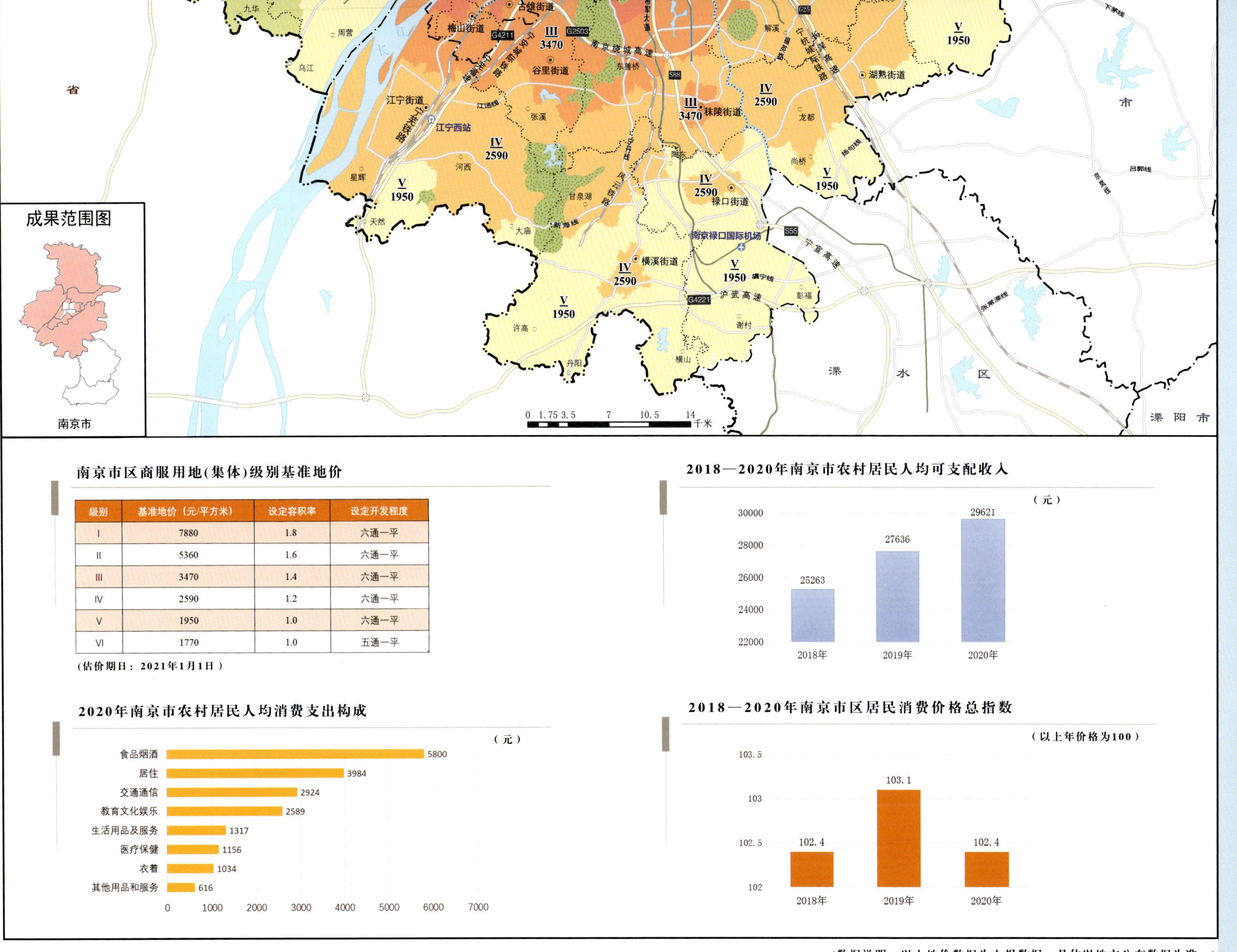

南京市区商服用地(集体)级别基准地价

级别	基准地价（元/平方米）	设定容积率	设定开发程度
I	7880	1.8	六通一平
II	5360	1.6	六通一平
III	3470	1.4	六通一平
IV	2590	1.2	六通一平
V	1950	1.0	六通一平
VI	1770	1.0	五通一平

（估价期日：2021年1月1日）

2018—2020年南京市农村居民人均可支配收入

2020年南京市农村居民人均消费支出构成

2018—2020年南京市区居民消费价格总指数

（数据说明：以上地价数据为上报数据，具体以地方公布数据为准。）

地价成果图

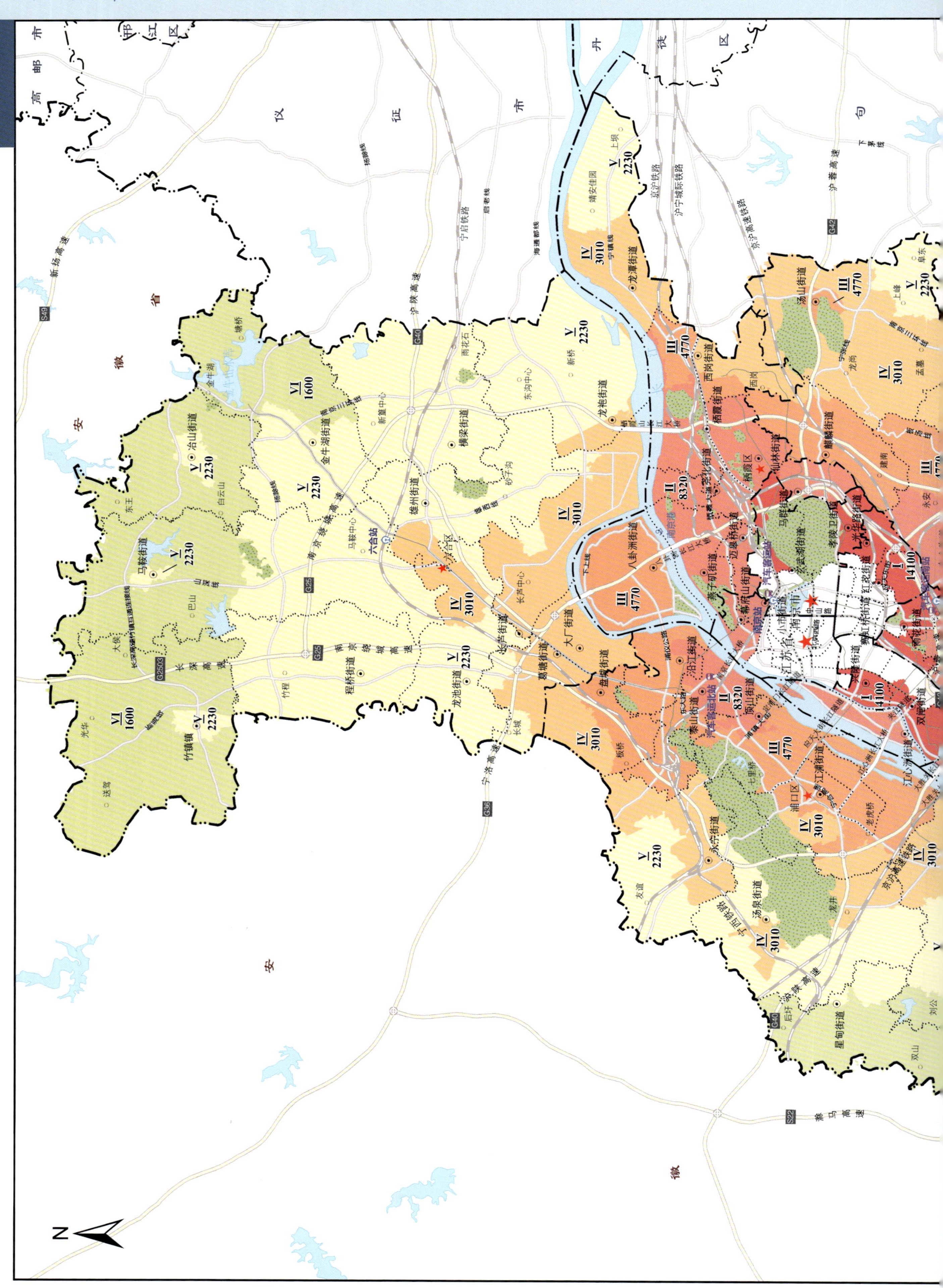
六合区
浦口区
鼓楼区
栖霞区
玄武区
秦淮区
江苏省南京市
六合站
南京站
南京南站
仪征市
安徽省
龙袍街道
雄州街道
横梁街道
金牛湖街道
冶山街道
马鞍街道
竹镇镇
程桥街道
龙池街道
葛塘街道
大厂街道
盘城街道
沿江街道
泰山街道
顶山街道
江浦街道
永宁街道
汤泉街道
星甸街道
龙潭街道
西岗街道
仙林街道
麒麟街道
马群街道
汤山街道
八卦洲街道
燕子矶街道
迈皋桥街道
小市街道
孝陵卫街道
红花街道
江心洲街道
双闸街道
宁洛高速
沪陕高速
南京绕城高速
长深高速
京沪高速铁路
沪宁城际铁路
京沪铁路
宁启铁路
N

宅基地(集体)级别基准地价图

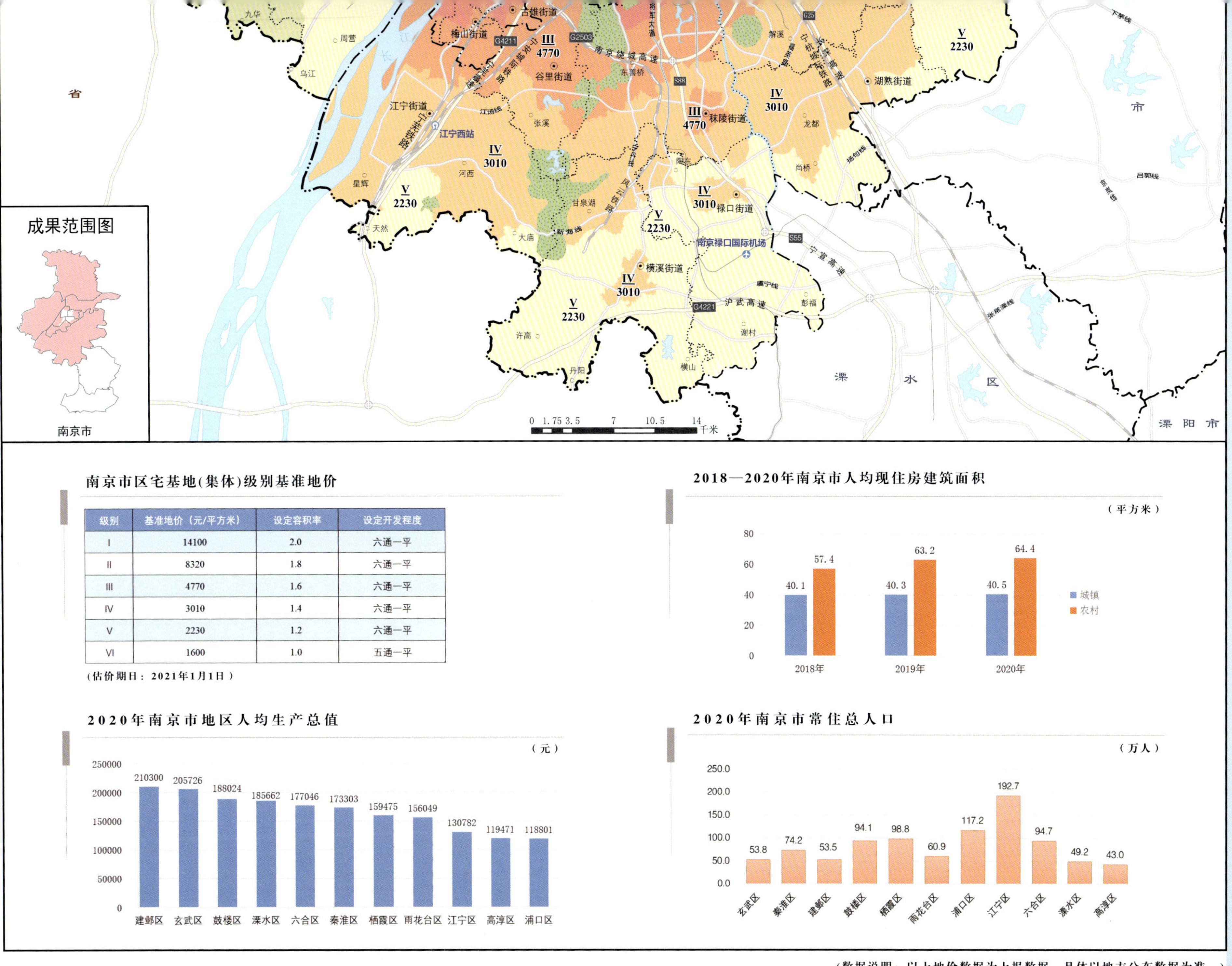

南京市区宅基地(集体)级别基准地价

级别	基准地价（元/平方米）	设定容积率	设定开发程度
I	14100	2.0	六通一平
II	8320	1.8	六通一平
III	4770	1.6	六通一平
IV	3010	1.4	六通一平
V	2230	1.2	六通一平
VI	1600	1.0	五通一平

（估价期日：2021年1月1日）

（数据说明：以上地价数据为上报数据，具体以地方公布数据为准。）

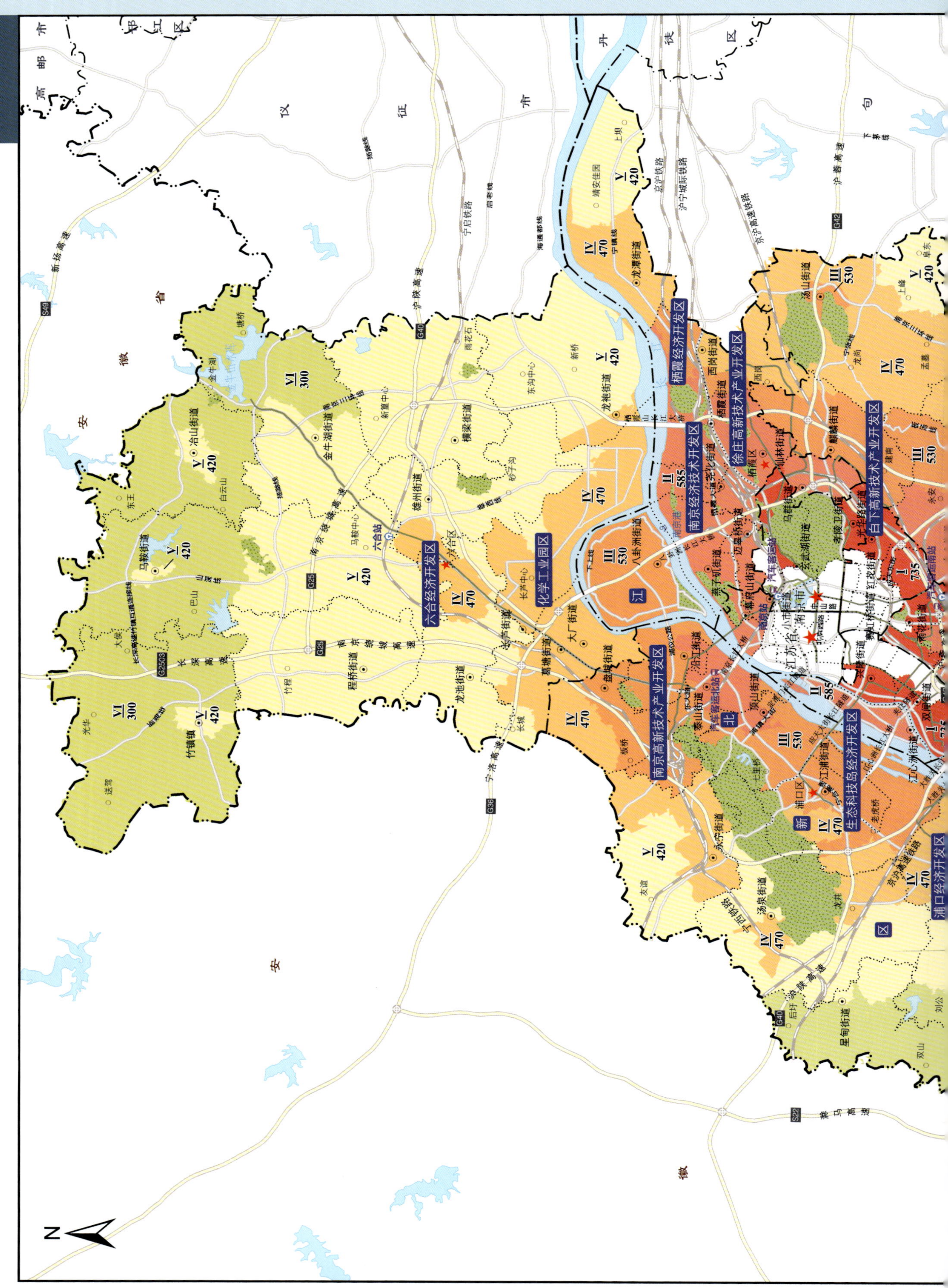

工矿仓储用地(集体)级别基准地价图

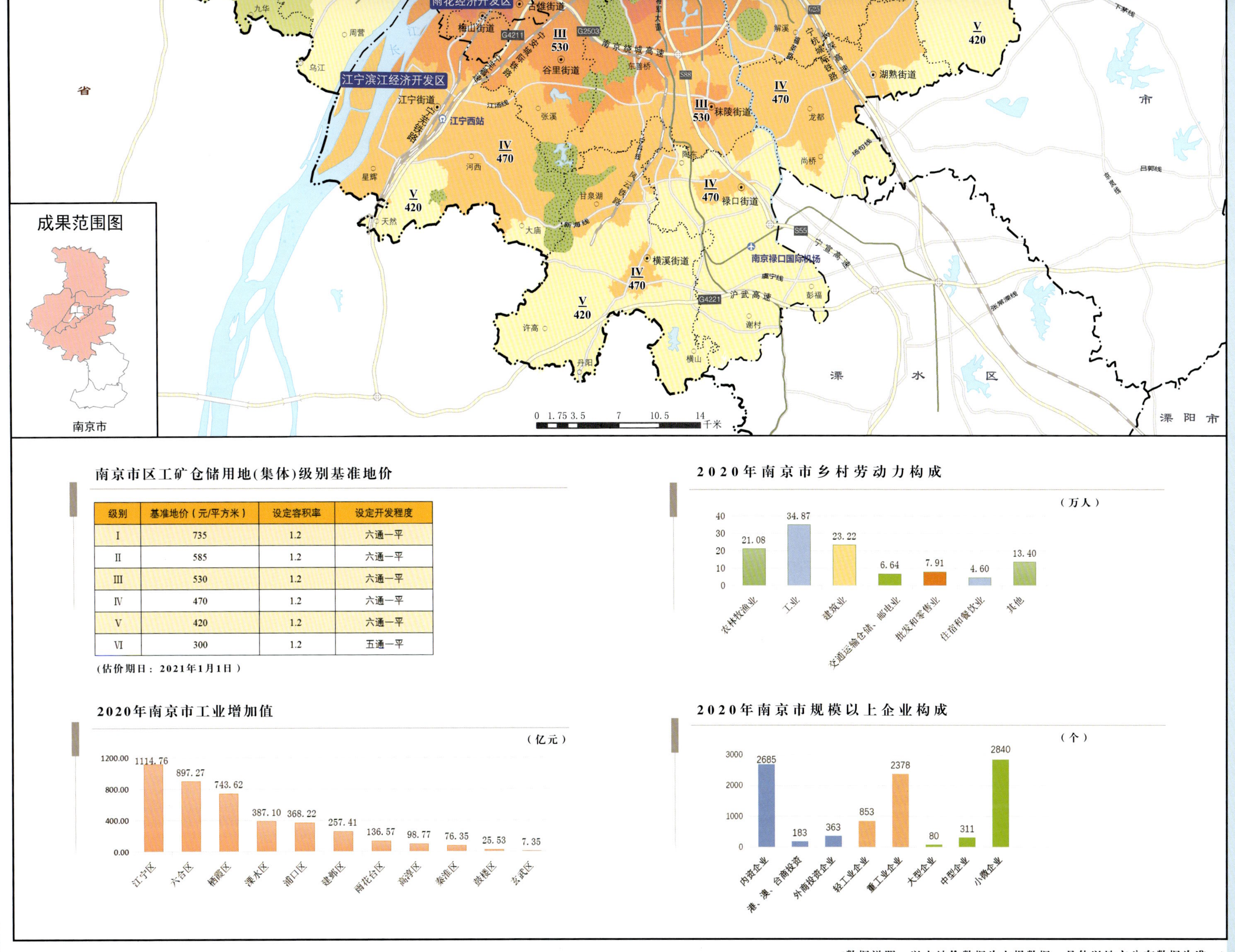

南京市区工矿仓储用地(集体)级别基准地价

级别	基准地价(元/平方米)	设定容积率	设定开发程度
Ⅰ	735	1.2	六通一平
Ⅱ	585	1.2	六通一平
Ⅲ	530	1.2	六通一平
Ⅳ	470	1.2	六通一平
Ⅴ	420	1.2	六通一平
Ⅵ	300	1.2	五通一平

(估价期日：2021年1月1日)

(数据说明：以上地价数据为上报数据，具体以地方公布数据为准。)

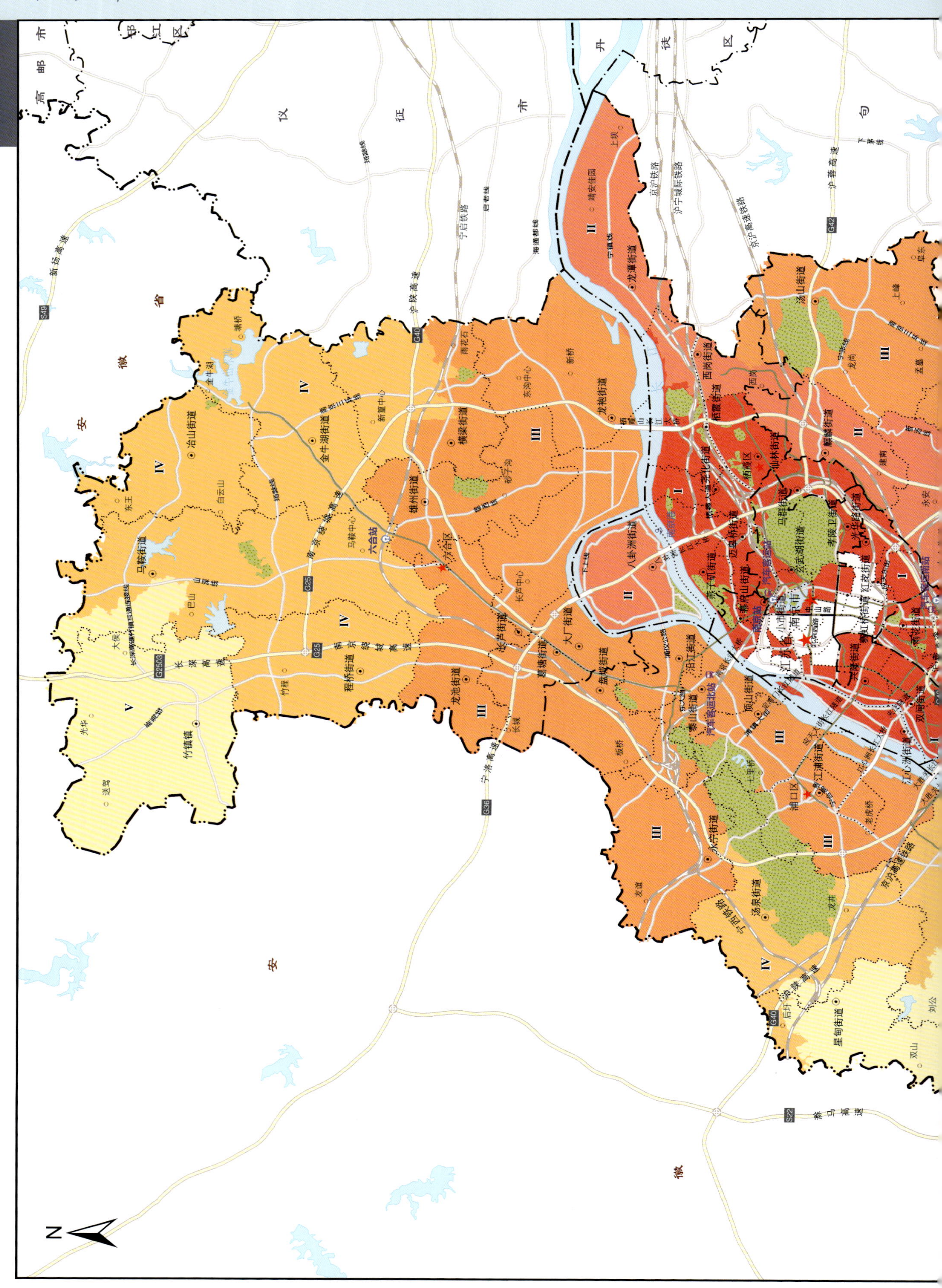
六合区
六合站
雄州街道
横梁街道
龙袍街道
金牛湖街道
冶山街道
马鞍街道
程桥街道
竹镇镇
龙池街道
长芦街道
大厂街道
葛塘街道
盘城街道
沿江街道
泰山街道
顶山街道
江浦街道
浦口区
汤泉街道
永宁街道
星甸街道
八卦洲街道
龙潭街道
西岗街道
栖霞街道
仙林街道
麒麟街道
汤山街道
马群街道
孝陵卫街道
玄武湖街道
迈皋桥街道
燕子矶街道
江心洲街道
双闸街道
南京市
江苏省
仪征市
安徽省
沪陕高速
宁洛高速
长深高速
宁启铁路
京沪铁路
沪宁城际铁路
京沪高速铁路

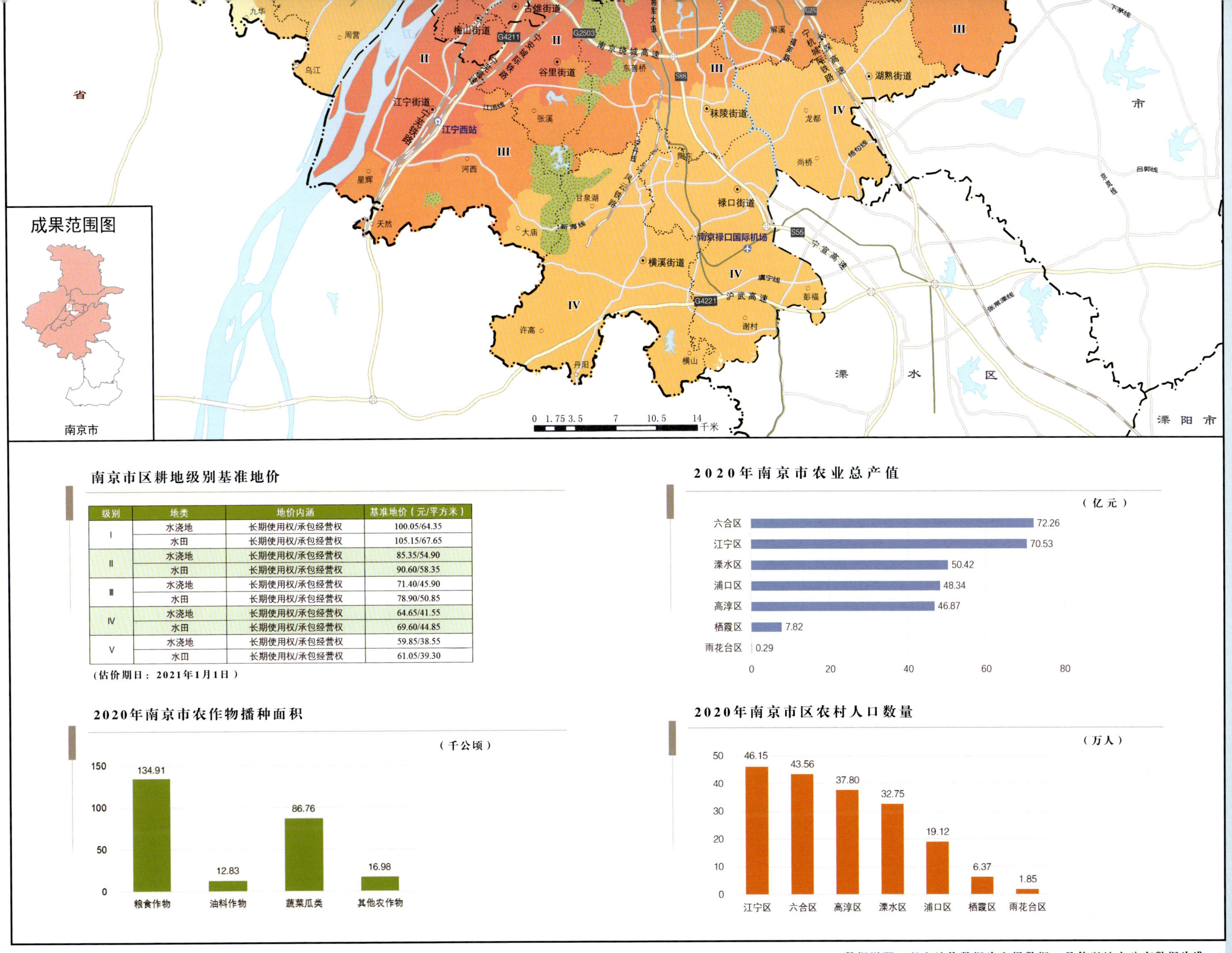

南京市区耕地级别基准地价

级别	地类	地价内涵	基准地价（元/平方米）
I	水浇地	长期使用权/承包经营权	100.05/64.35
	水田	长期使用权/承包经营权	105.15/67.65
II	水浇地	长期使用权/承包经营权	85.35/54.90
	水田	长期使用权/承包经营权	90.60/58.35
III	水浇地	长期使用权/承包经营权	71.40/45.90
	水田	长期使用权/承包经营权	78.90/50.85
IV	水浇地	长期使用权/承包经营权	64.65/41.55
	水田	长期使用权/承包经营权	69.60/44.85
V	水浇地	长期使用权/承包经营权	59.85/38.55
	水田	长期使用权/承包经营权	61.05/39.30

（估价期日：2021年1月1日）

（数据说明：以上地价数据为上报数据，具体以地方公布数据为准。）

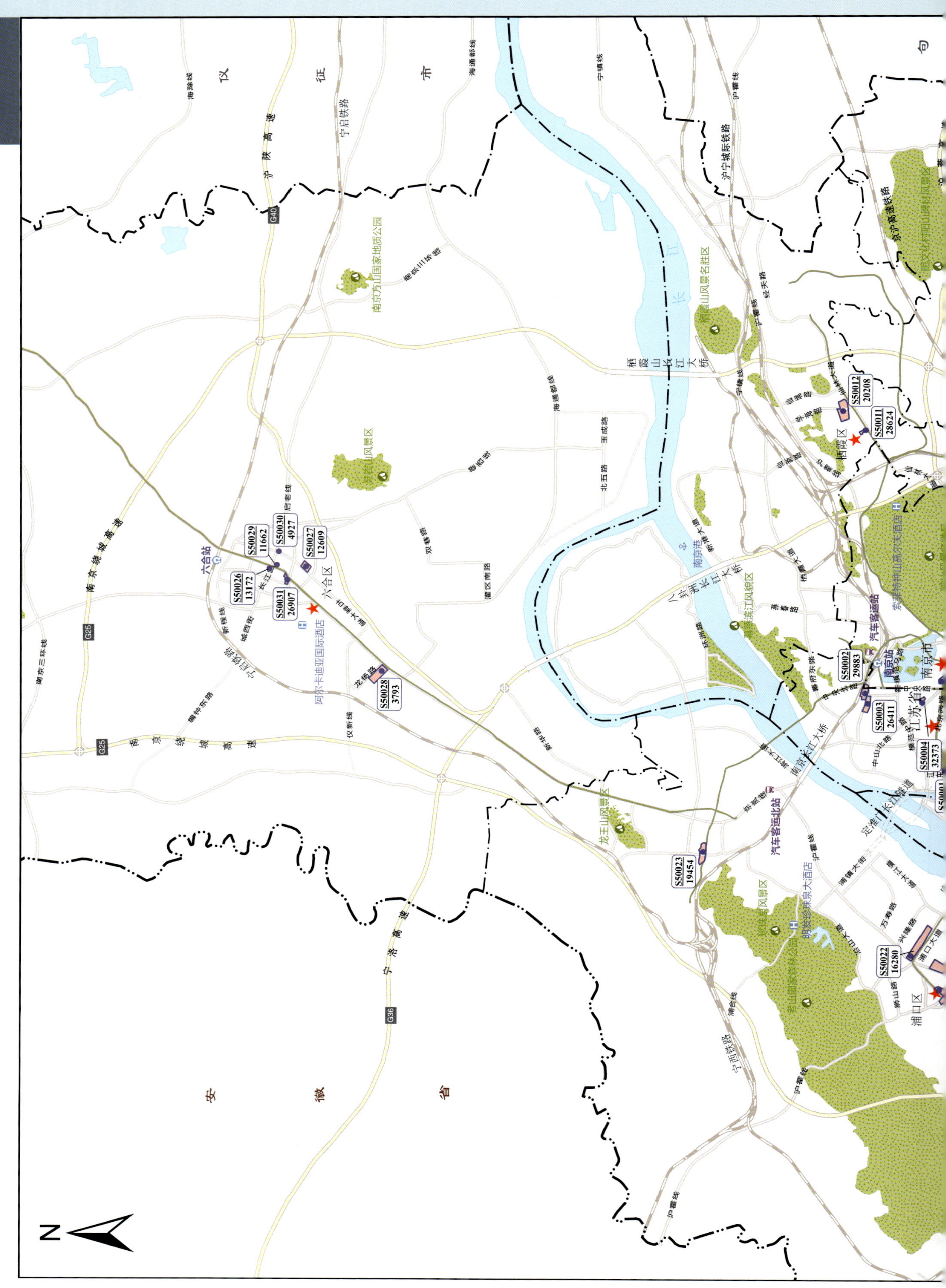
仪
征
市
安
徽
省
六合区
栖霞区
浦口区
南京市
江苏省
长江
栖霞山长江大桥
八卦洲长江大桥
南京长江大桥
南京港
六合站
南京站
汽车客运站
汽车客运北站
南京方山国家地质公园
灵岩山风景区
龙王山风景区
栖霞山风景名胜区
幕燕滨江风貌区
老山国家森林公园
阿尔卡迪亚国际酒店
明发珍珠泉大酒店
沪陕高速
南京绕城高速
宁洛高速
宁启铁路
宁西铁路
沪宁城际铁路
京沪高速铁路
S50029
11662
S50030
4927
S50027
12609
S50026
13172
S50031
26907
S50028
3793
S50012
20208
S50011
28624
S50002
29883
S50003
26411
S50004
32373
S50023
19454
S50022
16280
N

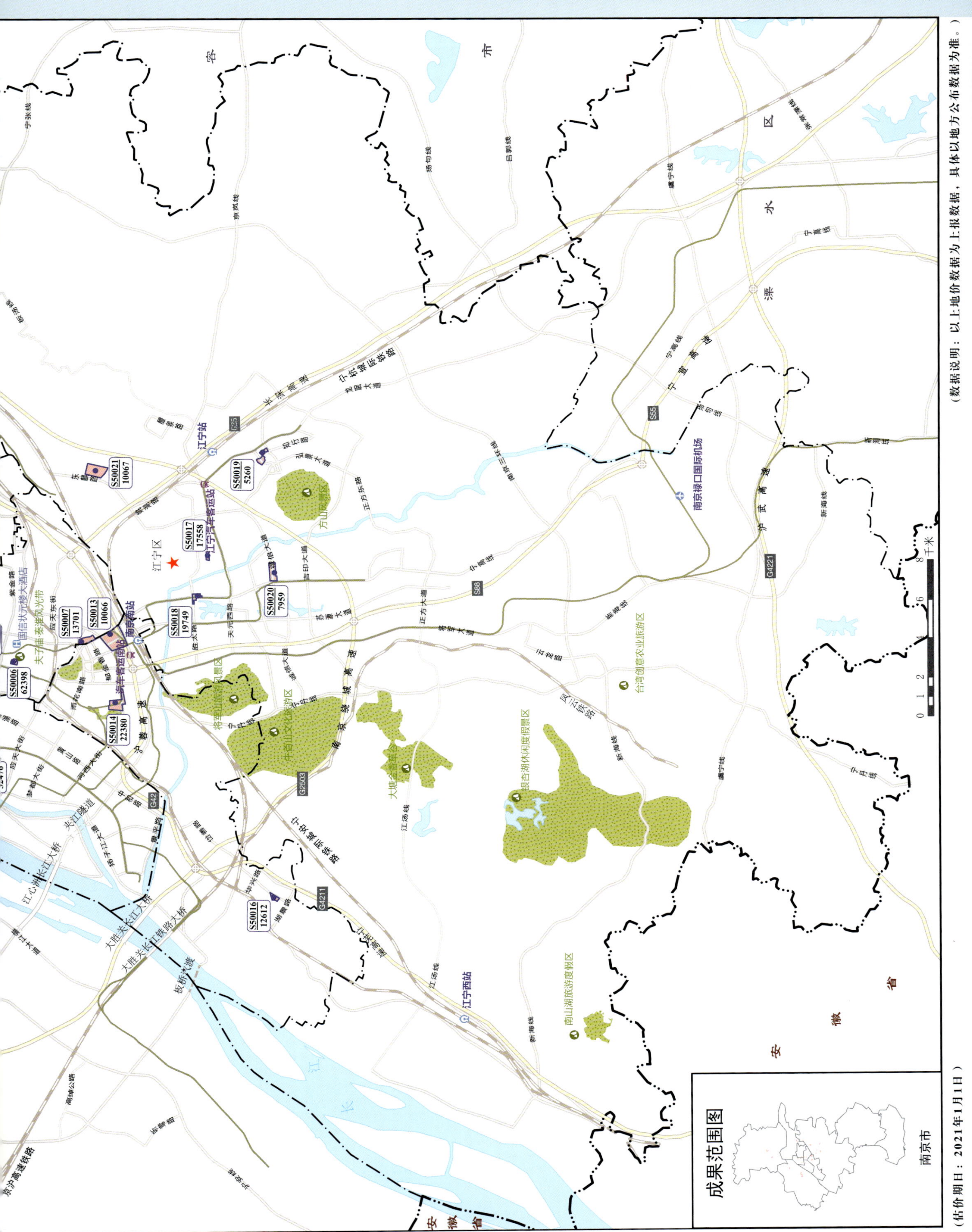
（数据说明：以上地价数据为上报数据，具体以地方公布数据为准。）
（估价期日：2021年1月1日）
成果范围图
南京市
江宁区
S50021
10067
S50019
5260
S50017
17558
S50013
10066
S50007
13701
S50006
62398
S50018
19749
S50020
7959
S50014
22380
S50016
12612
江宁站
南京南站
江宁西站
南京禄口国际机场
方山风景区
将军山风景区
牛首山文化旅游区
大塘金香草谷
银杏湖休闲度假景区
台湾创意农业旅游区
南山湖旅游度假区
夫子庙秦淮风光带
国信状元楼大酒店
大胜关长江大桥
大胜关长江铁路大桥
江心洲长江大桥
夹江隧道
板桥汽渡
宁杭城际铁路
宁安城际铁路
京沪高速铁路
长深高速
宁宣高速
沪武高速
南京绕城高速
沪蓉高速
宁芜高速
溧水区
安徽省
千米

仪征市
安徽省
六合区
栖霞区
浦口区
南京市
长江
六合站
南京站
南京港
南京长江大桥
八卦洲长江大桥
栖霞山长江大桥
宁启铁路
沪宁城际铁路
宁西铁路
沪陕高速
宁洛高速
南京绕城高速
龙王山风景区
灵岩山风景区
南京方山国家地质公园
栖霞山风景名胜区
中山风景名胜区
汽车客运北站
Z70058
19868
Z70055
16216
Z70056
22641
Z70060
23487
Z70053
17419
Z70059
22415
Z70057
13440
Z70054
13731
Z70024
42713
Z70025
35326
Z70023
31387
Z70021
62933
Z70022
63658
Z70020
59112
Z70004
52240
Z70003
54938
Z70001
70584
Z70042
Z70044
20729
Z70047
13778
Z70048
16760
Z70049
39565
Z70050
74678
Z70043
54072
Z70045
36495
Z70046
33946
Z70051
23391
N

住宅用地（国有）标定地价图

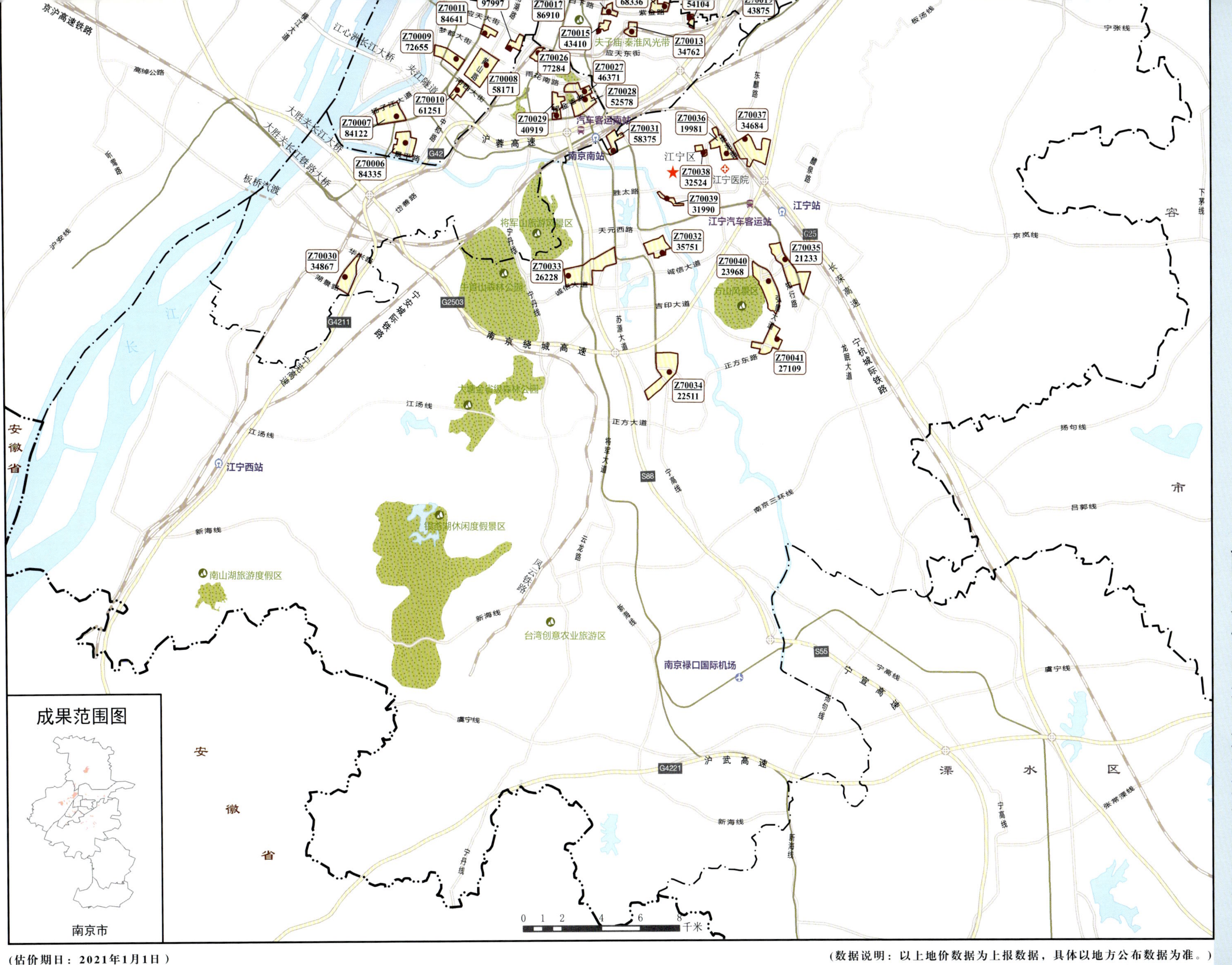

（数据说明：以上地价数据为上报数据，具体以地方公布数据为准。）

（估价期日：2021年1月1日）

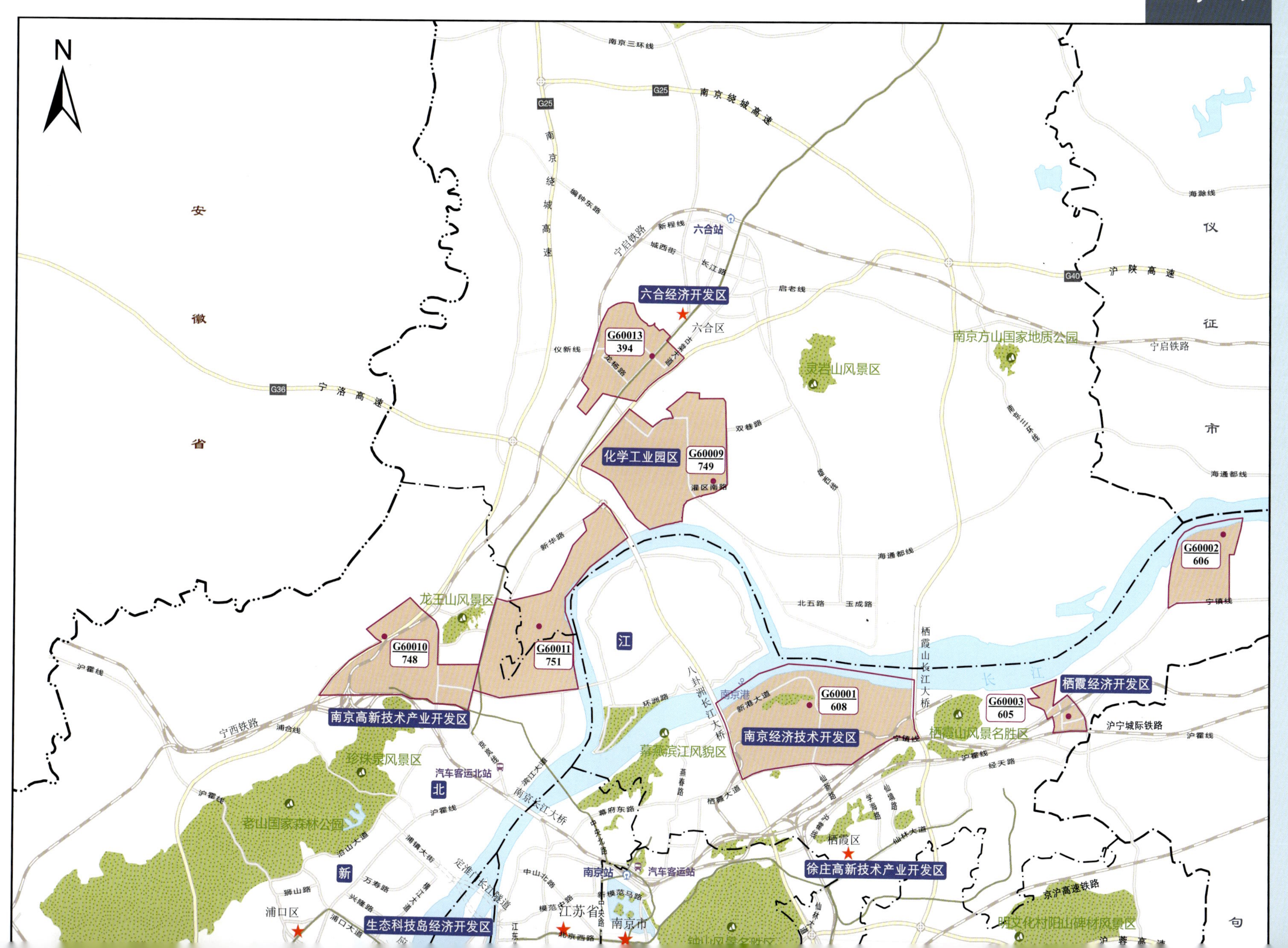
N
安
徽
省
仪
征
市
六合站
六合经济开发区
六合区
G60013
394
化学工业园区
G60009
749
南京方山国家地质公园
灵岩山风景区
龙王山风景区
G60010
748
G60011
751
江
长
江
G60002
606
G60001
608
G60003
605
栖霞经济开发区
南京经济技术开发区
栖霞山风景名胜区
南京高新技术产业开发区
珍珠泉风景区
幕燕滨江风貌区
汽车客运北站
老山国家森林公园
徐庄高新技术产业开发区
栖霞区
南京站
汽车客运站
生态科技岛经济开发区
浦口区
江苏省
南京市
南京港
南京长江大桥
八卦洲长江大桥
栖霞山长江大桥
南京绕城高速
宁洛高速
沪陕高速
宁启铁路
宁西铁路
沪宁城际铁路
京沪高速铁路
南京三环线
北
新

工矿仓储用地（国有）标定地价图

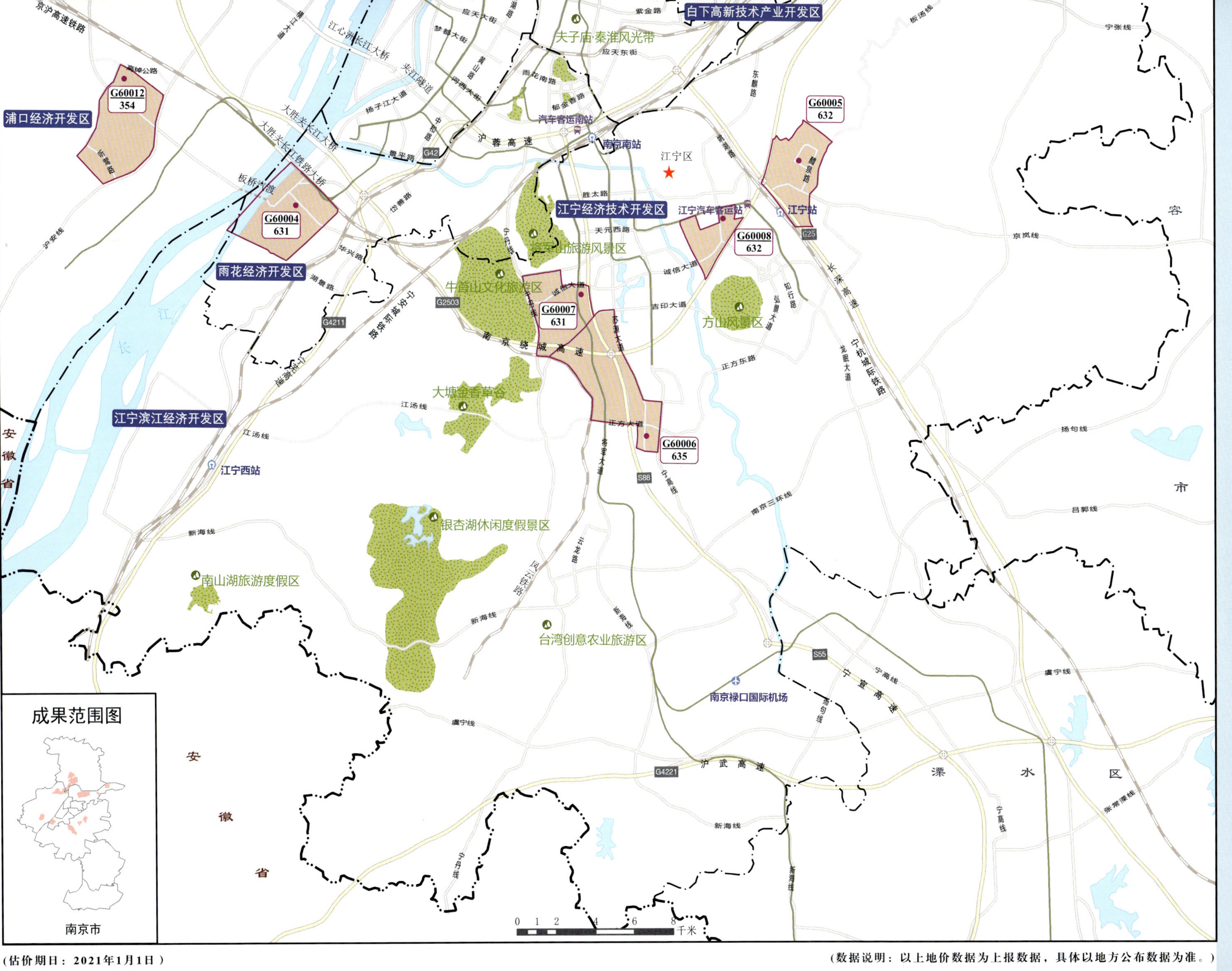

（估价期日：2021年1月1日）

（数据说明：以上地价数据为上报数据，具体以地方公布数据为准。）

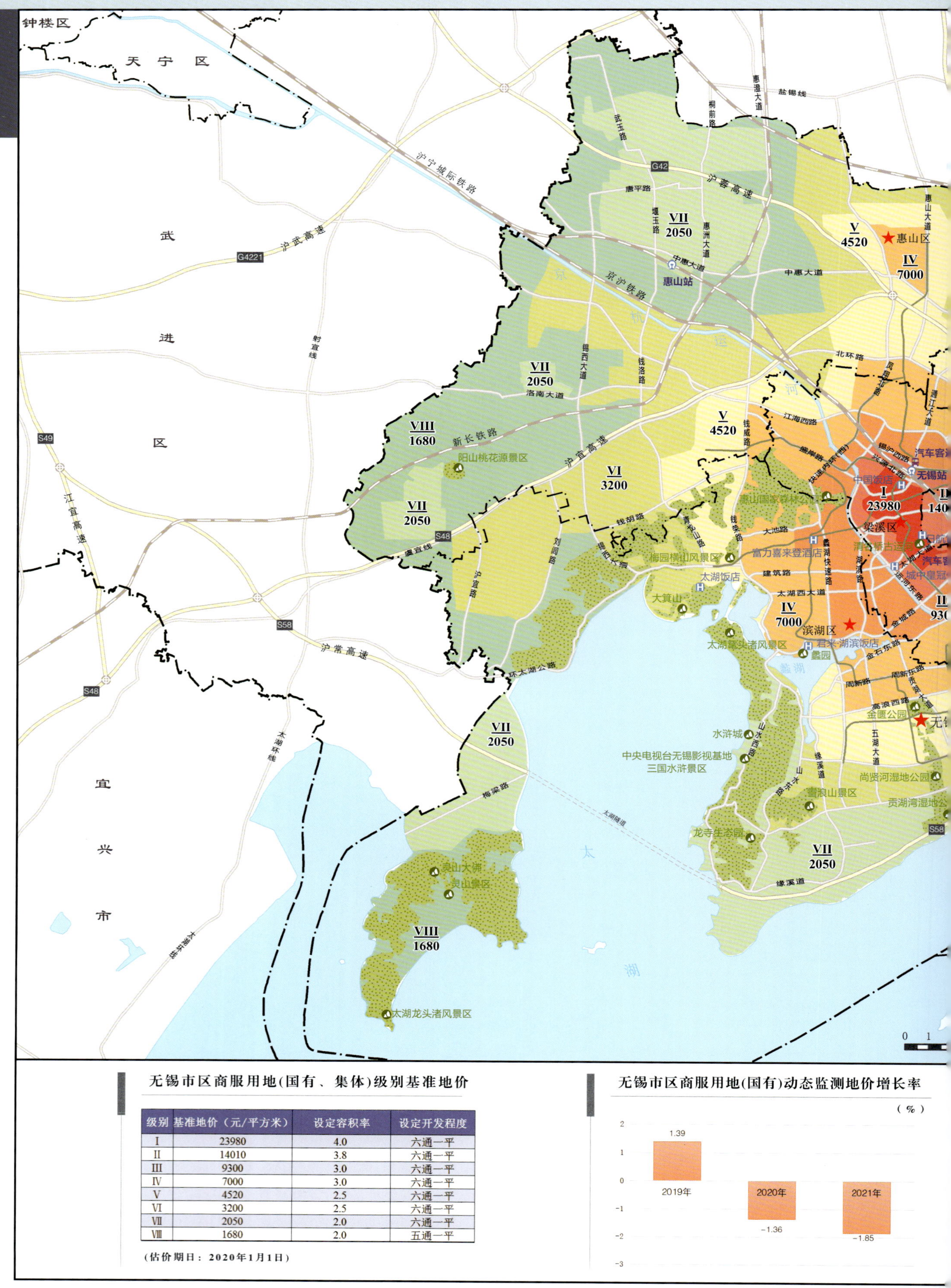

无锡市区商服用地(国有、集体)级别基准地价

级别	基准地价（元/平方米）	设定容积率	设定开发程度
Ⅰ	23980	4.0	六通一平
Ⅱ	14010	3.8	六通一平
Ⅲ	9300	3.0	六通一平
Ⅳ	7000	3.0	六通一平
Ⅴ	4520	2.5	六通一平
Ⅵ	3200	2.5	六通一平
Ⅶ	2050	2.0	六通一平
Ⅷ	1680	2.0	五通一平

（估价期日：2020年1月1日）

无锡市区商服用地(国有)动态监测地价增长率

商服用地(国有、集体)级别基准地价图

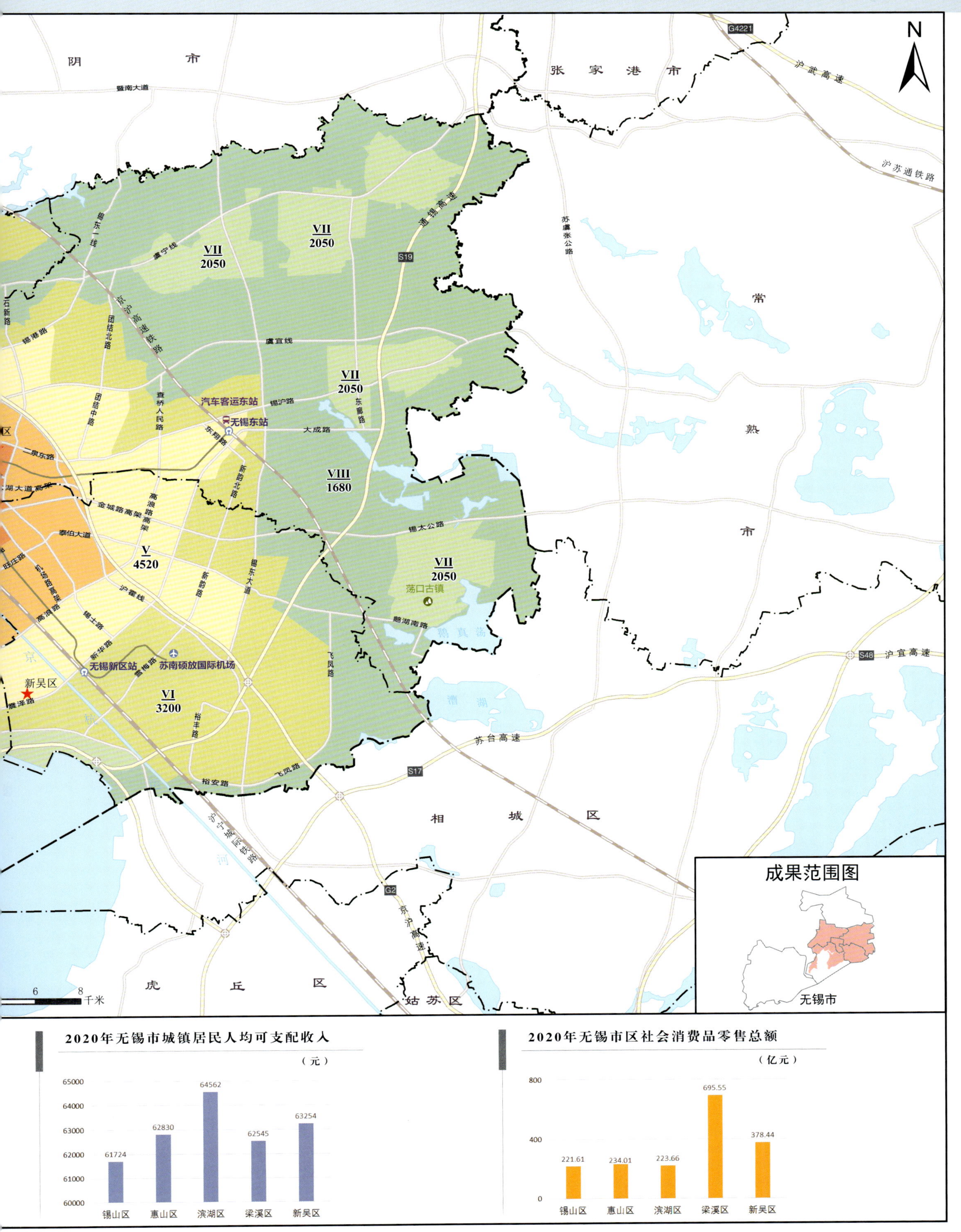

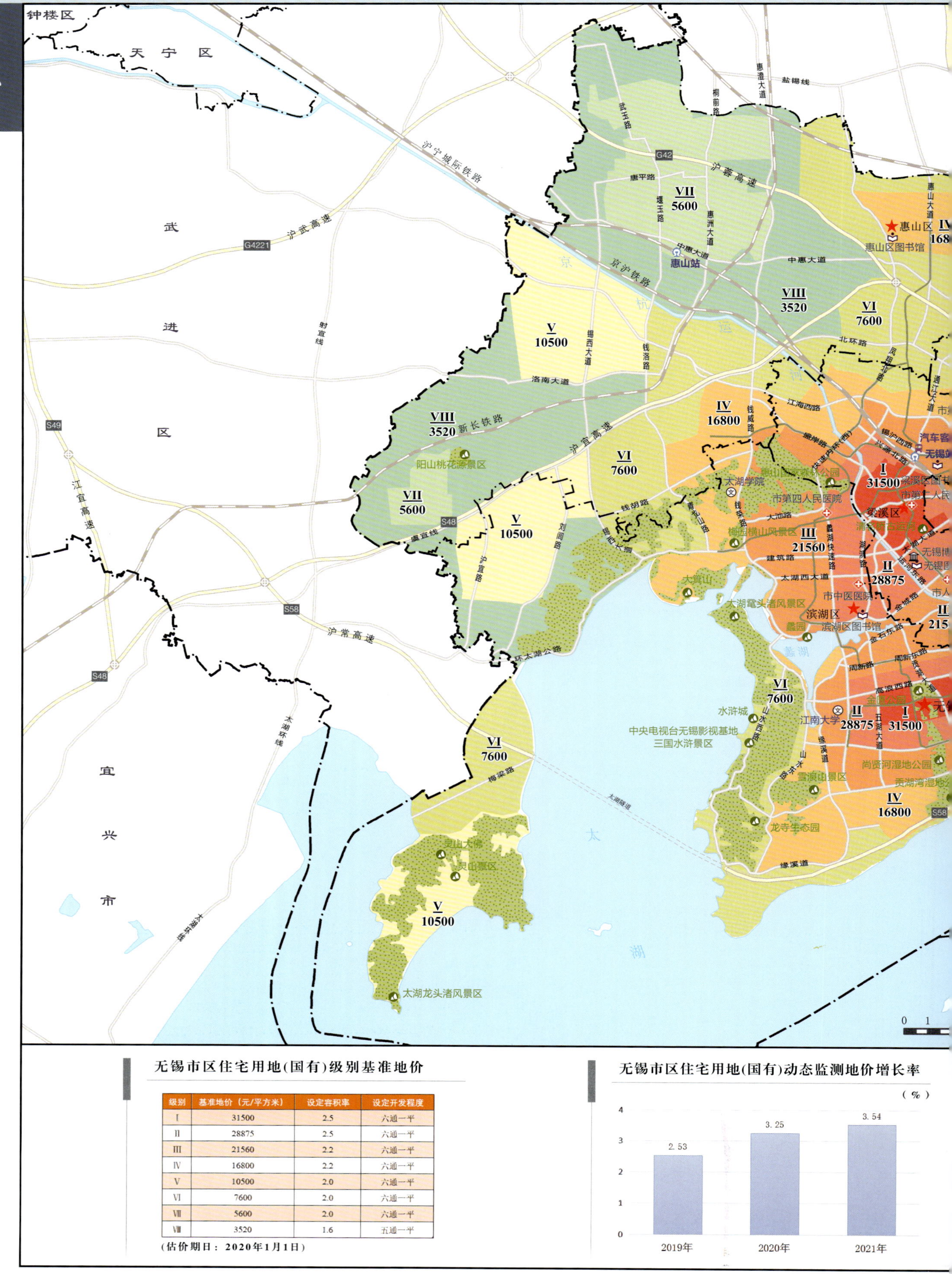

无锡市区住宅用地(国有)级别基准地价

级别	基准地价（元/平方米）	设定容积率	设定开发程度
Ⅰ	31500	2.5	六通一平
Ⅱ	28875	2.5	六通一平
Ⅲ	21560	2.2	六通一平
Ⅳ	16800	2.2	六通一平
Ⅴ	10500	2.0	六通一平
Ⅵ	7600	2.0	六通一平
Ⅶ	5600	2.0	六通一平
Ⅷ	3520	1.6	五通一平

（估价期日：2020年1月1日）

无锡市区住宅用地(国有)动态监测地价增长率

住宅用地(国有)级别基准地价图

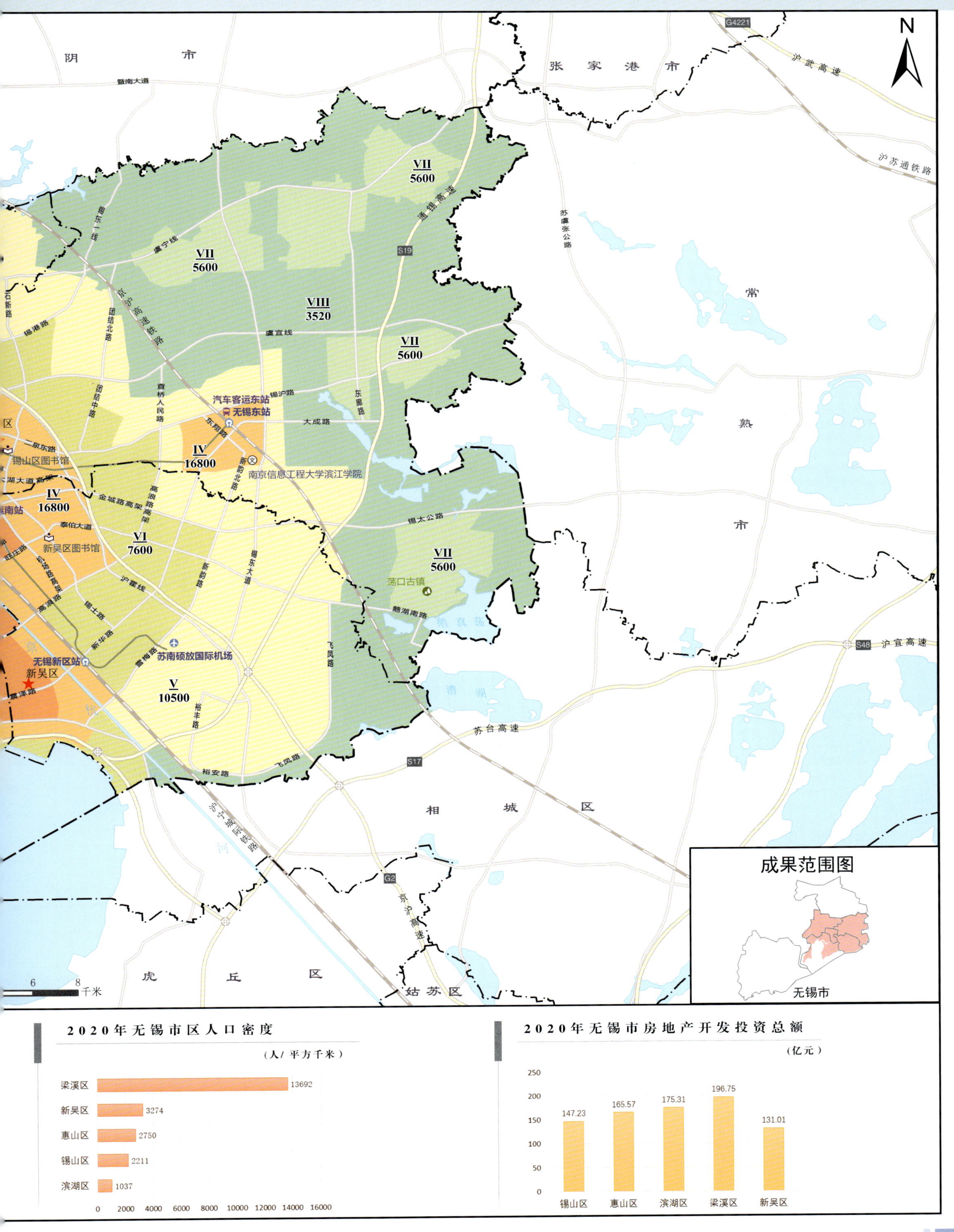

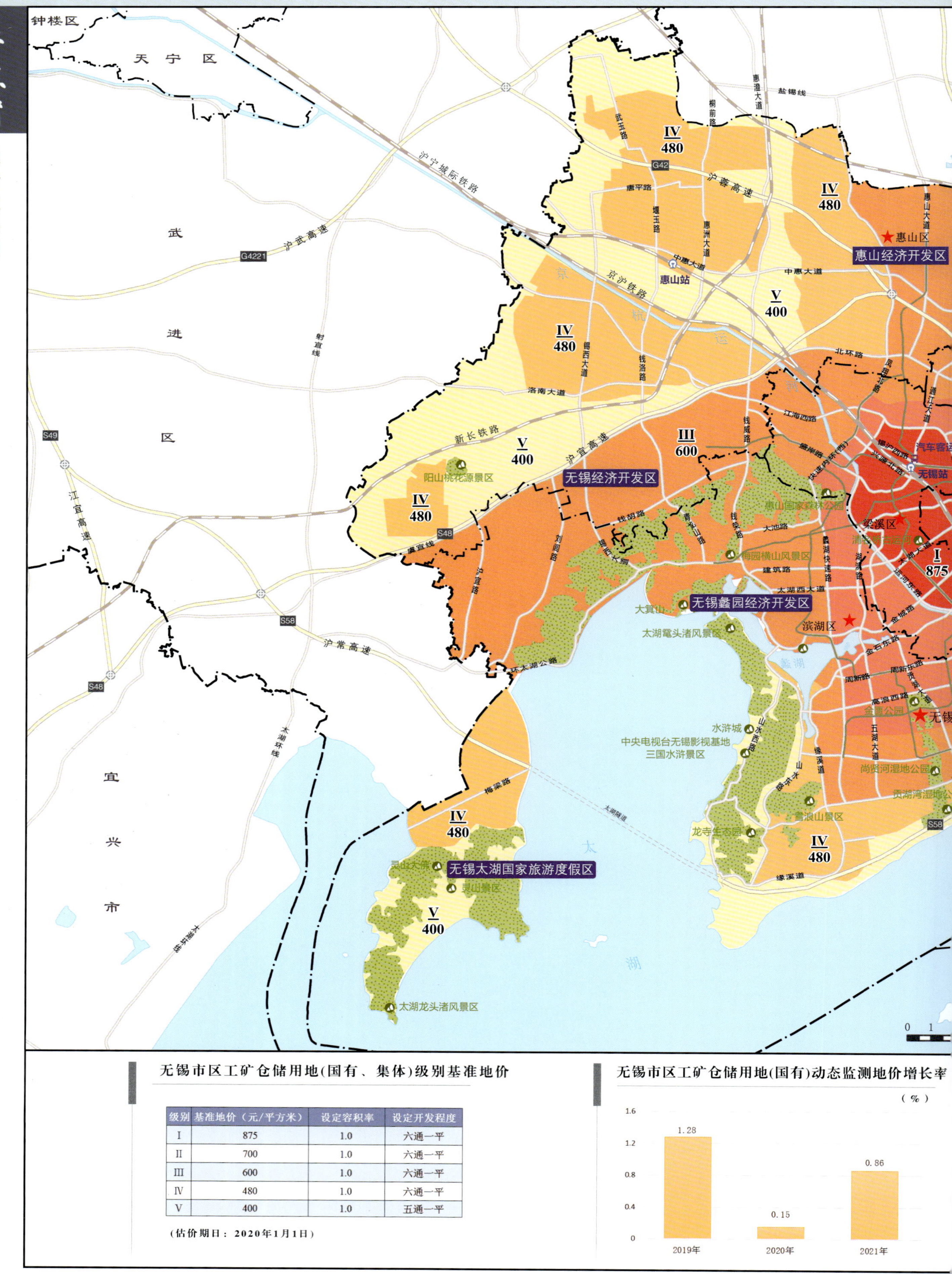

无锡市区工矿仓储用地(国有、集体)级别基准地价

级别	基准地价（元/平方米）	设定容积率	设定开发程度
I	875	1.0	六通一平
II	700	1.0	六通一平
III	600	1.0	六通一平
IV	480	1.0	六通一平
V	400	1.0	五通一平

（估价期日：2020年1月1日）

无锡市区工矿仓储用地(国有)动态监测地价增长率

工矿仓储用地(国有、集体)级别基准地价图

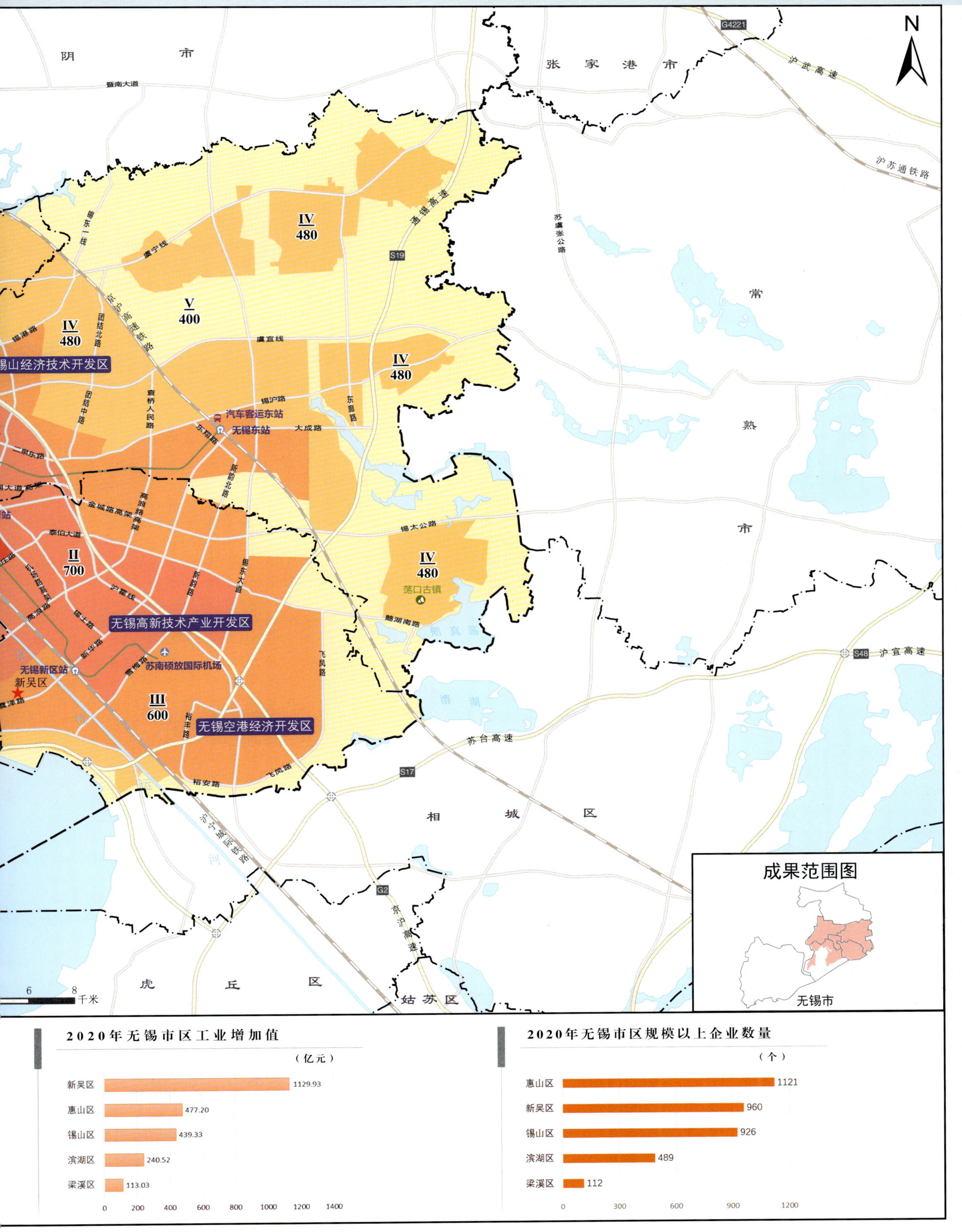

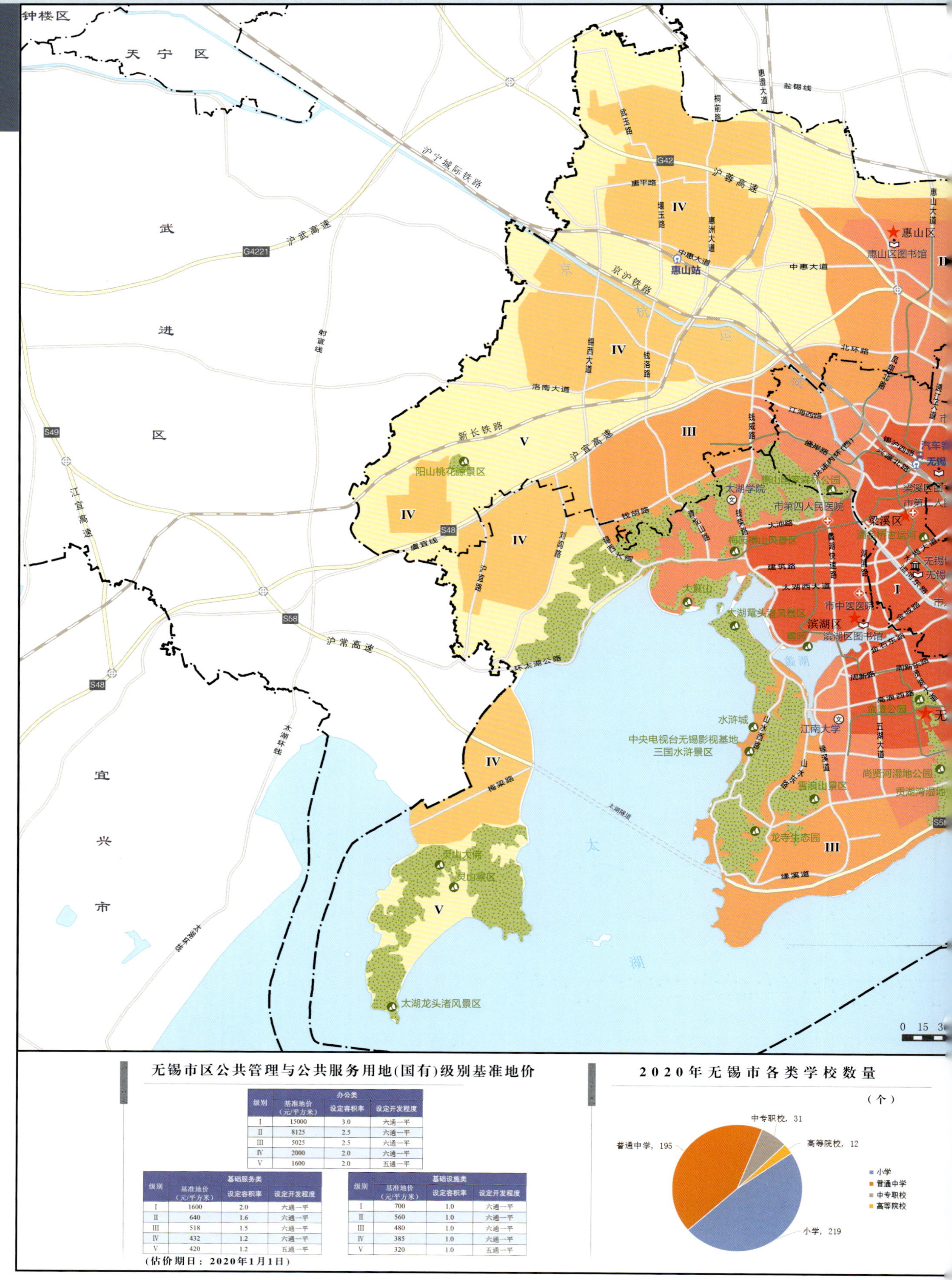

无锡市区公共管理与公共服务用地(国有)级别基准地价

级别	办公类		
	基准地价（元/平方米）	设定容积率	设定开发程度
Ⅰ	15000	3.0	六通一平
Ⅱ	8125	2.5	六通一平
Ⅲ	5025	2.5	六通一平
Ⅳ	2000	2.0	六通一平
Ⅴ	1600	2.0	五通一平

级别	基础服务类		
	基准地价（元/平方米）	设定容积率	设定开发程度
Ⅰ	1600	2.0	六通一平
Ⅱ	640	1.6	六通一平
Ⅲ	518	1.5	六通一平
Ⅳ	432	1.2	六通一平
Ⅴ	420	1.2	五通一平

级别	基础设施类		
	基准地价（元/平方米）	设定容积率	设定开发程度
Ⅰ	700	1.0	六通一平
Ⅱ	560	1.0	六通一平
Ⅲ	480	1.0	六通一平
Ⅳ	385	1.0	六通一平
Ⅴ	320	1.0	五通一平

（估价期日：2020年1月1日）

2020年无锡市各类学校数量

公共管理与公共服务用地（国有）级别基准地价图

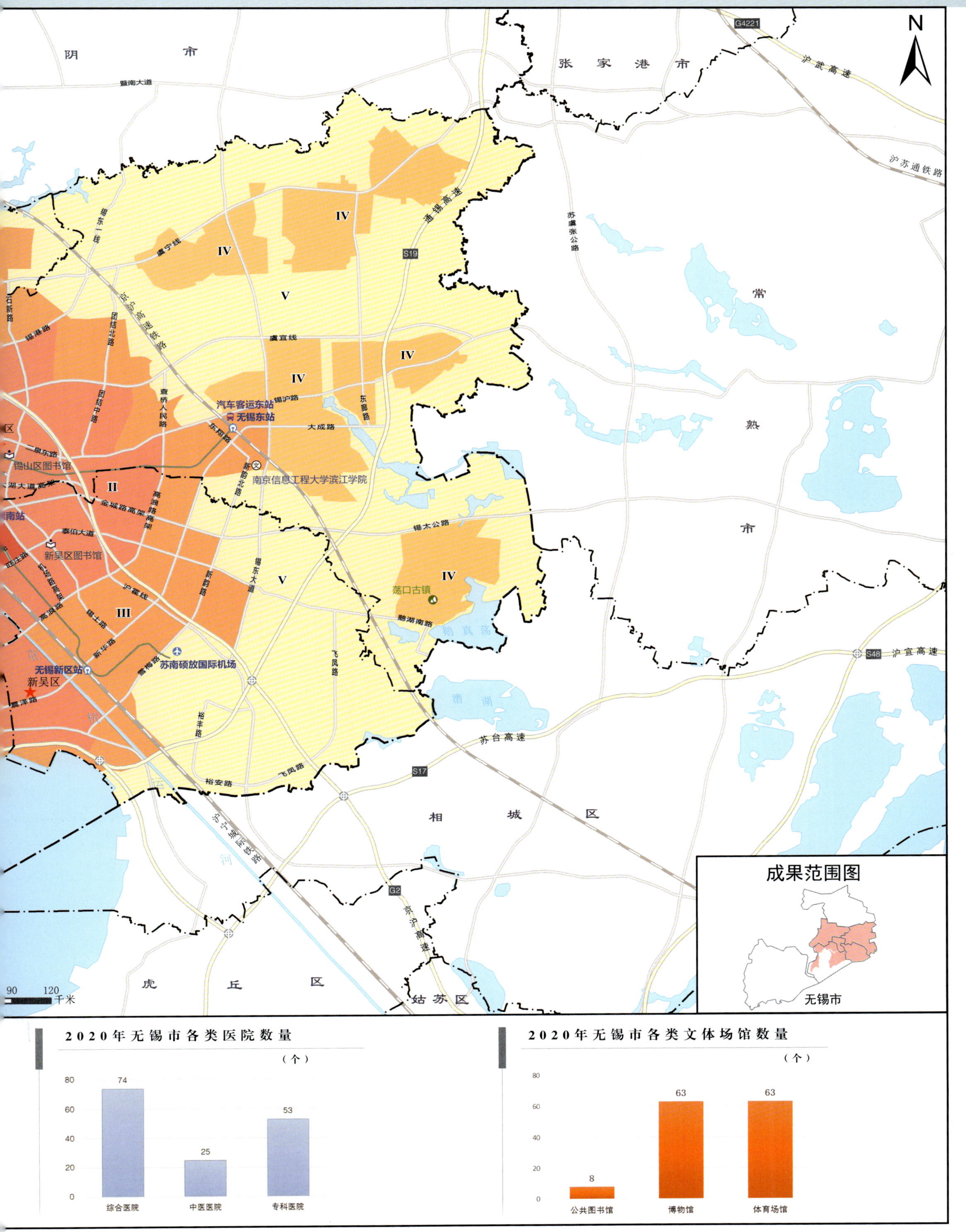

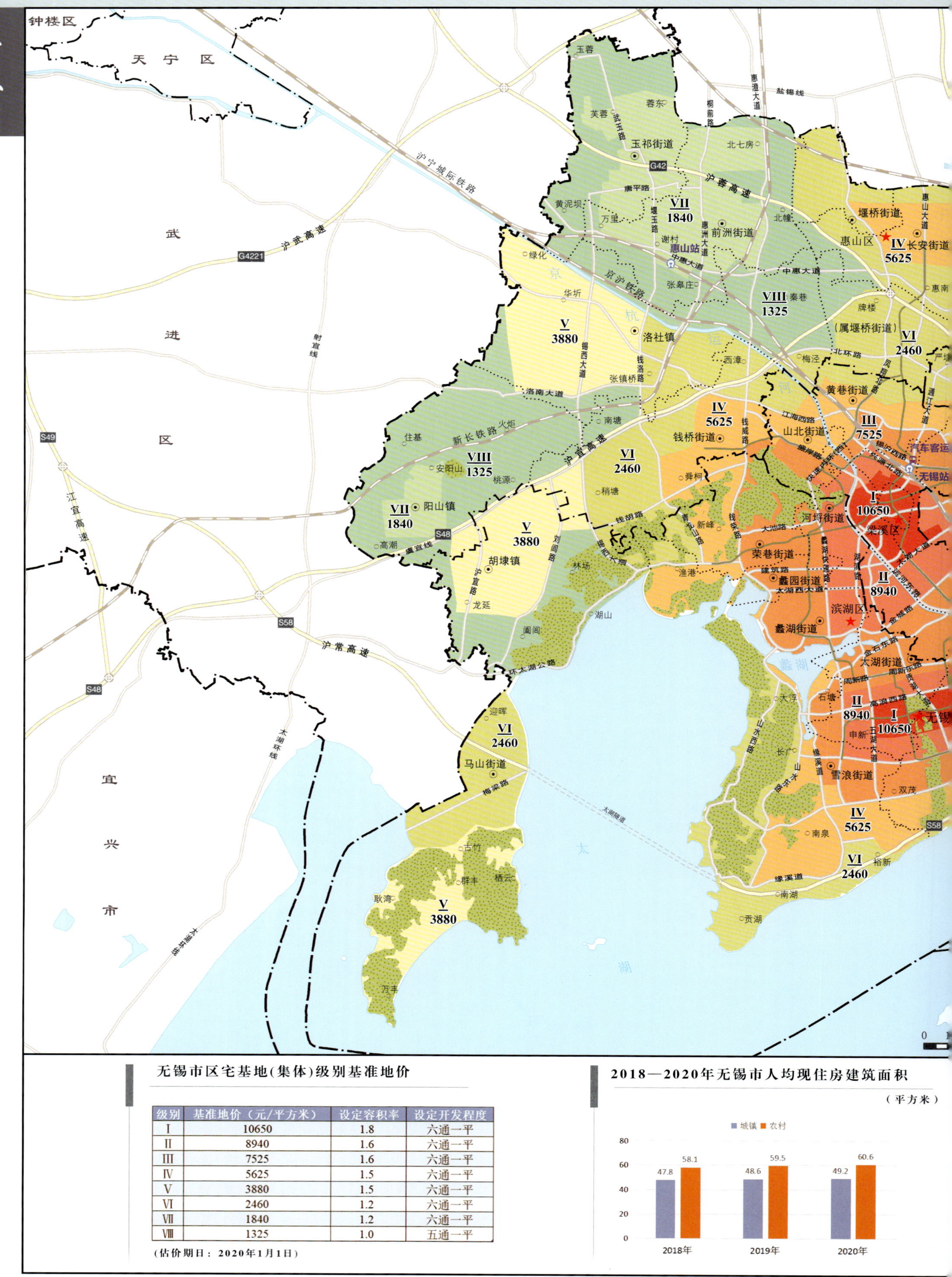

无锡市区宅基地(集体)级别基准地价

级别	基准地价（元/平方米）	设定容积率	设定开发程度
I	10650	1.8	六通一平
II	8940	1.6	六通一平
III	7525	1.6	六通一平
IV	5625	1.5	六通一平
V	3880	1.5	六通一平
VI	2460	1.2	六通一平
VII	1840	1.2	六通一平
VIII	1325	1.0	五通一平

（估价期日：2020年1月1日）

2018—2020年无锡市人均现住房建筑面积

宅基地(集体)级别基准地价图

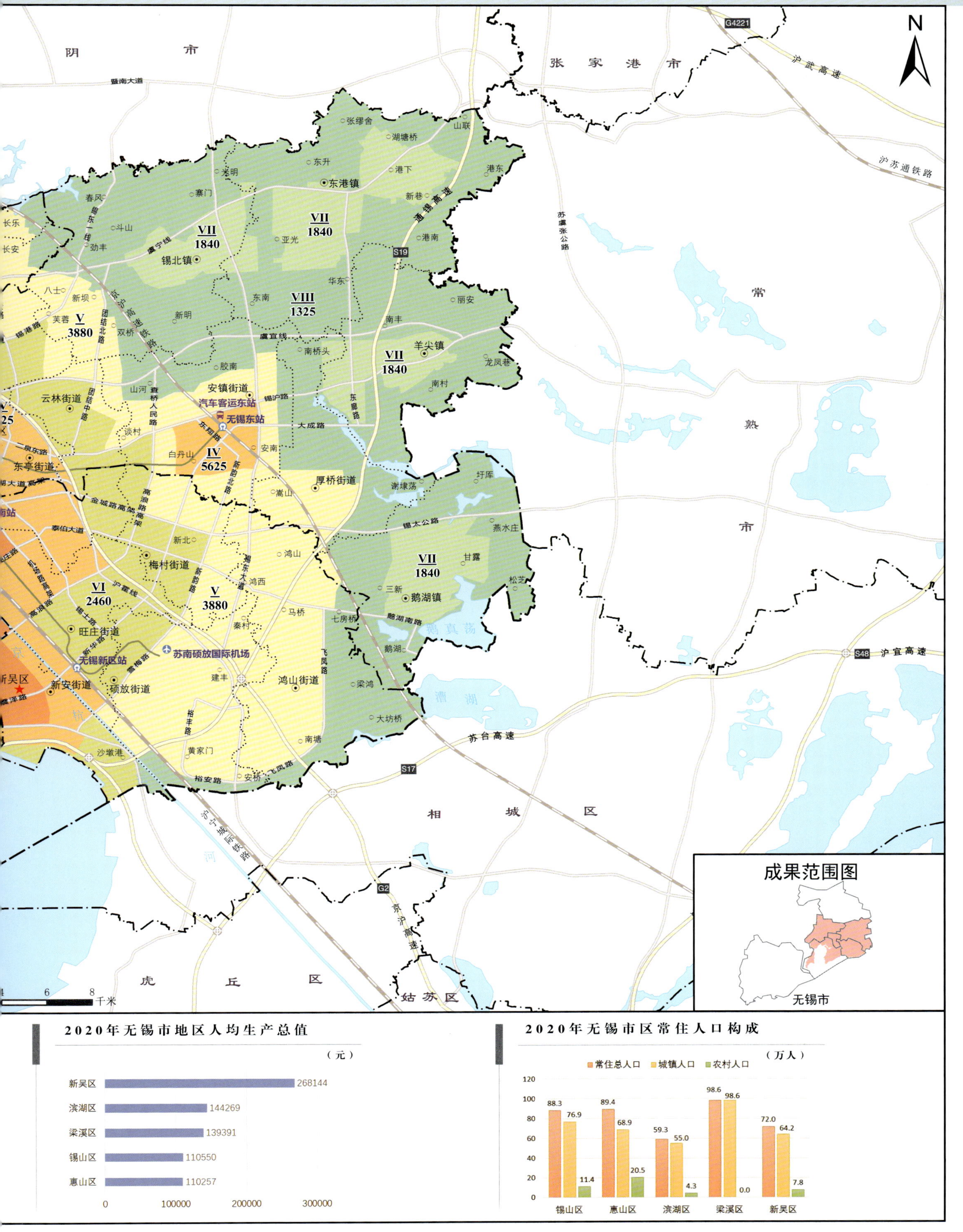

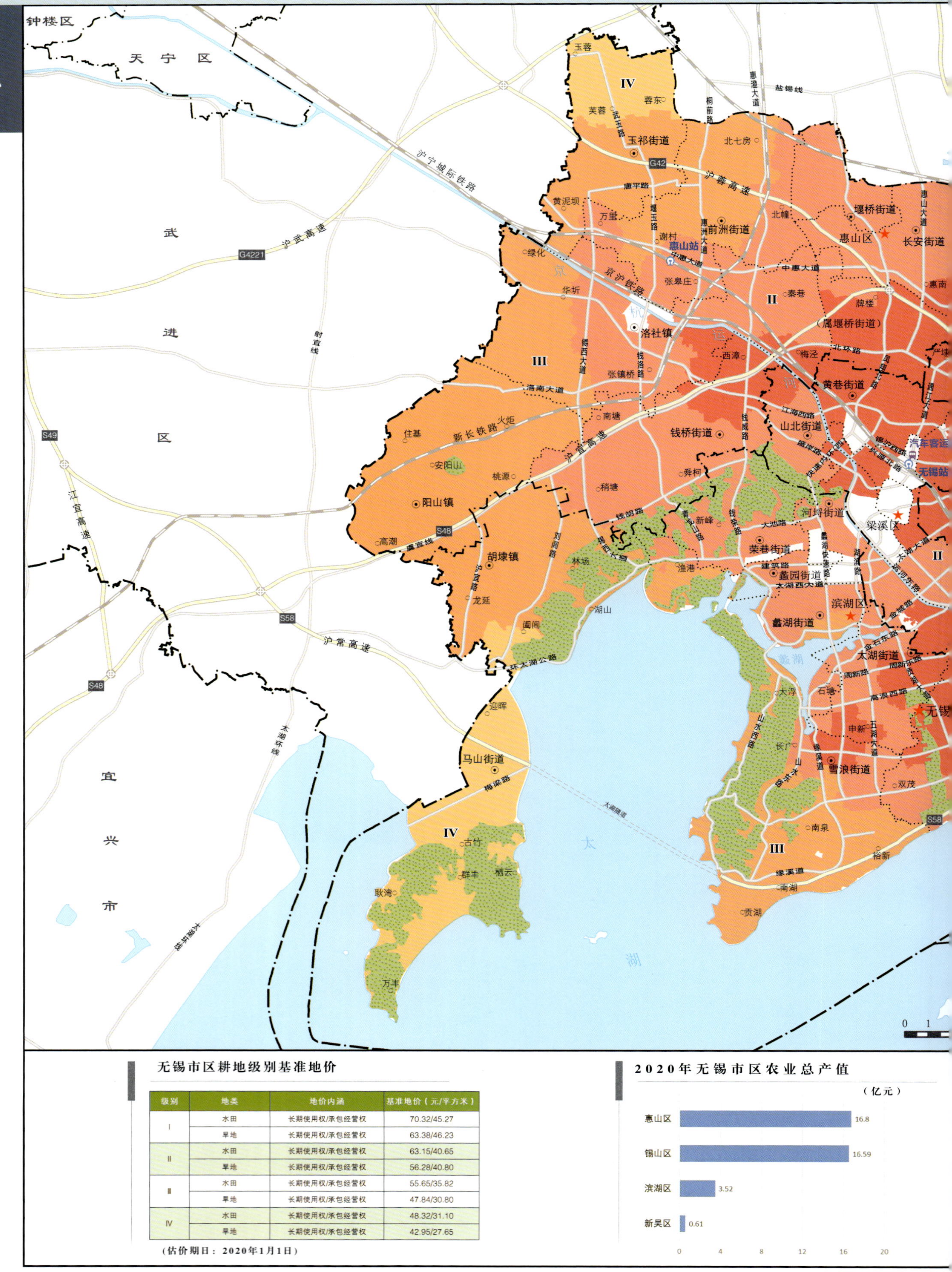

无锡市区耕地级别基准地价

级别	地类	地价内涵	基准地价（元/平方米）
Ⅰ	水田	长期使用权/承包经营权	70.32/45.27
	旱地	长期使用权/承包经营权	63.38/46.23
Ⅱ	水田	长期使用权/承包经营权	63.15/40.65
	旱地	长期使用权/承包经营权	56.28/40.80
Ⅲ	水田	长期使用权/承包经营权	55.65/35.82
	旱地	长期使用权/承包经营权	47.84/30.80
Ⅳ	水田	长期使用权/承包经营权	48.32/31.10
	旱地	长期使用权/承包经营权	42.95/27.65

（估价期日：2020年1月1日）

2020年无锡市区农业总产值

（亿元）

惠山区 16.8
锡山区 16.59
滨湖区 3.52
新吴区 0.61

0 4 8 12 16 20

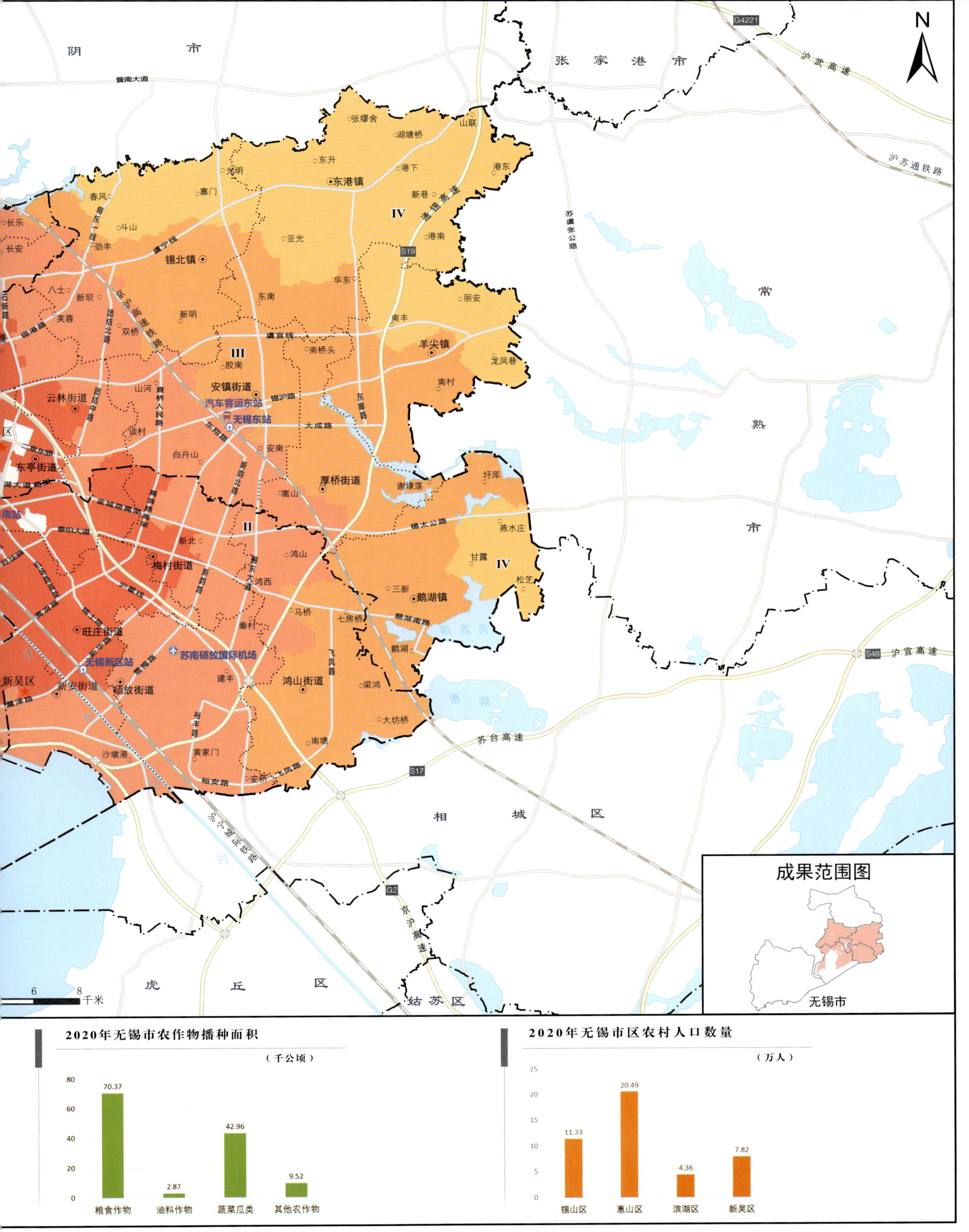
N
阴
市
暨南大道
张
家
港
市
G4221
沪武高速
沪苏通铁路
张缪舍
湖塘桥
山联
东升
光明
港下
港东
东港镇
寨门
春风
新巷
IV
锡澄高速
长乐
斗山
亚光
港南
锡东一线
S19
长安
劲丰
虞宁线
锡北镇
苏虞张公路
常
华东
八士
新坝
东南
丽安
京沪高速铁路
新明
锡港路
芙蓉
团结北路
双桥
南丰
羊尖镇
虞宜线
III
南桥头
龙凤巷
胶南
安镇街道
南村
山河
锡沪路
云林街道
汽车客运东站
东鹏路
无锡东站
大成路
谈村
熟
东亭街道
安南
白丹山
厚桥街道
圩库
谢埭荡
嵩山
南站
金城路高架
锡太公路
燕水庄
泰伯大道
II
市
新北
鸿山
甘露
IV
梅村街道
鸿西
松芝
三新
鹅湖镇
马桥
七房桥
鹅湖南路
鹅真荡
旺庄街道
秦村
苏南硕放国际机场
鹅湖
飞凤路
S48
沪宜高速
无锡新区站
新吴区
新安街道
硕放街道
建丰
鸿山街道
梁鸿
漕湖
大坊桥
南塘
苏台高速
沙墩港
黄家门
安桥
S17
裕安路
相
城
区
沪宁城际铁路
G2
京沪高速
6
8
千米
虎
丘
区
姑苏区
成果范围图
无锡市
2020年无锡市农作物播种面积
（千公顷）
80
60
40
20
0
70.37
2.87
42.96
9.52
粮食作物
油料作物
蔬菜瓜类
其他农作物
2020年无锡市区农村人口数量
（万人）
25
20
15
10
5
0
11.33
20.49
4.36
7.82
锡山区
惠山区
滨湖区
新吴区

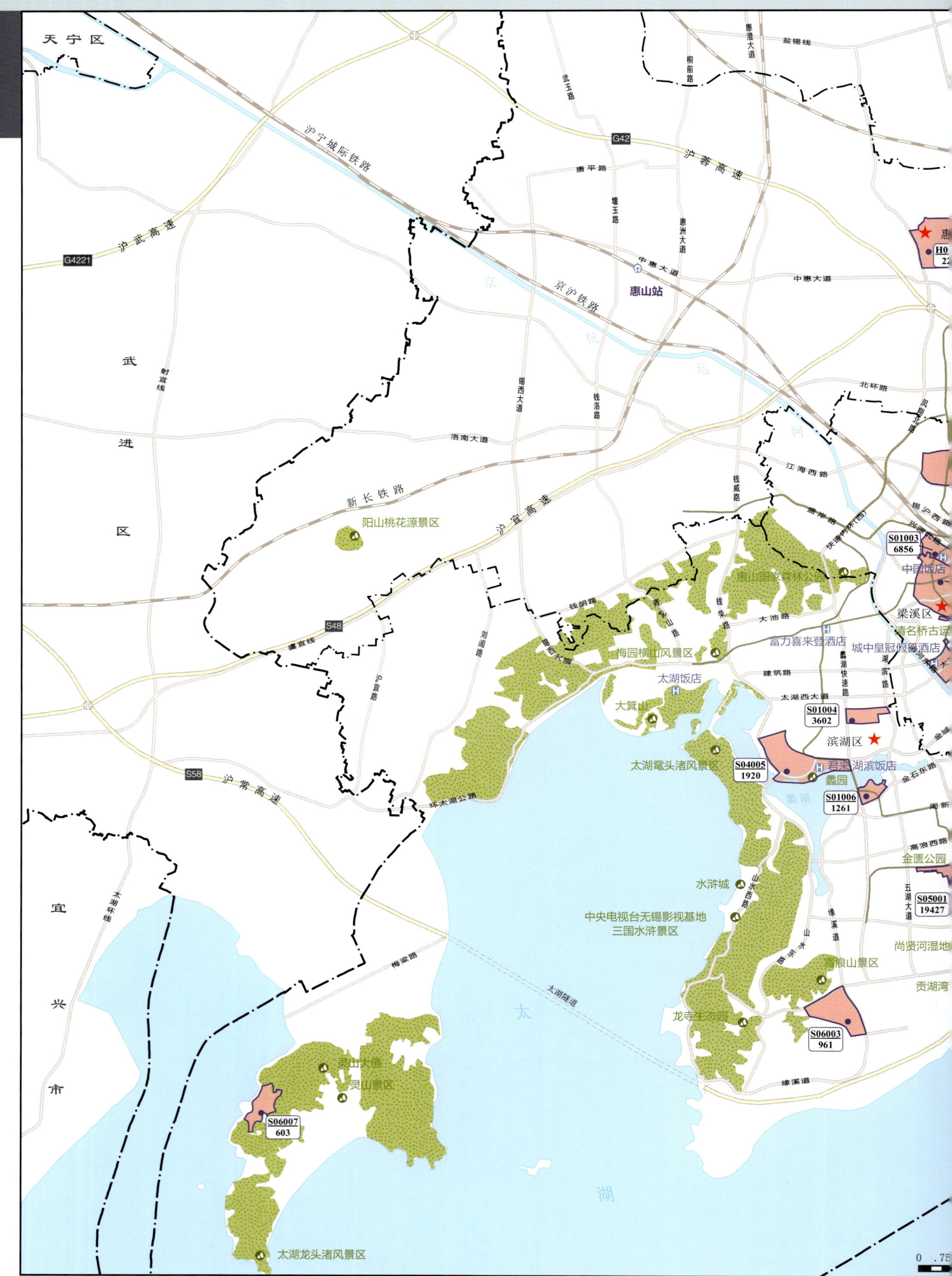
天宁区
武进区
宜兴市
惠山站
梁溪区
滨湖区
沪宁城际铁路
京沪铁路
新长铁路
沪武高速
沪蓉高速
沪宜高速
沪常高速
阳山桃花源景区
惠山国家森林公园
梅园横山风景区
太湖饭店
大箕山
太湖鼋头渚风景区
富力喜来登酒店
城中皇冠假日酒店
君来湖滨饭店
蠡园
中国饭店
清名桥古运
金匮公园
水浒城
中央电视台无锡影视基地
三国水浒景区
雪浪山景区
尚贤河湿地
贡湖湾
龙寺生态园
灵山大佛
灵山景区
太湖龙头渚风景区
太湖隧道
S01003
6856
S01004
3602
S04005
1920
S01006
1261
S05001
19427
S06003
961
S06007
603
太
湖

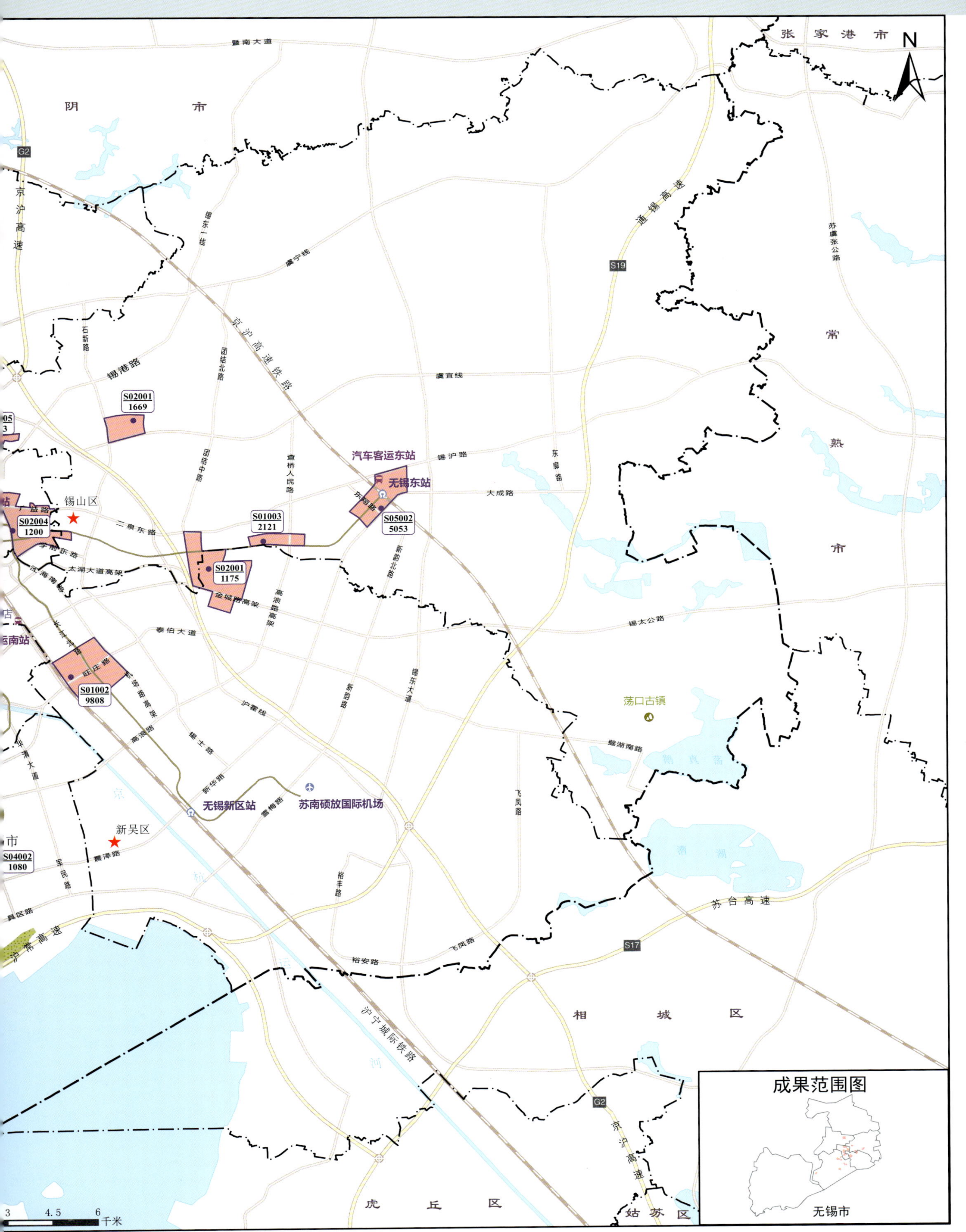

张家港市
阴市
常熟市
相城区
虎丘区
姑苏区
锡山区
新吴区
N
S02001
1669
S02004
1200
S01003
2121
S05002
5053
S02001
1175
S01002
9808
S04002
1080
汽车客运东站
无锡东站
无锡新区站
苏南硕放国际机场
荡口古镇
京沪高速
京沪高速铁路
沪宁城际铁路
通锡高速
苏台高速
锡港路
锡沪路
大成路
二泉东路
太湖大道高架
金城路高架
泰伯大道
锡太公路
旺庄路
沪霍线
鹅湖南路
飞凤路
裕丰路
裕安路
虞宁线
虞宜线
暨南大道
苏虞张公路
成果范围图
无锡市
千米

天宁区
沪宁城际铁路
沪蓉高速
G42
惠平路
Z01001
28424
惠山站
京沪铁路
惠山区
惠山区图书馆
中惠大道
沪武高速
G4221
武进区
Z01005
15425
Z01004
16121
北环路
洛南大道
新长铁路
沪宜高速
Z01007
14063
Z01005
27661
Z01006
14510
Z01004
17600
阳山桃花源景区
Z01008
10171
S48
锡惠园林文物名胜区
太湖学院
市第四人民医院
Z01002
31391
Z01001
55886
市第二人民医院
梁溪区
Z01001
26215
梅园横山风景区
Z01003
10657
Z01007
12015
大箕山
无锡博物院
无锡图书馆
Z01002
28240
市中医医院
Z01006
23192
滨湖区
滨湖区图书馆
太湖鼋头渚风景区
S58
沪常高速
环太湖公路
蠡湖
H01001
40705
金匮公园
Z01006
11952
水浒城
江南大学
Z01005
40841
中央电视台无锡影视基地
三国水浒景区
Z01009
32703
尚贤河湿地公园
宜兴市
梅梁路
太湖隧道
雪浪山景区
Z01004
28902
龙寺生态园
灵山大佛
灵山景区
太湖
太湖龙头渚风景区

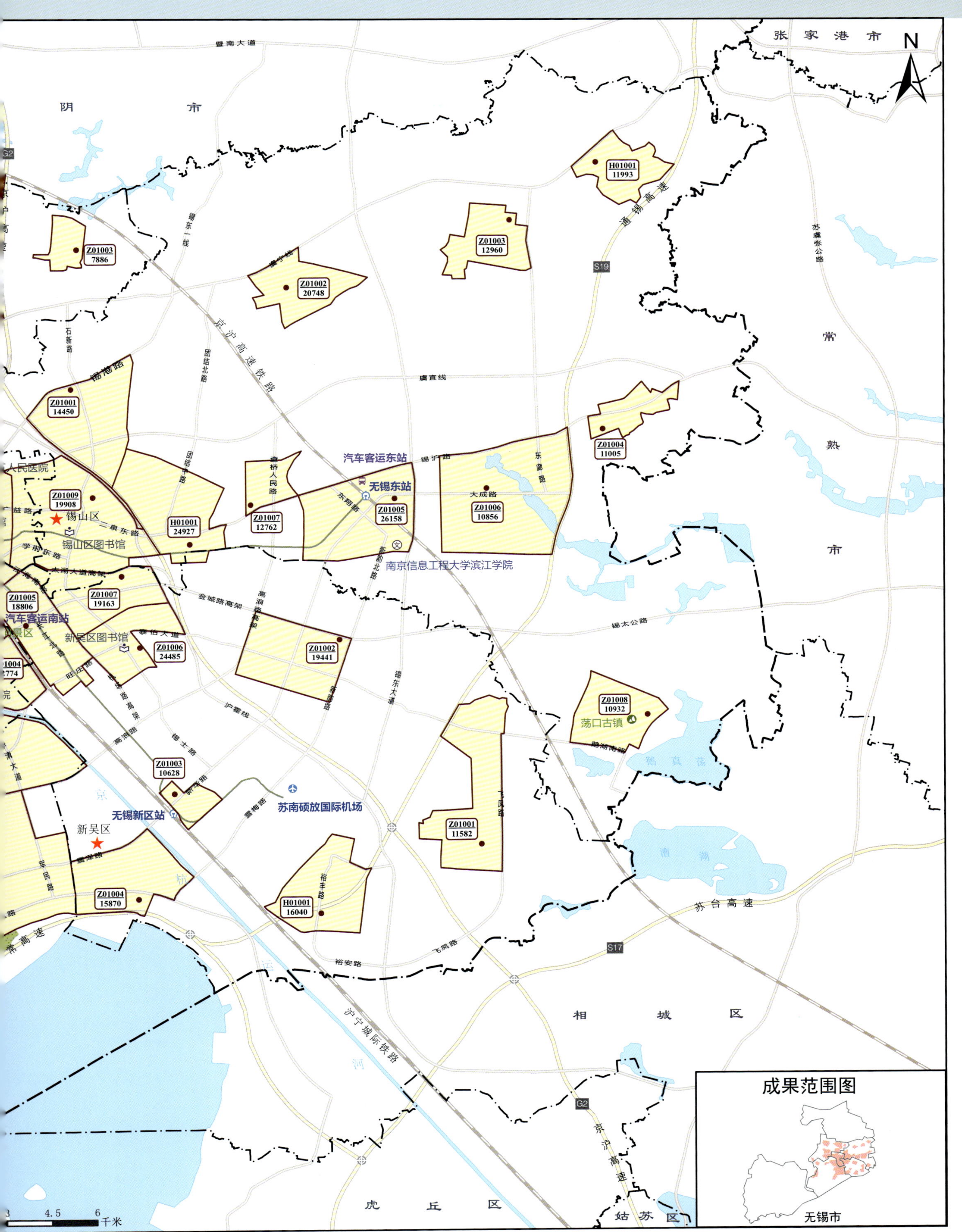

成果范围图
无锡市
锡山区
新吴区
相城区
虎丘区
姑苏区
张家港市
常熟市
江阴市
汽车客运东站
无锡东站
南京信息工程大学滨江学院
锡山区图书馆
新吴区图书馆
汽车客运南站
无锡新区站
苏南硕放国际机场
荡口古镇
鹅真荡
漕湖
沪宁城际铁路
京沪高速铁路
京沪高速
苏台高速
通锡高速
H01001 11993
Z01003 12960
Z01003 7886
Z01002 20748
Z01001 14450
Z01004 11005
Z01009 19908
H01001 24927
Z01007 12762
Z01005 26158
Z01006 10856
Z01005 18806
Z01007 19163
Z01006 24485
Z01002 19441
Z01008 10932
Z01003 10628
Z01001 11582
Z01004 15870
H01001 16040

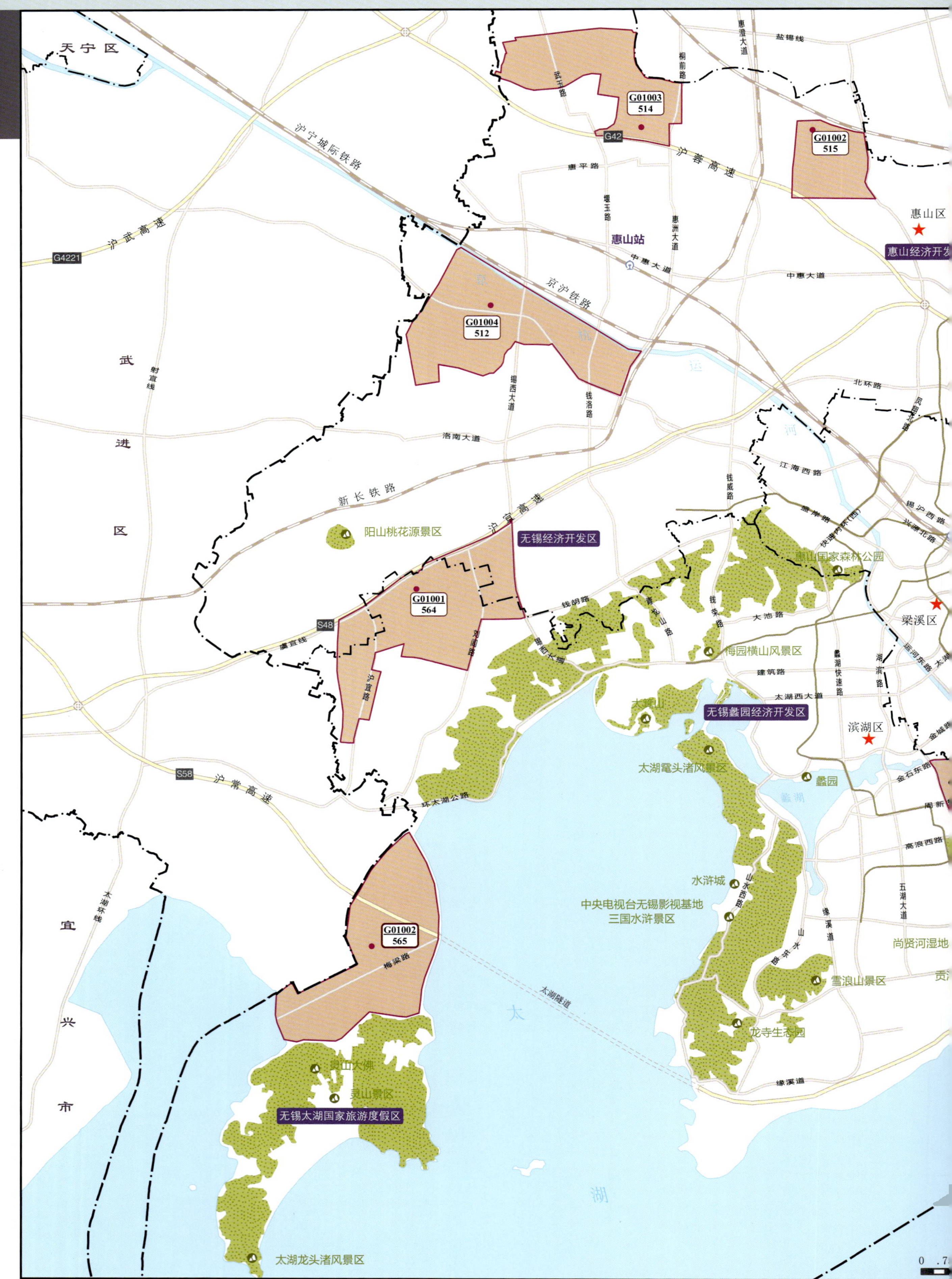

天宁区
沪宁城际铁路
G01003
514
G01002
515
G42
沪蓉高速
唐平路
惠山区
惠山站
中惠大道
惠山经济开发区
G4221
沪武高速
京沪铁路
G01004
512
武
进
区
锡西大道
钱洛路
北环路
洛南大道
江海西路
新长铁路
阳山桃花源景区
无锡经济开发区
惠山国家森林公园
G01001
564
S48
钱胡路
大池路
梁溪区
梅园横山风景区
建筑路
太湖西大道
无锡蠡园经济开发区
滨湖区
S58
沪常高速
太湖鼋头渚风景区
蠡园
环太湖公路
金石东路
高浪西路
宜
兴
市
水浒城
中央电视台无锡影视基地
三国水浒景区
G01002
565
梅梁路
太湖隧道
尚贤河湿地
雪浪山景区
龙寺生态园
灵山大佛
灵山景区
无锡太湖国家旅游度假区
太
湖
太湖龙头渚风景区

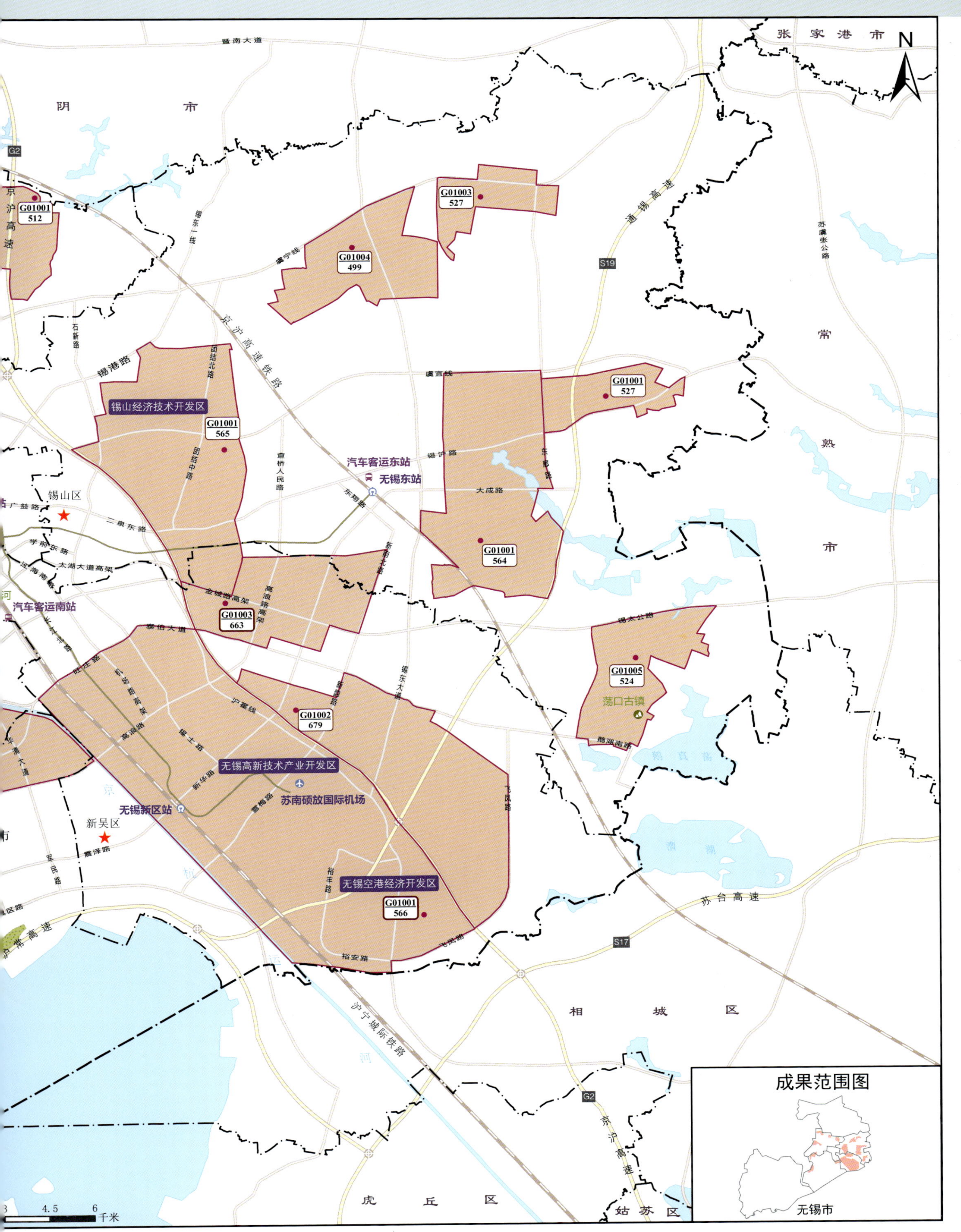

G01001
512
G01004
499
G01003
527
G01001
565
G01001
527
G01001
564
G01003
663
G01005
524
G01002
679
G01001
566
锡山经济技术开发区
无锡高新技术产业开发区
无锡空港经济开发区
苏南硕放国际机场
汽车客运东站
无锡东站
汽车客运南站
无锡新区站
锡山区
新吴区
荡口古镇
张家港市
常熟市
相城区
虎丘区
姑苏区
苏台高速
京沪高速
通锡高速
京沪高速铁路
沪宁城际铁路
成果范围图
无锡市
千米

地价成果图

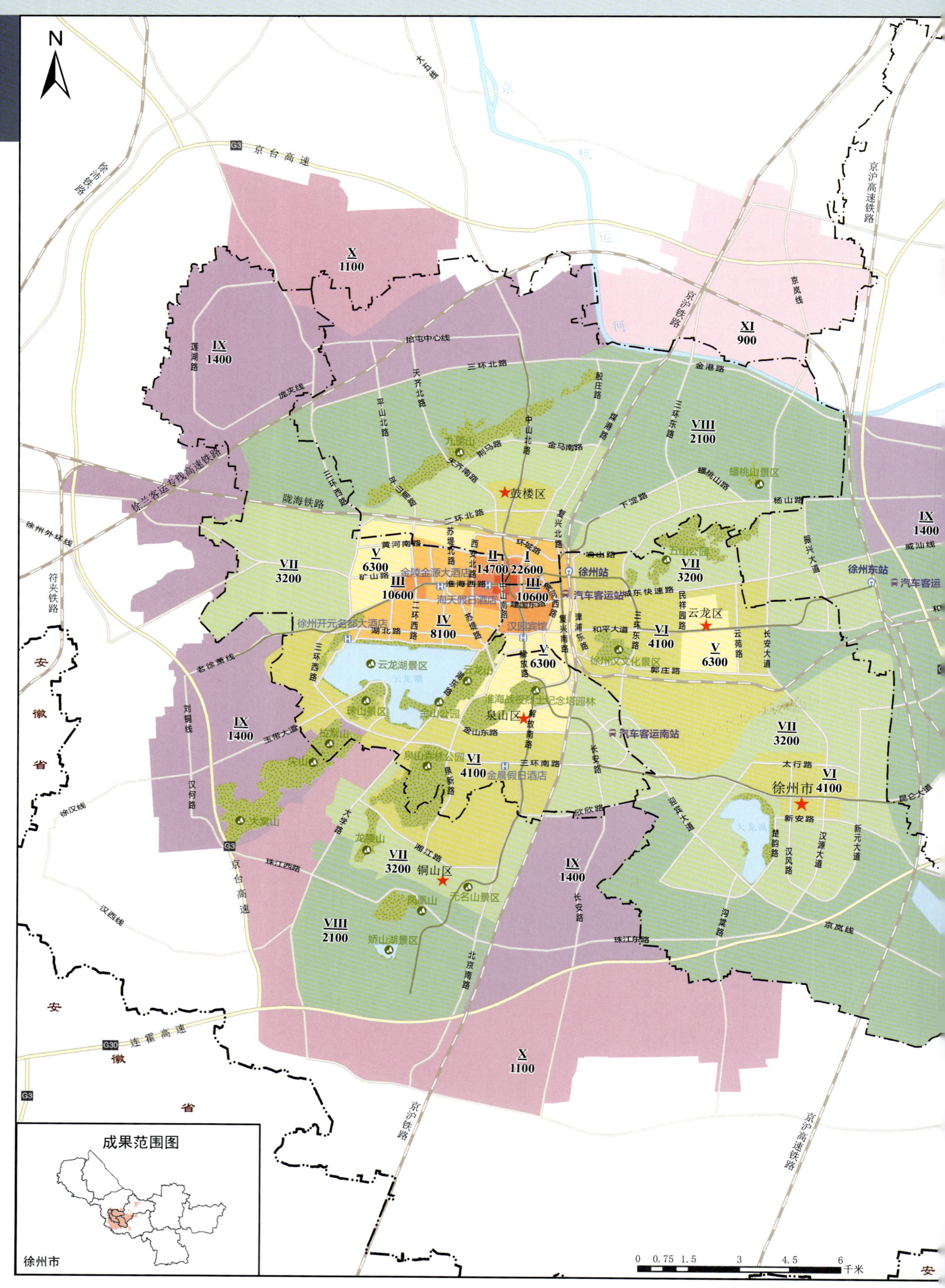
N
京台高速
京杭运河
X
1100
IX
1400
XI
900
VIII
2100
VII
3200
V
6300
II
14700
I
22600
III
10600
IV
8100
VI
4100
鼓楼区
云龙区
泉山区
铜山区
徐州市
徐州站
徐州东站
汽车客运站
汽车客运南站
金陵金源大酒店
海天假日酒店
汉园宾馆
徐州开元名都大酒店
金晨假日酒店
云龙湖景区
云龙山
金山公园
珠山景区
拉犁山
泉山森林公园
淮海战役烈士纪念塔园林
徐州汉文化景区
五山公园
蟠桃山景区
九里山
龙晨山
凤凰山
无名山景区
娇山湖景区
大龙湖
三环北路
二环北路
三环东路
三环西路
三环南路
陇海铁路
京沪铁路
京沪高速铁路
徐兰客运专线高速铁路
连霍高速
安徽省
成果范围图
徐州市
0 0.75 1.5 3 4.5 6 千米

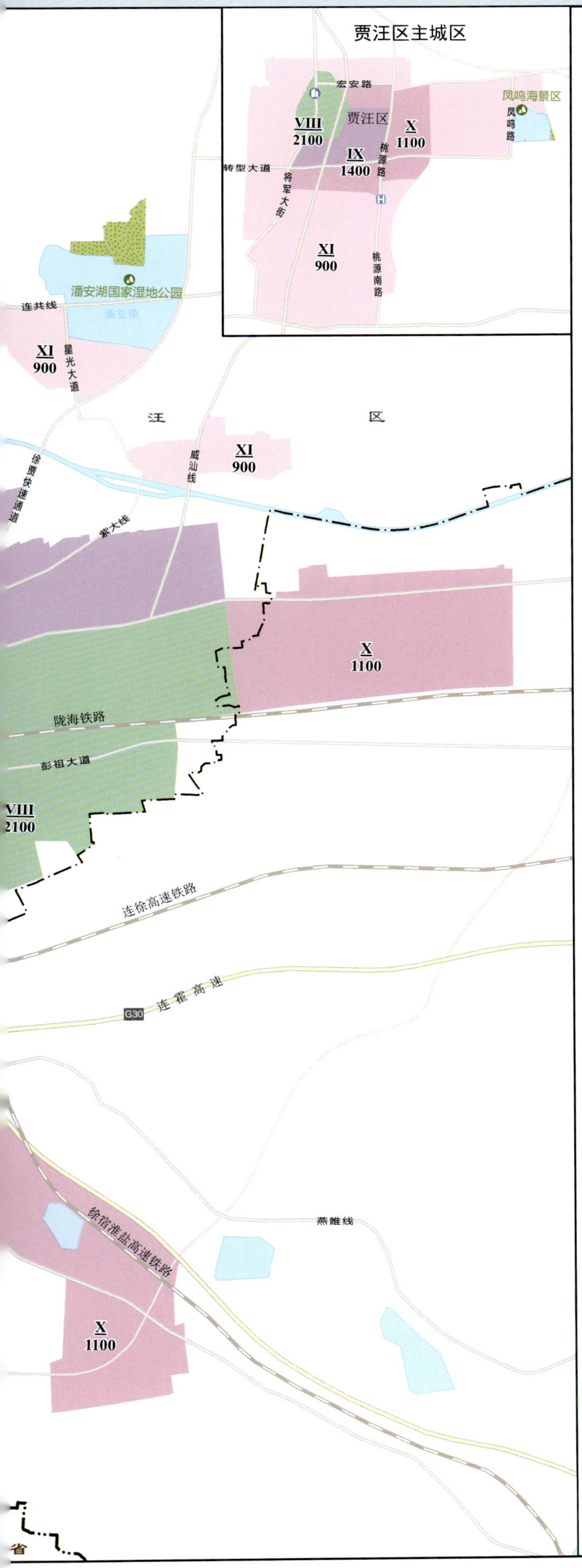

贾汪区主城区

宏安路
凤鸣海景区
凤鸣路
贾汪区
VIII
2100
X
1100
IX
1400
转型大道
将军大街
桃源路
XI
900
桃源南路
潘安湖国家湿地公园
潘安湖
连共线
XI
900
星光大道
汪
区
XI
900
威汕线
徐贾快速通道
紫大线
X
1100
陇海铁路
彭祖大道
VIII
2100
连徐高速铁路
G30
连霍高速
燕睢线
徐宿淮盐高速铁路
X
1100
省

徐州市区商服用地(国有)级别基准地价

级别	基准地价（元/平方米）	设定容积率	设定开发程度
I	22600	2.8	七通一平
II	14700	2.7	七通一平
III	10600	2.6	七通一平
IV	8100	2.5	七通一平
V	6300	2.3	七通一平
VI	4100	2.2	七通一平
VII	3200	2.0	七通一平
VIII	2100	1.8	七通一平
IX	1400	1.8	六通一平
X	1100	1.6	五通一平
XI	900	1.6	五通一平

（估价期日：2021年1月1日）

徐州市区商服用地(国有)动态监测地价增长率

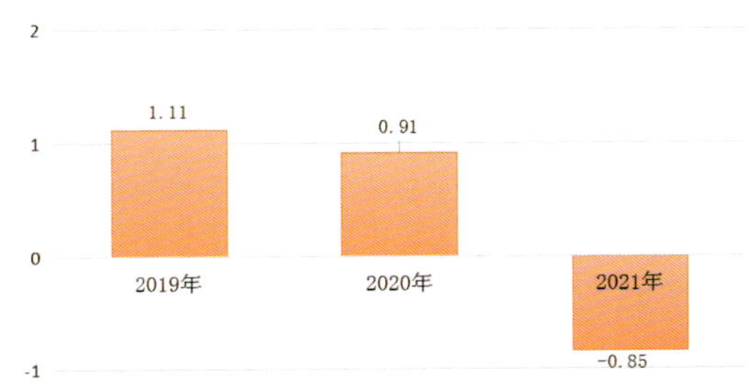

（%）

2
1
0
-1
1.11
0.91
-0.85
2019年
2020年
2021年

2020年徐州市城镇居民人均可支配收入

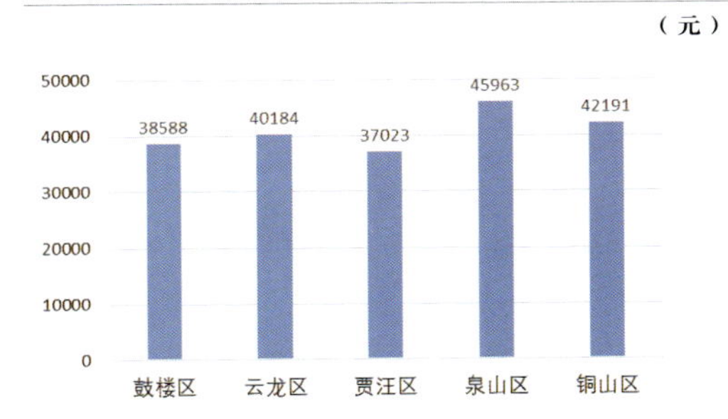

2020年徐州市区社会消费品零售总额

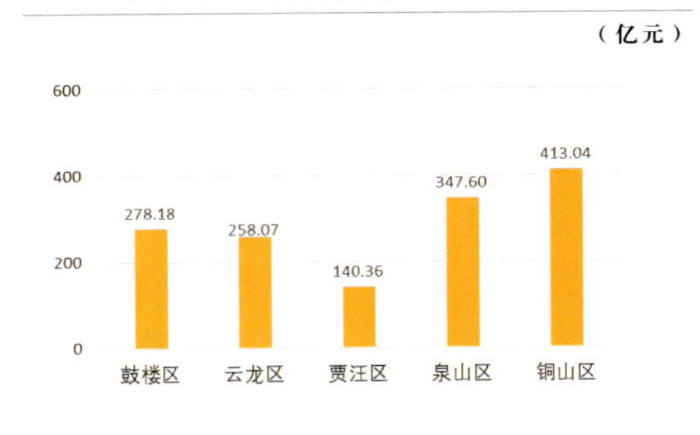

地价成果图

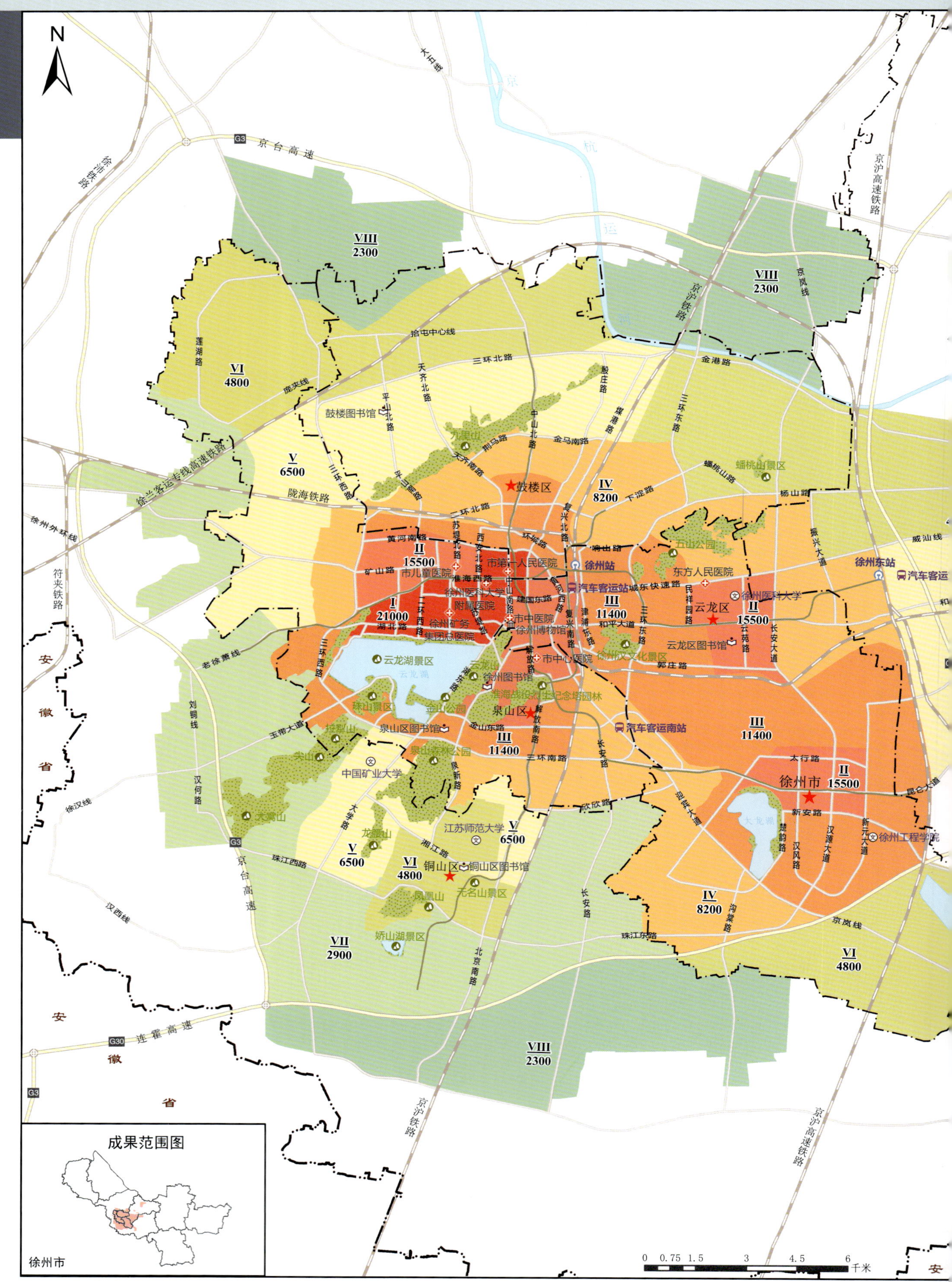

I
21000
II
15500
III
11400
IV
8200
V
6500
VI
4800
VII
2900
VIII
2300
鼓楼区
云龙区
泉山区
铜山区
徐州市
徐州站
徐州东站
汽车客运站
汽车客运南站
云龙湖景区
成果范围图
徐州市
0 0.75 1.5 3 4.5 6 千米

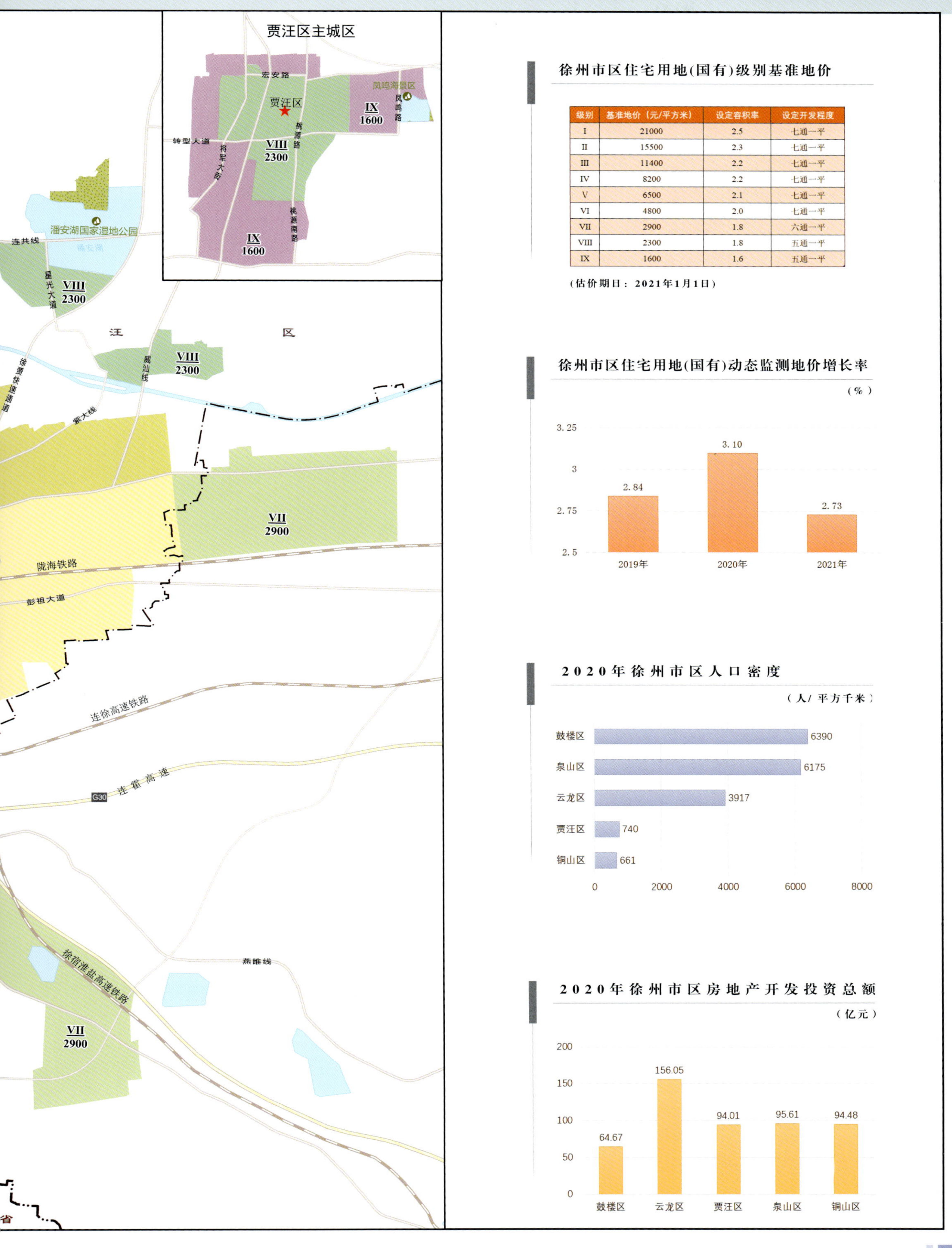

徐州市区住宅用地(国有)级别基准地价

级别	基准地价（元/平方米）	设定容积率	设定开发程度
I	21000	2.5	七通一平
II	15500	2.3	七通一平
III	11400	2.2	七通一平
IV	8200	2.2	七通一平
V	6500	2.1	七通一平
VI	4800	2.0	七通一平
VII	2900	1.8	六通一平
VIII	2300	1.8	五通一平
IX	1600	1.6	五通一平

（估价期日：2021年1月1日）

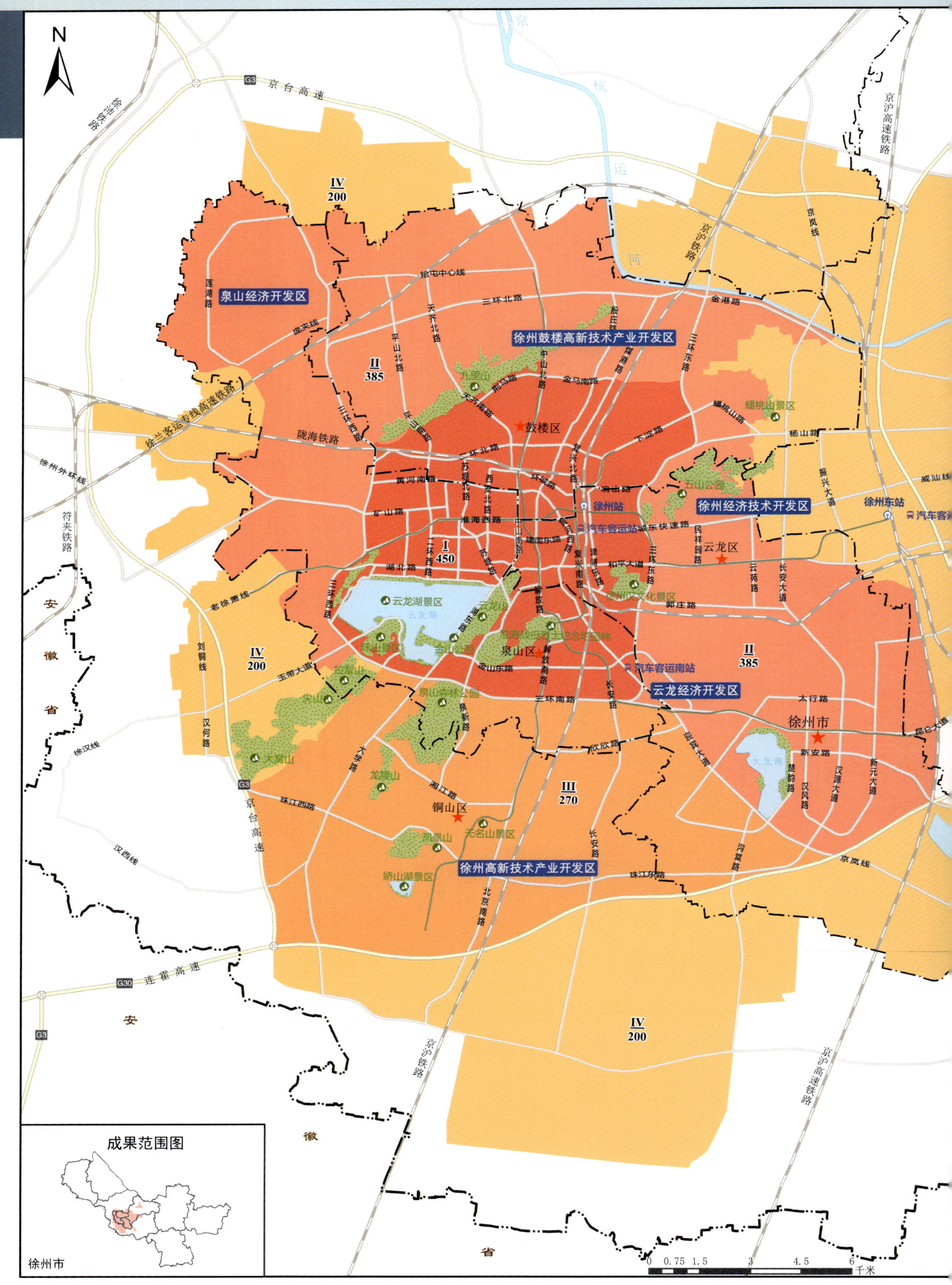
泉山经济开发区
徐州鼓楼高新技术产业开发区
徐州经济技术开发区
云龙经济开发区
徐州高新技术产业开发区
鼓楼区
泉山区
云龙区
铜山区
徐州市
徐州站
徐州东站
汽车客运站
汽车客运南站
云龙湖景区
云龙湖
大龙湖
I
450
II
385
III
270
IV
200
京台高速
连霍高速
京沪铁路
京沪高速铁路
陇海铁路
徐兰客运专线高速铁路
徐州外环线
三环北路
三环东路
三环西路
三环南路
二环北路
二环西路
中山北路
中山南路
解放南路
淮海西路
建国东路
和平大道
湖北路
黄河南路
矿山路
玉带大道
珠江西路
珠江东路
湘江路
北京南路
长安路
新安路
汉源大道
新元大道
太行路
京岚线
成果范围图
徐州市
0 0.75 1.5 3 4.5 6
千米

工矿仓储用地(国有)级别基准地价图

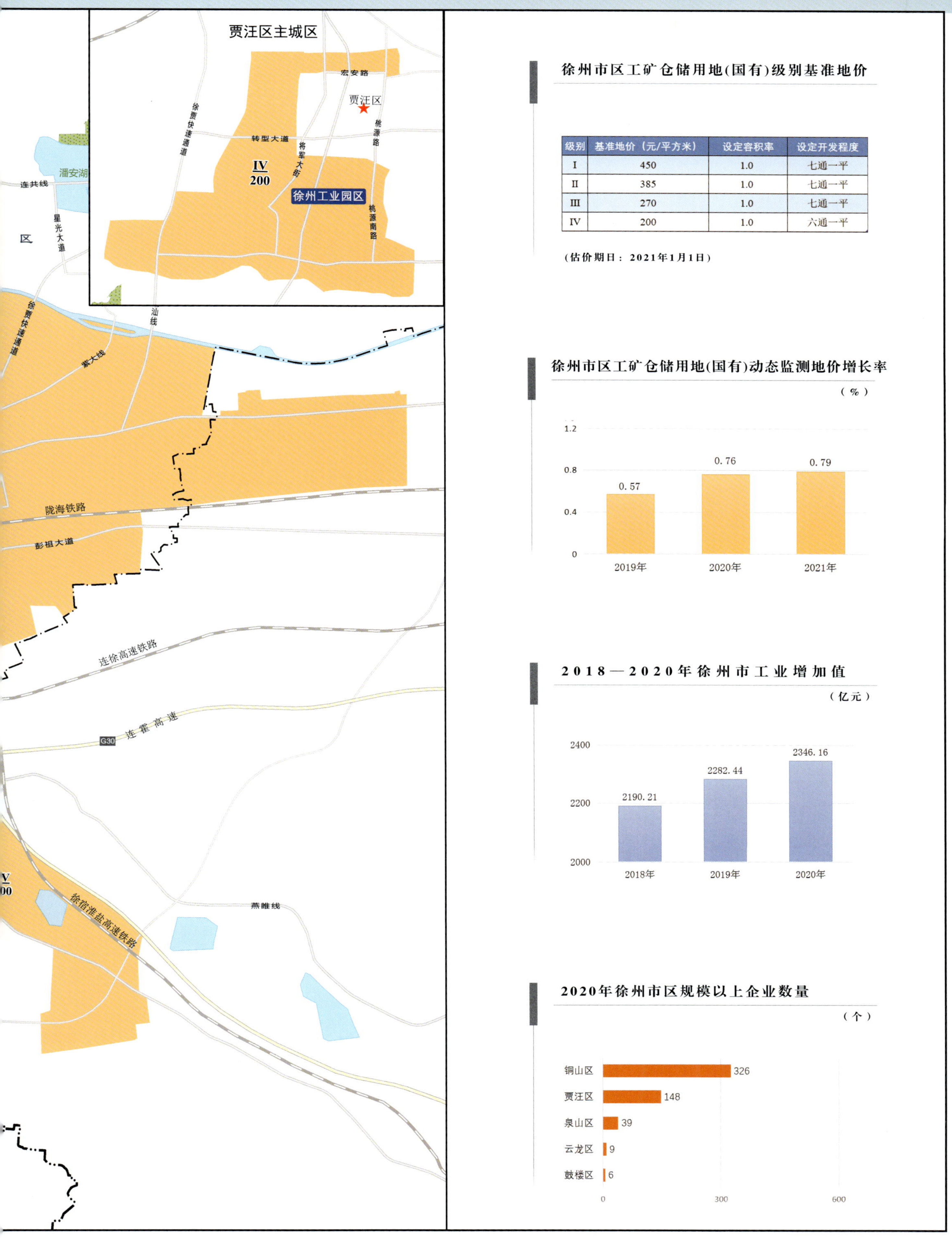

徐州市区工矿仓储用地(国有)级别基准地价

级别	基准地价(元/平方米)	设定容积率	设定开发程度
I	450	1.0	七通一平
II	385	1.0	七通一平
III	270	1.0	七通一平
IV	200	1.0	六通一平

(估价期日：2021年1月1日)

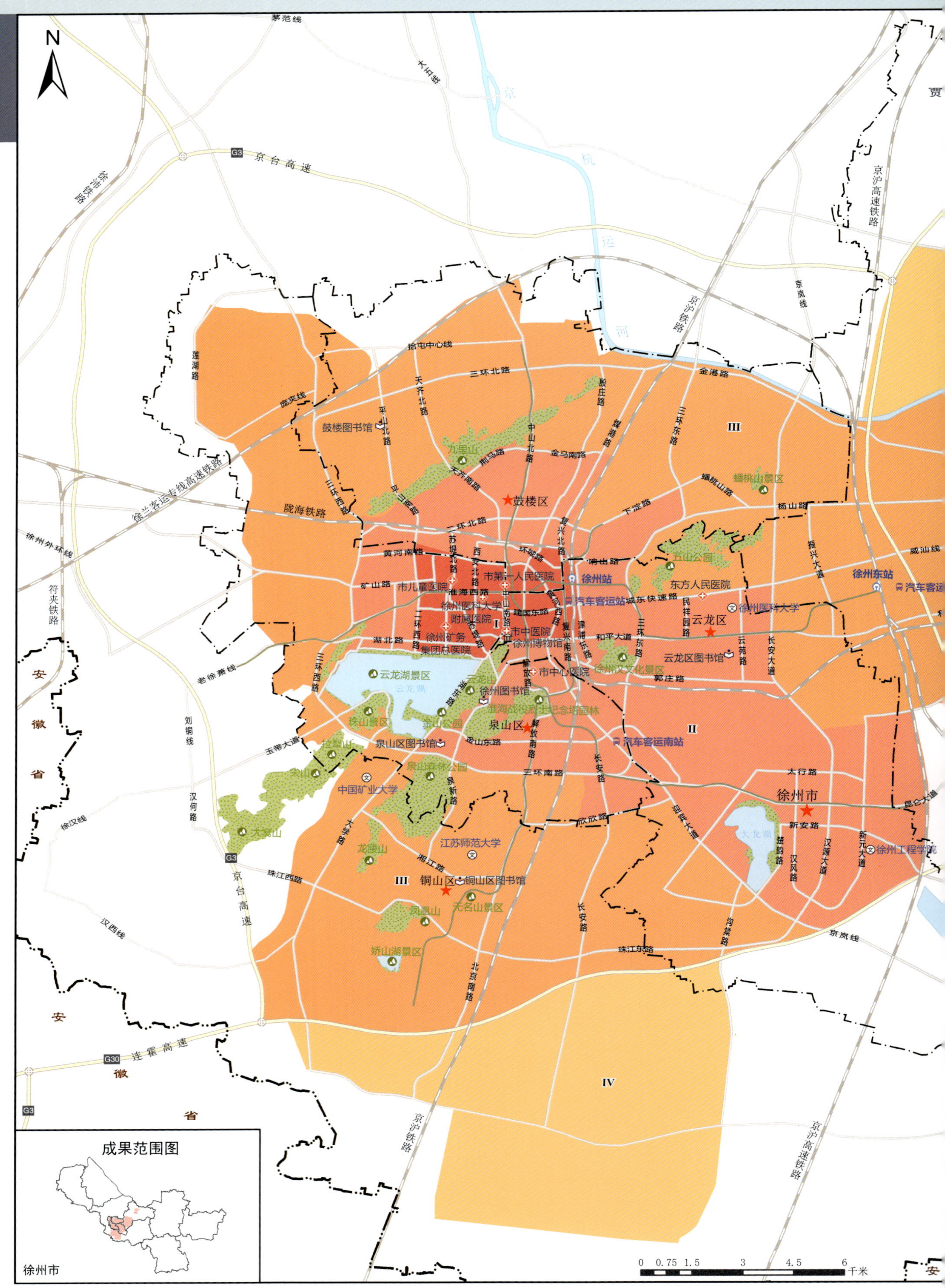
鼓楼区
云龙区
泉山区
铜山区
徐州市
徐州站
徐州东站
汽车客运站
汽车客运南站
京台高速
连霍高速
京沪铁路
京沪高速铁路
陇海铁路
徐兰客运专线高速铁路
京杭运河
云龙湖景区
云龙湖
大龙湖
鼓楼图书馆
泉山区图书馆
铜山区图书馆
云龙区图书馆
徐州图书馆
徐州博物馆
中国矿业大学
江苏师范大学
徐州医科大学
徐州工程学院
市第一人民医院
市儿童医院
市中医院
市中心医院
东方人民医院
徐州医科大学附属医院
徐州矿务集团总医院
九里山
五山公园
云龙山
金山公园
珠山景区
拖龙山
泉山森林公园
淮海战役烈士纪念塔园林
徐州汉文化景区
蟠桃山景区
大洞山
凤凰山
无名山景区
娇山湖景区
龙膝山
I
II
III
IV
安徽省
成果范围图
徐州市
0 0.75 1.5 3 4.5 6 千米

公共管理与公共服务用地（国有）级别基准地价图

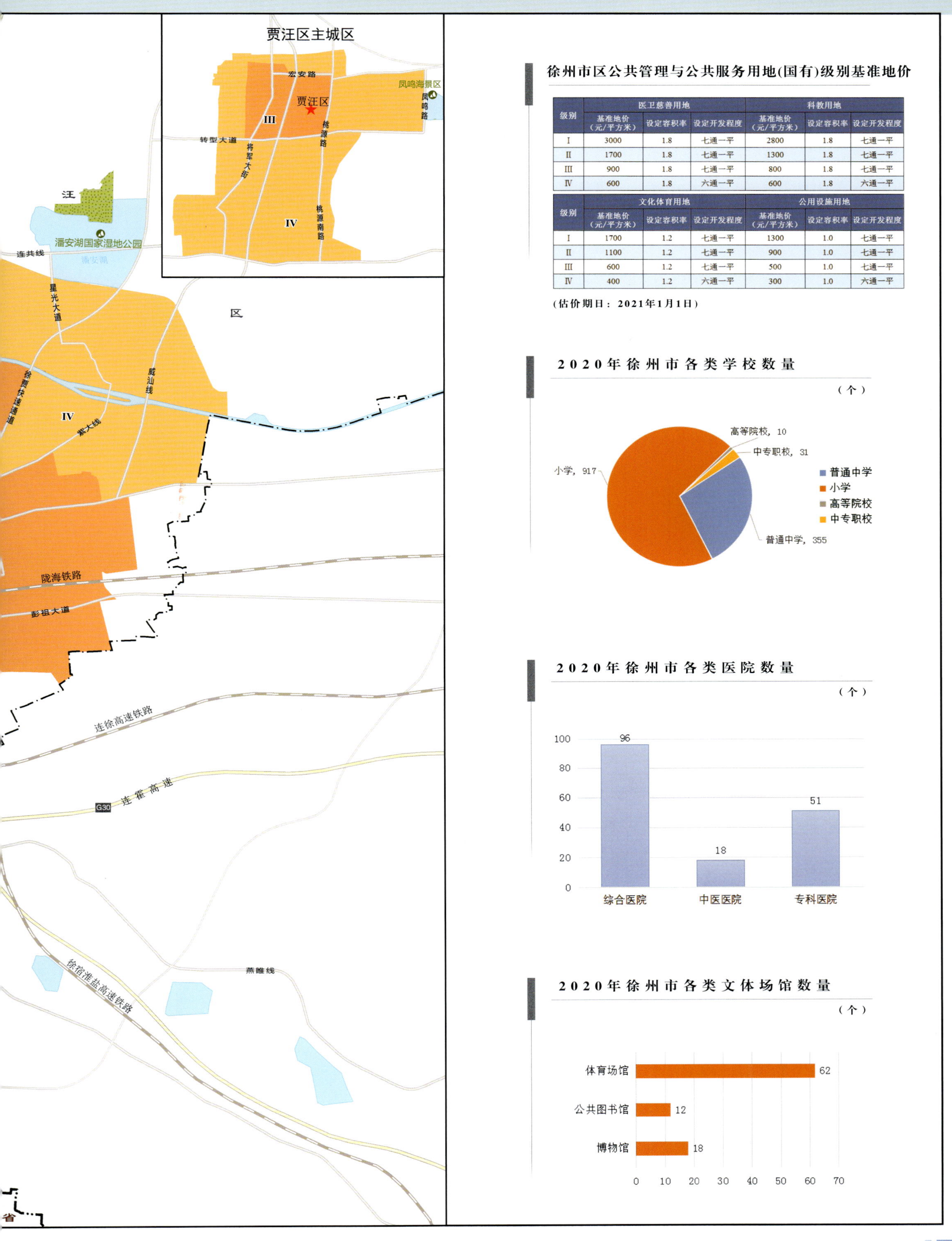

徐州市区公共管理与公共服务用地(国有)级别基准地价

级别	医卫慈善用地			科教用地		
	基准地价（元/平方米）	设定容积率	设定开发程度	基准地价（元/平方米）	设定容积率	设定开发程度
I	3000	1.8	七通一平	2800	1.8	七通一平
II	1700	1.8	七通一平	1300	1.8	七通一平
III	900	1.8	七通一平	800	1.8	七通一平
IV	600	1.8	六通一平	600	1.8	六通一平

级别	文化体育用地			公用设施用地		
	基准地价（元/平方米）	设定容积率	设定开发程度	基准地价（元/平方米）	设定容积率	设定开发程度
I	1700	1.2	七通一平	1300	1.0	七通一平
II	1100	1.2	七通一平	900	1.0	七通一平
III	600	1.2	七通一平	500	1.0	七通一平
IV	400	1.2	六通一平	300	1.0	六通一平

（估价期日：2021年1月1日）

2020年徐州市各类学校数量

2020年徐州市各类医院数量

2020年徐州市各类文体场馆数量

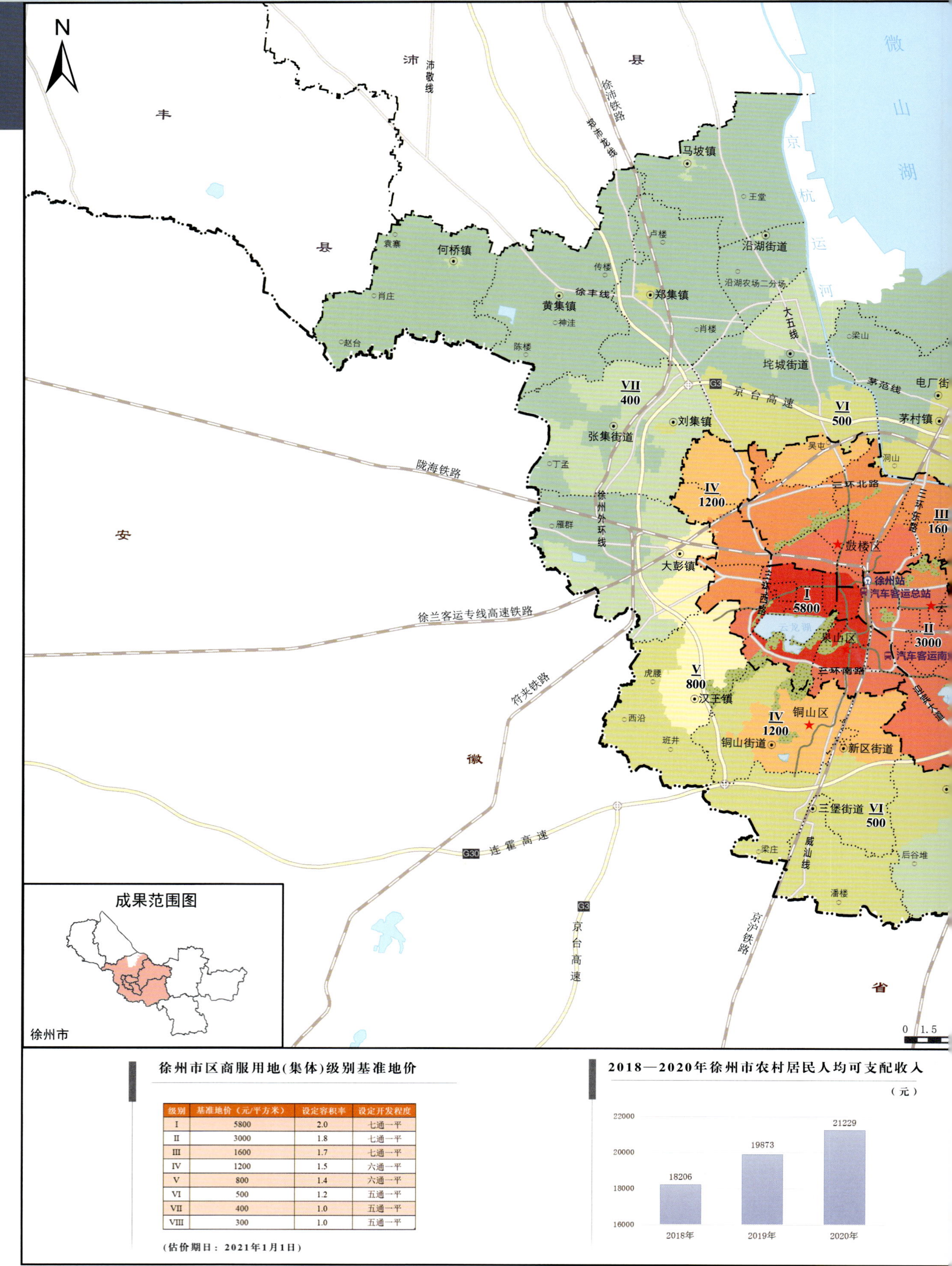

徐州市区商服用地(集体)级别基准地价

级别	基准地价（元/平方米）	设定容积率	设定开发程度
I	5800	2.0	七通一平
II	3000	1.8	七通一平
III	1600	1.7	七通一平
IV	1200	1.5	六通一平
V	800	1.4	六通一平
VI	500	1.2	五通一平
VII	400	1.0	五通一平
VIII	300	1.0	五通一平

(估价期日：2021年1月1日)

2018—2020年徐州市农村居民人均可支配收入

商服用地(集体)级别基准地价图

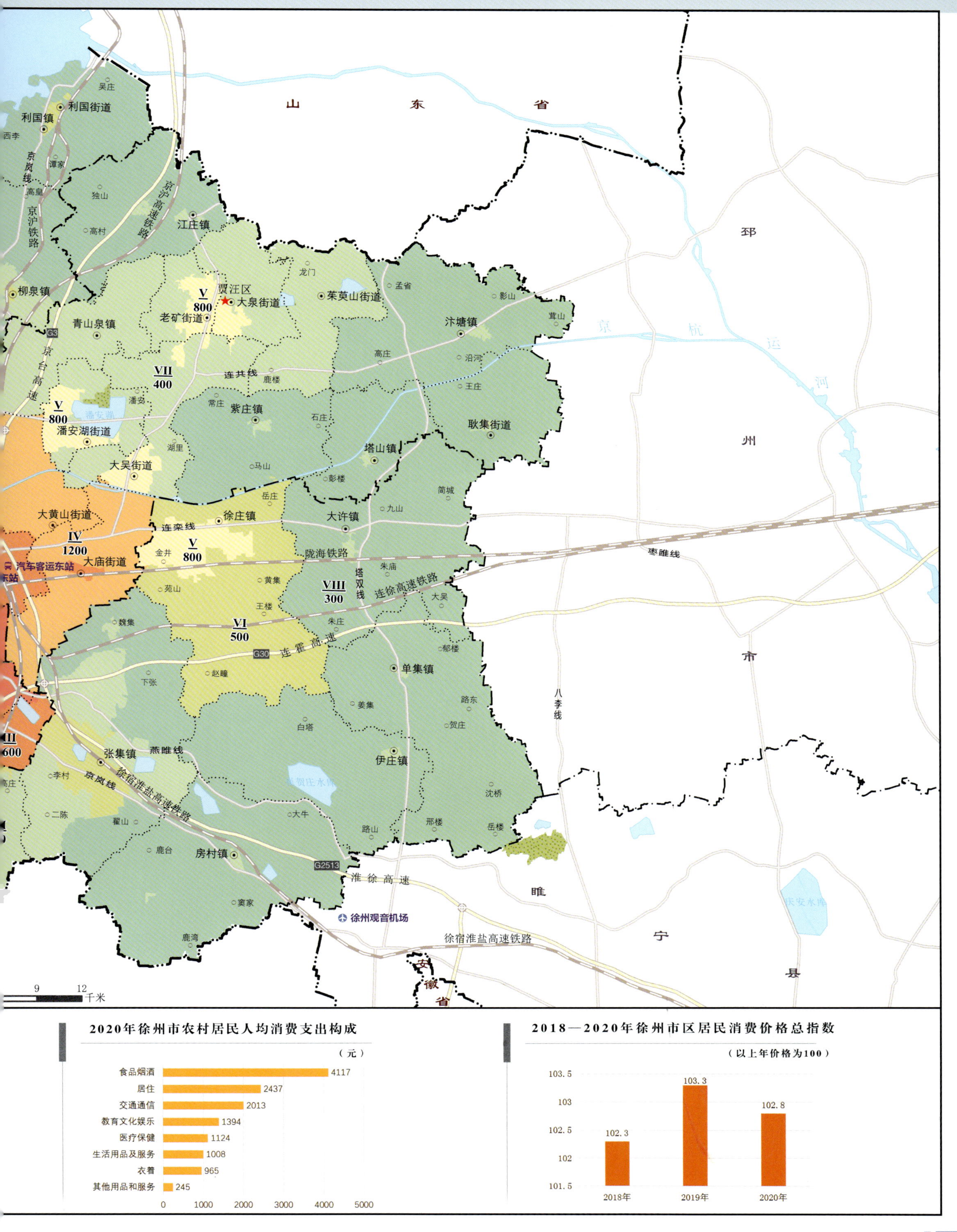

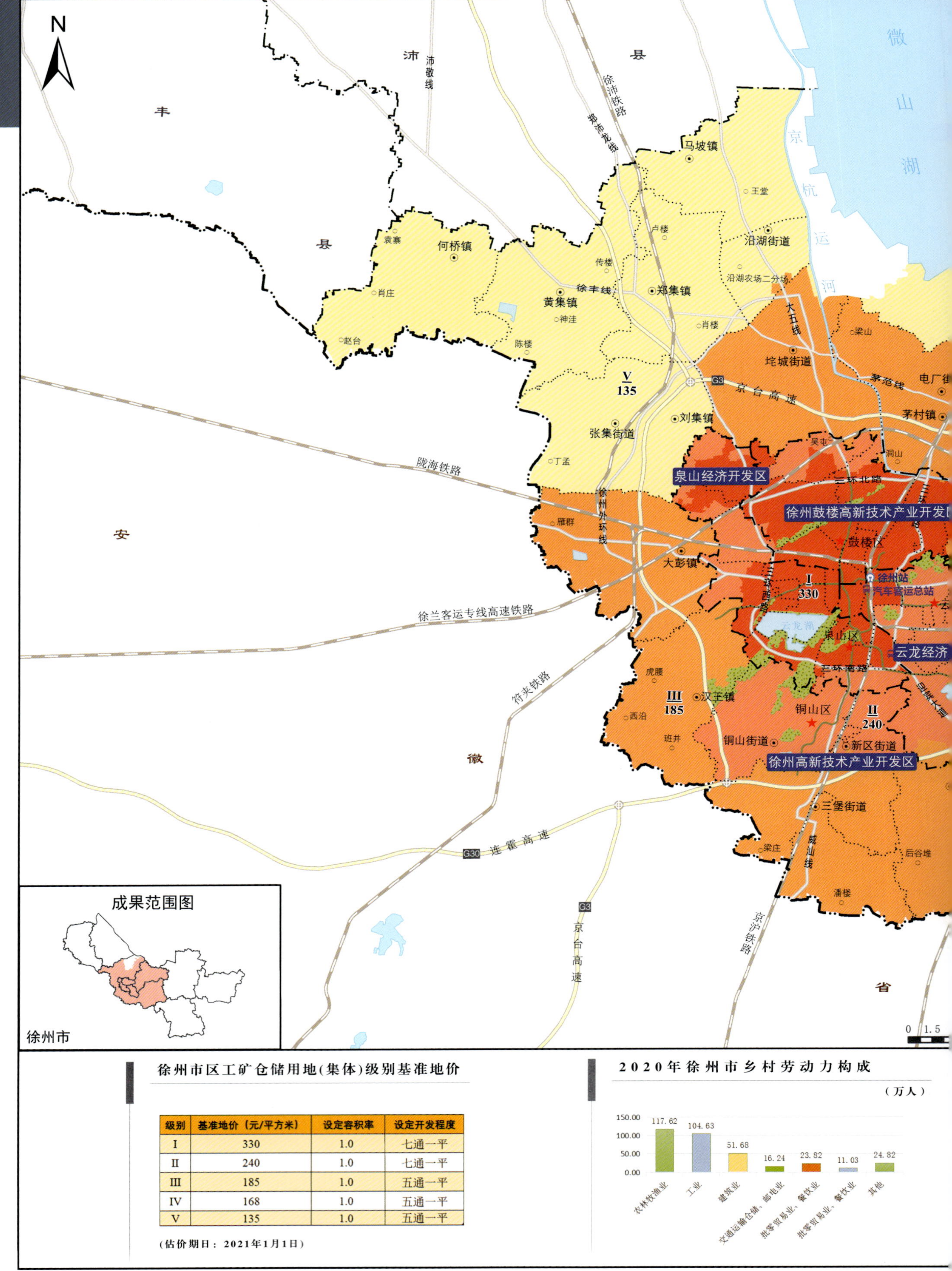

徐州市区工矿仓储用地(集体)级别基准地价

级别	基准地价(元/平方米)	设定容积率	设定开发程度
I	330	1.0	七通一平
II	240	1.0	七通一平
III	185	1.0	五通一平
IV	168	1.0	五通一平
V	135	1.0	五通一平

(估价期日：2021年1月1日)

2020年徐州市乡村劳动力构成

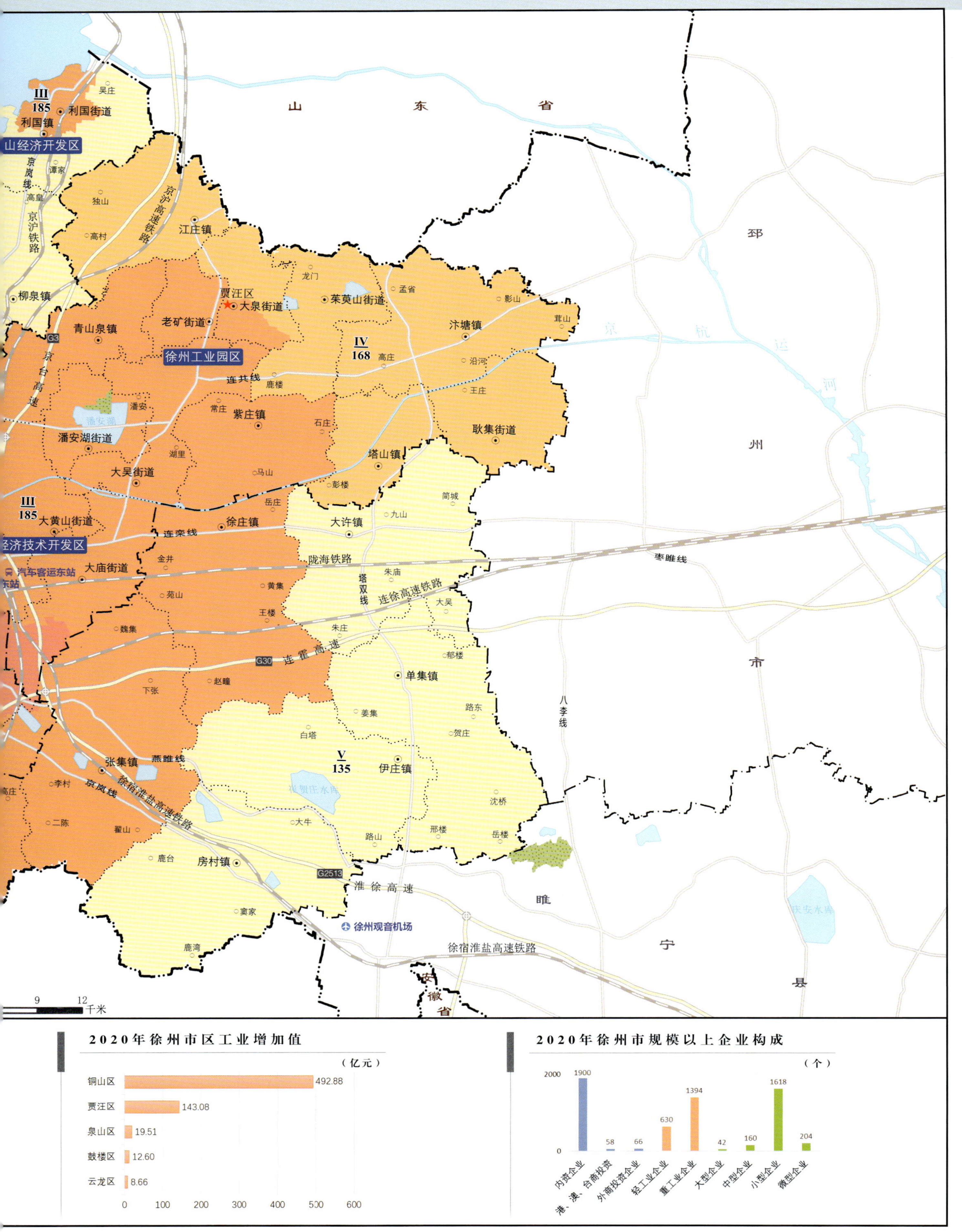
山　　东　　省
邳
州
市
睢
宁
县
安
徽
省
吴庄
利国街道
利国镇
山经济开发区
谭家
独山
高皇
高村
江庄镇
京沪高速铁路
京岚线
京沪铁路
柳泉镇
龙门
孟省
影山
贾汪区
大泉街道
茱萸山街道
青山泉镇
老矿街道
汴塘镇
茸山
徐州工业园区
高庄
沿河
连共线
鹿楼
王庄
京台高速
潘安
常庄
紫庄镇
石庄
耿集街道
潘安湖街道
塔山镇
湖里
马山
大吴街道
彭楼
简城
岳庄
大许镇
九山
大黄山街道
徐庄镇
连栾线
经济技术开发区
金井
陇海铁路
枣睢线
汽车客运东站
大庙街道
朱庙
黄集
塔双线
连徐高速铁路
大吴
苑山
王楼
魏集
朱庄
郁楼
连霍高速
单集镇
赵疃
下张
八李线
路东
姜集
贺庄
白塔
张集镇
燕睢线
伊庄镇
李村
京岚线
徐宿淮盐高速铁路
沈桥
大牛
邢楼
二陈
翟山
路山
岳楼
鹿台
房村镇
淮徐高速
窦家
徐州观音机场
庆安水库
鹿湾
徐宿淮盐高速铁路
千米
2020年徐州市区工业增加值
(亿元)
铜山区 492.88
贾汪区 143.08
泉山区 19.51
鼓楼区 12.60
云龙区 8.66
2020年徐州市规模以上企业构成
(个)
内资企业 1900
港、澳、台商投资 58
外商投资企业 66
轻工业企业 630
重工业企业 1394
大型企业 42
中型企业 160
小型企业 1618
微型企业 204

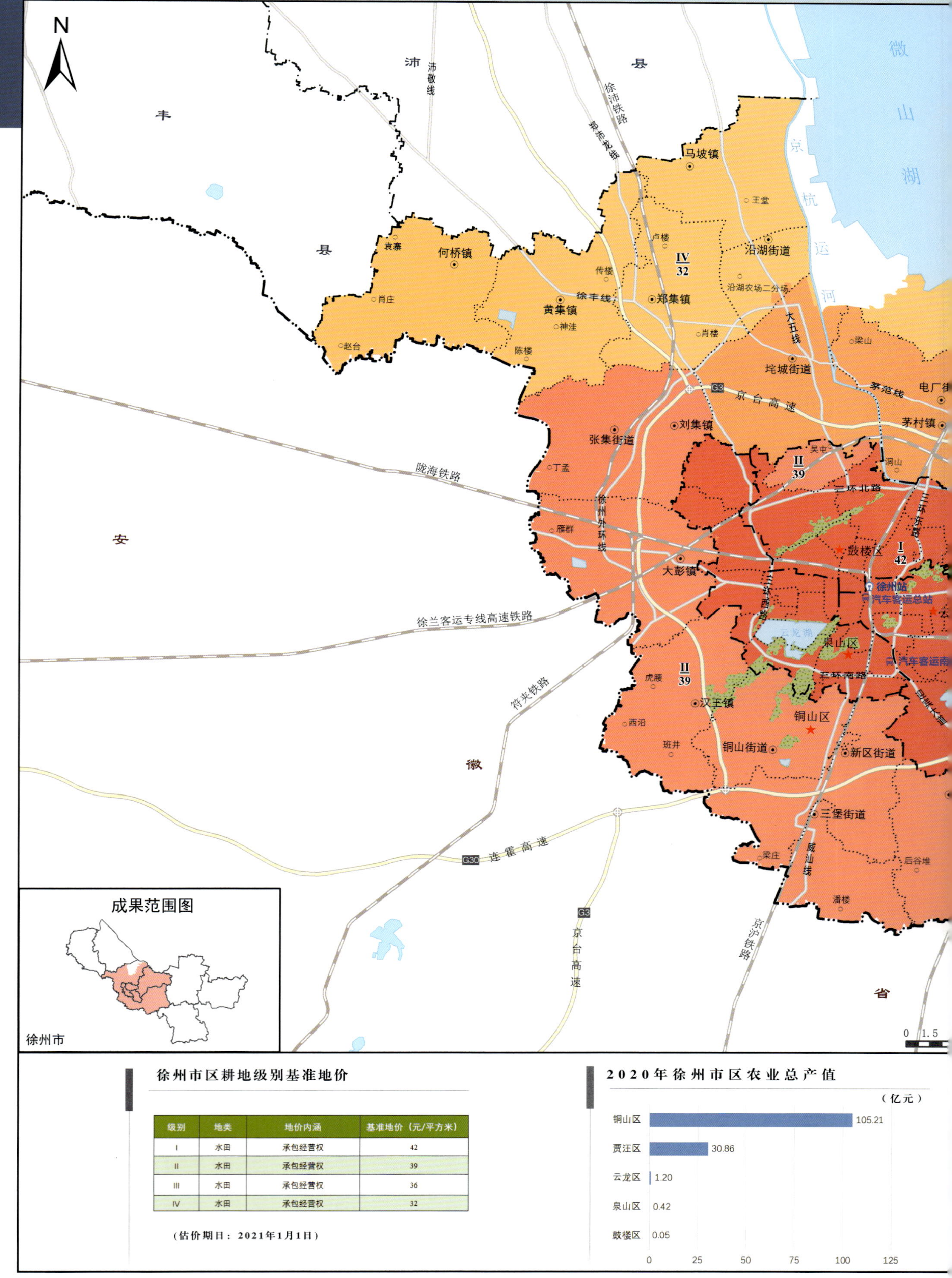

徐州市区耕地级别基准地价

级别	地类	地价内涵	基准地价（元/平方米）
I	水田	承包经营权	42
II	水田	承包经营权	39
III	水田	承包经营权	36
IV	水田	承包经营权	32

（估价期日：2021年1月1日）

2020年徐州市区农业总产值

（亿元）

区	农业总产值
铜山区	105.21
贾汪区	30.86
云龙区	1.20
泉山区	0.42
鼓楼区	0.05

0 25 50 75 100 125

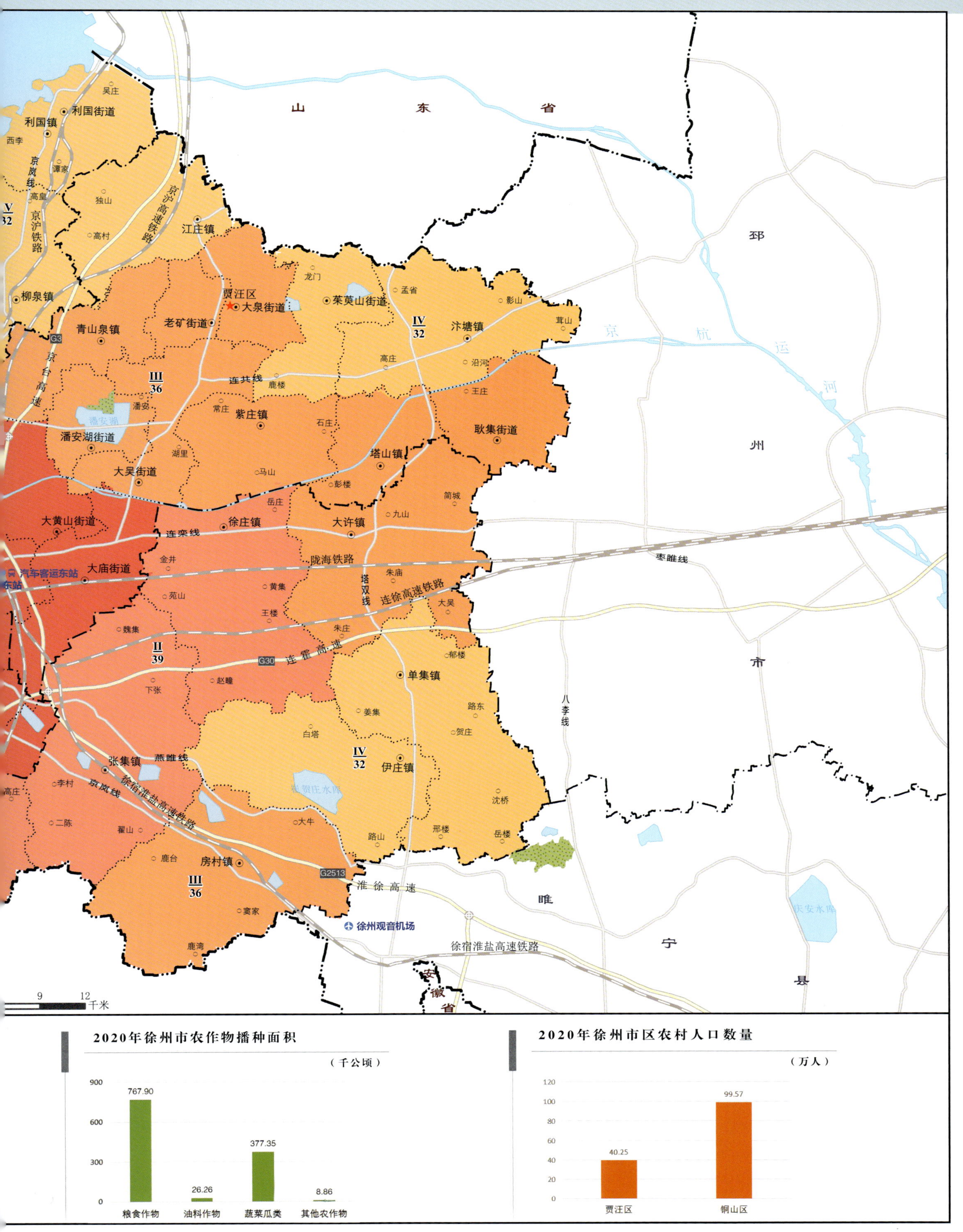
山 东 省
邳
州
市
睢
宁
县
安
徽
省
京 杭 运 河
吴庄
利国街道
利国镇
西李
京岚线
谭家
高皇
京沪铁路
独山
高村
京沪高速铁路
江庄镇
柳泉镇
龙门
贾汪区
大泉街道
茱萸山街道
孟省
彭山
老矿街道
青山泉镇
IV
32
汴塘镇
茸山
G3
京台高速
高庄
沿河
III
36
连共线
鹿楼
潘安
常庄
紫庄镇
王庄
潘安湖
石庄
潘安湖街道
耿集街道
湖里
塔山镇
马山
大吴街道
彭楼
简城
岳庄
九山
大黄山街道
徐庄镇
连霍线
大许镇
金井
陇海铁路
汽车客运东站
大庙街道
朱庙
塔双线
连徐高速铁路
苑山
黄集
大吴
王楼
魏集
朱庄
II
39
G30
连霍高速
郁楼
单集镇
赵疃
下张
八李线
姜集
路东
白塔
贺庄
IV
32
伊庄镇
张集镇
燕睢线
李村
京岚线
徐宿淮盐高速铁路
吕梁水库
沈桥
高庄
二陈
翟山
大牛
邢楼
路山
岳楼
鹿台
房村镇
G2513
III
36
淮徐高速
窦家
徐州观音机场
徐宿淮盐高速铁路
鹿湾
庆安水库
枣睢线
9
12
千米
2020年徐州市农作物播种面积
（千公顷）
900
600
300
0
767.90
26.26
377.35
8.86
粮食作物
油料作物
蔬菜瓜类
其他农作物
2020年徐州市区农村人口数量
（万人）
120
100
80
60
40
20
0
40.25
99.57
贾汪区
铜山区

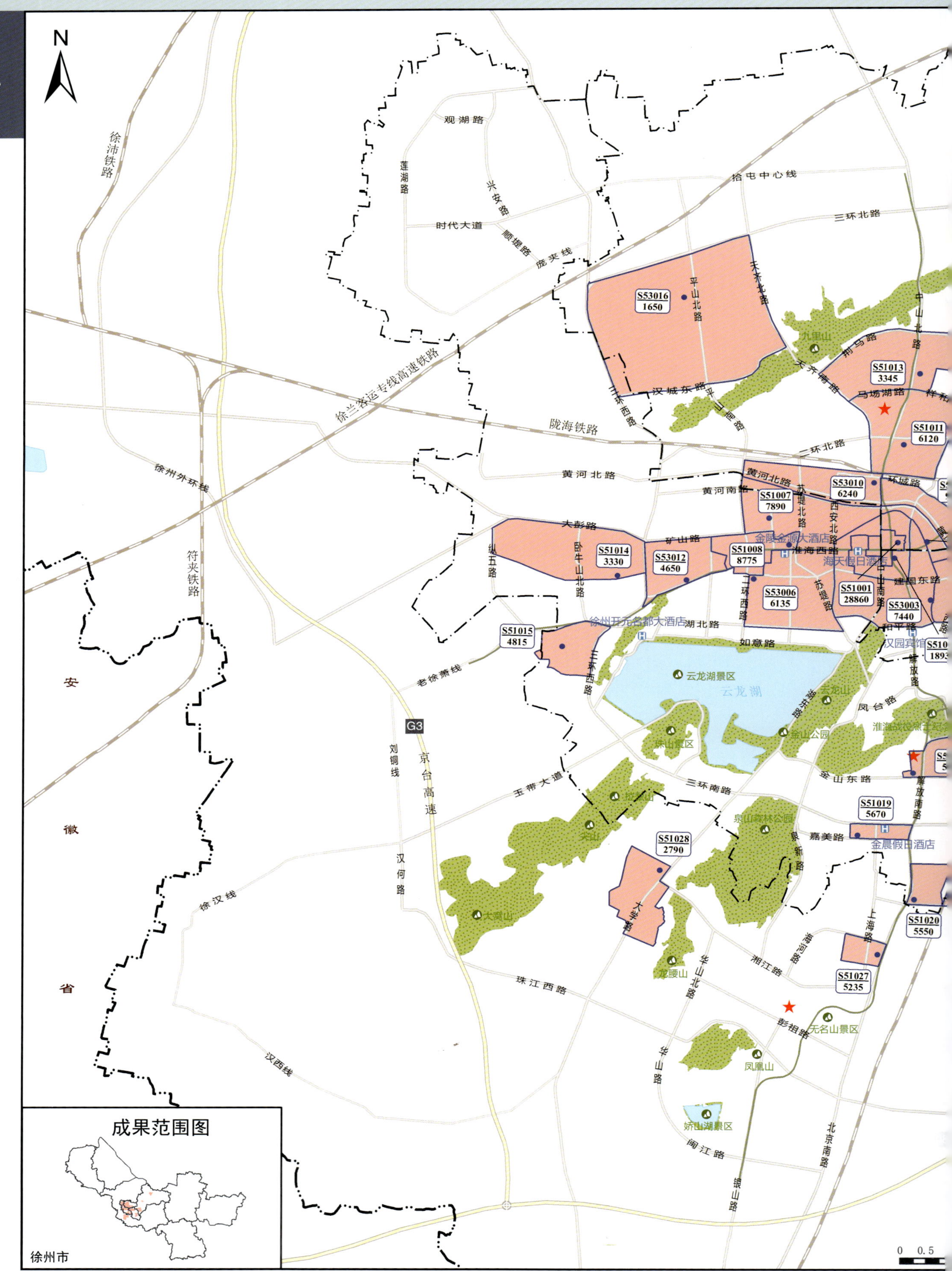
N
S53016
1650
S51013
3345
S51011
6120
S53010
6240
S51007
7890
S51014
3330
S53012
4650
S51008
8775
S53006
6135
S51001
28860
S53003
7440
S51015
4815
S51019
5670
S51028
2790
S51020
5550
S51027
5235
观湖路
莲湖路
兴安路
时代大道
顺堤路
庞夹线
拾屯中心线
三环北路
徐沛铁路
徐兰客运专线高速铁路
陇海铁路
徐州外环线
黄河北路
黄河南路
二环北路
环城路
大彭路
矿山路
淮海西路
卧牛山北路
纵五路
符夹铁路
平山北路
天齐北路
天齐南路
汉城东路
三环西路
马场湖路
中山北路
苏堤北路
西安北路
金陵金润大酒店
海天假日酒店
建国东路
和平路
汉园宾馆
徐州开元名都大酒店
湖北路
如意路
云龙湖景区
云龙湖
云龙山
云龙公园
凤台路
解放南路
金山东路
三环南路
泉山森林公园
嘉美路
金晨假日酒店
泉新路
大学路
龙腰山
华山北路
海河路
湘江路
上海路
珠江西路
彭祖路
无名山景区
凤凰山
华山路
娇山湖景区
闽江路
银山路
北京南路
老徐萧线
G3
京台高速
刘铜线
汉何路
玉带大道
大黄山
徐汉线
汉西线
安
徽
省
成果范围图
徐州市
0 0.5

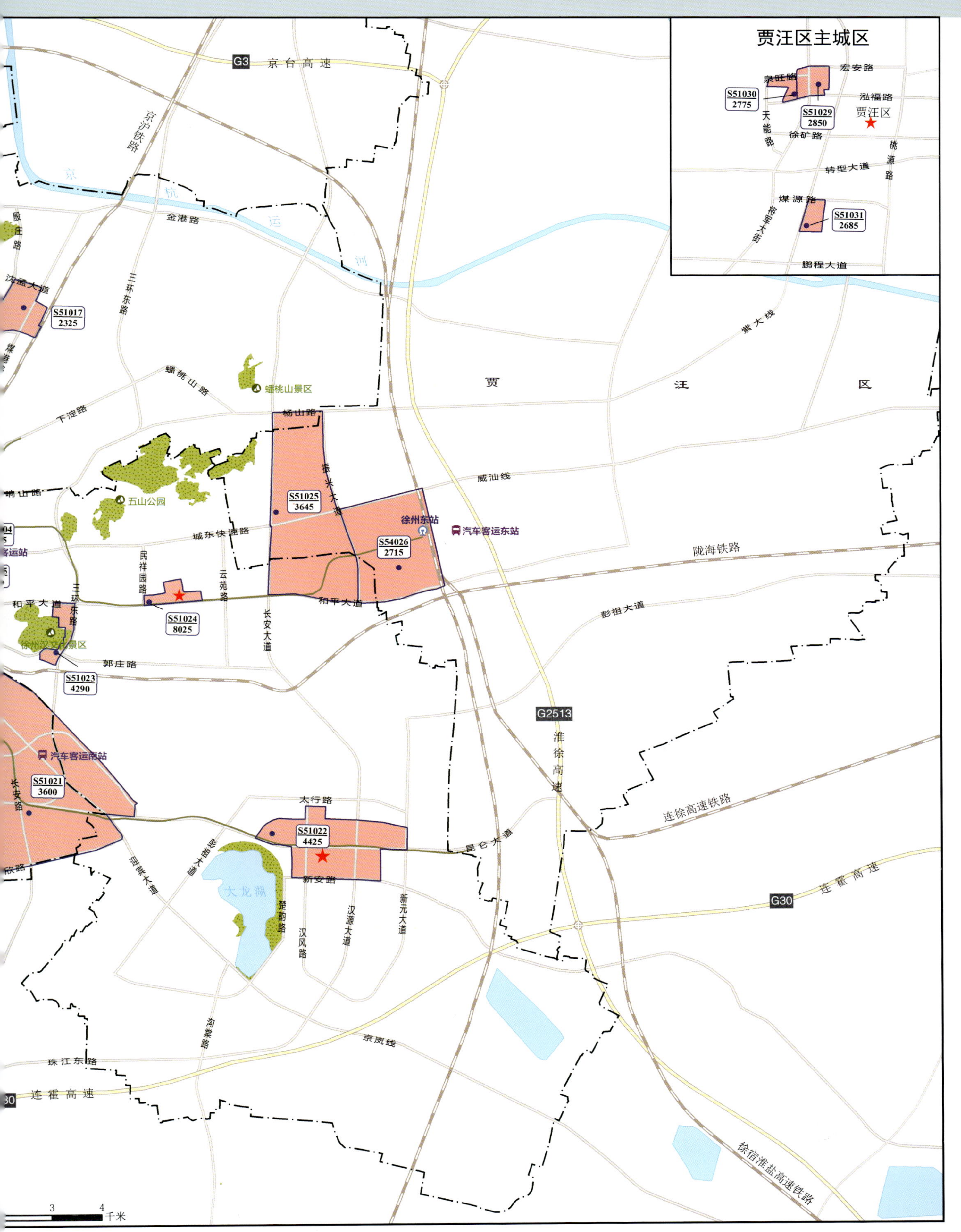

贾汪区主城区
宏安路
泉旺路
S51030
2775
S51029
2850
泓福路
贾汪区
天能路
徐矿路
桃源路
转型大道
煤源路
将军大街
S51031
2685
鹏程大道
G3 京台高速
京沪铁路
京杭运河
殷庄路
金港路
沿孟大道
S51017
2325
三环东路
紫大线
蟠桃山路
蟠桃山景区
贾汪区
下淀路
杨山路
振兴大道
威汕线
S51025
3645
五山公园
徐州东站
汽车客运东站
城东快速路
S54026
2715
陇海铁路
民祥园路
云苑路
和平大道
三环东路
S51024
8025
长安大道
彭祖大道
郭庄路
S51023
4290
G2513
淮徐高速
汽车客运南站
S51021
3600
长安路
太行路
S51022
4425
连徐高速铁路
昆仑大道
彭田大道
大龙湖
楚韵路
新安路
汉源大道
新元大道
汉风路
G30
连霍高速
京岚线
沟棠路
珠江东路
连霍高速
徐宿淮盐高速铁路
3
4
千米

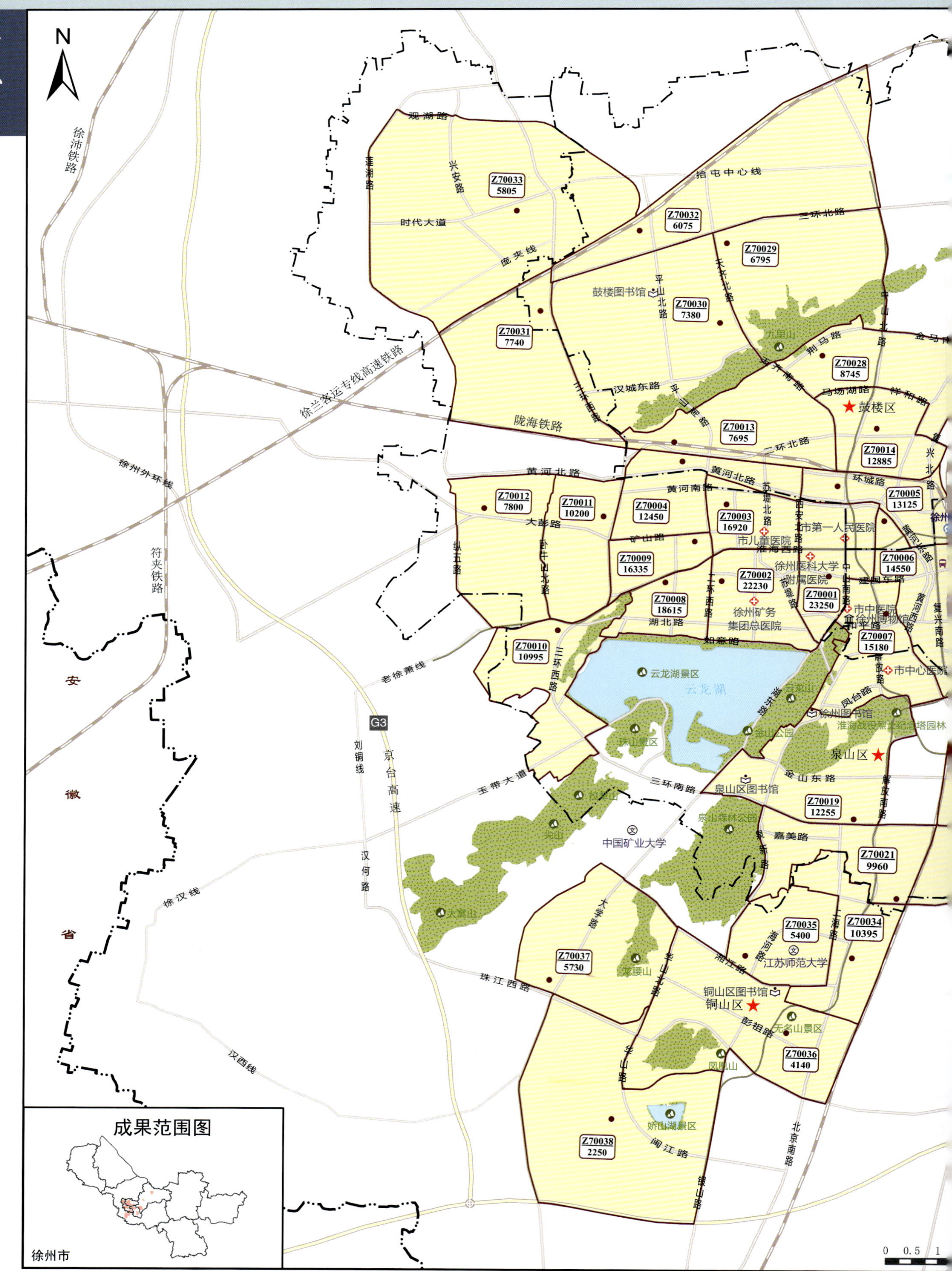
N
Z70033
5805
Z70032
6075
Z70029
6795
Z70030
7380
Z70031
7740
Z70028
8745
Z70013
7695
Z70014
12885
Z70012
7800
Z70011
10200
Z70004
12450
Z70003
16920
Z70005
13125
Z70009
16335
Z70002
22230
Z70006
14550
Z70008
18615
Z70001
23250
Z70007
15180
Z70010
10995
Z70019
12255
Z70021
9960
Z70035
5400
Z70034
10395
Z70037
5730
Z70036
4140
Z70038
2250
鼓楼区
泉山区
铜山区
云龙湖
云龙湖景区
鼓楼图书馆
泉山区图书馆
铜山区图书馆
徐州图书馆
中国矿业大学
江苏师范大学
市儿童医院
市第一人民医院
徐州医科大学附属医院
徐州矿务集团总医院
市中医院
市中心医院
徐州博物馆
淮海战役烈士纪念塔园林
泉山森林公园
九里山
云龙山
金山公园
珠山景区
无名山景区
凤凰山
龙腰山
大黄山
娇山湖景区
徐沛铁路
徐兰客运专线高速铁路
陇海铁路
徐州外环线
符夹铁路
老徐萧线
京台高速
G3
刘铜线
汉何路
徐汉线
汉西线
玉带大道
珠江西路
观湖路
驿湖路
兴安路
时代大道
庞夹线
拾屯中心线
三环北路
二环北路
平山北路
天齐北路
荆马路
马场湖路
祥和路
汉城东路
黄河北路
黄河南路
大彭路
矿山路
淮海西路
湖北路
三环西路
三环南路
金山东路
嘉美路
湘江路
彭祖路
闽江路
北京南路
解放南路
复兴北路
复兴南路
环城路
建国东路
凤台路
大学路
华山北路
华山路
银山路
上海路
海河路
纵五路
卧牛山北路
二环西路
知春路
湖东路
泉新路
中山北路
中山南路
苏堤北路
苏堤路
和平路
黄河南路
安
徽
省
成果范围图
徐州市
0 0.5 1

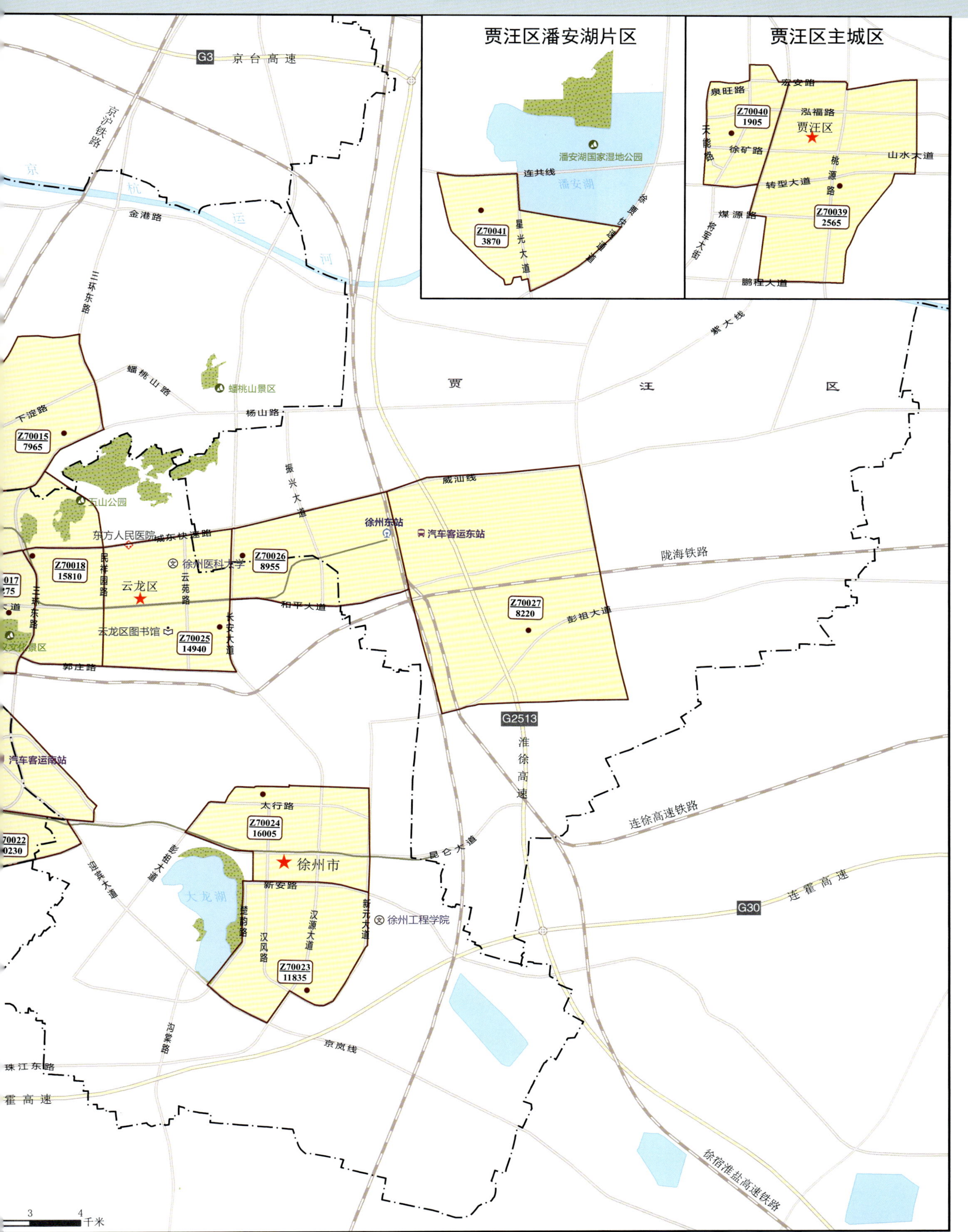
贾汪区潘安湖片区
贾汪区主城区
潘安湖国家湿地公园
潘安湖
连共线
Z70041
3870
星光大道
徐贾快速通道
宏安路
泉旺路
Z70040
1905
泓福路
贾汪区
天能路
徐矿路
山水大道
桃源路
转型大道
煤源路
Z70039
2565
将军大街
鹏程大道
G3 京台高速
京沪铁路
京杭运河
金港路
三环东路
蟠桃山路
蟠桃山景区
杨山路
下淀路
Z70015
7965
贾
汪
区
紫大线
振兴大道
威汕线
五山公园
东方人民医院
城东快速路
徐州东站
汽车客运东站
Z70018
15810
民祥园路
徐州医科大学
Z70026
8955
陇海铁路
云龙区
云苑路
和平大道
Z70027
8220
彭祖大道
三环东路
云龙区图书馆
Z70025
14940
长安大道
郭庄路
G2513
淮徐高速
汽车客运南站
太行路
Z70024
16005
彭祖大道
昆仑大道
连徐高速铁路
徐州市
大龙湖
新安路
楚韵路
汉风路
汉源大道
新元大道
徐州工程学院
G30
连霍高速
Z70023
11835
沟棠路
京岚线
珠江东路
霍高速
徐宿淮盐高速铁路
3
4
千米

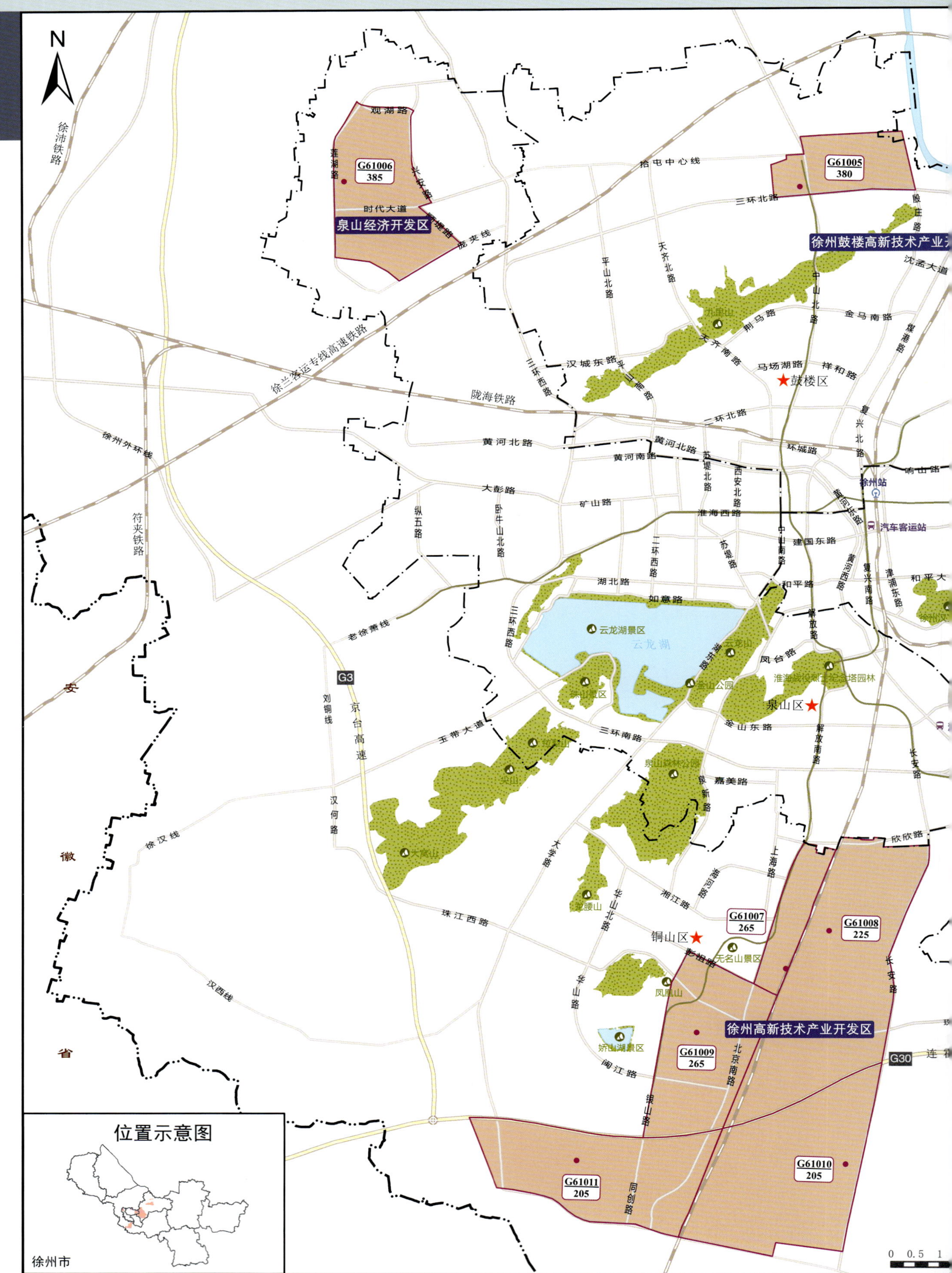
N
G61006
385
G61005
380
泉山经济开发区
徐州鼓楼高新技术产业开
徐州高新技术产业开发区
G61007
265
G61008
225
G61009
265
G61010
205
G61011
205
鼓楼区
泉山区
铜山区
云龙湖
云龙湖景区
徐州站
汽车客运站
徐兰客运专线高速铁路
陇海铁路
京台高速
G3
G30
位置示意图
徐州市
安
徽
省
0 0.5 1

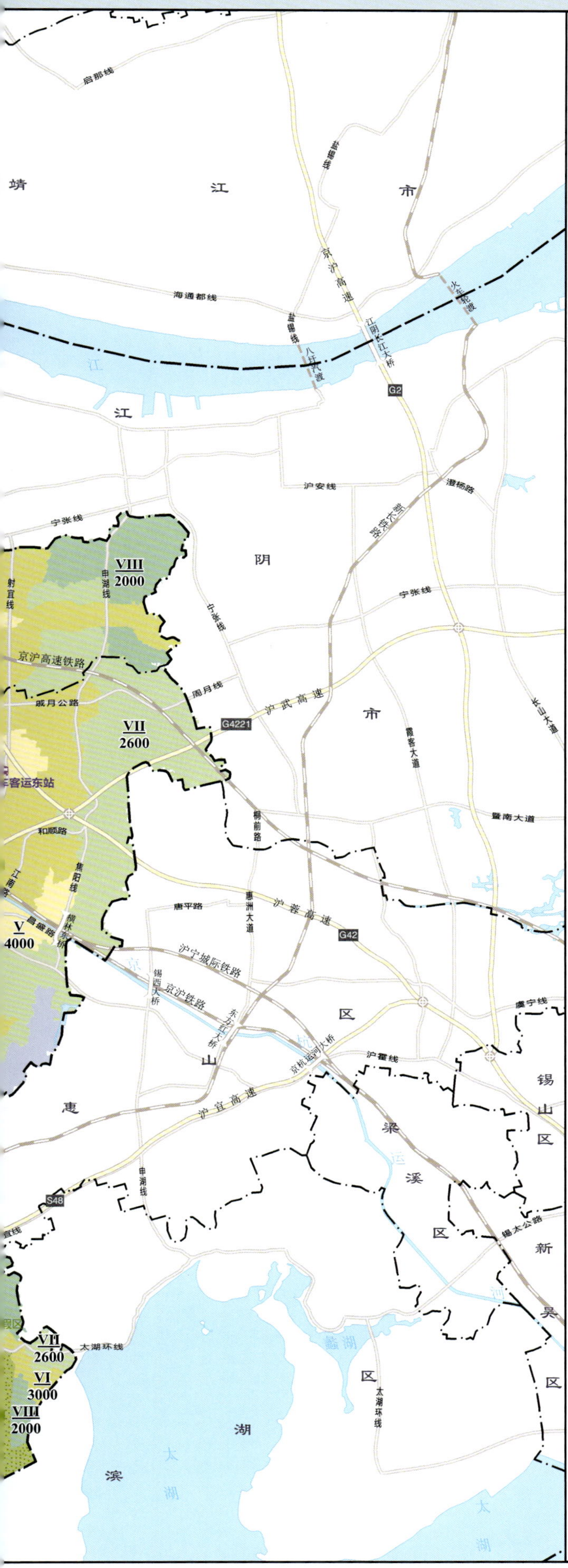

常州市区商服用地（国有）级别基准地价

级别	基准地价（元/平方米）	设定容积率	设定开发程度
Ⅰ	15000	2.8	六通一平
Ⅱ	8700	2.5	六通一平
Ⅲ	6500	2.2	六通一平
Ⅳ	4800	2.1	六通一平
Ⅴ	4000	2.0	六通一平
Ⅵ	3000	2.0	六通一平
Ⅶ	2600	1.8	六通一平
Ⅷ	2000	1.6	六通一平
Ⅸ	1500	1.5	六通一平

（估价期日：2021年1月1日）

常州市区商服用地（国有）动态监测地价增长率

（%）

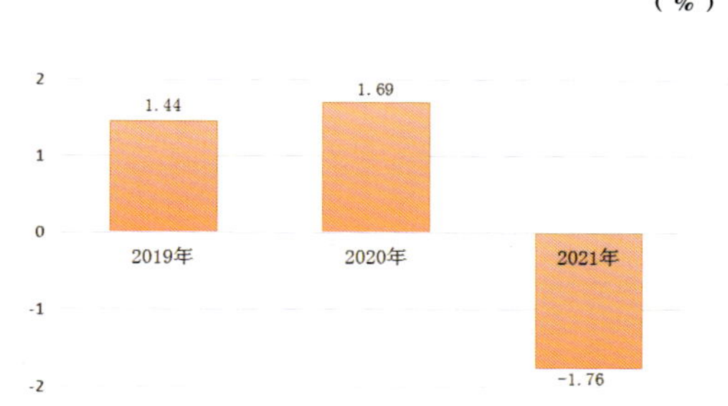

2020年常州市城镇居民人均可支配收入

（元）

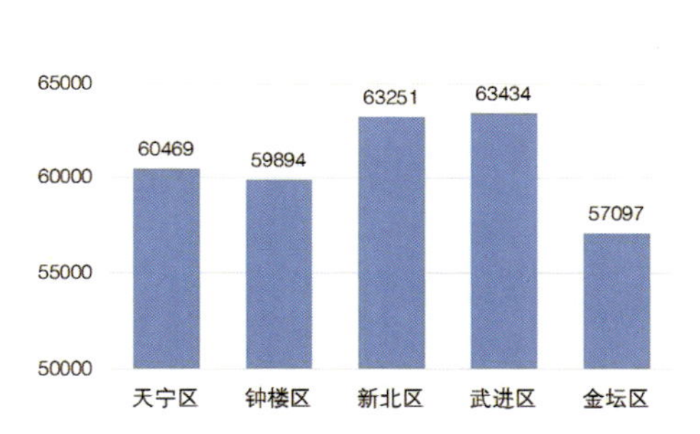

2020年常州市区社会消费品零售总额

（亿元）

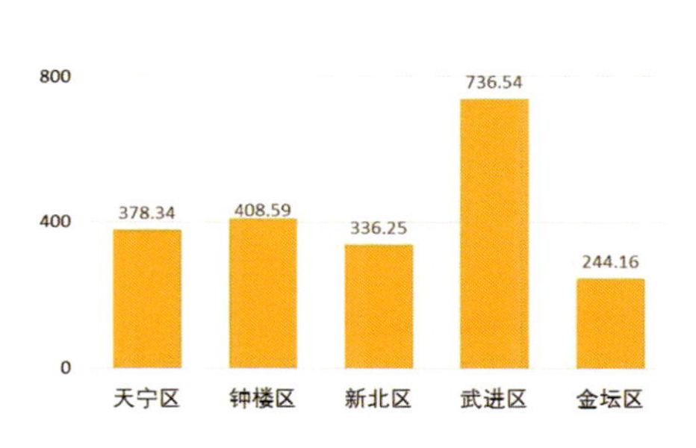

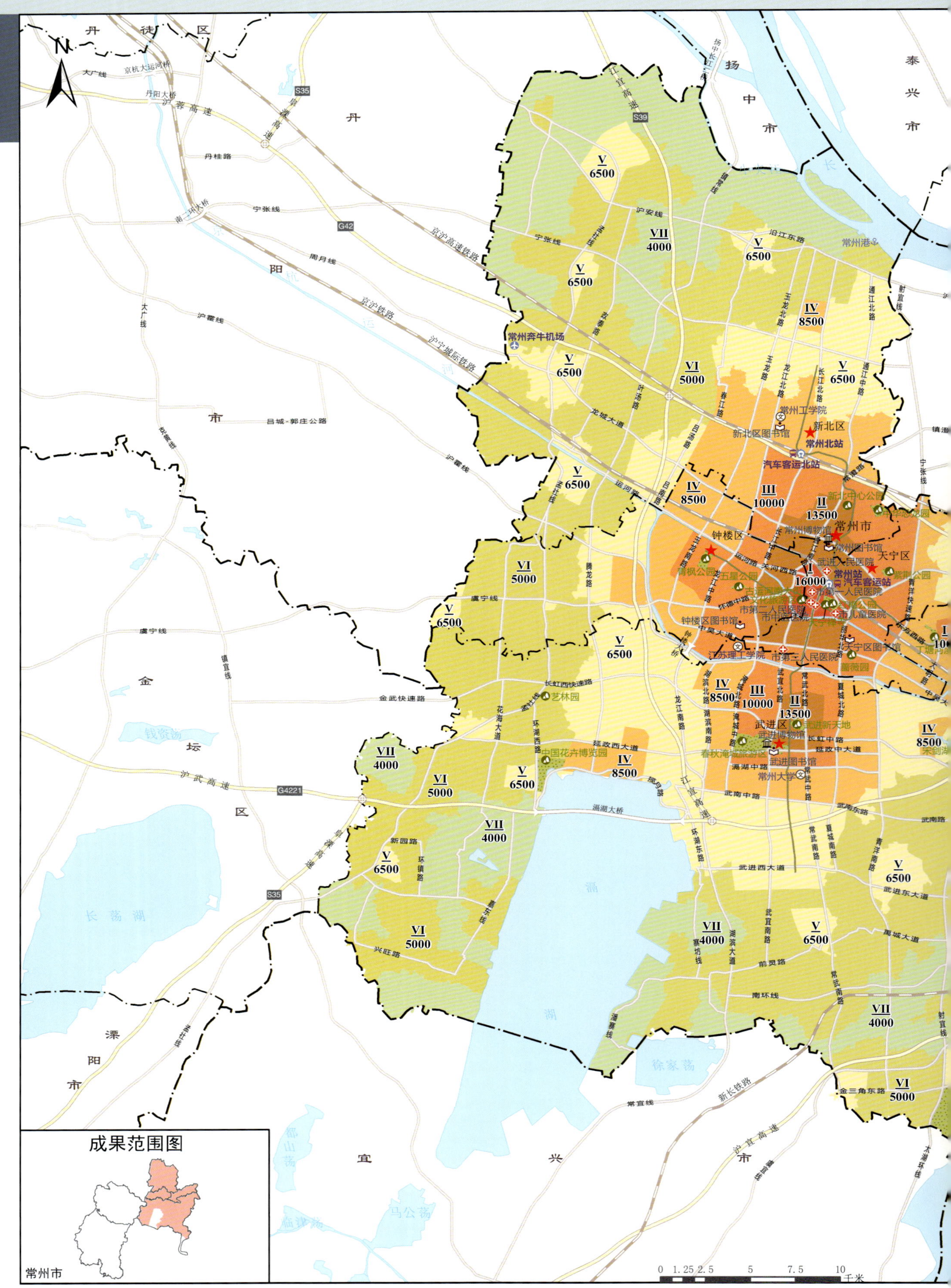
成果范围图
常州市
千米
新北区
钟楼区
天宁区
武进区
常州市
常州北站
常州站
汽车客运北站
汽车客运站
常州奔牛机场
常州港
I
16000
II
13500
III
10000
IV
8500
V
6500
VI
5000
VII
4000
滆湖
长荡湖
钱资荡
徐家荡
丹徒区
扬中市
泰兴市
丹阳市
金坛区
溧阳市
宜兴市

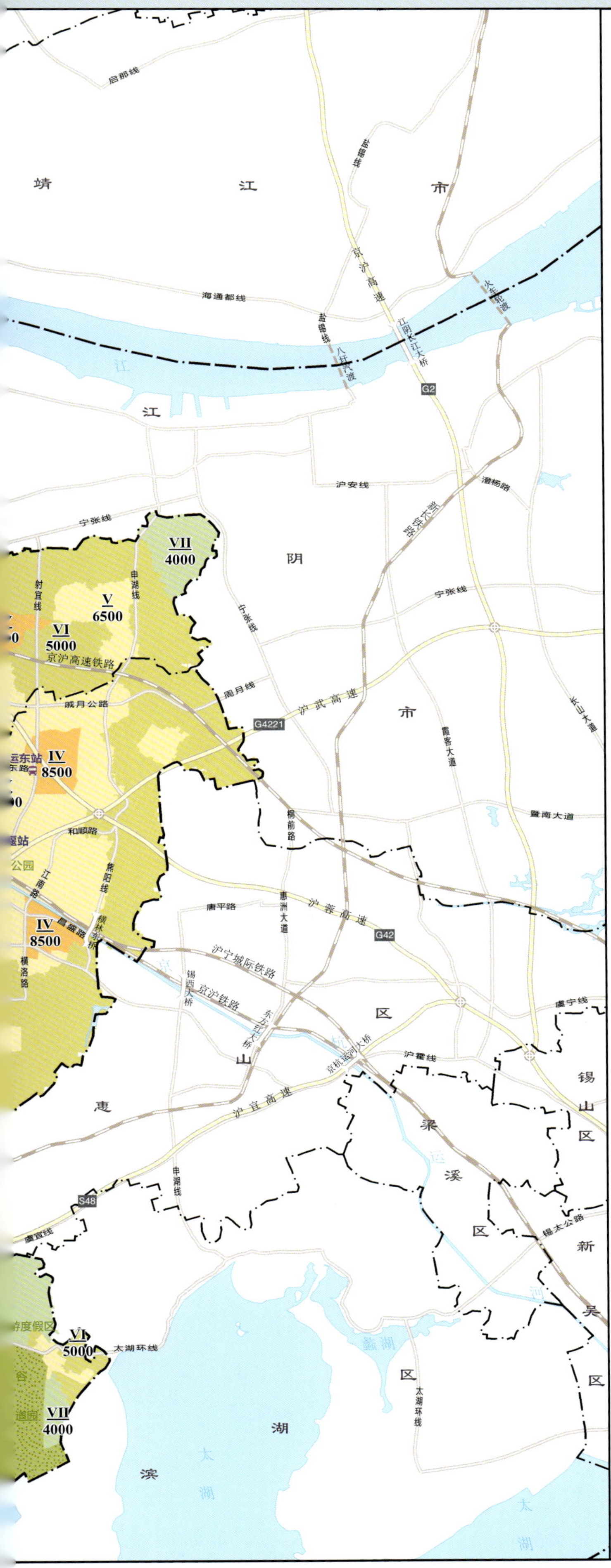

住宅用地(国有)级别基准地价图

常州市区住宅用地(国有)级别基准地价

级别	基准地价（元/平方米）	设定容积率	设定开发程度
Ⅰ	16000	2.2	六通一平
Ⅱ	13500	2.1	六通一平
Ⅲ	10000	2	六通一平
Ⅳ	8500	2	六通一平
Ⅴ	6500	2	六通一平
Ⅵ	5000	1.8	六通一平
Ⅶ	4000	1.6	六通一平

（估价期日：2021年1月1日）

常州市区住宅用地(国有)动态监测地价增长率

（%）

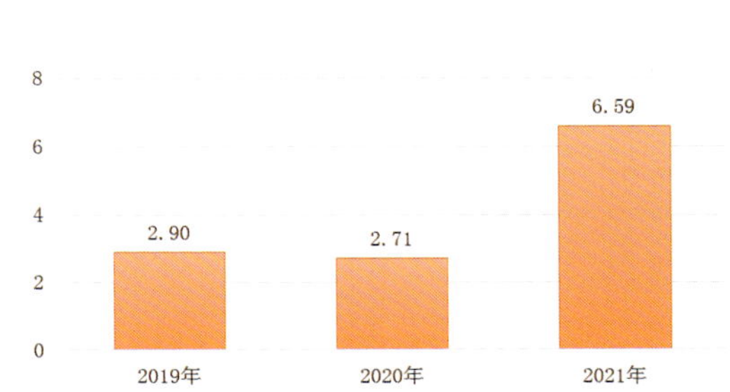

2020年常州市区人口密度

（人/平方千米）

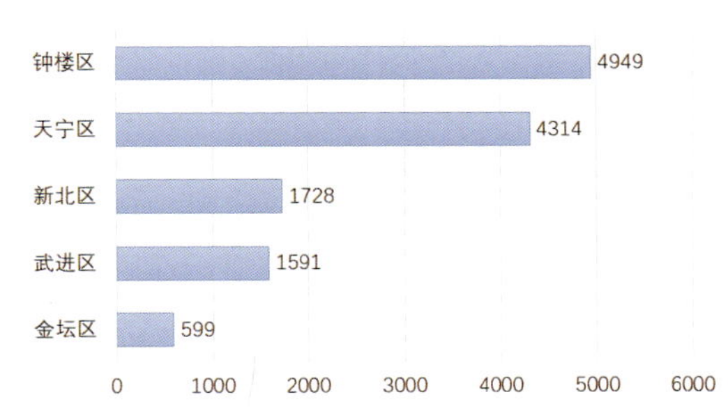

2020年常州市区房地产开发投资总额

（亿元）

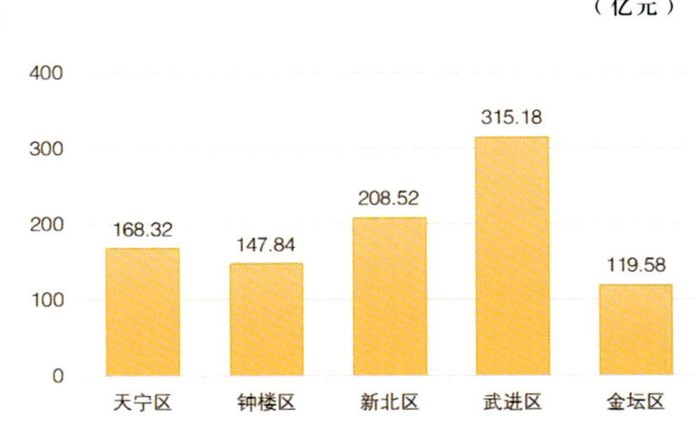

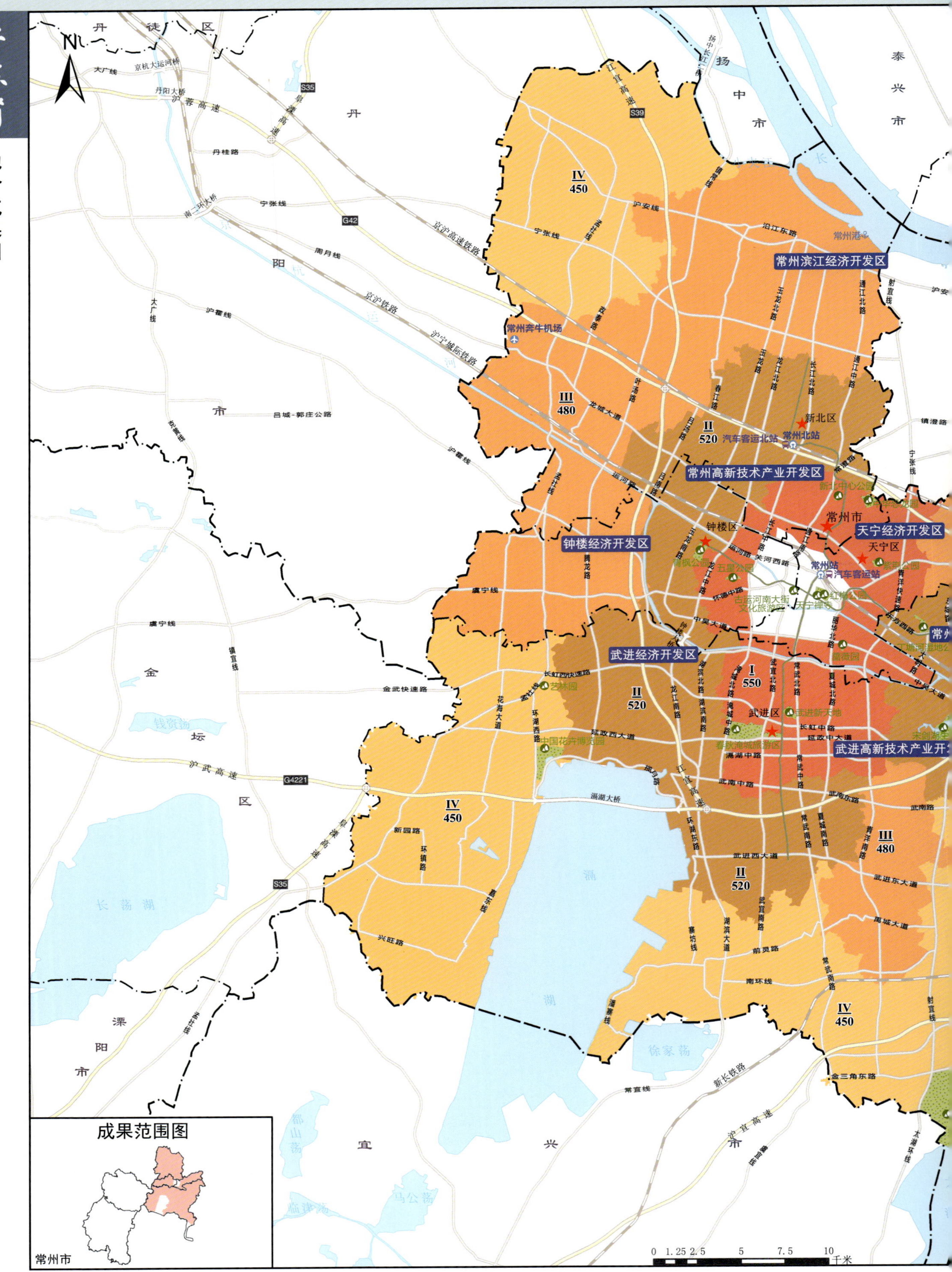
常州滨江经济开发区
常州高新技术产业开发区
天宁经济开发区
钟楼经济开发区
武进经济开发区
武进高新技术产业开
常州市
新北区
钟楼区
天宁区
武进区
常州奔牛机场
常州北站
常州站
I
550
II
520
III
480
IV
450
成果范围图
常州市
0 1.25 2.5 5 7.5 10 千米

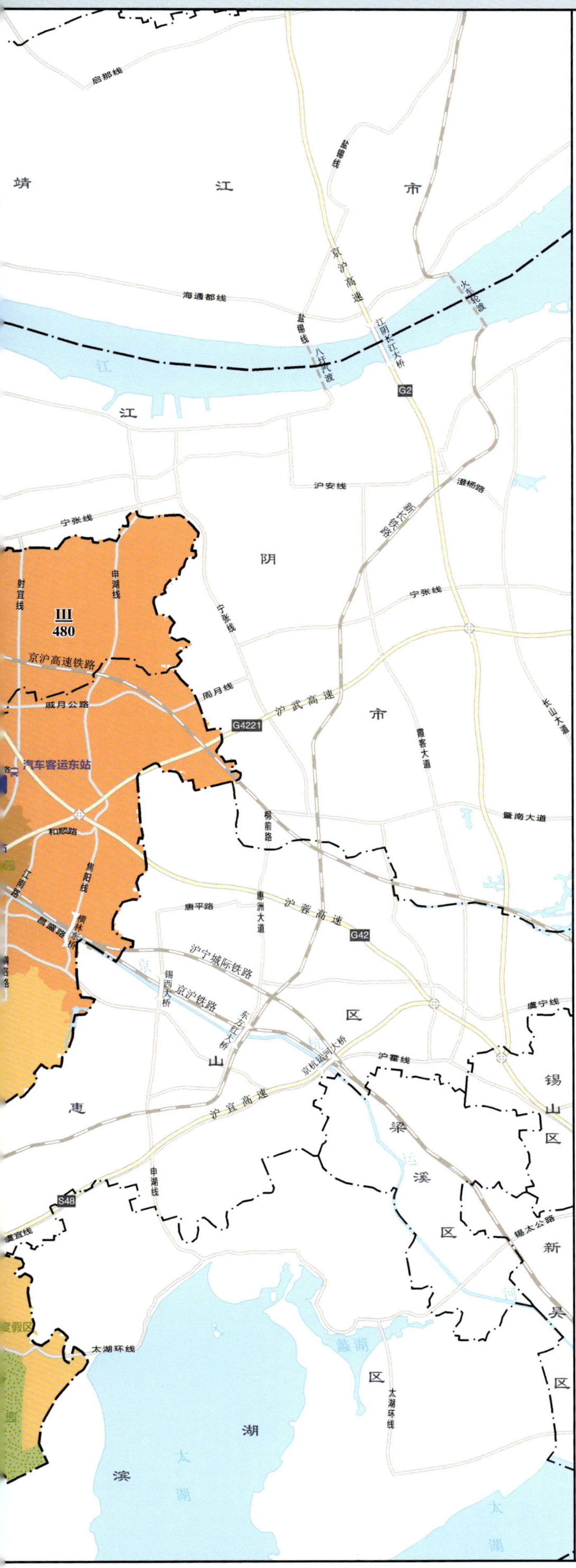

工矿仓储用地(国有)级别基准地价图

常州市区工矿仓储用地(国有)级别基准地价

级别	基准地价（元/平方米）	设定容积率	设定开发程度
Ⅰ	550	1.0	六通一平
Ⅱ	520	1.0	六通一平
Ⅲ	480	1.0	六通一平
Ⅳ	450	1.0	六通一平

（估价期日：2021年1月1日）

常州市区工矿仓储用地(国有)动态监测地价增长率

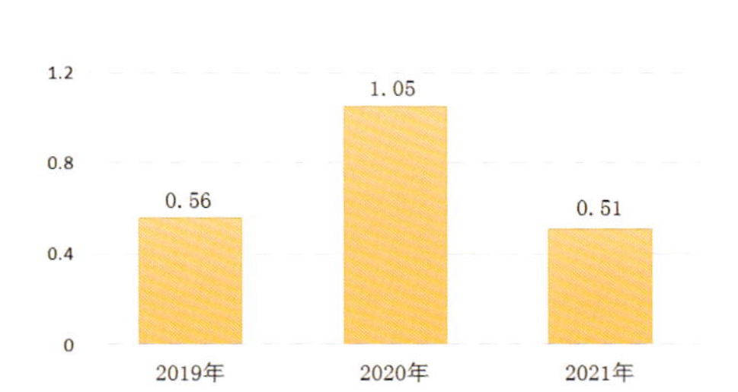

2018—2020年常州市工业增加值

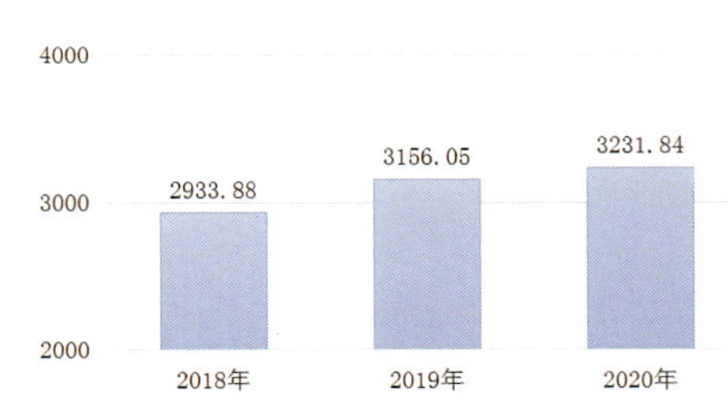

2020年常州市区规模以上企业数量

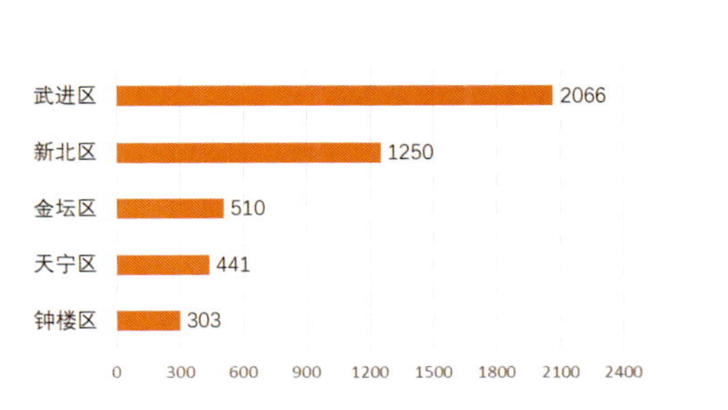

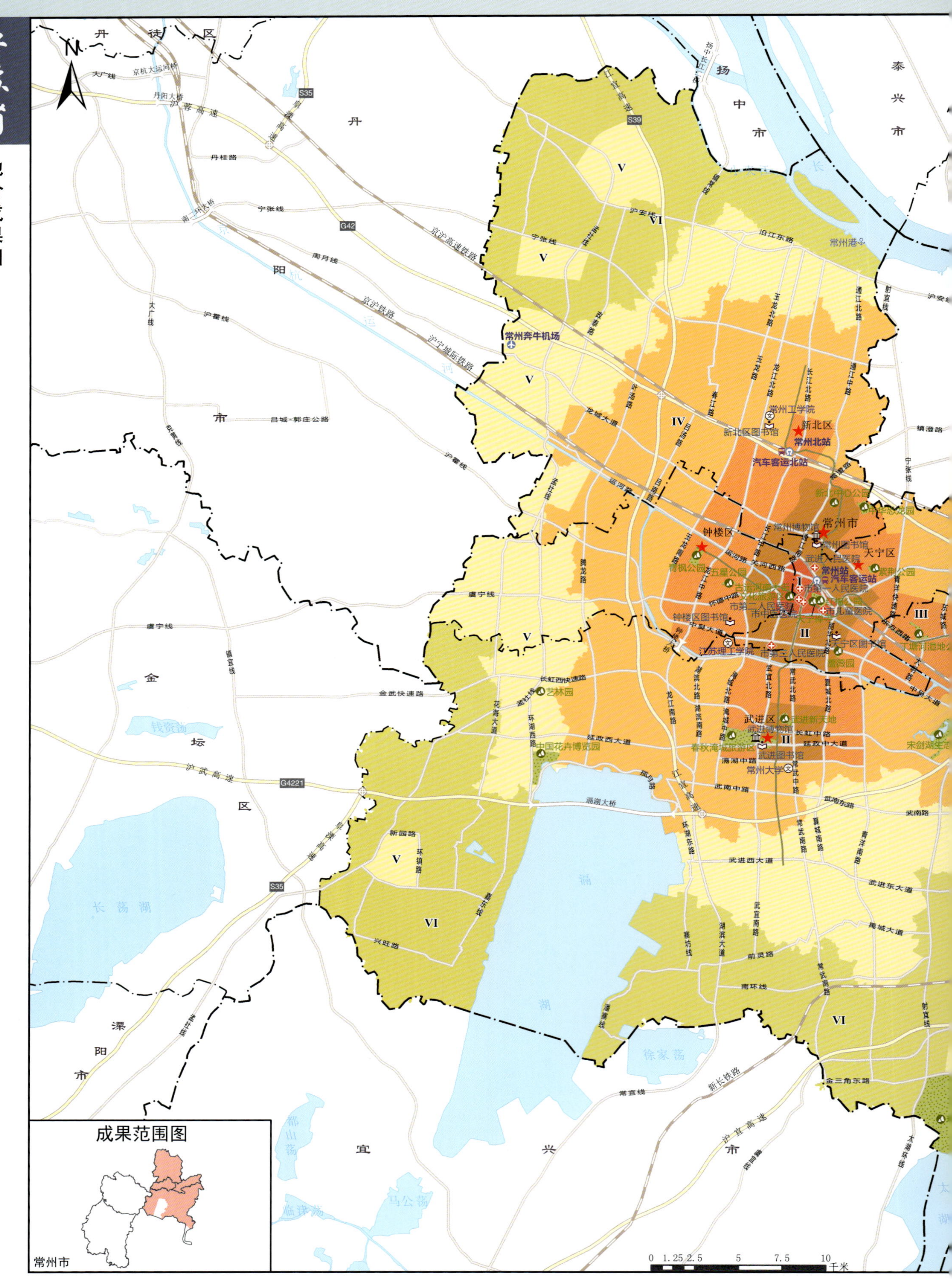
丹徒区
丹阳市
扬中市
泰兴市
金坛区
溧阳市
宜兴市
常州市
钟楼区
天宁区
新北区
武进区
常州北站
常州站
常州奔牛机场
汽车客运北站
汽车客运站
常州港
常州博物馆
常州图书馆
新北区图书馆
钟楼区图书馆
天宁区图书馆
武进图书馆
武进博物馆
常州工学院
江苏理工学院
常州大学
武进人民医院
市第一人民医院
市第二人民医院
市第三人民医院
市儿童医院
青枫公园
五星公园
新北中心公园
红梅公园
艺林园
中国花卉博览园
春秋淹城旅游区
武进新天地
宋剑湖生态
滆湖
长荡湖
钱资荡
徐家荡
京沪高速铁路
京沪铁路
沪宁城际铁路
新长铁路
沪蓉高速
沪武高速
沪宜高速
江宜高速
长江
I
II
III
IV
V
VI
成果范围图
常州市
0 1.25 2.5 5 7.5 10 千米

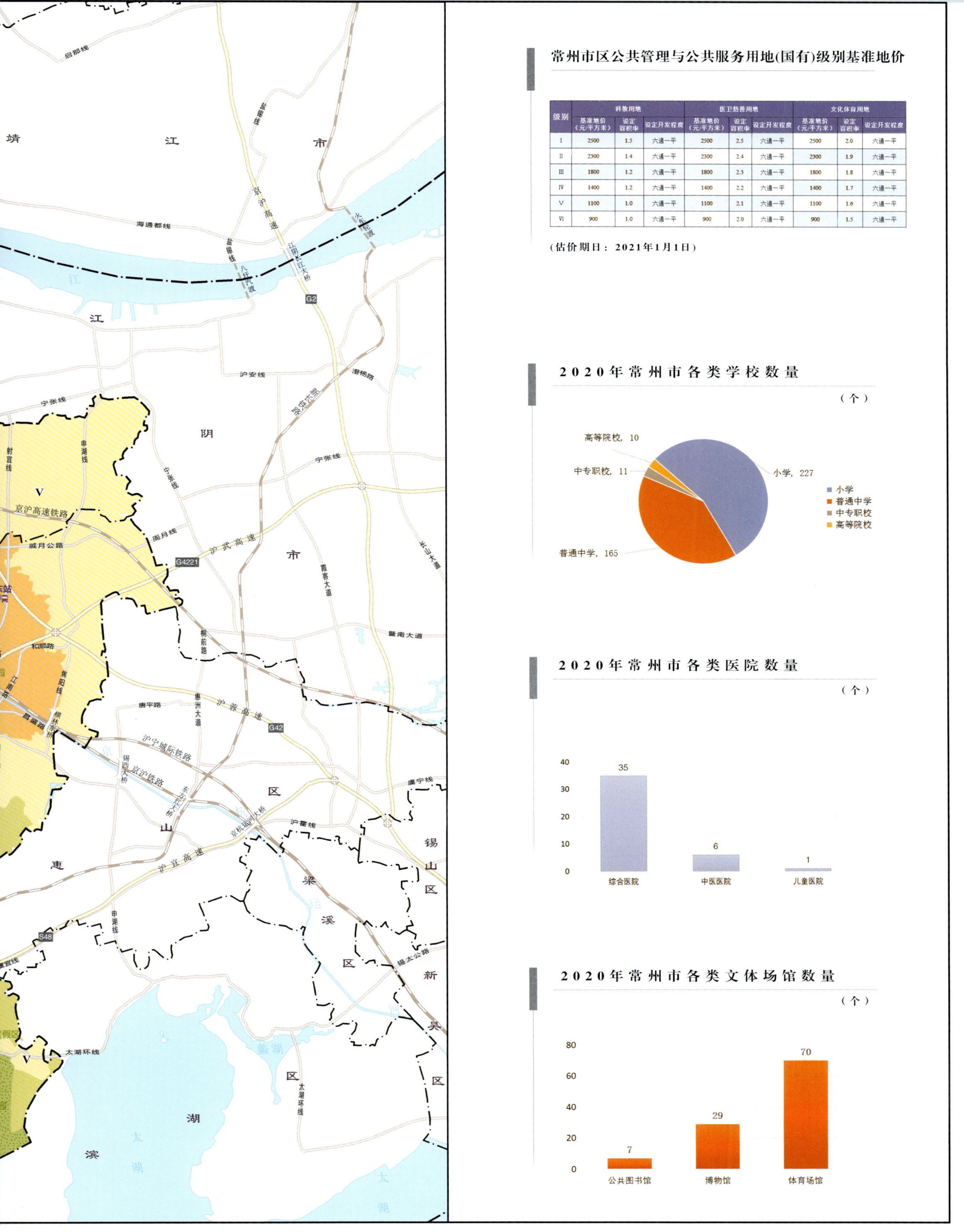

常州市区公共管理与公共服务用地(国有)级别基准地价

级别	科教用地			医卫慈善用地			文化体育用地		
	基准地价（元/平方米）	设定容积率	设定开发程度	基准地价（元/平方米）	设定容积率	设定开发程度	基准地价（元/平方米）	设定容积率	设定开发程度
Ⅰ	2500	1.5	六通一平	2500	2.5	六通一平	2500	2.0	六通一平
Ⅱ	2300	1.4	六通一平	2300	2.4	六通一平	2300	1.9	六通一平
Ⅲ	1800	1.2	六通一平	1800	2.3	六通一平	1800	1.8	六通一平
Ⅳ	1400	1.2	六通一平	1400	2.2	六通一平	1400	1.7	六通一平
Ⅴ	1100	1.0	六通一平	1100	2.1	六通一平	1100	1.6	六通一平
Ⅵ	900	1.0	六通一平	900	2.0	六通一平	900	1.5	六通一平

（估价期日：2021年1月1日）

2020年常州市各类学校数量

2020年常州市各类医院数量

2020年常州市各类文体场馆数量

地价成果图

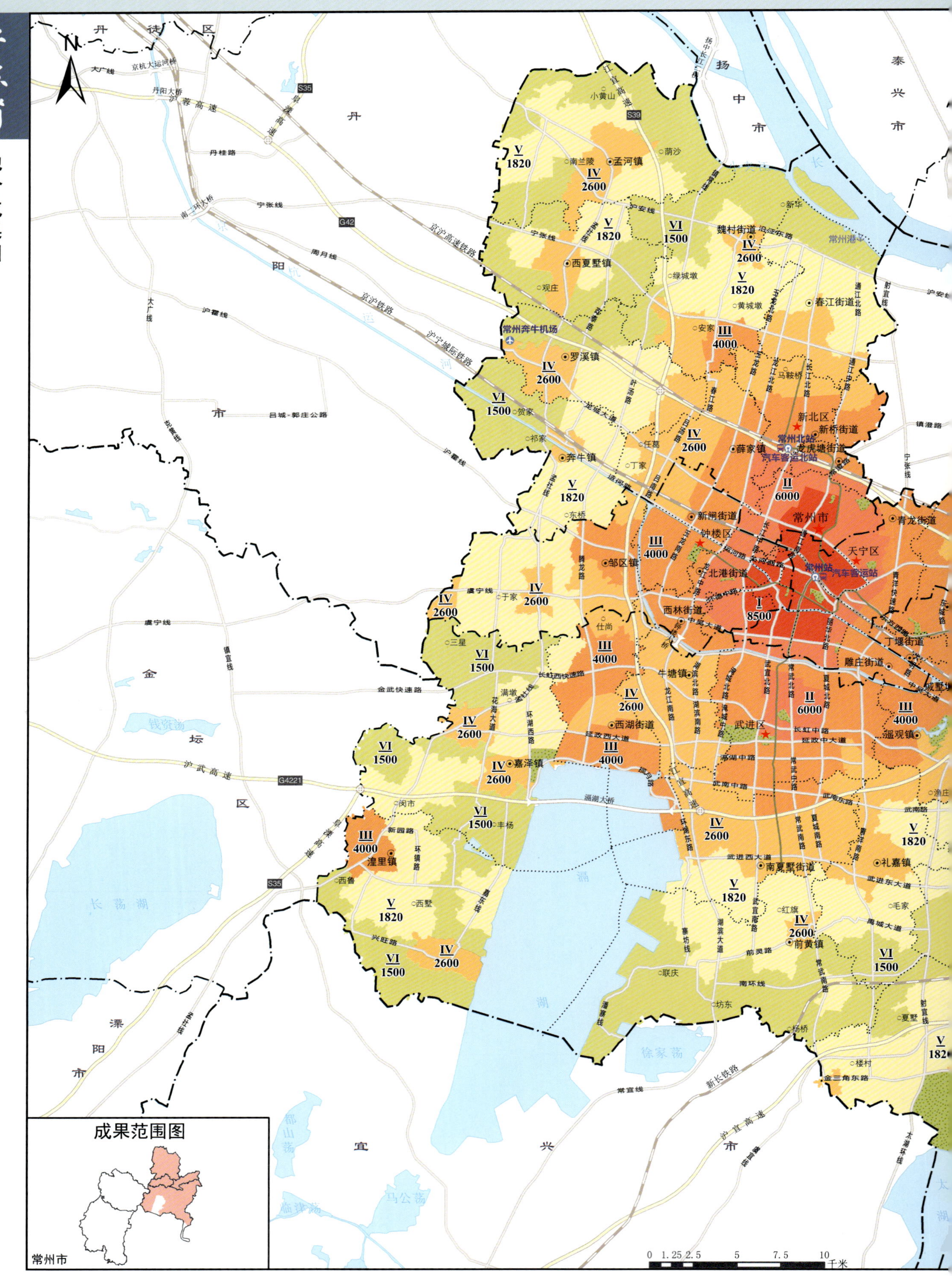

N
丹 徒 区
丹
阳
市
金
坛
区
溧
阳
市
宜
兴
市
扬 中 市
泰 兴 市
京杭大运河桥
大广线
丹阳大桥
沪蓉高速
S35
S39
G42
G4221
丹桂路
南二环大桥
宁张线
南月线
京沪高速铁路
京沪铁路
沪宁城际铁路
京杭运河
沪霍线
吕城-郭庄公路
虞宁线
金武快速路
钱资荡
沪武高速
长荡湖
常宜线
新长铁路
沪宜高速
马公荡
临津荡
徐家荡
滆湖
滆湖大桥
常州港
小黄山
南兰陵
孟河镇
菌沙
新华
魏村街道
沿江东路
西夏墅镇
观庄
绿城墩
黄城墩
春江街道
通江北路
安家
常州奔牛机场
罗溪镇
马鞍桥
新北区
新桥街道
常州北站
龙虎塘街道
汽车客运北站
薛家镇
贺家
祁家
奔牛镇
任葛
丁家
东桥
新闸街道
钟楼区
常州市
天宁区
青龙街道
邹区镇
北港街道
常州站
汽车客运站
于家
西林街道
仕尚
三星
牛塘镇
丁堰街道
雕庄街道
戚墅堰
满墩
西湖街道
武进区
长虹中路
延政中大道
遥观镇
嘉泽镇
闵市
新园路
丰杨
湟里镇
西鲁
西墅
兴旺路
南夏墅街道
礼嘉镇
武进东大道
毛家
红旗
前黄镇
前灵路
联庆
南环线
坊东
杨桥
夏墅
楼村
金三角东路
渔庄
武南路
武南中路
武进西大道
滆湖中路
延政西大道
长虹西快速路
花海大道
环湖西路
龙江南路
湖滨大道
常武南路
常武中路
常武北路
武宜北路
武宜南路
夏城北路
夏城南路
青洋北路
晋陵北路
长江北路
龙江北路
通江中路
春江路
龙城大道
沪宁高速
射宜线
镇澄路
宁张线
太滆运河
V 1820
IV 2600
VI 1500
III 4000
II 6000
I 8500
成果范围图
常州市
0 1.25 2.5 5 7.5 10 千米

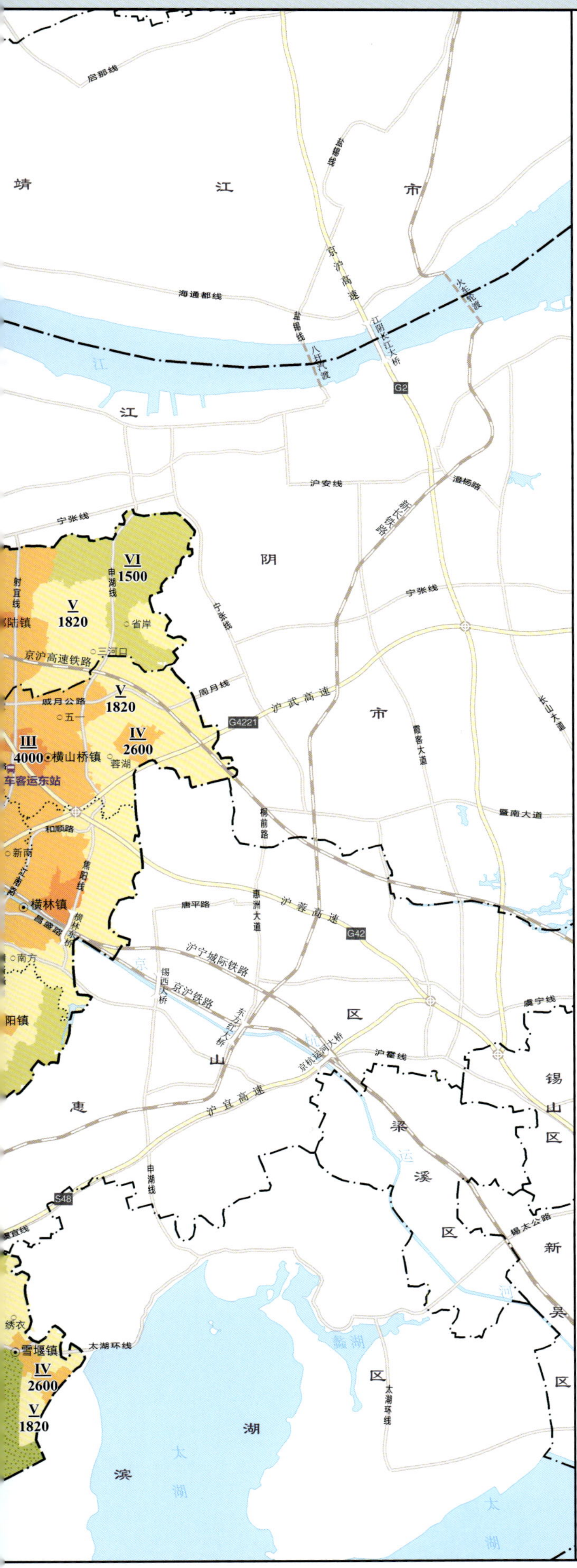

常州市区商服用地（集体）级别基准地价

级别	基准地价（元/平方米）	容积率	设定开发程度
Ⅰ	8500	2.0	六通一平
Ⅱ	6000	1.8	六通一平
Ⅲ	4000	1.6	六通一平
Ⅳ	2600	1.5	六通一平
Ⅴ	1820	1.2	六通一平
Ⅵ	1500	1.0	五通一平

（估价期日：201年1月1日）

2018—2020年常州市农村居民人均可支配收入

（元）

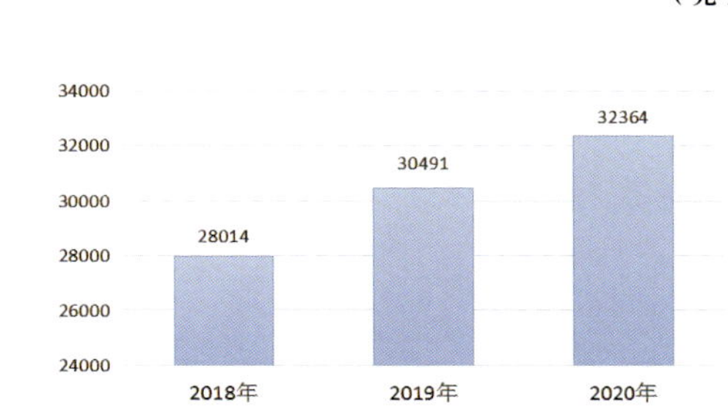

2020年常州市农村居民人均消费支出构成

（元）

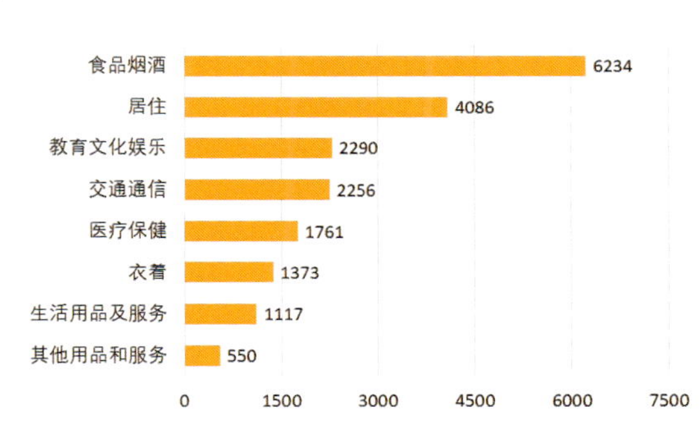

2018—2020年常州市区居民消费价格总指数

（以上年价格为100）

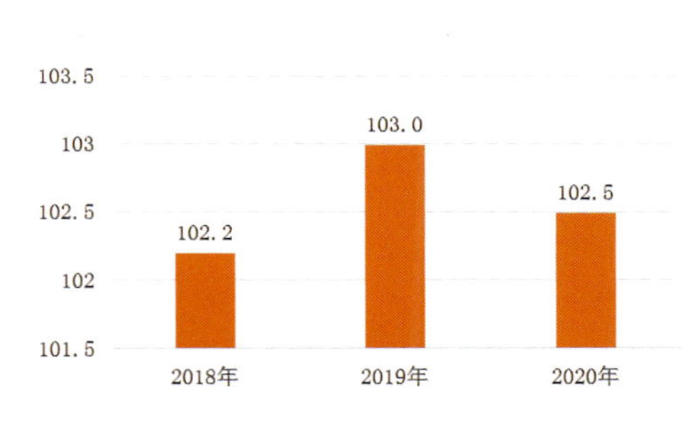

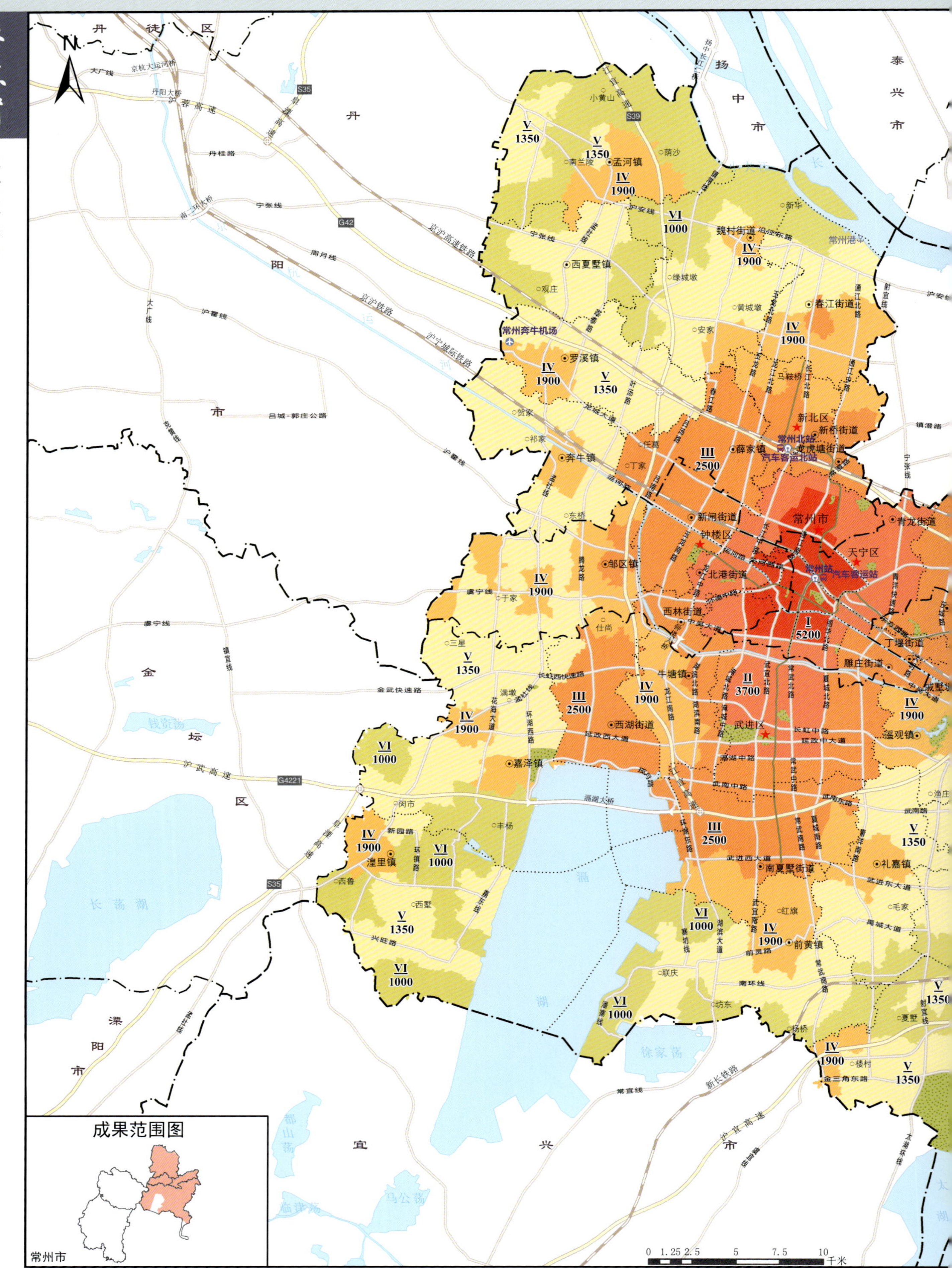
成果范围图
常州市
0 1.25 2.5 5 7.5 10 千米
常州市
钟楼区
天宁区
新北区
武进区
I
5200
II
3700
III
2500
IV
1900
V
1350
VI
1000
常州北站
常州站
常州奔牛机场
汽车客运北站
汽车客运站
丹徒区
扬中市
泰兴市
丹阳市
金坛区
溧阳市
宜兴市
长荡湖
钱资荡
滆湖
孟河镇
西夏墅镇
罗溪镇
奔牛镇
邹区镇
薛家镇
春江街道
魏村街道
新桥街道
龙虎塘街道
新闸街道
北港街道
西林街道
青龙街道
丁堰街道
雕庄街道
牛塘镇
西湖街道
嘉泽镇
湟里镇
南夏墅街道
前黄镇
礼嘉镇
遥观镇

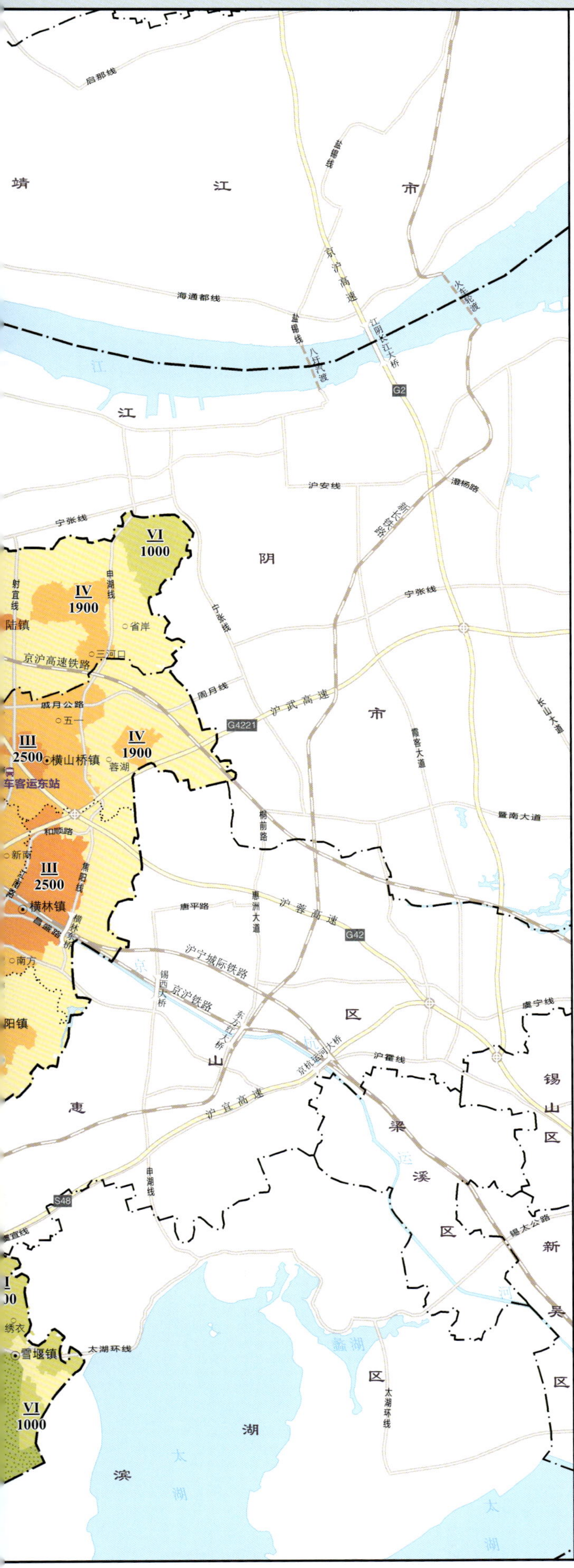

常州市区宅基地(集体)级别基准地价

级别	基准地价（元/平方米）	设定容积率	设定开发程度
Ⅰ	5200	1.8	六通一平
Ⅱ	3700	1.6	六通一平
Ⅲ	2500	1.5	六通一平
Ⅳ	1900	1.4	六通一平
Ⅴ	1350	1.4	六通一平
Ⅵ	1000	1.2	五通一平

（估价期日：2021年1月1日）

2018—2020年常州市人均现住房建筑面积

（平方米）

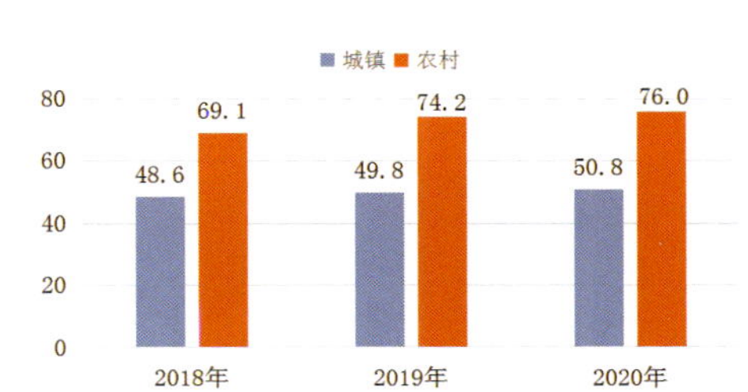

2020年常州市地区人均生产总值

（元）

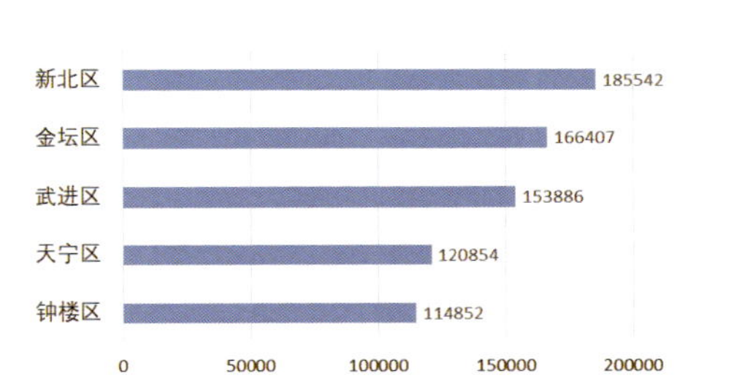

2020年常州市区常住总人口

（万人）

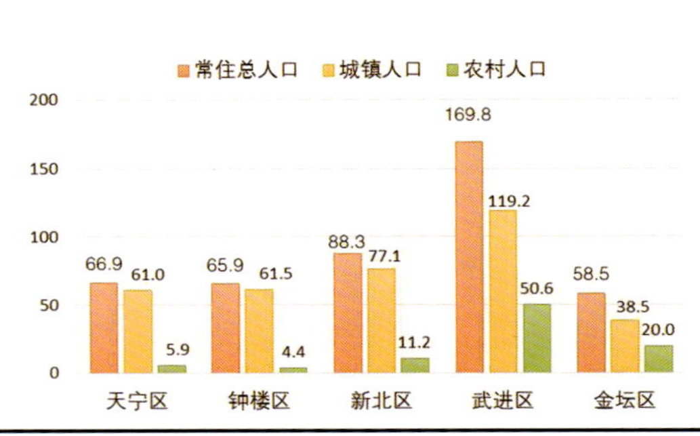

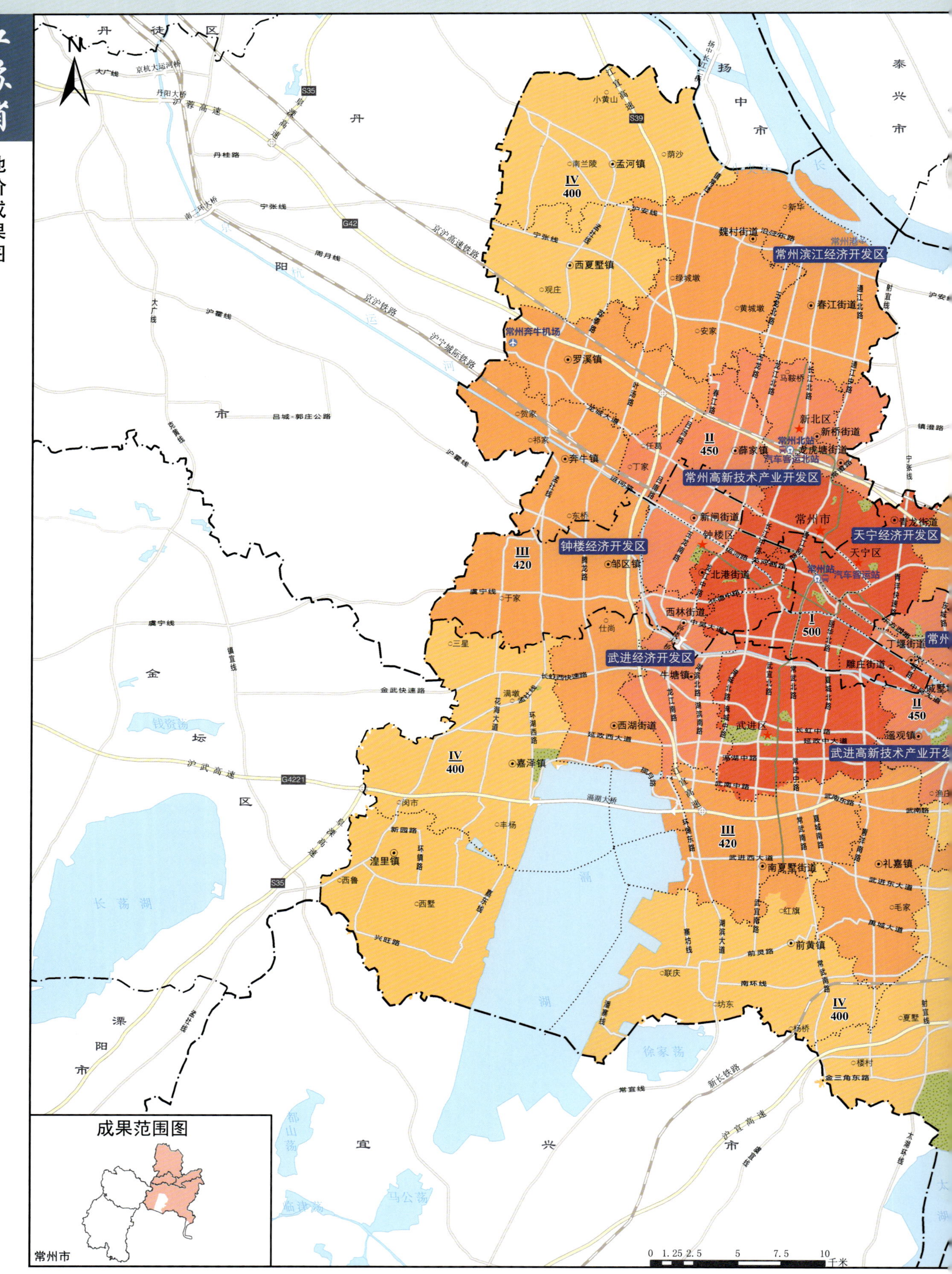
常州市
天宁区
钟楼区
新北区
武进区
常州滨江经济开发区
常州高新技术产业开发区
天宁经济开发区
钟楼经济开发区
武进经济开发区
武进高新技术产业开发
常州奔牛机场
常州北站
常州站
汽车客运北站
汽车客运站
Ⅰ
500
Ⅱ
450
Ⅲ
420
Ⅳ
400
孟河镇
西夏墅镇
罗溪镇
奔牛镇
邹区镇
魏村街道
春江街道
薛家镇
新桥街道
龙虎塘街道
新闸街道
北港街道
西林街道
青龙街道
丁堰街道
雕庄街道
牛塘镇
西湖街道
嘉泽镇
湟里镇
南夏墅街道
礼嘉镇
前黄镇
遥观镇
丹徒区
扬中市
泰兴市
丹阳市
金坛区
溧阳市
宜兴市
长荡湖
钱资荡
滆湖
徐家荡
沪武高速
京沪高速铁路
京沪铁路
沪宁城际铁路
新长铁路
沪宜高速
成果范围图
常州市
0 1.25 2.5 5 7.5 10 千米

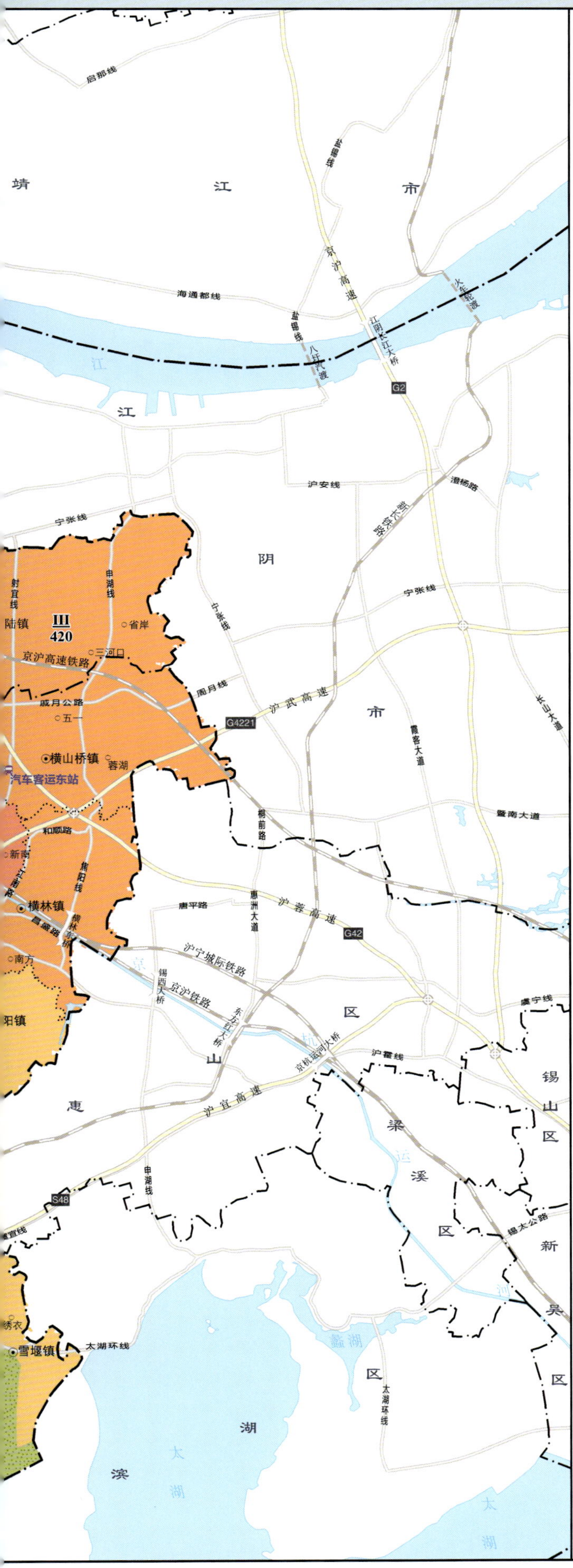

常州市区工矿仓储用地（集体）级别基准地价

级别	基准地价（元/平方米）	设定容积率	设定开发程度
Ⅰ	500	1.0	六通一平
Ⅱ	450	1.0	六通一平
Ⅲ	420	1.0	六通一平
Ⅳ	400	1.0	五通一平

（估价期日：2021年1月1日）

2020年常州市乡村劳动力构成

（万人）

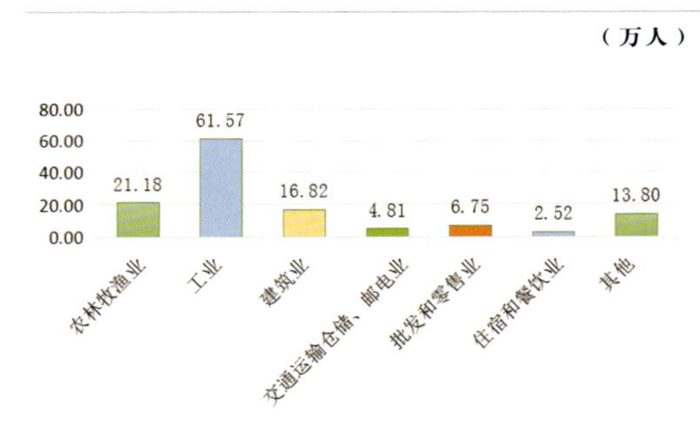

2020年常州市区工业增加值

（亿元）

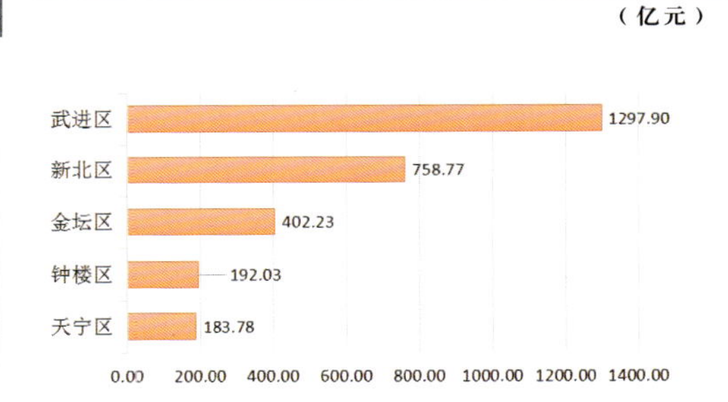

2020年常州市规模以上企业构成

（个）

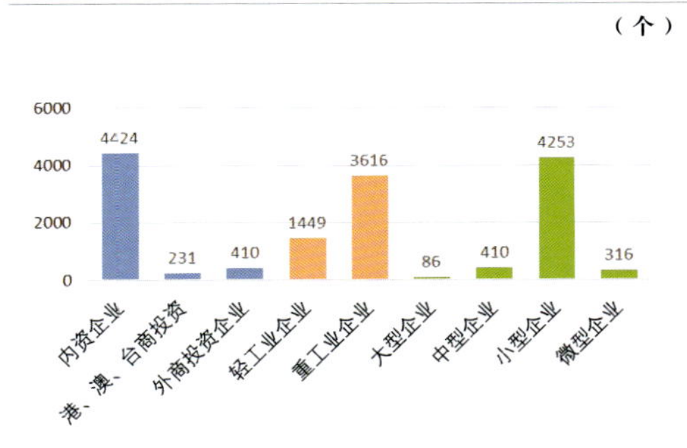

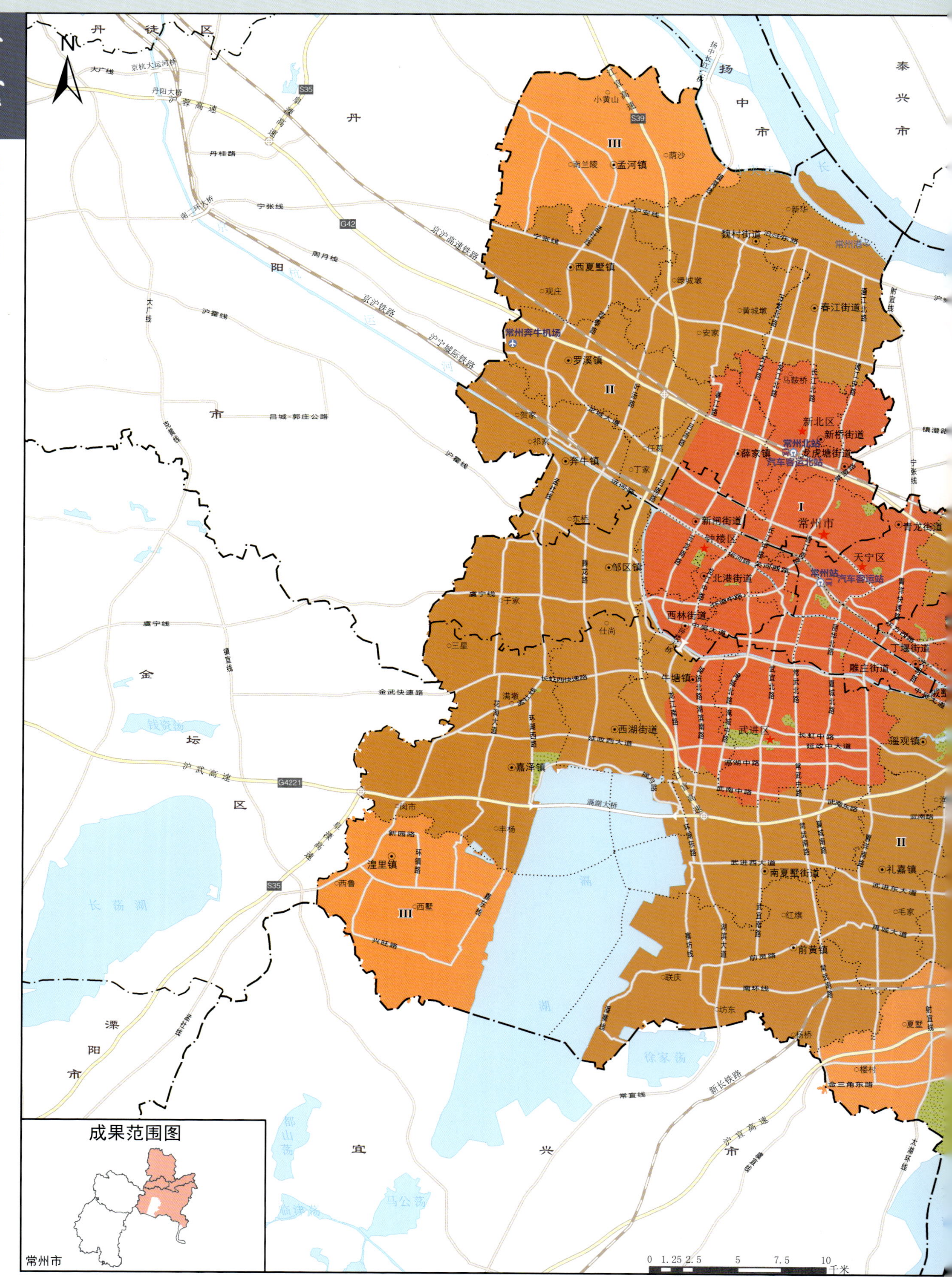

成果范围图
常州市
0 1.25 2.5 5 7.5 10 千米

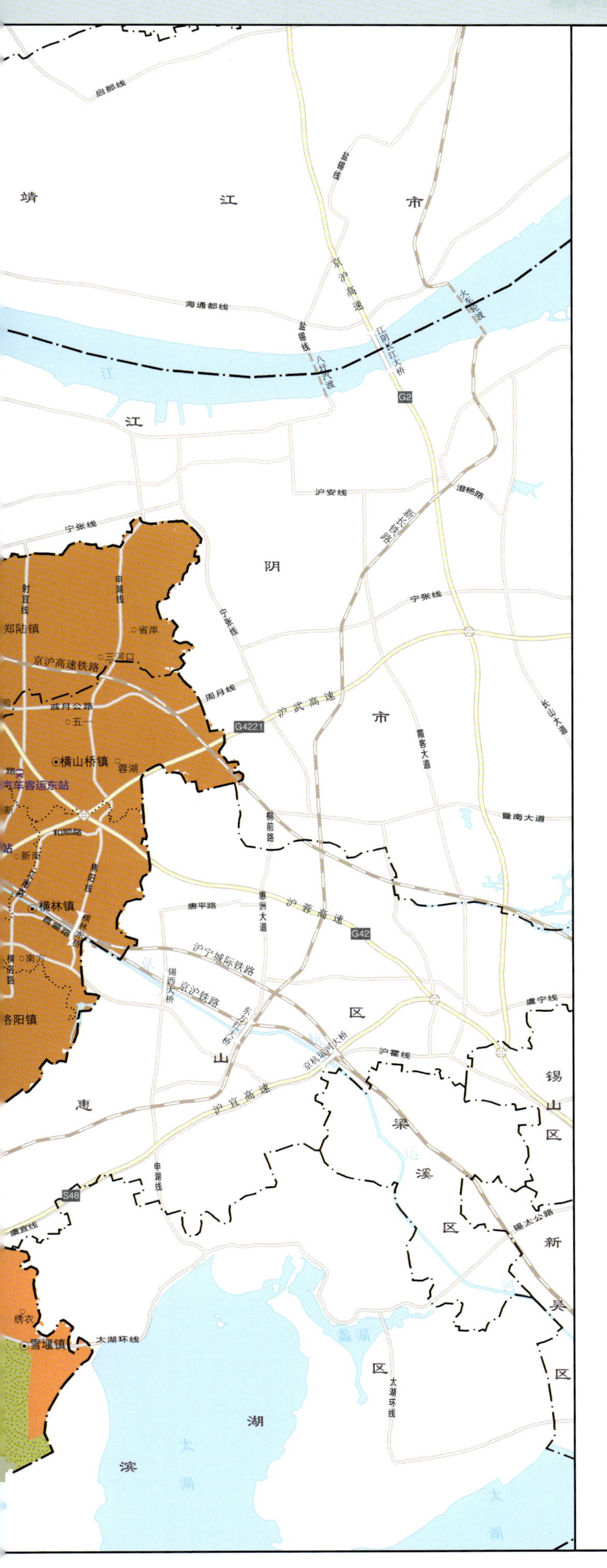

常州市区耕地级别基准地价

级别	地价内涵	基准地价（元/平方米）
Ⅰ	长期使用权/承包经营权	48.90/31.50
Ⅱ	长期使用权/承包经营权	45.60/30.00
Ⅲ	长期使用权/承包经营权	43.50/28.50

（估价期日：2021年1月1日）

2020年常州市区农业总产值

（亿元）

区	农业总产值
武进区	40.60
金坛区	38.84
新北区	20.11
天宁区	7.73
钟楼区	2.61

2020年常州市农作物播种面积

（千公顷）

类别	播种面积
粮食作物	93.91
油料作物	6.73
蔬菜瓜类	32.22
其他农作物	32.19

2020年常州市区农村人口数量

（万人）

区	农村人口
天宁区	5.92
钟楼区	4.34
新北区	11.25
武进区	50.57
金坛区	20.01

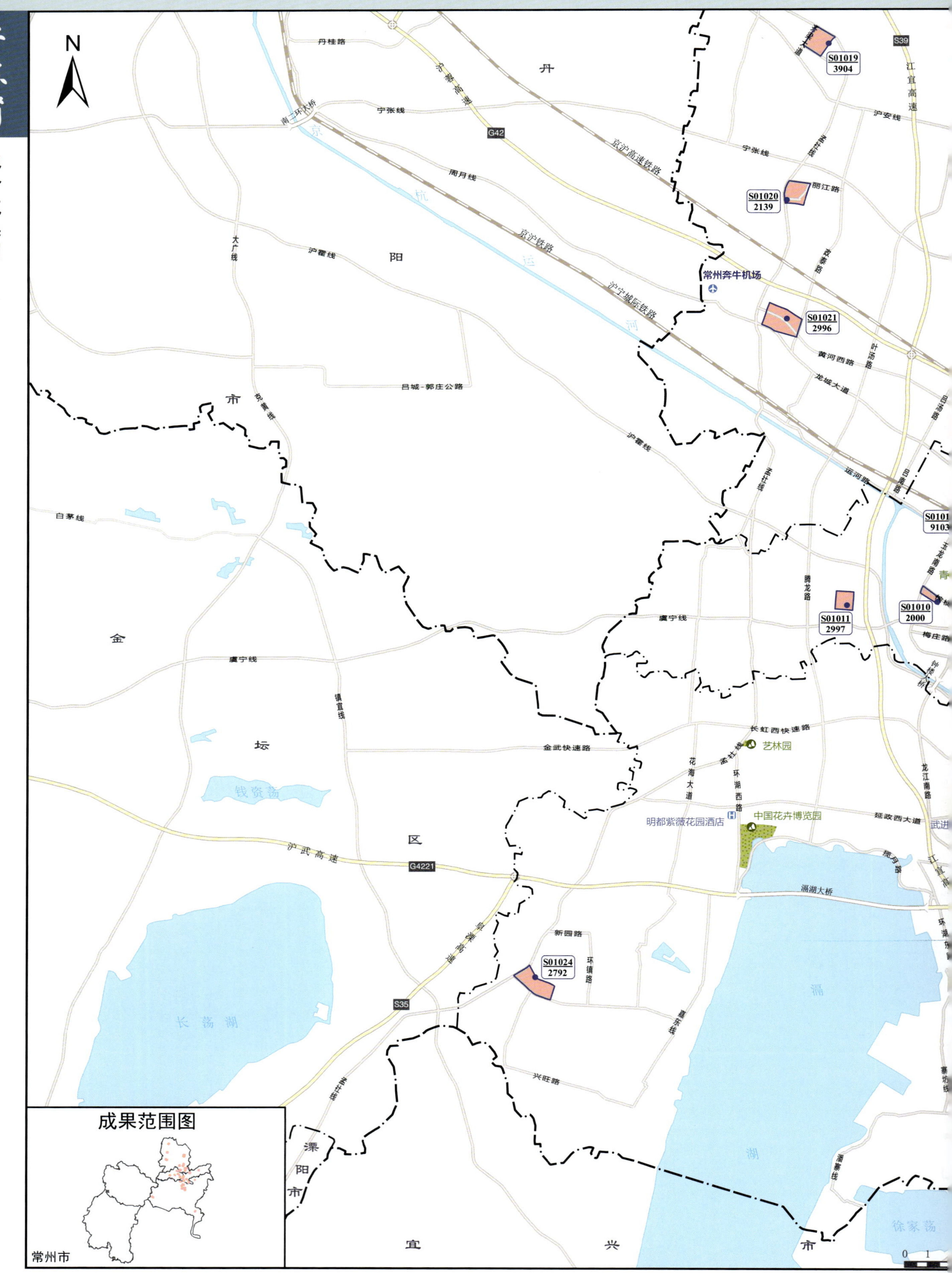
N
丹阳市
金坛区
溧阳市
宜兴市
S01019
3904
S01020
2139
S01021
2996
S01011
2997
S01010
2000
S01024
2792
常州奔牛机场
艺林园
中国花卉博览园
明都紫薇花园酒店
钱资荡
长荡湖
滆湖
徐家荡
京杭运河
京沪高速铁路
京沪铁路
沪宁城际铁路
沪蓉高速
沪武高速
江宜高速
G42
G4221
S39
S35
丹桂路
宁张线
沪安线
闸月线
沪霍线
吕城-郭庄公路
白茅线
大广线
扁宁线
镇宜线
金武快速路
长虹西快速路
延政西大道
滆湖大桥
新园路
环镇路
兴旺路
龙城大道
黄河西路
丽江路
运河路
腾龙路
花海大道
环湖西路
龙江南路
梅庄路
成果范围图
常州市

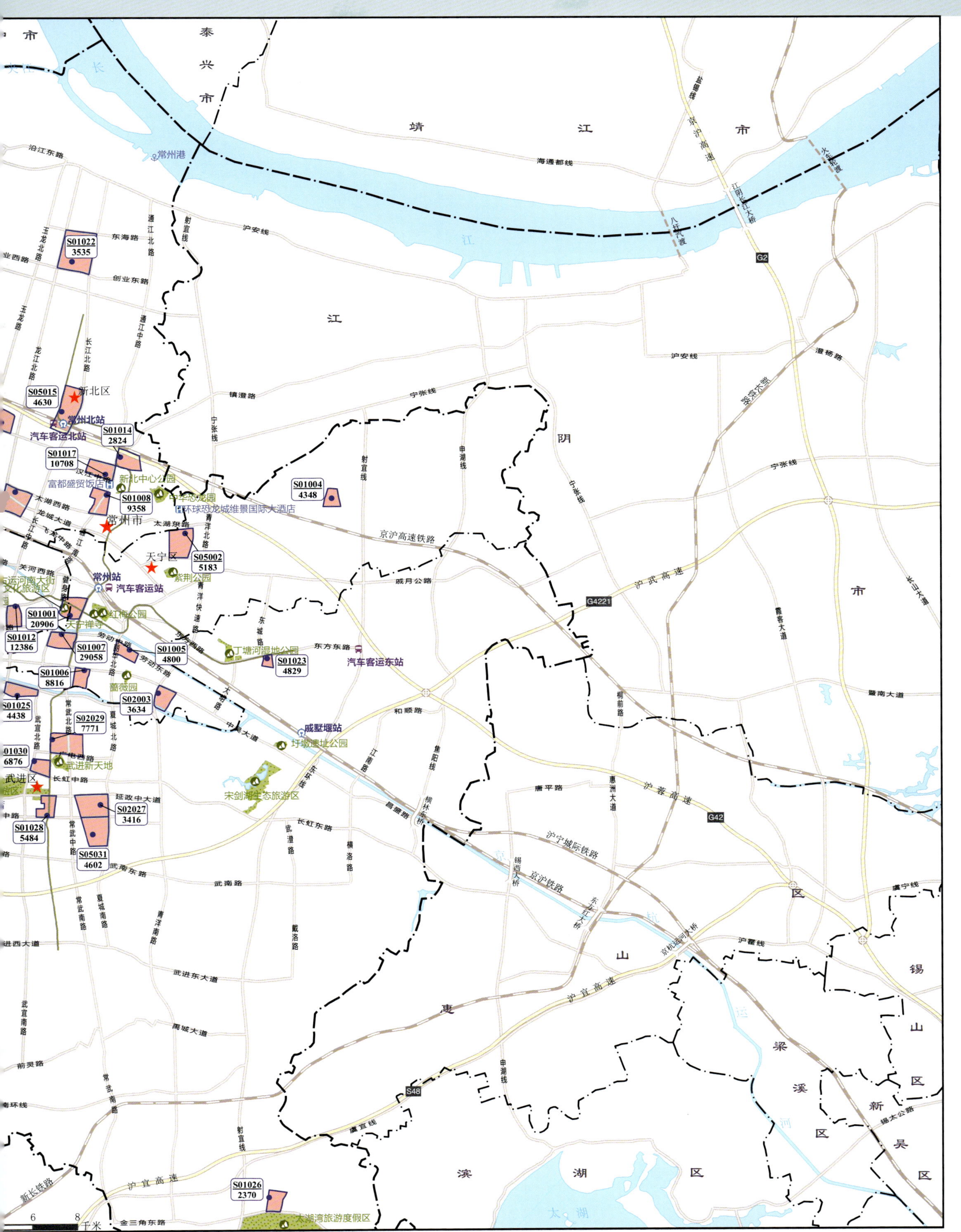
泰兴市
靖江市
江阴市
常州港
S01022
3535
S05015
4630
新北区
常州北站
汽车客运北站
S01014
2824
S01017
10708
富都盛贸饭店
新北中心公园
S01008
9358
中华恐龙园
环球恐龙城维景国际大酒店
常州市
S01004
4348
京沪高速铁路
天宁区
S05002
5183
常州站
汽车客运站
紫荆公园
S01001
20906
天宁禅寺
红梅公园
S01012
12386
S01007
29058
S01005
4800
丁塘河湿地公园
S01023
4829
汽车客运东站
S01006
8816
蔷薇园
S01025
4438
S02003
3634
戚墅堰站
S02029
7771
圩墩遗址公园
S01030
6876
武进新天地
武进区
宋剑湖生态旅游区
S02027
3416
S01028
5484
S05031
4602
沪宁城际铁路
京沪铁路
S01026
2370
太湖湾旅游度假区
滨湖区
梁溪区
新吴区
锡山区
太湖
沪武高速
沪蓉高速
沪宜高速
G2
G4221
G42
S48
千米

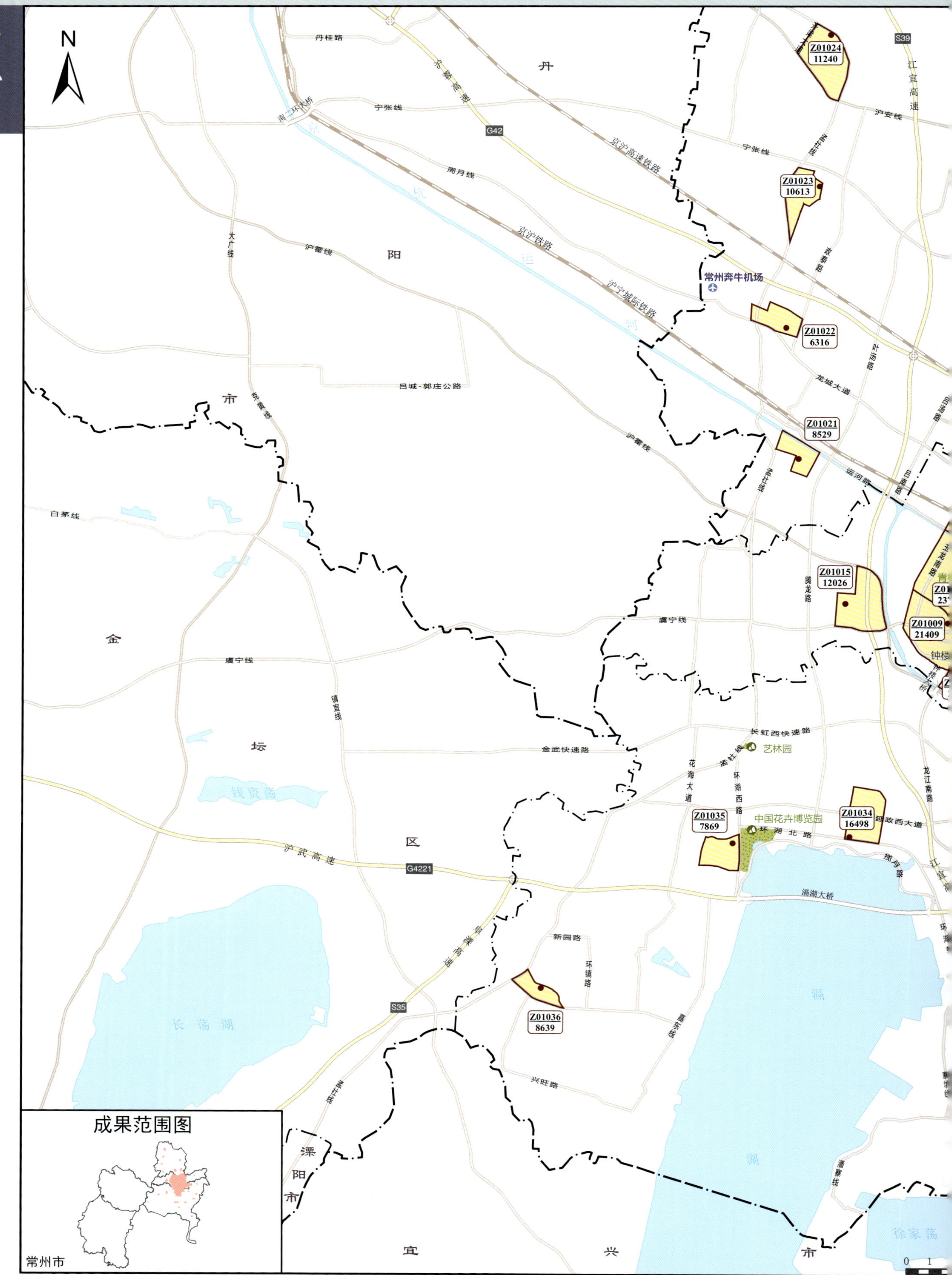
N
丹阳市
金坛区
宜兴市
溧阳市
常州奔牛机场
Z01024
11240
Z01023
10613
Z01022
6316
Z01021
8529
Z01015
12026
Z01009
21409
Z01035
7869
Z01034
16498
Z01036
8639
京沪高速铁路
京沪铁路
沪宁城际铁路
丹桂路
宁张线
宁张线
沪安线
闸月线
沪霞线
吕城－郭庄公路
白茅线
虞宁线
金武快速路
长虹西快速路
沪武高速
G4221
G42
S39
S35
漓湖大桥
环湖北路
钱资荡
长荡湖
徐家荡
艺林园
中国花卉博览园
新园路
兴旺路
成果范围图
常州市

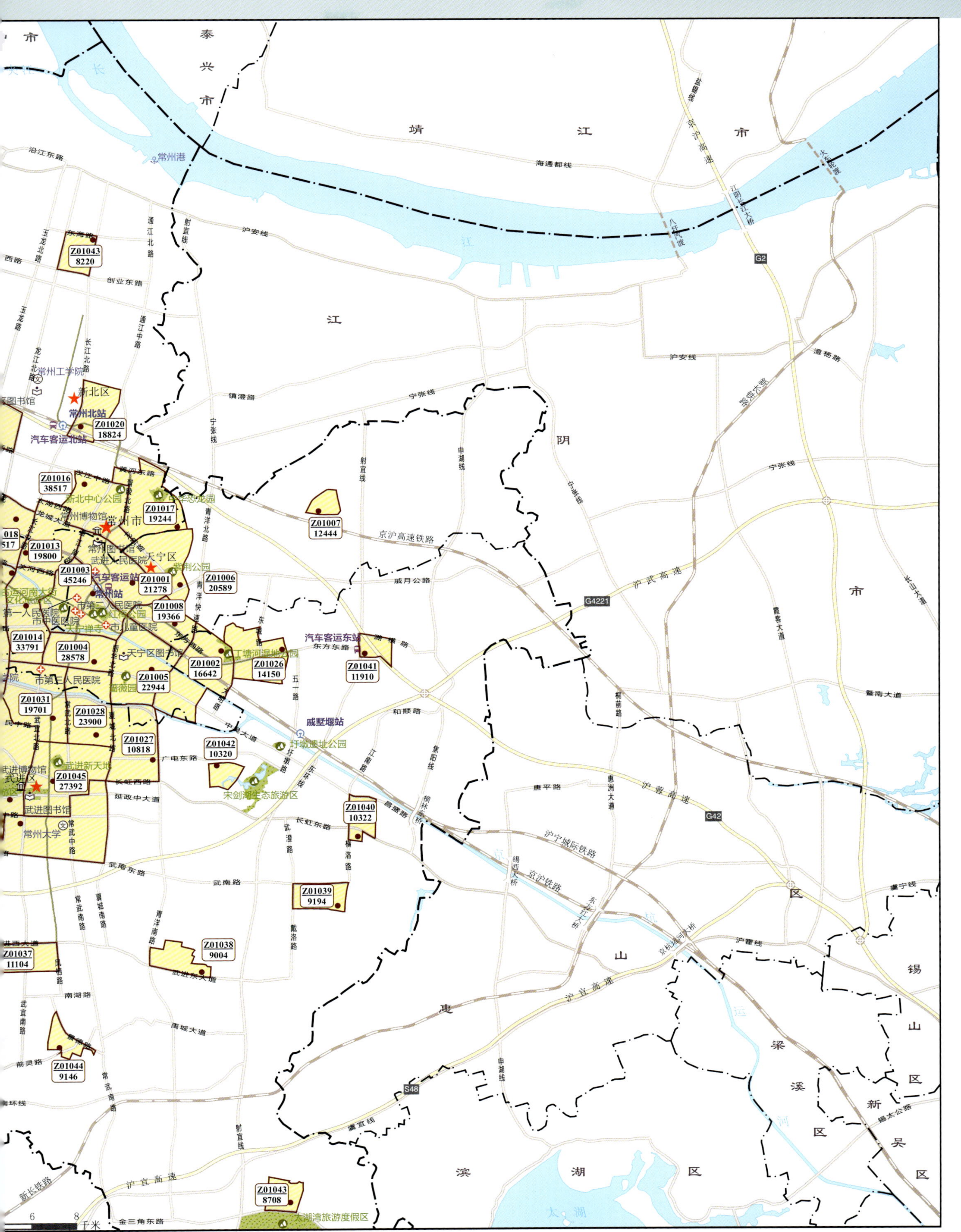

(估价期日：2021年1月1日)

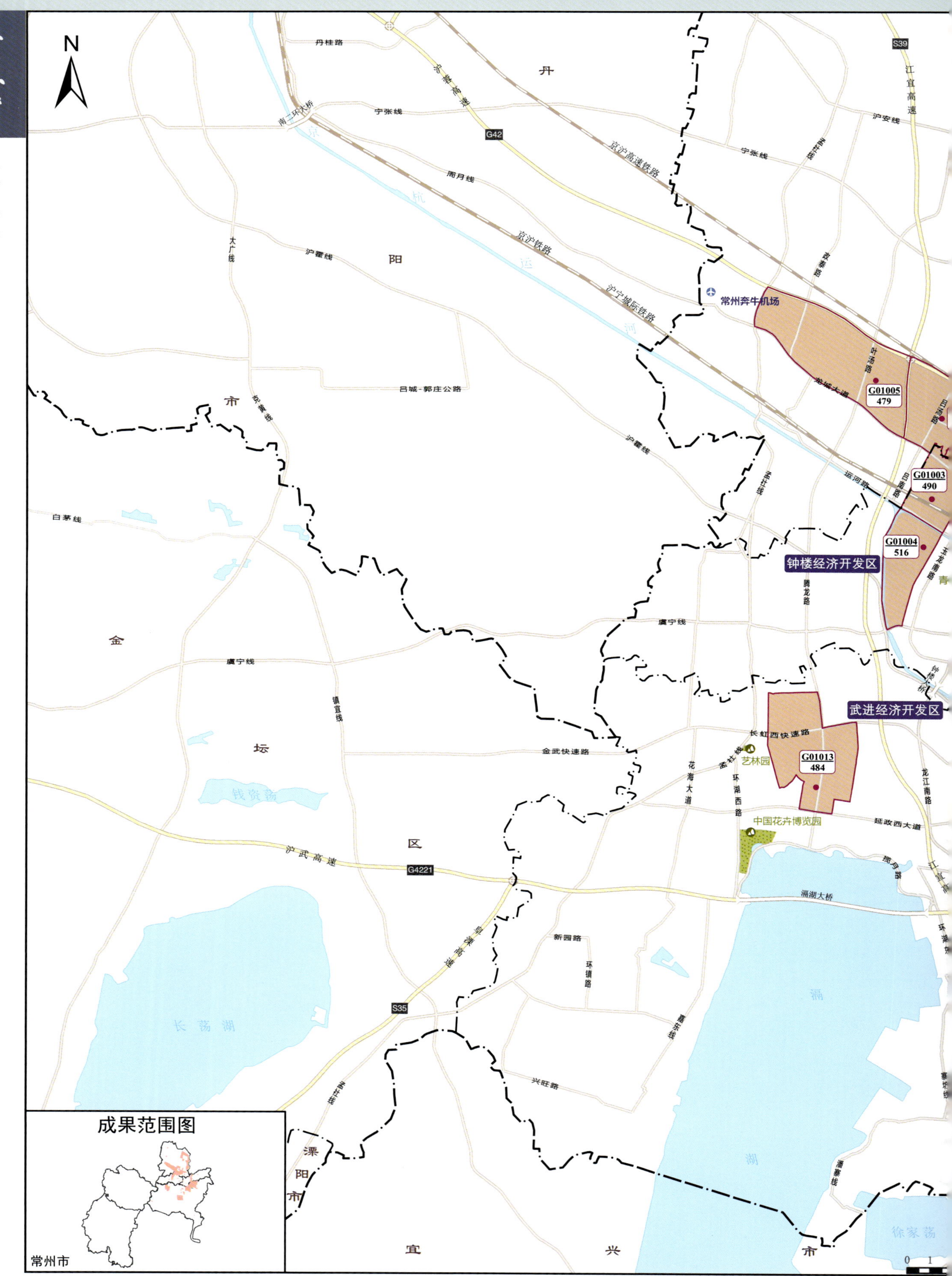

N
丹阳市
金坛区
宜兴市
溧阳市
京沪高速铁路
京沪铁路
沪宁城际铁路
沪蓉高速
G42
S39
江宜高速
沪武高速
G4221
S35
常州奔牛机场
钟楼经济开发区
武进经济开发区
G01005
479
G01003
490
G01004
516
G01013
484
艺林园
中国花卉博览园
滆湖
滆湖大桥
长荡湖
钱资荡
徐家荡
成果范围图
常州市

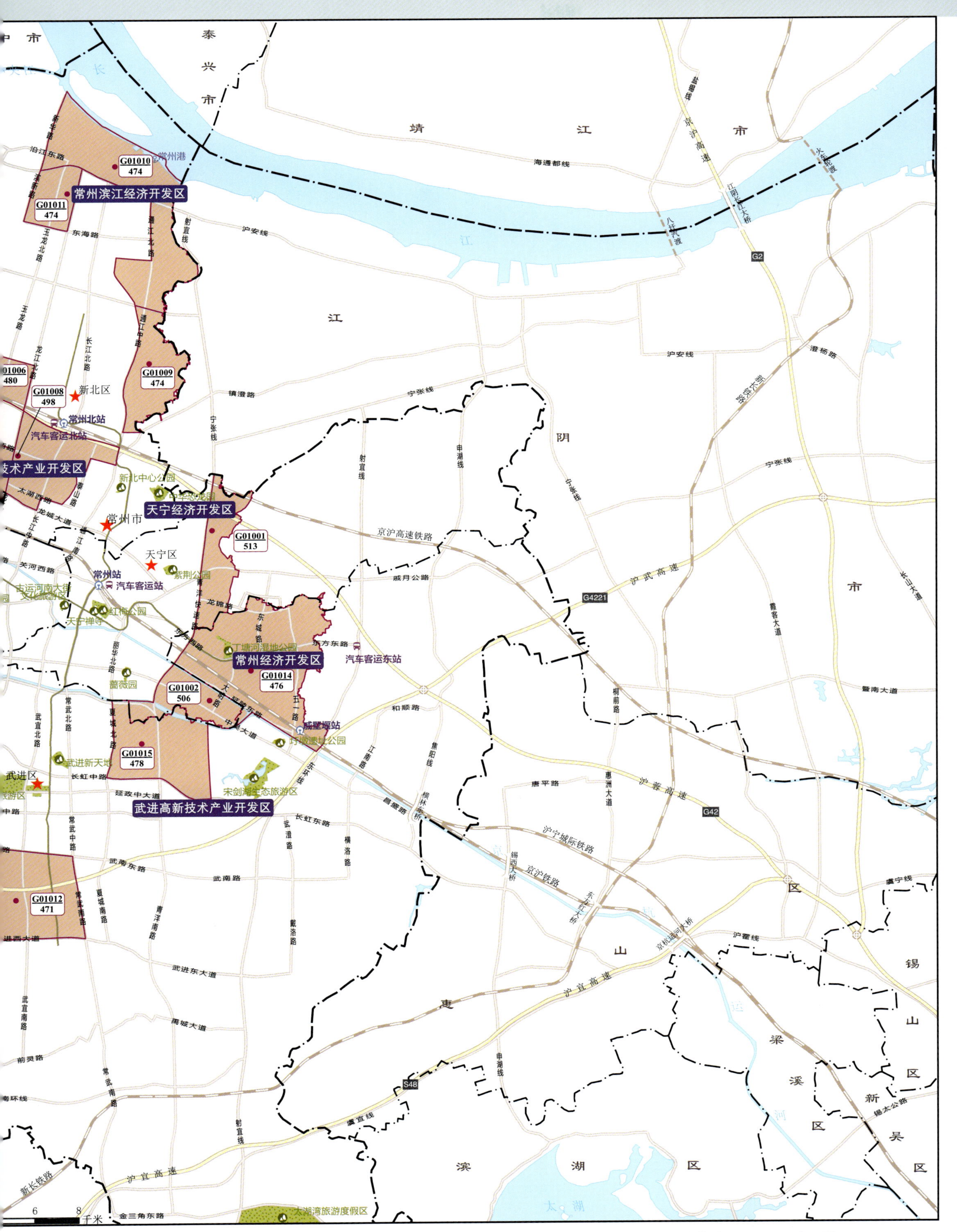

泰兴市
靖江市
江阴市
锡山区
梁溪区
新吴区
滨湖区
惠山区
常州滨江经济开发区
天宁经济开发区
常州经济开发区
武进高新技术产业开发区
G01010
474
G01011
474
G01009
474
G01006
480
G01008
498
G01001
513
G01014
476
G01002
506
G01015
478
G01012
471
常州市
新北区
天宁区
武进区
常州北站
汽车客运北站
常州站
汽车客运站
汽车客运东站
戚墅堰站
常州港
新北中心公园
紫荆公园
红梅公园
天宁禅寺
丁塘河湿地公园
蔷薇园
武进新天地
宋剑湖生态旅游区
太湖湾旅游度假区
京沪高速铁路
沪宁城际铁路
京沪铁路
新长铁路
沪武高速
沪蓉高速
沪宜高速
京沪高速
江阴长江大桥
八圩汽渡
G2
G4221
G42
S48
沪安线
宁张线
海通都线
镇澄路
戚月公路
和顺路
唐平路
长虹中路
延政中大道
武南路
武进东大道
南城大道
前灵路
金三角东路
锡太公路
澄杨路
暨南大道
长山大道
霞客大道
惠洲大道
沪霍线
虞宁线
千米

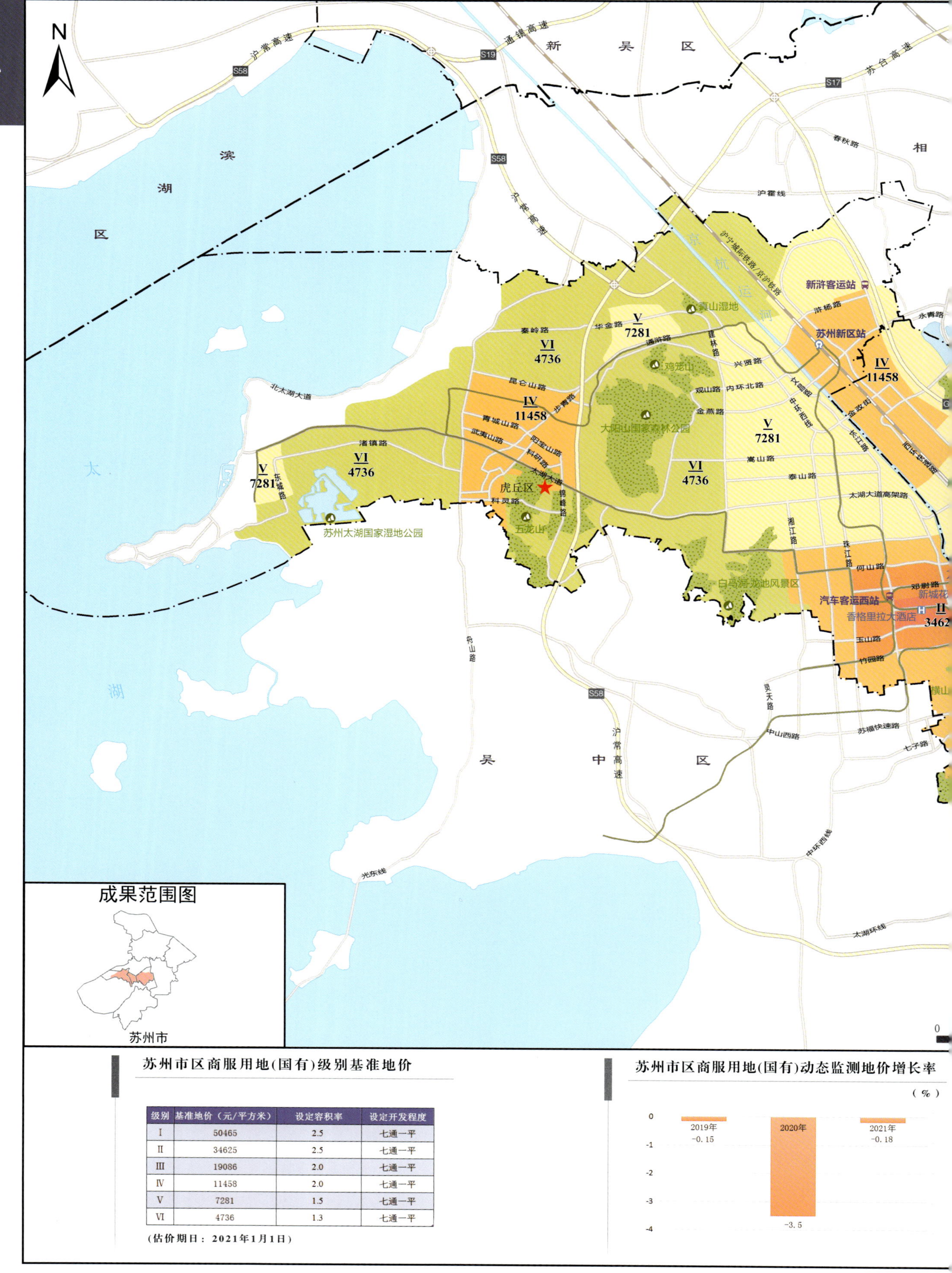

苏州市区商服用地(国有)级别基准地价

级别	基准地价（元/平方米）	设定容积率	设定开发程度
Ⅰ	50465	2.5	七通一平
Ⅱ	34625	2.5	七通一平
Ⅲ	19086	2.0	七通一平
Ⅳ	11458	2.0	七通一平
Ⅴ	7281	1.5	七通一平
Ⅵ	4736	1.3	七通一平

（估价期日：2021年1月1日）

苏州市区商服用地(国有)动态监测地价增长率

商服用地（国有）级别基准地价图

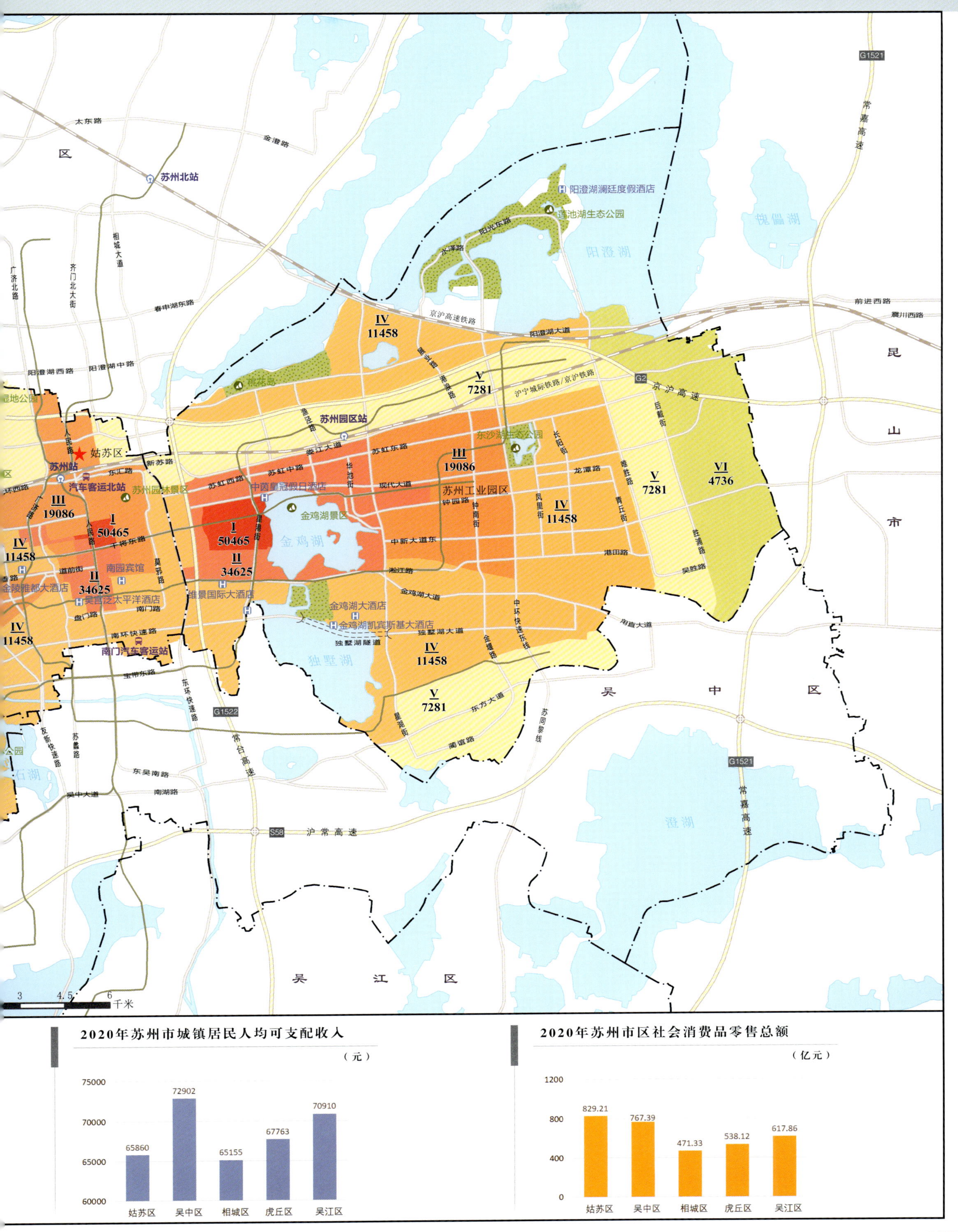

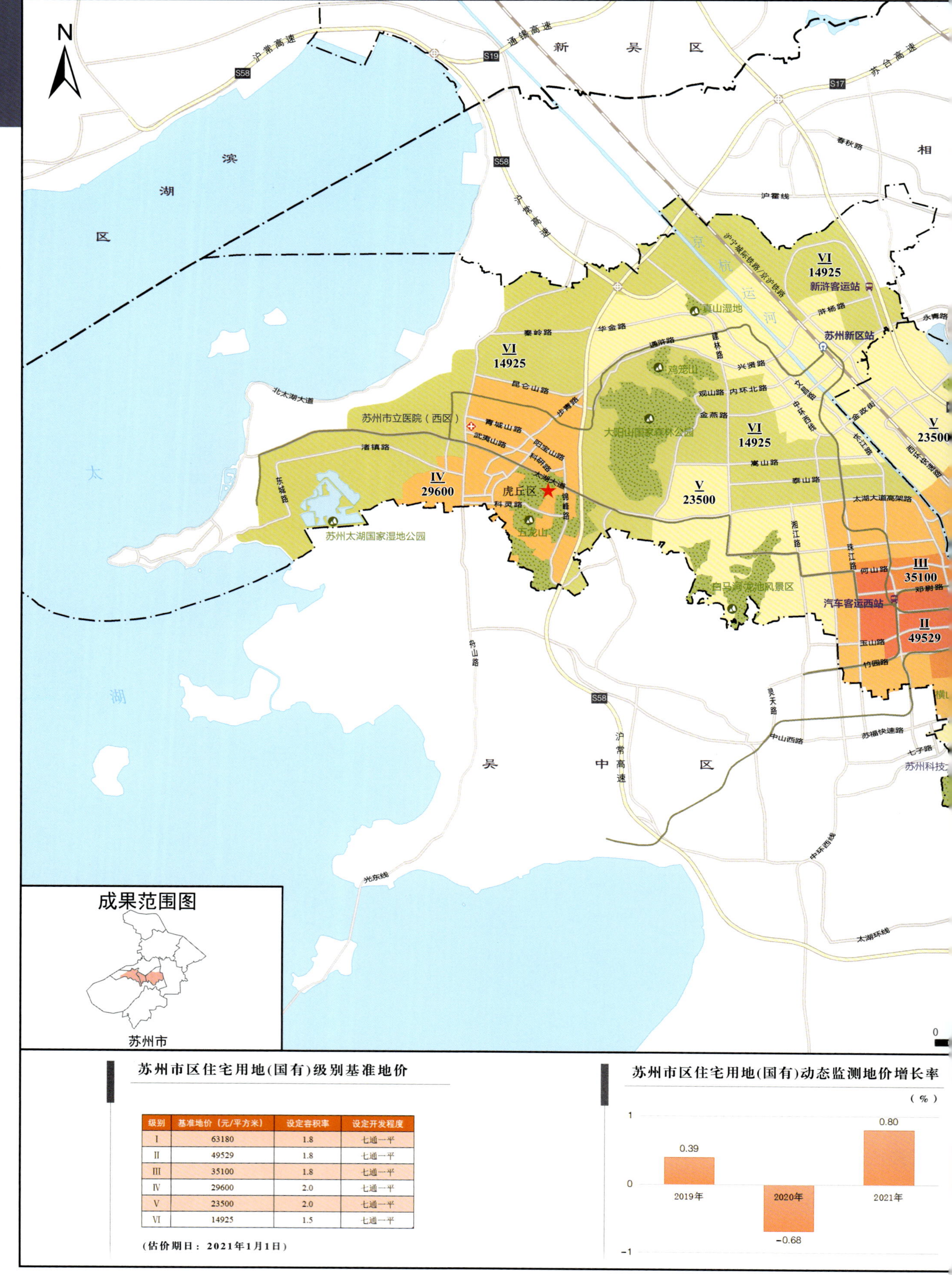

苏州市区住宅用地(国有)级别基准地价

级别	基准地价（元/平方米）	设定容积率	设定开发程度
I	63180	1.8	七通一平
II	49529	1.8	七通一平
III	35100	1.8	七通一平
IV	29600	2.0	七通一平
V	23500	2.0	七通一平
VI	14925	1.5	七通一平

（估价期日：2021年1月1日）

苏州市区住宅用地(国有)动态监测地价增长率

住宅用地(国有)级别基准地价图

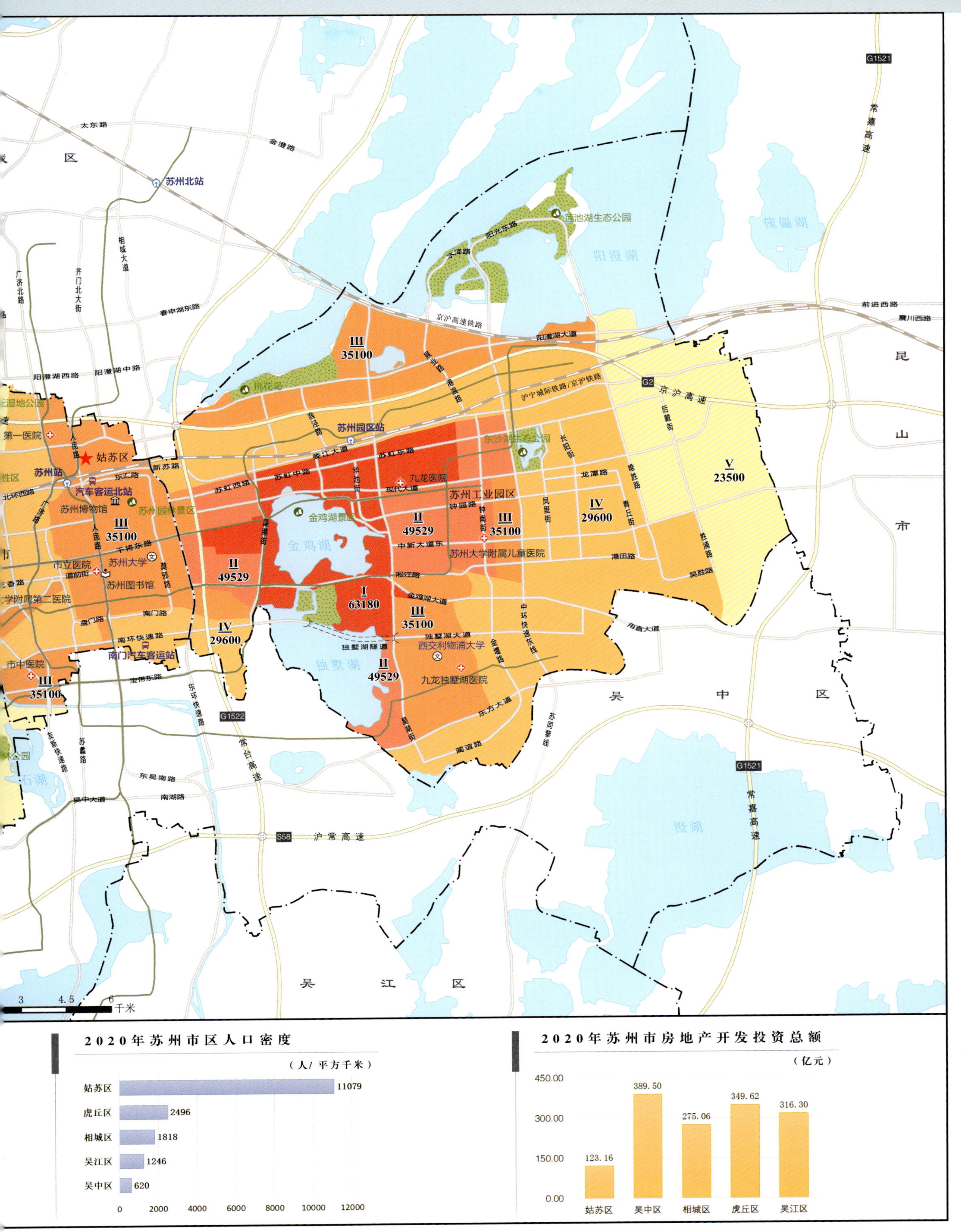

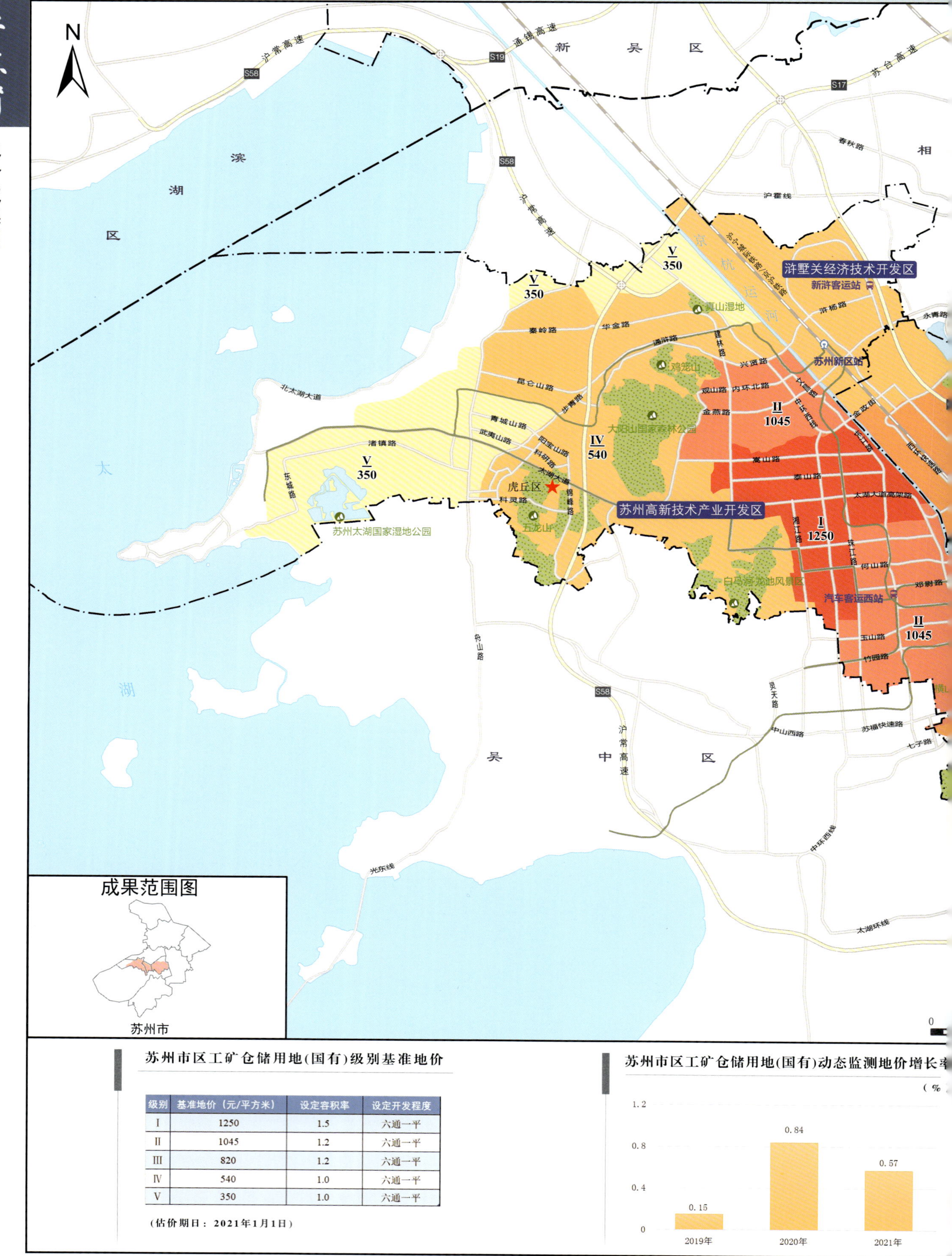

苏州市区工矿仓储用地(国有)级别基准地价

级别	基准地价（元/平方米）	设定容积率	设定开发程度
I	1250	1.5	六通一平
II	1045	1.2	六通一平
III	820	1.2	六通一平
IV	540	1.0	六通一平
V	350	1.0	六通一平

（估价期日：2021年1月1日）

苏州市区工矿仓储用地(国有)动态监测地价增长

工矿仓储用地(国有)级别基准地价图

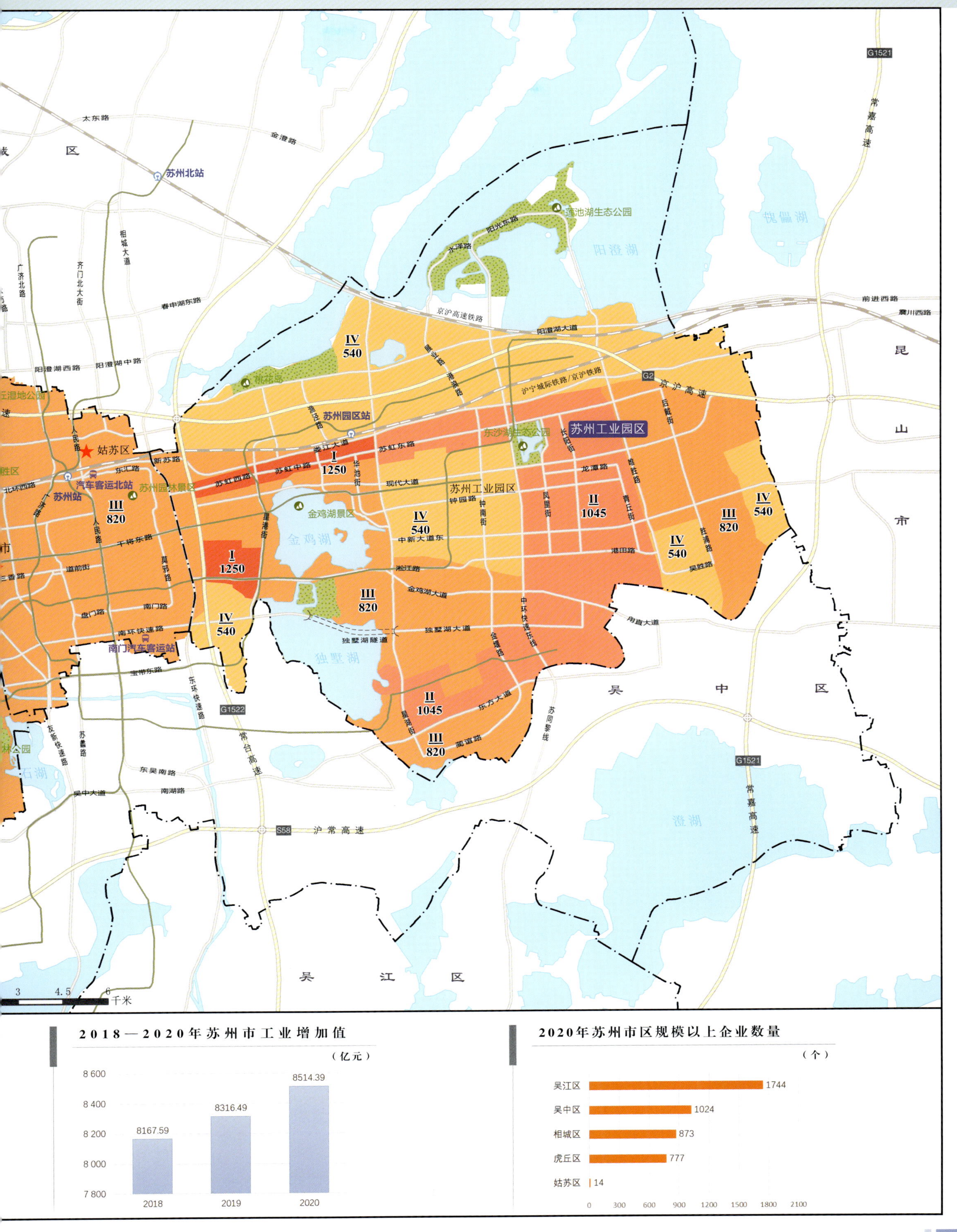

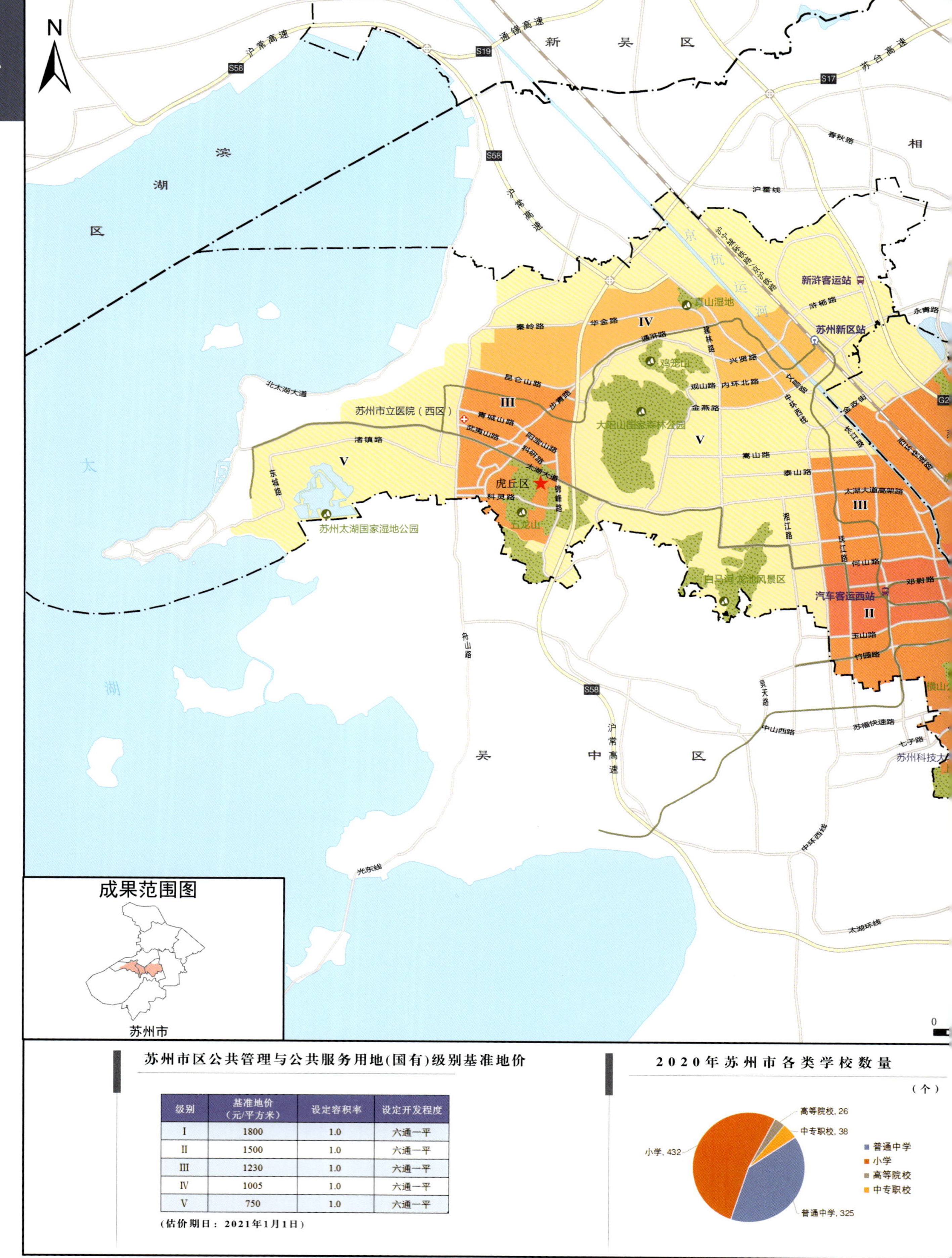

苏州市区公共管理与公共服务用地(国有)级别基准地价

级别	基准地价（元/平方米）	设定容积率	设定开发程度
Ⅰ	1800	1.0	六通一平
Ⅱ	1500	1.0	六通一平
Ⅲ	1230	1.0	六通一平
Ⅳ	1005	1.0	六通一平
Ⅴ	750	1.0	六通一平

（估价期日：2021年1月1日）

2020年苏州市各类学校数量

（个）

公共管理与公共服务用地（国有）级别基准地价图

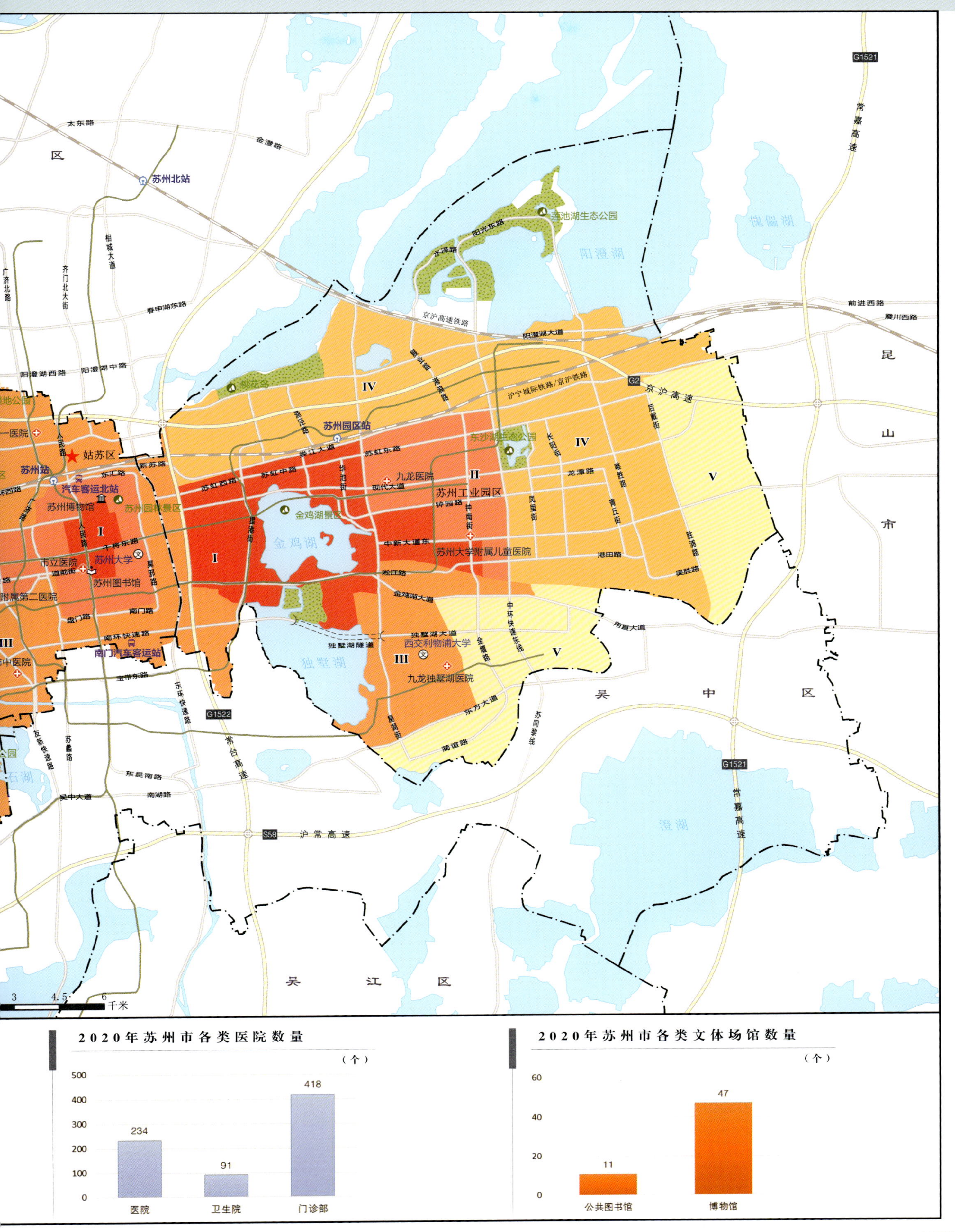

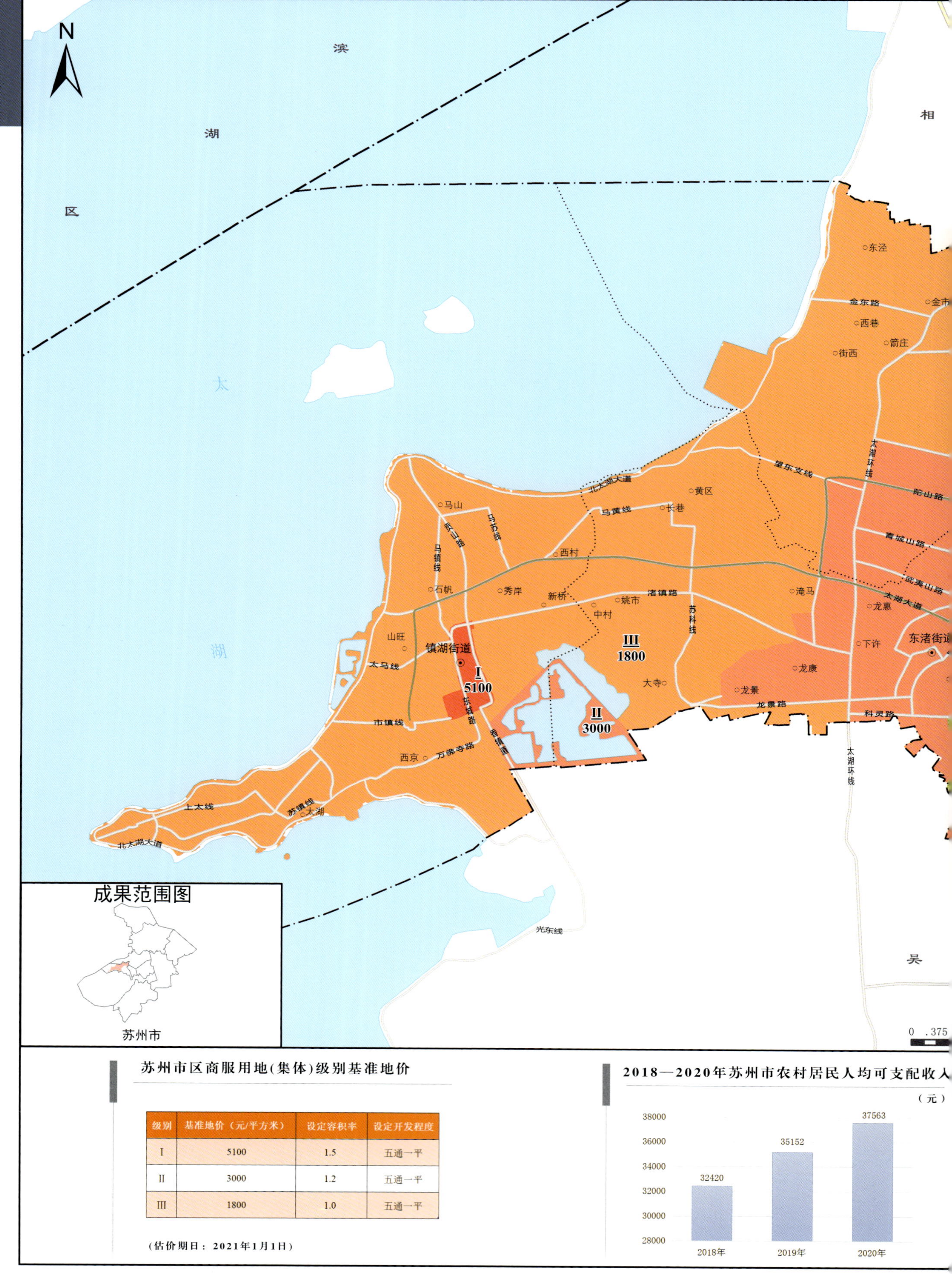

苏州市区商服用地(集体)级别基准地价

级别	基准地价（元/平方米）	设定容积率	设定开发程度
I	5100	1.5	五通一平
II	3000	1.2	五通一平
III	1800	1.0	五通一平

（估价期日：2021年1月1日）

2018—2020年苏州市农村居民人均可支配收入

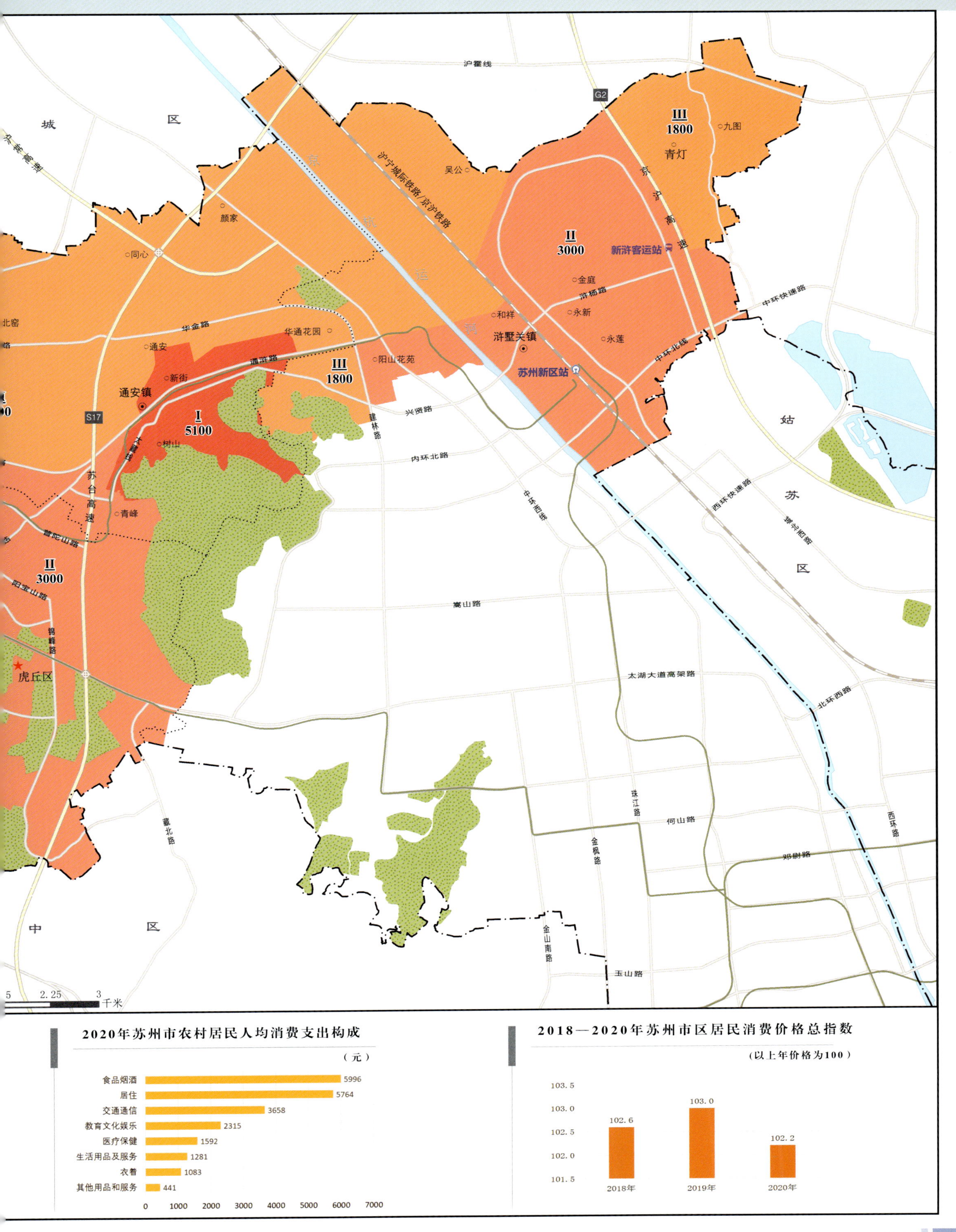
城
区
沪霍线
G2
III
1800
九图
青灯
吴公
颜家
同心
II
3000
新浒客运站
金庭
浒杨路
中环快速路
和祥
永新
北窑
华金路
华通花园
永莲
通安
浒墅关镇
通浒路
阳山花苑
III
1800
苏州新区站
新街
通安镇
S17
I
5100
兴贤路
建林路
姑
树山
内环北路
苏台高速
青峰
中环西路
西环快速路
苏
普陀山路
II
3000
区
阳宝山路
嵩山路
锦峰路
虎丘区
太湖大道高架路
北环西路
珠江路
何山路
西环路
藏北路
金枫路
邓尉路
中
区
金山南路
玉山路
千米
2020年苏州市农村居民人均消费支出构成
(元)
食品烟酒 5996
居住 5764
交通通信 3658
教育文化娱乐 2315
医疗保健 1592
生活用品及服务 1281
衣着 1083
其他用品和服务 441
0
1000
2000
3000
4000
5000
6000
7000
2018—2020年苏州市区居民消费价格总指数
(以上年价格为100)
103.5
103.0
102.5
102.0
101.5
2018年 102.6
2019年 103.0
2020年 102.2

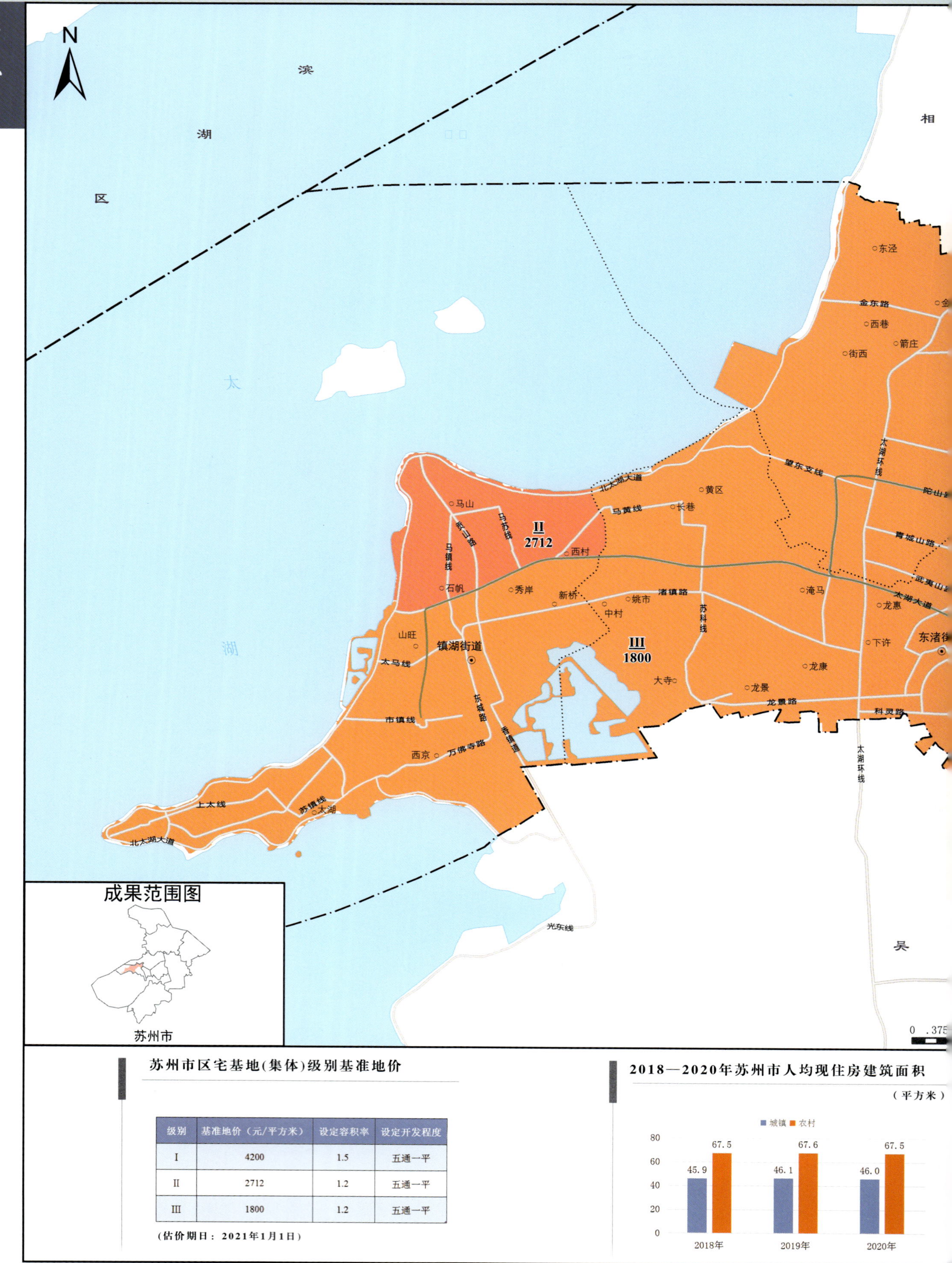

苏州市区宅基地(集体)级别基准地价

级别	基准地价（元/平方米）	设定容积率	设定开发程度
I	4200	1.5	五通一平
II	2712	1.2	五通一平
III	1800	1.2	五通一平

（估价期日：2021年1月1日）

2018—2020年苏州市人均现住房建筑面积

宅基地(集体)级别基准地价图

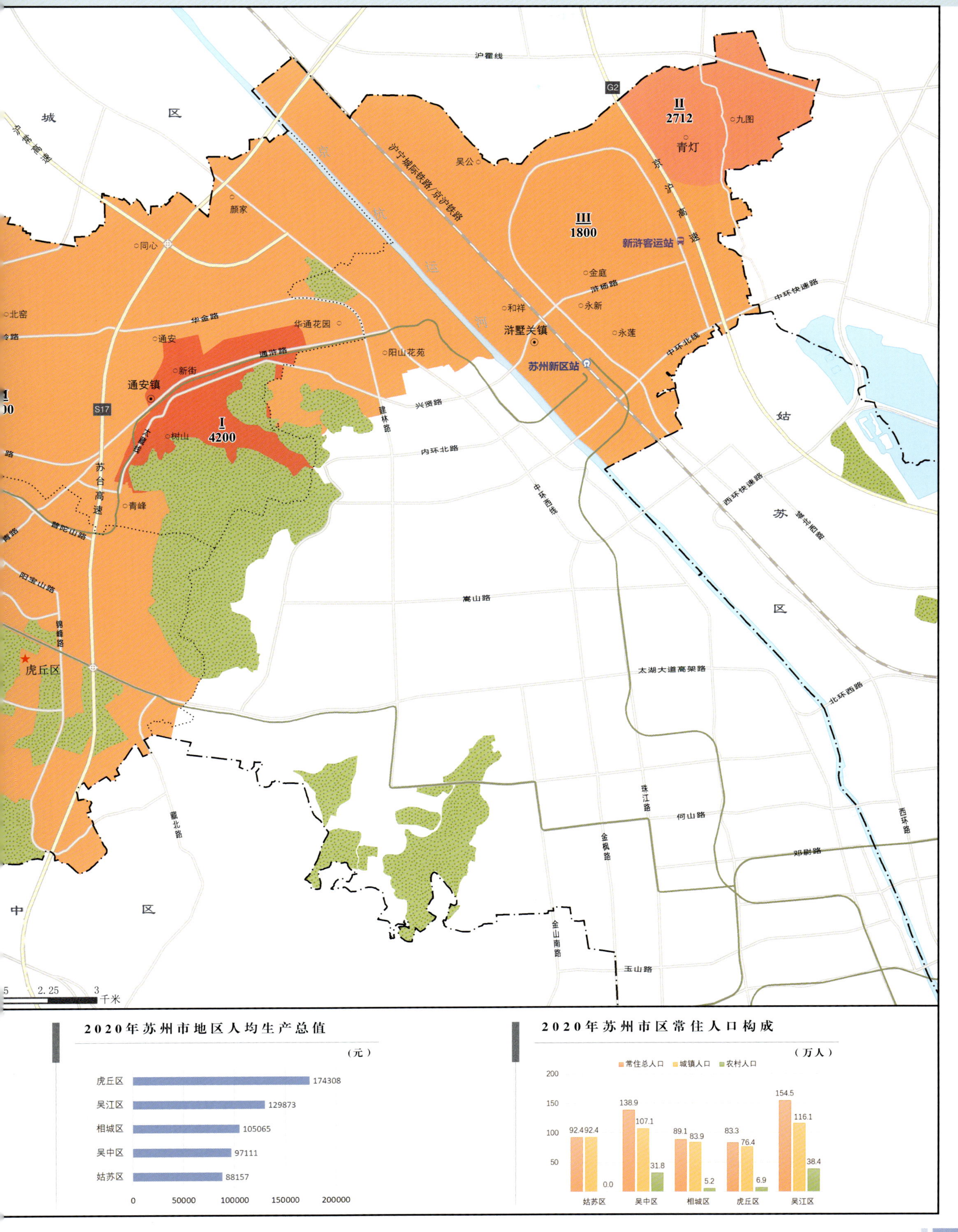

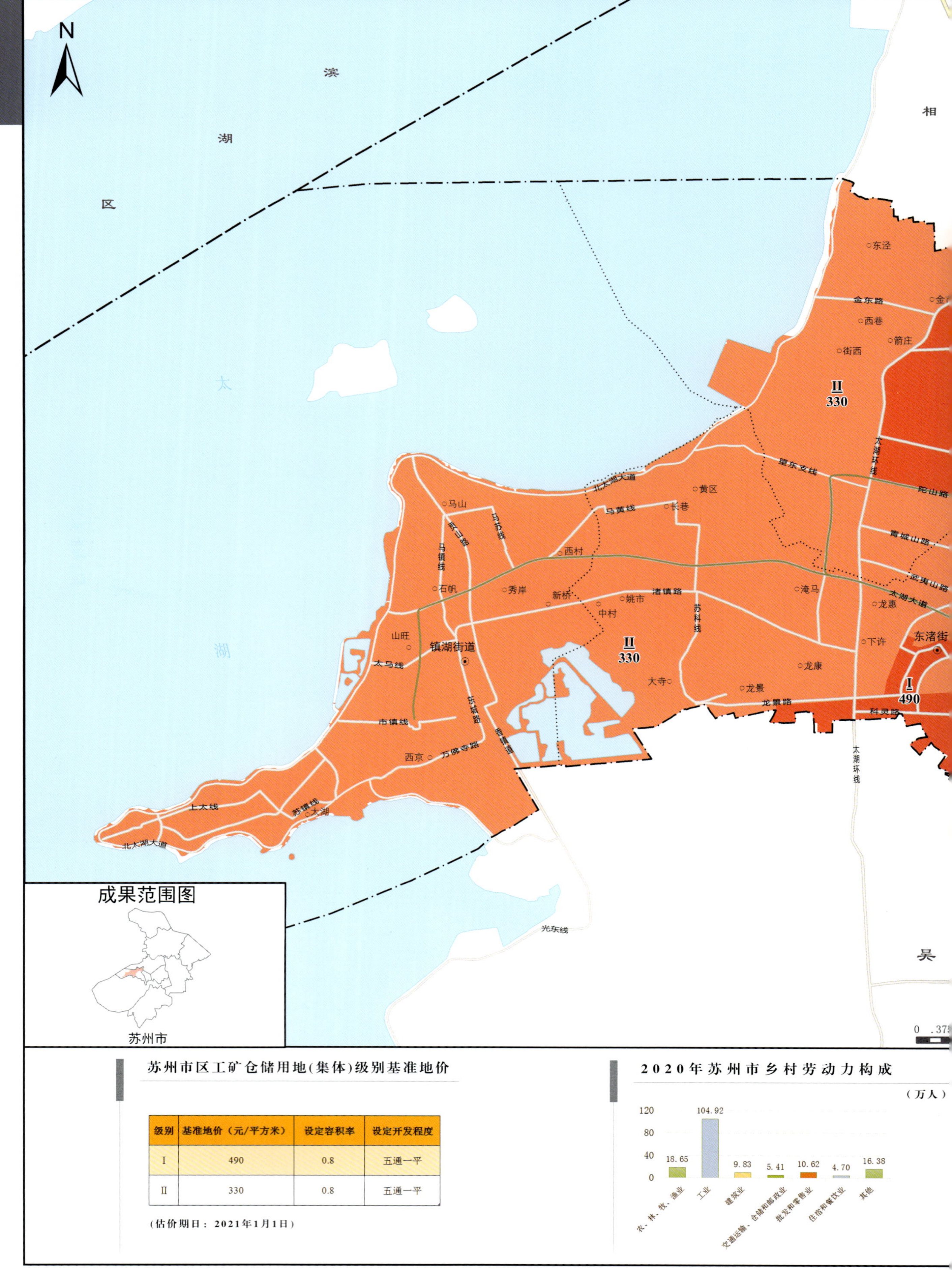

苏州市区工矿仓储用地(集体)级别基准地价

级别	基准地价（元/平方米）	设定容积率	设定开发程度
Ⅰ	490	0.8	五通一平
Ⅱ	330	0.8	五通一平

（估价期日：2021年1月1日）

2020年苏州市乡村劳动力构成

工矿仓储用地（集体）级别基准地价图

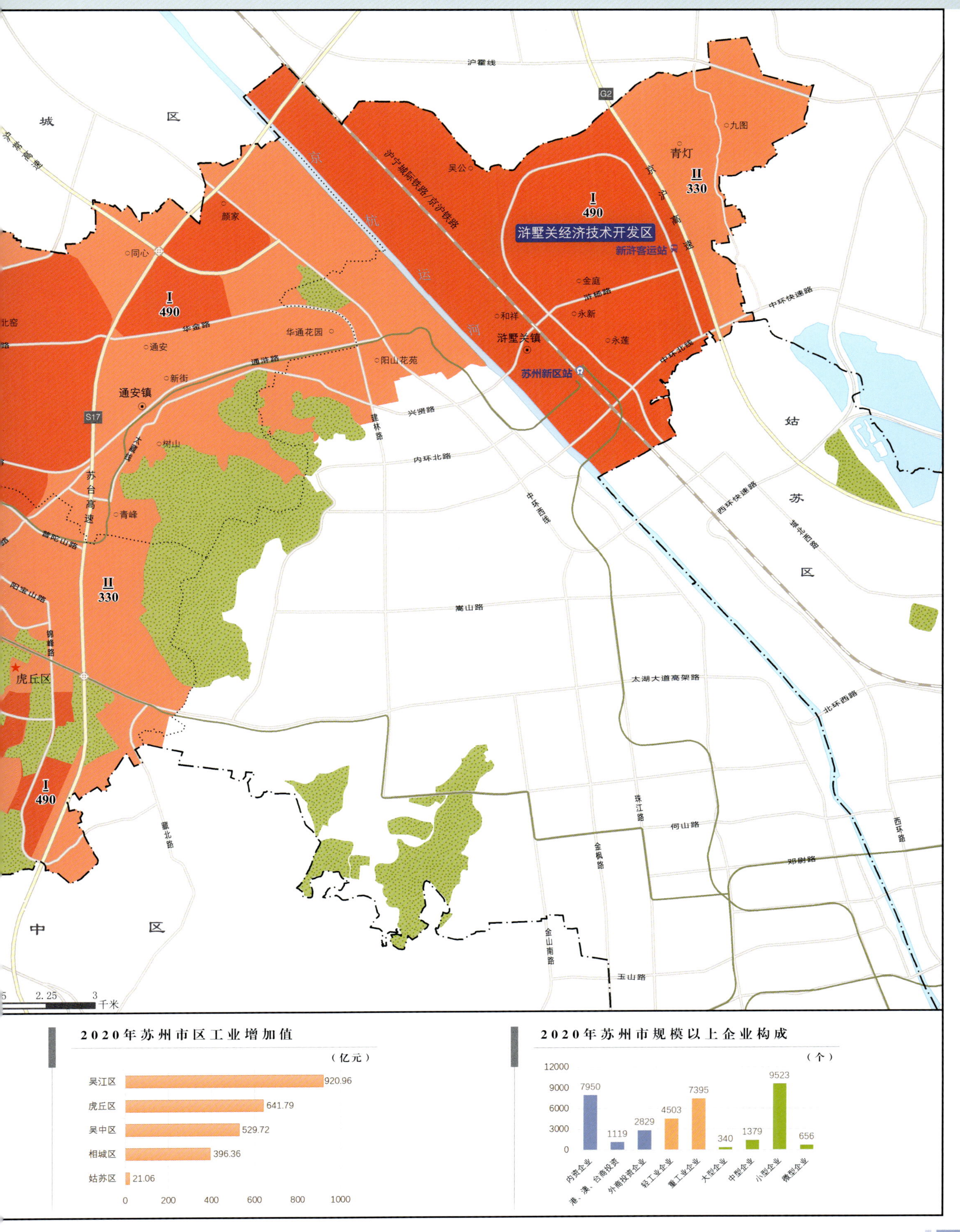

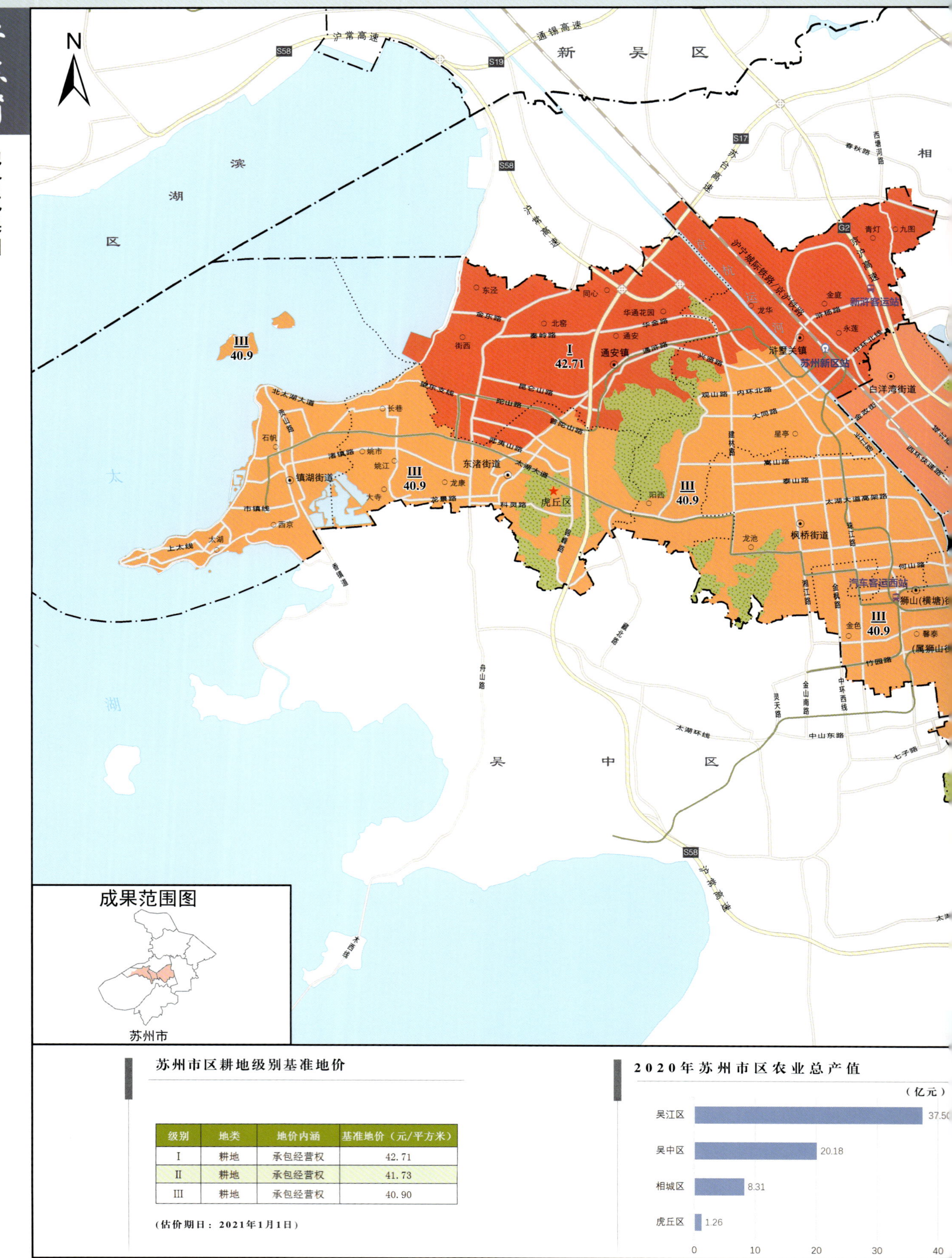

苏州市区耕地级别基准地价

级别	地类	地价内涵	基准地价（元/平方米）
I	耕地	承包经营权	42.71
II	耕地	承包经营权	41.73
III	耕地	承包经营权	40.90

（估价期日：2021年1月1日）

耕地级别基准地价图

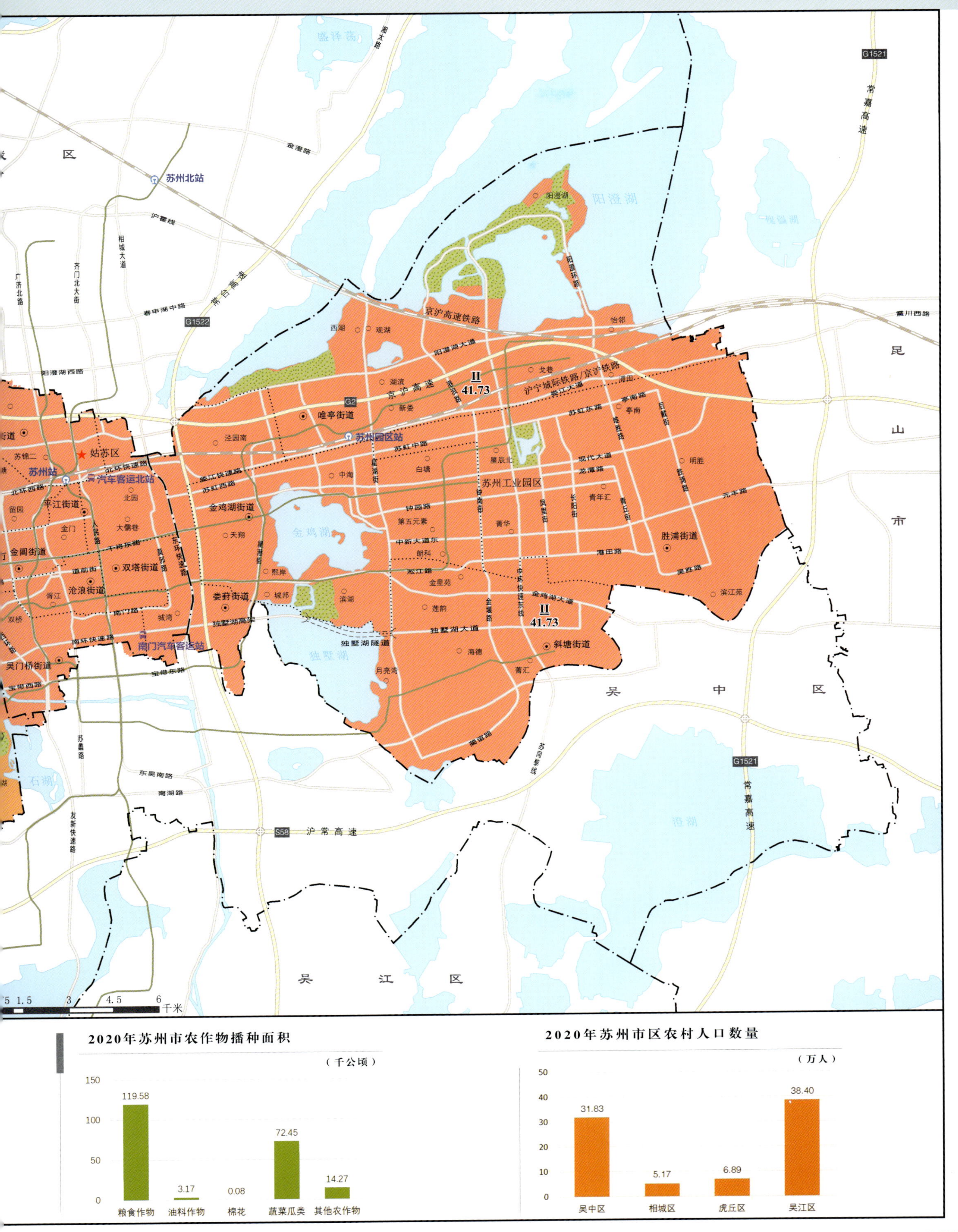
盛泽荡
阳澄湖
阳澄环路
京沪高速铁路
阳澄湖大道
沪宁城际铁路/京沪铁路
京沪高速
苏州北站
沪蓉线
金港路
相城大道
齐门北大街
广济北路
春申湖中路
G1522
常台高速
阳澄湖西路
G1521
常嘉高速
昆山市
II
41.73
唯亭街道
苏州园区站
姑苏区
苏州站
汽车客运北站
平江街道
金阊街道
双塔街道
沧浪街道
吴门桥街道
娄葑街道
金鸡湖街道
金鸡湖
苏州工业园区
胜浦街道
斜塘街道
独墅湖
独墅湖隧道
独墅湖大道
南门汽车客运站
南环快速路
宝带东路
东环快速路
中环快速东线
苏虹东路
苏虹中路
苏虹西路
现代大道
钟园路
中新大道东
松江路
金鸡湖大道
唯胜路
港田路
吴胜路
元丰路
石湖
东吴南路
南湖路
友新快速路
苏同黎线
沪常高速
S58
澄湖
吴中区
吴江区
0 1.5 3 4.5 6 千米
2020年苏州市农作物播种面积
（千公顷）
150
100
50
0
119.58
3.17
0.08
72.45
14.27
粮食作物
油料作物
棉花
蔬菜瓜类
其他农作物
2020年苏州市区农村人口数量
（万人）
50
40
30
20
10
0
31.83
5.17
6.89
38.40
吴中区
相城区
虎丘区
吴江区

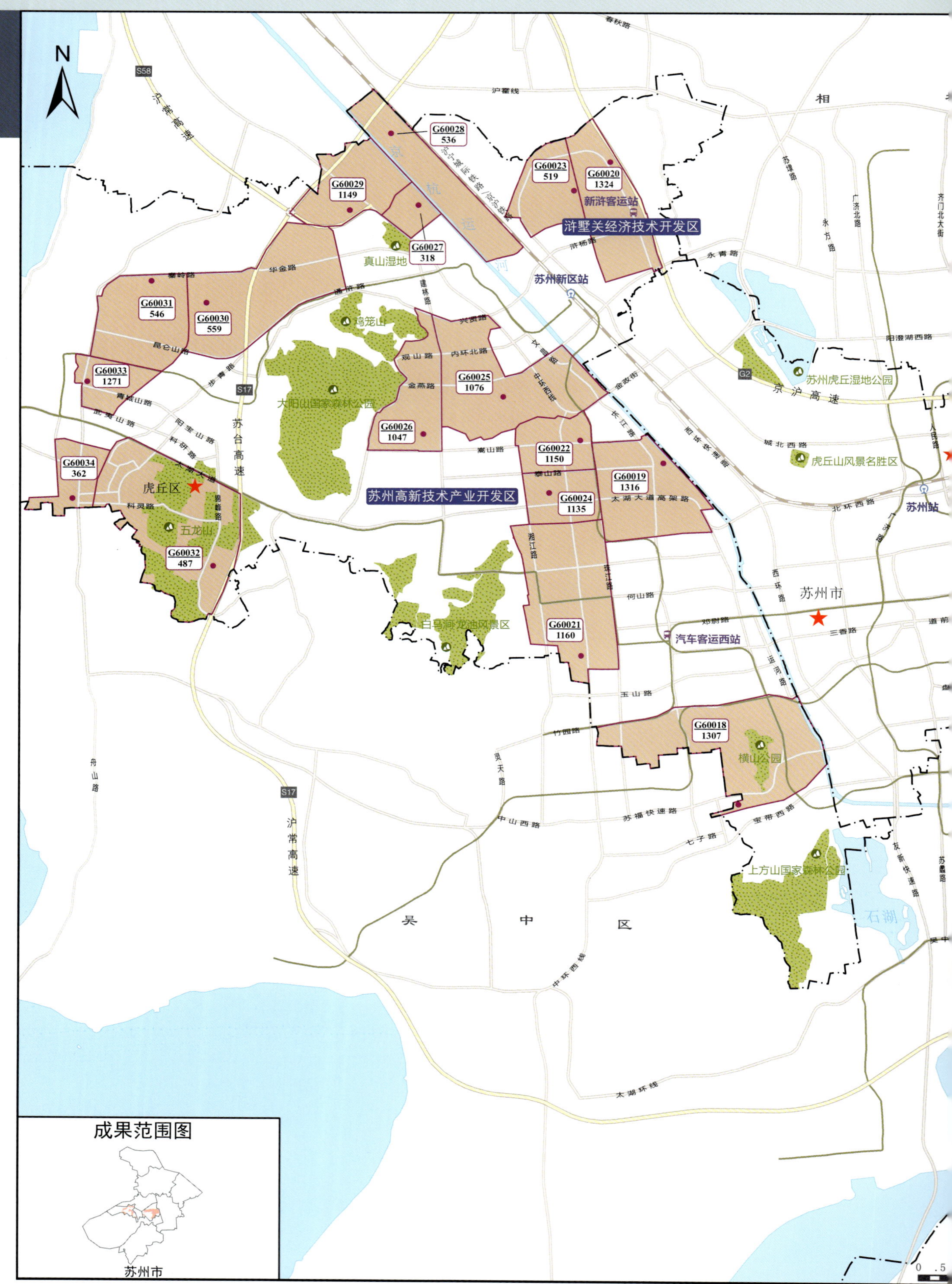
N
浒墅关经济技术开发区
苏州高新技术产业开发区
G60028
536
G60029
1149
G60027
318
G60023
519
G60020
1324
G60031
546
G60030
559
G60033
1271
G60025
1076
G60026
1047
G60022
1150
G60019
1316
G60024
1135
G60034
362
G60032
487
G60021
1160
G60018
1307
虎丘区
苏州市
吴 中 区
苏州新区站
新浒客运站
汽车客运西站
苏州站
真山湿地
大阳山国家森林公园
五龙山
白马涧龙池风景区
横山公园
上方山国家森林公园
苏州虎丘湿地公园
虎丘山风景名胜区
石湖
京 杭 运 河
沪 宁 高 速
苏 台 高 速
沪 常 高 速
京 沪 高 速
太湖环线
成果范围图
苏州市

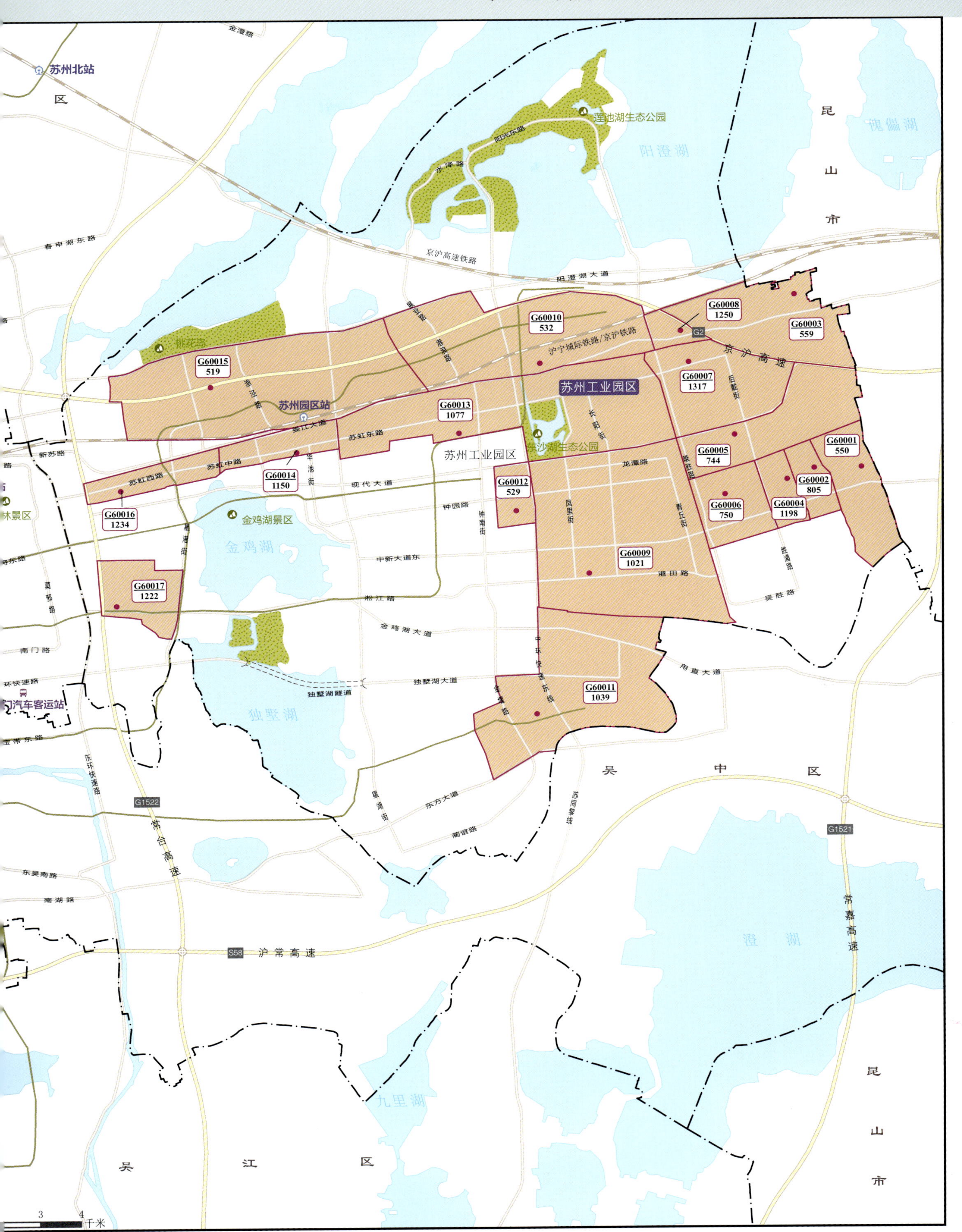

（估价期日：2021年1月1日）

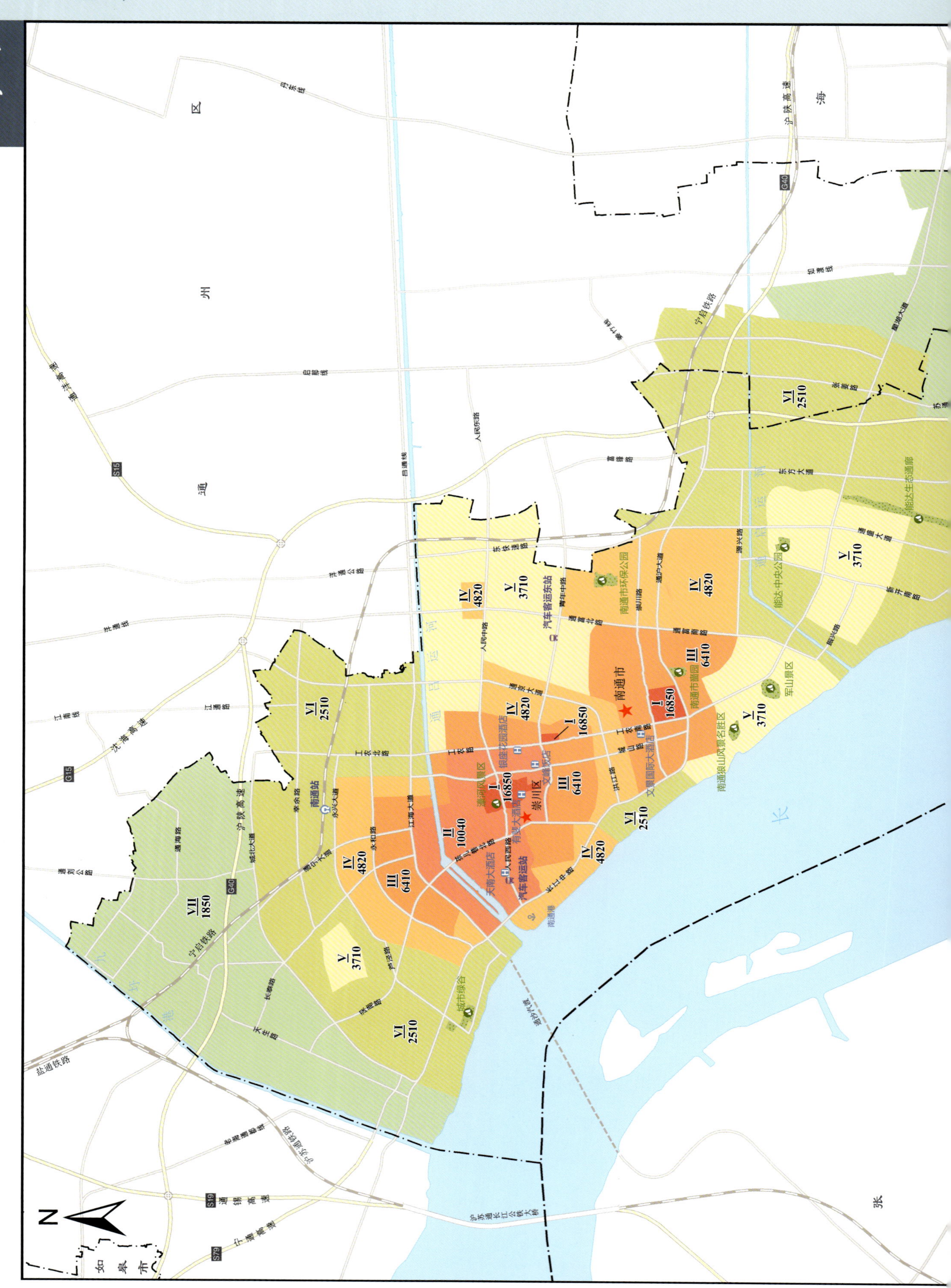
南通市
崇川区
南通站
汽车客运东站
汽车客运站
南通市环保公园
南通市植园
军山景区
南通狼山风景名胜区
濠河风景区
城市绿谷
能达中央公园
能达生态通廊
长江
I
16850
II
10040
III
6410
IV
4820
V
3710
VI
2510
VII
1850
宁启铁路
盐通铁路
沪陕高速
沈海高速
通洋高速
通锡高速
宁通高速
沪苏通长江公铁大桥
如皋市

商服用地（国有）级别基准地价图

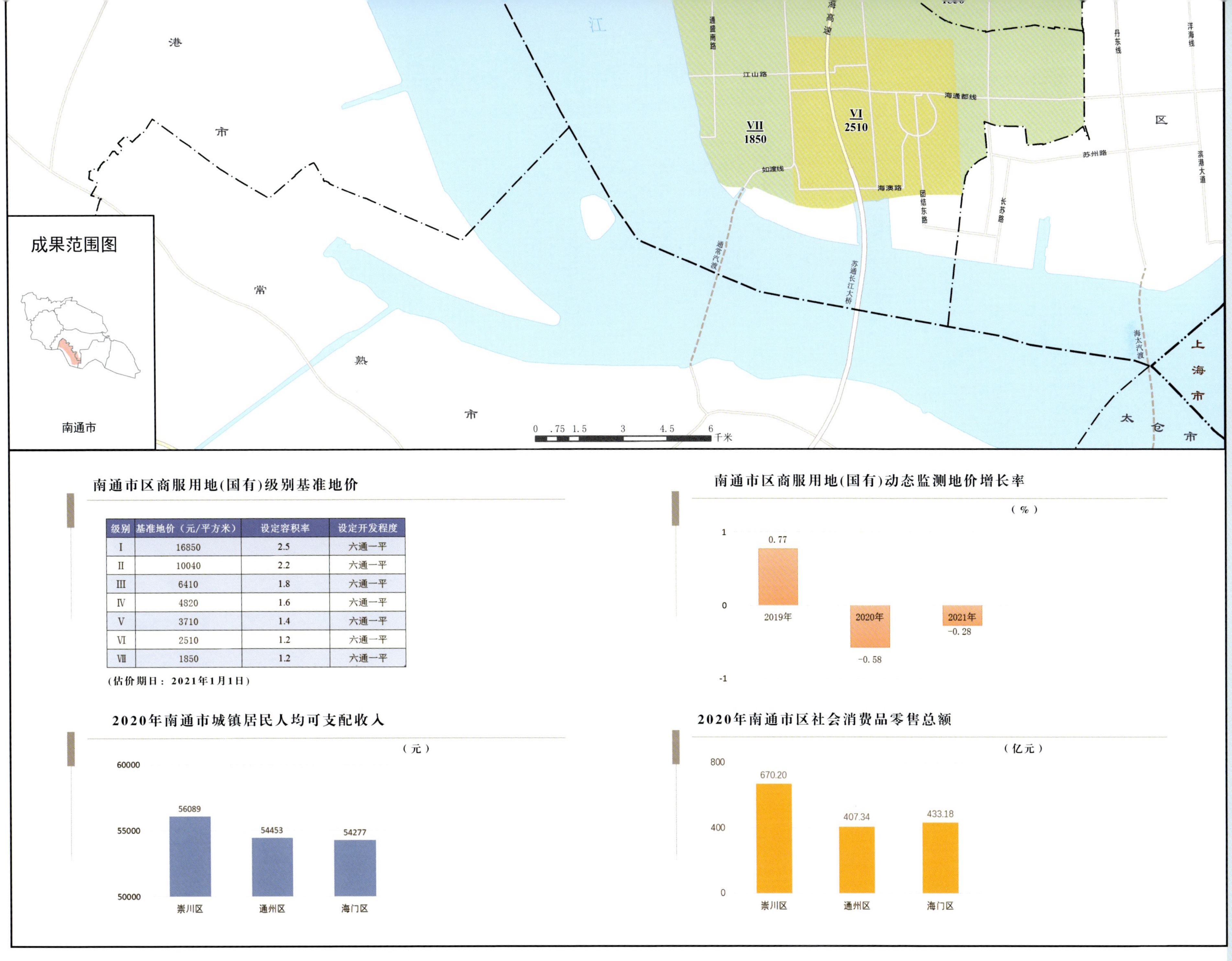

南通市区商服用地(国有)级别基准地价

级别	基准地价（元/平方米）	设定容积率	设定开发程度
Ⅰ	16850	2.5	六通一平
Ⅱ	10040	2.2	六通一平
Ⅲ	6410	1.8	六通一平
Ⅳ	4820	1.6	六通一平
Ⅴ	3710	1.4	六通一平
Ⅵ	2510	1.2	六通一平
Ⅶ	1850	1.2	六通一平

（估价期日：2021年1月1日）

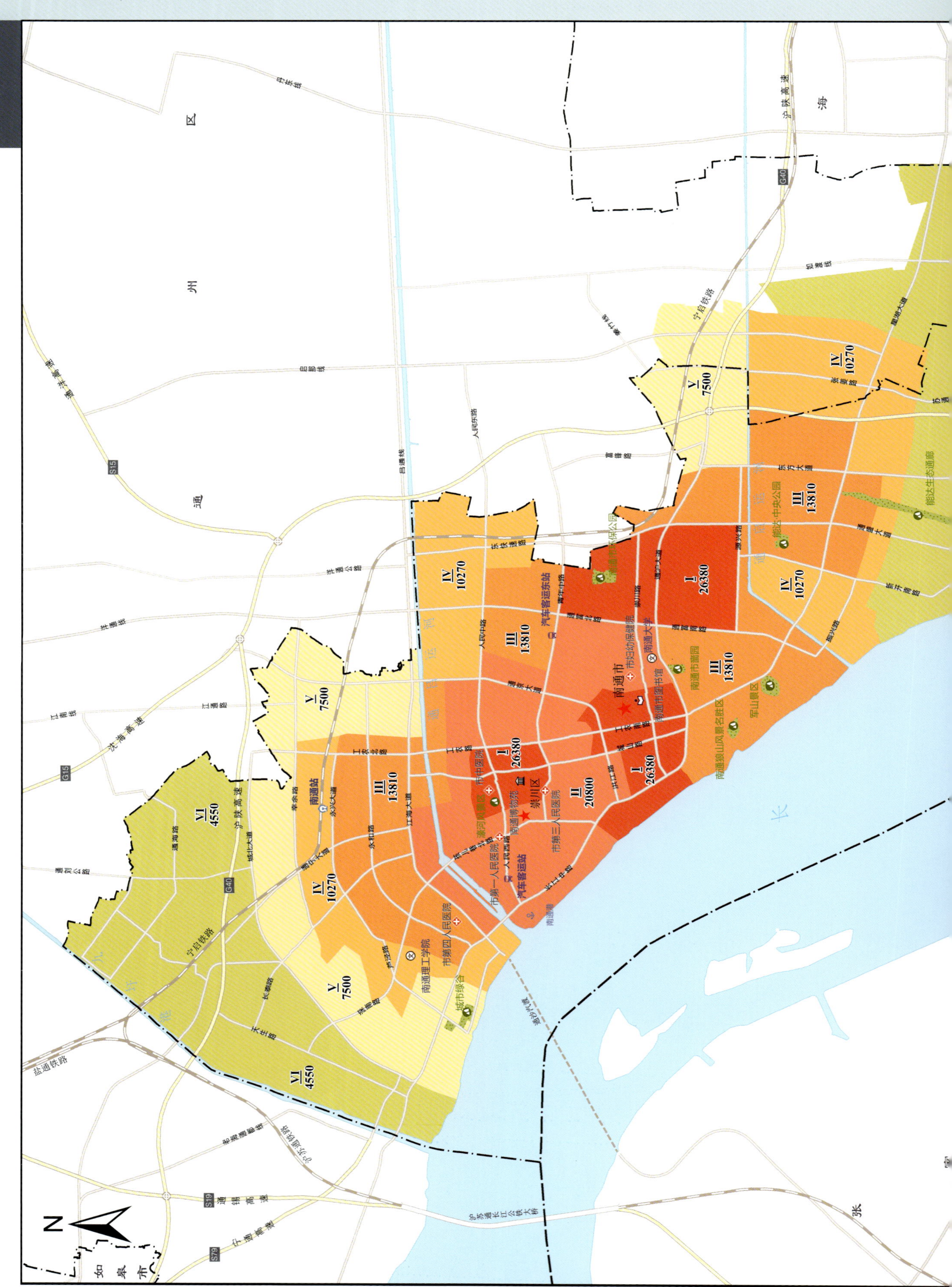
崇川区
南通市
I 26380
II 20800
III 13810
IV 10270
V 7500
VI 4550
南通站
汽车客运站
汽车客运东站
南通大学
南通理工学院
南通博物苑
南通市图书馆
市中医院
市第一人民医院
市第二人民医院
市第三人民医院
市第四人民医院
市妇幼保健院
南通市植物园
军山景区
南通狼山风景名胜区
能达中央公园
能达生态通廊
城市绿谷
宁启铁路
盐通铁路
沪陕高速
沈海高速
长
江
如
皋
市
通
州
区
海
张

住宅用地(国有)级别基准地价图

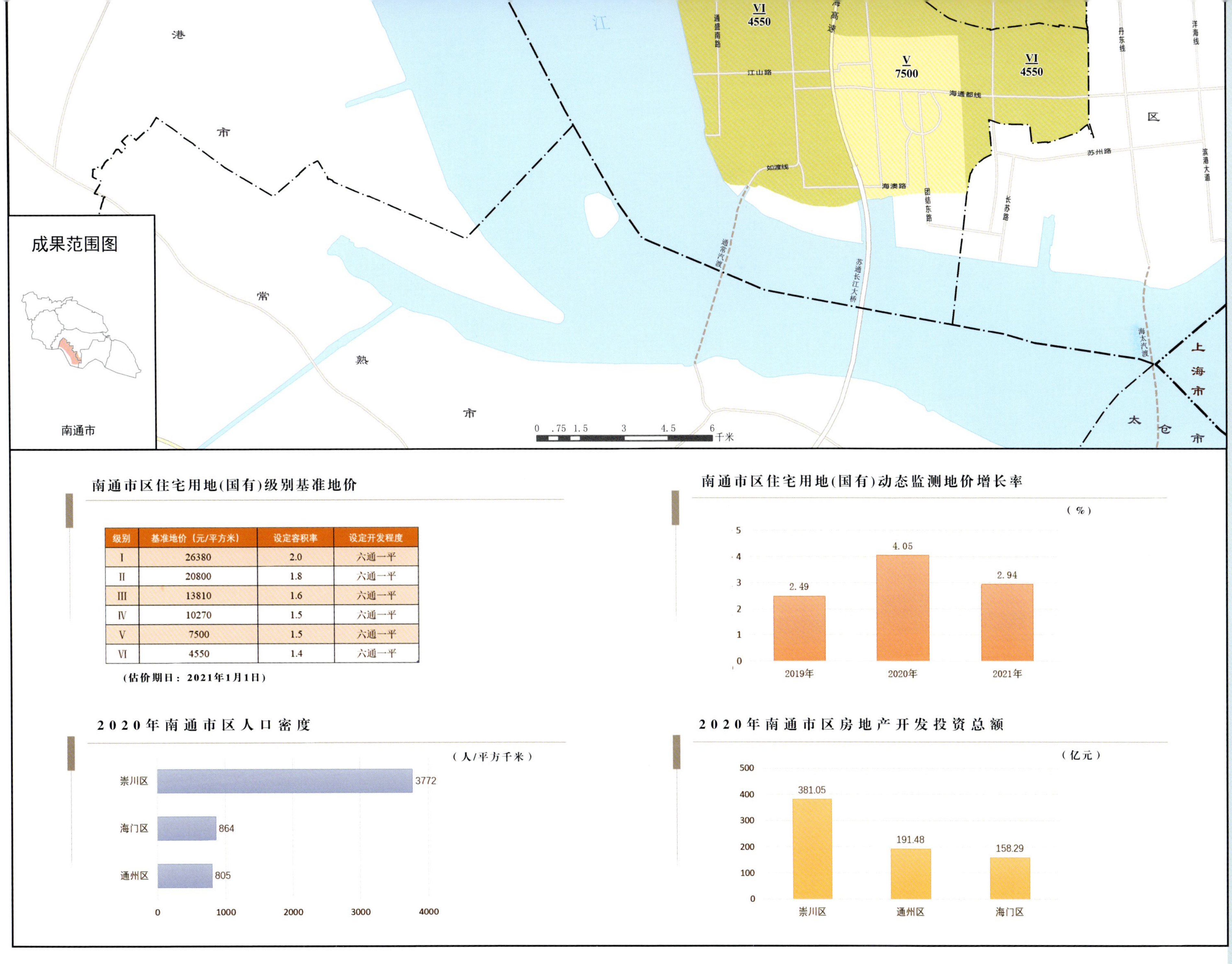

南通市区住宅用地(国有)级别基准地价

级别	基准地价（元/平方米）	设定容积率	设定开发程度
I	26380	2.0	六通一平
II	20800	1.8	六通一平
III	13810	1.6	六通一平
IV	10270	1.5	六通一平
V	7500	1.5	六通一平
VI	4550	1.4	六通一平

（估价期日：2021年1月1日）

南通市区住宅用地(国有)动态监测地价增长率

2020年南通市区人口密度

2020年南通市区房地产开发投资总额

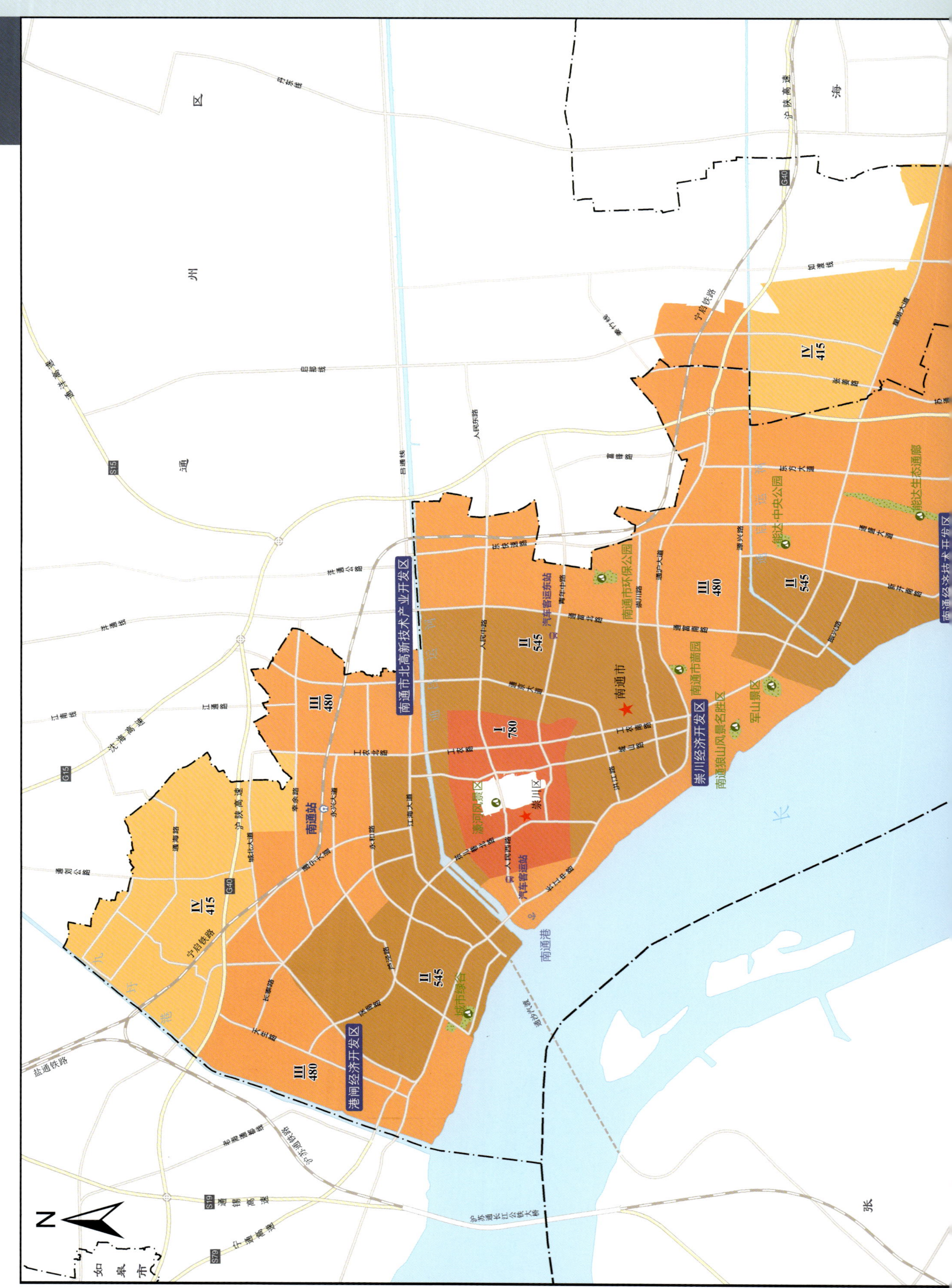
南通市
崇川区
南通市北高新技术产业开发区
崇川经济开发区
港闸经济开发区
南通经济技术开发区
I
780
II
545
III
480
IV
415
南通站
汽车客运站
汽车客运东站
南通市环保公园
南通市啬园
军山景区
南通狼山风景名胜区
濠河风景区
城市绿谷
能达中央公园
能达生态通廊
宁启铁路
盐通铁路
南通港
沪陕高速
通洋高速
沈海高速
通锡高速
沪苏通长江公铁大桥
如皋市
通
州
区
海
长
张

工矿仓储用地(国有)级别基准地价图

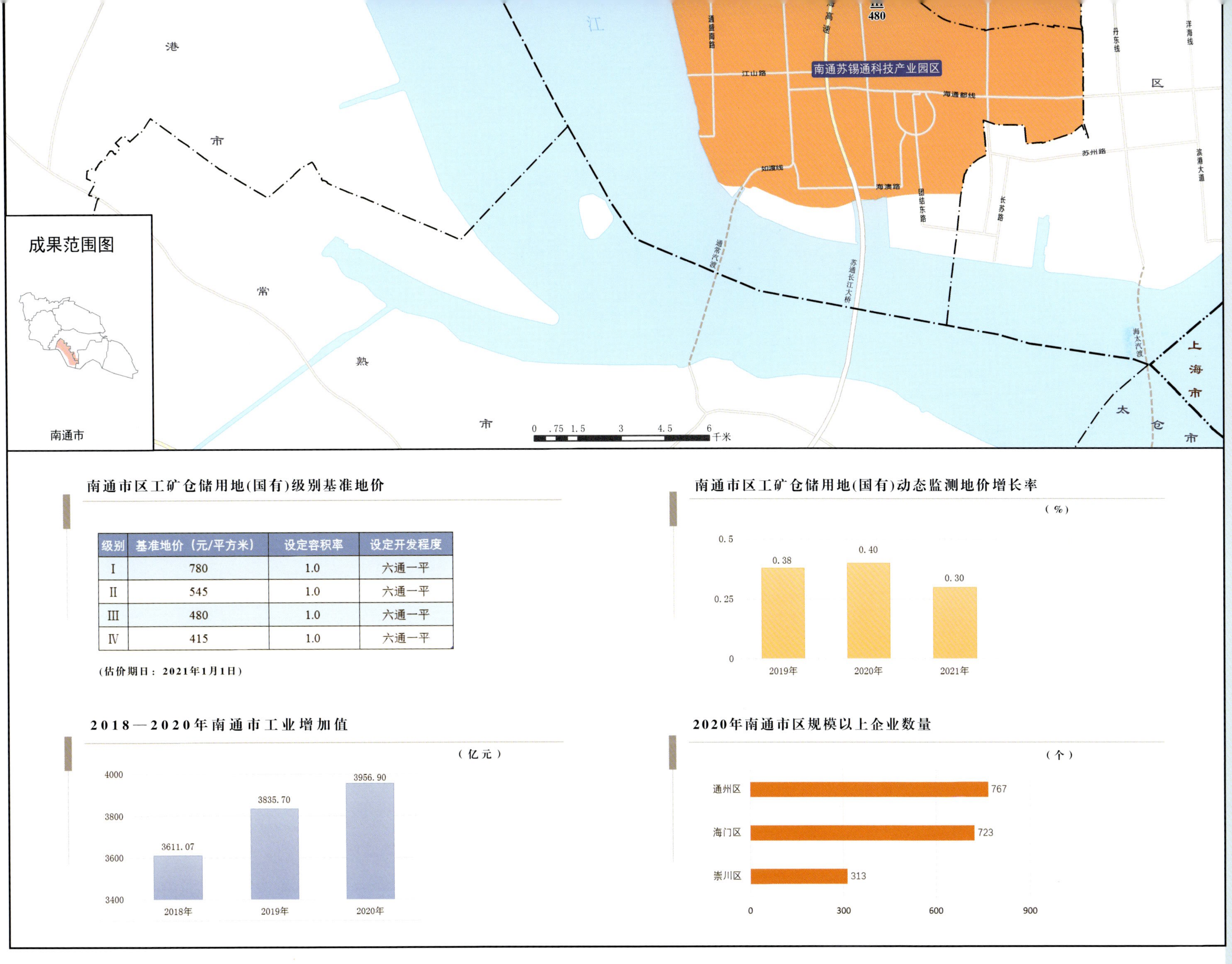

南通市区工矿仓储用地(国有)级别基准地价

级别	基准地价（元/平方米）	设定容积率	设定开发程度
Ⅰ	780	1.0	六通一平
Ⅱ	545	1.0	六通一平
Ⅲ	480	1.0	六通一平
Ⅳ	415	1.0	六通一平

（估价期日：2021年1月1日）

南通市区工矿仓储用地(国有)动态监测地价增长率

2018—2020年南通市工业增加值

2020年南通市区规模以上企业数量

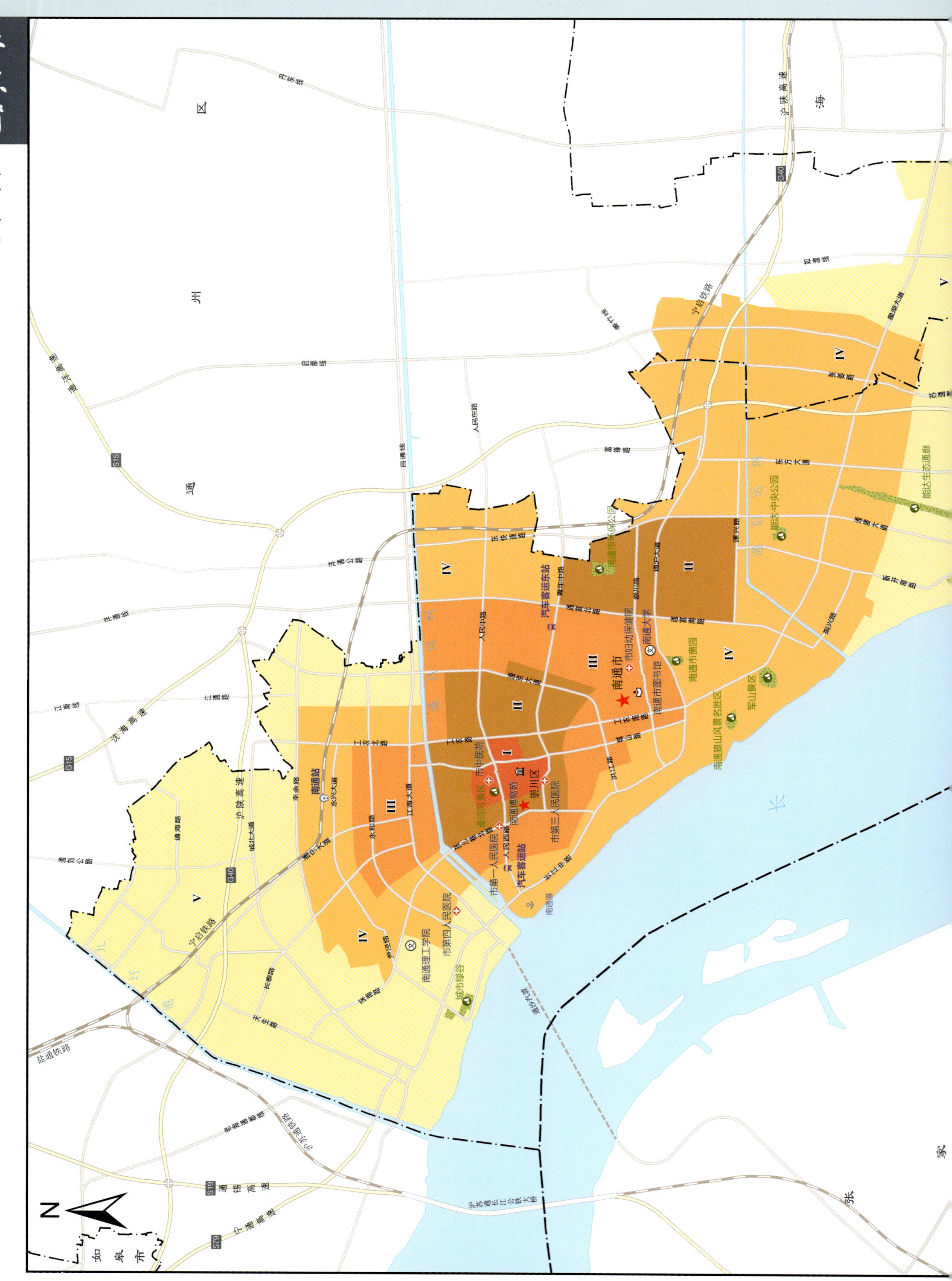
南通市
崇川区
南通大学
南通站
汽车客运站
汽车客运东站
南通市图书馆
南通博物苑
南通理工学院
市第一人民医院
市中医院
市第三人民医院
市第四人民医院
市妇幼保健院
南通市啬园
军山景区
南通狼山风景名胜区
能达中央公园
城市绿谷
宁启铁路
盐通铁路
沪陕高速
通洋高速
沪苏通长江公铁大桥
如皋市
I
II
III
IV
V

公共管理与公共服务用地(国有)级别基准地价图

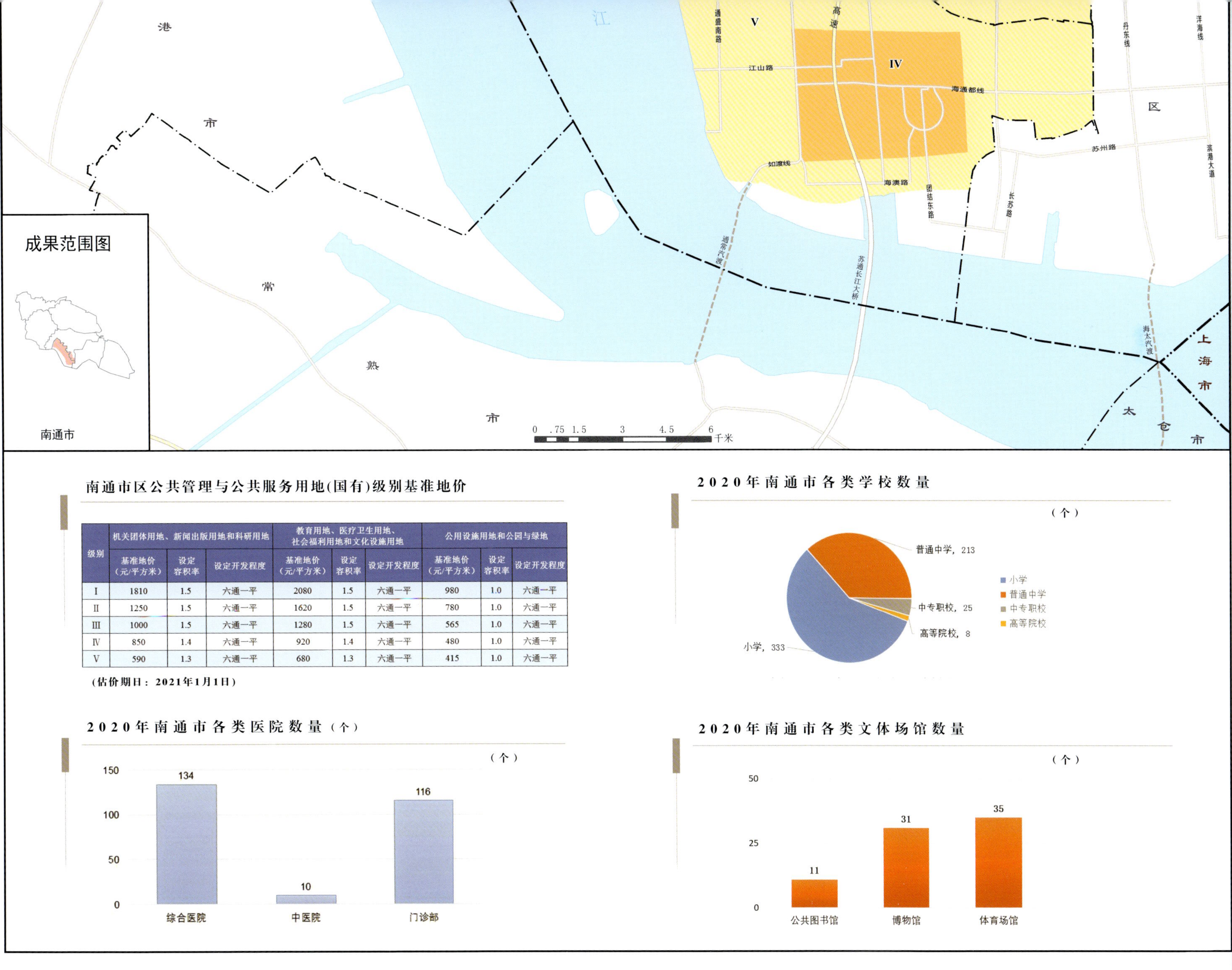

南通市区公共管理与公共服务用地(国有)级别基准地价

级别	机关团体用地、新闻出版用地和科研用地			教育用地、医疗卫生用地、社会福利用地和文化设施用地			公用设施用地和公园与绿地		
	基准地价（元/平方米）	设定容积率	设定开发程度	基准地价（元/平方米）	设定容积率	设定开发程度	基准地价（元/平方米）	设定容积率	设定开发程度
Ⅰ	1810	1.5	六通一平	2080	1.5	六通一平	980	1.0	六通一平
Ⅱ	1250	1.5	六通一平	1620	1.5	六通一平	780	1.0	六通一平
Ⅲ	1000	1.5	六通一平	1280	1.5	六通一平	565	1.0	六通一平
Ⅳ	850	1.4	六通一平	920	1.4	六通一平	480	1.0	六通一平
Ⅴ	590	1.3	六通一平	680	1.3	六通一平	415	1.0	六通一平

（估价期日：2021年1月1日）

2020年南通市各类学校数量

2020年南通市各类医院数量（个）

2020年南通市各类文体场馆数量

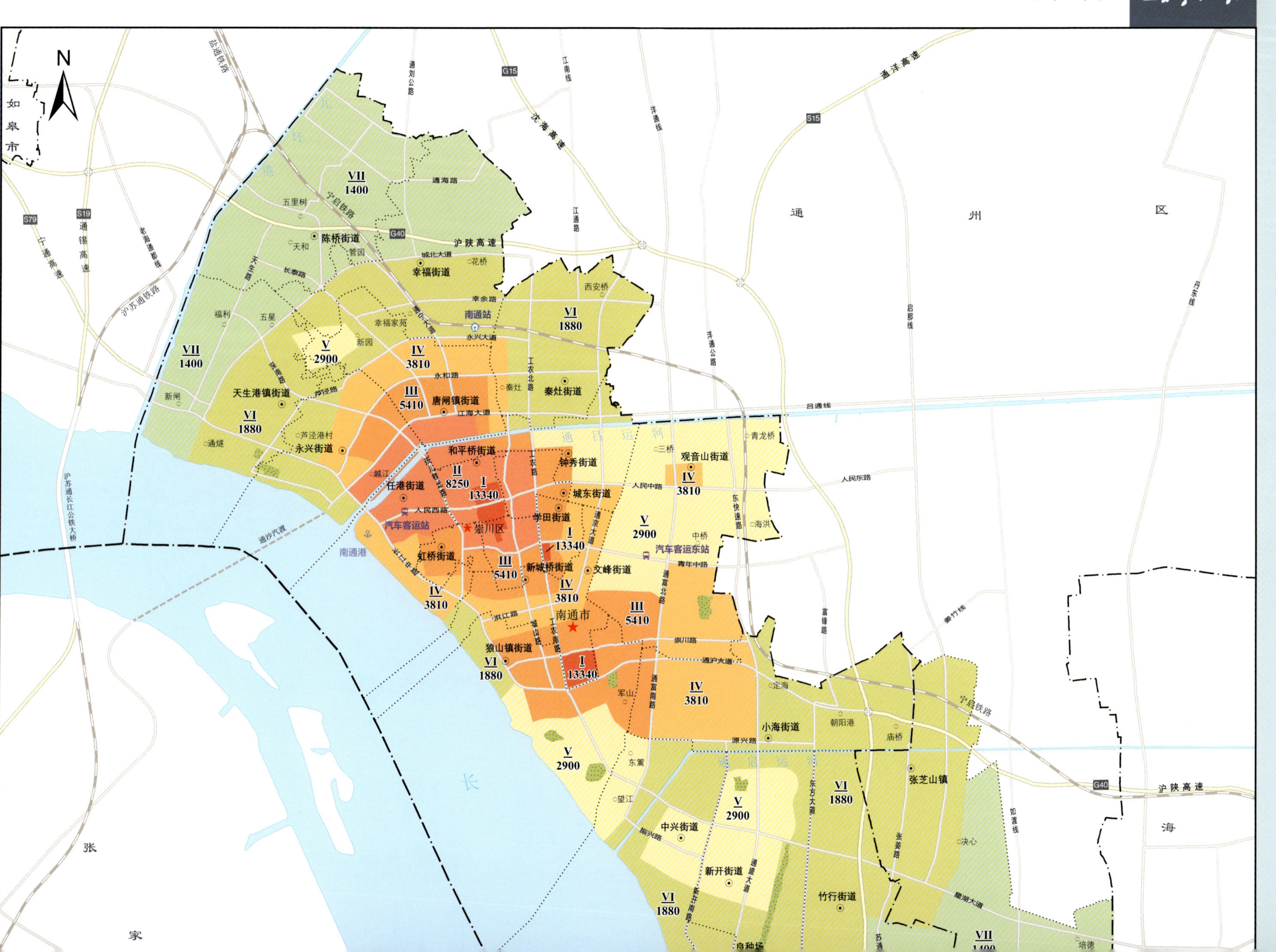
N
如
皋
市
通
州
区
海
长
张
家
崇川区
南通市
和平桥街道
钟秀街道
城东街道
学田街道
文峰街道
新城桥街道
观音山街道
狼山镇街道
虹桥街道
任港街道
唐闸镇街道
秦灶街道
幸福街道
陈桥街道
天生港镇街道
永兴街道
小海街道
张芝山镇
竹行街道
新开街道
中兴街道
汽车客运东站
汽车客运站
南通站
南通港
沪陕高速
沈海高速
通洋高速
宁启铁路
盐通铁路
沪苏通铁路
沪苏通长江公铁大桥
通吕运河
I
13340
II
8250
III
5410
IV
3810
V
2900
VI
1880
VII
1400

商服用地（集体）级别基准地价图

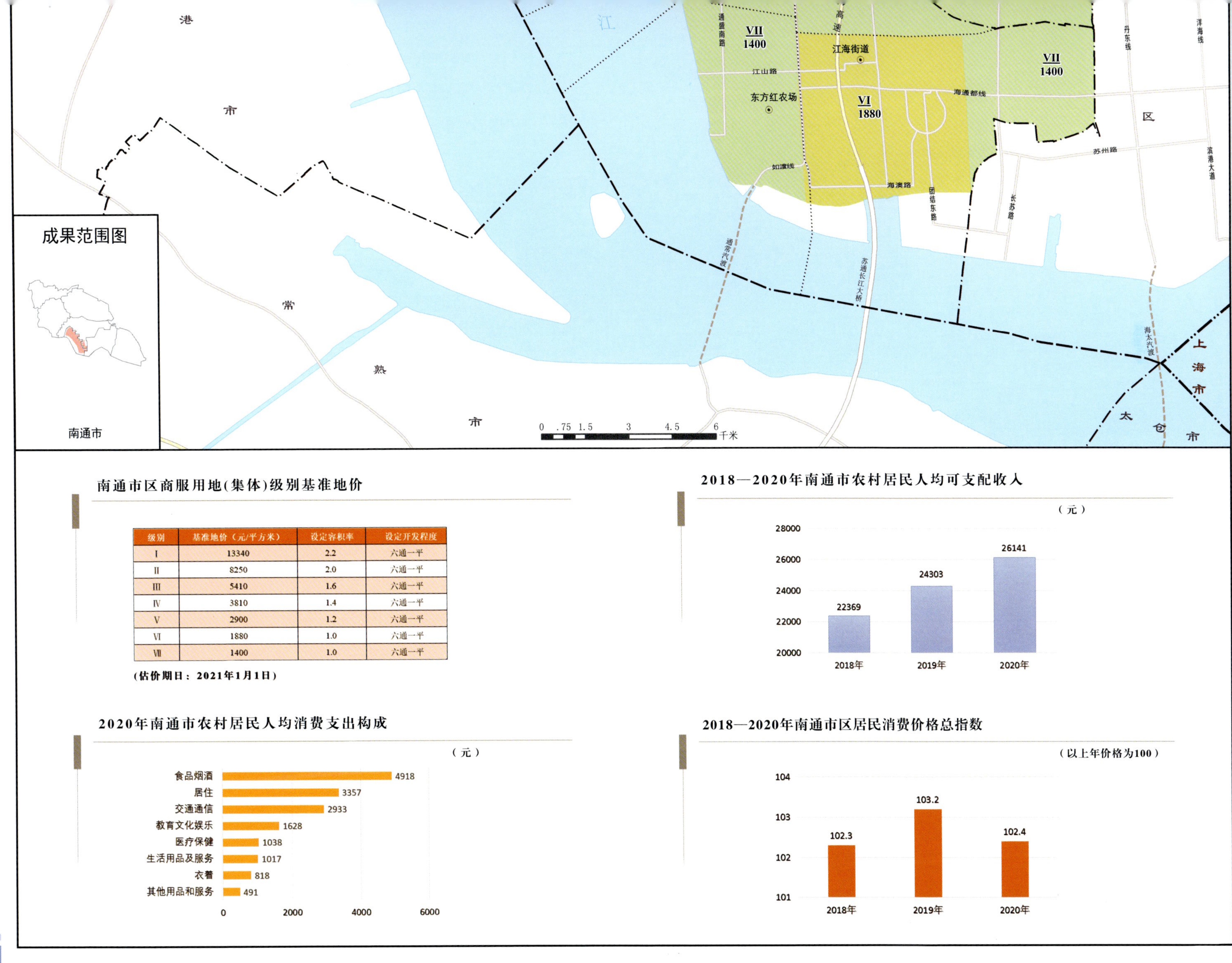

南通市区商服用地（集体）级别基准地价

级别	基准地价（元/平方米）	设定容积率	设定开发程度
Ⅰ	13340	2.2	六通一平
Ⅱ	8250	2.0	六通一平
Ⅲ	5410	1.6	六通一平
Ⅳ	3810	1.4	六通一平
Ⅴ	2900	1.2	六通一平
Ⅵ	1880	1.0	六通一平
Ⅶ	1400	1.0	六通一平

（估价期日：2021年1月1日）

2018—2020年南通市农村居民人均可支配收入

2020年南通市农村居民人均消费支出构成

2018—2020年南通市区居民消费价格总指数

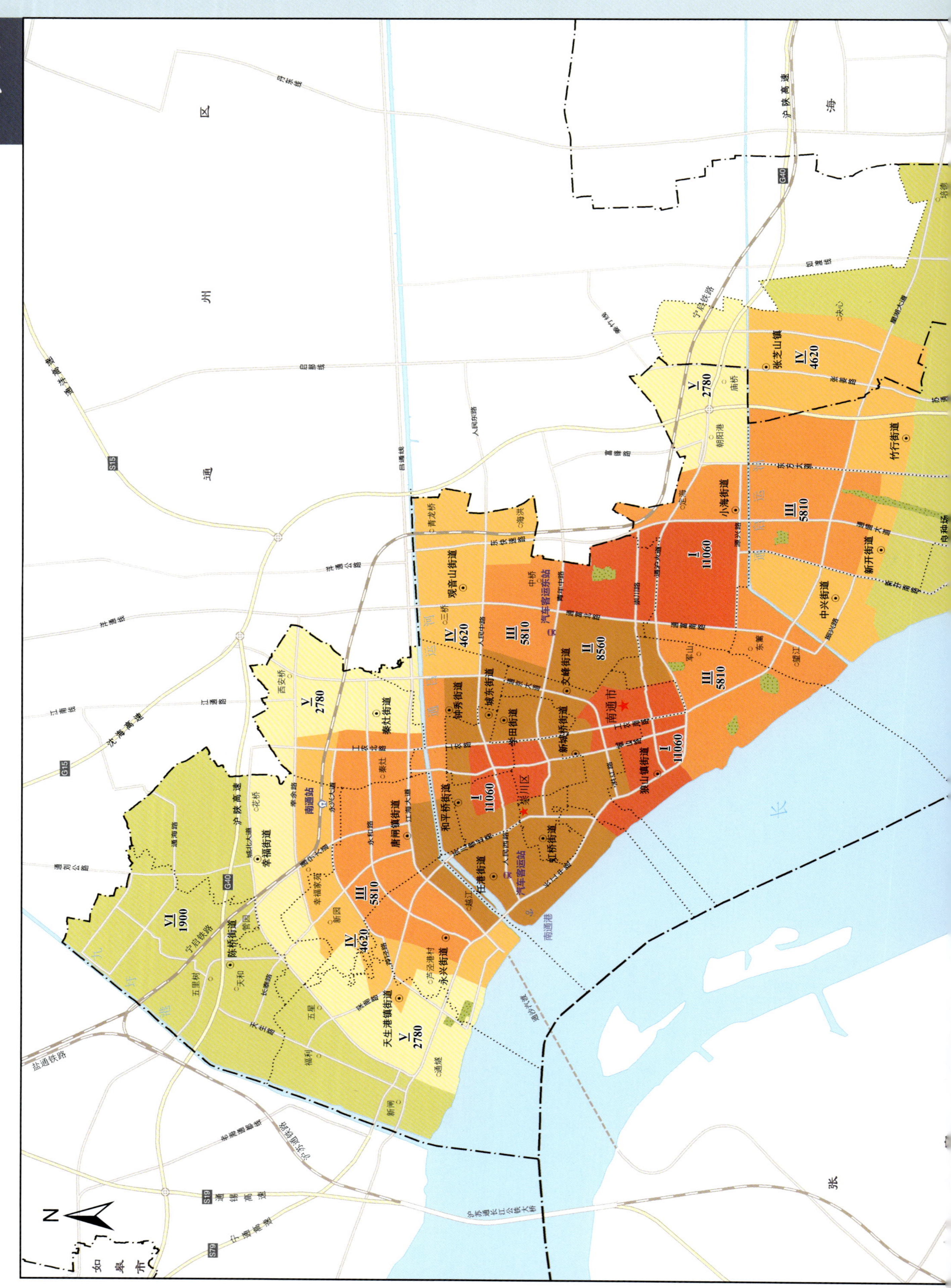
南通市
崇川区
通州区
海
长
张
如皋市
N
I
11060
II
8560
III
5810
IV
4620
V
2780
VI
1900
观音山街道
秦灶街道
钟秀街道
城东街道
学田街道
文峰街道
新城桥街道
和平桥街道
唐闸镇街道
幸福街道
陈桥街道
任港街道
虹桥街道
狼山镇街道
天生港镇街道
永兴街道
小海街道
竹行街道
新开街道
中兴街道
张芝山镇
南通站
汽车客运东站
汽车客运站
南通港
宁启铁路
盐通铁路
沪陕高速
沈海高速
G15
G40
S15
S19
S79
苏通长江公铁大桥

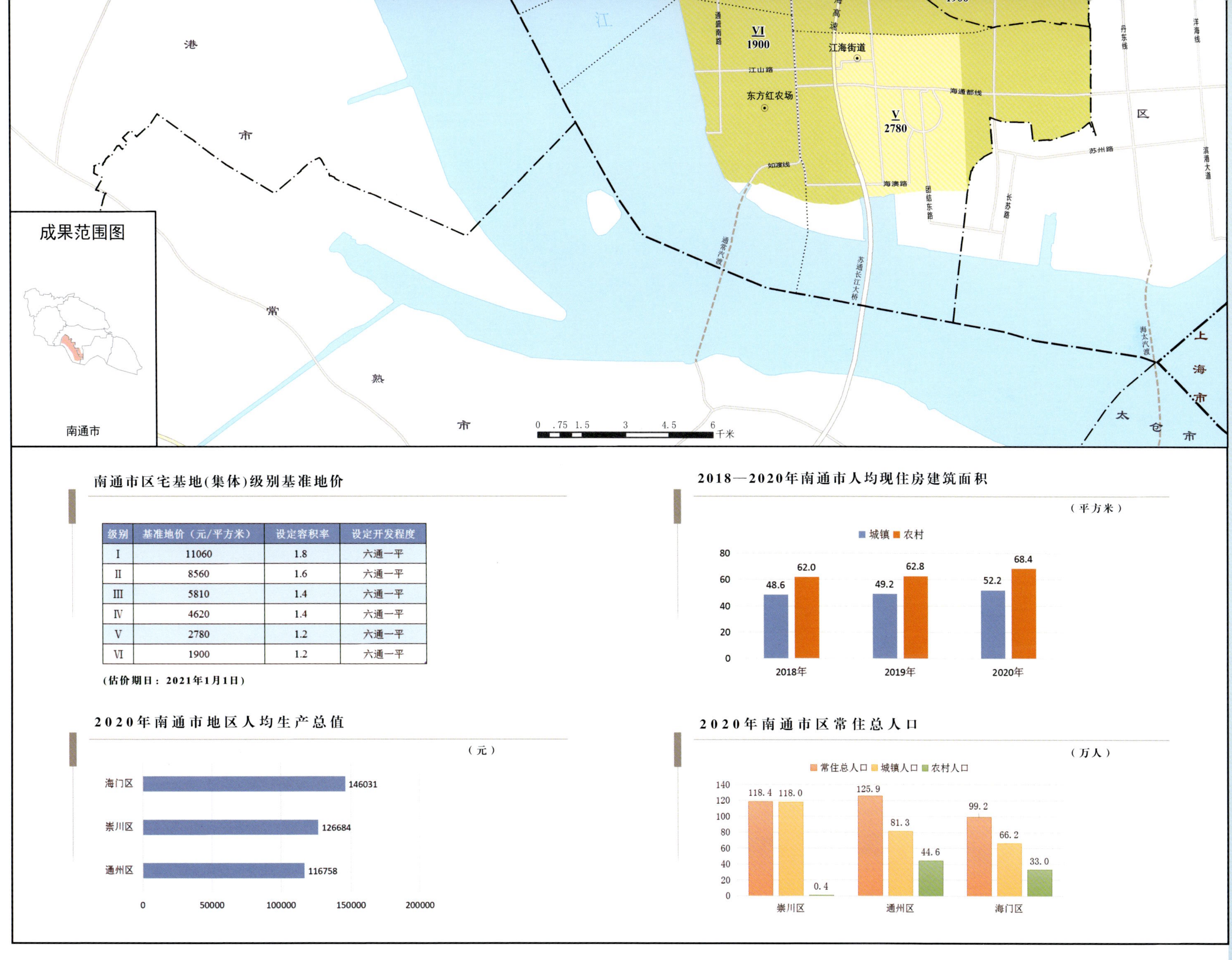

南通市区宅基地(集体)级别基准地价

级别	基准地价（元/平方米）	设定容积率	设定开发程度
I	11060	1.8	六通一平
II	8560	1.6	六通一平
III	5810	1.4	六通一平
IV	4620	1.4	六通一平
V	2780	1.2	六通一平
VI	1900	1.2	六通一平

（估价期日：2021年1月1日）

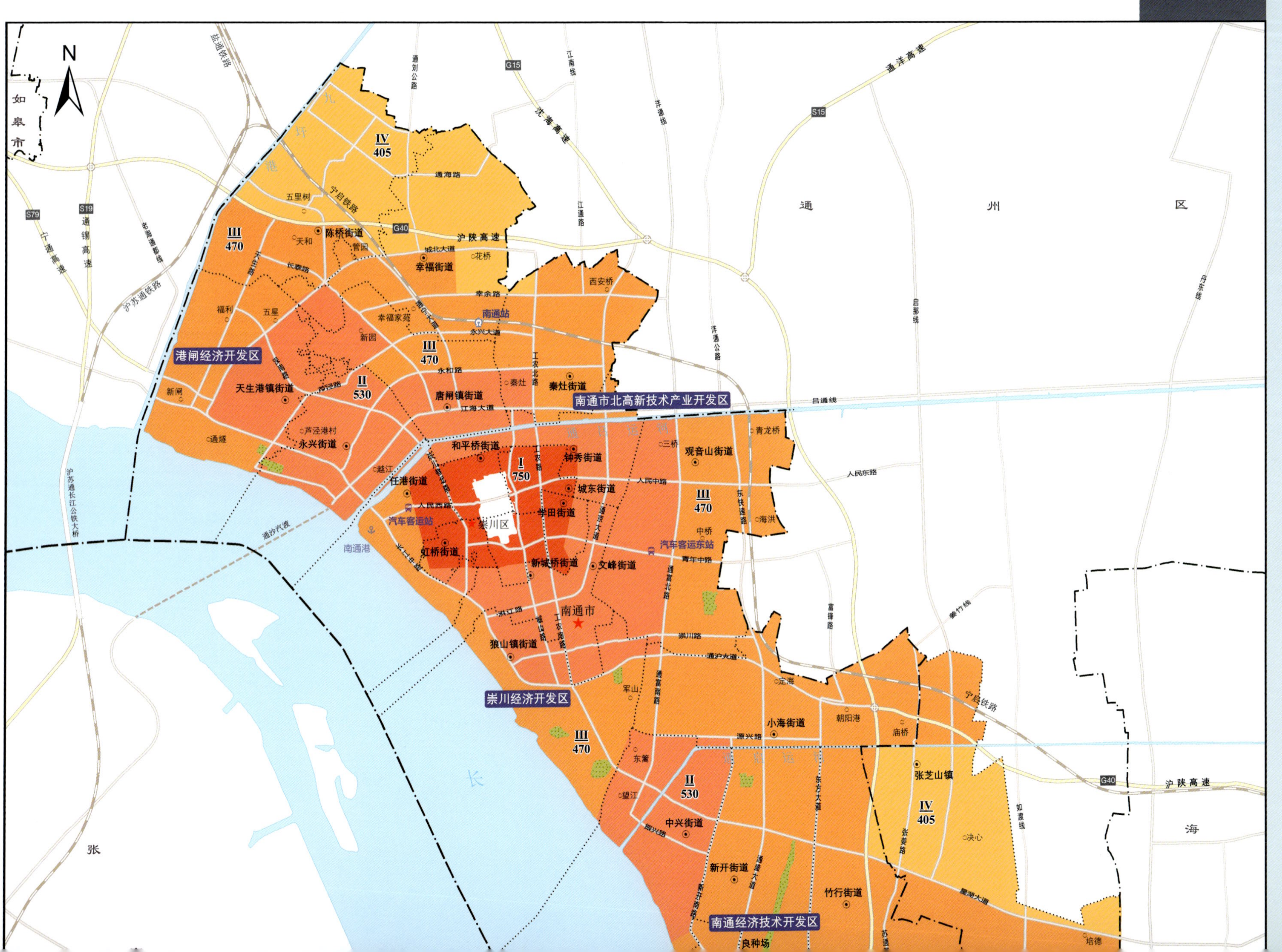
N
如皋市
通州区
海
张
长
南通市
崇川区
港闸经济开发区
南通市北高新技术产业开发区
崇川经济开发区
南通经济技术开发区
I
750
II
530
III
470
IV
405
陈桥街道
幸福街道
天生港镇街道
永兴街道
唐闸镇街道
秦灶街道
和平桥街道
钟秀街道
城东街道
学田街道
任港街道
虹桥街道
新城桥街道
文峰街道
观音山街道
狼山镇街道
小海街道
中兴街道
新开街道
竹行街道
张芝山镇
南通站
汽车客运站
汽车客运东站
南通港
沪陕高速
宁启铁路
沪苏通长江公铁大桥
通沙汽渡
盐通铁路
沈海高速
通洋高速
宁通高速
通锡高速
沪苏通铁路
吕通线
人民东路
人民中路
人民西路
长江中路
青年中路
崇川路
江海大道
永和路
永兴大道
城北大道
通海路
幸福家苑
五里村
天和
管园
花桥
西安桥
新园
福利
五星
芦泾港村
越江
通燧
新闸
秦灶
三桥
青龙桥
海洪
中桥
军山
东篱
望江
定海
朝阳港
庙桥
决心
培德
良种场
源兴路
东方大道
通富北路
通富南路
通沪大道
工农北路
工农南路
工农路
星湖大道
张英路
富锦路
启都线
丹东线
洋通公路
江通路
江南线
洋通线
通刘公路
秦竹线
如海线
G15
G40
S15
S19
S79

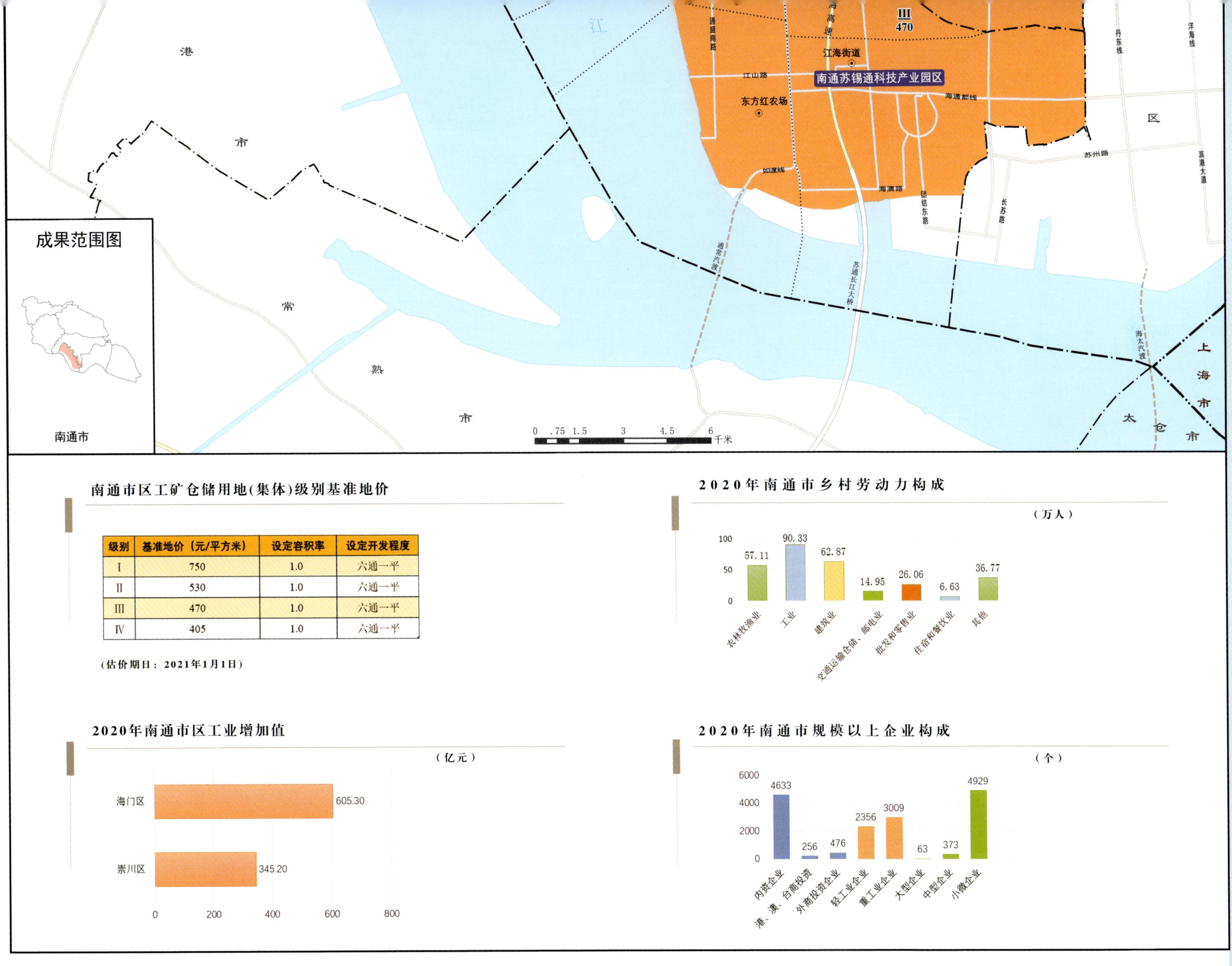

南通市区工矿仓储用地(集体)级别基准地价

级别	基准地价（元/平方米）	设定容积率	设定开发程度
Ⅰ	750	1.0	六通一平
Ⅱ	530	1.0	六通一平
Ⅲ	470	1.0	六通一平
Ⅳ	405	1.0	六通一平

（估价期日：2021年1月1日）

2020年南通市乡村劳动力构成

2020年南通市区工业增加值

2020年南通市规模以上企业构成

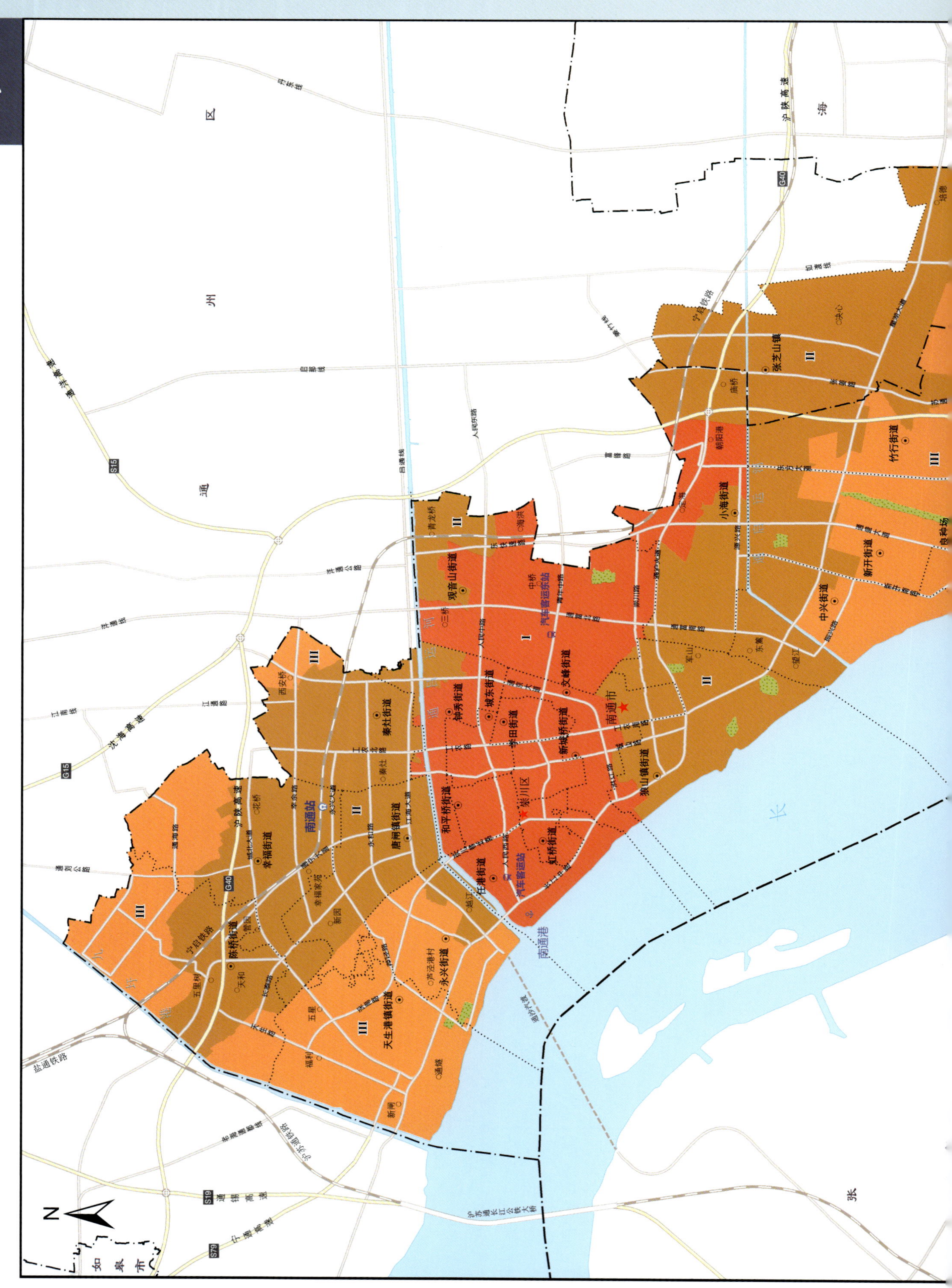

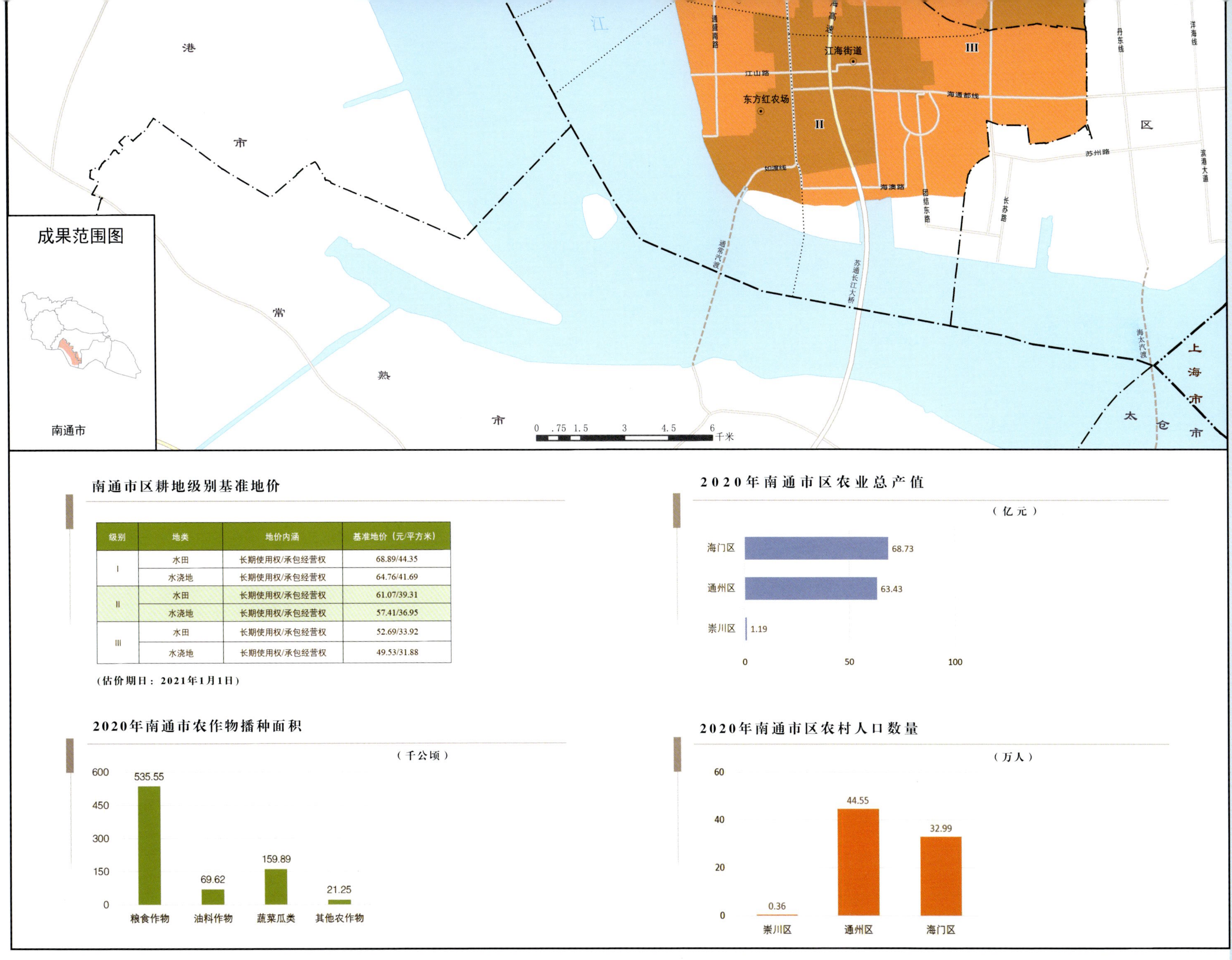

南通市区耕地级别基准地价

级别	地类	地价内涵	基准地价（元/平方米）
I	水田	长期使用权/承包经营权	68.89/44.35
	水浇地	长期使用权/承包经营权	64.76/41.69
II	水田	长期使用权/承包经营权	61.07/39.31
	水浇地	长期使用权/承包经营权	57.41/36.95
III	水田	长期使用权/承包经营权	52.69/33.92
	水浇地	长期使用权/承包经营权	49.53/31.88

（估价期日：2021年1月1日）

2020年南通市区农业总产值

2020年南通市农作物播种面积

2020年南通市区农村人口数量

S51001
30429
S51002
18672
S51003
15033
S51004
13983
S51005
15735
S51009
12559
S51010
12251
南通市
崇川区
通州区
如皋市
南通站
汽车客运东站
汽车客运站
南通市环保公园
南通市南园
濠河风景区
城市绿谷
银座花园酒店
文峰饭店
有斐大酒店
天南大酒店
文景国际大酒店
沪陕高速
沈海高速
通洋高速
通锡高速
宁启铁路
盐通铁路
通吕运河
南通港
长江中路
工农路
人民中路
人民西路
江海大道
城北大道
永和路
通京大道
洪江路
通沪大道
青年中路

商服用地（国有）标定地价图

（估价期日：2021年1月1日）

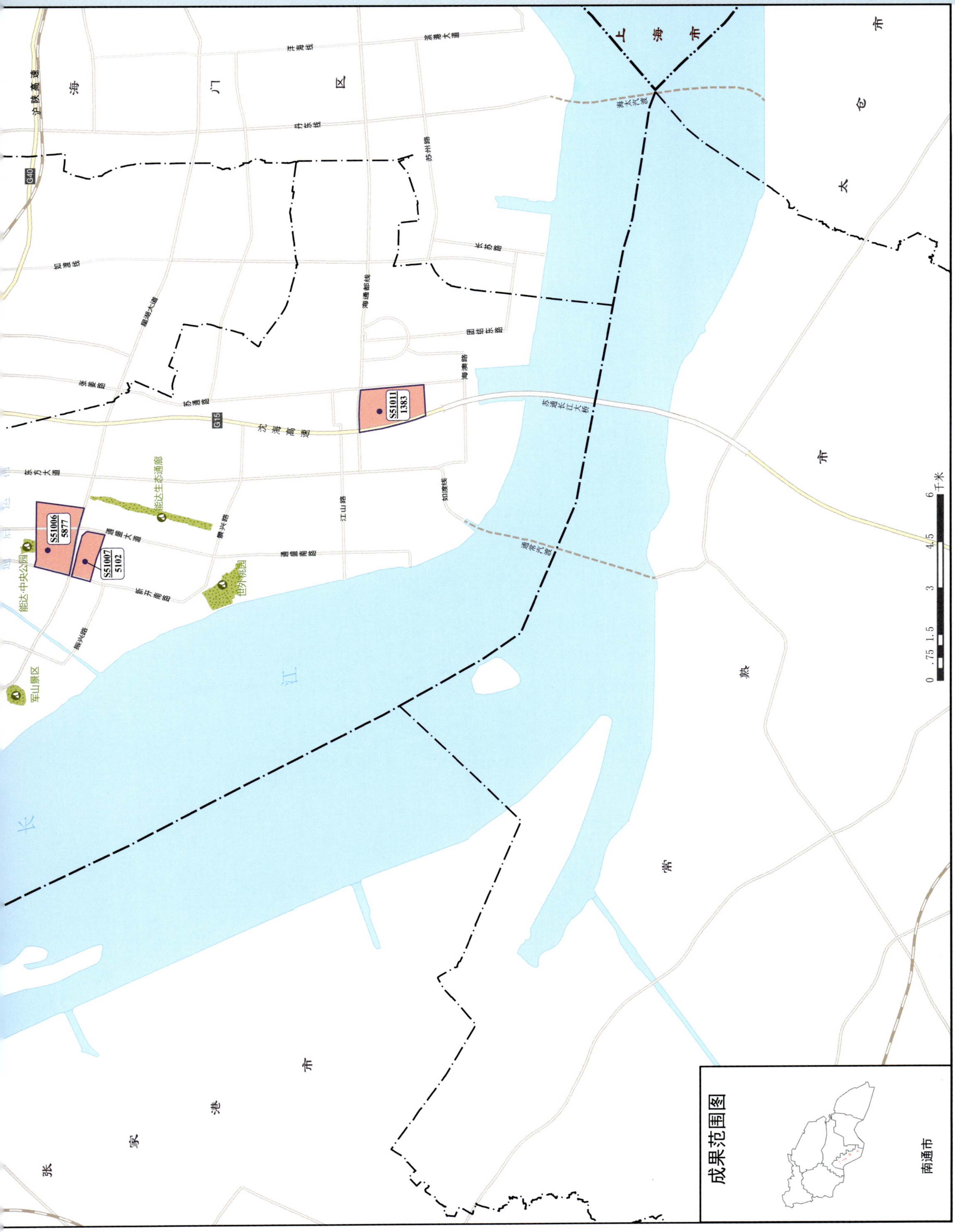

S51006
5877

S51007
5102

S51011
1383

成果范围图

南通市

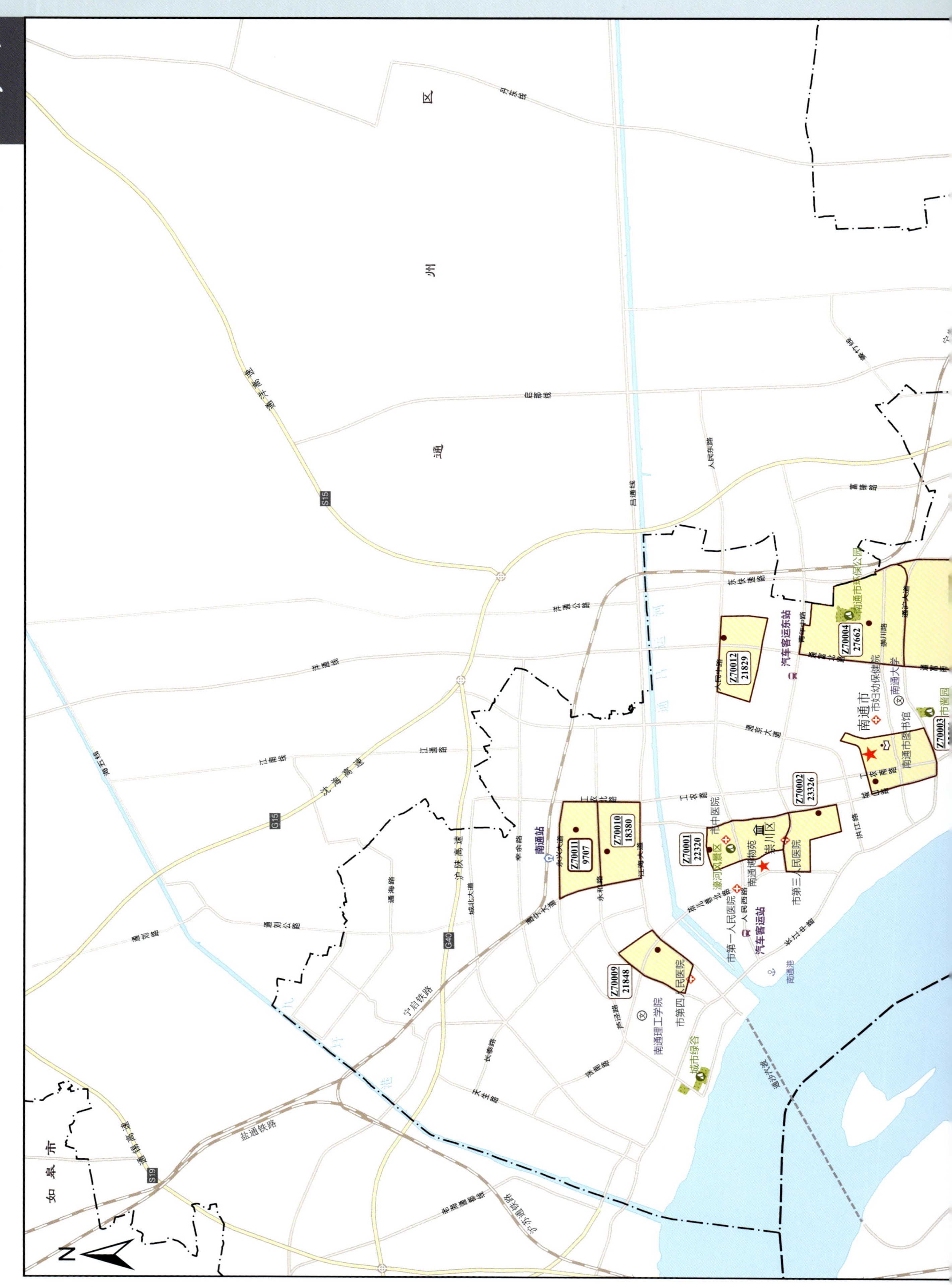
通州区
崇川区
南通市
如皋市
南通站
汽车客运东站
汽车客运站
南通大学
南通理工学院
南通博物苑
南通市图书馆
南通市市民公园
濠河风景区
城市绿谷
市中医院
市第一人民医院
市第三人民医院
市第四人民医院
市妇幼保健院
宁启铁路
盐通铁路
沪陕高速
通洋高速
沈海高速
通锡高速
长江中路
工农路
Z70001
22320
Z70002
23326
Z70003
Z70004
27662
Z70009
21848
Z70010
18380
Z70011
9707
Z70012
21829

(估价期日：2021年1月1日)

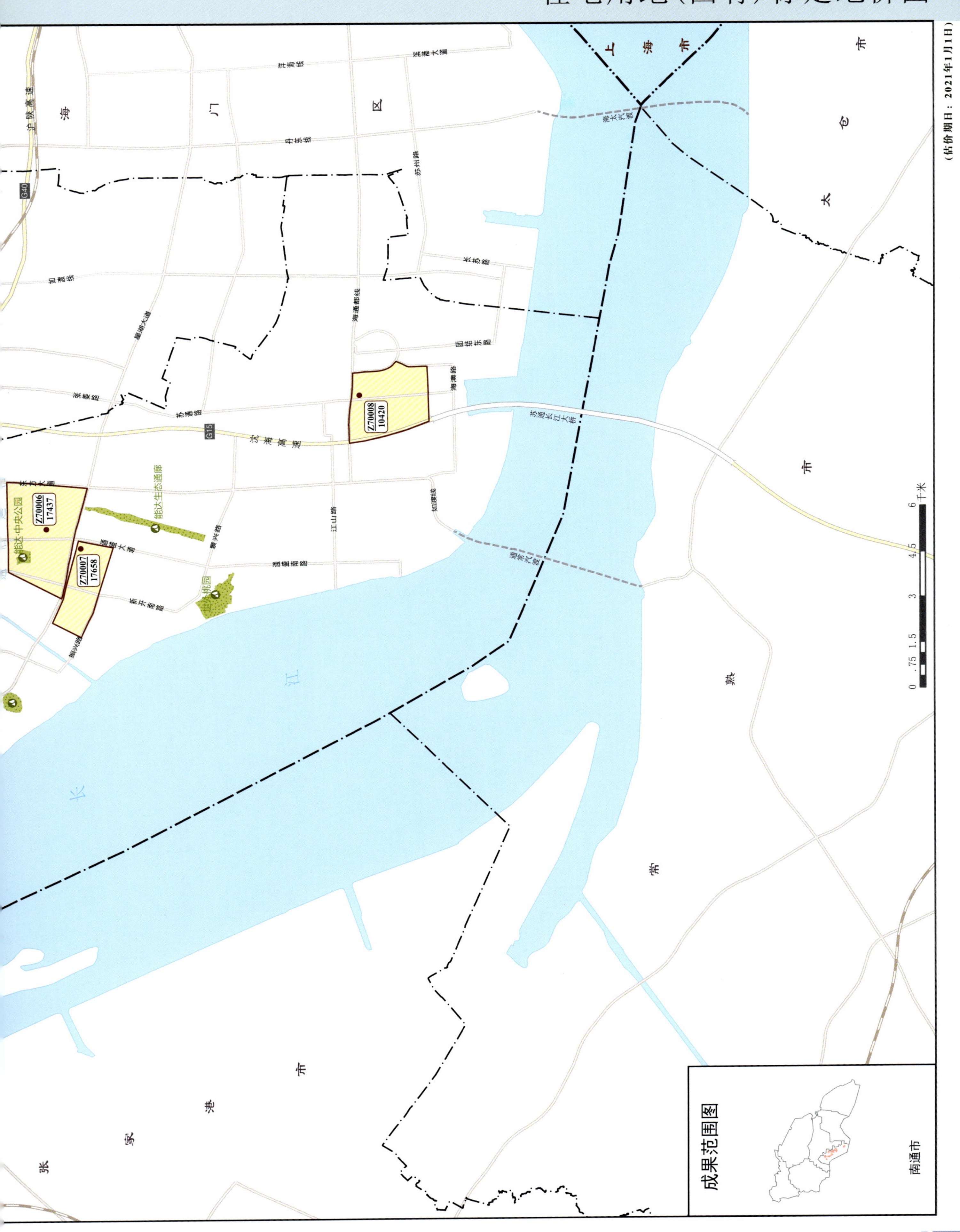

通州区
南通市
崇川区
如皋市
南通市北高新技术产业开发区
港闸经济开发区
崇川经济开发区
G61001
546
G61002
545
G61005
545
G61006
481
南通站
汽车客运东站
汽车客运站
南通市环保公园
濠河风景区
城市绿谷
南通港
宁启铁路
盐通铁路
沪陕高速
沈海高速
通洋高速
通锡高速
G40
G15
S15
S19
人民中路
人民东路
工农北路
工农路
江海大道
永和路
通京大道
长江中路
青年中路
崇川路
通富北路
东快速路
洋通线
江通路
通刘公路
通刘路
启秀路
天生路
长泰路
通海路
城北大道
永兴大道
幸余路
海石线
丹东线
启扬线
昌通线

工矿仓储用地(国有)标定地价图

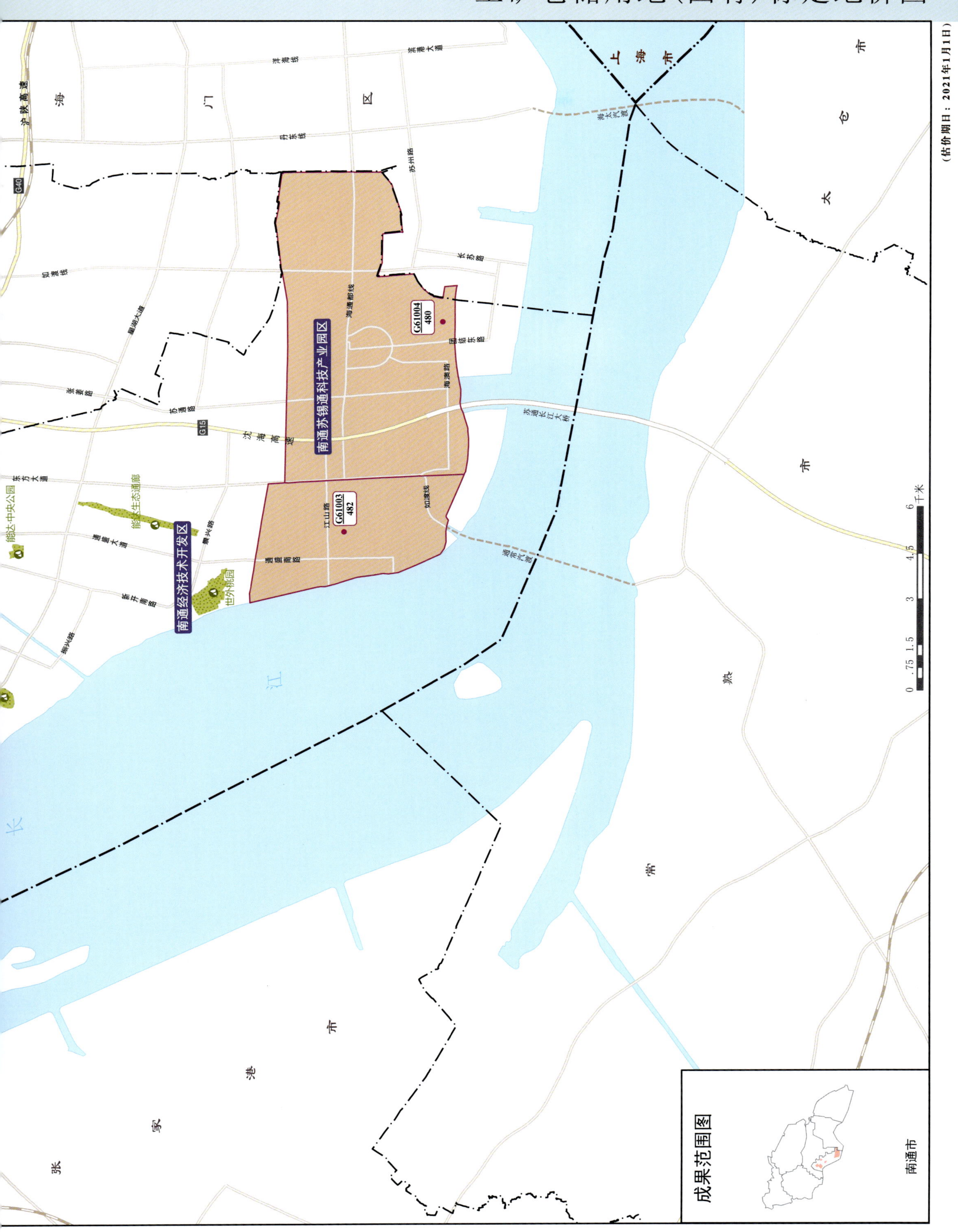

地价成果图

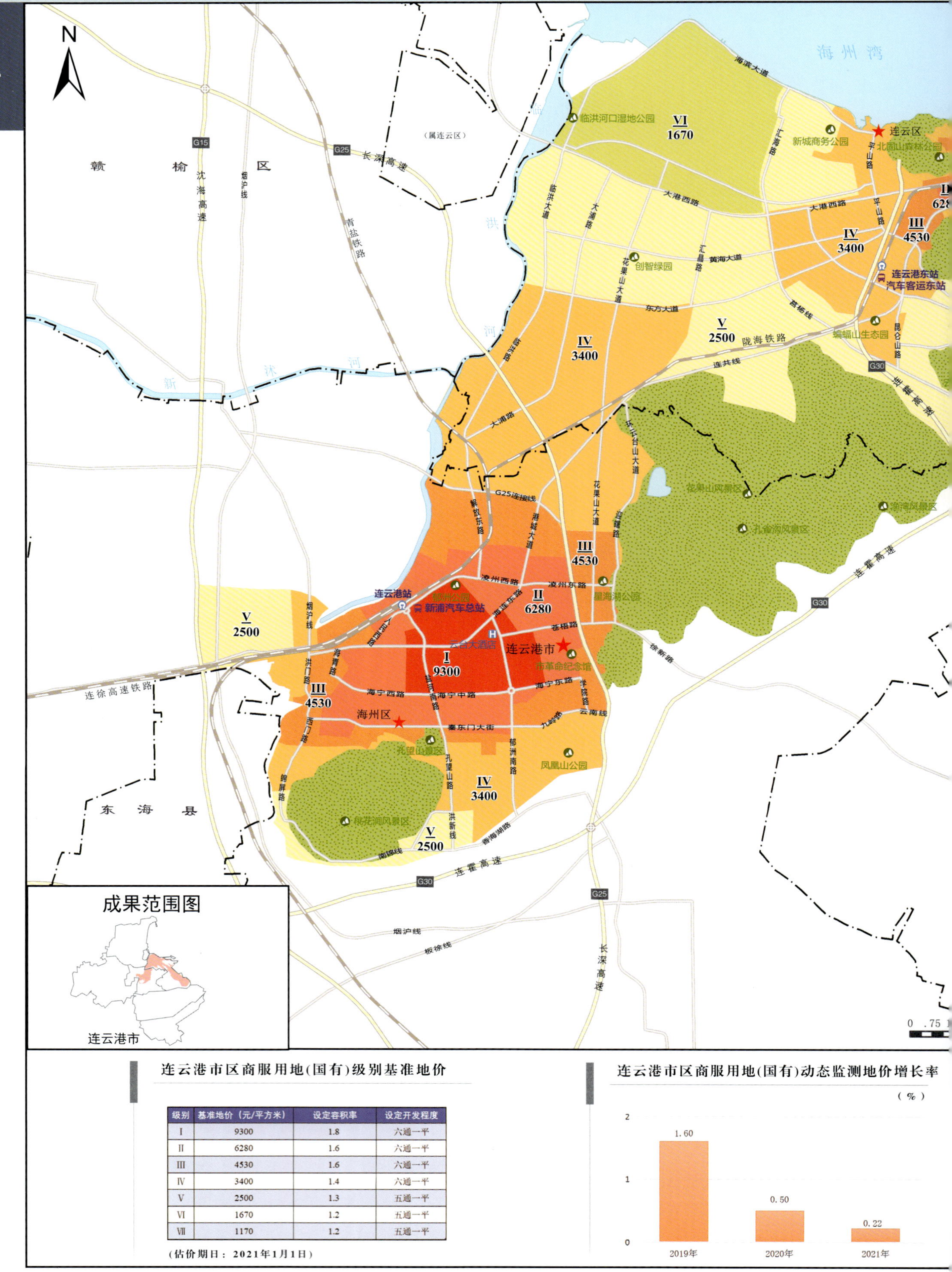

成果范围图

连云港市

连云港市区商服用地(国有)级别基准地价

级别	基准地价（元/平方米）	设定容积率	设定开发程度
Ⅰ	9300	1.8	六通一平
Ⅱ	6280	1.6	六通一平
Ⅲ	4530	1.6	六通一平
Ⅳ	3400	1.4	六通一平
Ⅴ	2500	1.3	五通一平
Ⅵ	1670	1.2	五通一平
Ⅶ	1170	1.2	五通一平

（估价期日：2021年1月1日）

连云港市区商服用地(国有)动态监测地价增长率

商服用地（国有）级别基准地价图

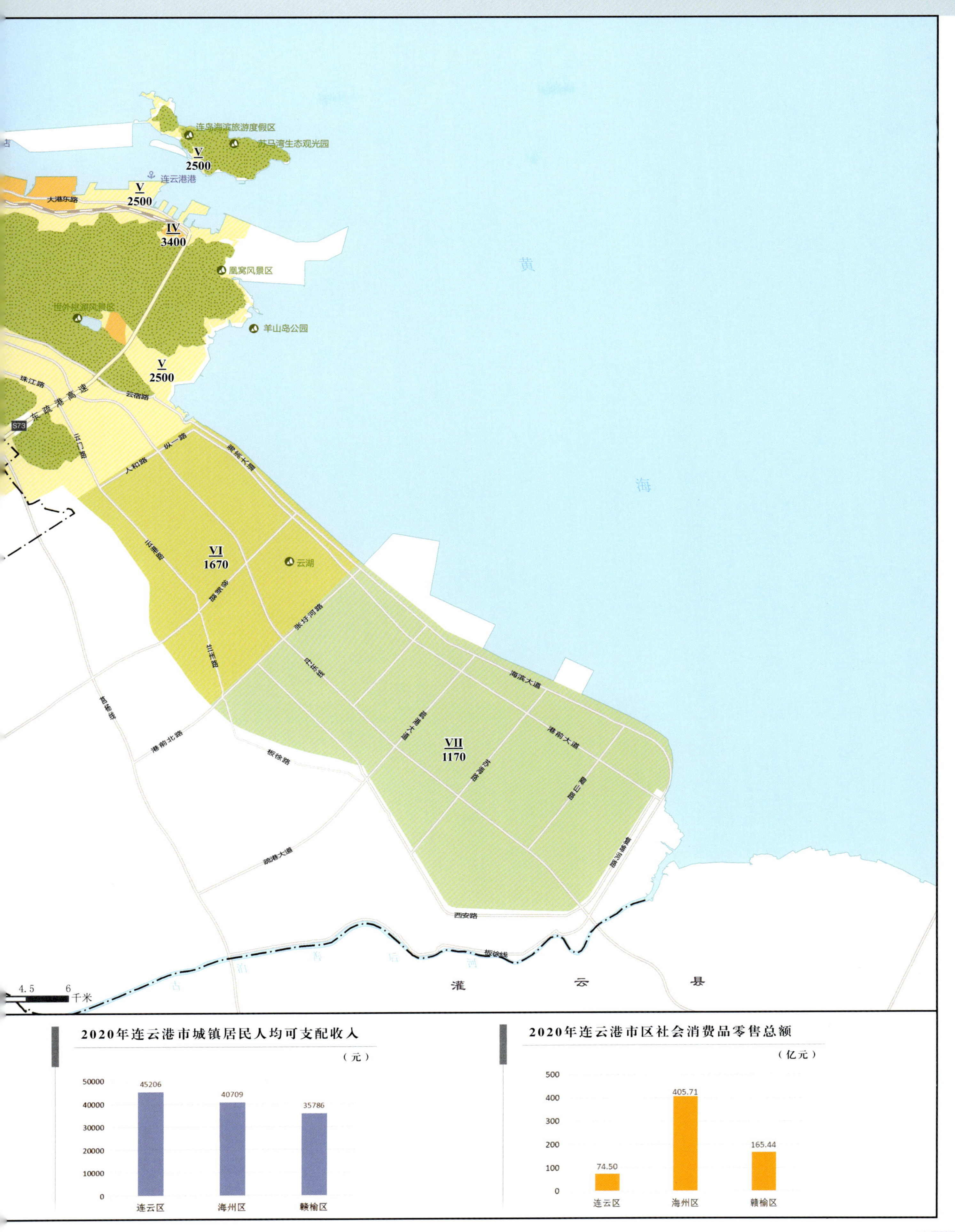

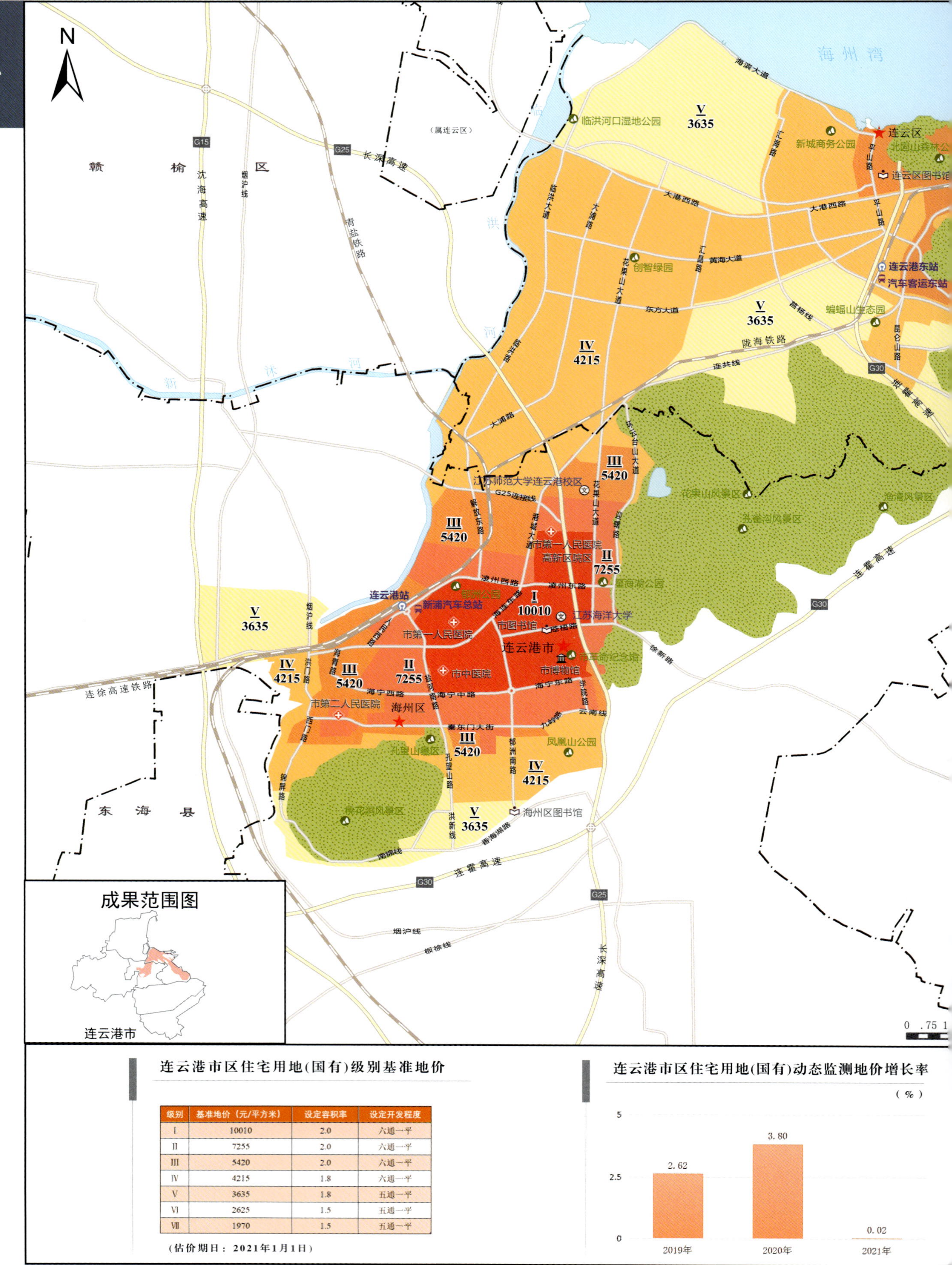

连云港市区住宅用地(国有)级别基准地价

级别	基准地价（元/平方米）	设定容积率	设定开发程度
Ⅰ	10010	2.0	六通一平
Ⅱ	7255	2.0	六通一平
Ⅲ	5420	2.0	六通一平
Ⅳ	4215	1.8	六通一平
Ⅴ	3635	1.8	五通一平
Ⅵ	2625	1.5	五通一平
Ⅶ	1970	1.5	五通一平

（估价期日：2021年1月1日）

连云港市区住宅用地(国有)动态监测地价增长率

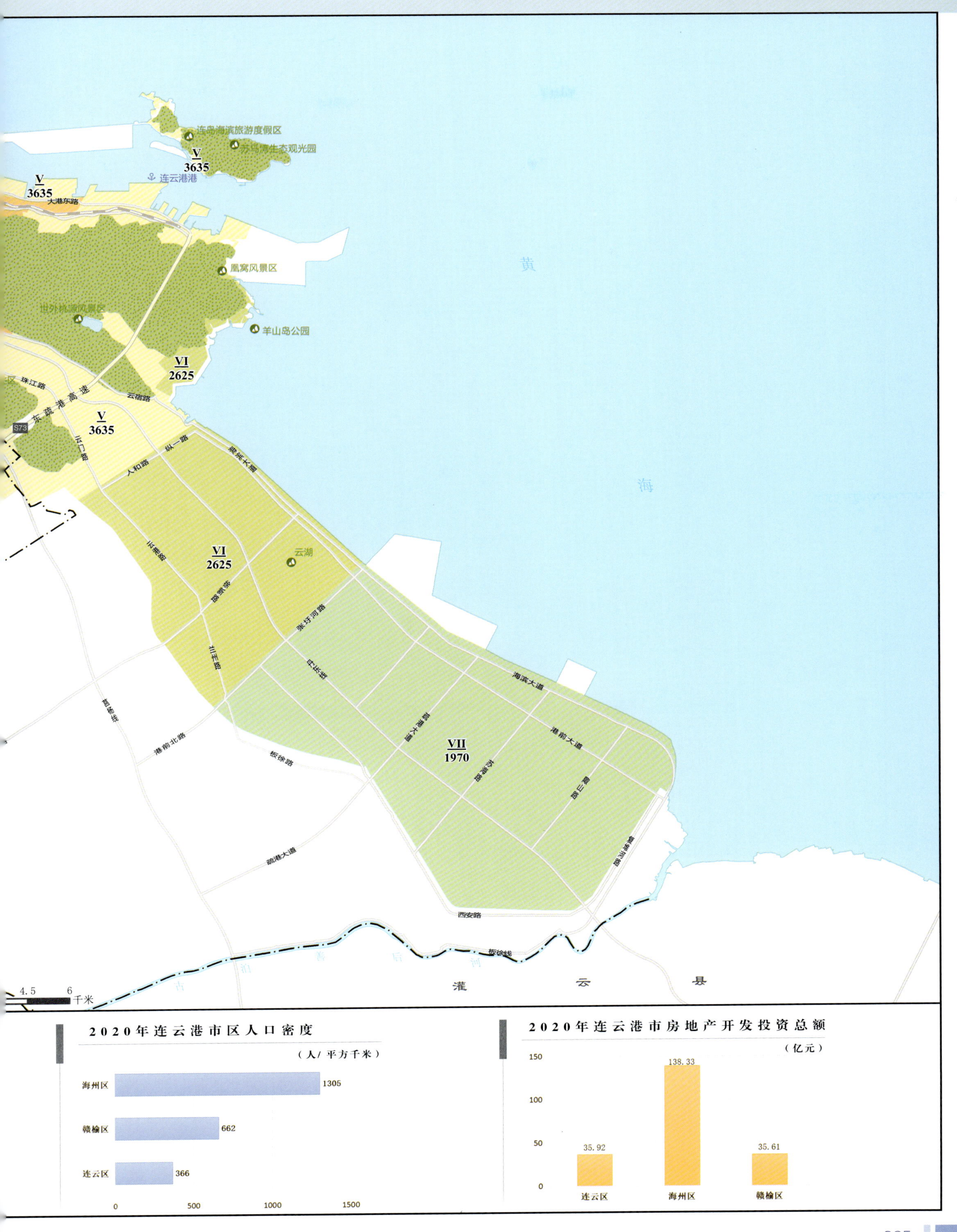

2020年连云港市区人口密度

（人/平方千米）

海州区	1305
赣榆区	662
连云区	366

2020年连云港市房地产开发投资总额

（亿元）

连云区	35.92
海州区	138.33
赣榆区	35.61

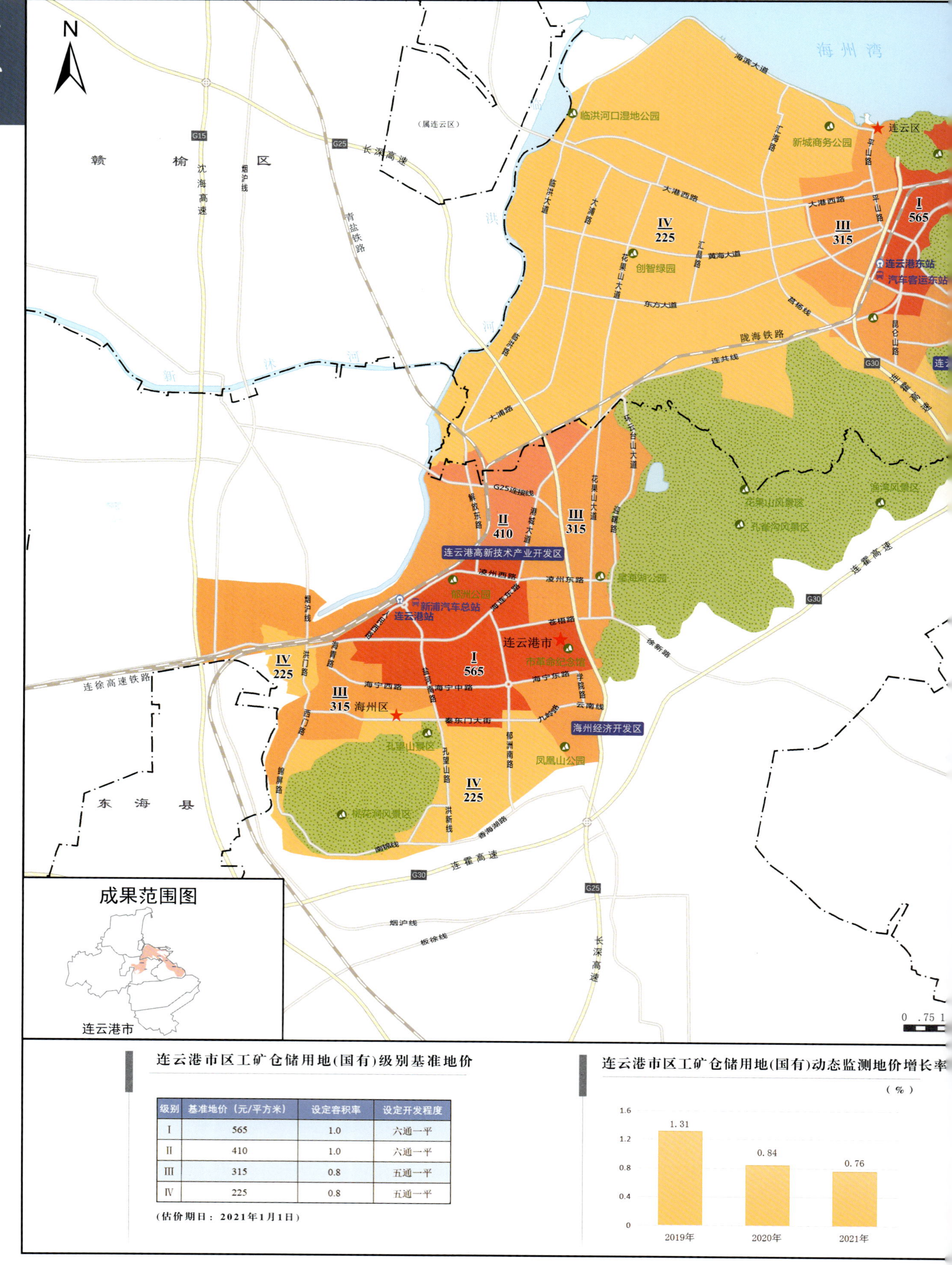

连云港市区工矿仓储用地(国有)级别基准地价

级别	基准地价（元/平方米）	设定容积率	设定开发程度
I	565	1.0	六通一平
II	410	1.0	六通一平
III	315	0.8	五通一平
IV	225	0.8	五通一平

（估价期日：2021年1月1日）

连云港市区工矿仓储用地(国有)动态监测地价增长率

工矿仓储用地(国有)级别基准地价图

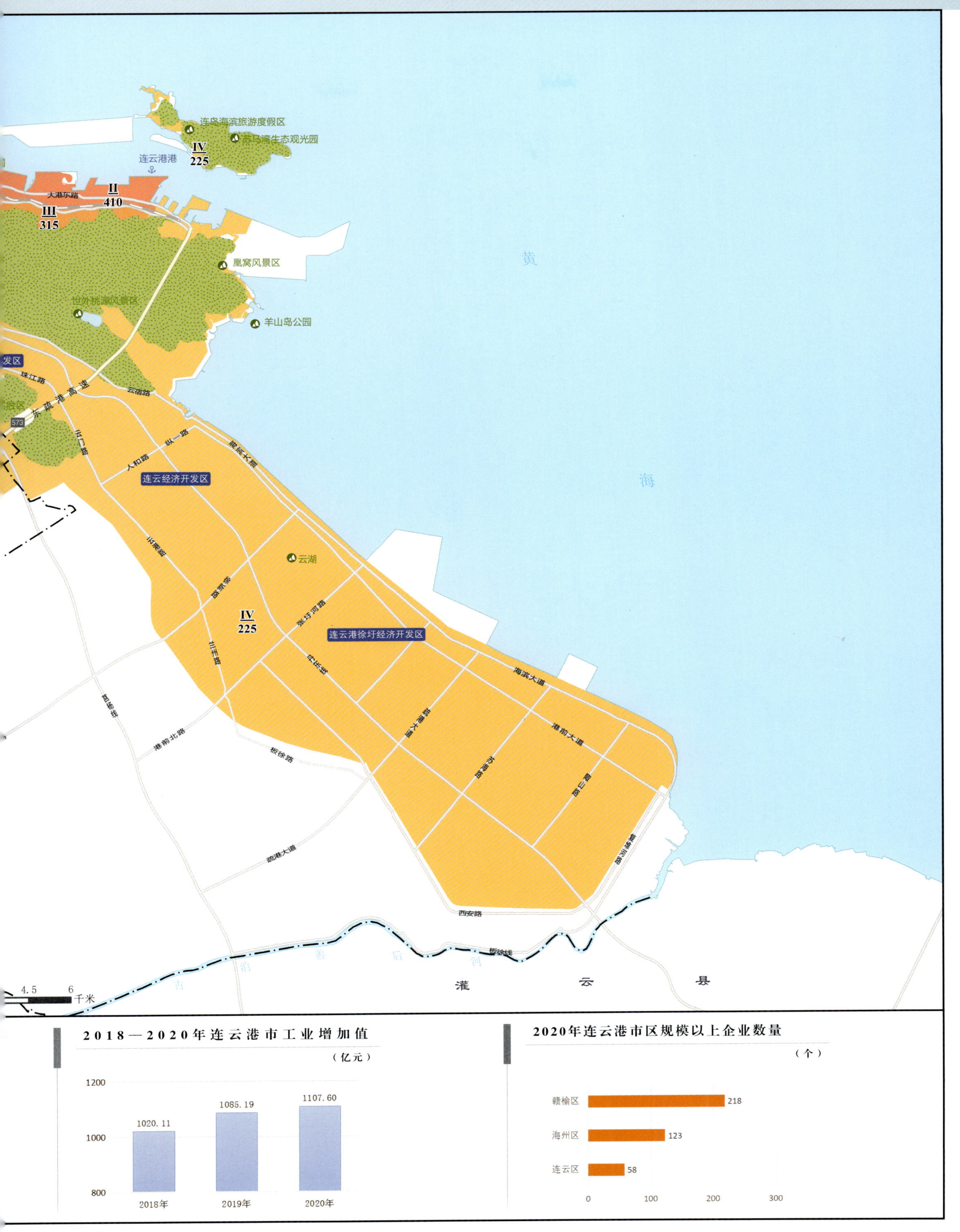

地价成果图

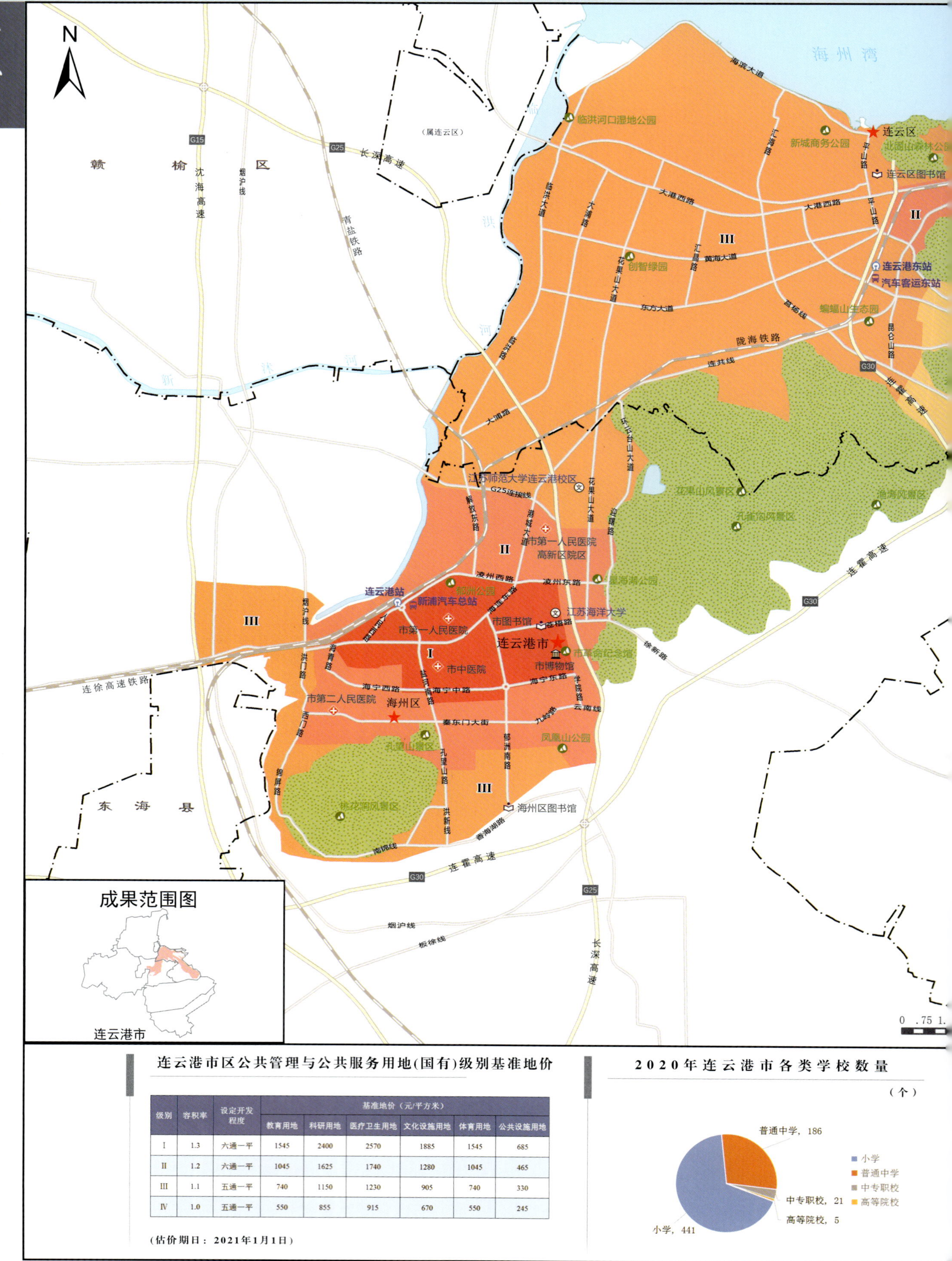

连云港市区公共管理与公共服务用地(国有)级别基准地价

级别	容积率	设定开发程度	基准地价（元/平方米）					
			教育用地	科研用地	医疗卫生用地	文化设施用地	体育用地	公共设施用地
I	1.3	六通一平	1545	2400	2570	1885	1545	685
II	1.2	六通一平	1045	1625	1740	1280	1045	465
III	1.1	五通一平	740	1150	1230	905	740	330
IV	1.0	五通一平	550	855	915	670	550	245

（估价期日：2021年1月1日）

2020年连云港市各类学校数量

公共管理与公共服务用地(国有)级别基准地价图

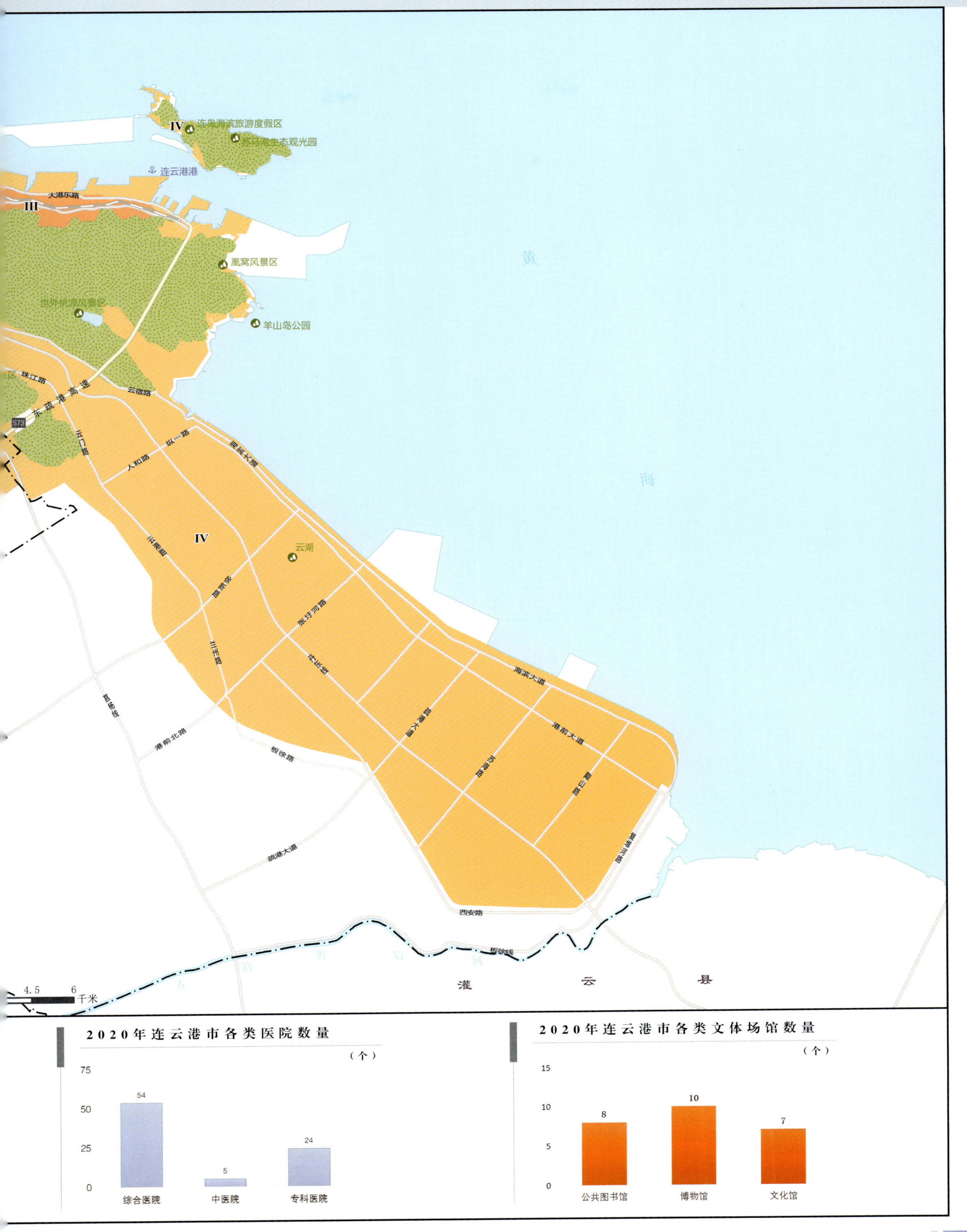

江苏省

地价成果图

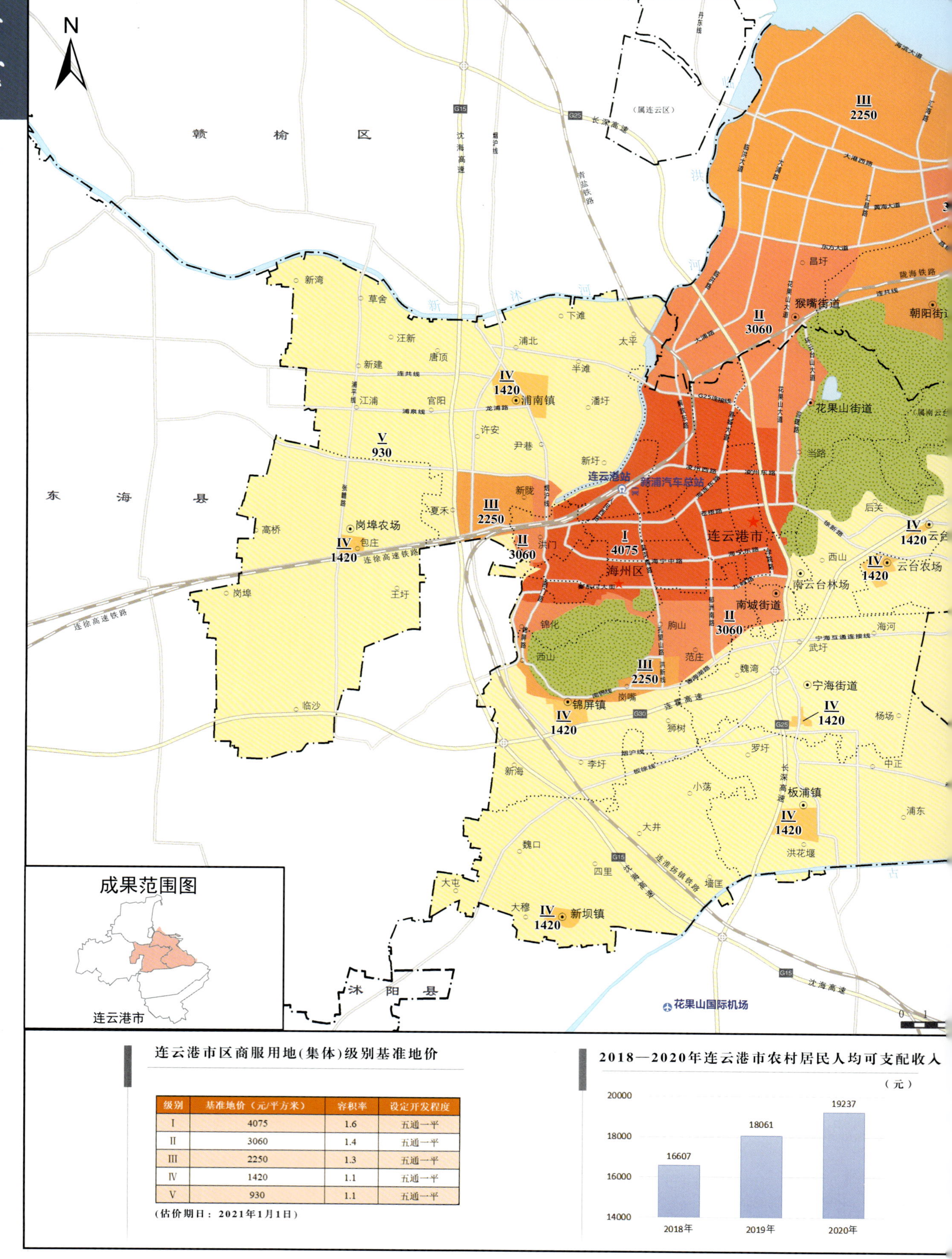

连云港市区商服用地(集体)级别基准地价

级别	基准地价（元/平方米）	容积率	设定开发程度
I	4075	1.6	五通一平
II	3060	1.4	五通一平
III	2250	1.3	五通一平
IV	1420	1.1	五通一平
V	930	1.1	五通一平

（估价期日：2021年1月1日）

2018—2020年连云港市农村居民人均可支配收入

商服用地（集体）级别基准地价图

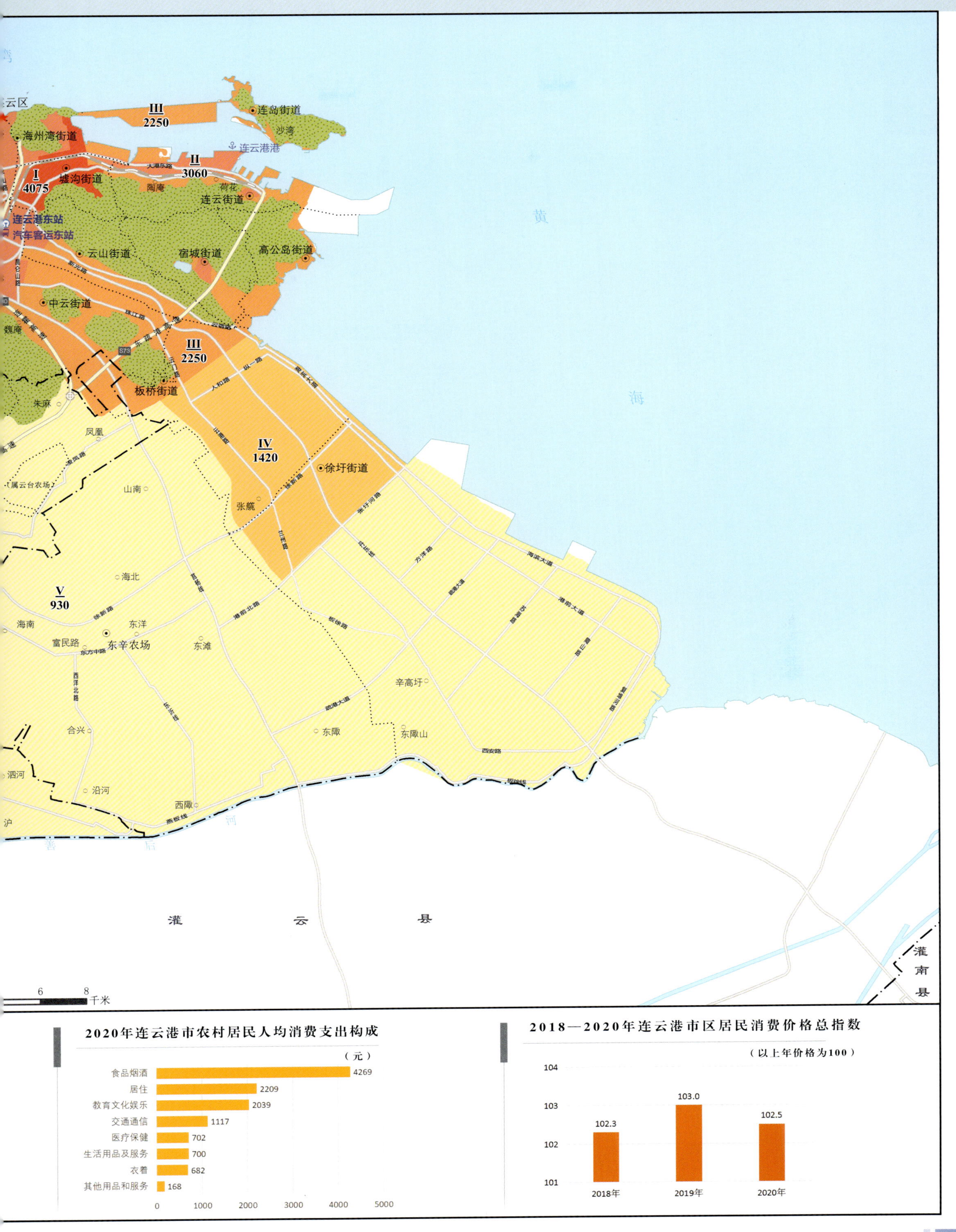

I
4075
II
3060
III
2250
III
2250
IV
1420
V
930
连岛街道
沙湾
连云港港
海州湾街道
墟沟街道
连云街道
连云港东站
汽车客运东站
云山街道
宿城街道
高公岛街道
中云街道
板桥街道
徐圩街道
朱麻
凤凰
山南
张㶦
海北
海南
东洋
东辛农场
东滩
富民路
合兴
沿河
西陬
辛高圩
东陬
东陬山
黄
海
灌
云
县
灌
南
县
千米
2020年连云港市农村居民人均消费支出构成
（元）
食品烟酒 4269
居住 2209
教育文化娱乐 2039
交通通信 1117
医疗保健 702
生活用品及服务 700
衣着 682
其他用品和服务 168
0 1000 2000 3000 4000 5000
2018—2020年连云港市区居民消费价格总指数
（以上年价格为100）
2018年 102.3
2019年 103.0
2020年 102.5

地价成果图

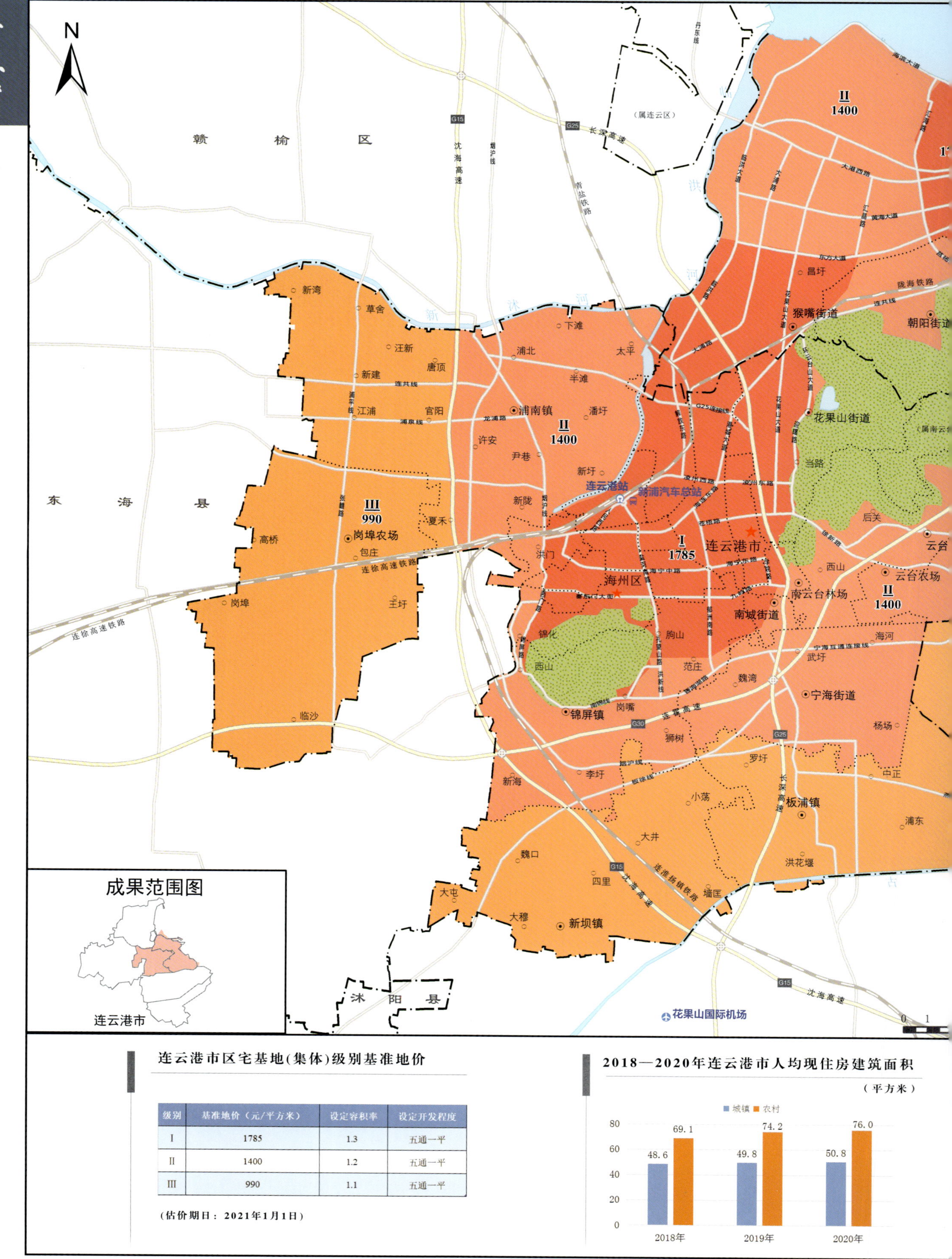

连云港市区宅基地（集体）级别基准地价

级别	基准地价（元/平方米）	设定容积率	设定开发程度
I	1785	1.3	五通一平
II	1400	1.2	五通一平
III	990	1.1	五通一平

（估价期日：2021年1月1日）

2018—2020年连云港市人均现住房建筑面积

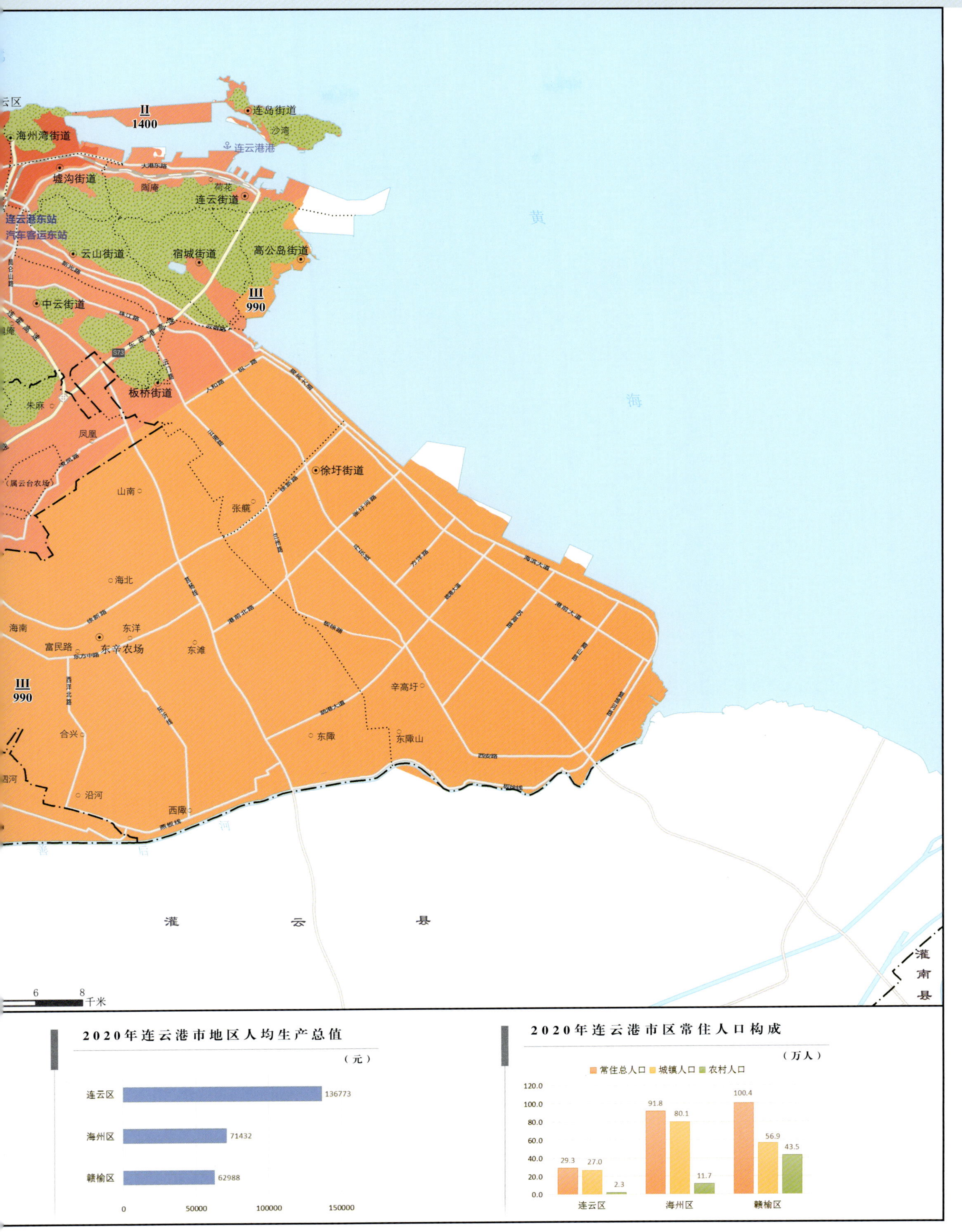

II
1400
连岛街道
沙湾
海州湾街道
连云港港
墟沟街道
连云街道
连云港东站
汽车客运东站
黄
云山街道
宿城街道
高公岛街道
III
990
中云街道
板桥街道
朱麻
凤凰
海
徐圩街道
山南
张艞
海北
海南
东洋
富民路
东辛农场
东滩
III
990
辛高圩
合兴
东陬
东陬山
沿河
西陬
灌
云
县
灌
南
县
6
8
千米
2020年连云港市地区人均生产总值
（元）
连云区
136773
海州区
71432
赣榆区
62988
0
50000
100000
150000
2020年连云港市区常住人口构成
（万人）
常住总人口
城镇人口
农村人口
120.0
100.0
80.0
60.0
40.0
20.0
0.0
29.3
27.0
2.3
91.8
80.1
11.7
100.4
56.9
43.5
连云区
海州区
赣榆区

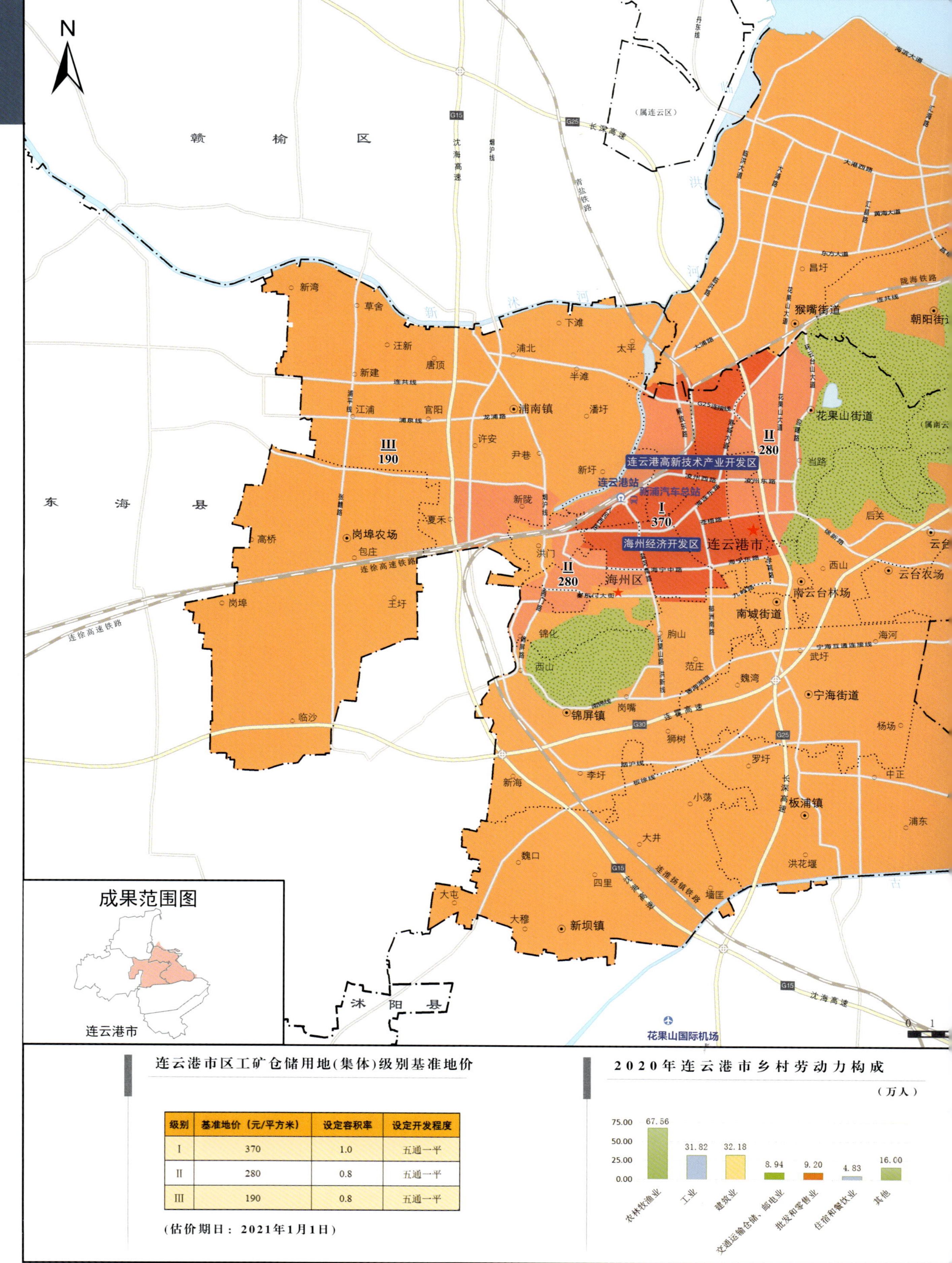

连云港市区工矿仓储用地(集体)级别基准地价

级别	基准地价（元/平方米）	设定容积率	设定开发程度
I	370	1.0	五通一平
II	280	0.8	五通一平
III	190	0.8	五通一平

（估价期日：2021年1月1日）

2020年连云港市乡村劳动力构成

工矿仓储用地（集体）级别基准地价图

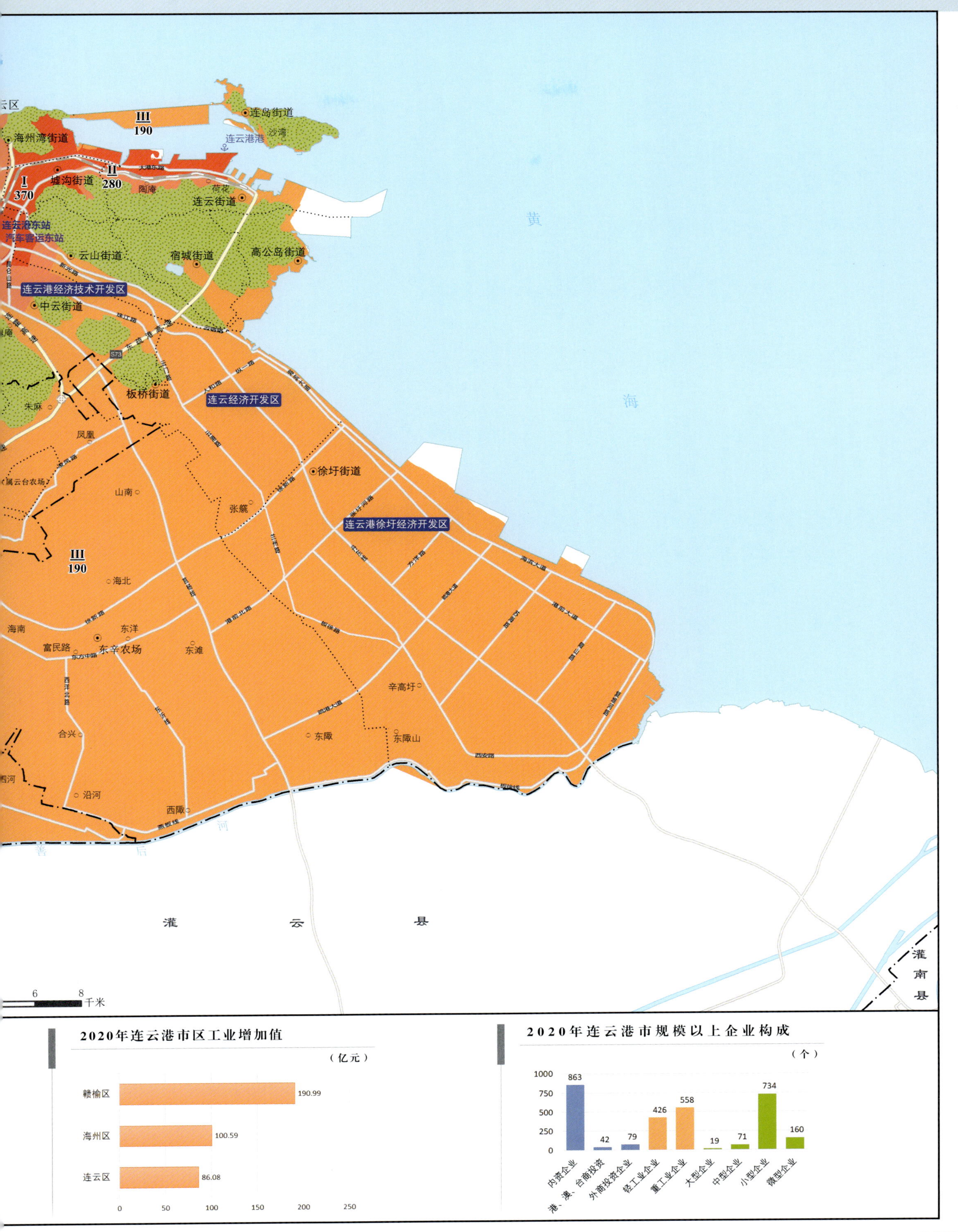

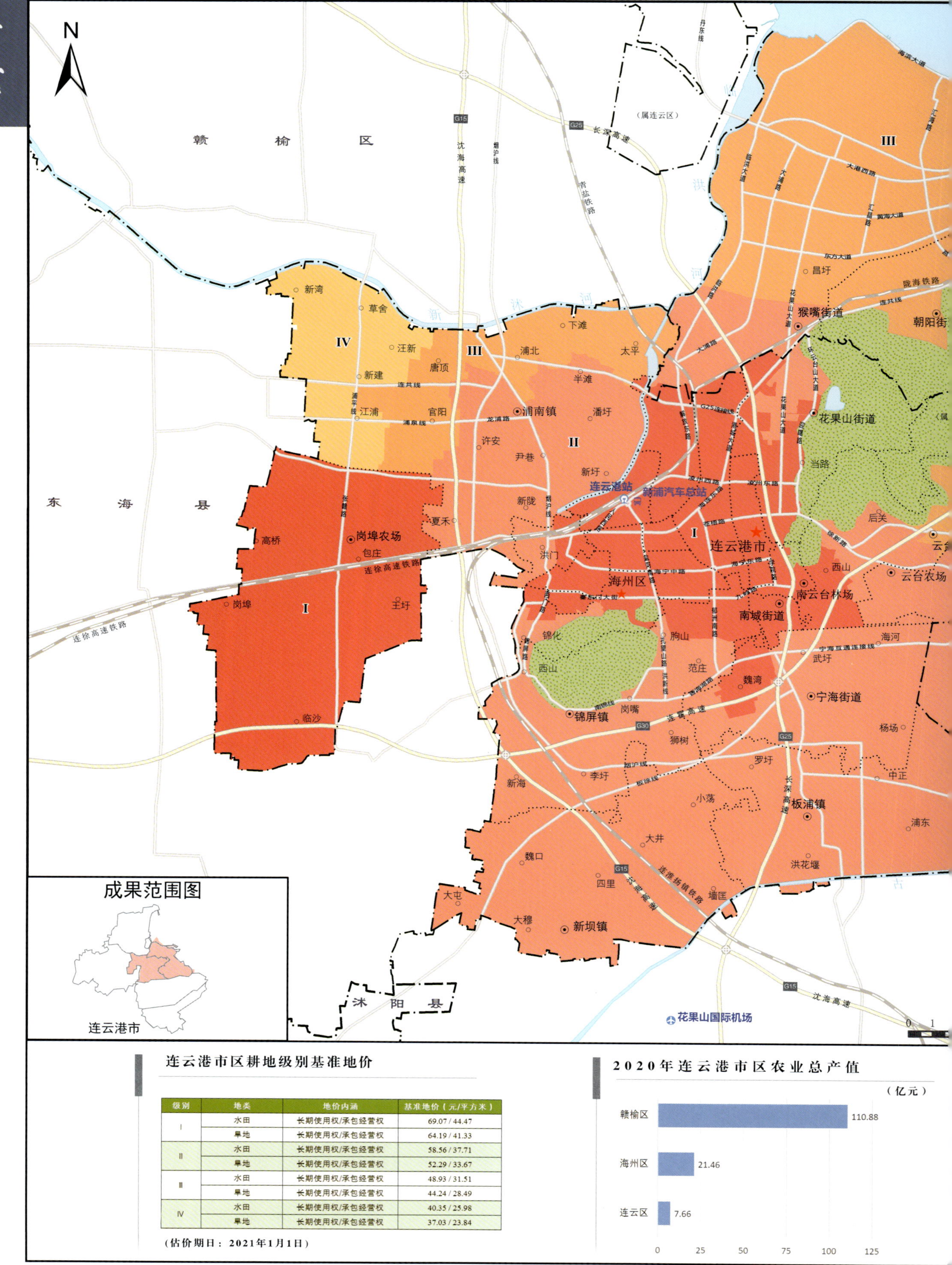

连云港市区耕地级别基准地价

级别	地类	地价内涵	基准地价（元/平方米）
Ⅰ	水田	长期使用权/承包经营权	69.07 / 44.47
	旱地	长期使用权/承包经营权	64.19 / 41.33
Ⅱ	水田	长期使用权/承包经营权	58.56 / 37.71
	旱地	长期使用权/承包经营权	52.29 / 33.67
Ⅲ	水田	长期使用权/承包经营权	48.93 / 31.51
	旱地	长期使用权/承包经营权	44.24 / 28.49
Ⅳ	水田	长期使用权/承包经营权	40.35 / 25.98
	旱地	长期使用权/承包经营权	37.03 / 23.84

（估价期日：2021年1月1日）

2020年连云港市区农业总产值

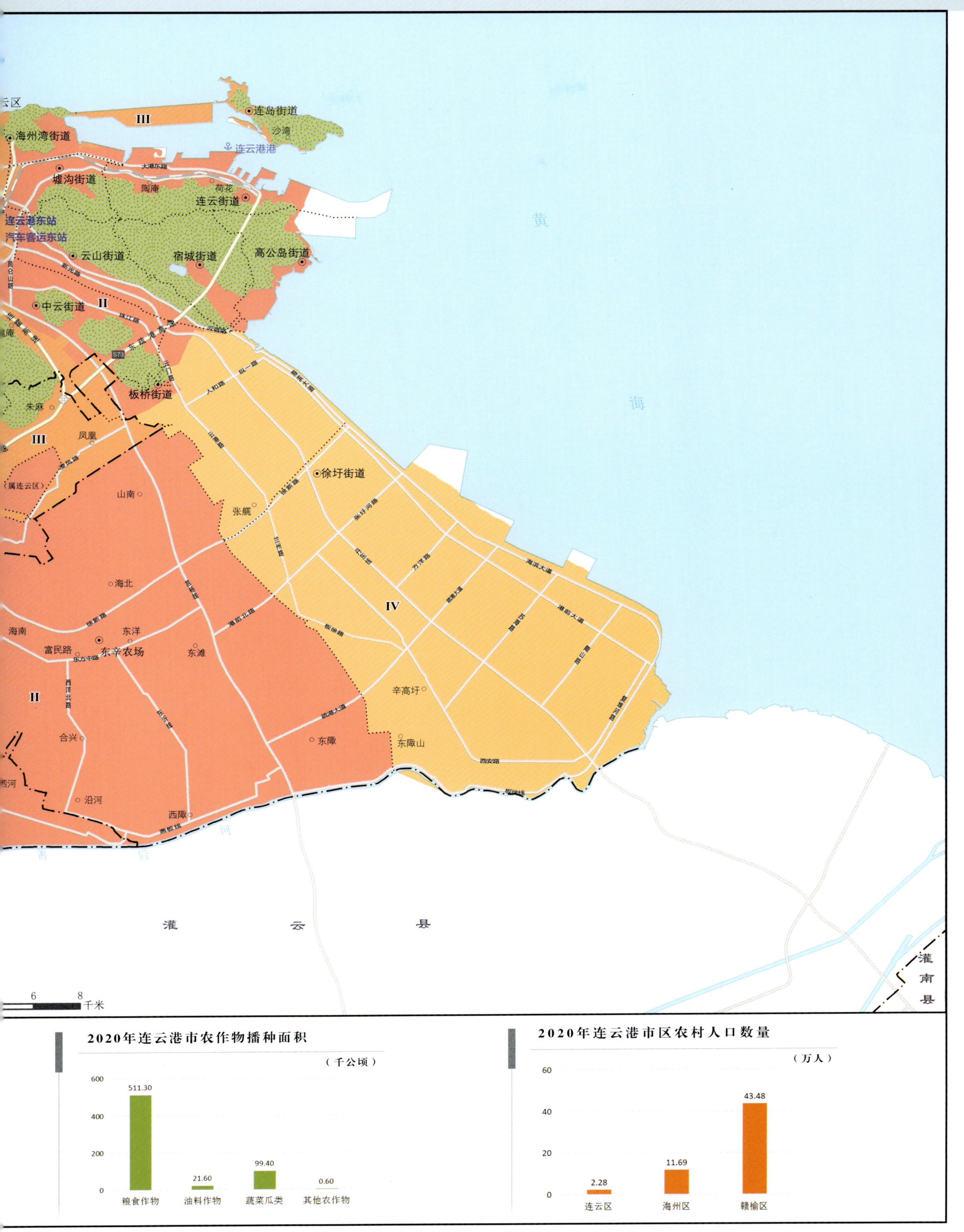

2020年连云港市农作物播种面积

（千公顷）

粮食作物	511.30
油料作物	21.60
蔬菜瓜类	99.40
其他农作物	0.60

2020年连云港市区农村人口数量

（万人）

连云区	2.28
海州区	11.69
赣榆区	43.48

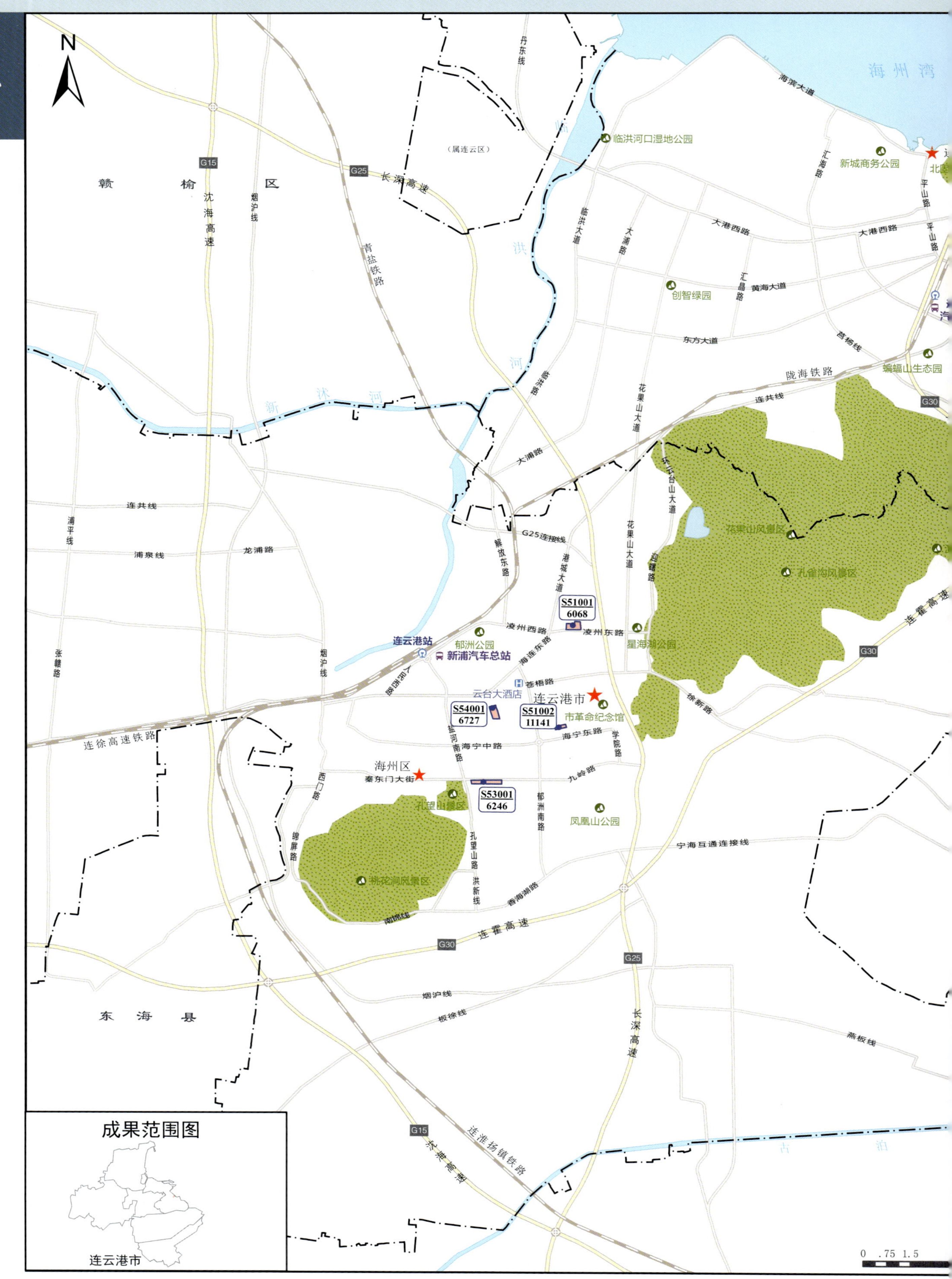
N
海州湾
海滨大道
临洪河口湿地公园
新城商务公园
(属连云区)
赣 榆 区
G15
G25
长深高速
沈海高速
烟沪线
青盐铁路
丹东线
大港西路
黄海大道
创智绿园
东方大道
陇海铁路
连共线
花果山大道
大浦路
临洪大道
连共线
浦平线
浦泉线
龙浦路
G25连接线
解放东路
港城大道
花果山风景区
孔雀沟风景区
S51001
6068
凌州西路
凌州东路
星海湖公园
连云港站
郁洲公园
新浦汽车总站
张鲢路
烟沪线
云台大酒店
苍梧路
连云港市
市革命纪念馆
S54001
6727
S51002
11141
海宁东路
连徐高速铁路
通灌南路
海宁中路
海州区
秦东门大街
九岭路
S53001
6246
孔望山景区
凤凰山公园
郁洲南路
西门路
锦屏路
宁海互通连接线
桃花洞风景区
孔望山路
洪新线
香海湖路
连霍高速
G30
G25
东 海 县
烟沪线
板徐线
长深高速
燕板线
G15
沈海高速
连淮扬镇铁路
成果范围图
连云港市
0 .75 1.5

商服用地（国有）标定地价图

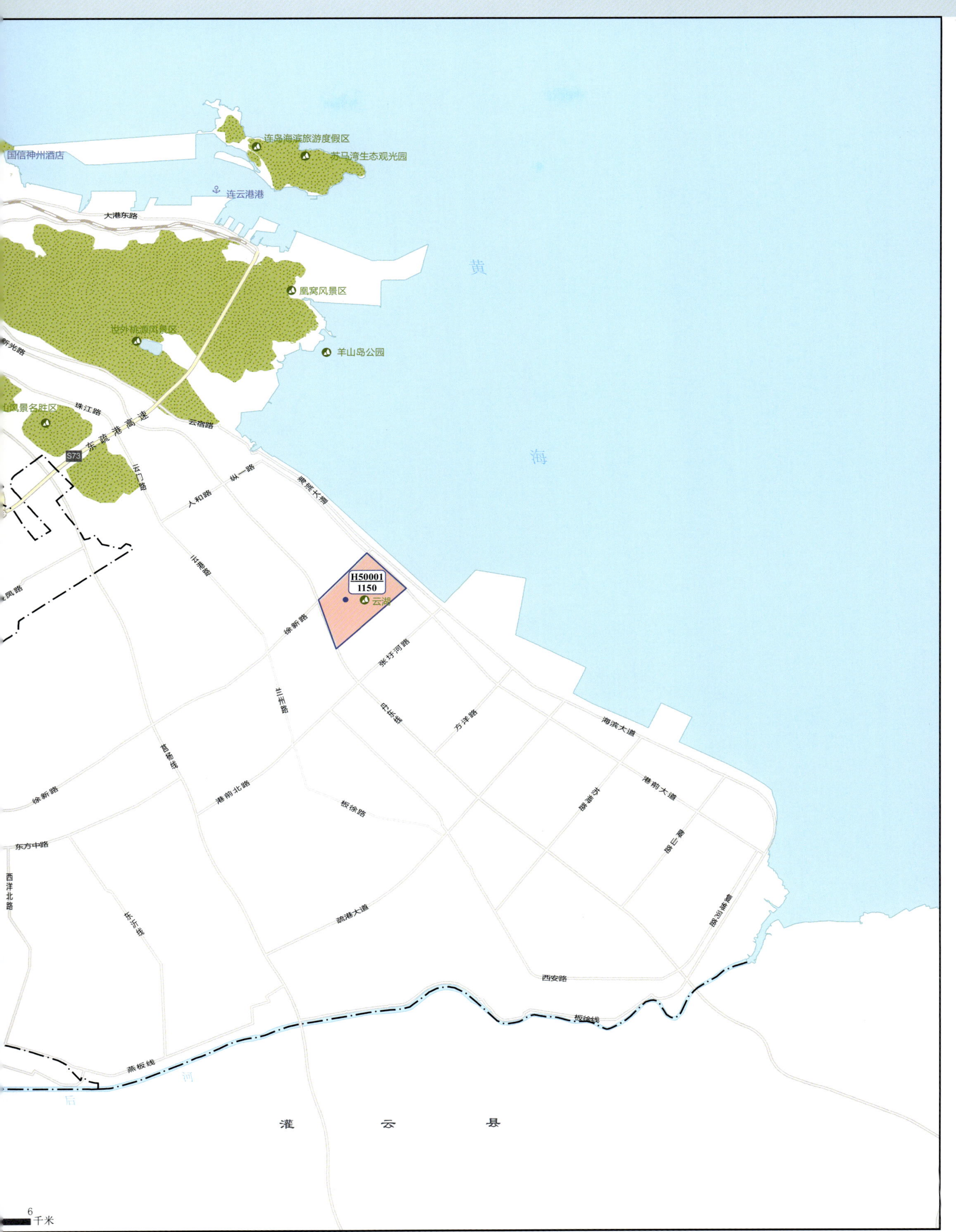

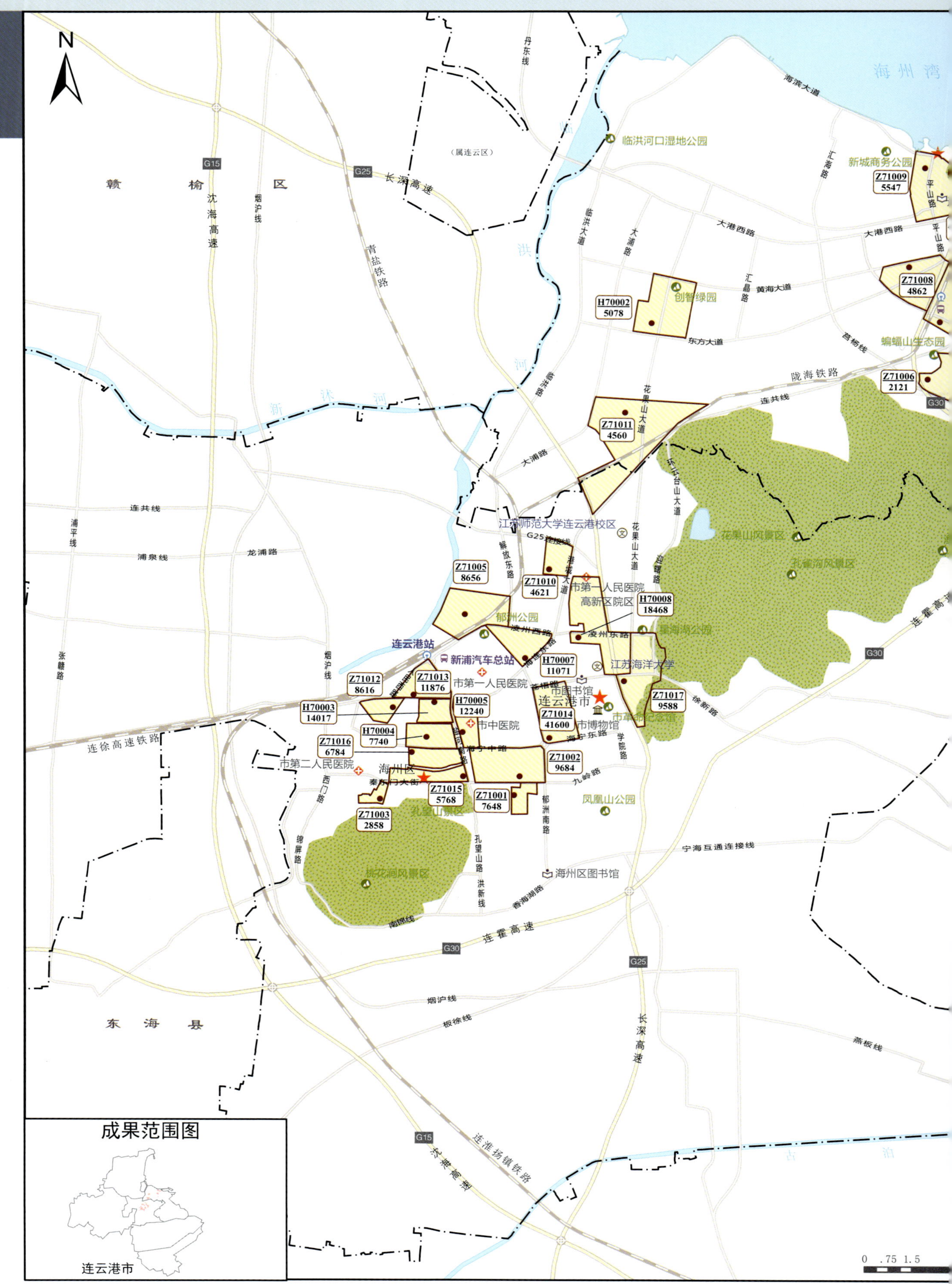

N
赣榆区
(属连云区)
海州湾
临洪河口湿地公园
新城商务公园
Z71009
5547
Z71008
4862
H70002
5078
创智绿园
蝙蝠山生态园
Z71006
2121
Z71011
4560
江苏师范大学连云港校区
花果山风景区
孔雀沟风景区
Z71005
8656
Z71010
4621
市第一人民医院
高新区院区
H70008
18468
郁州公园
连云港站
新浦汽车总站
H70007
11071
江苏海洋大学
Z71012
8616
Z71013
11876
市第一人民医院
H70005
12240
市图书馆
连云港市
Z71017
9588
H70003
14017
H70004
7740
市中医院
Z71014
41600
市博物馆
Z71016
6784
市第二人民医院
海州区
Z71002
9684
Z71015
5768
Z71001
7648
凤凰山公园
Z71003
2858
孔望山景区
桃花涧风景区
海州区图书馆
东海县
连徐高速铁路
连霍高速
长深高速
连淮扬镇铁路
沈海高速
陇海铁路
成果范围图
连云港市
0 .75 1.5

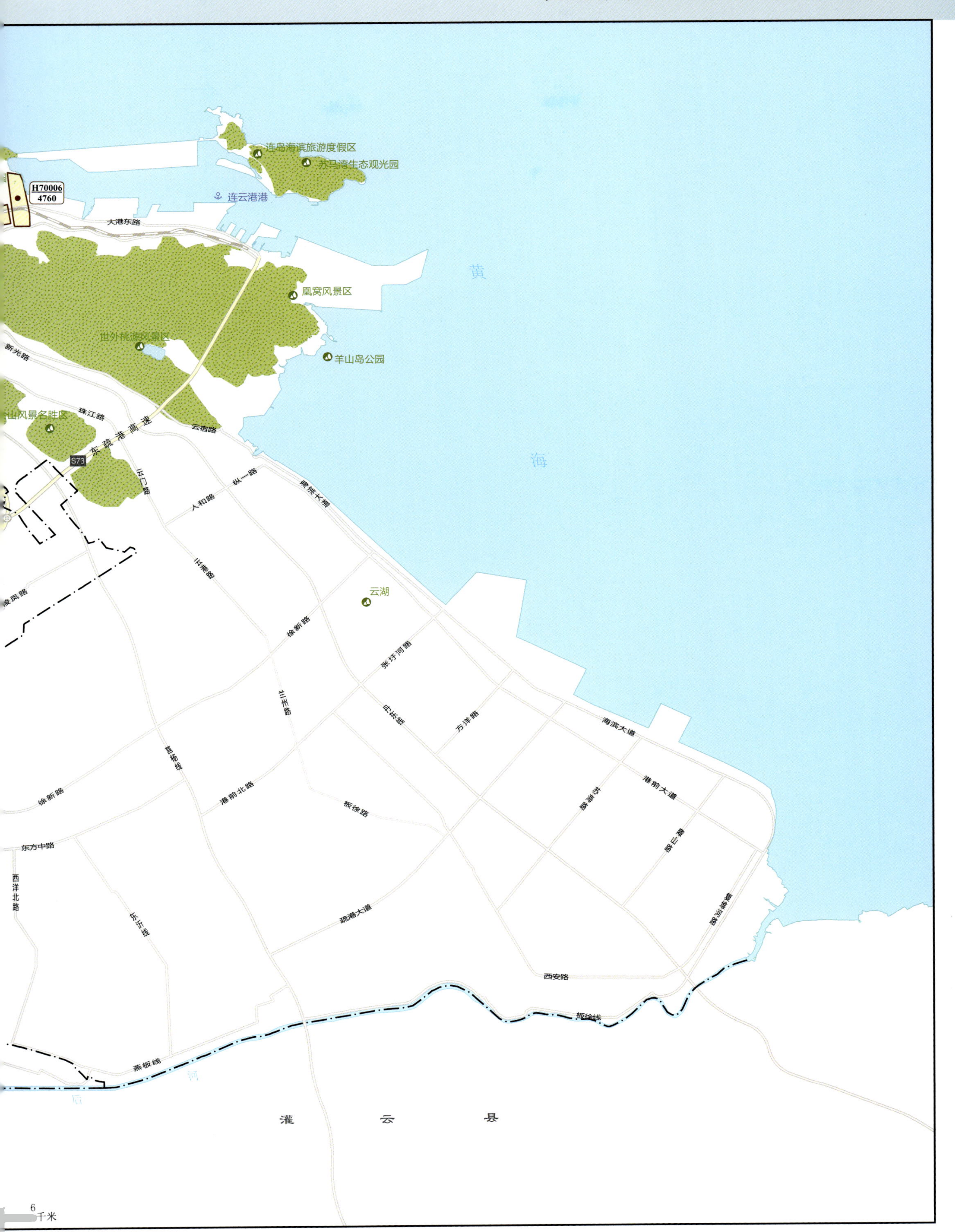
连岛海滨旅游度假区
苏马湾生态观光园
H70006
4760
连云港港
大港东路
黄
凰窝风景区
世外桃源风景区
新光路
羊山岛公园
珠江路
东疏港高速
云宿路
S73
云门路
纵一路
人和路
海
云湖
徐新路
张圩河路
方洋路
海滨大道
港前大道
港前北路
板徐路
徐新路
东方中路
西洋北路
东沂线
疏港大道
西安路
板徐线
燕板线
灌
云
县
千米

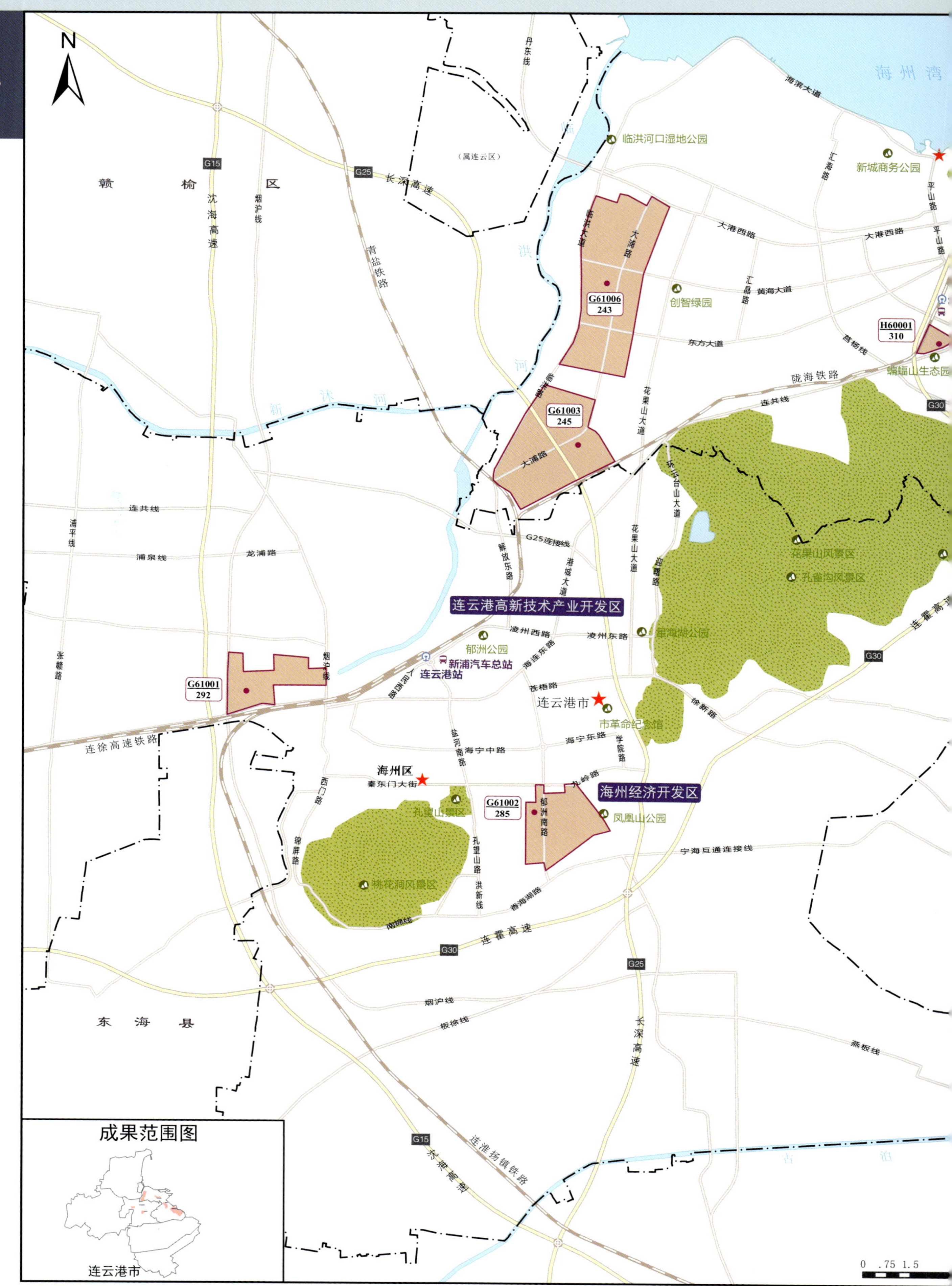
海州湾
海滨大道
临洪河口湿地公园
新城商务公园
(属连云区)
赣 榆 区
G15
沈海高速
烟沪线
G25
长深高速
青盐铁路
大港西路
黄海大道
创智绿园
G61006
243
G61003
245
H60001
310
东方大道
陇海铁路
连共线
花果山大道
大浦路
新沭河
连共线
浦平线
浦泉线
龙浦路
G25连接线
解放东路
港城大道
连云港高新技术产业开发区
花果山风景区
孔雀沟风景区
凌州西路
凌州东路
郁洲公园
新浦汽车总站
连云港站
G61001
292
张畛路
连云港市
市革命纪念馆
连徐高速铁路
海宁中路
海宁东路
学院路
海州区
秦东门大街
西门路
G61002
285
郁洲南路
海州经济开发区
凤凰山公园
孔望山景区
宁海互通连接线
桃花涧风景区
锦屏路
孔望山路
洪新线
G30
连霍高速
G25
东 海 县
烟沪线
板徐线
燕板线
长深高速
G15
沈海高速
连淮扬镇铁路
成果范围图
连云港市
0 .75 1.5

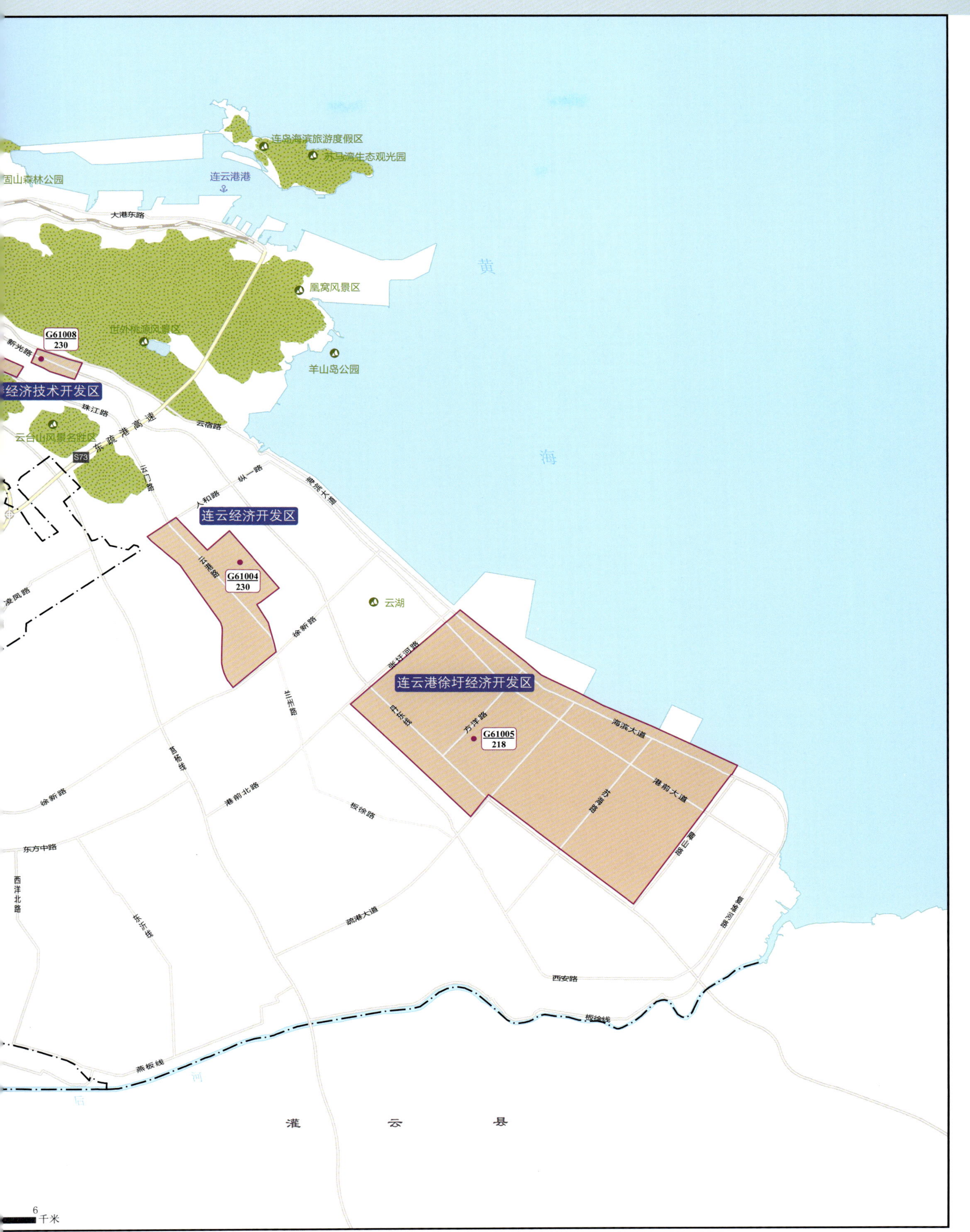
连岛海滨旅游度假区
苏马湾生态观光园
连云港港
国山森林公园
大港东路
黄
海
凰窝风景区
世外桃源风景区
G61008
230
新光路
羊山岛公园
经济技术开发区
珠江路
云台山风景名胜区
东疏港高速
云宿路
S73
纵一路
人和路
连云经济开发区
G61004
230
凌凤路
云湖
徐新路
张圩河路
连云港徐圩经济开发区
方洋路
G61005
218
海滨大道
港前大道
徐新路
港前北路
板徐路
东方中路
西洋北路
东沂线
疏港大道
西安路
板徐线
燕板线
灌
云
县
千米

淮安市区商服用地(国有)级别基准地价

级别	基准地价（元/平方米）	设定容积率	设定开发程度
I	12900	1.8	六通一平
II	7500	1.7	六通一平
III	4830	1.5	六通一平
IV	3040	1.4	六通一平
V	2020	1.3	六通一平
VI	1350	1.2	六通一平
VII	1000	1.1	五通一平

（估价期日：2022年1月1日）

淮安市区商服用地(国有)动态监测地价增长率

（%）

年份	增长率
2019年	1.48
2020年	-0.79
2021年	-0.51

商服用地(国有)级别基准地价图

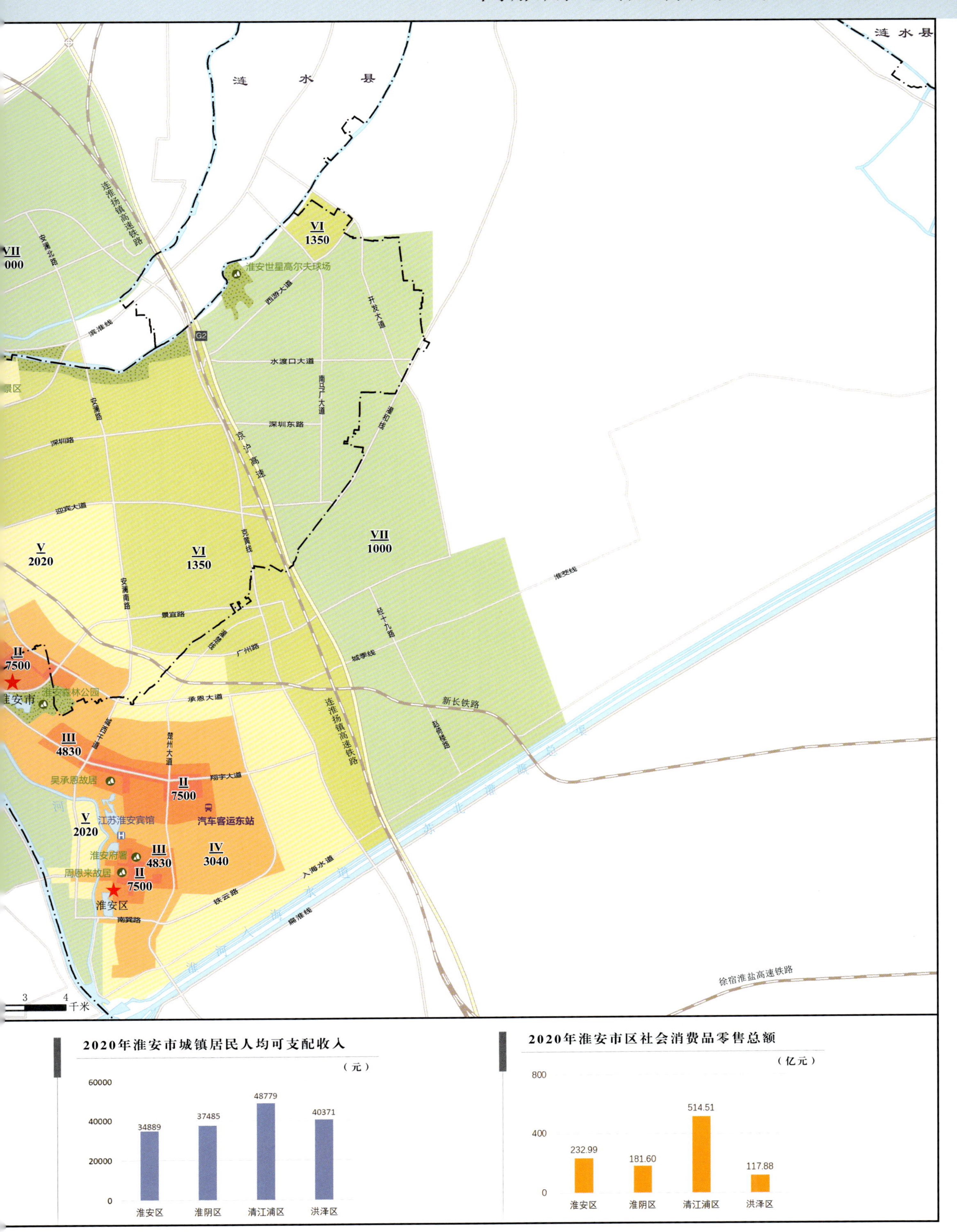

（数据说明：以上地价数据为上报数据，具体以地方公布数据为准。）

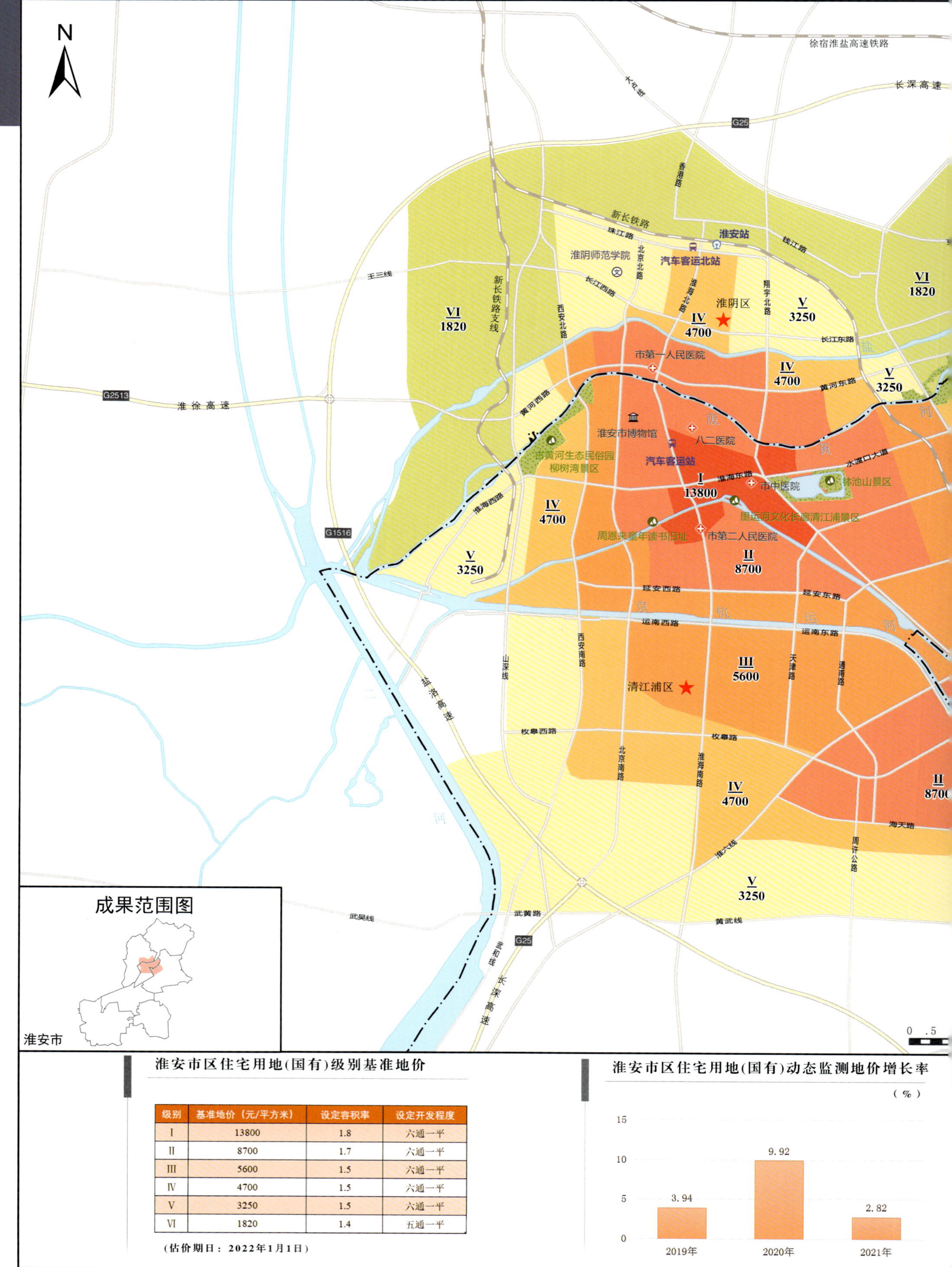

淮安市区住宅用地(国有)级别基准地价

级别	基准地价（元/平方米）	设定容积率	设定开发程度
I	13800	1.8	六通一平
II	8700	1.7	六通一平
III	5600	1.5	六通一平
IV	4700	1.5	六通一平
V	3250	1.5	六通一平
VI	1820	1.4	五通一平

（估价期日：2022年1月1日）

淮安市区住宅用地(国有)动态监测地价增长率

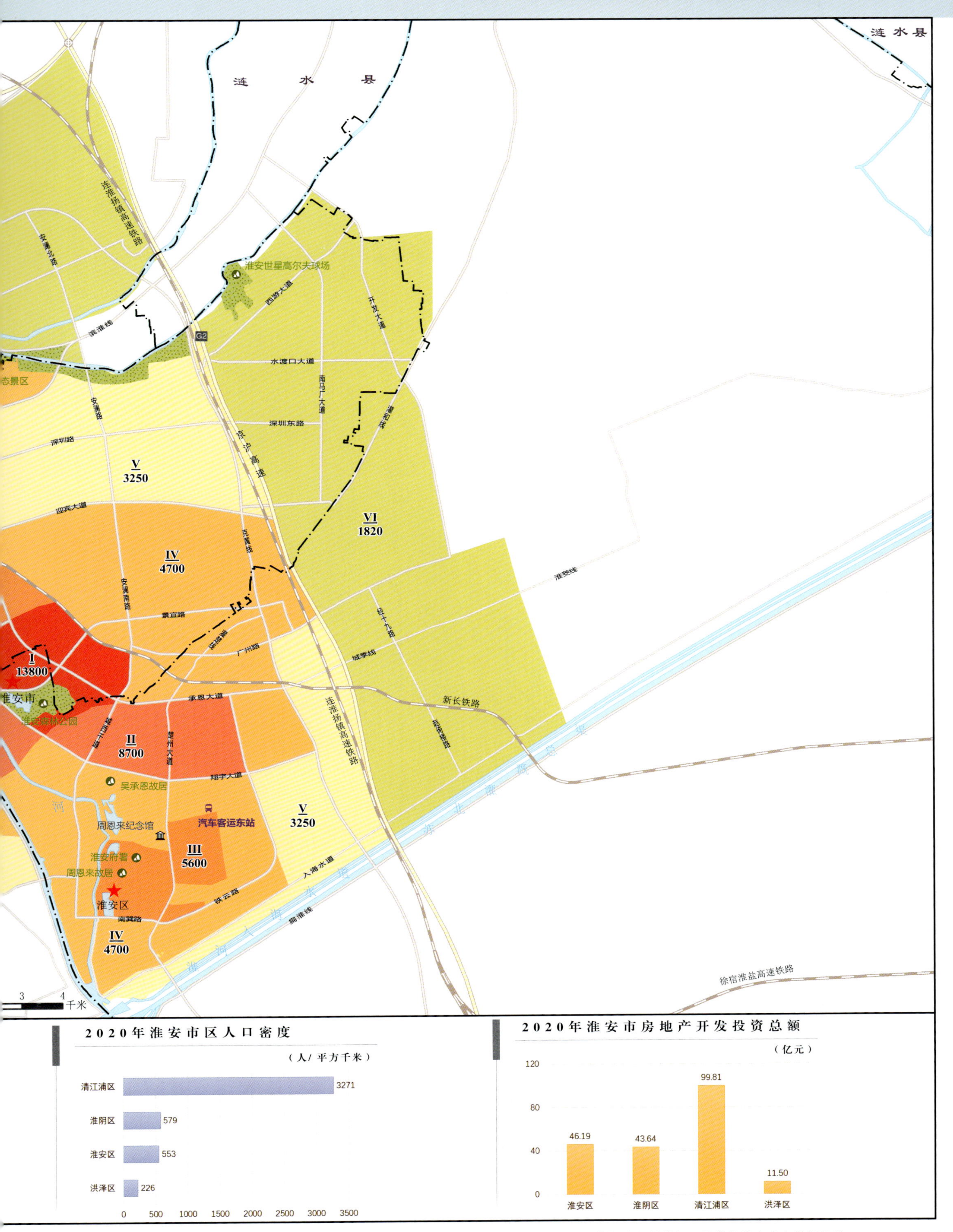

2020年淮安市区人口密度

（人/平方千米）

清江浦区	3271
淮阴区	579
淮安区	553
洪泽区	226

2020年淮安市房地产开发投资总额

（亿元）

淮安区	46.19
淮阴区	43.64
清江浦区	99.81
洪泽区	11.50

（数据说明：以上地价数据为上报数据，具体以地方公布数据为准。）

地价成果图

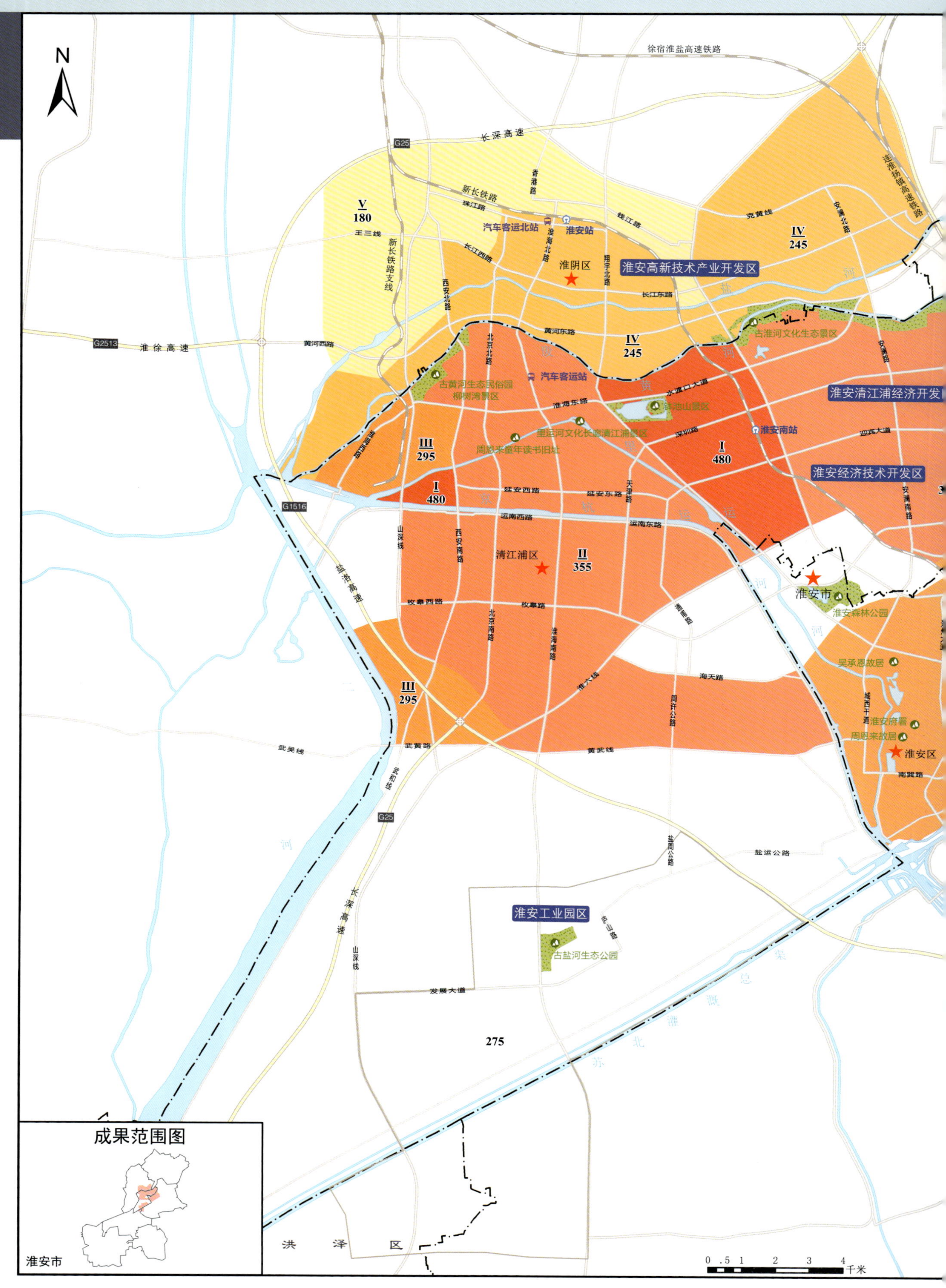

N
徐宿淮盐高速铁路
长深高速
新长铁路
连淮扬镇高速铁路
汽车客运北站
淮安站
淮阴区
淮安高新技术产业开发区
长江东路
黄河东路
黄河西路
淮徐高速
古淮河文化生态景区
汽车客运站
古黄河生态民俗园
柳树湾景区
淮海东路
钵池山景区
淮安南站
淮安清江浦经济开发
里运河文化长廊清江浦景区
周恩来童年读书旧址
淮安经济技术开发区
延安西路
延安东路
运南西路
运南东路
清江浦区
淮安市
淮安森林公园
枚皋西路
枚皋路
海天路
吴承恩故居
淮安府署
周恩来故居
淮安区
武黄路
黄武线
武吴线
盐运公路
淮安工业园区
古盐河生态公园
发展大道
洪泽区
V
180
IV
245
IV
245
III
295
I
480
I
480
II
355
III
295
275
0 .5 1 2 3 4 千米
成果范围图
淮安市

工矿仓储用地(国有)级别基准地价图

淮安市区工矿仓储用地(国有)级别基准地价

级别	基准地价（元/平方米）	设定容积率	设定开发程度
I	480	1.0	六通一平
II	355	1.0	六通一平
III	295	1.0	六通一平
IV	245	1.0	六通一平
V	180	1.0	五通一平

（估价期日：2022年1月1日）

注：淮安工业园区仅评估基准地价，暂未确定级别。

淮安市区工矿仓储用地(国有)动态监测地价增长率

（%）

年份	2019年	2020年	2021年
增长率	0.23	0.20	0.17

2018—2020年淮安市工业增加值

（亿元）

年份	2018年	2019年	2020年
工业增加值	1222.84	1266.30	1286.78

2020年淮安市区规模以上企业数量

（个）

淮安区	219
洪泽区	189
淮阴区	186
清江浦区	70

（数据说明：以上地价数据为上报数据，具体以地方公布数据为准。）

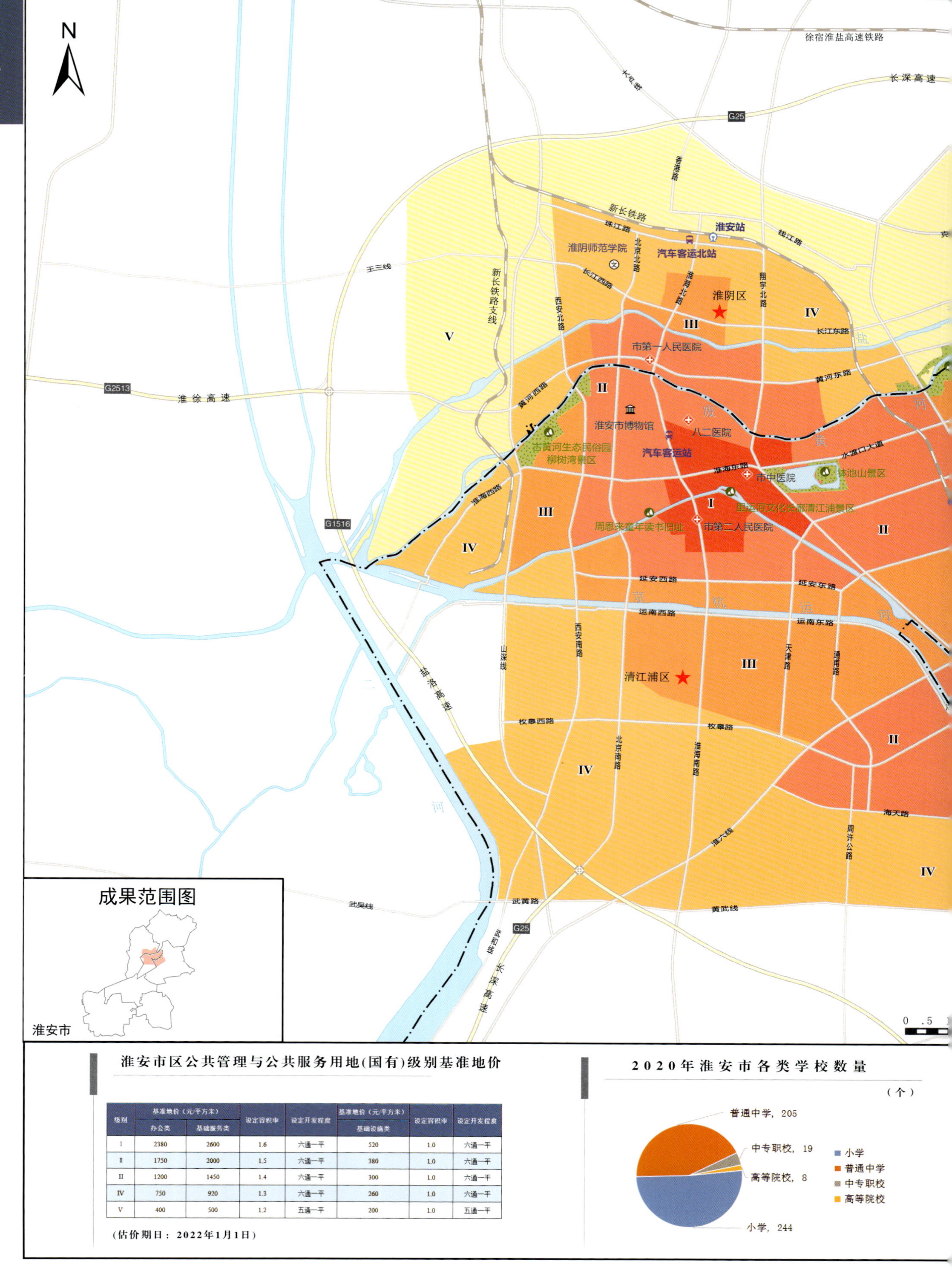

淮安市区公共管理与公共服务用地(国有)级别基准地价

级别	基准地价（元/平方米）		设定容积率	设定开发程度	基准地价（元/平方米）	设定容积率	设定开发程度
	办公类	基础服务类			基础设施类		
I	2380	2600	1.6	六通一平	520	1.0	六通一平
II	1750	2000	1.5	六通一平	380	1.0	六通一平
III	1200	1450	1.4	六通一平	300	1.0	六通一平
IV	750	920	1.3	六通一平	260	1.0	六通一平
V	400	500	1.2	五通一平	200	1.0	五通一平

（估价期日：2022年1月1日）

2020年淮安市各类学校数量

（个）

普通中学，205
中专职校，19
高等院校，8
小学，244

小学
普通中学
中专职校
高等院校

公共管理与公共服务用地（国有）级别基准地价图

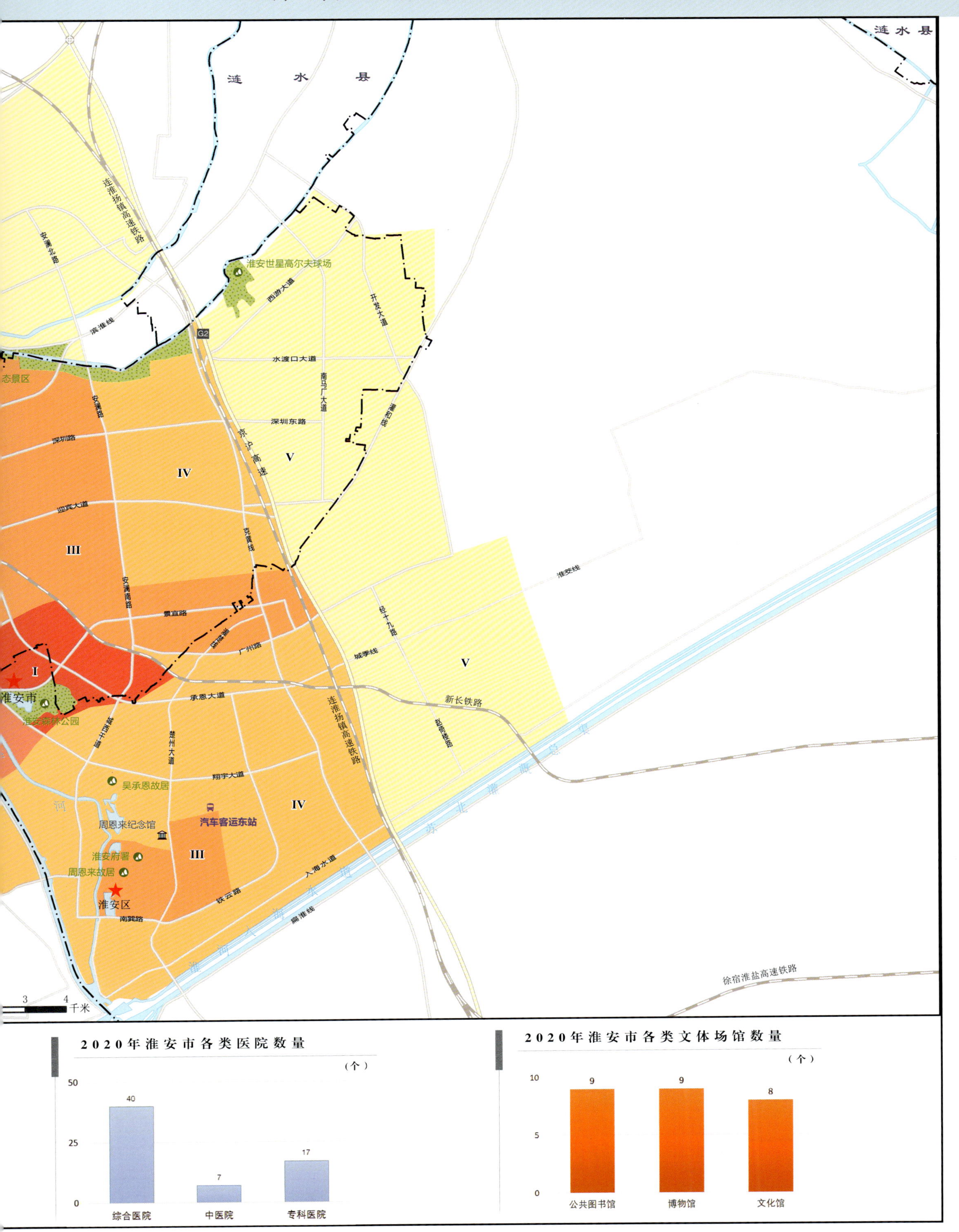

（数据说明：以上地价数据为上报数据，具体以地方公布数据为准。）

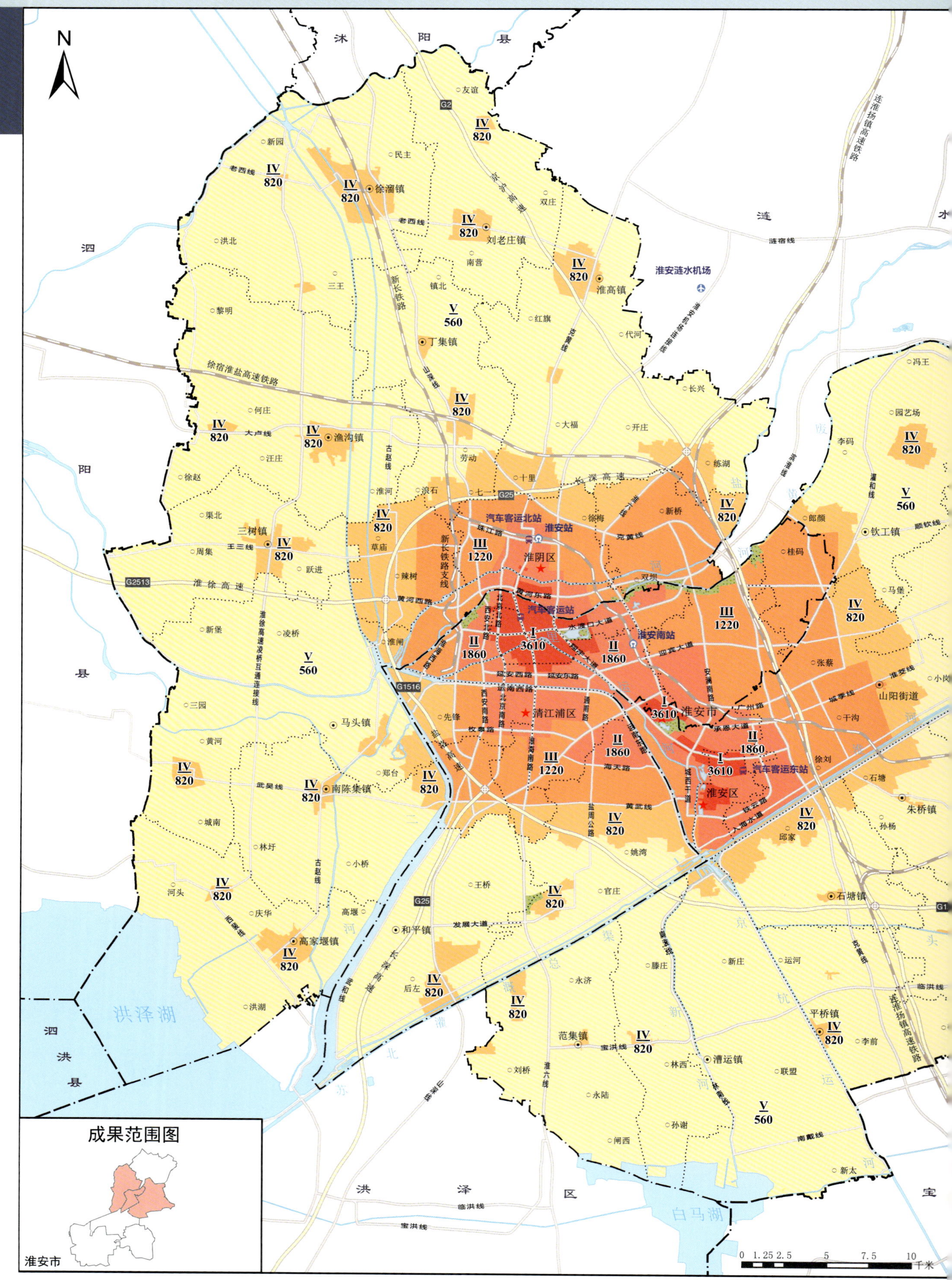
N
沭阳县
泗阳县
泗洪县
洪泽区
宝应
连水
淮安连水机场
汽车客运北站
淮安站
汽车客运站
淮安南站
汽车客运东站
淮阴区
清江浦区
淮安市
淮安区
山阳街道
徐溜镇
刘老庄镇
淮高镇
丁集镇
渔沟镇
三树镇
马头镇
南陈集镇
高家堰镇
和平镇
范集镇
漕运镇
平桥镇
石塘镇
朱桥镇
钦工镇
洪泽湖
白马湖
I 3610
II 1860
III 1220
IV 820
V 560
成果范围图
淮安市
0 1.25 2.5 5 7.5 10 千米

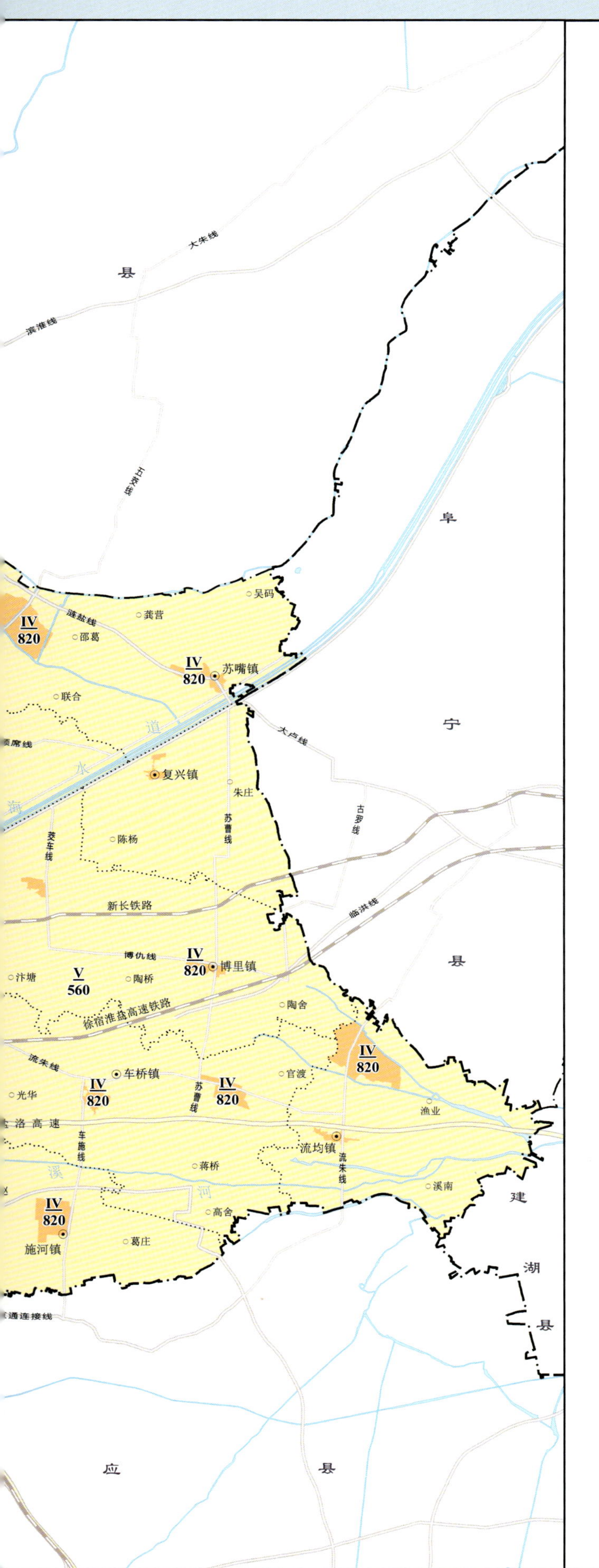

淮安市区商服用地(集体)级别基准地价

级别	基准地价(元/平方米)	容积率	设定开发程度
Ⅰ	3610	1.4	六通一平
Ⅱ	1860	1.2	五通一平
Ⅲ	1220	1.2	五通一平
Ⅳ	820	1.0	五通一平
Ⅴ	560	0.9	五通一平

(估价期日：2022年1月1日)

2018—2020年淮安市农村居民人均可支配收入

(元)

2018年	17058
2019年	18567
2020年	19730

2020年淮安市农村居民人均消费支出构成

(元)

食品烟酒	3829
居住	2375
教育文化娱乐	1457
交通通信	1407
医疗保健	967
生活用品及服务	752
衣着	599
其他用品和服务	184

2018—2020年淮安市区居民消费价格总指数

(以上年价格为100)

2018年	102.1
2019年	102.7
2020年	102.4

(数据说明：以上地价数据为上报数据，具体以地方公布数据为准。)

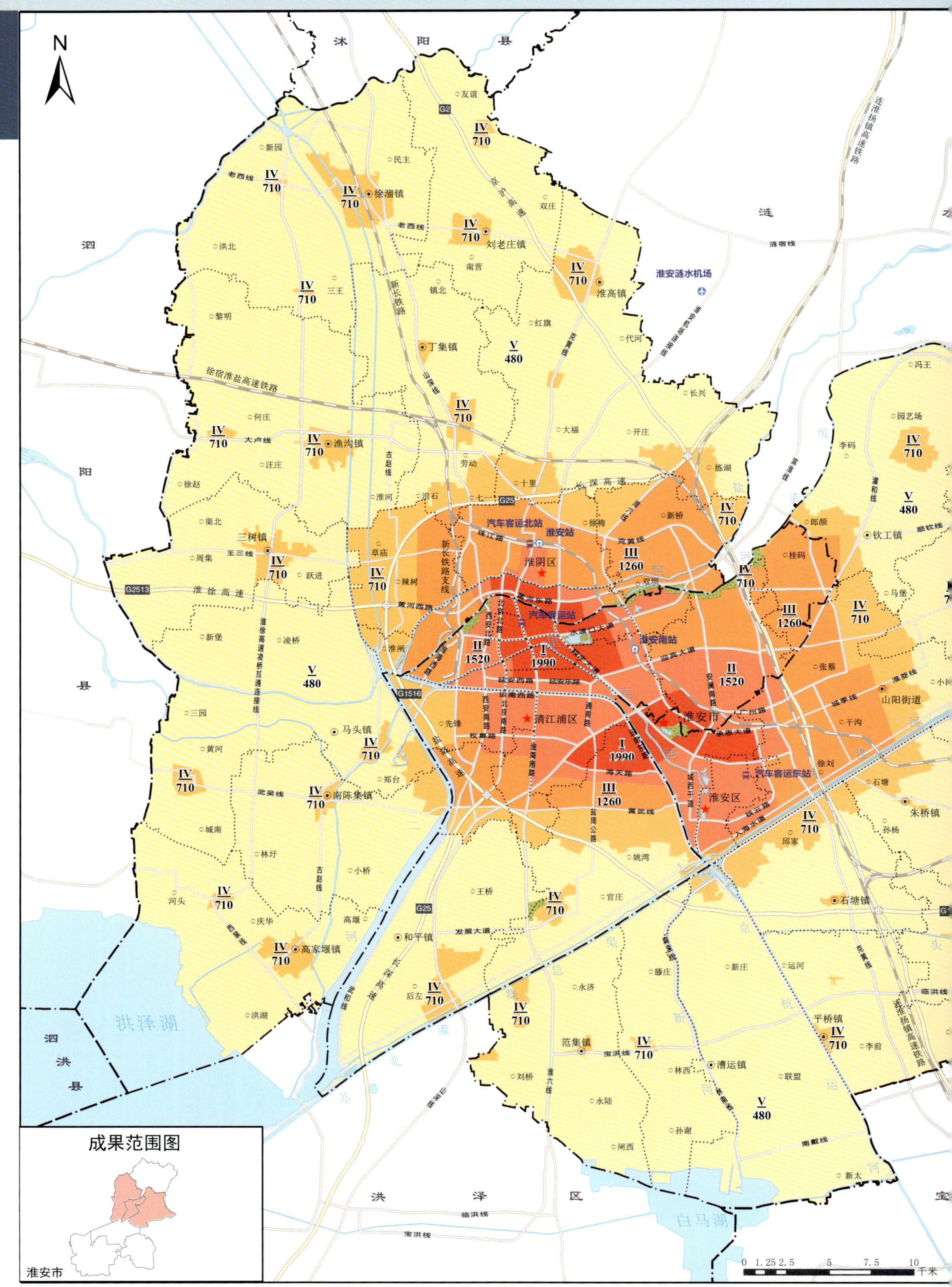
N
沭 阳 县
连
泗
阳
县
淮安涟水机场
徐宿淮盐高速铁路
连淮扬镇高速铁路
淮徐高速
长深高速
汽车客运北站
淮安站
淮阴区
汽车客运站
淮安南站
清江浦区
淮安市
汽车客运东站
淮安区
洪泽湖
白马湖
泗洪县
洪 泽 区
徐溜镇
刘老庄镇
淮高镇
丁集镇
渔沟镇
三树镇
马头镇
南陈集镇
高家堰镇
和平镇
范集镇
漕运镇
平桥镇
石塘镇
朱桥镇
山阳街道
钦工镇
I 1990
II 1520
III 1260
IV 710
V 480
成果范围图
淮安市
0 1.25 2.5 5 7.5 10 千米

淮安市区宅基地(集体)级别基准地价

级别	基准地价(元/平方米)	设定容积率	设定开发程度
Ⅰ	1990	1.3	六通一平
Ⅱ	1520	1.2	五通一平
Ⅲ	1260	1.2	五通一平
Ⅳ	710	1.0	五通一平
Ⅴ	480	1.0	五通一平

(估价期日：2022年1月1日)

2018—2020年淮安市人均现住房建筑面积

(平方米)

2020年淮安市地区人均生产总值

(元)

洪泽区 119510
清江浦区 101020
淮安区 76591
淮阴区 72590
0 50000 100000 150000

2020年淮安市区常住总人口

(万人)

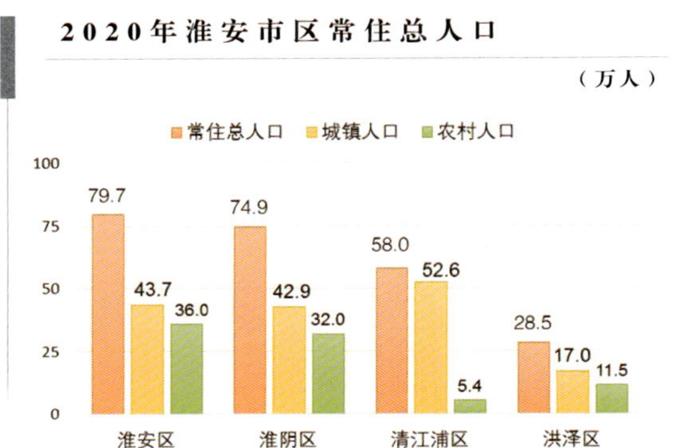

(数据说明：以上地价数据为上报数据，具体以地方公布数据为准。)

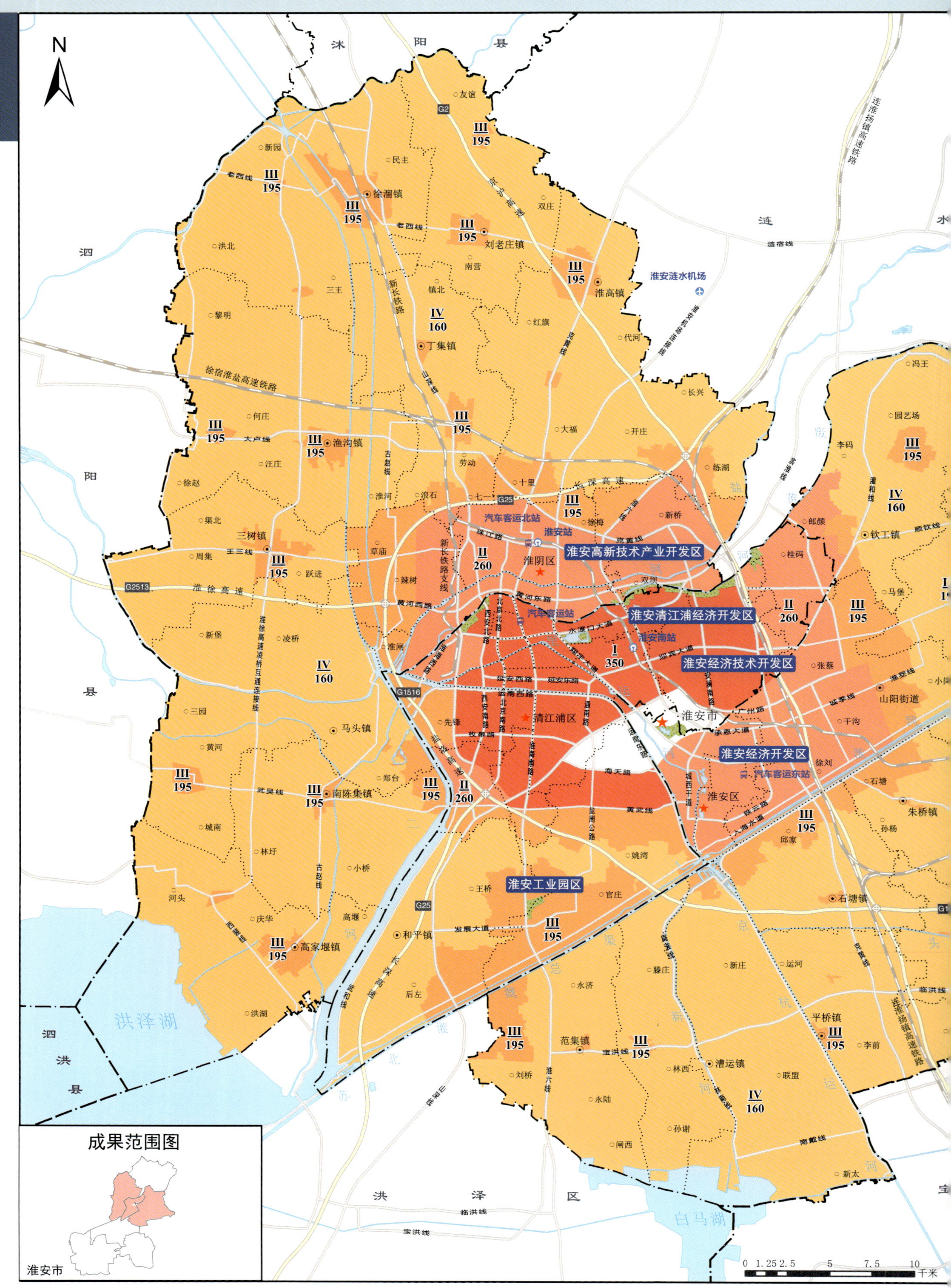
淮阴区
清江浦区
淮安区
淮安市
淮安高新技术产业开发区
淮安清江浦经济开发区
淮安经济技术开发区
淮安经济开发区
淮安工业园区
淮安涟水机场
汽车客运北站
淮安站
汽车客运站
淮安南站
汽车客运东站
I 350
II 260
III 195
IV 160
沭阳县
泗阳县
泗洪县
洪泽区
连水
洪泽湖
白马湖
成果范围图
淮安市
0 1.25 2.5 5 7.5 10 千米

工矿仓储用地(集体)级别基准地价图

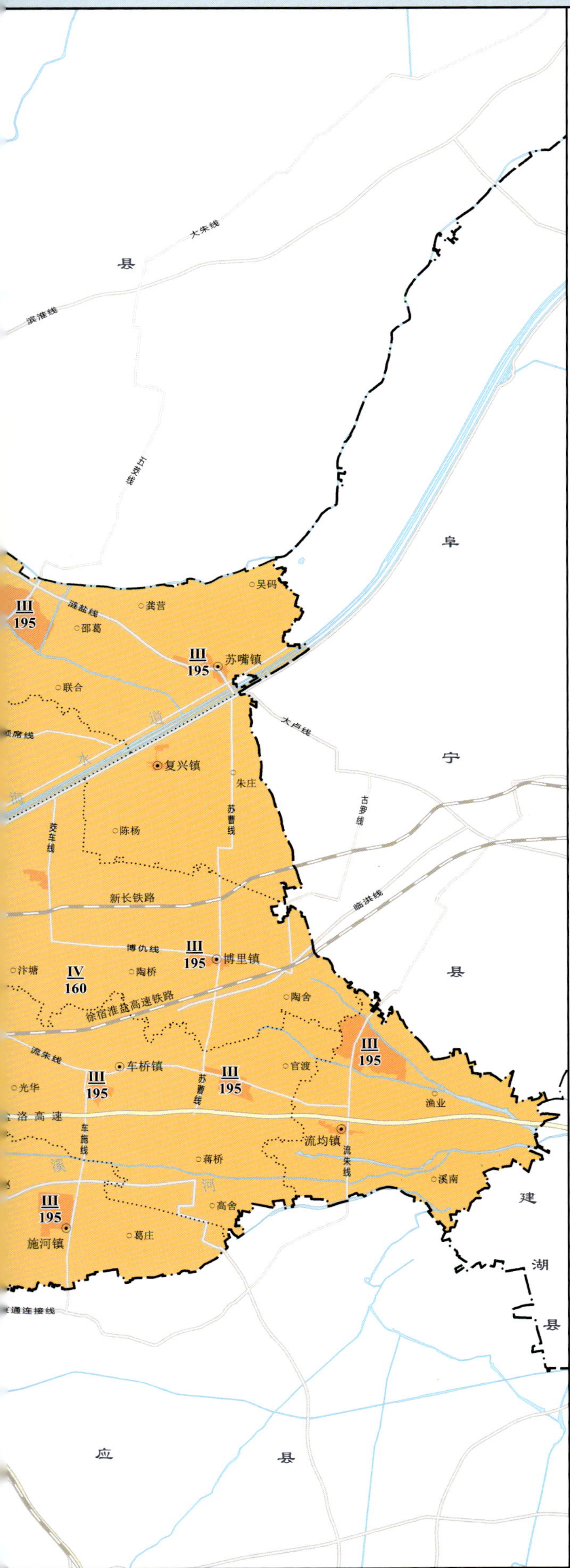

淮安市区工矿仓储用地(集体)级别基准地价

级别	基准地价（元/平方米）	设定容积率	设定开发程度
Ⅰ	350	1.0	六通一平
Ⅱ	260	1.0	五通一平
Ⅲ	195	1.0	五通一平
Ⅳ	160	1.0	五通一平

（估价期日：2022年1月1日）

2020年淮安市乡村劳动力构成

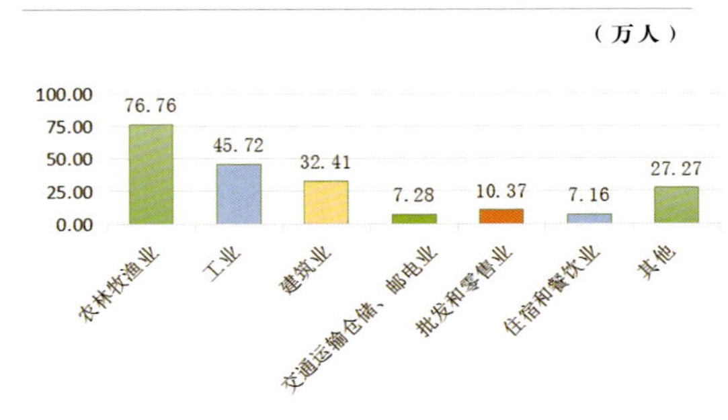

（万人）

2020年淮安市区工业增加值

（亿元）

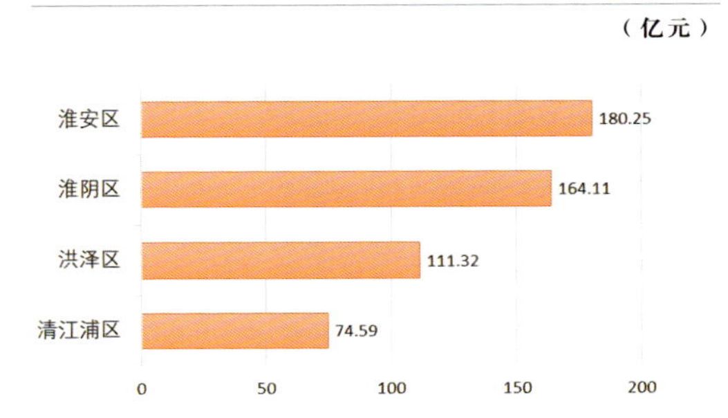

2020年淮安市规模以上企业构成

（个）

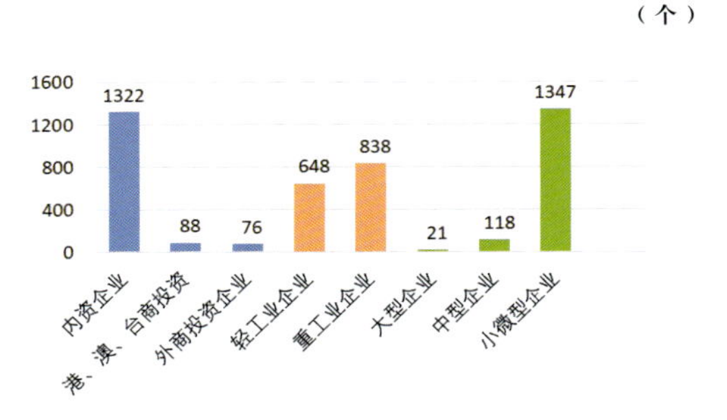

（数据说明：以上地价数据为上报数据，具体以地方公布数据为准。）

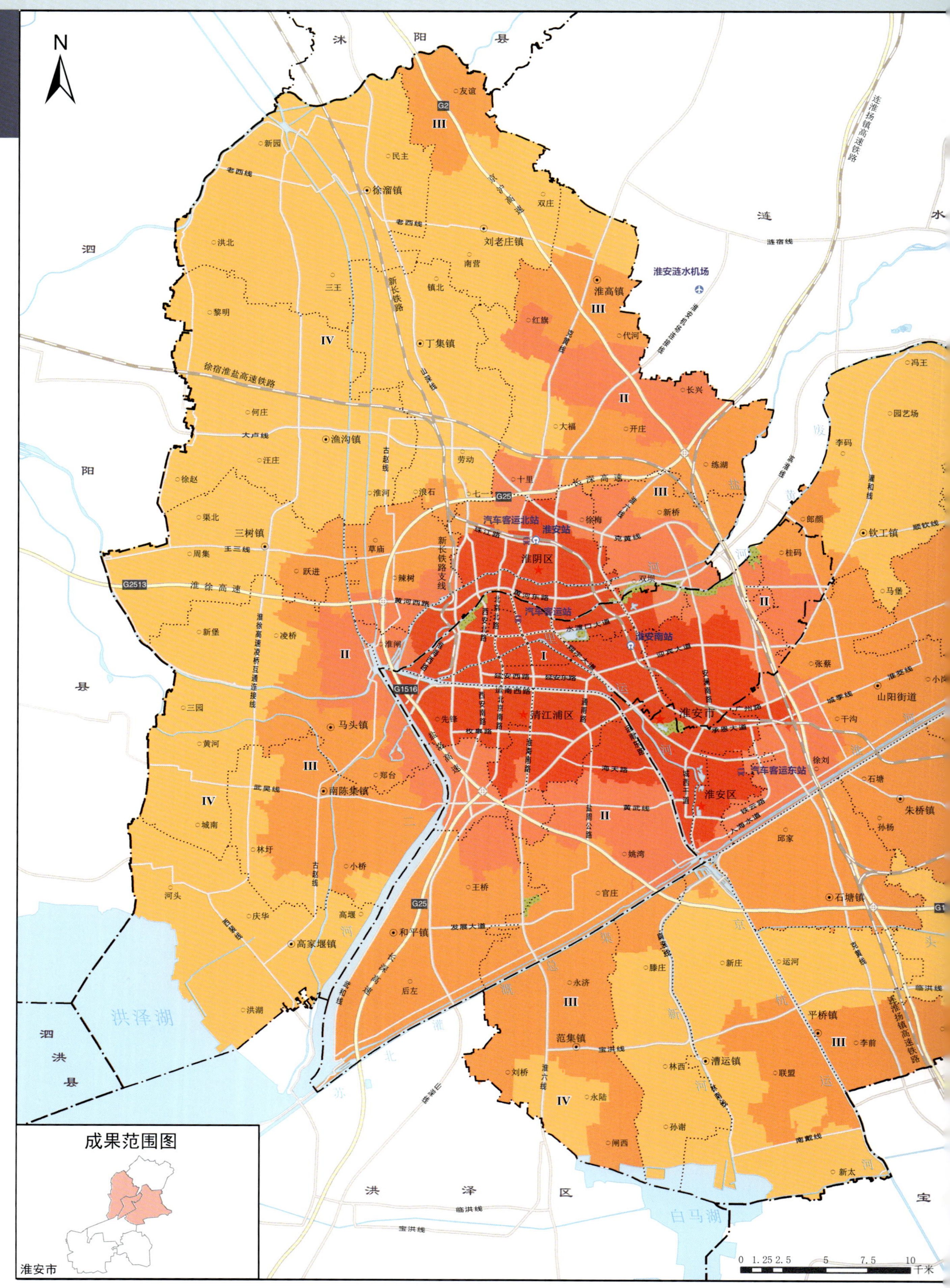
N
沭 阳 县
泗 阳 县
连 水
洪 泽 区
泗 洪 县
宝
洪泽湖
白马湖
淮安涟水机场
淮阴区
清江浦区
淮安市
淮安区
汽车客运北站
淮安站
汽车客运站
淮安南站
汽车客运东站
徐溜镇
刘老庄镇
淮高镇
丁集镇
渔沟镇
三树镇
马头镇
南陈集镇
高家堰镇
和平镇
范集镇
漕运镇
平桥镇
朱桥镇
石塘镇
钦工镇
山阳街道
G2
G25
G2513
G1516
淮徐高速
长深高速
徐宿淮盐高速铁路
连淮扬镇高速铁路
新长铁路
I
II
III
IV
0 1.25 2.5 5 7.5 10 千米
成果范围图
淮安市

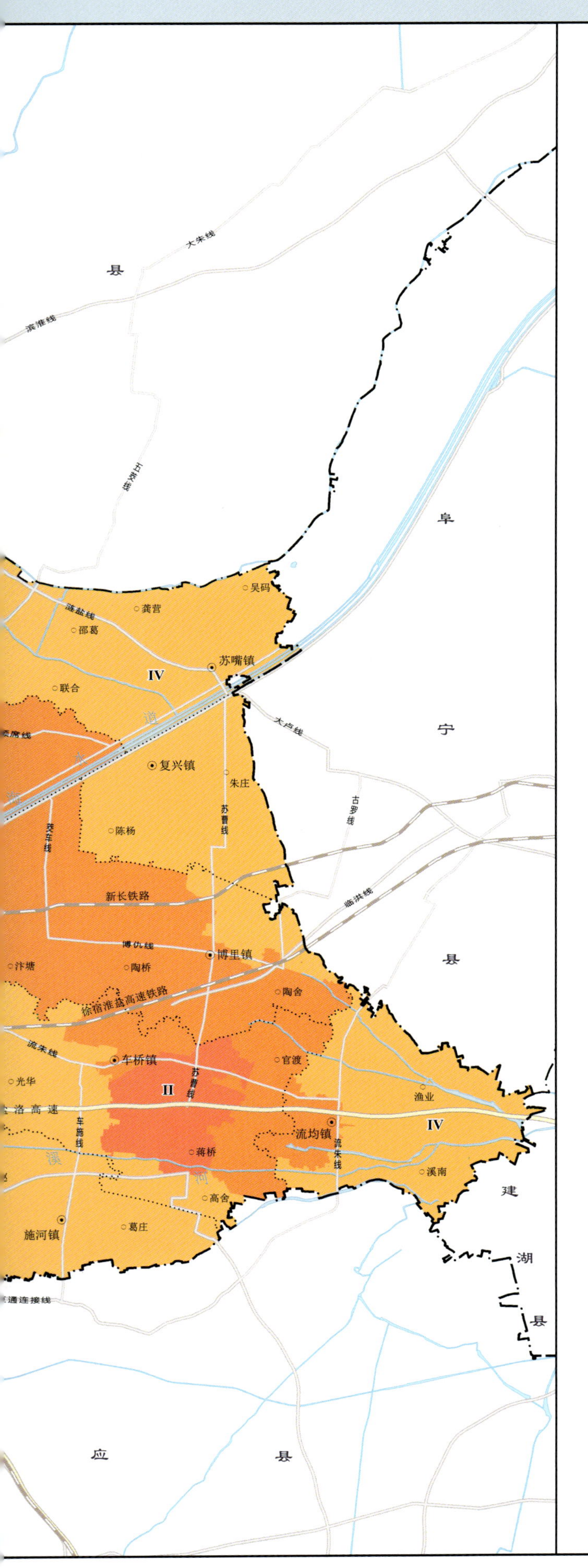

淮安市区耕地级别基准地价

级别	地价内涵	基准地价（元/平方米）
Ⅰ	长期使用权/承包经营权	58.13/39.43
Ⅱ	长期使用权/承包经营权	53.92/36.50
Ⅲ	长期使用权/承包经营权	45.56/30.51
Ⅳ	长期使用权/承包经营权	41.97/26.86

（估价期日：2022年1月1日）

2020年淮安市区农业总产值

（亿元）

区	农业总产值
淮安区	83.14
淮阴区	78.67
洪泽区	41.21
清江浦区	13.20

2020年淮安市农作物播种面积

（千公顷）

粮食作物	682.56
油料作物	18.84
蔬菜瓜类	104.23
其他农作物	4.14

2020年淮安市区农村人口数量

（万人）

区	农村人口
淮安区	36.05
淮阴区	32.00
清江浦区	5.41
洪泽区	11.50

（数据说明：以上地价数据为上报数据，具体以地方公布数据为准。）

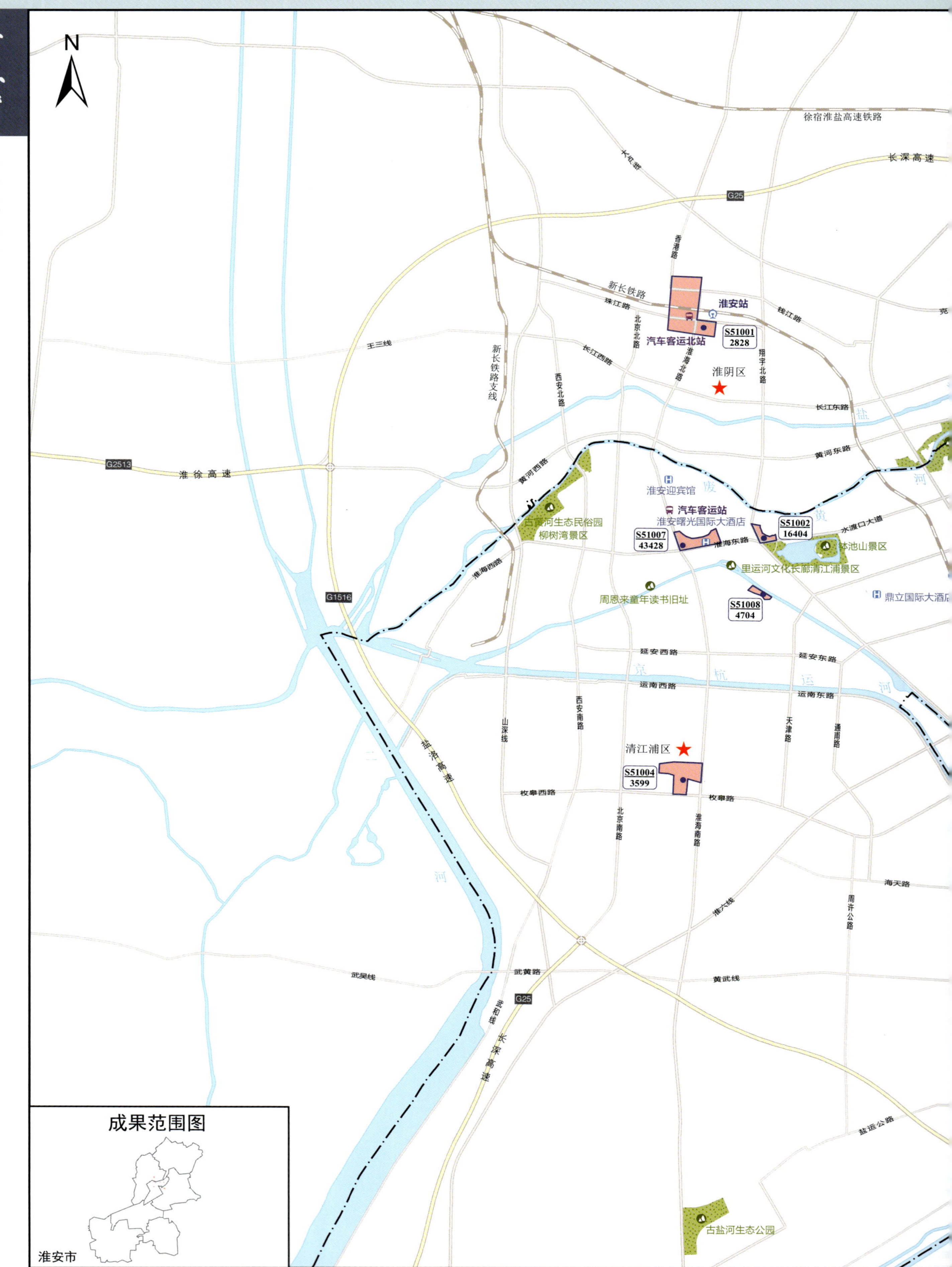

 （估价期日：2022年1月1日）

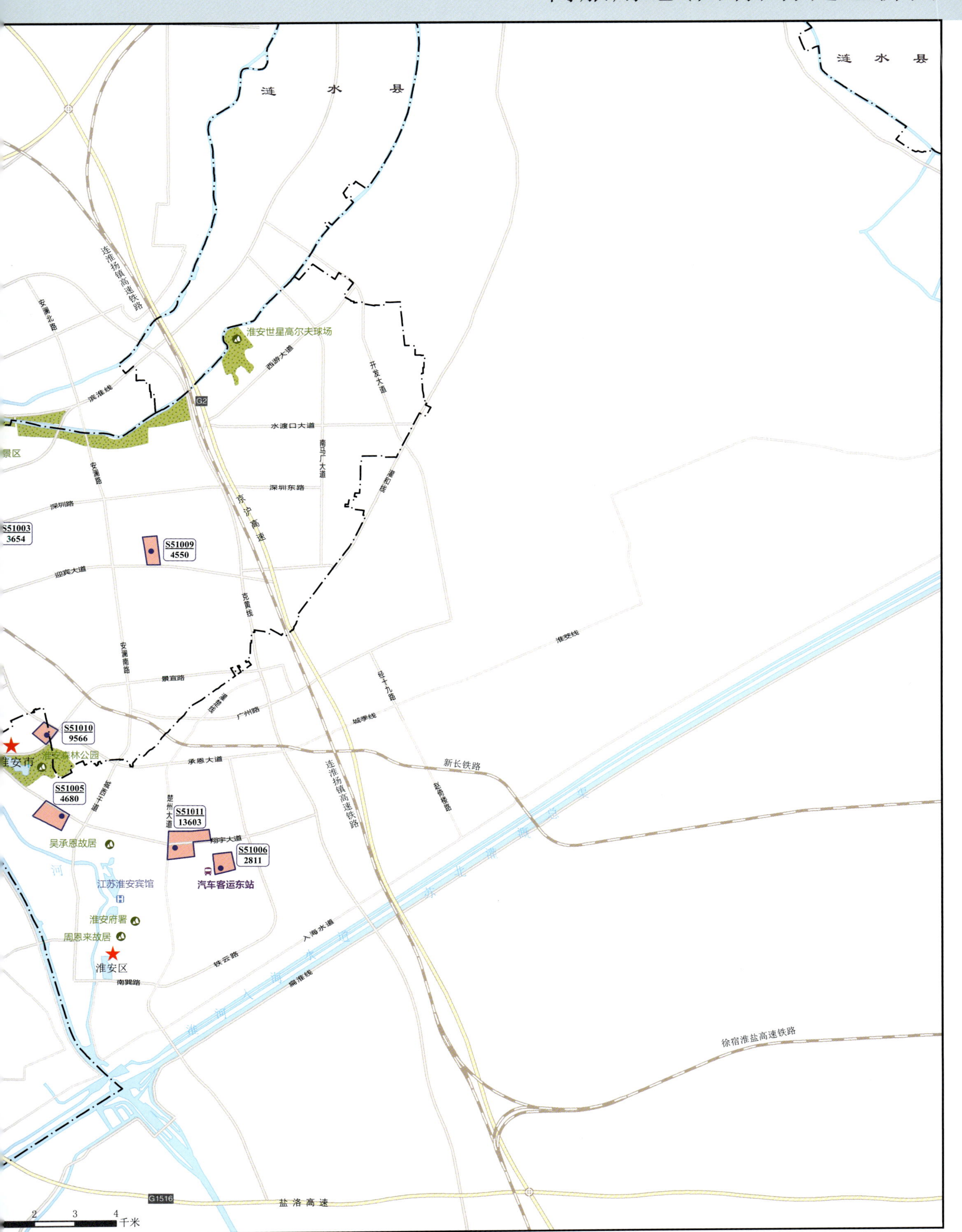

（数据说明：以上地价数据为上报数据，具体以地方公布数据为准。）

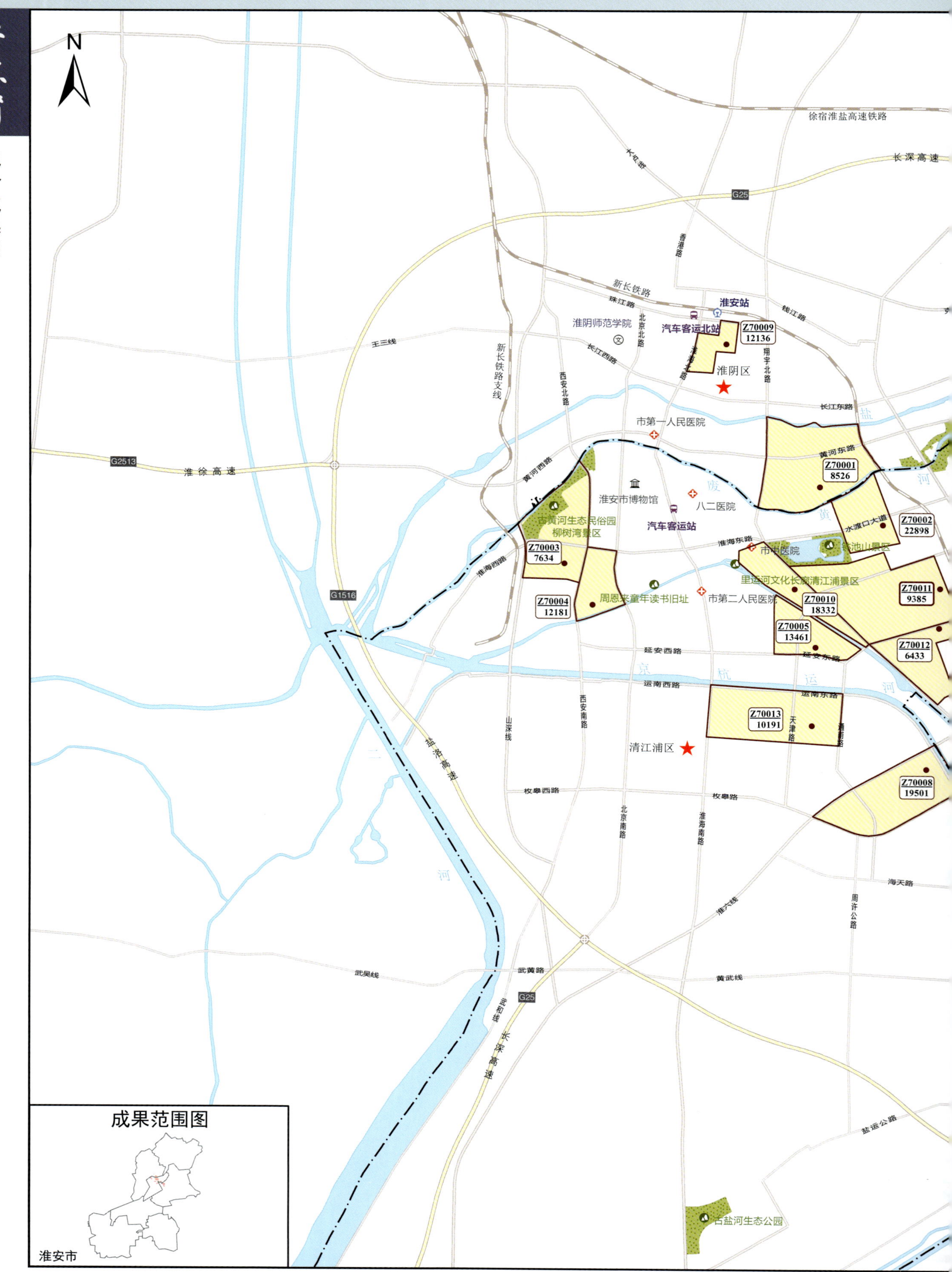

 (估价期日：2022年1月1日)

涟水县
涟水县
连淮扬镇高速铁路
安澜北路
淮安世星高尔夫球场
西游大道
开发大道
滨淮线
G2
水渡口大道
态景区
南马厂大道
安澜路
深圳东路
深圳路
京沪高速
迎宾大道
克黄线
淮安线
安澜南路
景宜路
经十九路
Z70006
23509
广州路
城季线
淮安市
承恩大道
新长铁路
淮安森林公园
连淮扬镇高速铁路
楚州大道
Z70014
9085
翔宇大道
吴承恩故居
汽车客运东站
周恩来纪念馆
Z70007
9999
淮安府署
周恩来故居
入海水道
淮安区
铁云路
南巽路
徐宿淮盐高速铁路
G1516
盐洛高速
2 3 4 千米

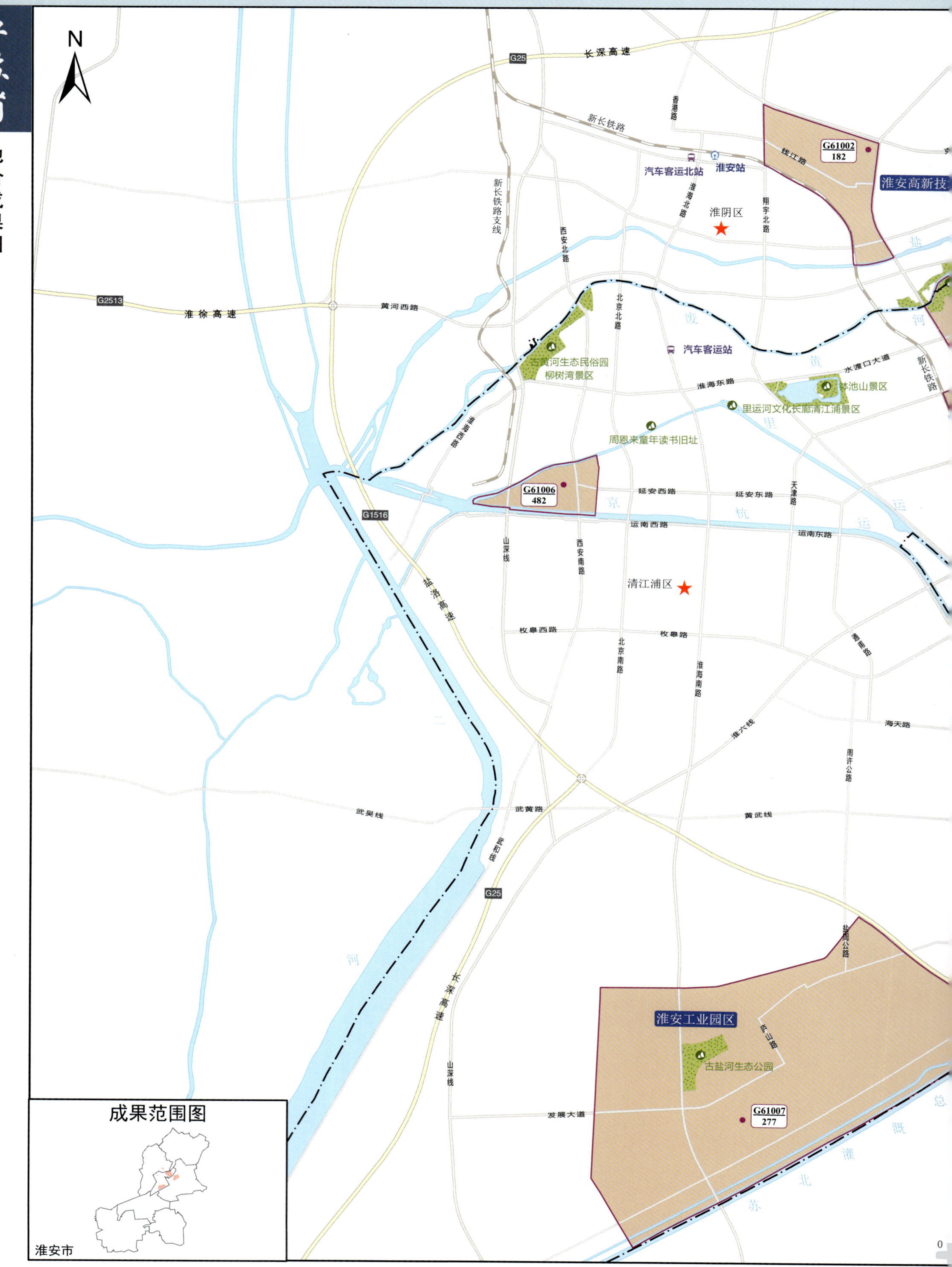
N
长深高速
G25
新长铁路
香港路
汽车客运北站
淮安站
线江路
G61002
182
淮安高新技
淮阴区
淮海北路
翔宇北路
新长铁路支线
西安北路
G2513
淮徐高速
黄河西路
北京北路
汽车客运站
古黄河生态民俗园
柳树湾景区
淮海东路
水渡口大道
钵池山景区
里运河文化长廊清江浦景区
周恩来童年读书旧址
G61006
482
延安西路
延安东路
天津路
G1516
运南西路
运南东路
山深线
西安南路
盐洛高速
清江浦区
枚皋西路
枚皋路
北京南路
淮海南路
淮六线
海天路
周许公路
武吴线
武黄路
黄武线
G25
盐周公路
淮安工业园区
古盐河生态公园
G61007
277
发展大道
长深高速
山深线
成果范围图
淮安市

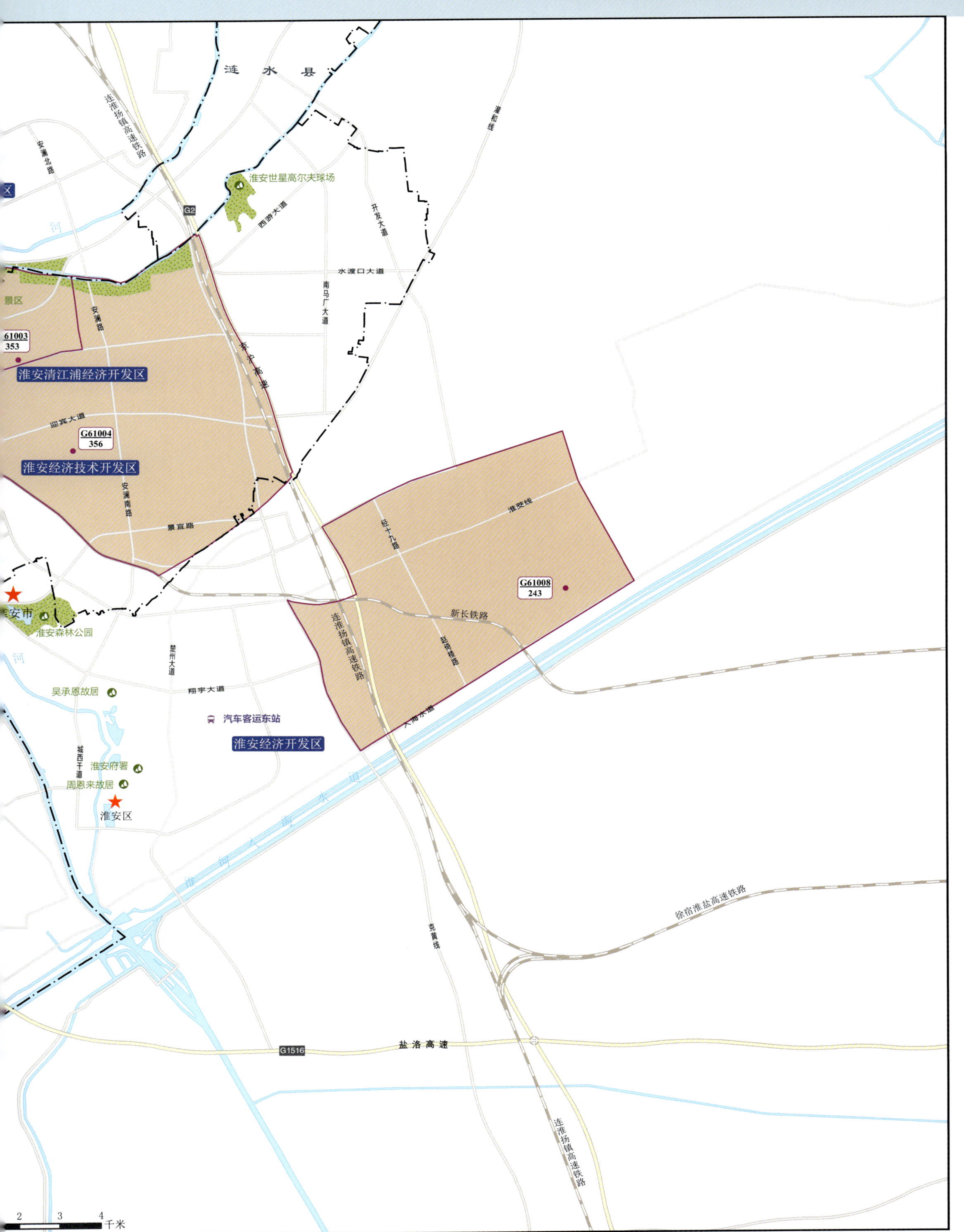

(数据说明：以上地价数据为上报数据，具体以地方公布数据为准。)

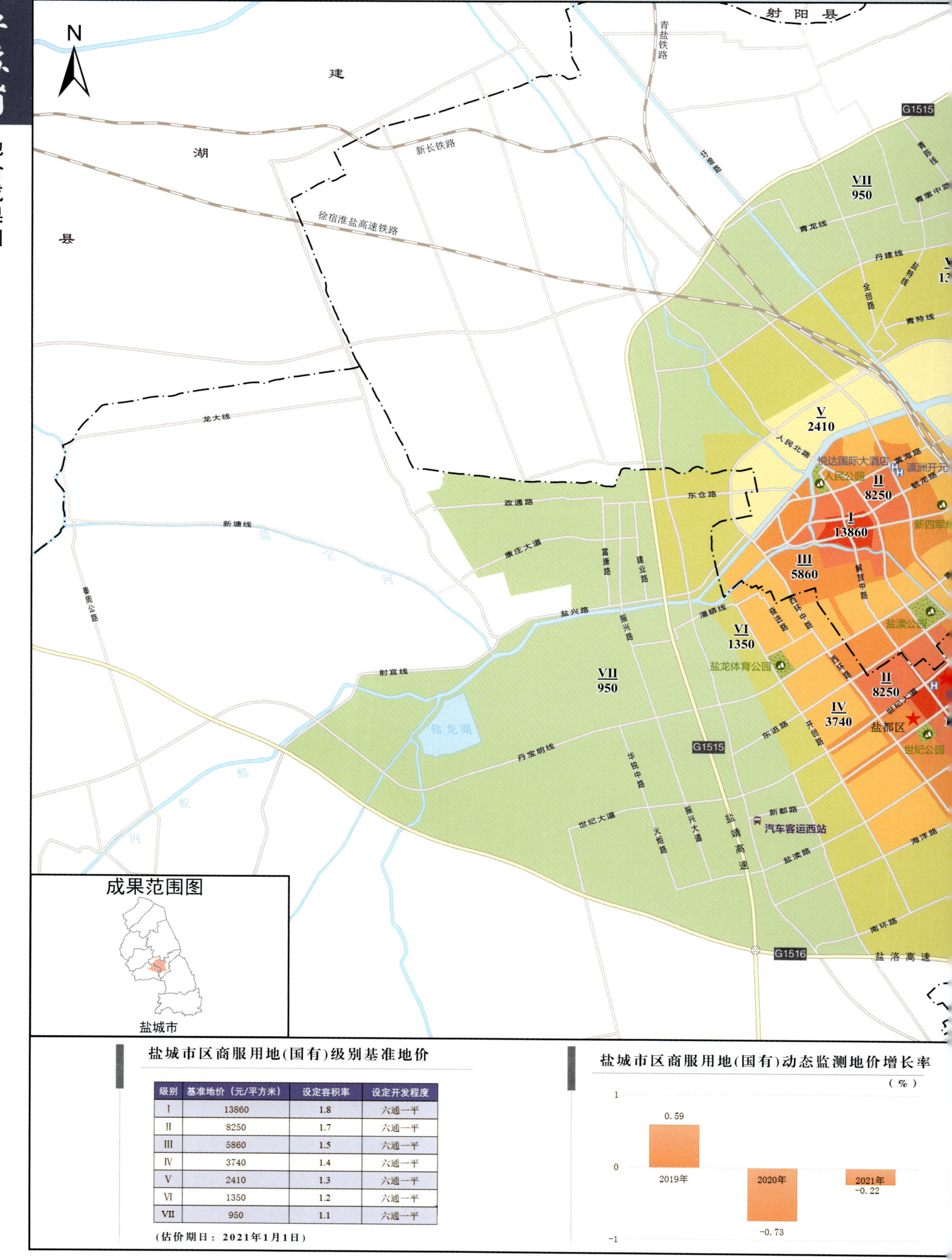

盐城市区商服用地(国有)级别基准地价

级别	基准地价（元/平方米）	设定容积率	设定开发程度
Ⅰ	13860	1.8	六通一平
Ⅱ	8250	1.7	六通一平
Ⅲ	5860	1.5	六通一平
Ⅳ	3740	1.4	六通一平
Ⅴ	2410	1.3	六通一平
Ⅵ	1350	1.2	六通一平
Ⅶ	950	1.1	六通一平

（估价期日：2021年1月1日）

盐城市区商服用地(国有)动态监测地价增长率

商服用地（国有）级别基准地价图

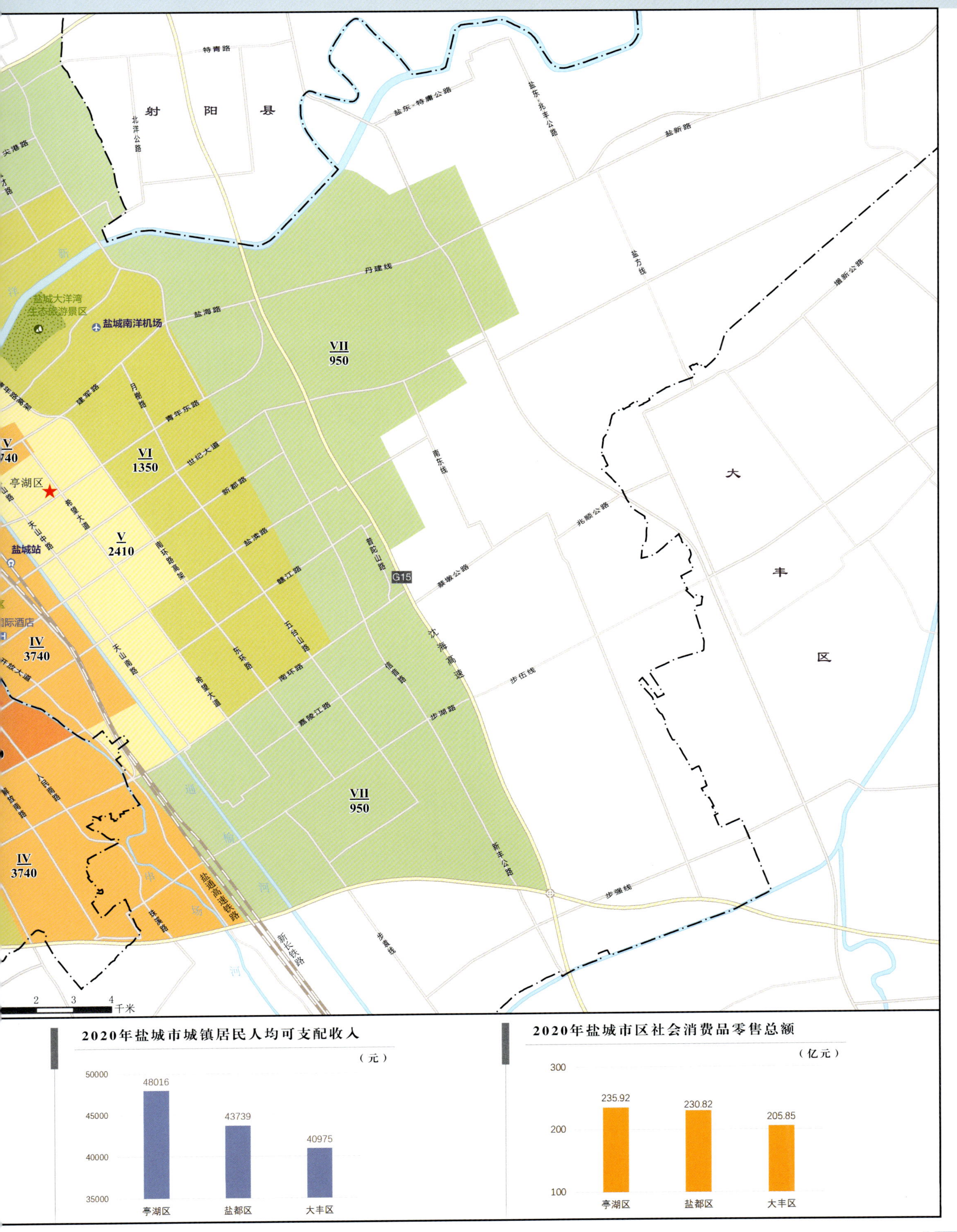

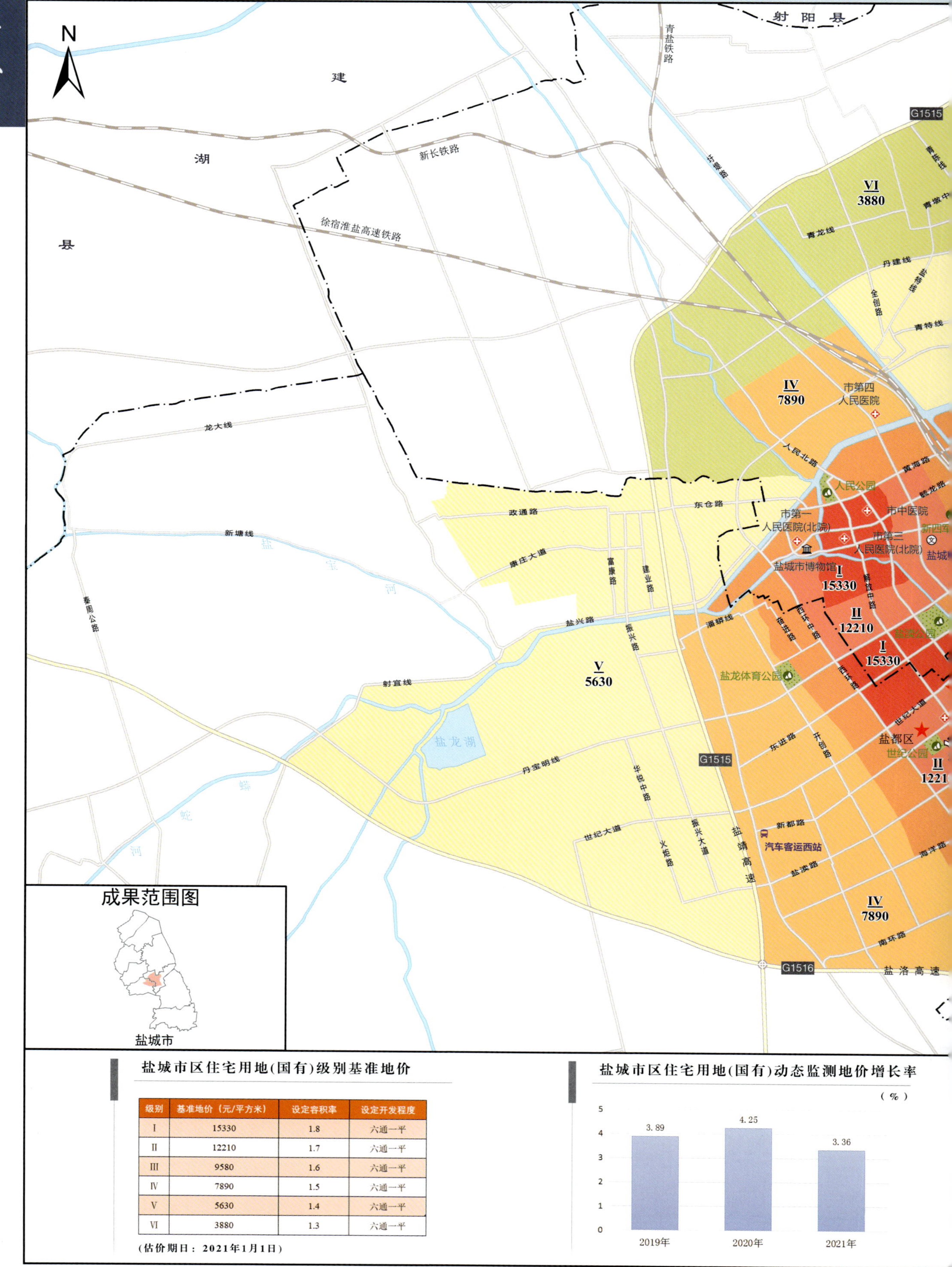

盐城市区住宅用地(国有)级别基准地价

级别	基准地价（元/平方米）	设定容积率	设定开发程度
I	15330	1.8	六通一平
II	12210	1.7	六通一平
III	9580	1.6	六通一平
IV	7890	1.5	六通一平
V	5630	1.4	六通一平
VI	3880	1.3	六通一平

（估价期日：2021年1月1日）

盐城市区住宅用地(国有)动态监测地价增长率

住宅用地(国有)级别基准地价图

2020年盐城市区人口密度

（人/平方千米）

区	人口密度
亭湖区	1115
盐都区	817
大丰区	214

2020年盐城市房地产开发投资总额

（亿元）

区	投资总额
亭湖区	93.24
盐都区	50.47
大丰区	54.24

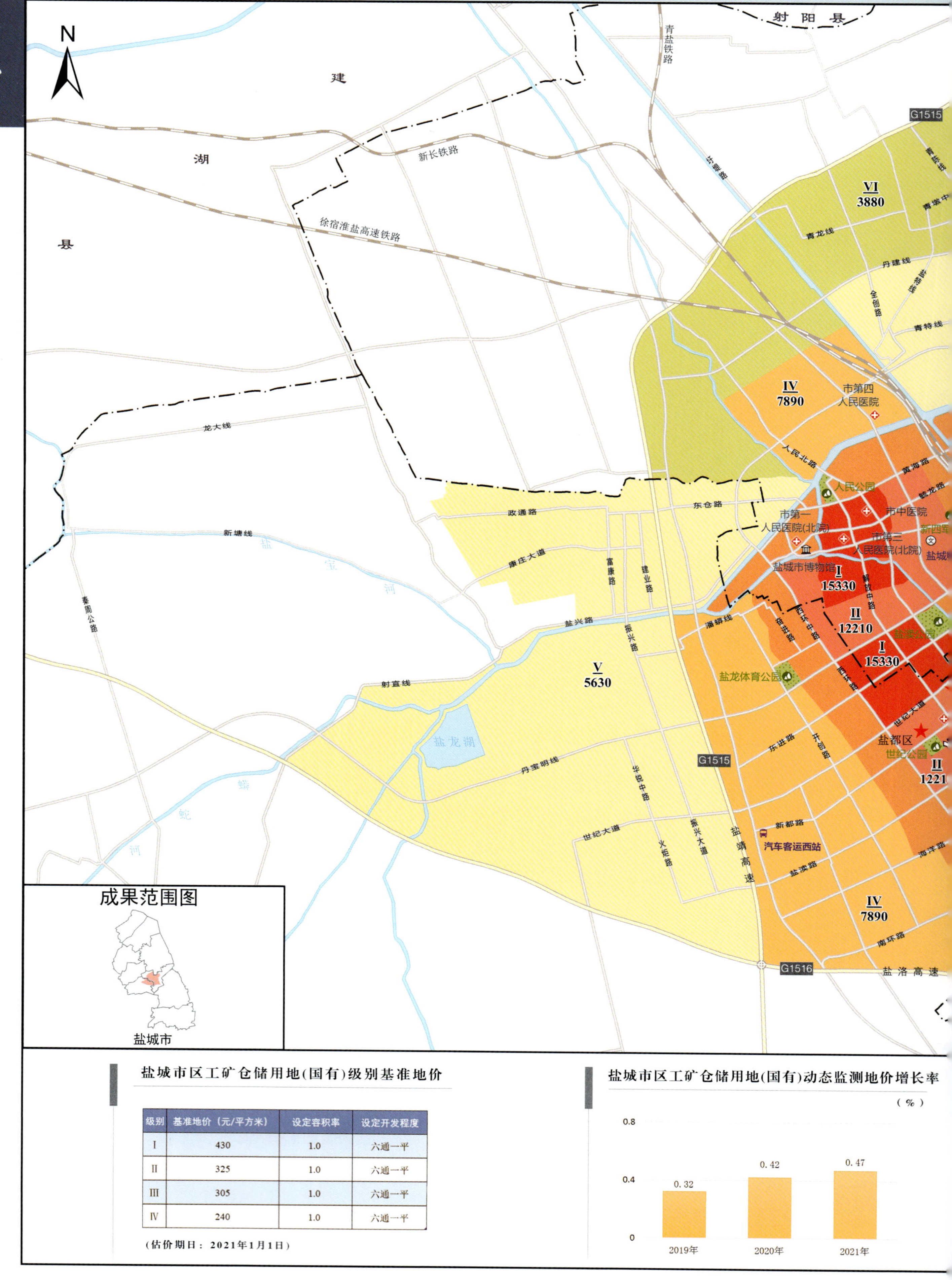

盐城市区工矿仓储用地(国有)级别基准地价

级别	基准地价（元/平方米）	设定容积率	设定开发程度
Ⅰ	430	1.0	六通一平
Ⅱ	325	1.0	六通一平
Ⅲ	305	1.0	六通一平
Ⅳ	240	1.0	六通一平

（估价期日：2021年1月1日）

盐城市区工矿仓储用地(国有)动态监测地价增长率

工矿仓储用地（国有）级别基准地价图

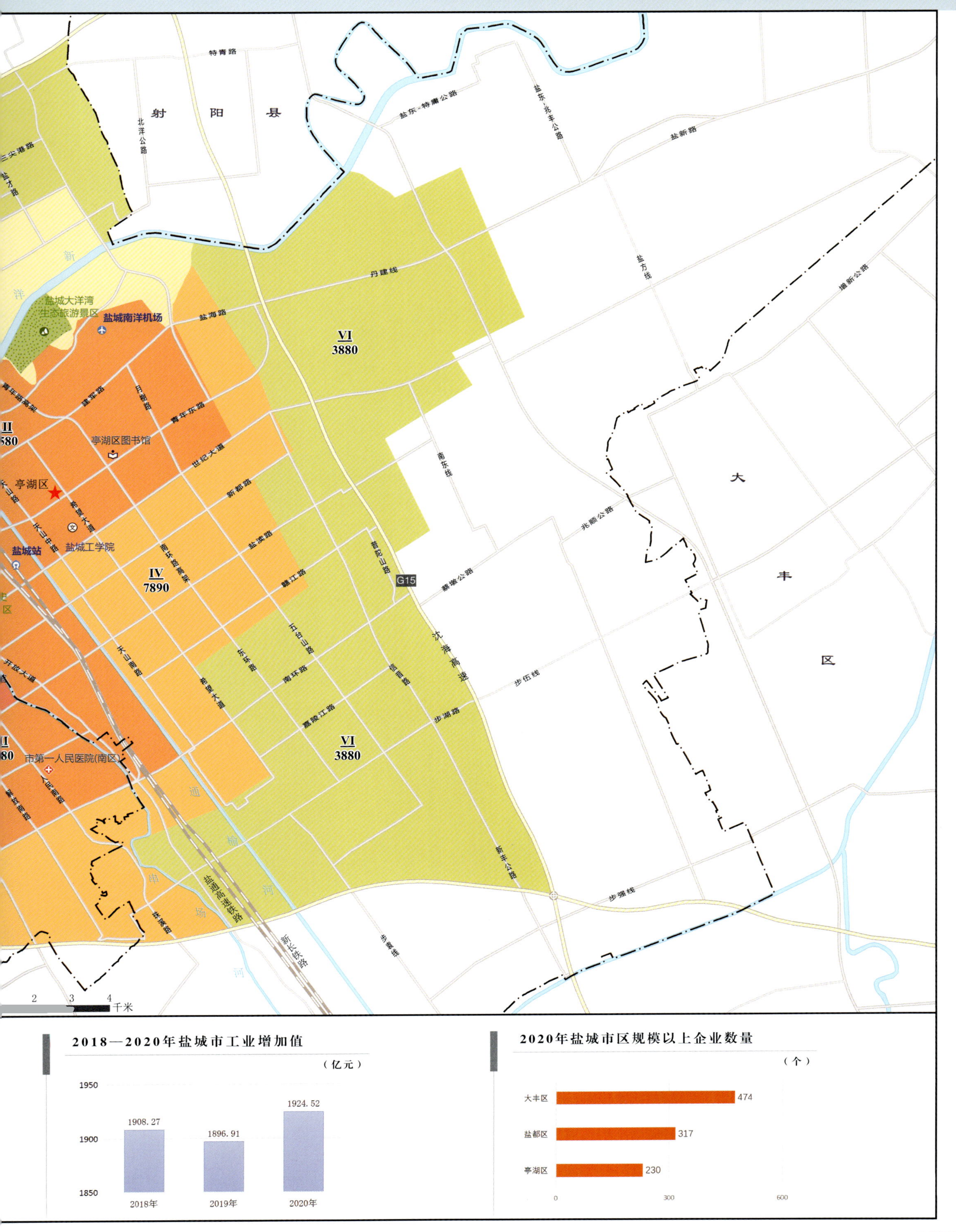

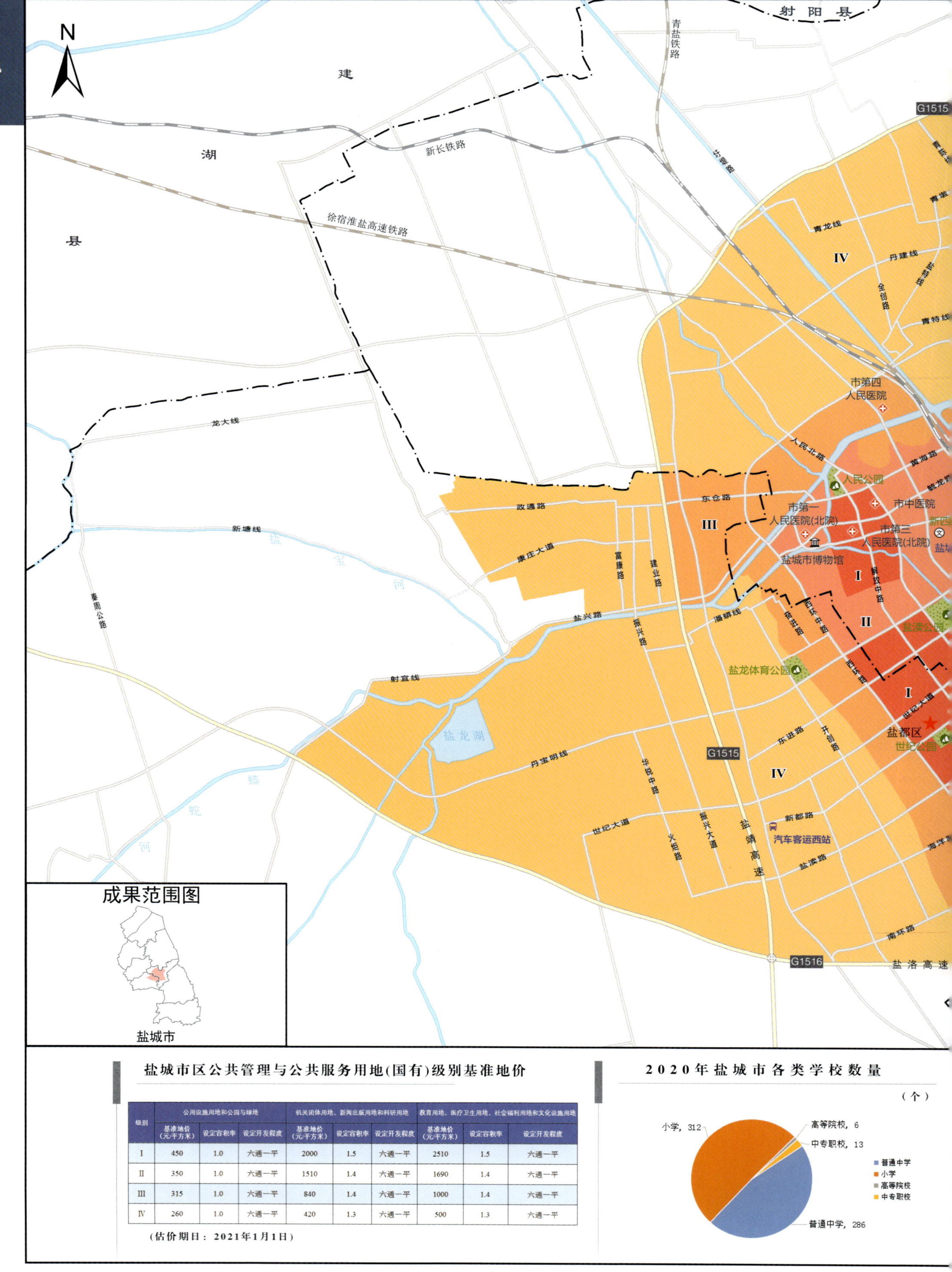

盐城市区公共管理与公共服务用地(国有)级别基准地价

级别	公用设施用地和公园与绿地			机关团体用地、新闻出版用地和科研用地			教育用地、医疗卫生用地、社会福利用地和文化设施用地		
	基准地价（元/平方米）	设定容积率	设定开发程度	基准地价（元/平方米）	设定容积率	设定开发程度	基准地价（元/平方米）	设定容积率	设定开发程度
Ⅰ	450	1.0	六通一平	2000	1.5	六通一平	2510	1.5	六通一平
Ⅱ	350	1.0	六通一平	1510	1.4	六通一平	1690	1.4	六通一平
Ⅲ	315	1.0	六通一平	840	1.4	六通一平	1000	1.4	六通一平
Ⅳ	260	1.0	六通一平	420	1.3	六通一平	500	1.3	六通一平

（估价期日：2021年1月1日）

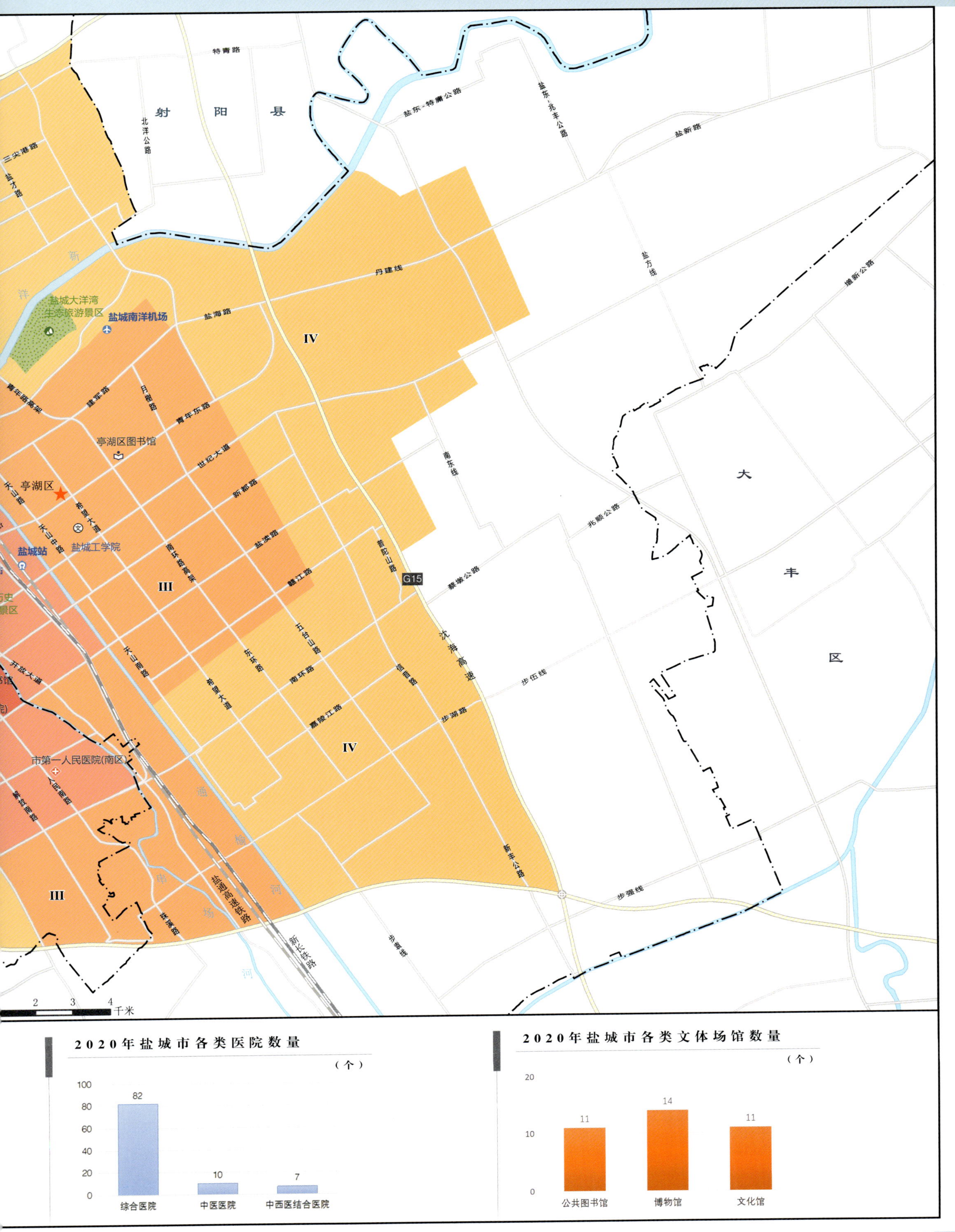

2020年盐城市各类医院数量

(个)

综合医院	82
中医医院	10
中西医结合医院	7

2020年盐城市各类文体场馆数量

(个)

公共图书馆	11
博物馆	14
文化馆	11

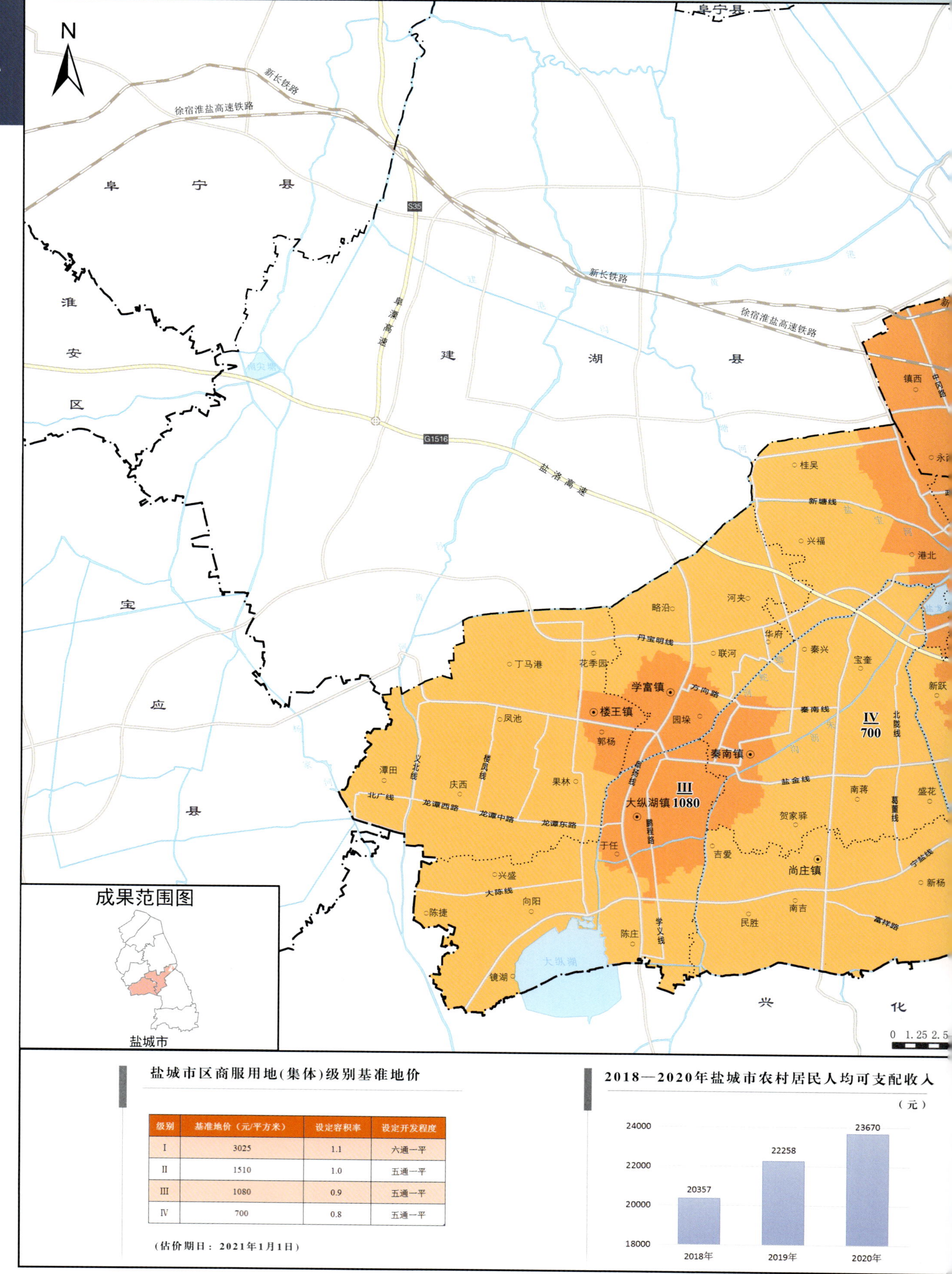

盐城市区商服用地(集体)级别基准地价

级别	基准地价（元/平方米）	设定容积率	设定开发程度
Ⅰ	3025	1.1	六通一平
Ⅱ	1510	1.0	五通一平
Ⅲ	1080	0.9	五通一平
Ⅳ	700	0.8	五通一平

（估价期日：2021年1月1日）

2018—2020年盐城市农村居民人均可支配收入

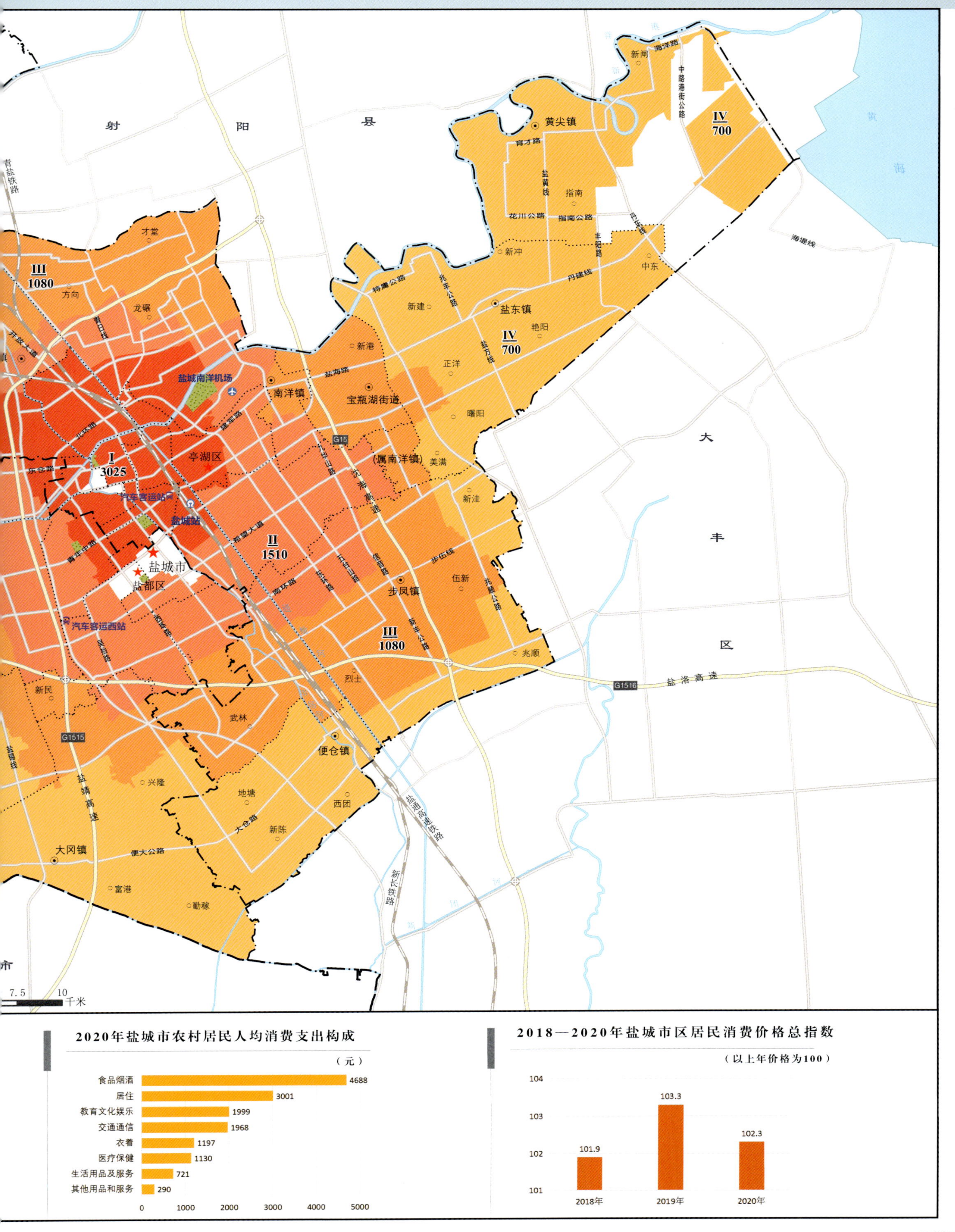

射
阳
县
青盐铁路
黄尖镇
育才路
盐黄线
指南
花川公路
指南公路
新闸
海洋路
中路港街公路
IV
700
黄
海
丹平线
丰阳路
新冲
中东
海堤线
特庸公路
兆丰公路
丹建线
新建
盐东镇
艳阳
IV
700
盐方线
新港
正洋
盐海路
宝瓶湖街道
曙阳
南洋镇
盐城南洋机场
才堂
III
1080
方向
龙碾
青年西路
开放大道
北环路
东仓路
I
3025
亭湖区
汽车客运站
盐城站
G15
人民山路
沈海高速
(属南洋镇)
美满
新洼
大
丰
希望大道
II
1510
青年中路
盐城市
盐都区
开放大道
新洋山路
五台山路
步凤镇
步伍线
伍新
兆顺公路
汽车客运西站
南环路
西环路
新丰公路
III
1080
兆顺
区
烈士
G1516
盐洛高速
新民
武林
G1515
便仓镇
盐靖高速
盐铛线
兴隆
地塘
西团
盐通高速铁路
大仓路
新陈
大冈镇
便大公路
新长铁路
富港
勤稼
市
7.5
10
千米

2020年盐城市农村居民人均消费支出构成
（元）
食品烟酒 4688
居住 3001
教育文化娱乐 1999
交通通信 1968
衣着 1197
医疗保健 1130
生活用品及服务 721
其他用品和服务 290
0
1000
2000
3000
4000
5000

2018—2020年盐城市区居民消费价格总指数
（以上年价格为100）
104
103
102
101
2018年 101.9
2019年 103.3
2020年 102.3

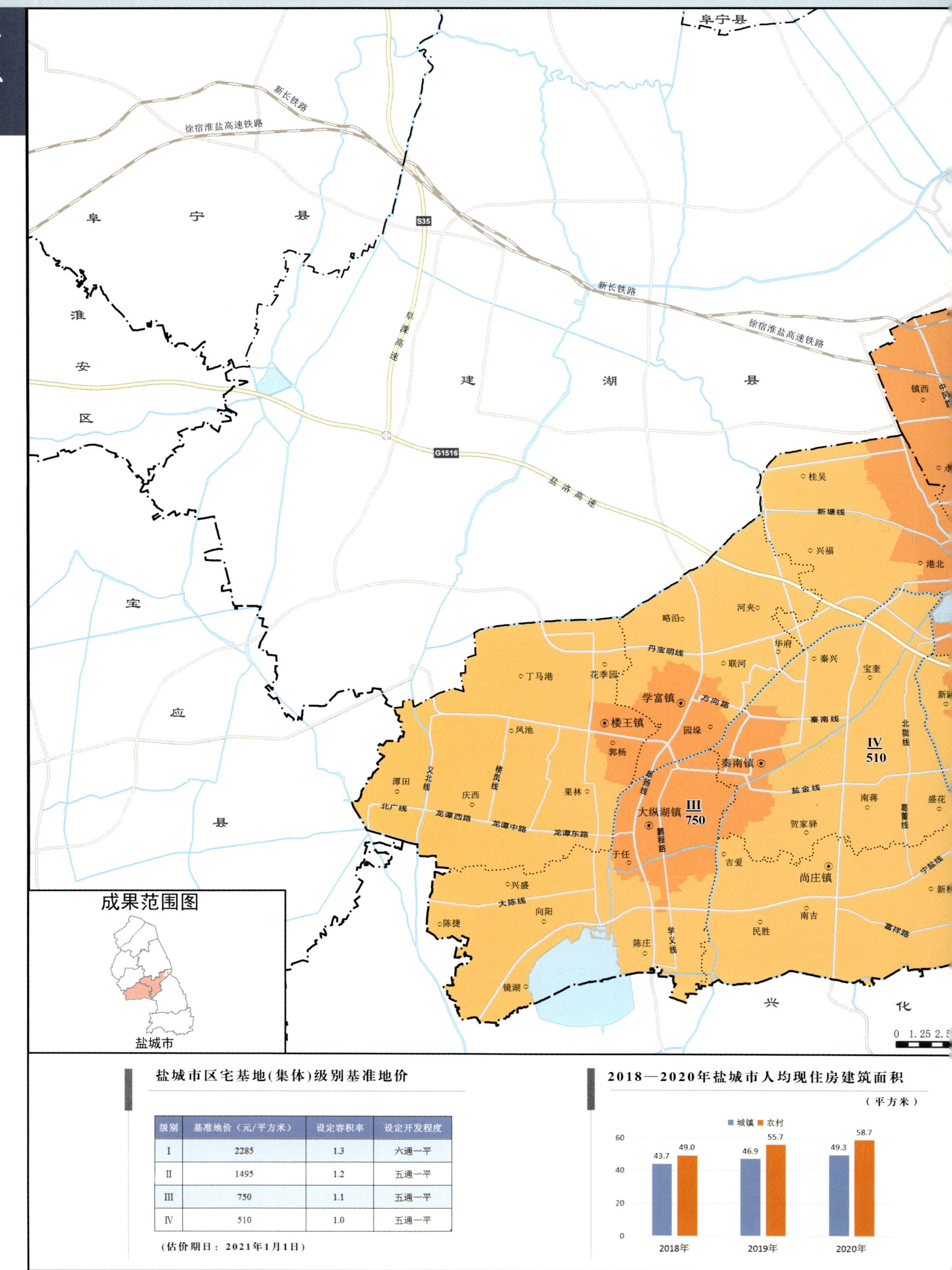

盐城市区宅基地(集体)级别基准地价

级别	基准地价（元/平方米）	设定容积率	设定开发程度
I	2285	1.3	六通一平
II	1495	1.2	五通一平
III	750	1.1	五通一平
IV	510	1.0	五通一平

（估价期日：2021年1月1日）

2018—2020年盐城市人均现住房建筑面积

（平方米）

年份	城镇	农村
2018年	43.7	49.0
2019年	46.9	55.7
2020年	49.3	58.7

宅基地(集体)级别基准地价图

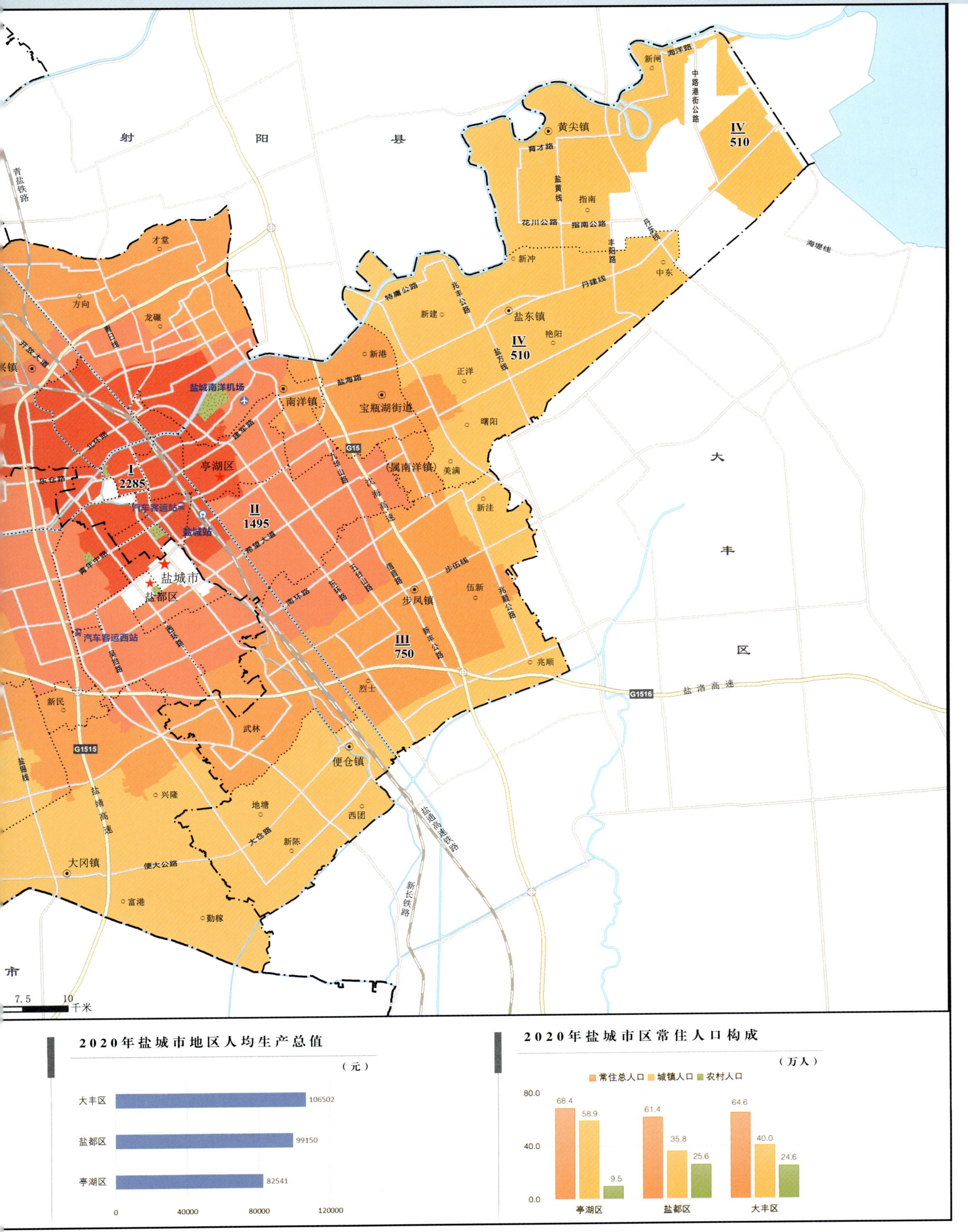

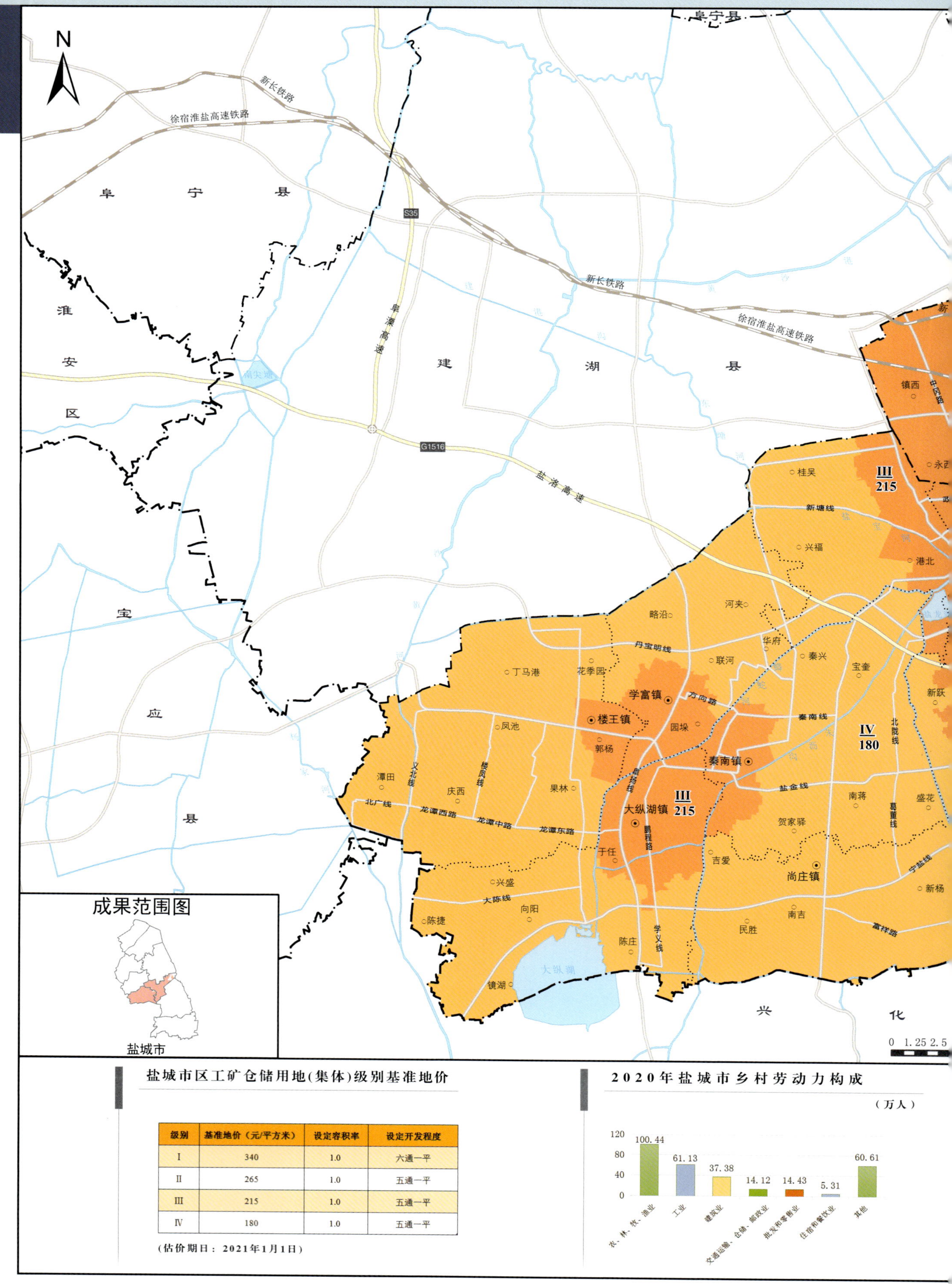

盐城市区工矿仓储用地(集体)级别基准地价

级别	基准地价（元/平方米）	设定容积率	设定开发程度
Ⅰ	340	1.0	六通一平
Ⅱ	265	1.0	五通一平
Ⅲ	215	1.0	五通一平
Ⅳ	180	1.0	五通一平

（估价期日：2021年1月1日）

2020年盐城市乡村劳动力构成

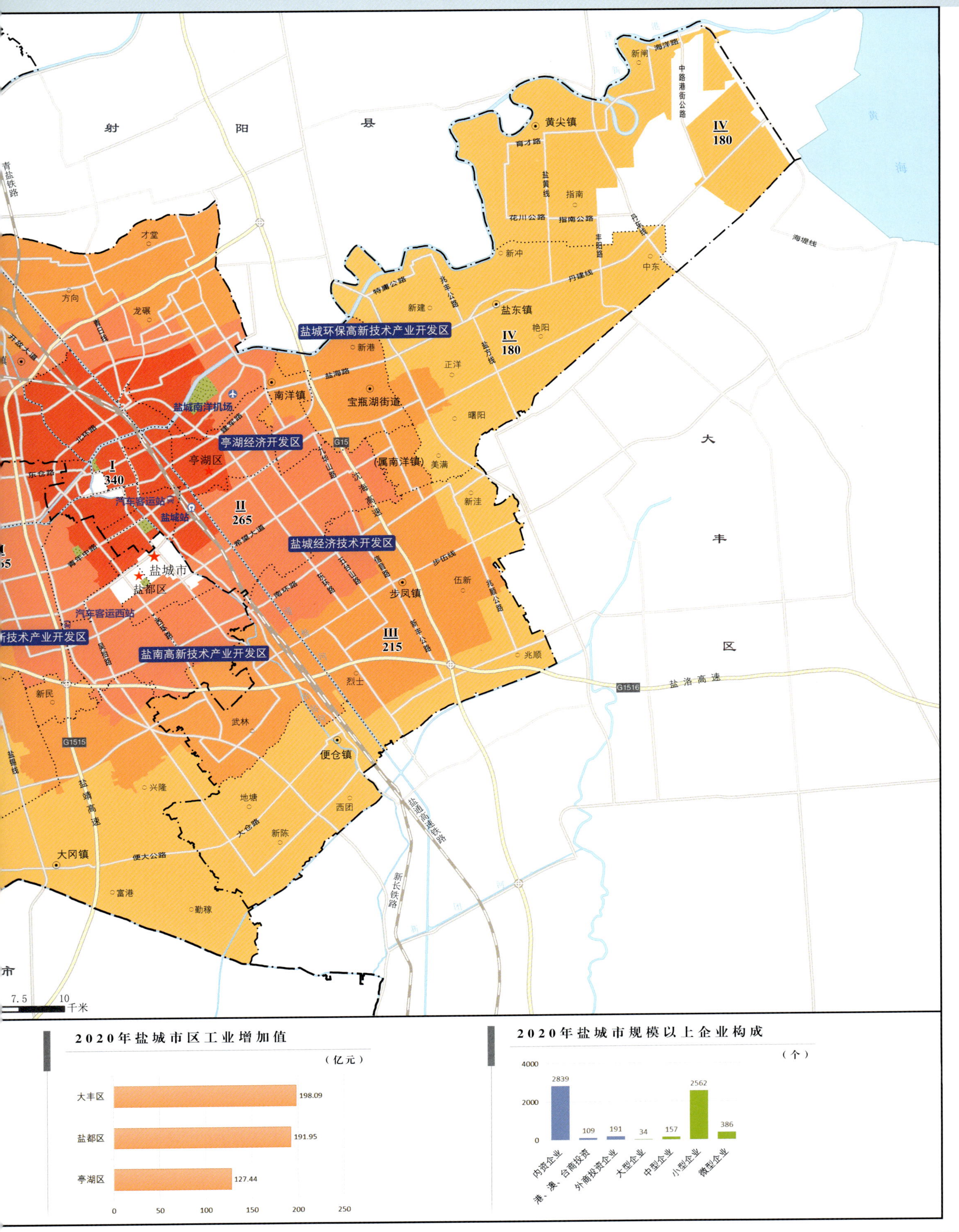
射　阳　县
大　丰　区
黄海
IV 180
IV 180
I 340
II 265
III 215
黄尖镇
新闸
海洋路
中路港街公路
育才路
盐黄线
指南
花川公路
指南公路
丰阳路
丹兴线
新冲
中东
丹建线
特庸公路
兆丰公路
新建
盐东镇
艳阳
盐城环保高新技术产业开发区
新港
盐方线
正洋
盐海路
南洋镇
宝瓶湖街道
曙阳
盐城南洋机场
亭湖经济开发区
亭湖区
(属南洋镇)
美满
新洼
汽车客运站
盐城站
盐城经济技术开发区
盐城市
盐都区
步凤镇
伍新
兆顺公路
汽车客运西站
新技术产业开发区
盐南高新技术产业开发区
兆顺
烈士
新民
武林
便仓镇
G1515
G1516
G15
盐洛高速
盐靖高速
兴隆
地塘
西团
大仓路
新陈
大冈镇
便大公路
富港
勤稼
盐通高速铁路
新长铁路
青盐铁路
海堤线
才堂
方向
龙碾
开放大道
北环路
东仓路
青年中路
千米
2020年盐城市区工业增加值
（亿元）
大丰区 198.09
盐都区 191.95
亭湖区 127.44
0 50 100 150 200 250
2020年盐城市规模以上企业构成
（个）
4000
2000
0
2839
109
191
34
157
2562
386
内资企业
港、澳、台商投资
外商投资企业
大型企业
中型企业
小型企业
微型企业

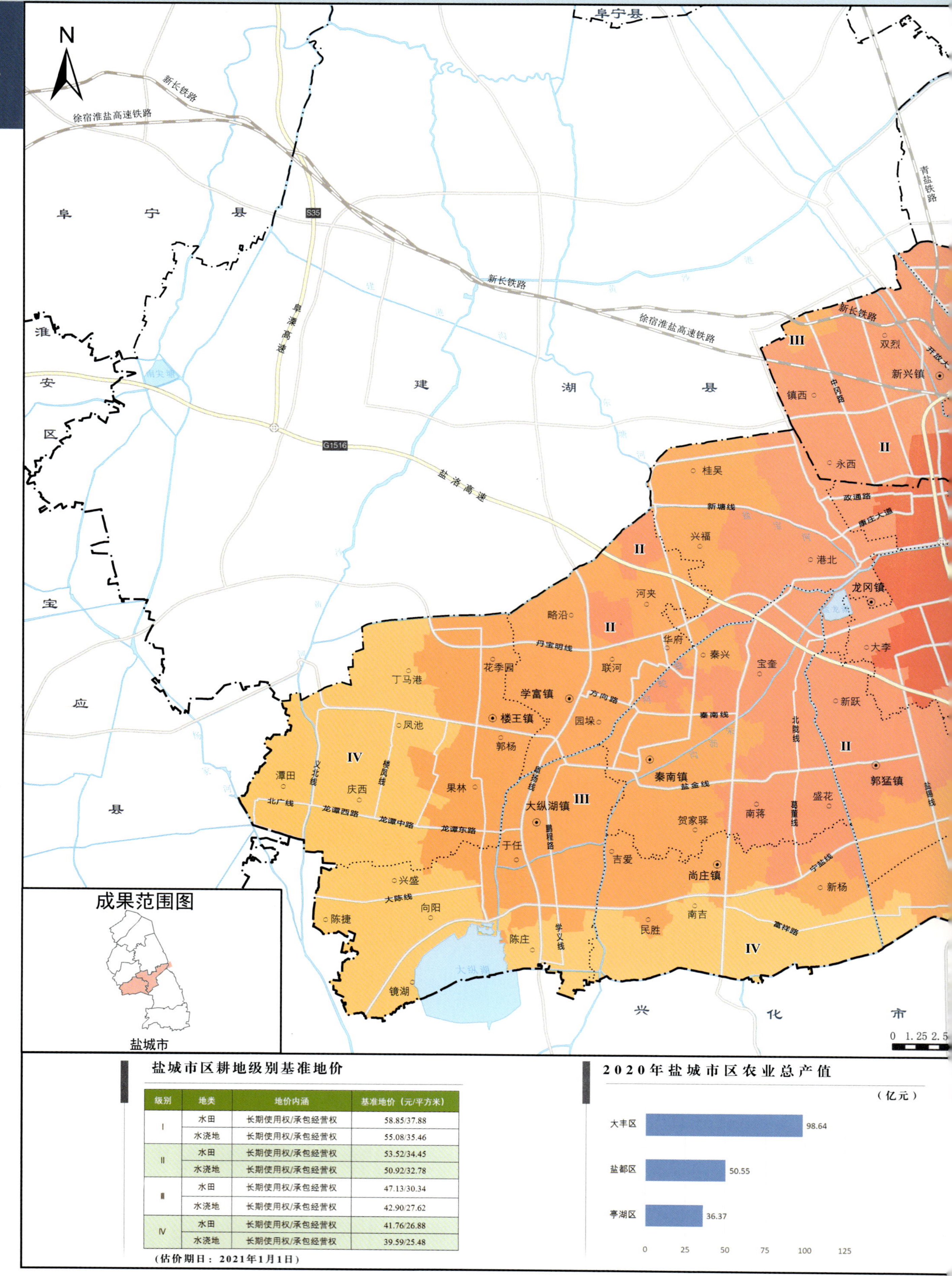

盐城市区耕地级别基准地价

级别	地类	地价内涵	基准地价（元/平方米）
Ⅰ	水田	长期使用权/承包经营权	58.85/37.88
	水浇地	长期使用权/承包经营权	55.08/35.46
Ⅱ	水田	长期使用权/承包经营权	53.52/34.45
	水浇地	长期使用权/承包经营权	50.92/32.78
Ⅲ	水田	长期使用权/承包经营权	47.13/30.34
	水浇地	长期使用权/承包经营权	42.90/27.62
Ⅳ	水田	长期使用权/承包经营权	41.76/26.88
	水浇地	长期使用权/承包经营权	39.59/25.48

（估价期日：2021年1月1日）

2020年盐城市区农业总产值

（亿元）

地区	农业总产值（亿元）
大丰区	98.64
盐都区	50.55
亭湖区	36.37

0 25 50 75 100 125

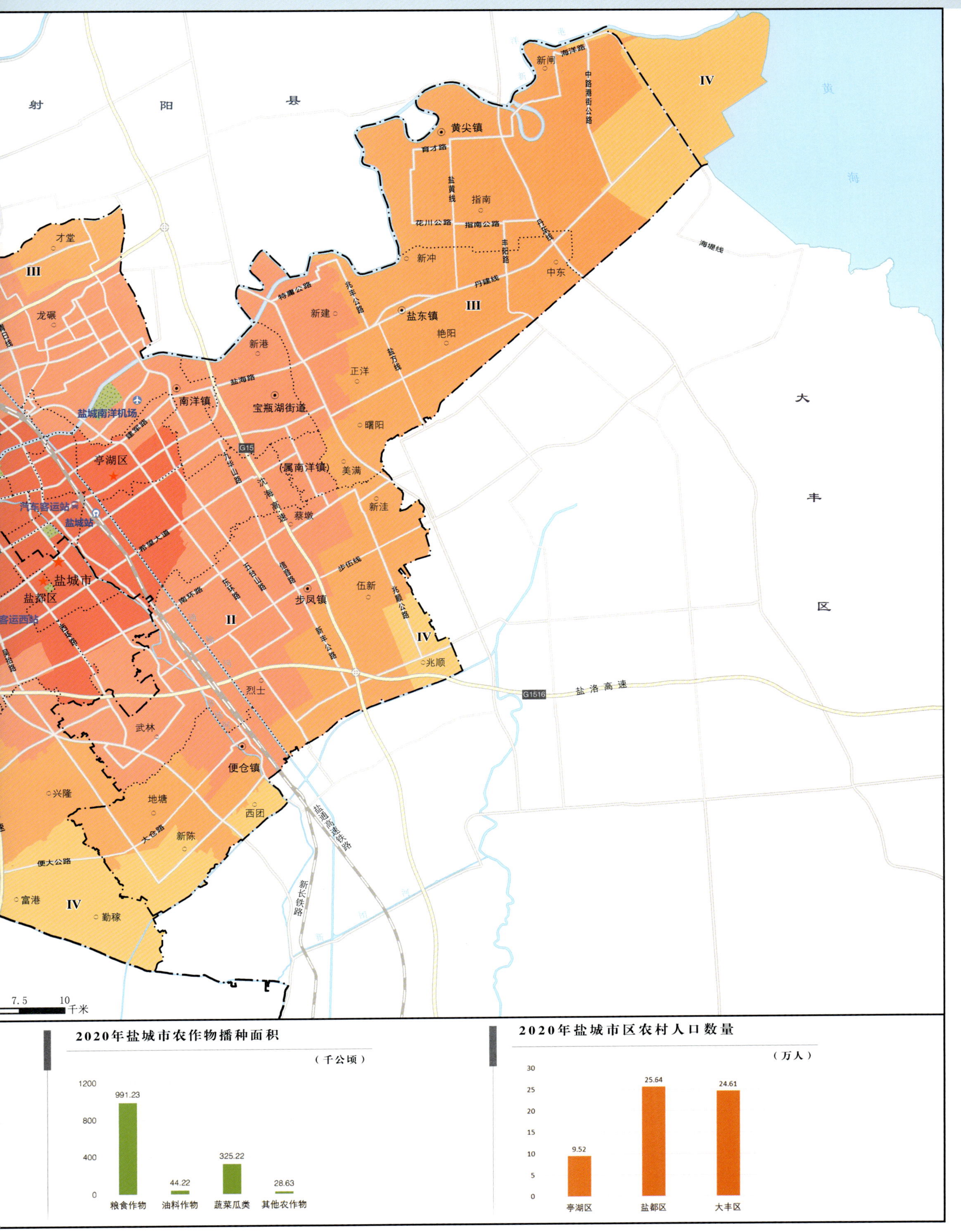
射　阳　县
黄
海
大
丰
区
黄尖镇
新闸
海洋路
中路港街公路
育才路
盐黄线
指南
花川公路
指南公路
丹兴线
丰阳路
新冲
中东
丹建线
特庸公路
兆丰公路
新建
盐东镇
艳阳
新港
盐方线
正洋
盐海路
南洋镇
宝瓶湖街道
盐城南洋机场
曙阳
建宝路
G15
亭湖区
(属南洋镇)
美满
九华山路
沈海高速
新洼
汽车客运站
盐城站
蔡墩
希望大道
步伍线
盐城市
盐都区
五台山路
东环路
南环路
淮普路
步凤镇
伍新
兆顺公路
客运西站
新丰公路
兆顺
G1516
盐洛高速
烈士
武林
便仓镇
兴隆
地塘
西团
盐通高速铁路
大仓路
新陈
便大公路
新长铁路
富港
勤稼
才堂
龙堰
海堤线
III
II
IV
7.5
10
千米
2020年盐城市农作物播种面积
（千公顷）
1200
800
400
0
991.23
44.22
325.22
28.63
粮食作物
油料作物
蔬菜瓜类
其他农作物
2020年盐城市区农村人口数量
（万人）
30
25
20
15
10
5
0
9.52
25.64
24.61
亭湖区
盐都区
大丰区

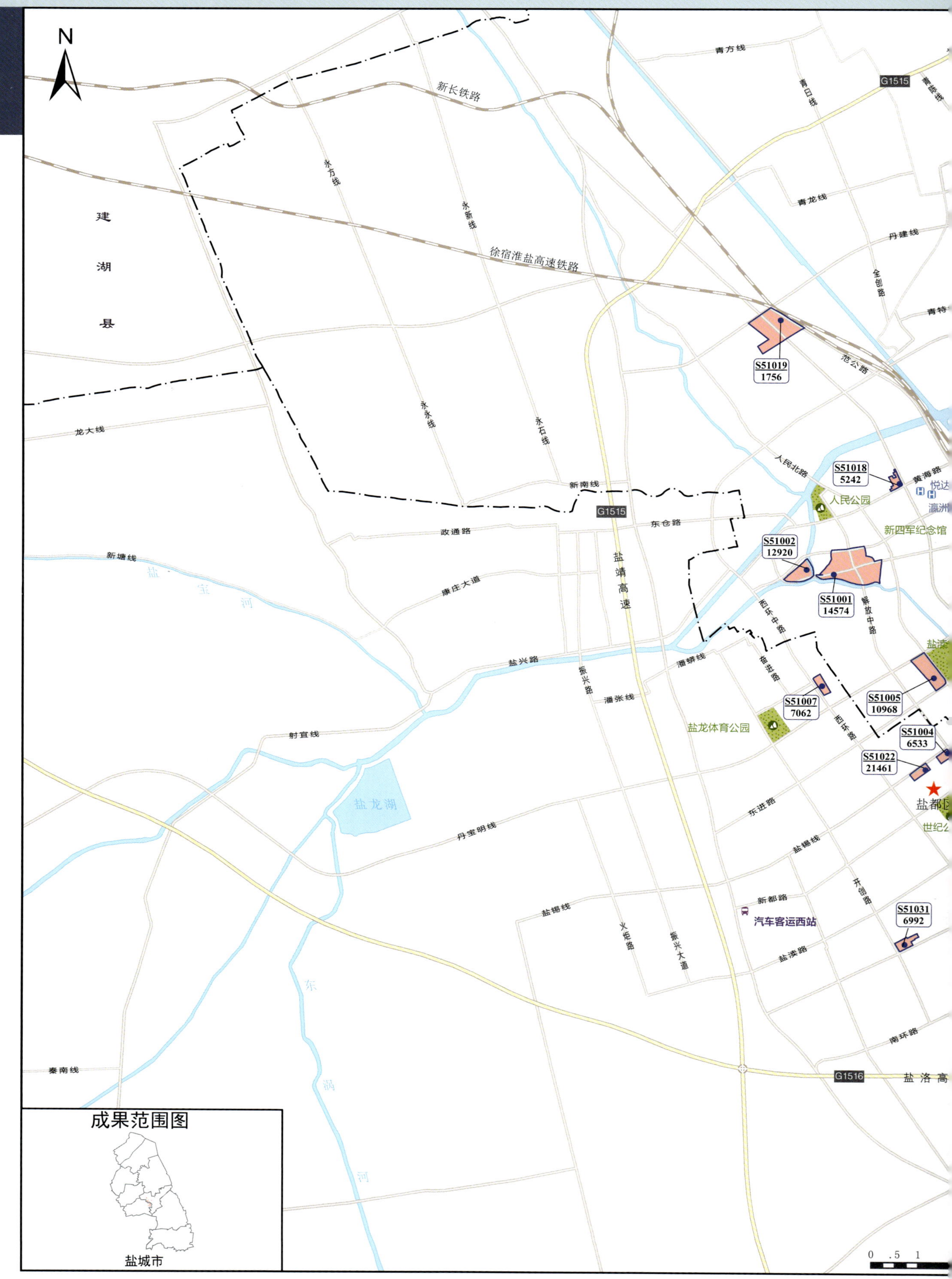
N
新长铁路
徐宿淮盐高速铁路
建湖县
永方线
永新线
永永线
永石线
青方线
青日线
青龙线
丹建线
全创路
范公路
龙大线
新南线
政通路
东仓路
新塘线
盐宝河
康庄大道
盐靖高速
盐兴路
振兴路
潘张线
潘蟒线
射宜线
盐龙湖
丹宝明线
盐锡线
火炬路
振兴大道
东涡河
秦南线
G1515
G1516
盐洛高
S51019
1756
S51018
5242
S51002
12920
S51001
14574
S51007
7062
S51005
10968
S51004
6533
S51022
21461
S51031
6992
人民北路
黄海路
人民公园
新四军纪念馆
西环中路
解放中路
奋进路
西环路
盐龙体育公园
东进路
盐锡线
新都路
开创路
汽车客运西站
盐渎路
南环路
成果范围图
盐城市
0 .5 1

射阳县
大丰区
大丰区
亭湖区
盐城南洋机场
盐城大洋湾生态旅游景区
盐城站
港汇国际酒店
S51020
1446
S51014
4130
S51015
4481
S51009
6663
S51006
7403
S51027
5261
51026
3358
丹建线
盐海路
青年东路
丹宝明线
建军中路
南环路高架
新都路
盐渎路
赣江路
东环路
天山中路
天山南路
五台山路
希望大道
嘉陵江路
普陀山路
南东线
蔡墩公路
信言路
新丰公路
沈海高速
G15
盐通高速铁路
通榆路
人民南路
解放南路
开放大道
盐生线
盐兆线
盐新路
盐方线
方盐线
引水公路
北洋公路
金山公路
三尖港路
月窑路
烟沪线
步凤线
福兴公路
新洋港
通榆河
串场河
千米

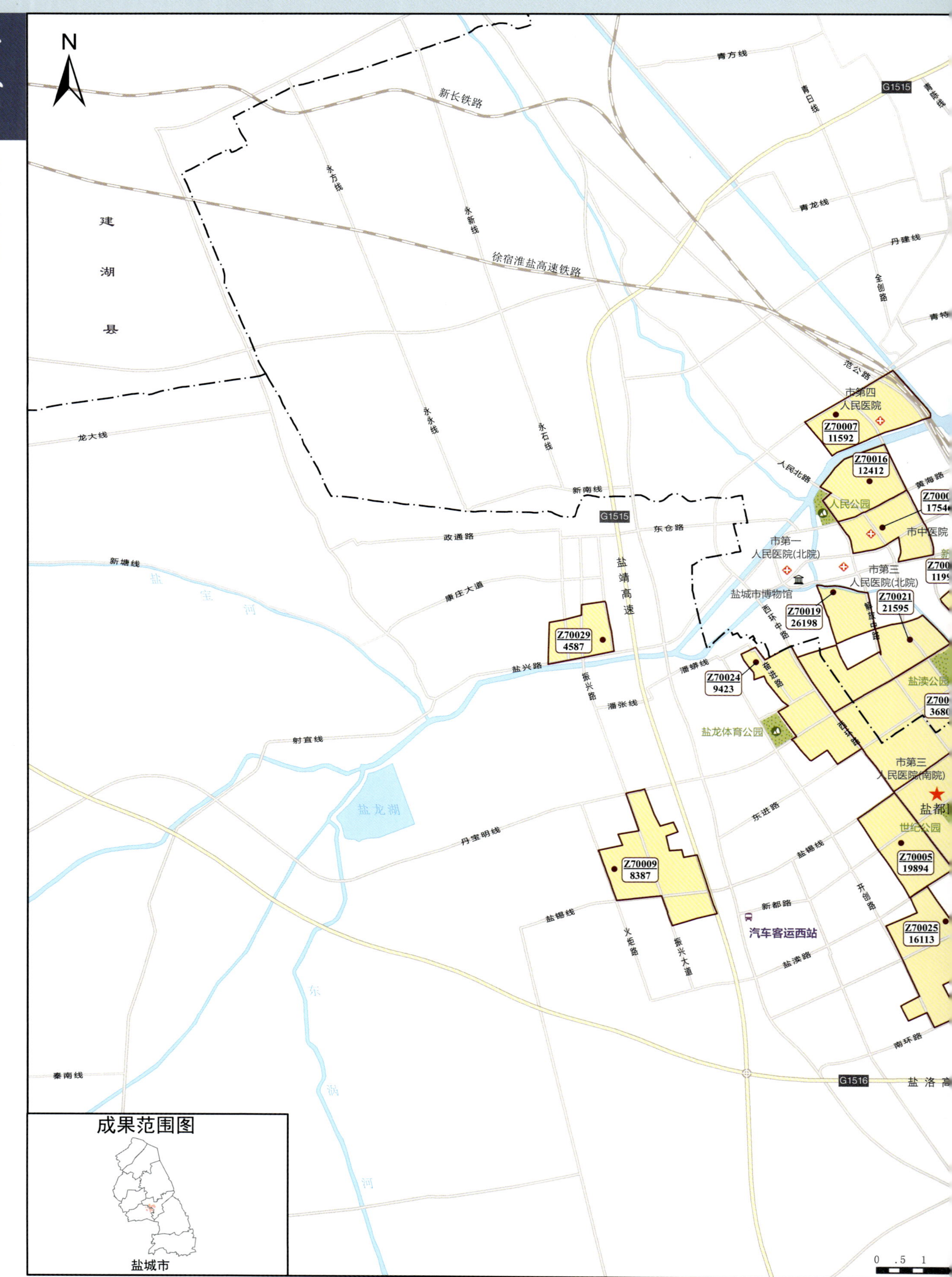
N
新长铁路
徐宿淮盐高速铁路
建湖县
永方线
永新线
永永线
永石线
青方线
青日线
青龙线
丹建线
全创路
G1515
范公路
市第四人民医院
Z70007
11592
Z70016
12412
人民北路
黄海路
人民公园
市中医院
市第一人民医院(北院)
市第三人民医院(北院)
盐城市博物馆
Z70019
26198
Z70021
21595
西环中路
解放中路
新南线
G1515
东仓路
政通路
新塘线
盐宝河
康庄大道
盐靖高速
Z70029
4587
盐兴路
振兴路
潘蛘线
潘张线
Z70024
9423
希望路
盐渎公园
盐龙体育公园
射宜线
西环路
市第三人民医院(南院)
盐都
盐龙湖
丹宝明线
东进路
盐锡线
世纪公园
Z70009
8387
Z70005
19894
开创路
新都路
盐锡线
火炬路
振兴大道
汽车客运西站
盐渎路
Z70025
16113
东涡河
南环路
秦南线
龙大线
G1516
盐洛高
成果范围图
盐城市
0 .5 1

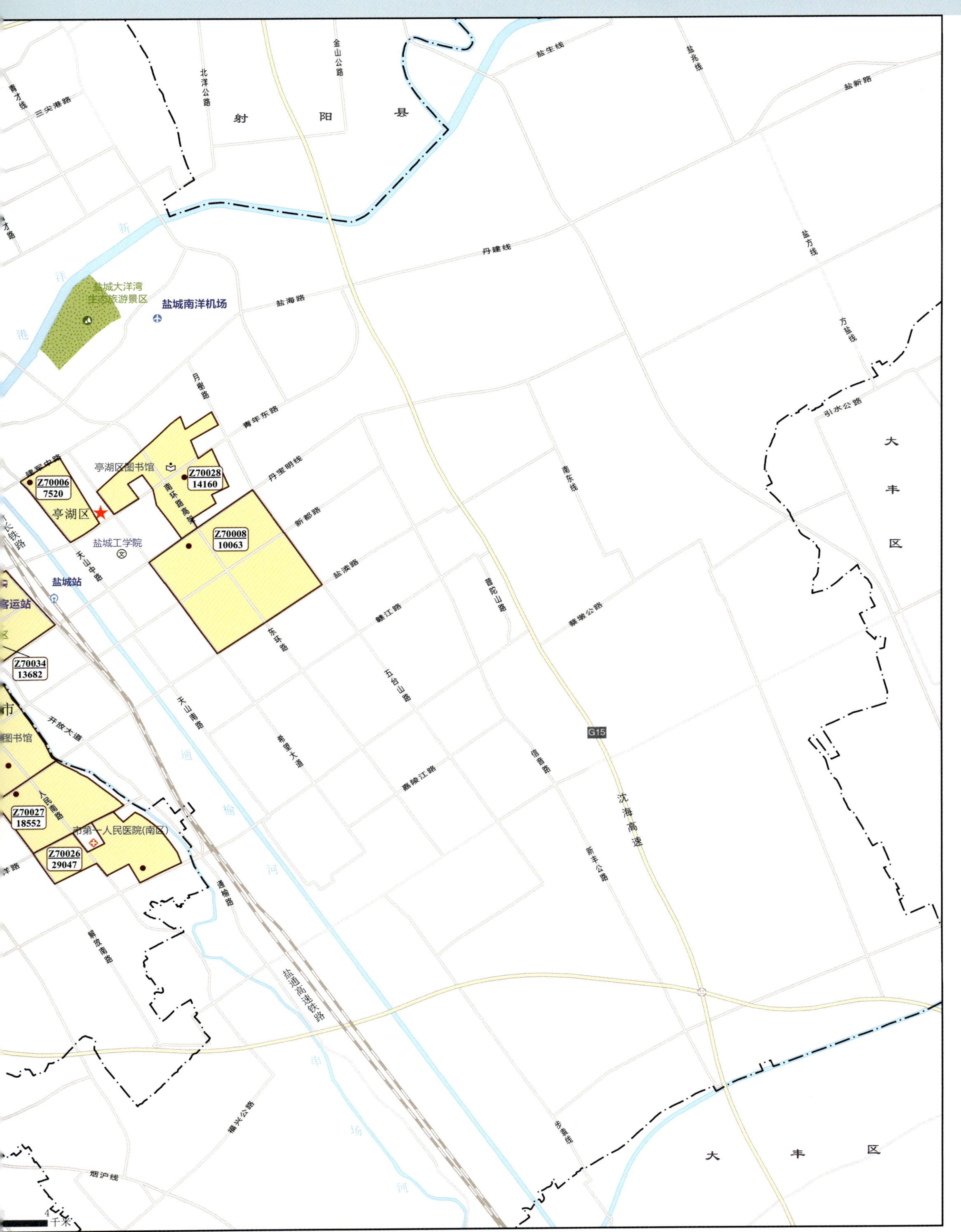
射
阳
县
大
丰
区
大
丰
区
盐城大洋湾生态旅游景区
盐城南洋机场
亭湖区图书馆
亭湖区
盐城工学院
盐城站
客运站
市第一人民医院(南区)
Z70006
7520
Z70028
14160
Z70008
10063
Z70034
13682
Z70027
18552
Z70026
29047
G15
沈海高速
盐通高速铁路
盐海路
丹建线
青年东路
丹宝明线
新都路
盐渎路
赣江路
五台山路
嘉陵江路
普陀山路
蔡墩公路
南东线
信首路
新丰公路
步凤线
福兴公路
烟沪线
解放南路
通榆路
天山南路
天山中路
开放大道
人民南路
东环路
希望大道
南环路高架
建军中路
月湖路
北洋公路
金山公路
盐生线
盐兆线
盐新路
盐方线
方盐线
引水公路
三尖港路
千米

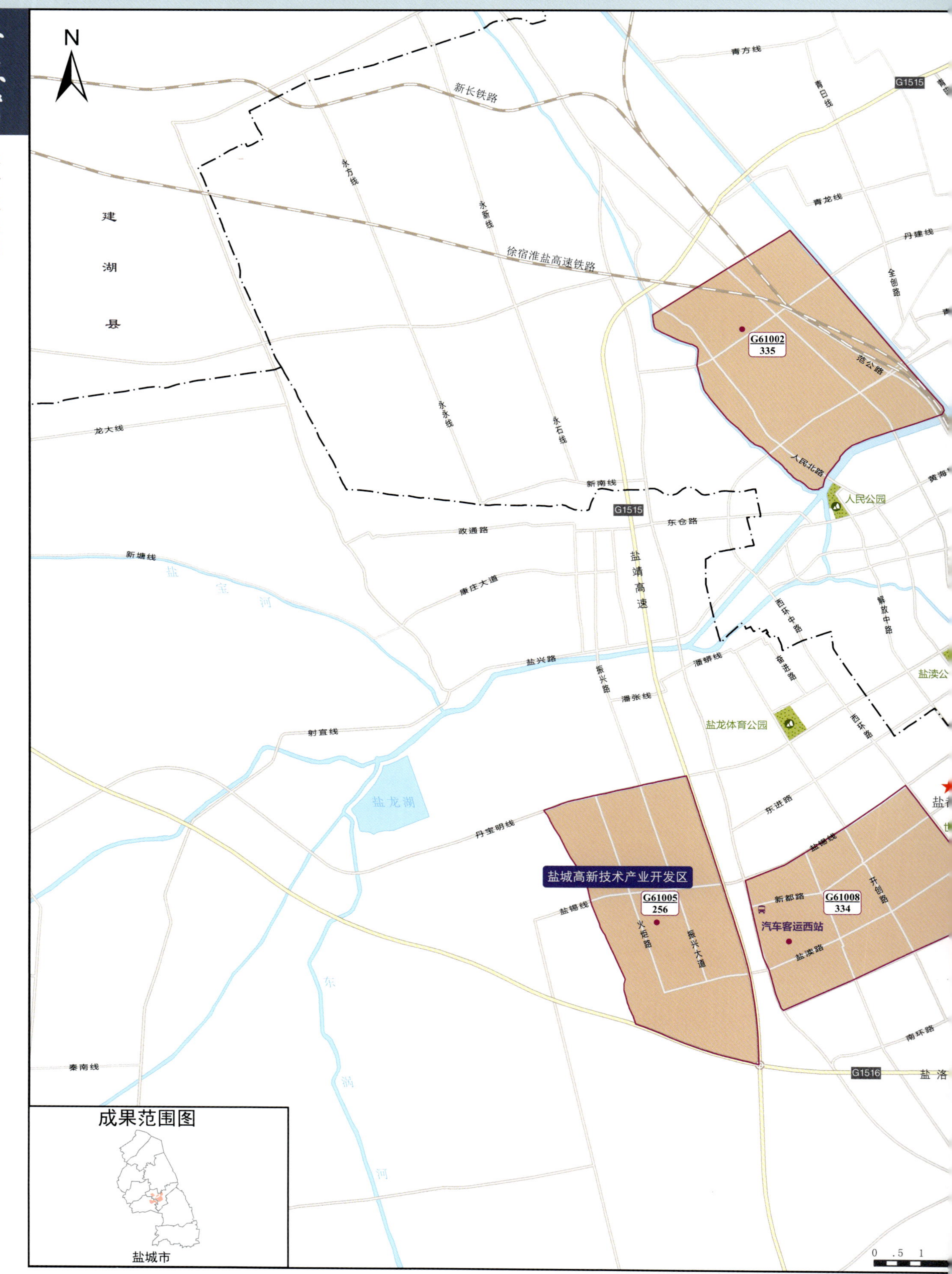
N
新长铁路
青方线
青日线
青龙线
丹建线
全创路
徐宿淮盐高速铁路
建湖县
永方线
永新线
永永线
永石线
龙大线
新南线
G61002
335
范公路
人民北路
人民公园
G1515
东仓路
政通路
新塘线
盐宝河
康庄大道
盐靖高速
西环中路
解放中路
盐兴路
振兴路
潘张线
潘骄线
奋进路
盐龙体育公园
西环路
射宜线
盐龙湖
丹宝明线
东进路
盐城高新技术产业开发区
G61005
256
火炬路
振兴大道
盐锡线
新都路
G61008
334
开创路
汽车客运西站
盐渎路
东涡河
秦南线
南环路
G1516
盐洛
成果范围图
盐城市
0 .5 1

射
阳
县
G61003
257
丹建线
盐城环保高新技术产业开发区
盐城大洋湾
生态旅游景区
盐城南洋机场
盐海路
G61001
352
亭湖经济开发区
亭湖区
盐城站
G61006
334
盐城经济技术开发区
G61007
357
G61004
333
盐南高新技术产业开发区
大
丰
区
G15
沈海高速
盐通高速铁路
新长铁路
4
千米

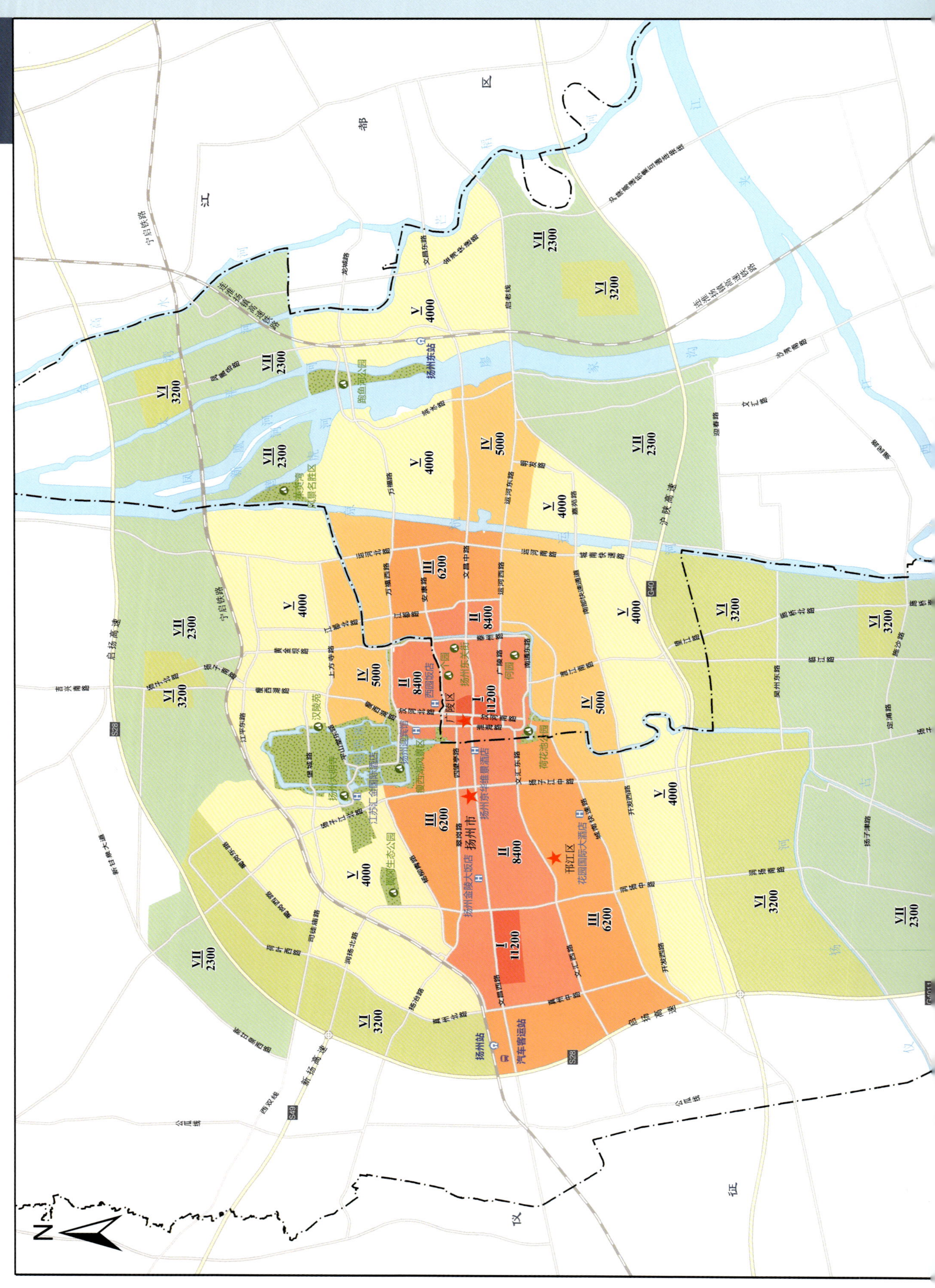

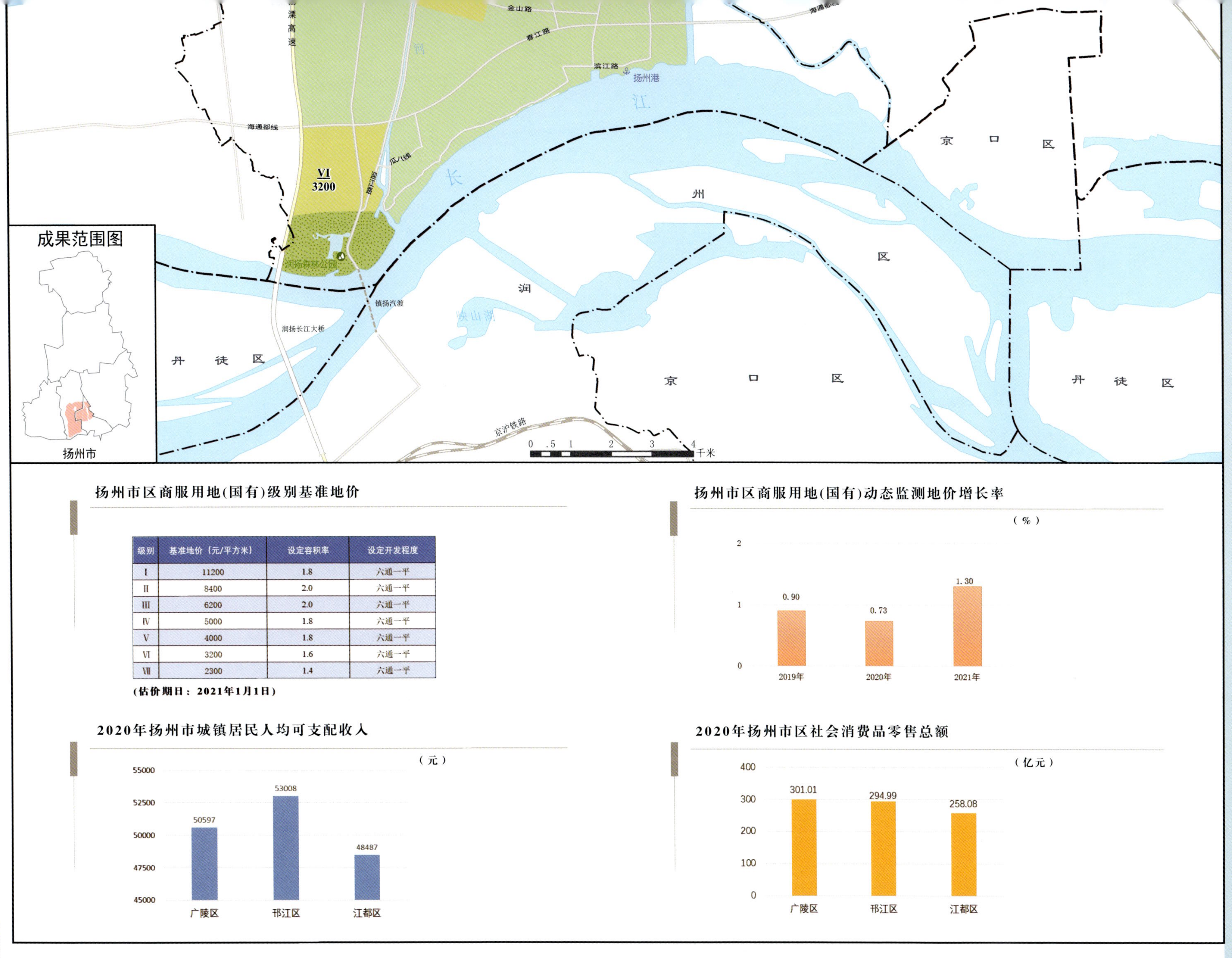

扬州市区商服用地(国有)级别基准地价

级别	基准地价（元/平方米）	设定容积率	设定开发程度
Ⅰ	11200	1.8	六通一平
Ⅱ	8400	2.0	六通一平
Ⅲ	6200	2.0	六通一平
Ⅳ	5000	1.8	六通一平
Ⅴ	4000	1.8	六通一平
Ⅵ	3200	1.6	六通一平
Ⅶ	2300	1.4	六通一平

（估价期日：2021年1月1日）

扬州市区商服用地(国有)动态监测地价增长率

2020年扬州市城镇居民人均可支配收入

2020年扬州市区社会消费品零售总额

地价成果图

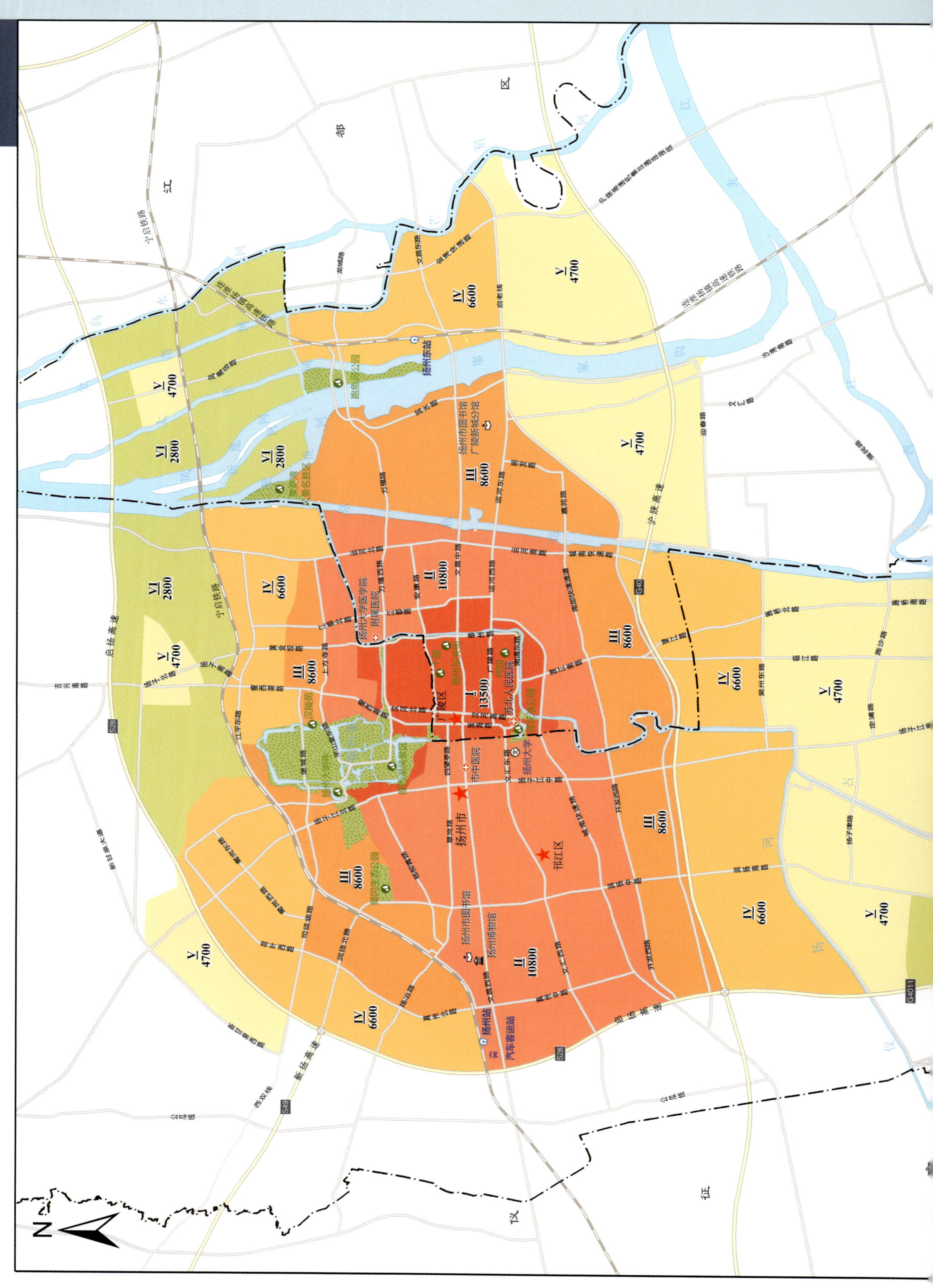
I
13500
II
10800
III
8600
IV
6600
V
4700
VI
2800
扬州市
邗江区
广陵区
扬州站
扬州东站
汽车客运站
扬州市图书馆
扬州博物馆
扬州大学
市中医院
苏北人民医院
扬州大学医学院附属医院
瘦西湖风景区
茱萸湾风景名胜区
沪陕高速
启扬高速
新扬高速
宁启铁路
S28
S49
G40
G4011

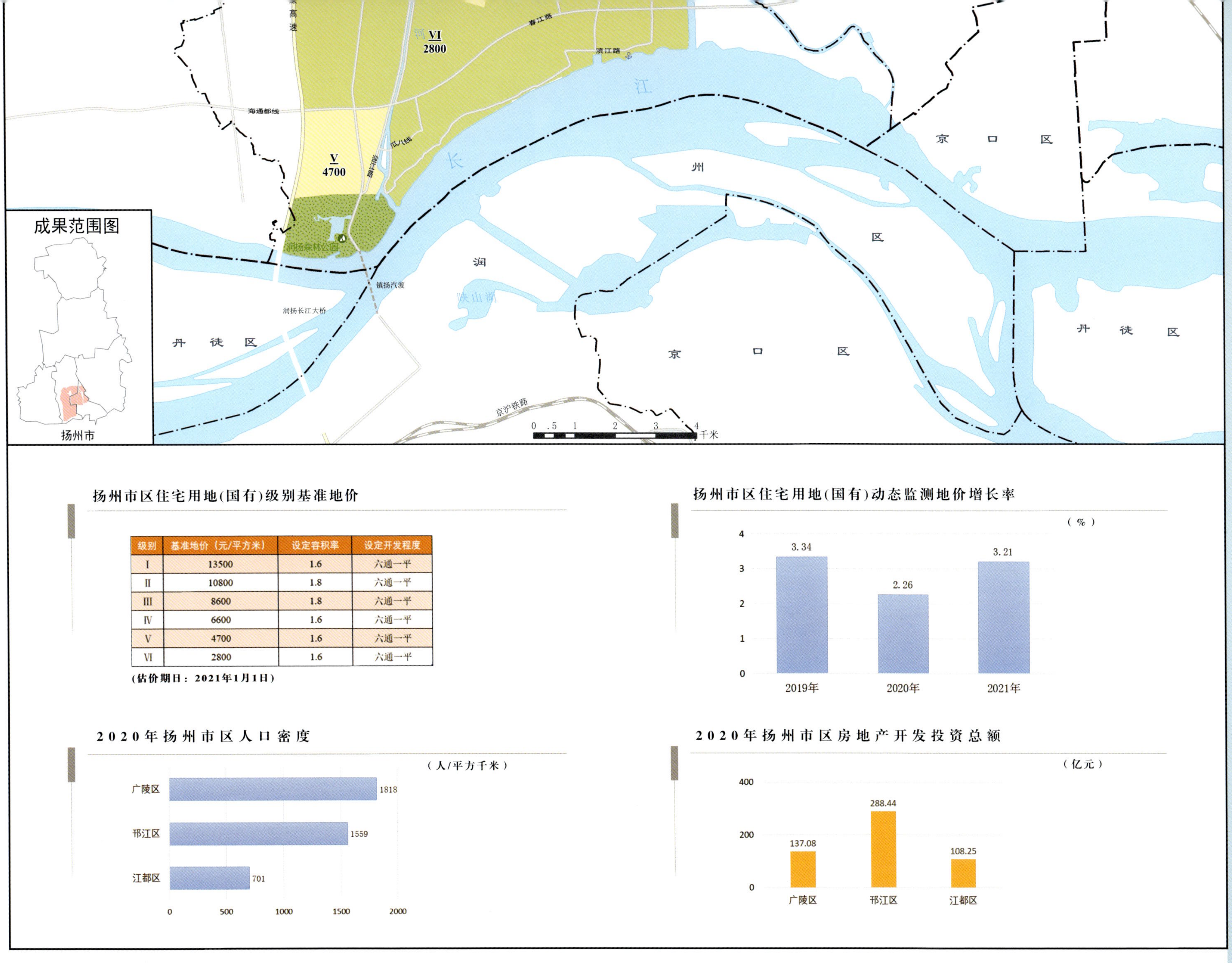

扬州市区住宅用地(国有)级别基准地价

级别	基准地价(元/平方米)	设定容积率	设定开发程度
Ⅰ	13500	1.6	六通一平
Ⅱ	10800	1.8	六通一平
Ⅲ	8600	1.8	六通一平
Ⅳ	6600	1.6	六通一平
Ⅴ	4700	1.6	六通一平
Ⅵ	2800	1.6	六通一平

(估价期日：2021年1月1日)

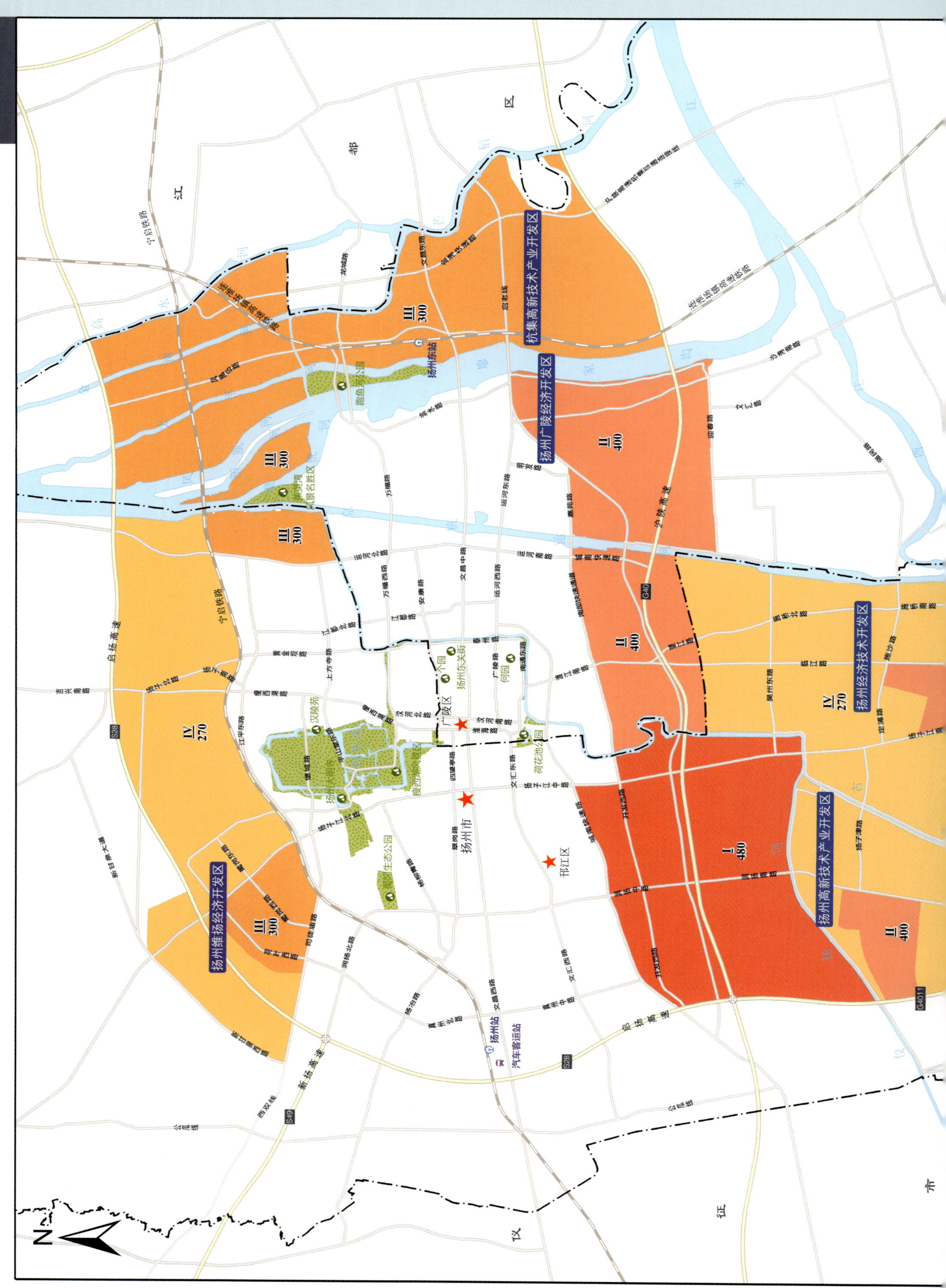
杭集高新技术产业开发区
扬州广陵经济开发区
扬州经济技术开发区
扬州高新技术产业开发区
扬州维扬经济开发区
I
480
II
400
III
300
IV
270
扬州市
广陵区
邗江区
扬州站
扬州东站
汽车客运站
个园
何园
扬州东关街
荷花池公园
汉陵苑
宁启铁路
启扬高速
沪陕高速
新扬高速
文昌中路
文昌西路
运河南路
运河北路
江都北路
扬子江中路
扬子江北路
G40
S28
G4011
S49

工矿仓储用地（国有）级别基准地价图

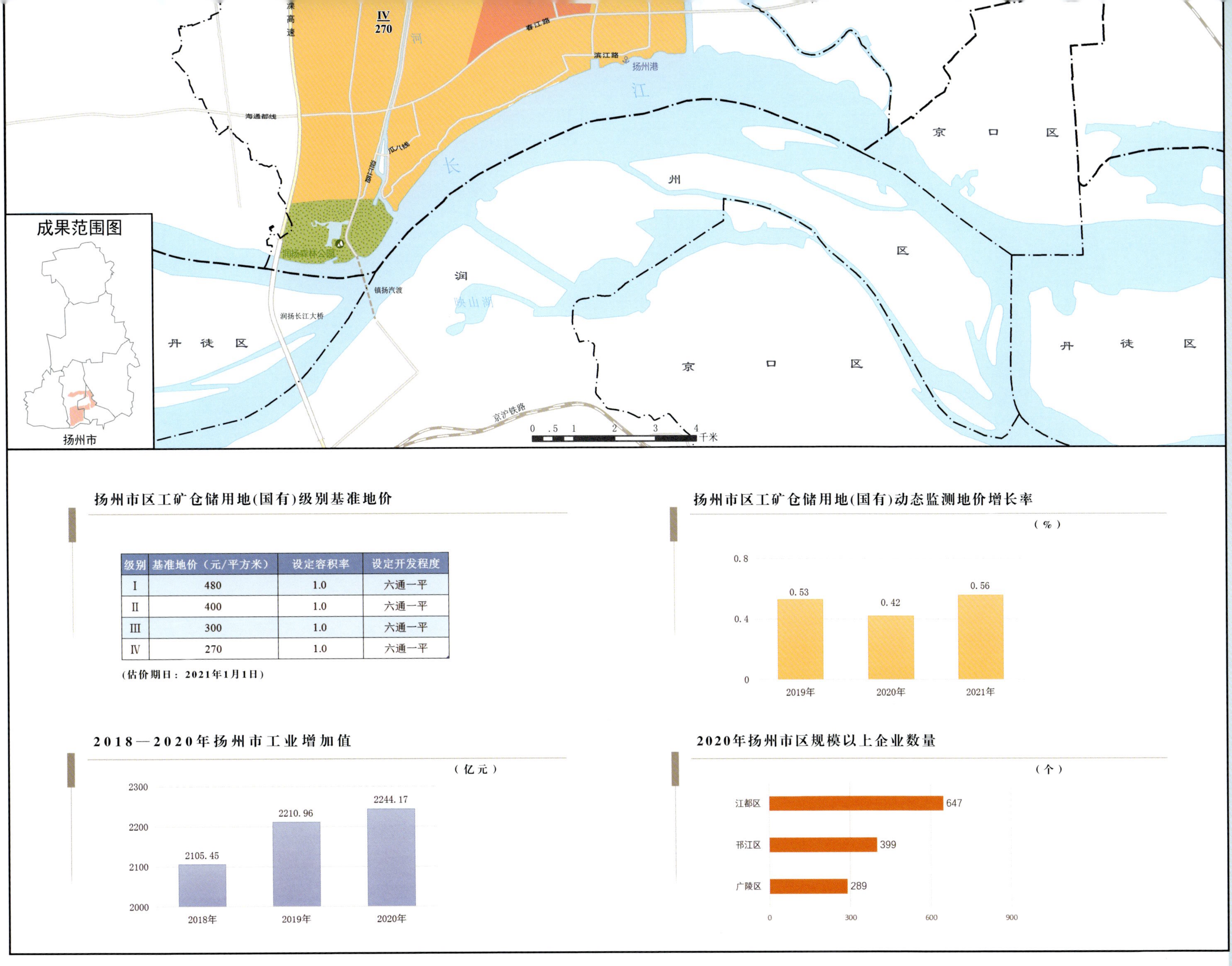

扬州市区工矿仓储用地(国有)级别基准地价

级别	基准地价（元/平方米）	设定容积率	设定开发程度
Ⅰ	480	1.0	六通一平
Ⅱ	400	1.0	六通一平
Ⅲ	300	1.0	六通一平
Ⅳ	270	1.0	六通一平

（估价期日：2021年1月1日）

扬州市区工矿仓储用地(国有)动态监测地价增长率

2018—2020年扬州市工业增加值

2020年扬州市区规模以上企业数量

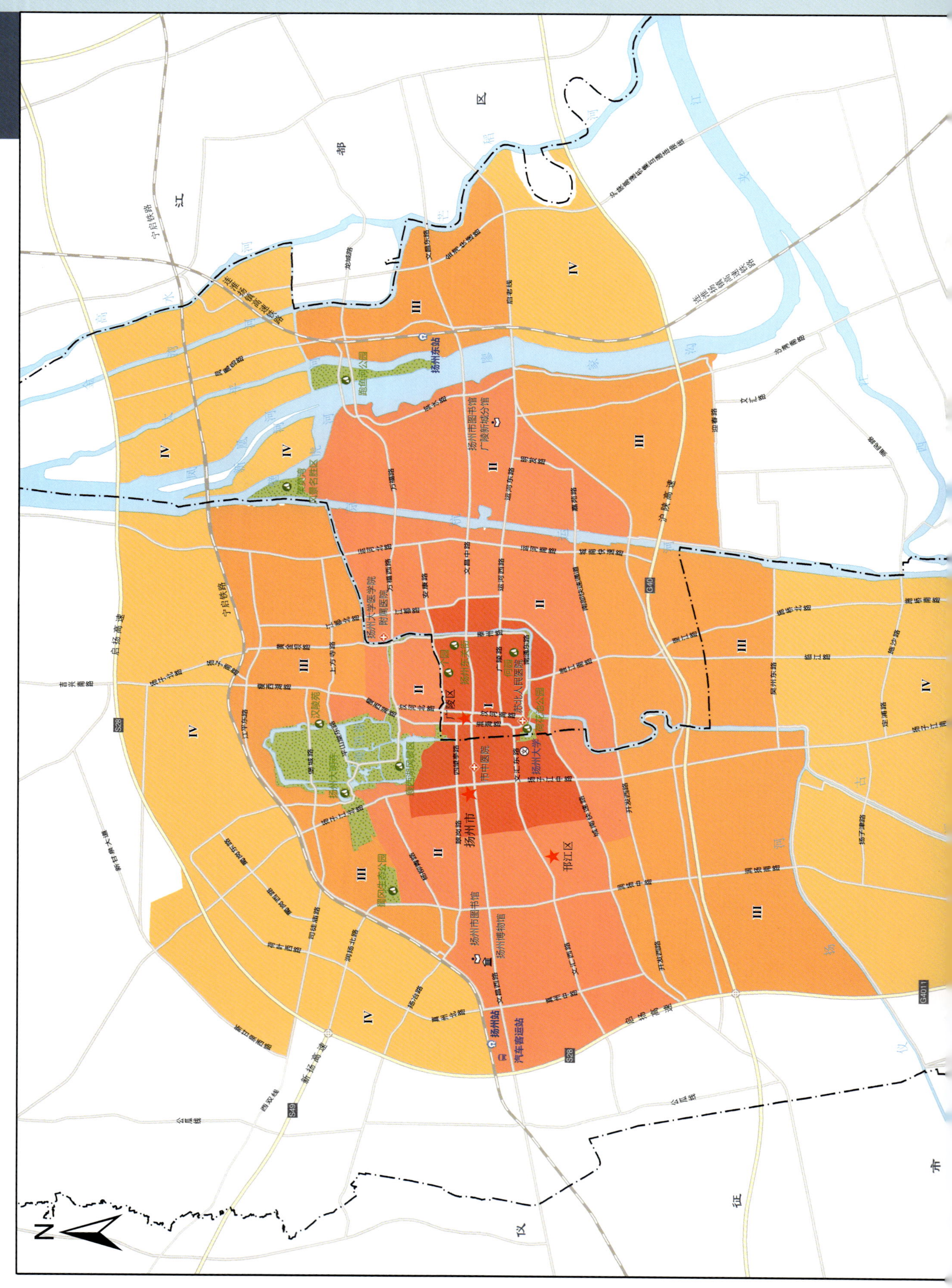
扬州市
广陵区
邗江区
扬州站
扬州东站
汽车客运站
扬州市图书馆
扬州博物馆
市中医院
扬州大学
苏北人民医院
扬州大学医学院附属医院
扬州市图书馆广陵新城分馆
瘦西湖
汉陵苑
蜀冈风景名胜区
宁启铁路
沪陕高速
启扬高速
新扬高速
I
II
III
IV
N

公共管理与公共服务用地(国有)级别基准地价图

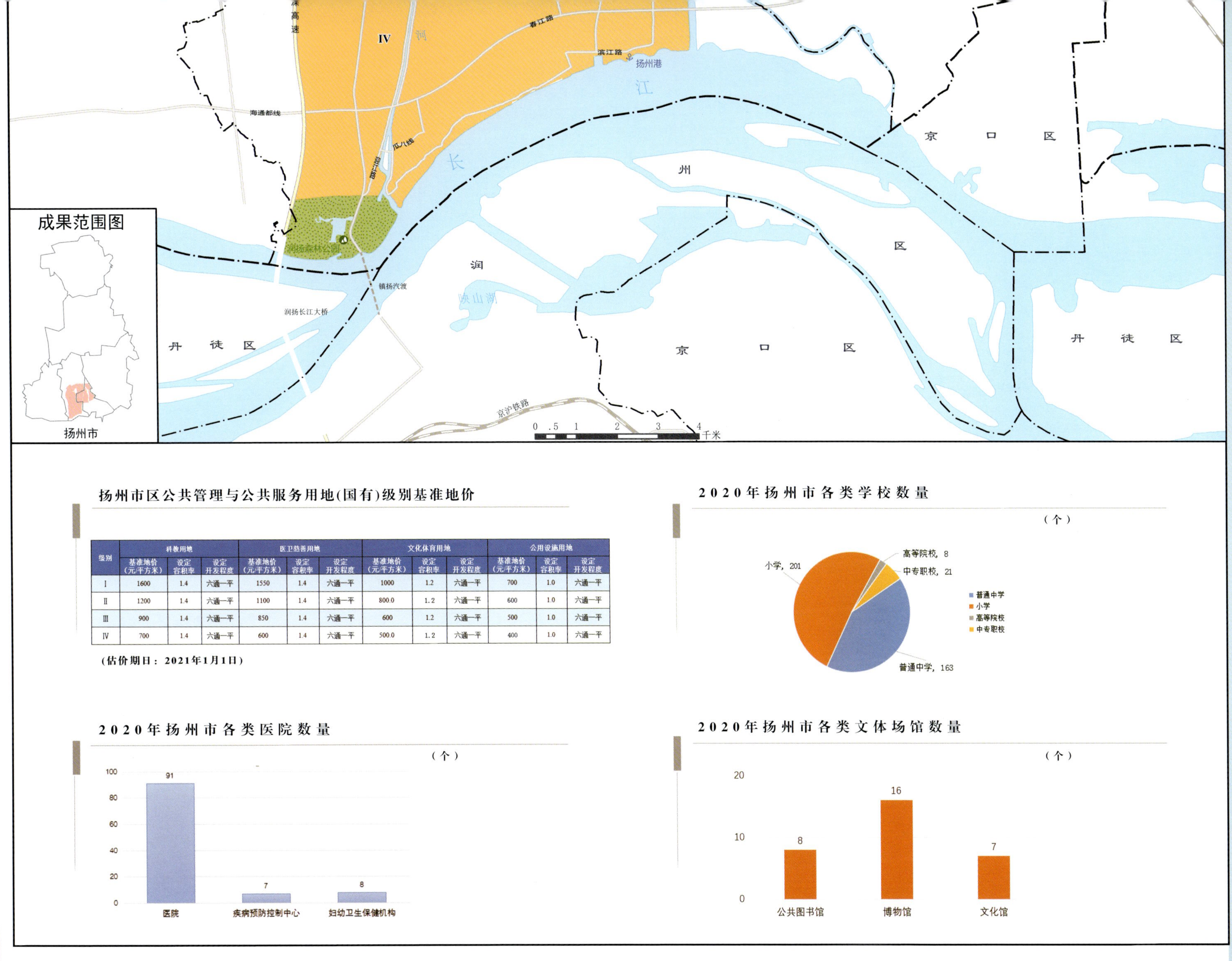

扬州市区公共管理与公共服务用地(国有)级别基准地价

级别	科教用地			医卫慈善用地			文化体育用地			公用设施用地		
	基准地价(元/平方米)	设定容积率	设定开发程度	基准地价(元/平方米)	设定容积率	设定开发程度	基准地价(元/平方米)	设定容积率	设定开发程度	基准地价(元/平方米)	设定容积率	设定开发程度
Ⅰ	1600	1.4	六通一平	1550	1.4	六通一平	1000	1.2	六通一平	700	1.0	六通一平
Ⅱ	1200	1.4	六通一平	1100	1.4	六通一平	800.0	1.2	六通一平	600	1.0	六通一平
Ⅲ	900	1.4	六通一平	850	1.4	六通一平	600	1.2	六通一平	500	1.0	六通一平
Ⅳ	700	1.4	六通一平	600	1.4	六通一平	500.0	1.2	六通一平	400	1.0	六通一平

(估价期日：2021年1月1日)

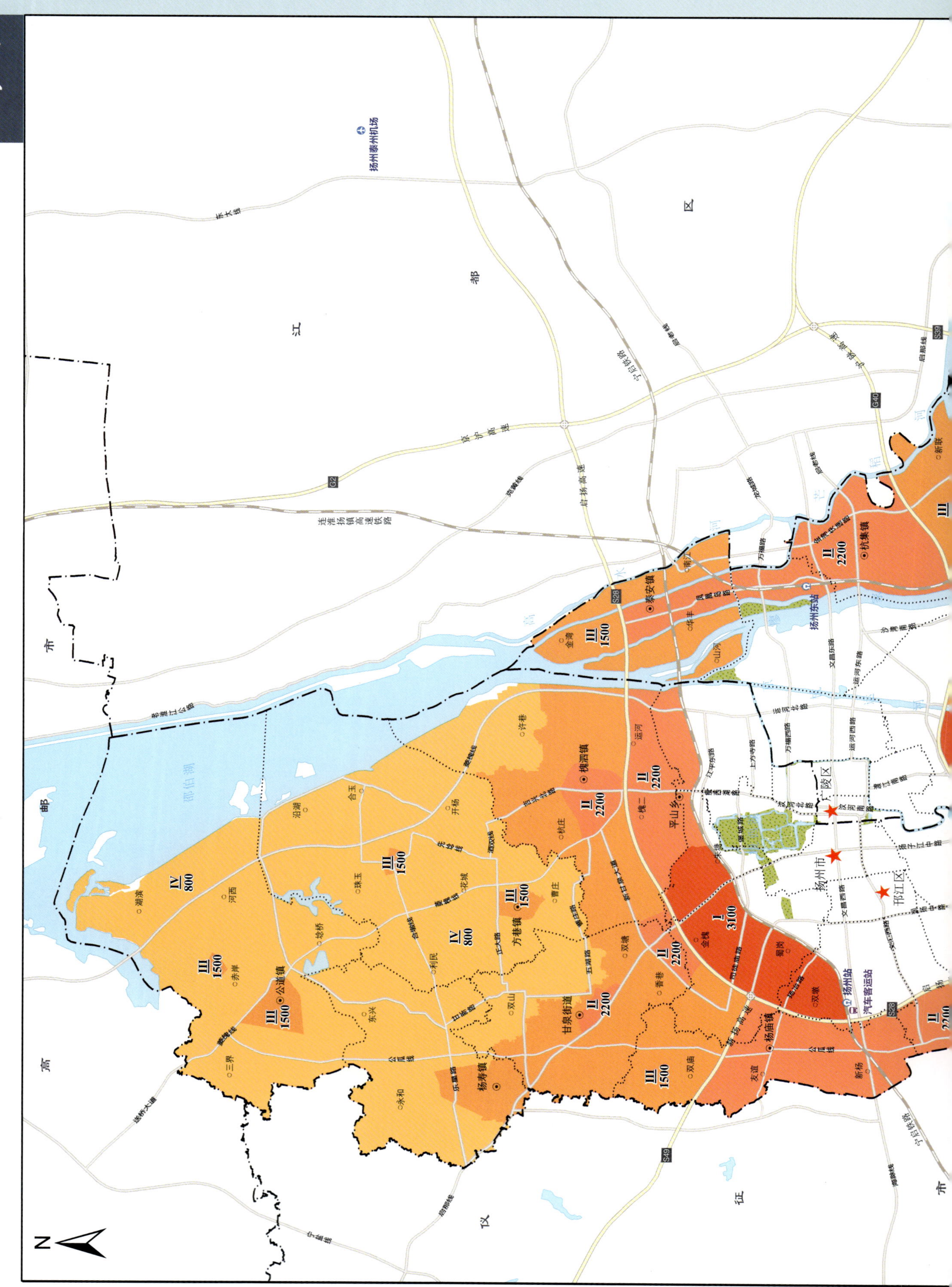
扬州泰州机场
江
都
区
高
邮
市
仪
征
邵伯湖
京沪高速
启扬高速
扬溧高速
宁启铁路
连淮扬镇高速铁路
扬州东站
扬州站
汽车客运站
扬州市
广陵区
邗江区
泰安镇
杭集镇
槐泗镇
平山乡
方巷镇
公道镇
杨寿镇
甘泉街道
杨庙镇
I
3100
II
2200
III
1500
IV
800
N

商服用地（集体）级别基准地价图

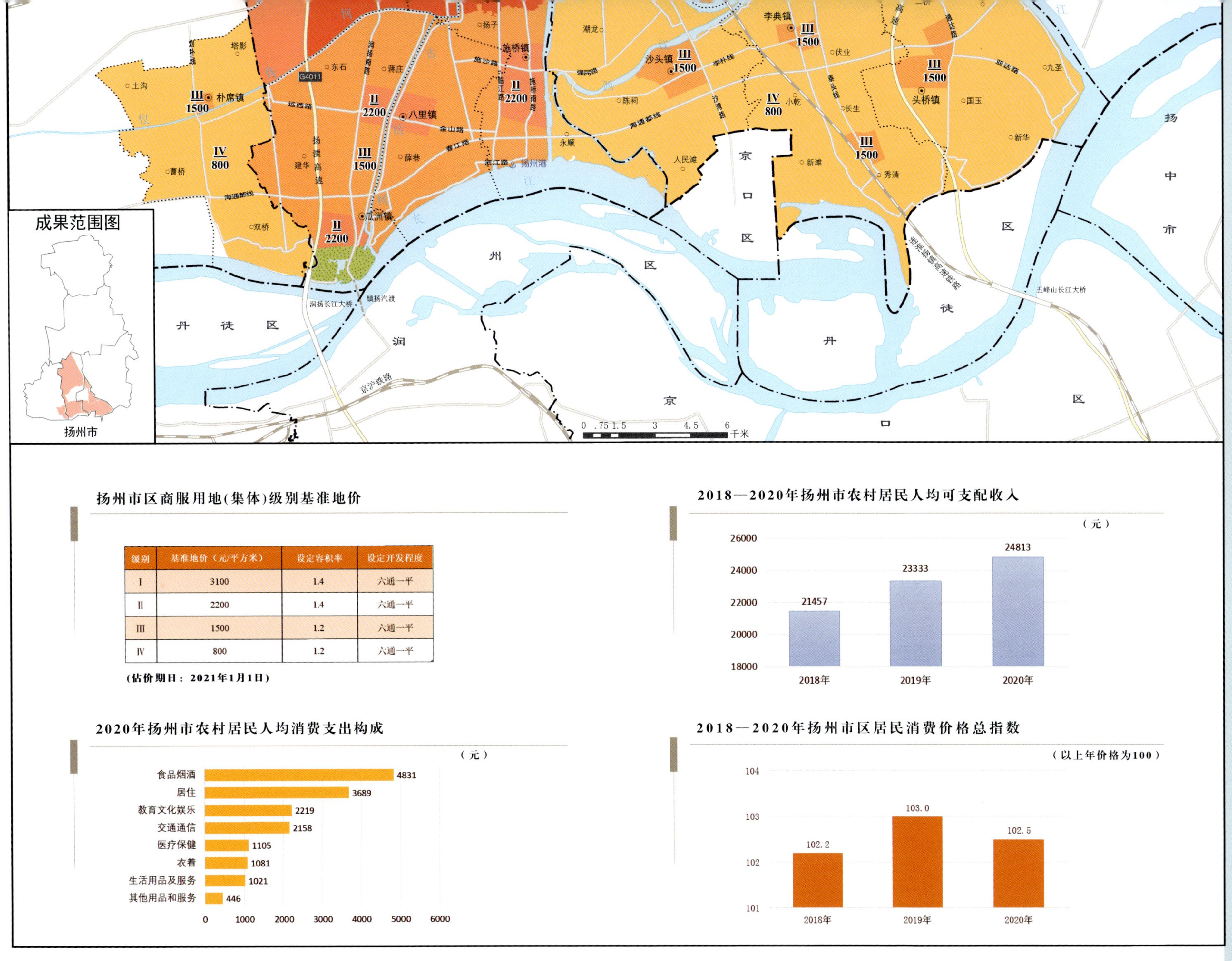

扬州市区商服用地(集体)级别基准地价

级别	基准地价（元/平方米）	设定容积率	设定开发程度
I	3100	1.4	六通一平
II	2200	1.4	六通一平
III	1500	1.2	六通一平
IV	800	1.2	六通一平

（估价期日：2021年1月1日）

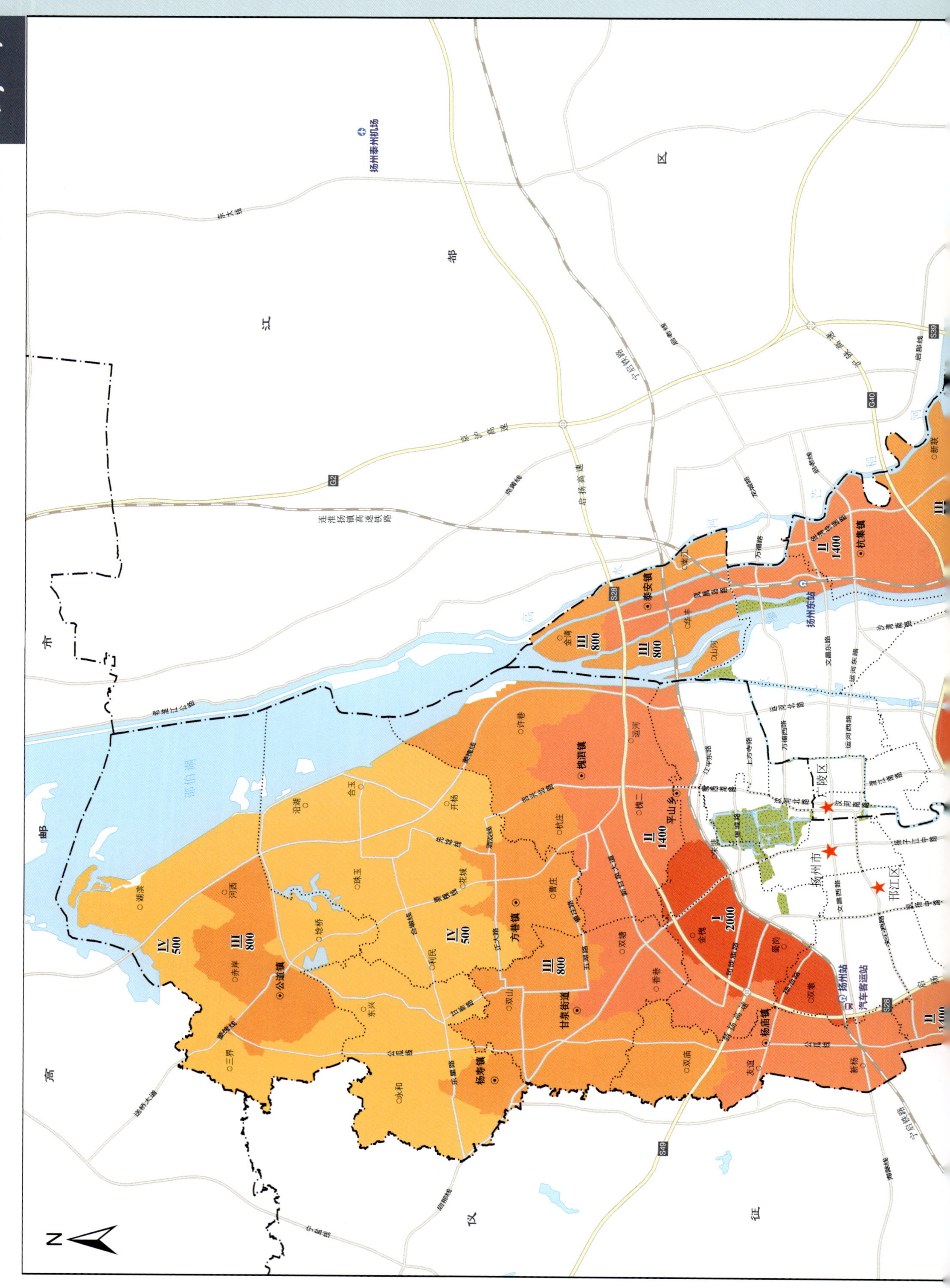
扬州泰州机场
江
都
区
邵伯湖
扬州东站
泰安镇
杭集镇
槐泗镇
平山乡
方巷镇
公道镇
甘泉街道
杨寿镇
杨庙镇
扬州市
邗江区
广陵区
扬州站
汽车客运站
仪
征
N

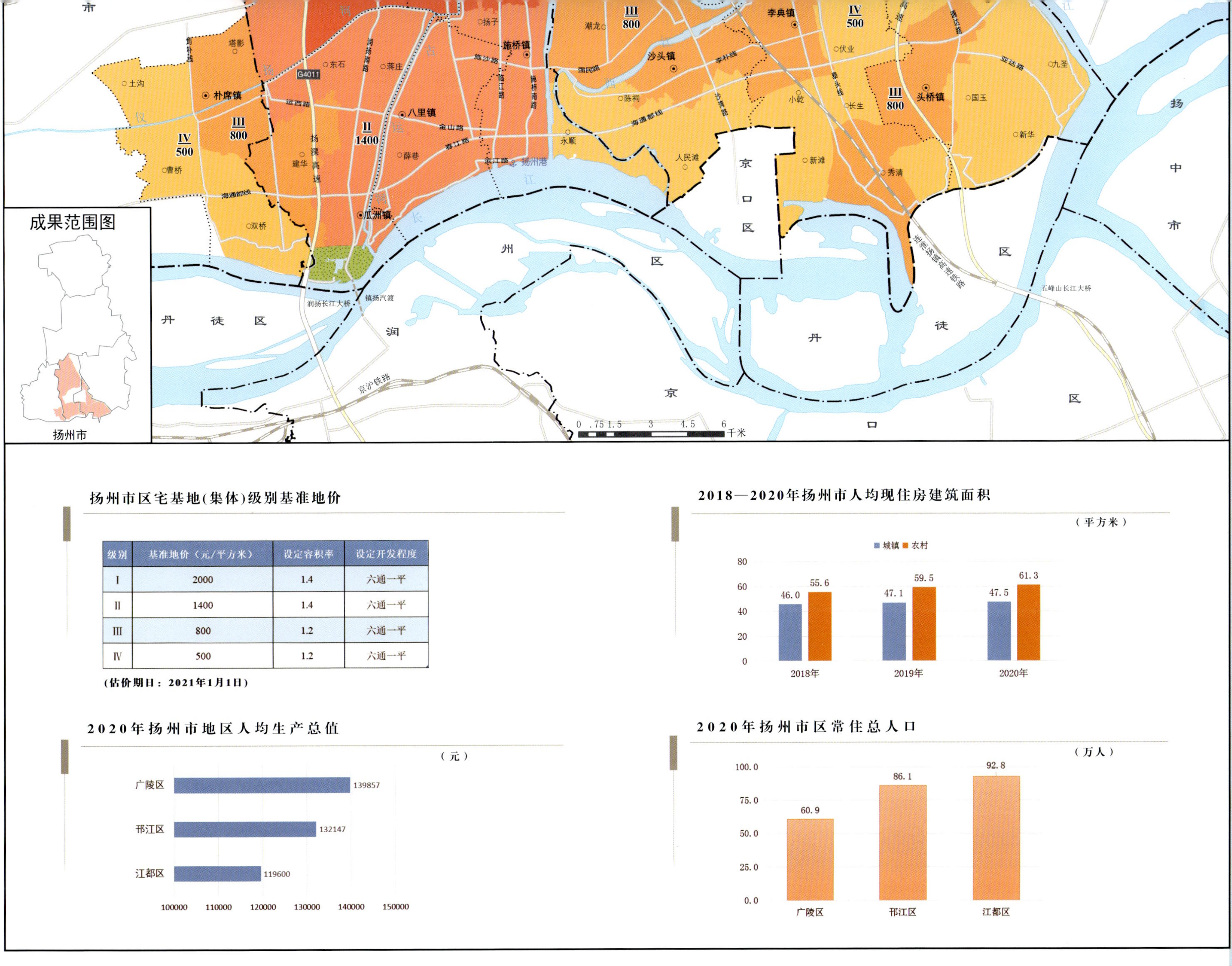

扬州市区宅基地(集体)级别基准地价

级别	基准地价（元/平方米）	设定容积率	设定开发程度
Ⅰ	2000	1.4	六通一平
Ⅱ	1400	1.4	六通一平
Ⅲ	800	1.2	六通一平
Ⅳ	500	1.2	六通一平

(估价期日：2021年1月1日)

2020年扬州市地区人均生产总值

2018—2020年扬州市人均现住房建筑面积

2020年扬州市区常住总人口

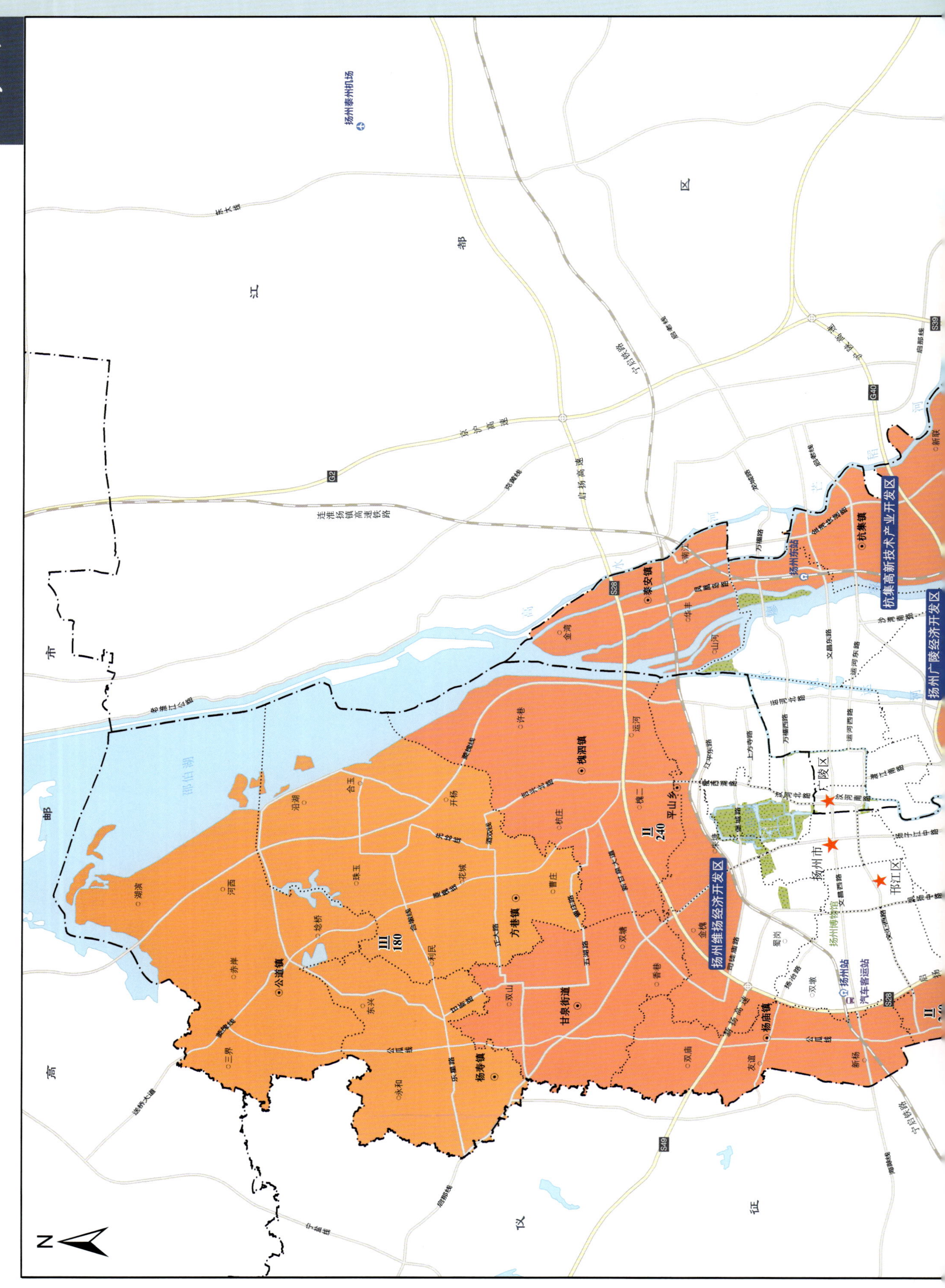
扬州泰州机场
江
都
区
市
邮
高
仪
征
邵伯湖
扬州市
广陵区
邗江区
扬州维扬经济开发区
杭集高新技术产业开发区
扬州广陵经济开发区
公道镇
方巷镇
槐泗镇
甘泉街道
杨寿镇
杨庙镇
泰安镇
杭集镇
平山乡
扬州东站
扬州站
汽车客运站
扬州博物馆
Ⅲ
180
Ⅱ
240
G2
G40
S28
S39
S49
启扬高速
连淮扬镇高速铁路
宁启铁路
湖滨
河西
赤岸
三界
永和
东兴
利民
珠玉
沿湖
合玉
开扬
许巷
杭庄
槐二
曹庄
双塘
金槐
香巷
双庙
双山
友谊
新杨
金湾
华丰
山河
新联

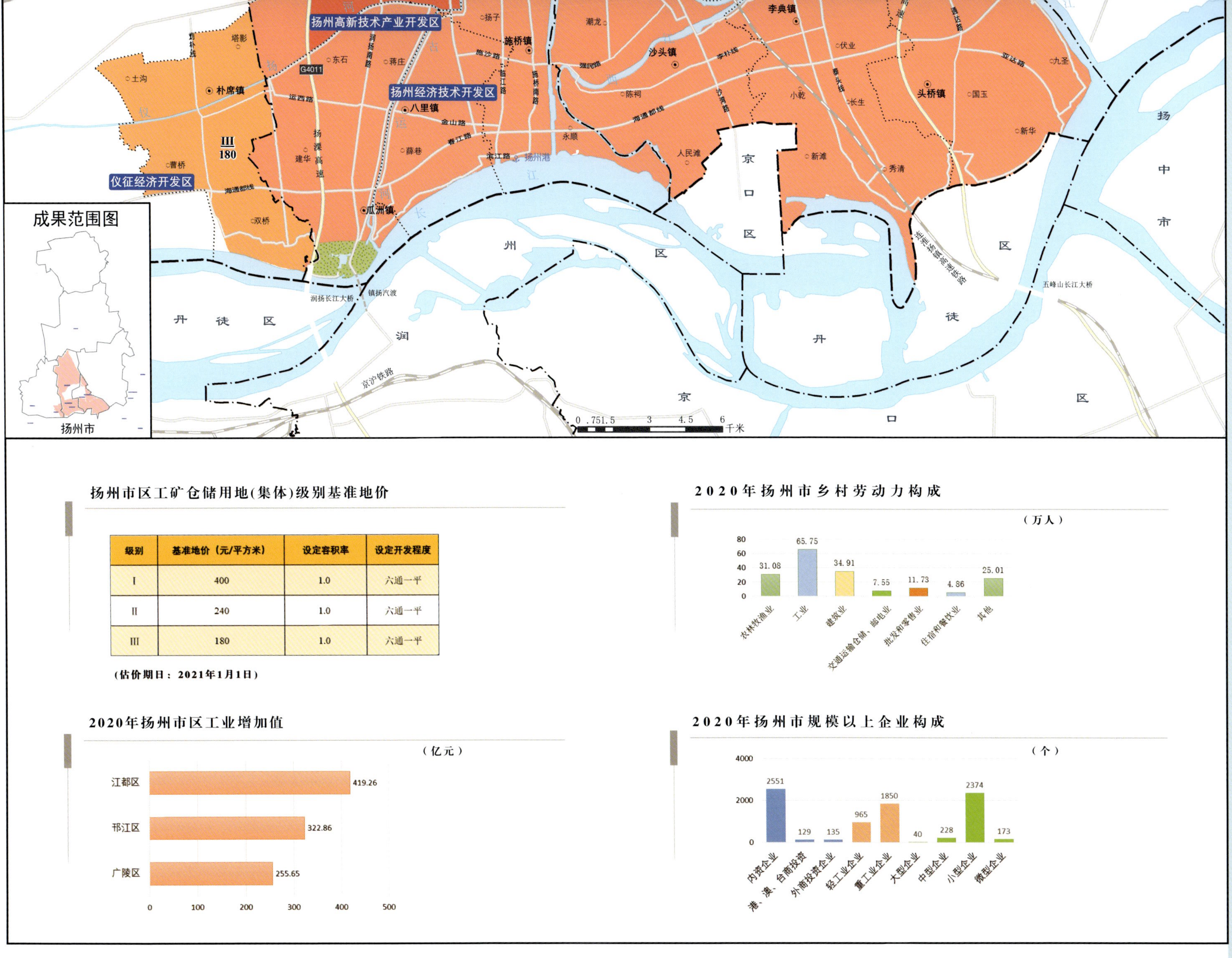

扬州市区工矿仓储用地(集体)级别基准地价

级别	基准地价（元/平方米）	设定容积率	设定开发程度
I	400	1.0	六通一平
II	240	1.0	六通一平
III	180	1.0	六通一平

（估价期日：2021年1月1日）

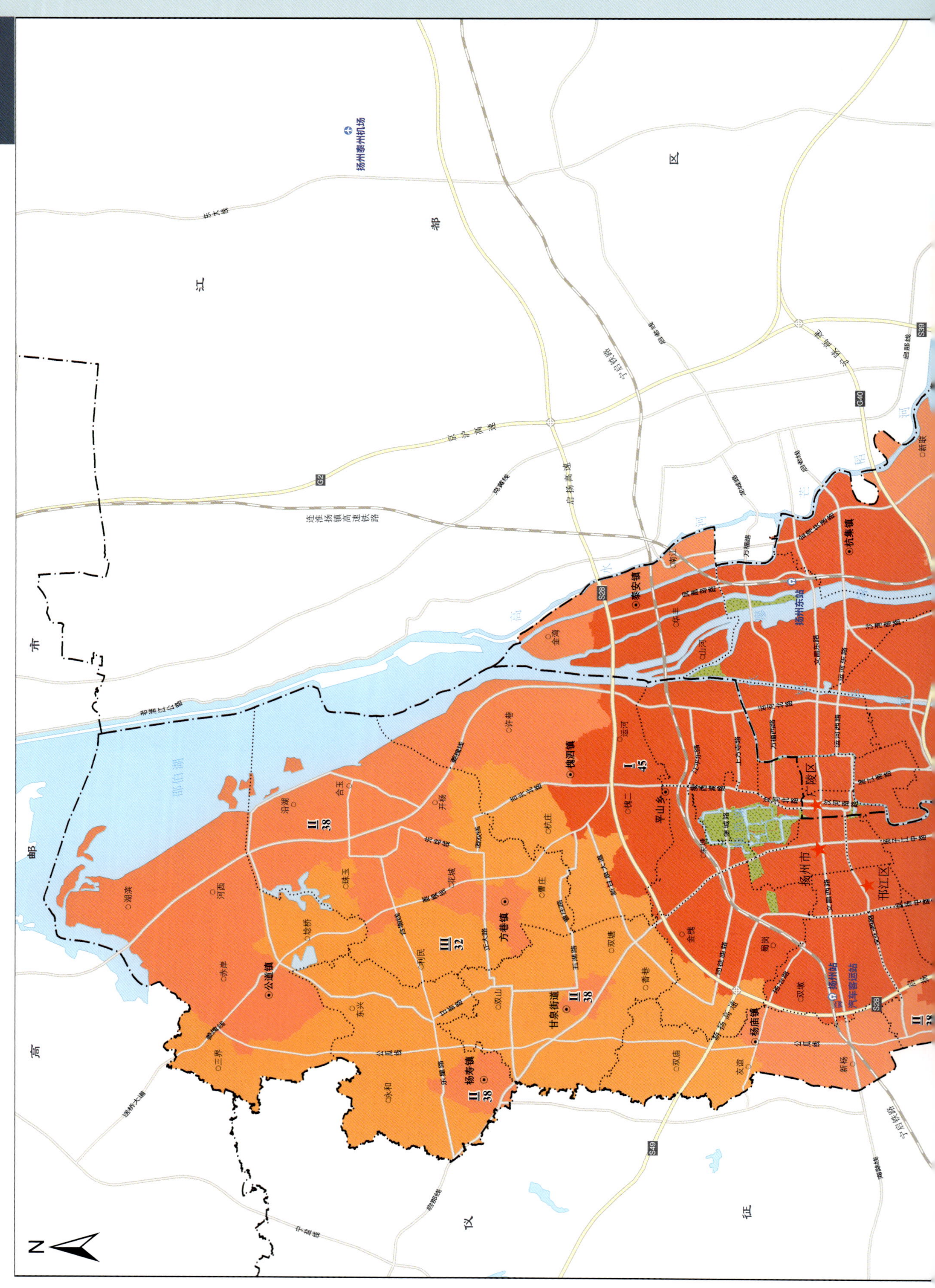

扬州泰州机场
江
都
区
市
邮
高
仪
征
邵伯湖
京沪高速
启扬高速
连淮扬镇高速铁路
宁启铁路
扬州东站
扬州站
汽车客运站
扬州市
广陵区
邗江区
泰安镇
杭集镇
槐泗镇
平山乡
方巷镇
公道镇
甘泉街道
杨庙镇
杨寿镇
I
45
II
38
III
32

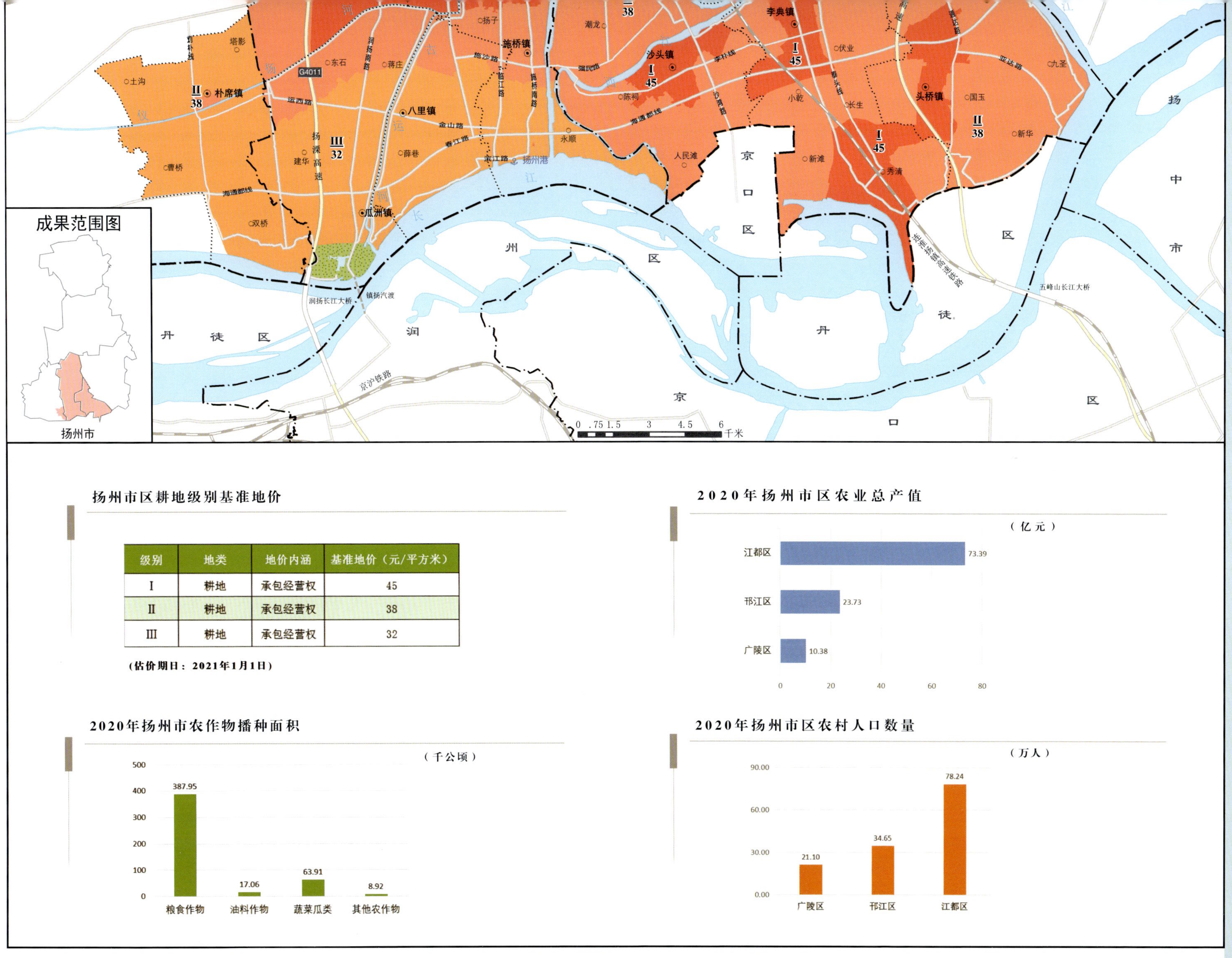

扬州市区耕地级别基准地价

级别	地类	地价内涵	基准地价（元/平方米）
I	耕地	承包经营权	45
II	耕地	承包经营权	38
III	耕地	承包经营权	32

（估价期日：2021年1月1日）

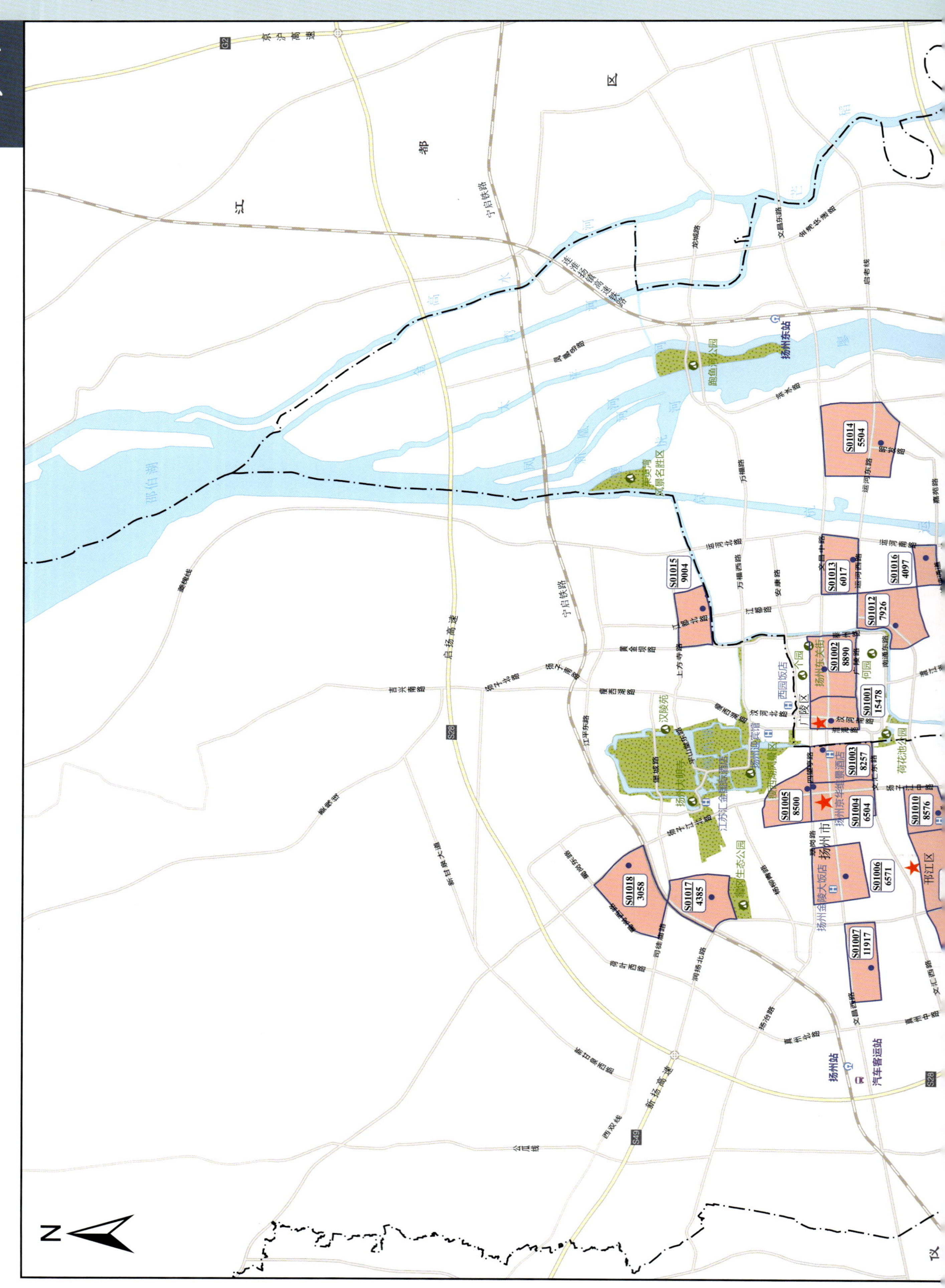
江
都
区
邵伯湖
宁启铁路
启扬高速
扬州东站
跑鱼河公园
S01014
5504
S01015
9004
S01013
6017
S01016
4097
S01012
7926
S01002
8890
S01001
15478
S01003
8257
S01005
8500
S01004
6504
S01010
8576
S01006
6571
S01018
3058
S01017
4385
S01007
11917
西园饭店
个园
扬州东关街
何园
荷花池公园
汉陵苑
广陵区
扬州市
邗江区
扬州站
汽车客运站
S28
S49
G2
N

商服用地（国有）标定地价图

（估价期日：2021年1月1日）

京沪高速
G2
宁启铁路
启扬高速
S28
新扬高速
S49
邵伯湖
扬州东站
扬州站
汽车客运站
扬州市
广陵区
邗江区
扬州市图书馆
广陵新城分馆
扬州大学医学院
附属医院
苏北人民医院
市中医院
扬州大学
扬州市图书馆
扬州博物馆
个园
何园
扬州东关街
荷花池公园
汉陵苑
蜀冈生态公园
跑鱼河公园
文昌中路
文昌西路
文昌东路
运河北路
运河南路
运河东路
运河西路
文汇东路
文汇西路
扬子江中路
扬子江北路
真州中路
真州北路
汶河北路
汶河南路
淮海路
广陵路
江都路
江都北路
安康路
万福西路
万福路
南通东路
四望亭路
江平东路
上方寺路
龙城路
明发路
嘉苑路
启老线
西双线
公瓜线
扬治路
润扬北路
新甘泉大道
吉兴南路
扬子北路
Z01020
7886
Z01008
13848
Z01007
11040
Z01006
14634
Z01013
9458
Z01014
10291
Z01012
9791
Z01017
13510
Z01005
12556
Z01001
12396
Z01009
8370
Z01002
10218
Z01016
6829
Z01003
9119
Z01004
13256
N

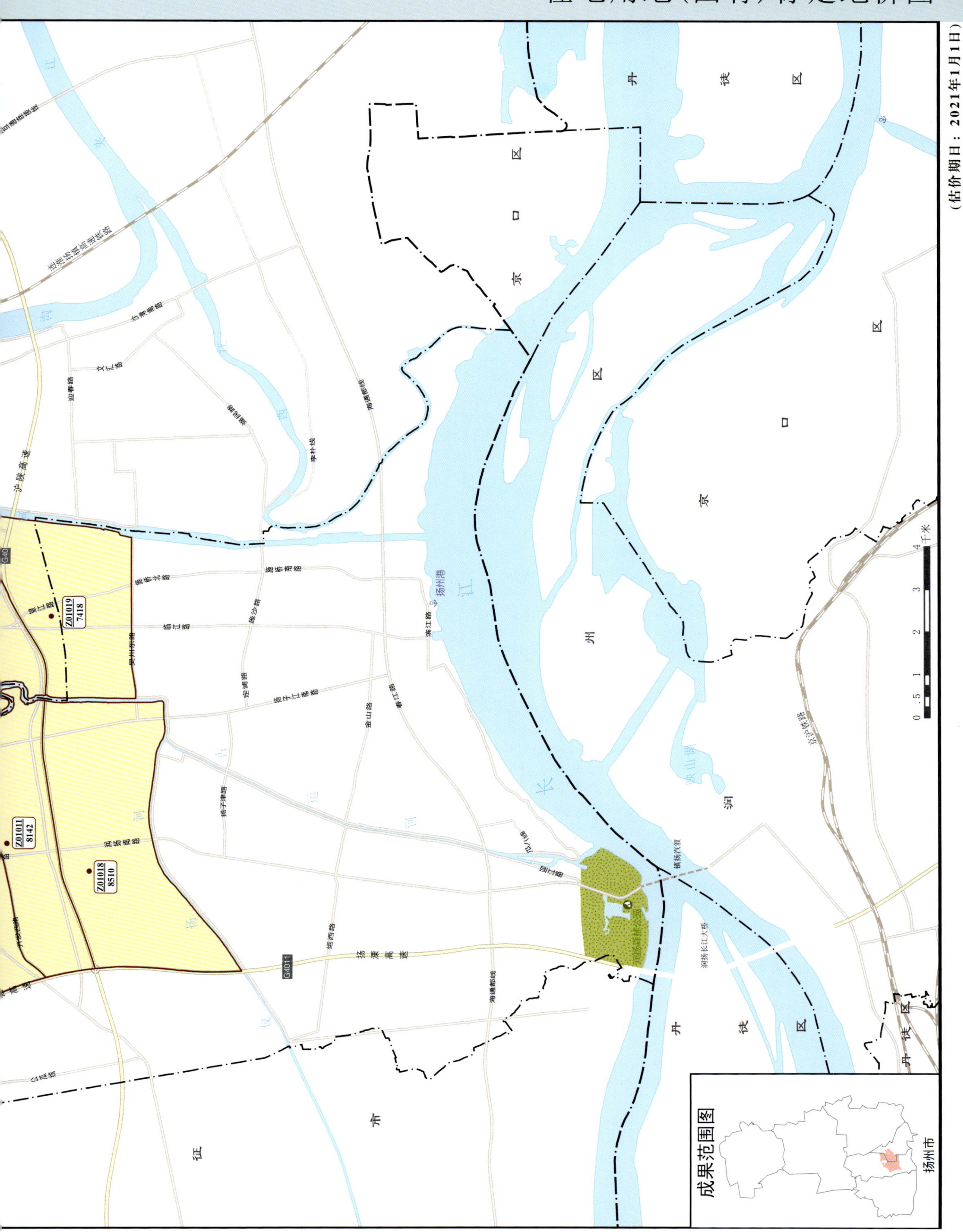
（估价期日：2021年1月1日）
Z01019
7418
Z01011
8142
Z01018
8510
扬州港
长江
京口区
丹徒区
润州区
征
市
扬溧高速
润扬长江大桥
京沪铁路
成果范围图
扬州市
千米

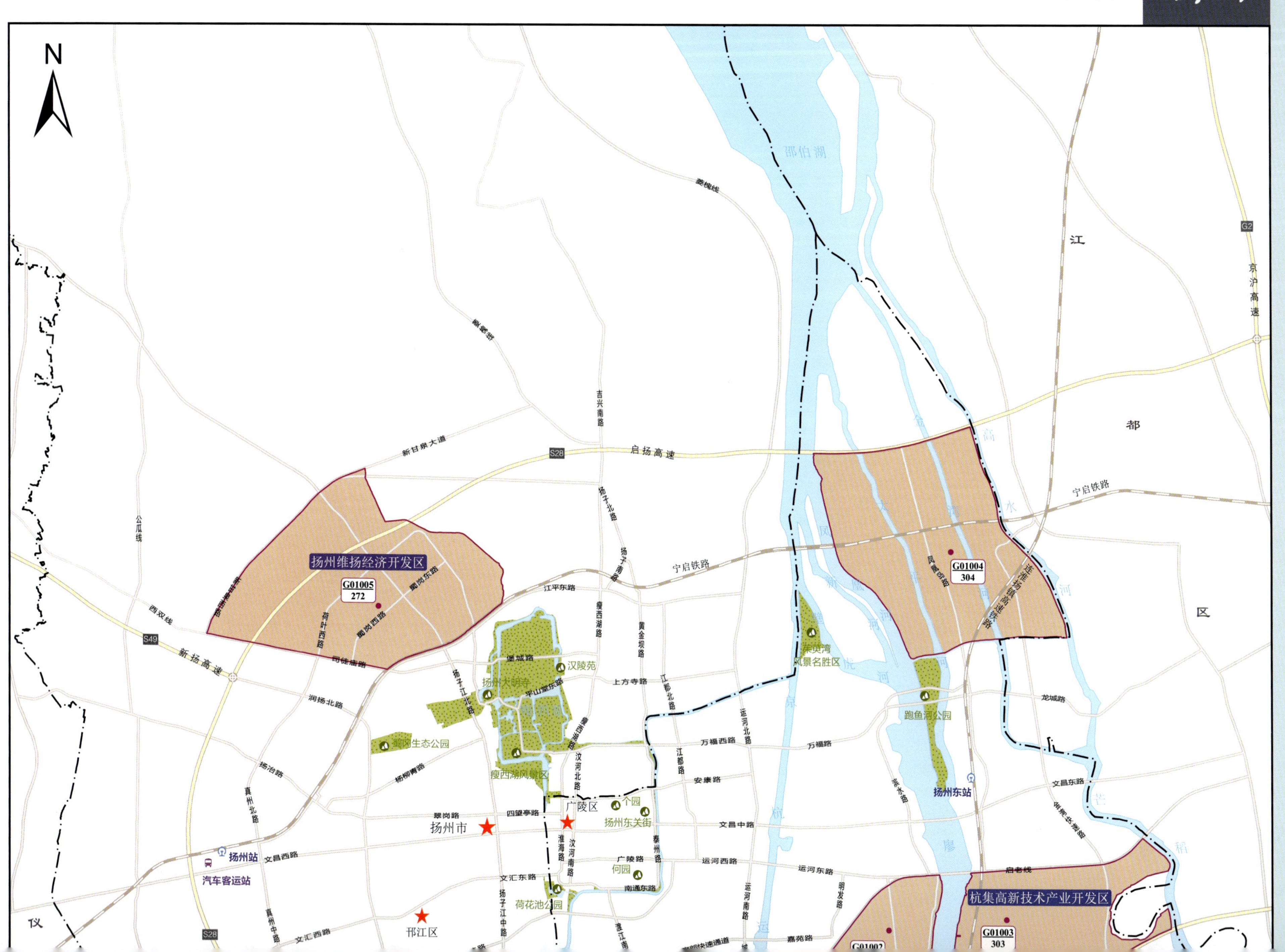

N
扬州维扬经济开发区
G01005
272
G01004
304
杭集高新技术产业开发区
G01003
303
扬州市
广陵区
邗江区
扬州站
汽车客运站
扬州东站
个园
何园
扬州东关街
荷花池公园
汉陵苑
扬州大明寺
瘦西湖风景区
蜀冈生态公园
茱萸湾风景名胜区
跑鱼河公园
邵伯湖
启扬高速
新扬高速
京沪高速
宁启铁路
S28
S49
G2
江
都
区
仪
新甘泉大道
吉兴南路
扬子北路
扬子南路
江平东路
瘦西湖路
黄金坝路
上方寺路
江都北路
运河北路
万福西路
万福路
安康路
文昌中路
文昌西路
文昌东路
运河西路
运河东路
启老线
龙城路
润扬北路
扬柳青路
真州北路
真州中路
文汇东路
文汇西路
四望亭路
翠岗路
淮海路
汉河北路
汉河南路
广陵路
泰州路
南通东路
嘉苑路
明发路
荷叶西路
蜀冈西路
蜀冈东路
公瓜线
西双线

工矿仓储用地（国有）标定地价图

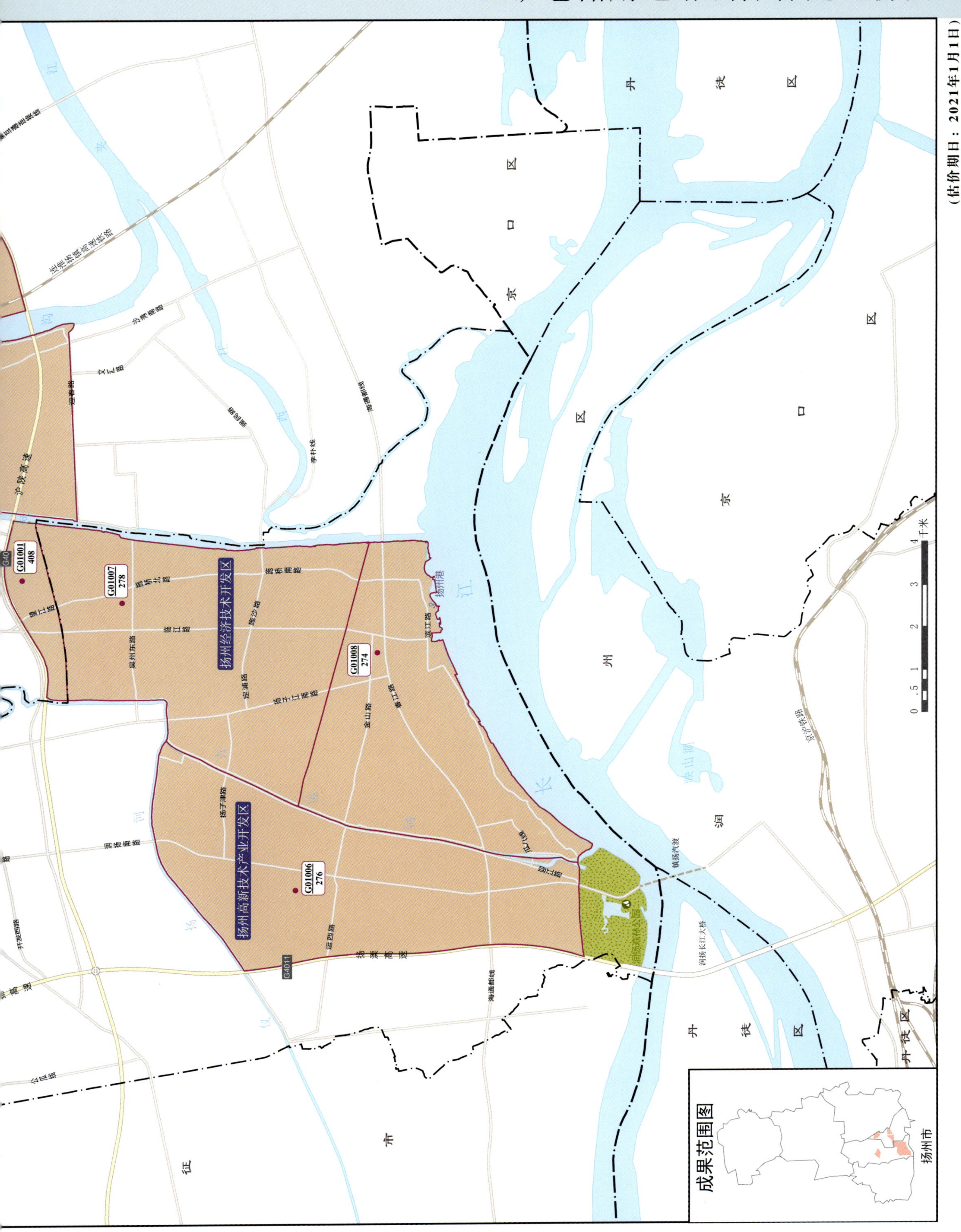

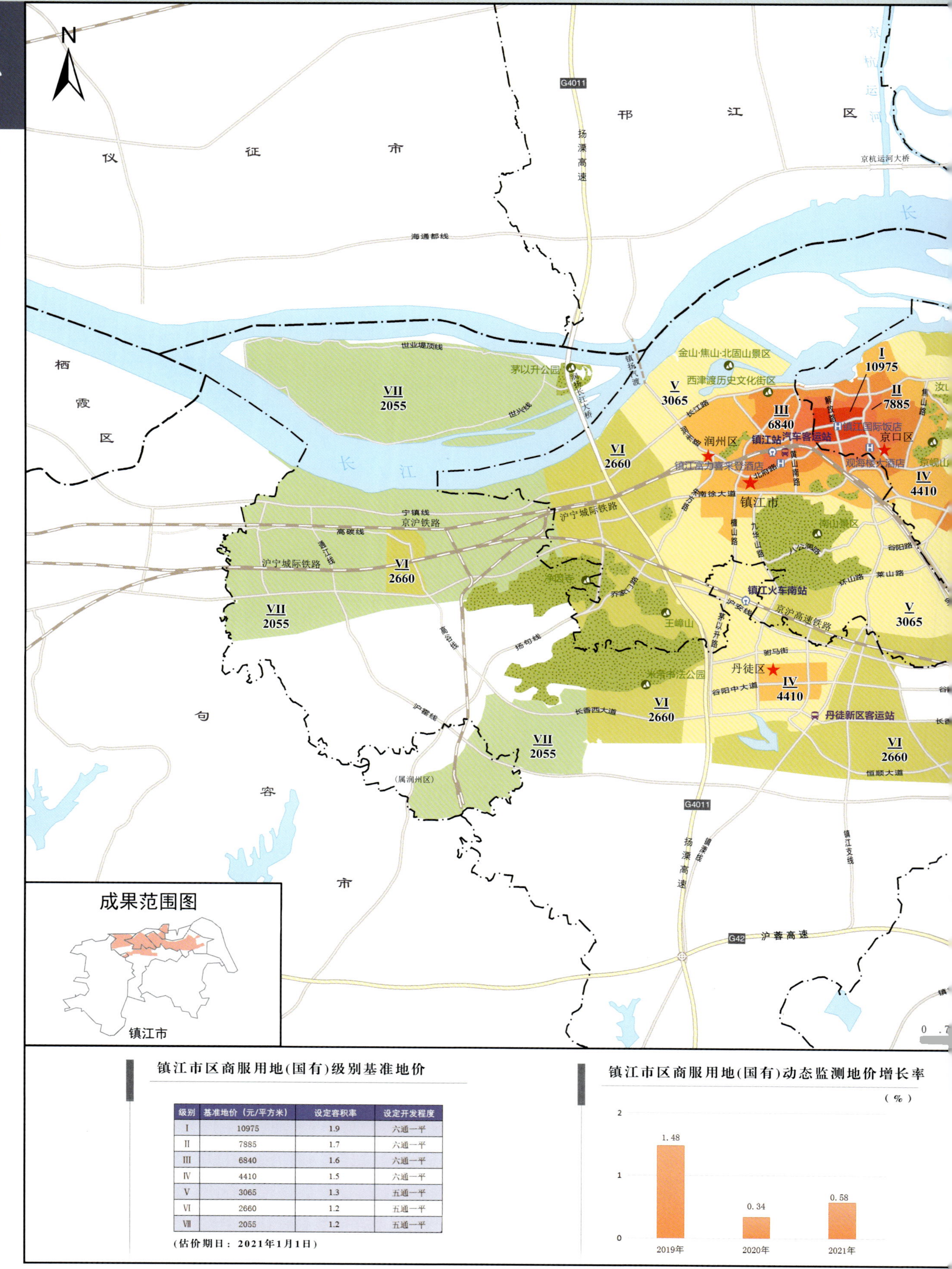

镇江市区商服用地(国有)级别基准地价

级别	基准地价（元/平方米）	设定容积率	设定开发程度
I	10975	1.9	六通一平
II	7885	1.7	六通一平
III	6840	1.6	六通一平
IV	4410	1.5	六通一平
V	3065	1.3	五通一平
VI	2660	1.2	五通一平
VII	2055	1.2	五通一平

（估价期日：2021年1月1日）

镇江市区商服用地(国有)动态监测地价增长率

（%）

年份	增长率
2019年	1.48
2020年	0.34
2021年	0.58

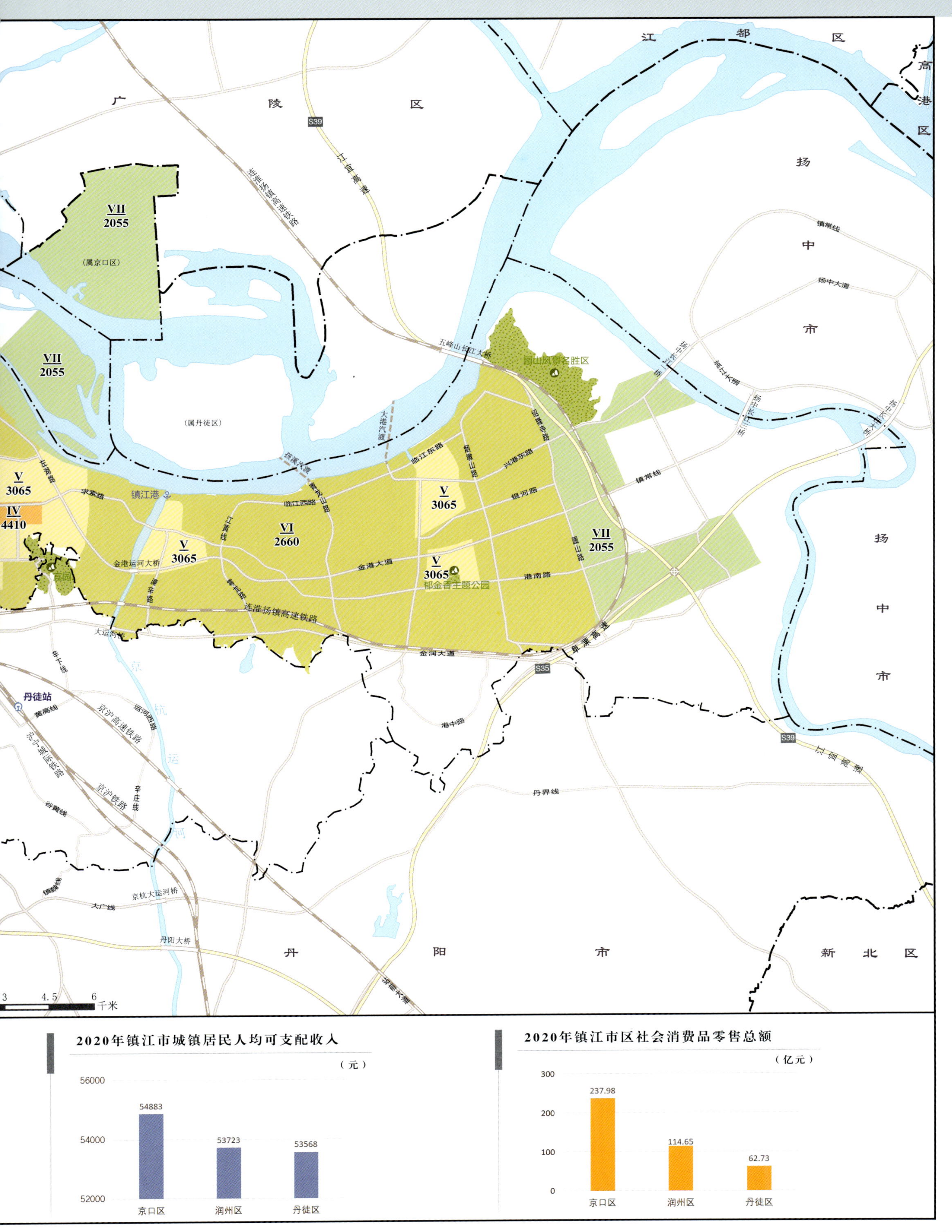

2020年镇江市城镇居民人均可支配收入

(元)

区	人均可支配收入
京口区	54883
润州区	53723
丹徒区	53568

2020年镇江市区社会消费品零售总额

(亿元)

区	社会消费品零售总额
京口区	237.98
润州区	114.65
丹徒区	62.73

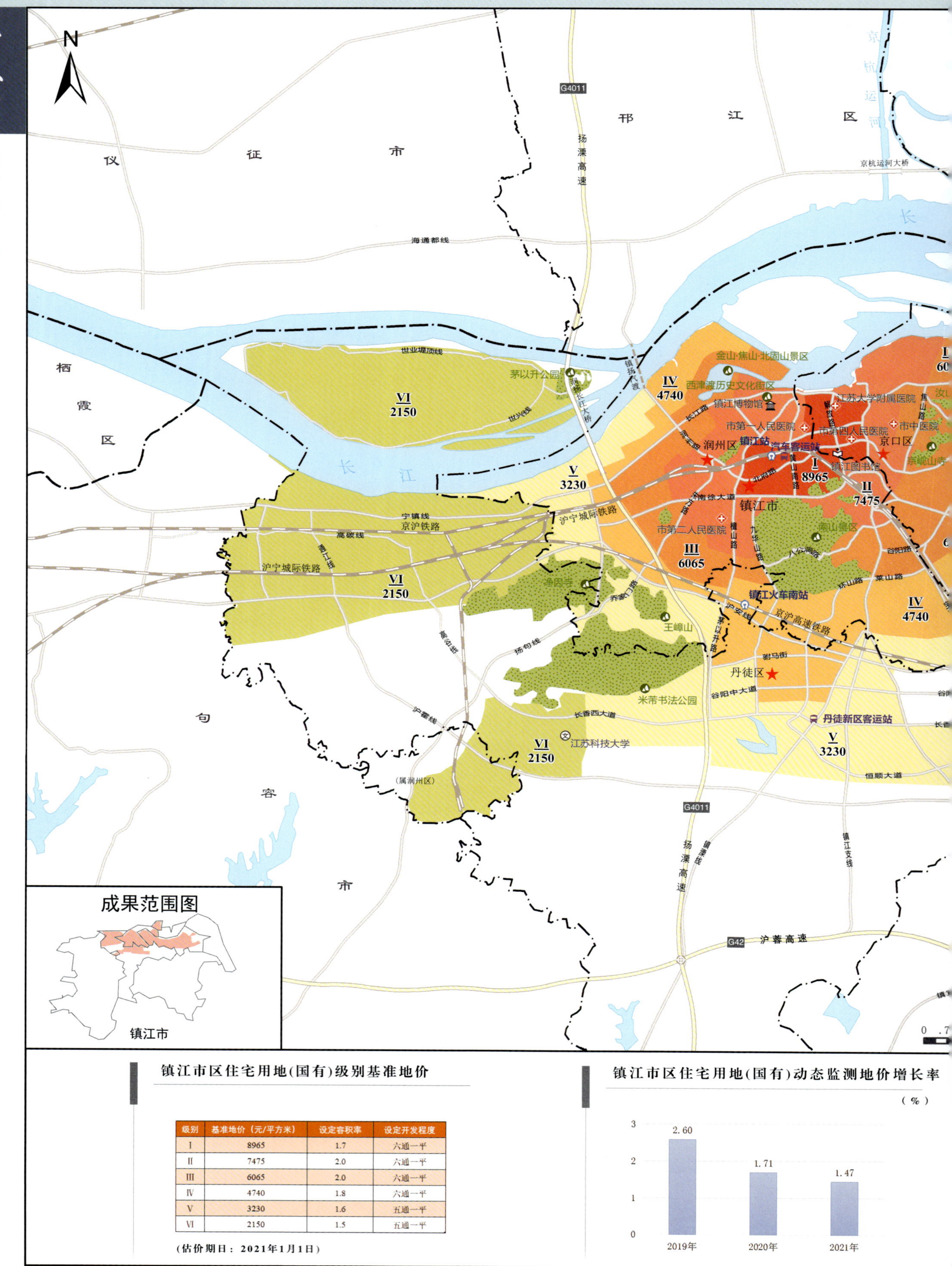

镇江市区住宅用地(国有)级别基准地价

级别	基准地价（元/平方米）	设定容积率	设定开发程度
Ⅰ	8965	1.7	六通一平
Ⅱ	7475	2.0	六通一平
Ⅲ	6065	2.0	六通一平
Ⅳ	4740	1.8	六通一平
Ⅴ	3230	1.6	五通一平
Ⅵ	2150	1.5	五通一平

（估价期日：2021年1月1日）

镇江市区住宅用地(国有)动态监测地价增长率

住宅用地(国有)级别基准地价图

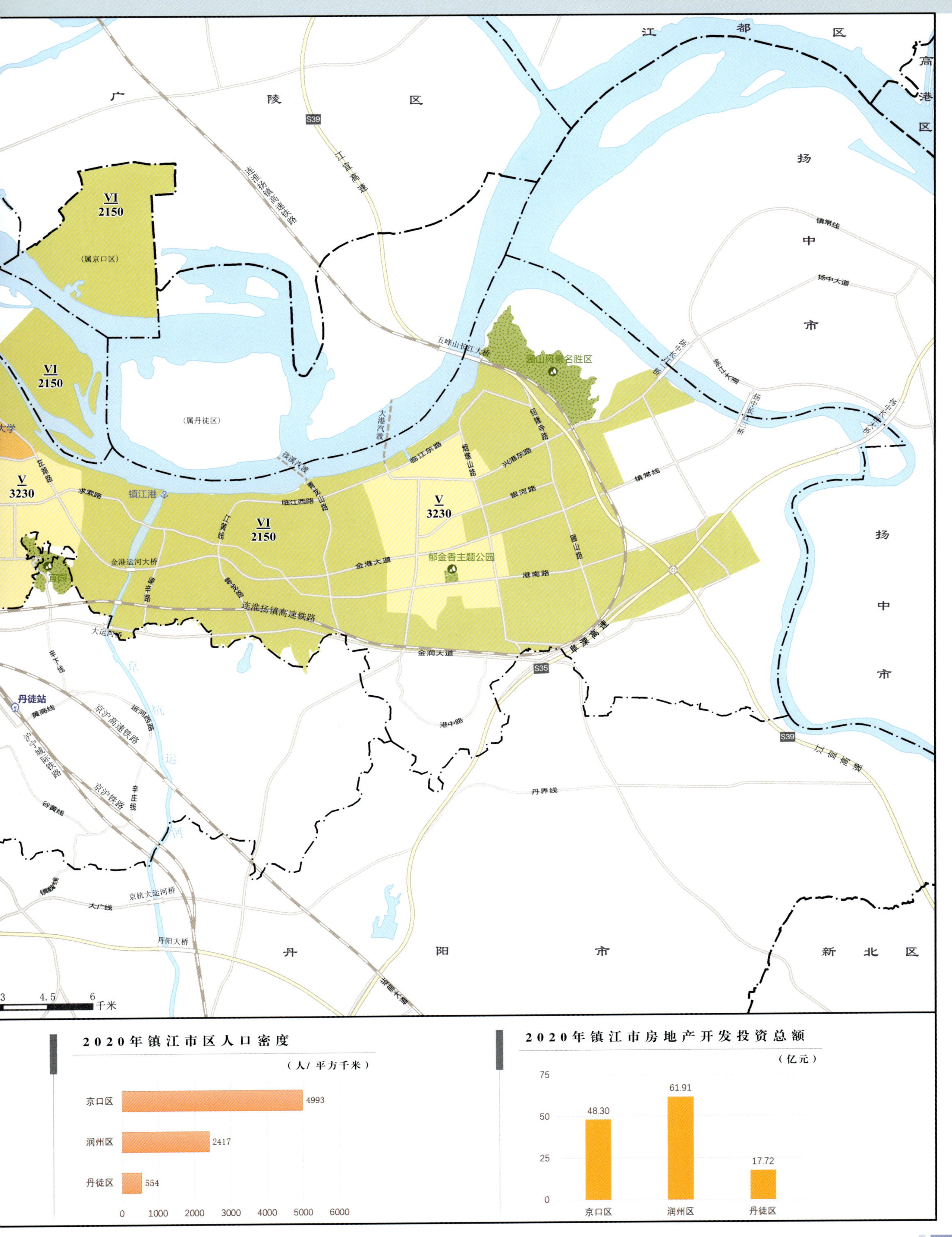

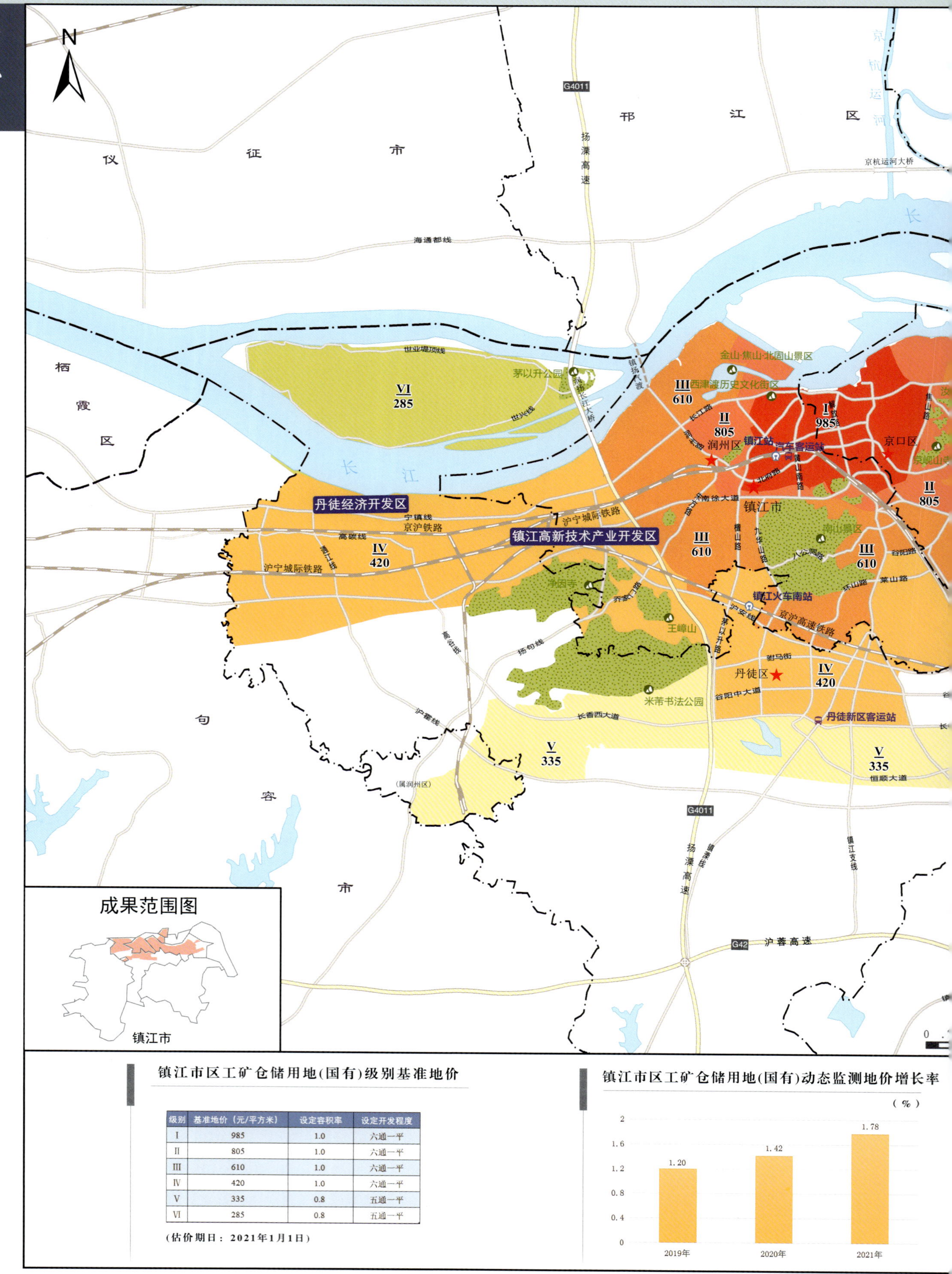

镇江市区工矿仓储用地(国有)级别基准地价

级别	基准地价（元/平方米）	设定容积率	设定开发程度
I	985	1.0	六通一平
II	805	1.0	六通一平
III	610	1.0	六通一平
IV	420	1.0	六通一平
V	335	0.8	五通一平
VI	285	0.8	五通一平

(估价期日：2021年1月1日)

镇江市区工矿仓储用地(国有)动态监测地价增长率

工矿仓储用地（国有）级别基准地价图

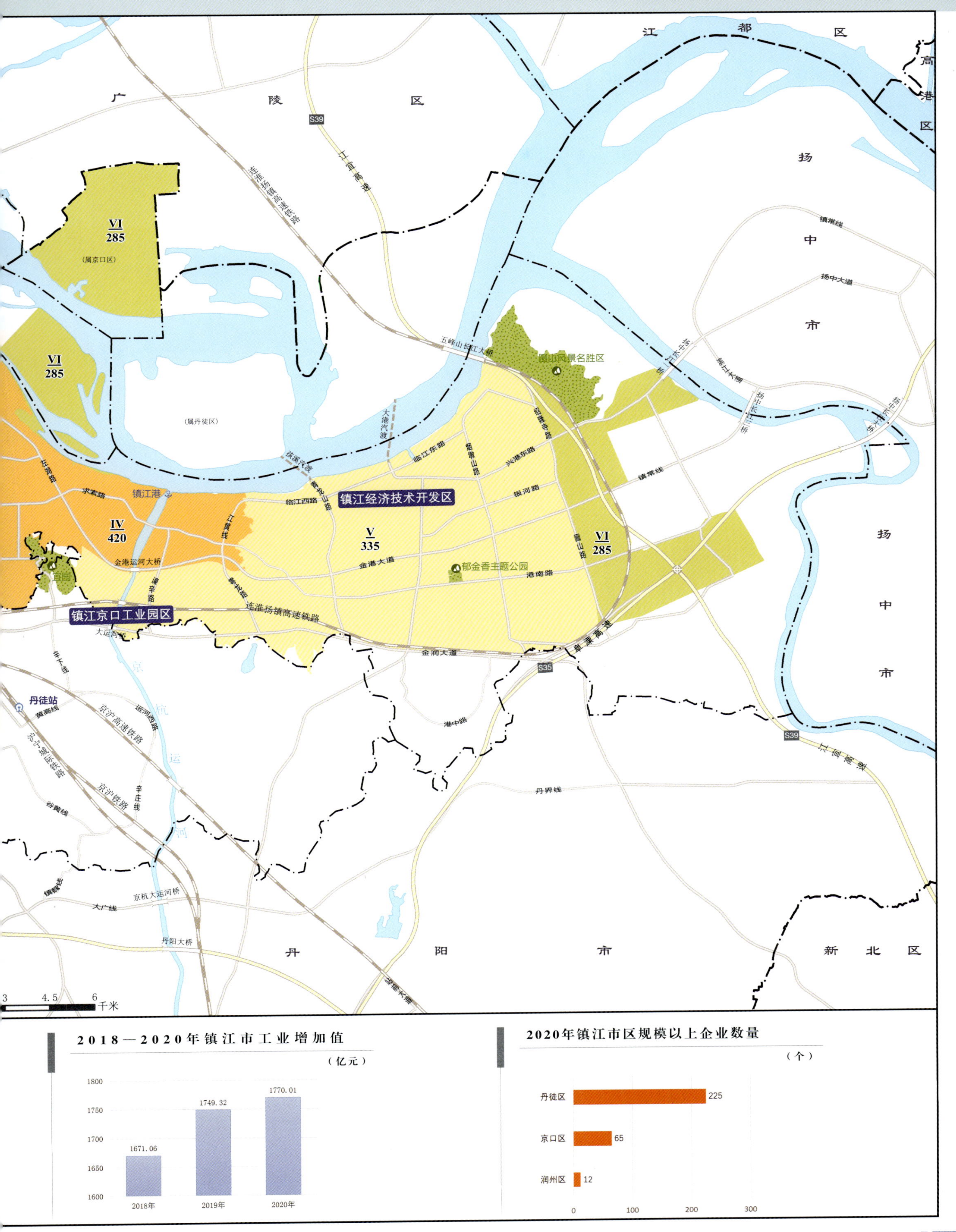

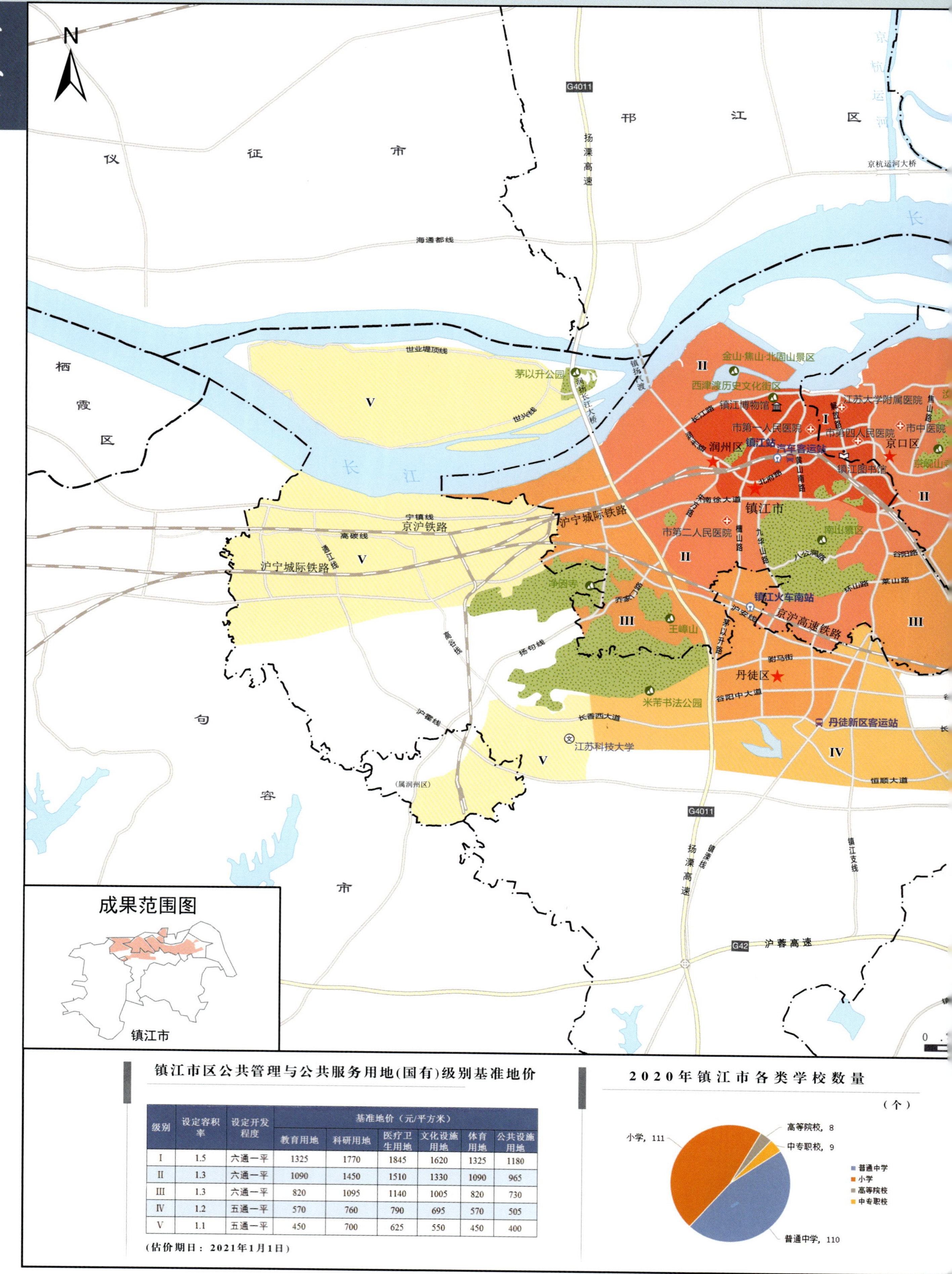

镇江市区公共管理与公共服务用地(国有)级别基准地价

级别	设定容积率	设定开发程度	基准地价（元/平方米）					
			教育用地	科研用地	医疗卫生用地	文化设施用地	体育用地	公共设施用地
I	1.5	六通一平	1325	1770	1845	1620	1325	1180
II	1.3	六通一平	1090	1450	1510	1330	1090	965
III	1.3	六通一平	820	1095	1140	1005	820	730
IV	1.2	五通一平	570	760	790	695	570	505
V	1.1	五通一平	450	700	625	550	450	400

（估价期日：2021年1月1日）

2020年镇江市各类学校数量

公共管理与公共服务用地(国有)级别基准地价图

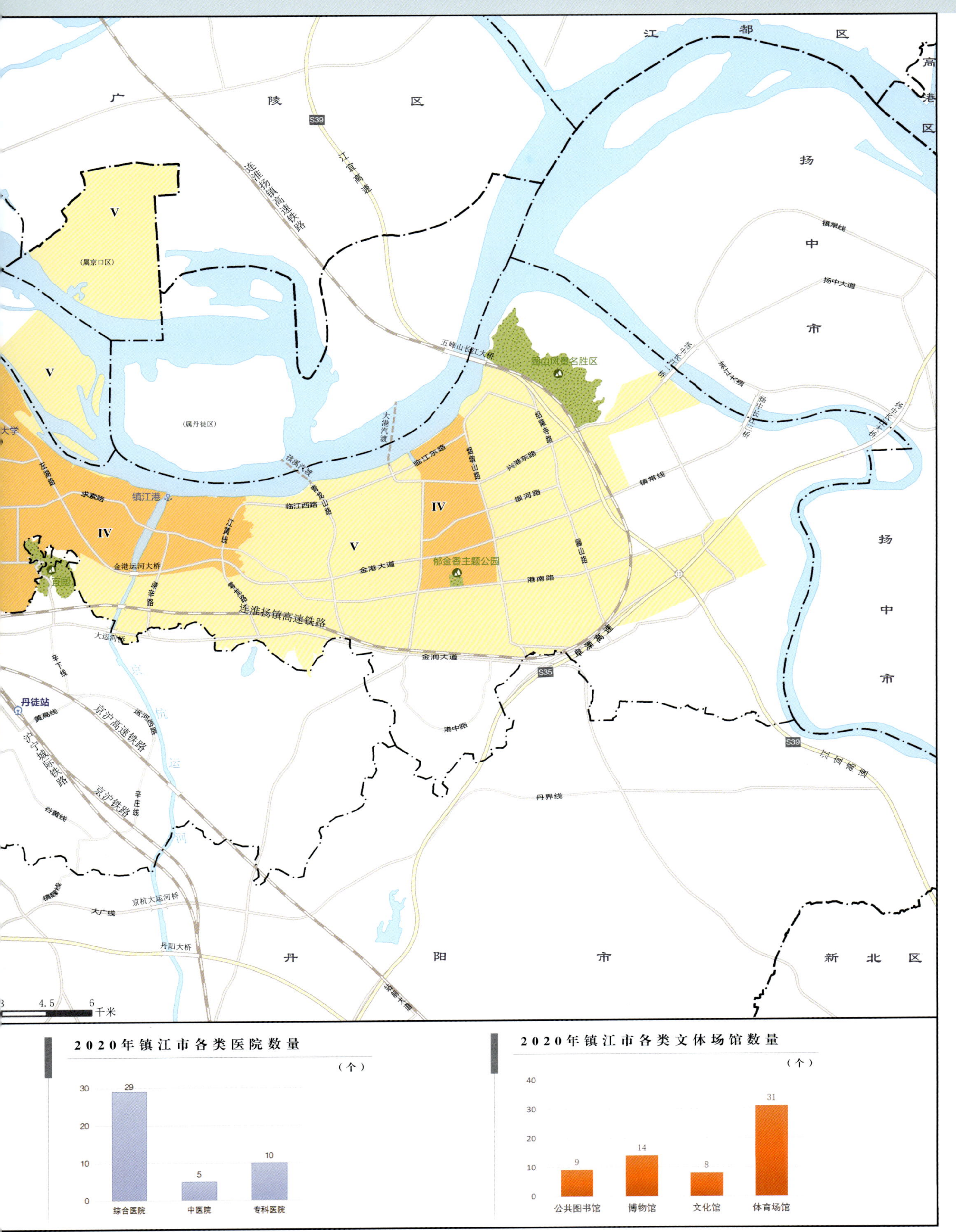

2020年镇江市各类医院数量

(个)

综合医院	29
中医院	5
专科医院	10

2020年镇江市各类文体场馆数量

(个)

公共图书馆	9
博物馆	14
文化馆	8
体育场馆	31

地价成果图

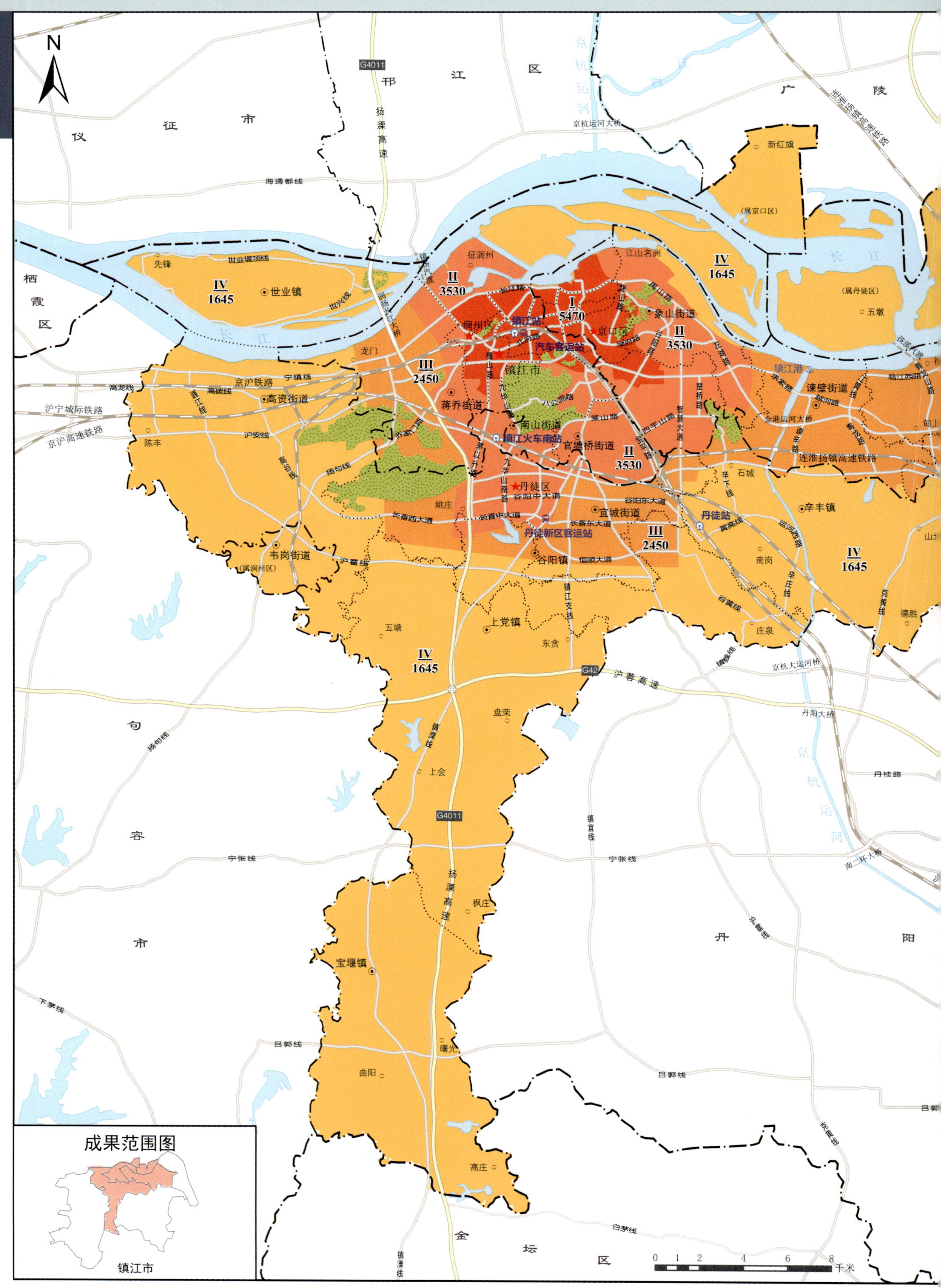
N
邗　江　区
仪　征　市
广　陵
栖　霞　区
京杭运河
京杭运河大桥
新红旗
(属京口区)
长江
(属丹徒区)
五墩
先锋
世业镇
Ⅳ
1645
征润州
Ⅱ
3530
江山名洲
Ⅰ
5470
象山街道
京口区
润州区
镇江站
汽车客运站
镇江市
Ⅲ
2450
蒋乔街道
南山街道
镇江火车南站
官塘桥街道
丹徒区
谷阳中大道
宜城街道
丹徒站
辛丰镇
丹徒新区客运站
谷阳镇
高资街道
陈丰
龙门
韦岗街道
(属润州区)
姚庄
南岗
庄泉
德胜
谏壁街道
镇江港
石城
上党镇
五塘
东贠
G42
沪蓉高速
G4011
扬溧高速
盘荣
上会
句　容　市
丹　阳
京杭大运河桥
丹阳大桥
丹桂路
宁张线
枫庄
宝堰镇
曙光
曲阳
吕郭线
高庄
金　坛　区
白茅线
京沪铁路
京沪高速铁路
沪宁城际铁路
连淮扬镇高速铁路
海通都线
0 1 2 4 6 8 千米
成果范围图
镇江市

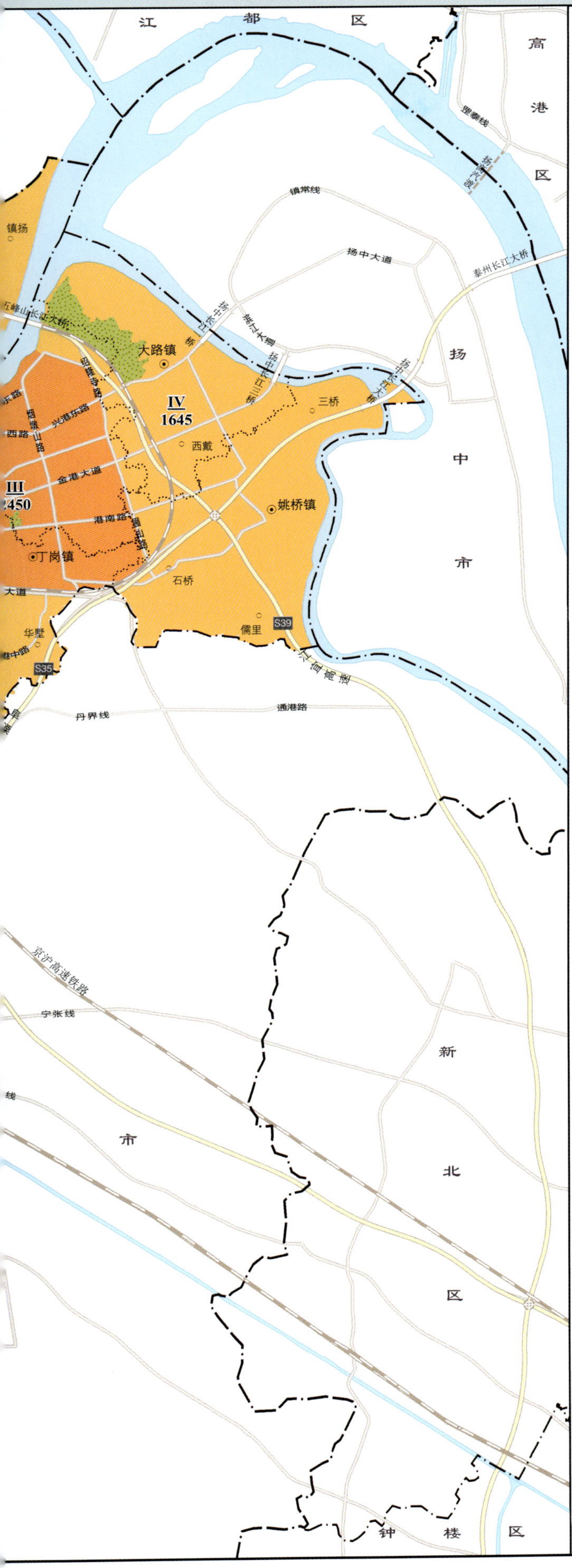

商服用地（集体）级别基准地价图

镇江市区商服用地（集体）级别基准地价

级别	基准地价（元/平方米）	设定容积率	设定开发程度
I	5470	1.2	五通一平
II	3530	1.1	五通一平
III	2450	1.0	五通一平
IV	1645	1.0	五通一平

（估价期日：2021年1月1日）

2018—2020年镇江市农村居民人均可支配收入

（元）

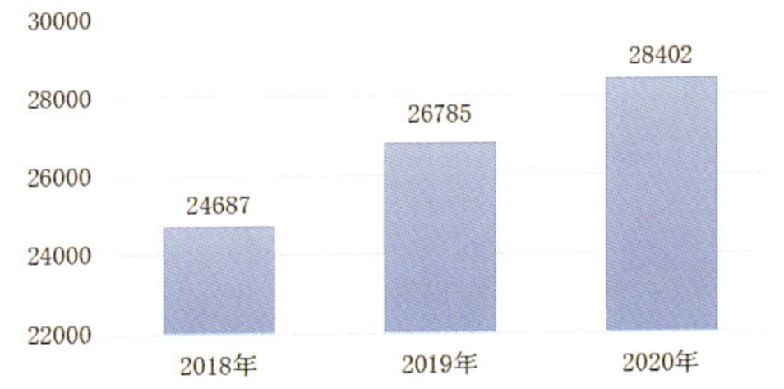

年份	收入
2018年	24687
2019年	26785
2020年	28402

2020年镇江市农村居民人均消费支出构成

（元）

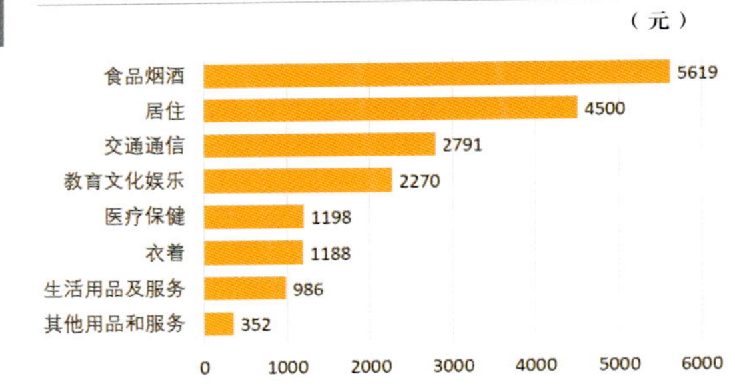

2018—2020年镇江市区居民消费价格总指数

（以上年价格为100）

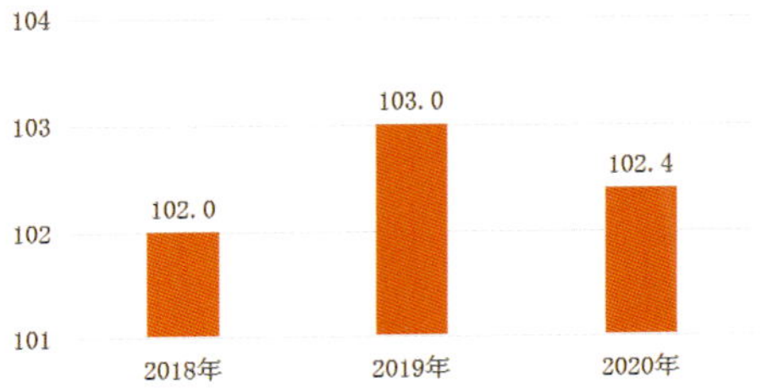

年份	指数
2018年	102.0
2019年	103.0
2020年	102.4

地价成果图

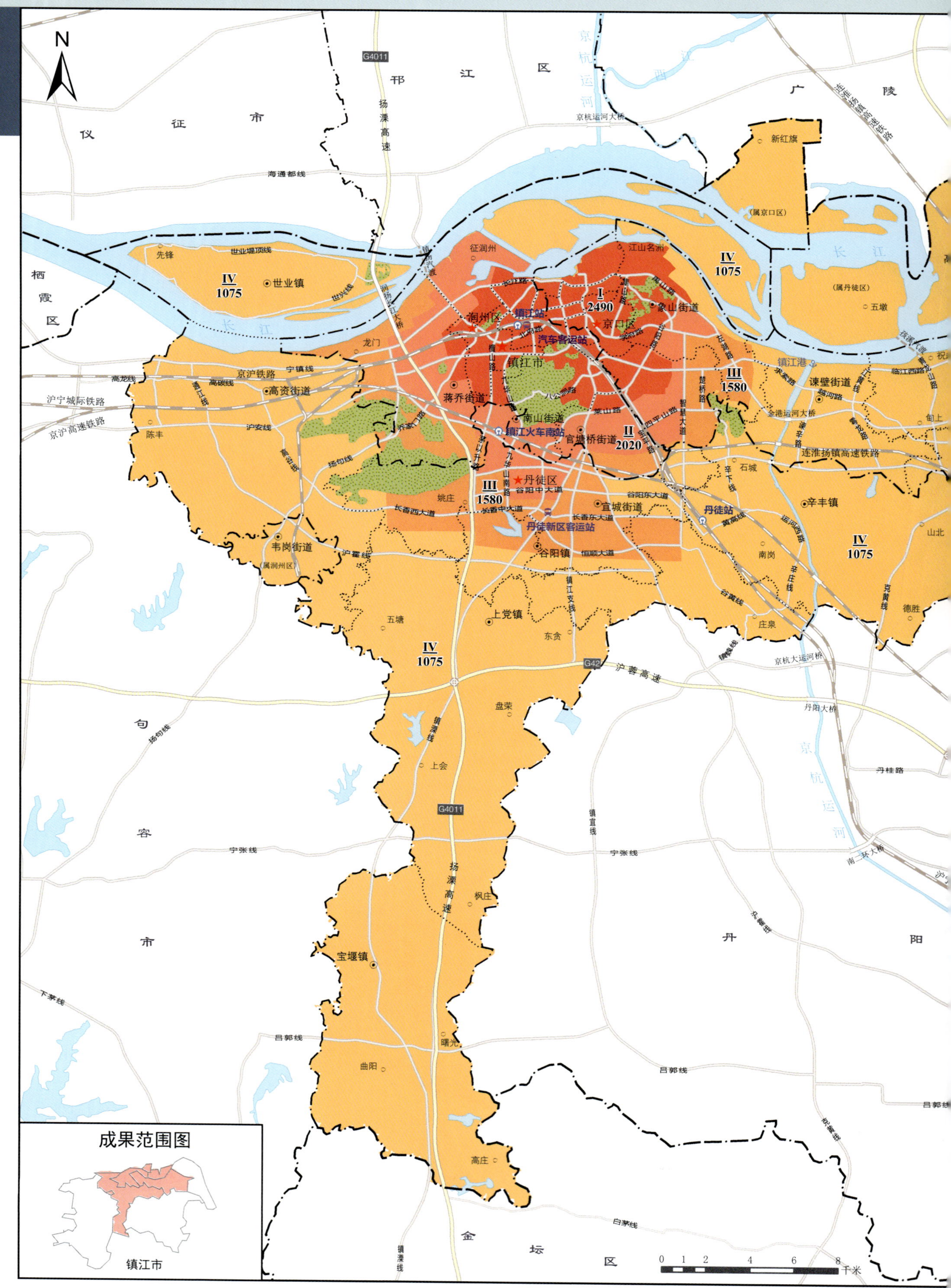

I
2490
II
2020
III
1580
IV
1075
镇江市
润州区
京口区
丹徒区
镇江站
镇江火车南站
汽车客运站
丹徒新区客运站
丹徒站
成果范围图
镇江市
千米

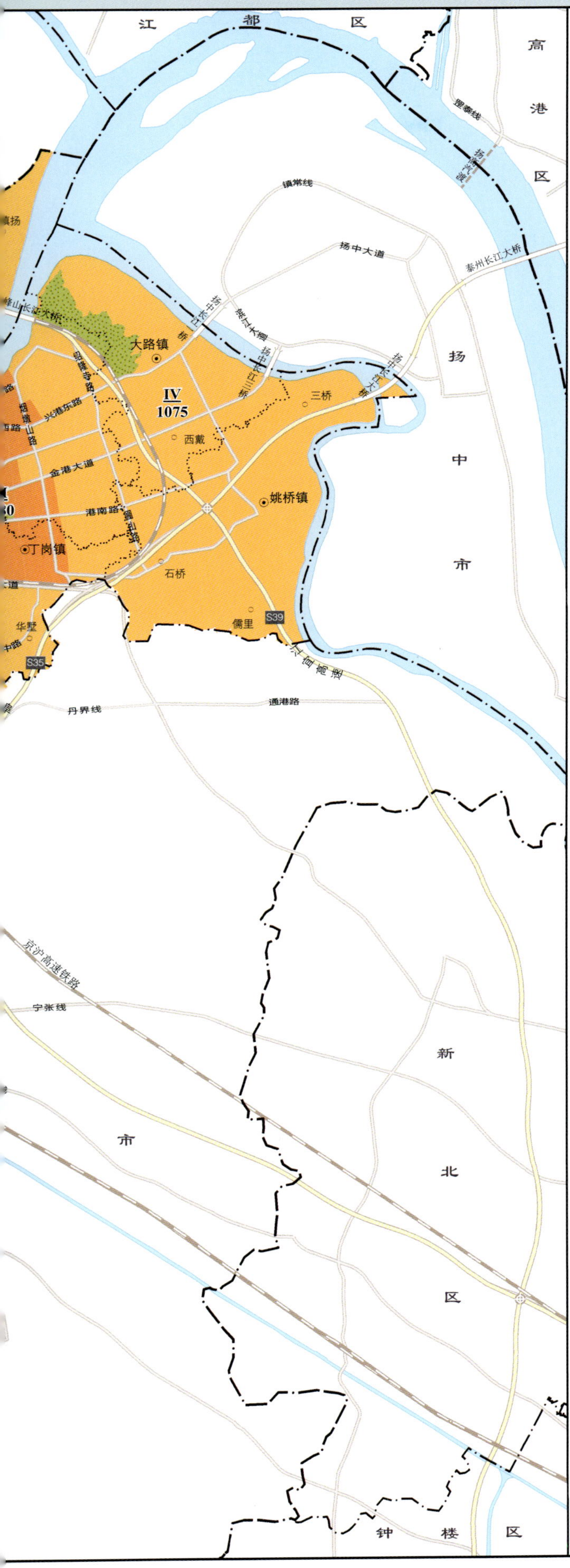

镇江市区宅基地(集体)级别基准地价

级别	基准地价（元/平方米）	设定容积率	设定开发程度
Ⅰ	2490	1.2	五通一平
Ⅱ	2020	1.1	五通一平
Ⅲ	1580	1.0	五通一平
Ⅳ	1075	1.0	五通一平

（估价期日：2021年1月1日）

2018—2020年镇江市人均现住房建筑面积

（平方米）

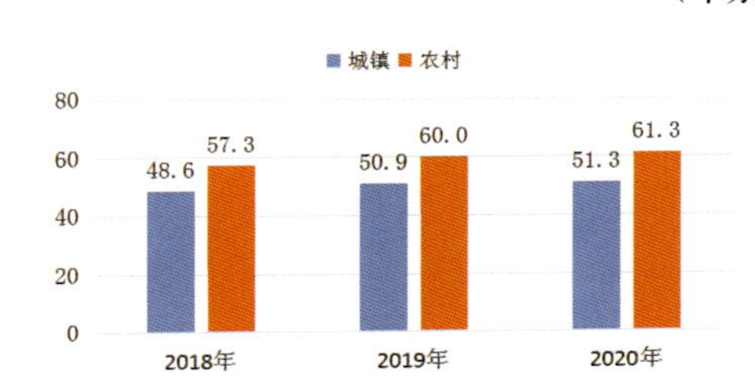

2020年镇江市地区人均生产总值

（元）

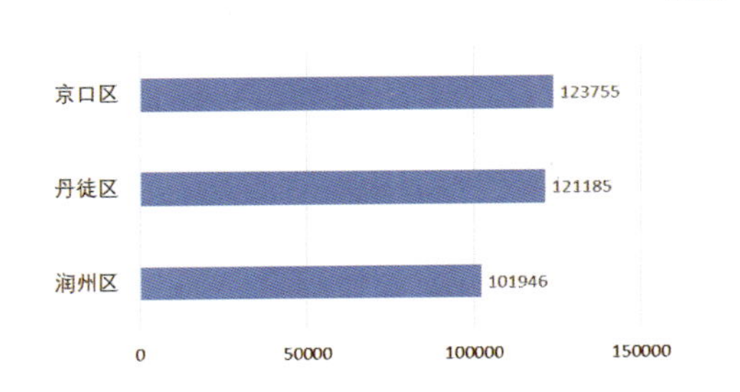

2020年镇江城区常住总人口

（万人）

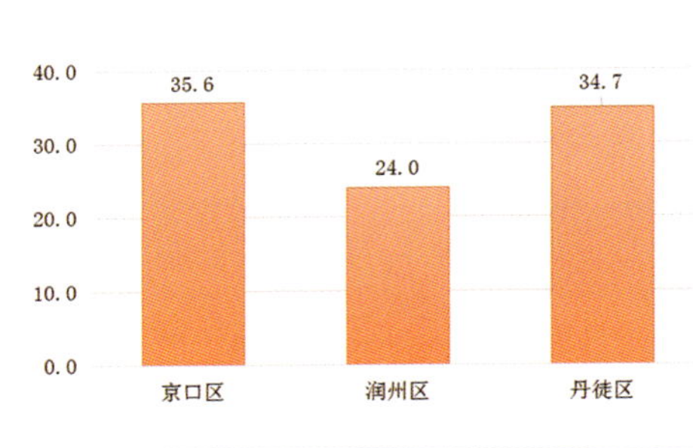

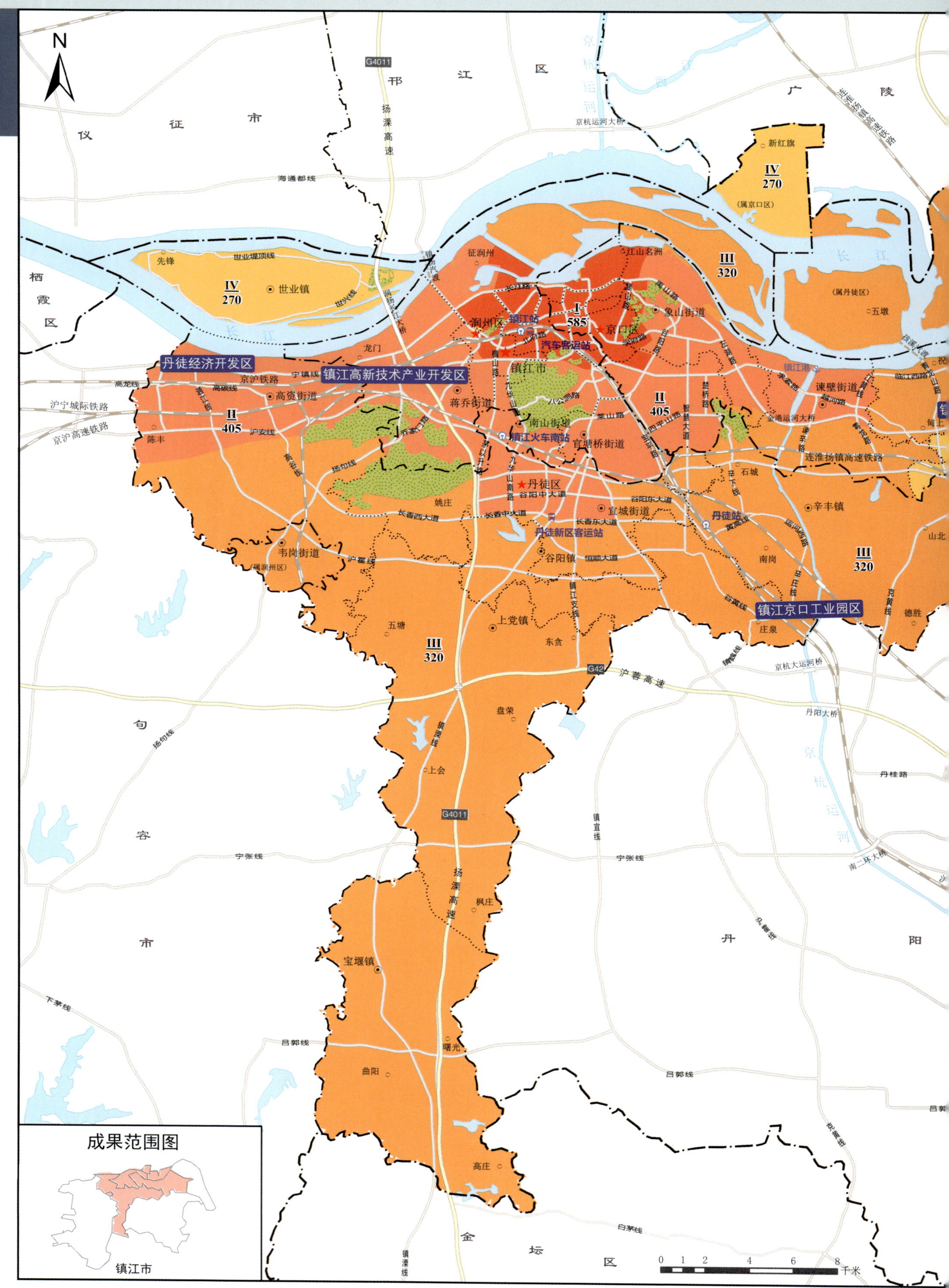
N
仪征市
邗江区
广陵
栖霞区
句容市
丹阳
金坛区
I
585
II
405
III
320
IV
270
丹徒经济开发区
镇江高新技术产业开发区
镇江京口工业园区
润州区
京口区
丹徒区
镇江市
镇江站
汽车客运站
镇江火车南站
丹徒站
丹徒新区客运站
镇江港
世业镇
高资街道
蒋乔街道
南山街道
官塘桥街道
宜城街道
象山街道
谏壁街道
韦岗街道
谷阳镇
上党镇
宝堰镇
辛丰镇
(属京口区)
(属丹徒区)
(属润州区)
长江
京杭运河
G4011
G42
扬溧高速
沪蓉高速
京沪铁路
沪宁城际铁路
京沪高速铁路
连淮扬镇高速铁路
成果范围图
镇江市
0 1 2 4 6 8 千米

工矿仓储用地（集体）级别基准地价图

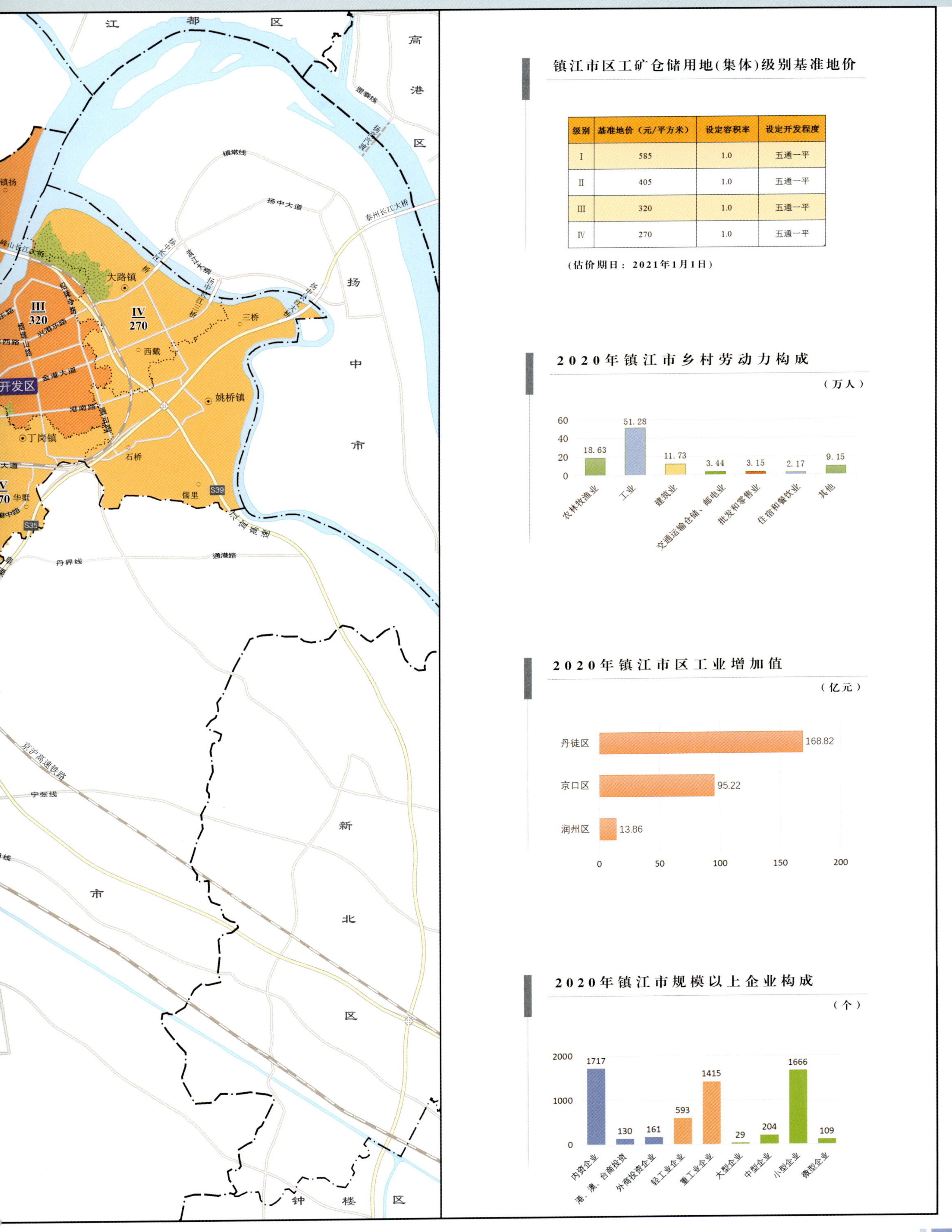

镇江市区工矿仓储用地（集体）级别基准地价

级别	基准地价（元/平方米）	设定容积率	设定开发程度
Ⅰ	585	1.0	五通一平
Ⅱ	405	1.0	五通一平
Ⅲ	320	1.0	五通一平
Ⅳ	270	1.0	五通一平

（估价期日：2021年1月1日）

2020年镇江市乡村劳动力构成

2020年镇江市区工业增加值

2020年镇江市规模以上企业构成

地价成果图

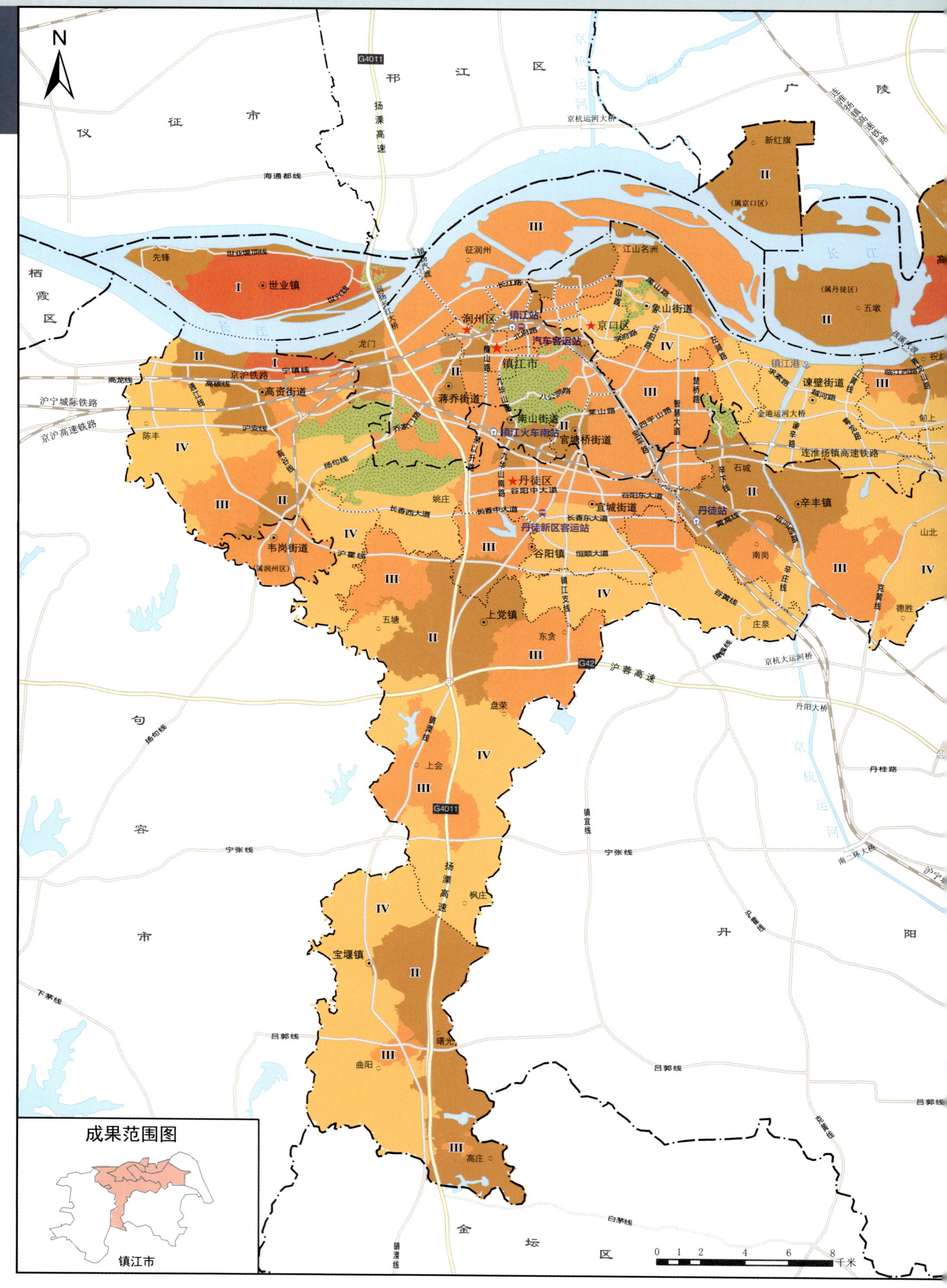
N
世业镇
润州区
镇江站
京口区
汽车客运站
镇江市
象山街道
高资街道
蒋乔街道
南山街道
镇江火车南站
官塘桥街道
丹徒区
宜城街道
丹徒新区客运站
谷阳镇
丹徒站
辛丰镇
韦岗街道
上党镇
谐壁街道
宝堰镇
成果范围图
镇江市
0 1 2 4 6 8 千米

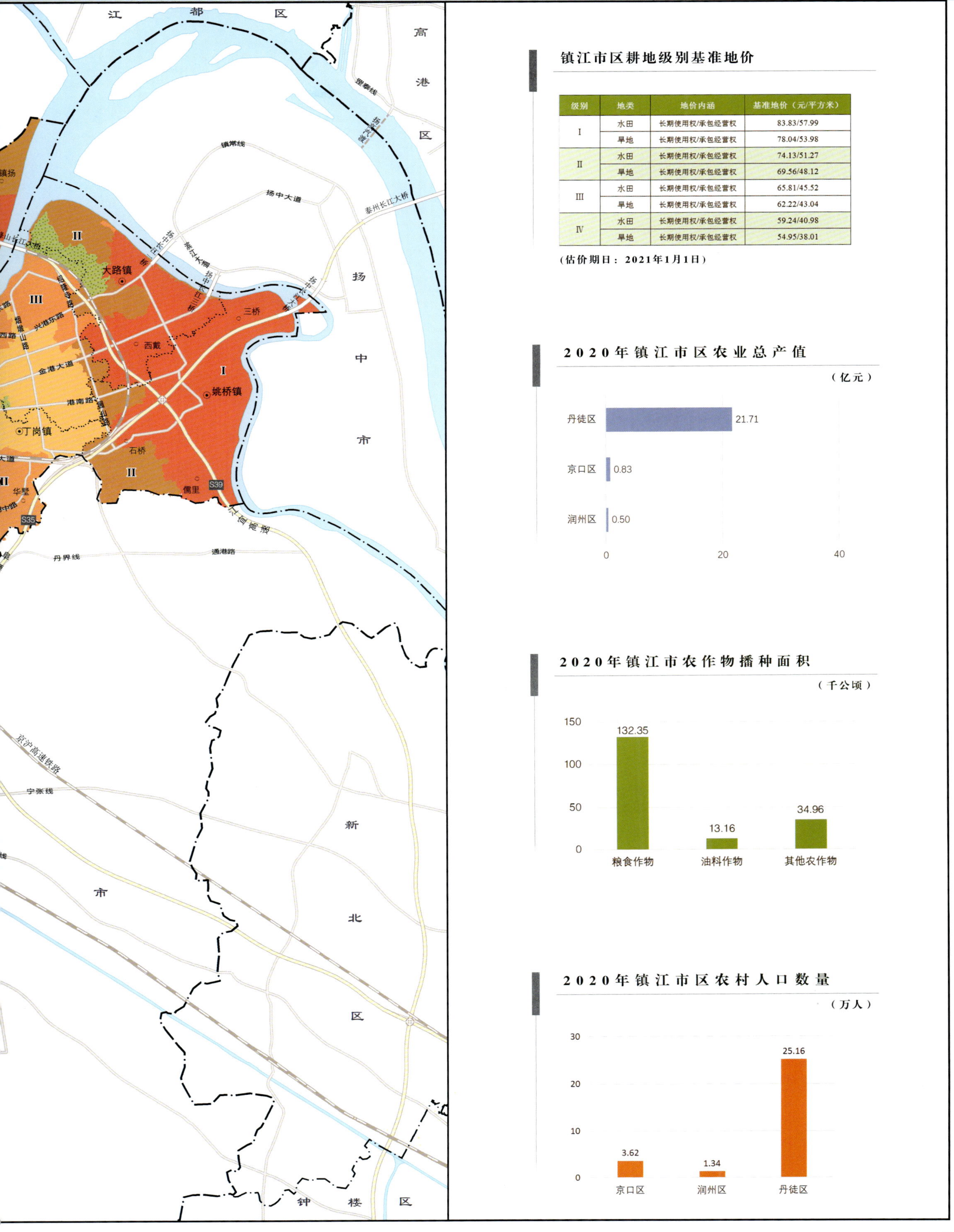

镇江市区耕地级别基准地价

级别	地类	地价内涵	基准地价（元/平方米）
I	水田	长期使用权/承包经营权	83.83/57.99
	旱地	长期使用权/承包经营权	78.04/53.98
II	水田	长期使用权/承包经营权	74.13/51.27
	旱地	长期使用权/承包经营权	69.56/48.12
III	水田	长期使用权/承包经营权	65.81/45.52
	旱地	长期使用权/承包经营权	62.22/43.04
IV	水田	长期使用权/承包经营权	59.24/40.98
	旱地	长期使用权/承包经营权	54.95/38.01

（估价期日：2021年1月1日）

2020年镇江市区农业总产值

2020年镇江市农作物播种面积

2020年镇江市区农村人口数量

N
G4011
扬溧高速
邗江区
京杭运河
京杭运河大桥
仪征市
海通都线
长江
世业堤顶线
金山·焦山·北固山景区
茅以升公园
润扬长江大桥
镇扬汽渡
西津渡历史文化街区
世兴线
长江路
S50002
9074
H70005
28051
H70004
80267
H70007
21300
镇江国际饭店
汽车客运站
润州区
镇江站
京口区
观海楼大酒店
镇江富力喜来登酒店
H70006
43987
H70008
18762
S50003
5975
宁镇线
镇江市
宁镇线
京沪铁路
沪宁城际铁路
高碶线
南山景区
谷阳路
沪宁城际铁路
S50004
18889
镇江火车南站
莱山路
乔家门路
王峰山
京沪高速铁路
扬句线
射马街
H70002
1423
丹徒区
米芾书法公园
谷阳中大道
H70001
15757
丹徒新区客运站
沪霍线
长香西大道
(属润州区)
恒顺大道
G4011
句容市
扬溧高速
镇江支线
G42
沪蓉高速
0 .5 1
成果范围图
镇江市

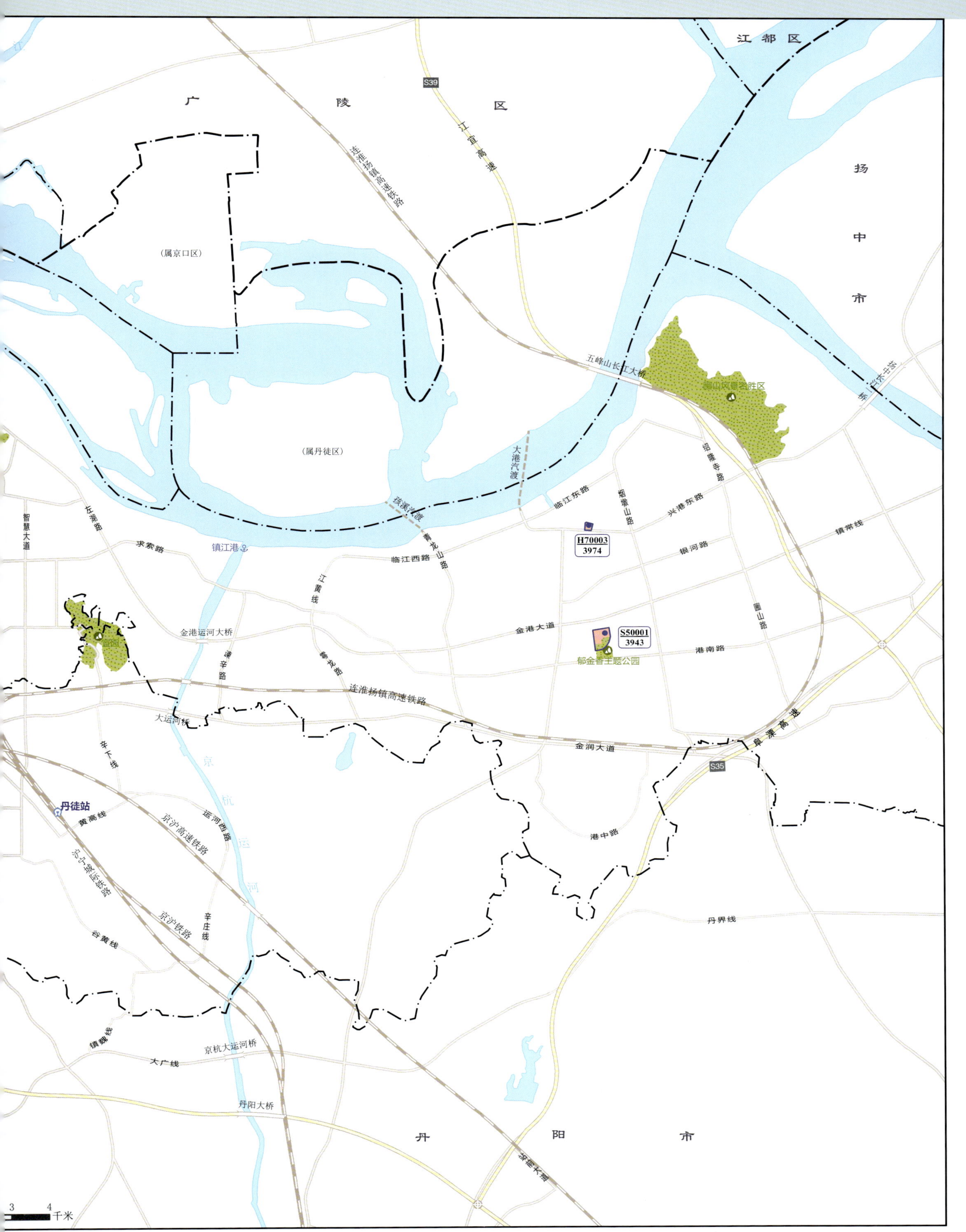

(估价期日：2021年1月1日)

N
G4011
扬溧高速
邗 江 区
京杭运河
京杭运河大桥
仪 征 市
海通都线
长江
世业堤顶线
茅以升公园
润扬长江大桥
世兴线
镇扬汽渡
金山·焦山·北固山景区
西津渡历史文化街区
镇江博物馆
江苏大学附属医院
市第一人民医院
市第四人民医院
市中医院
Z70007
6098
Z70006
4408
Z70005
18778
Z70010
14871
Z70009
12855
Z70004
12141
Z70001
4708
Z70003
6468
Z70002
5310
Z70008
4750
润州区
镇江站
汽车客运站
京口区
镇江图书馆
宁镇线
镇江市
京沪铁路
沪宁城际铁路
高碶线
通江线
市第二人民医院
南山景区
谷阳路
莱山路
镇江火车南站
京沪高速铁路
沪安线
茅以升路
净因寺
乔家门路
王峰山
扬句线
高谷线
驸马街
丹徒区
谷阳中大道
米芾书法公园
丹徒新区客运站
长香西大道
沪霍线
江苏科技大学
（属润州区）
恒顺大道
句 容 市
扬溧高速
镇溧线
镇江支线
G42
沪蓉高速
成果范围图
镇江市
0 .5 1

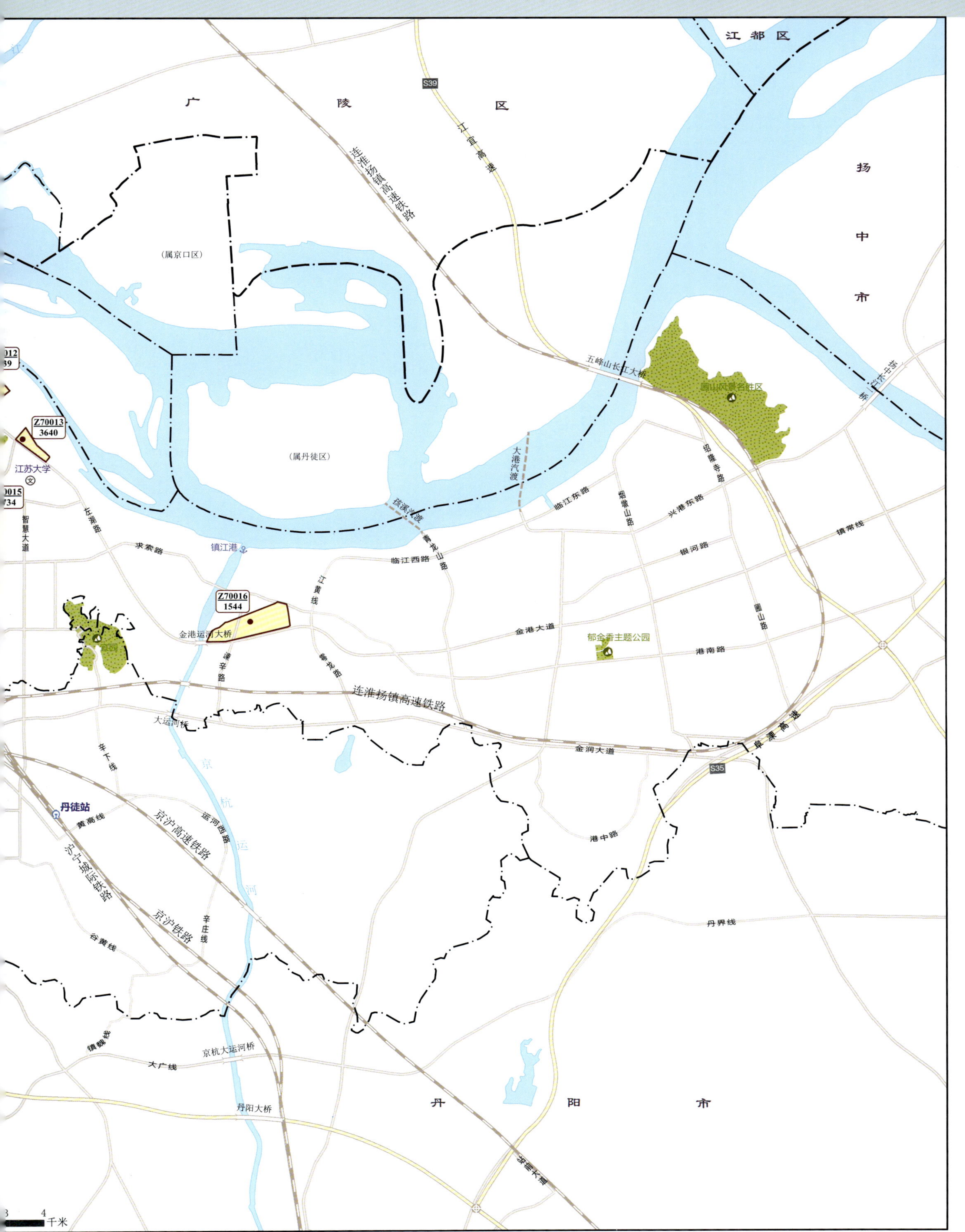

江都区
广
陵
区
S39
江宜高速
连淮扬镇高速铁路
扬
中
市
(属京口区)
(属丹徒区)
五峰山长江大桥
圌山风景名胜区
大港汽渡
临江东路
烟墩山路
兴港东路
绍隆寺路
镇常线
银河路
临江西路
镇江港
求索路
左湖路
智慧大道
江苏大学
Z70013
3640
Z70016
1544
金港运河大桥
江黄线
金港大道
郁金香主题公园
港南路
圌山路
连淮扬镇高速铁路
大运河桥
金润大道
S35
阜溧高速
辛下线
丹徒站
黄高线
沪宁城际铁路
京沪高速铁路
运河西路
京杭运河
港中路
丹界线
京沪铁路
辛庄线
谷黄线
镇蔟线
京杭大运河桥
大广线
丹阳大桥
丹
阳
市
千米

N
G4011
扬溧高速
邗
江
区
仪
征
市
京杭运河
京杭运河大桥
长
海通都线
世业堤顶线
茅以升公园
润扬长江大桥
镇扬汽渡
金山·焦山·北固山景区
西津渡历史文化街区
世兴线
长江路
周家路
润州区
镇江站
汽车客运站
京口区
长
江
G60003
445
镇江高新技术产业开发区
北府路
黄山南路
宁镇线
东方路
镇江市
G60002
412
宁镇线
京沪铁路
高磁线
沪宁城际铁路
G60004
444
G60005
554
檀山路
九华山路
南山景区
谷阳路
丹徒经济开发区
通江线
沪宁城际铁路
乔家门路
王峰山
镇江火车南站
林山路
莱山路
沪安线
京沪高速铁路
高谷线
扬句线
茅以升路
驸马街
丹徒区
米芾书法公园
谷阳中大道
丹徒新区客运站
G60001
452
长香西大道
沪蓉线
(属润州区)
恒顺大道
句
G4011
扬溧高速
镇溧线
镇江支线
容
市
G42
沪蓉高速
成果范围图
镇江市

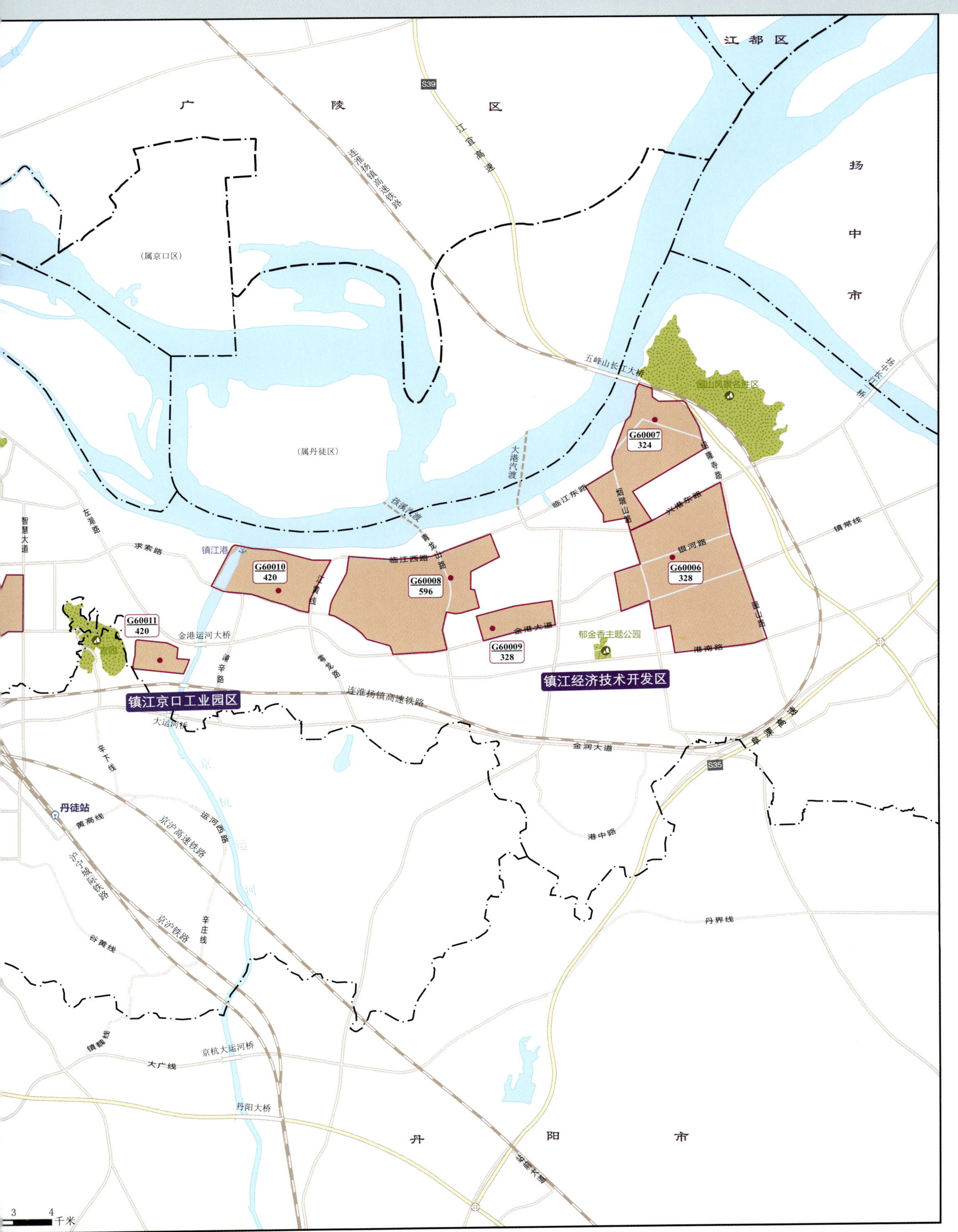
江都区
广陵区
扬中市
(属京口区)
(属丹徒区)
G60007
324
G60006
328
G60008
596
G60009
328
G60010
420
G60011
420
镇江经济技术开发区
镇江京口工业园区
五峰山长江大桥
连淮扬镇高速铁路
江宜高速
大港汽渡
临江东路
临江西路
金港大道
港南路
银河路
镇江港
金港运河大桥
郁金香主题公园
金润大道
丹徒站
京沪高速铁路
京沪铁路
沪宁城际铁路
丹界线
港中路
京杭大运河桥
丹阳大桥
丹阳市
千米

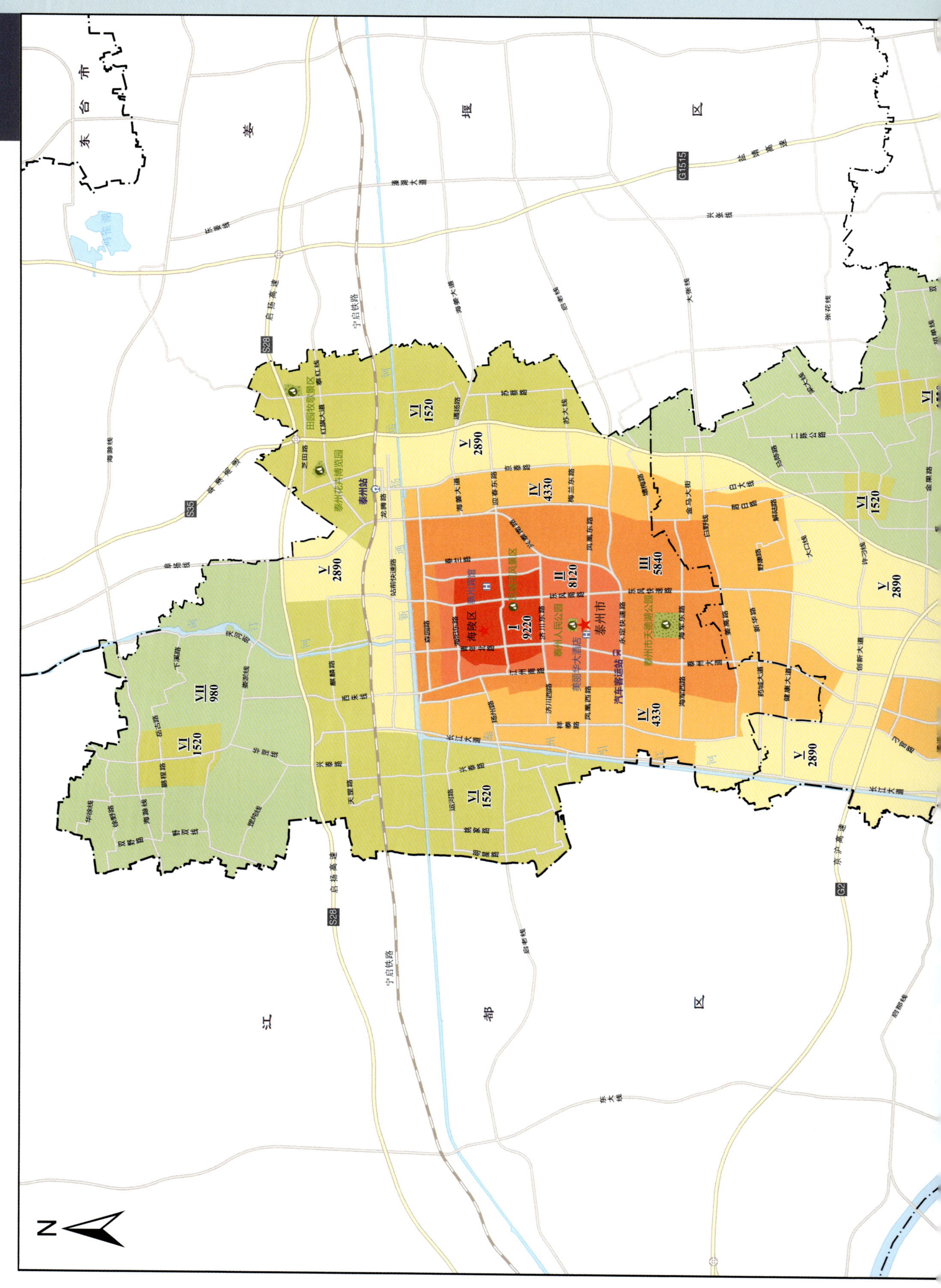
东台市
姜堰区
江都区
海陵区
泰州市
泰州站
泰州宾馆
泰州人民公园
泰州市天德湖公园
泰州花卉博览园
田园牧歌景区
汽车客运站
美丽华大酒店
宁启铁路
启扬高速
京沪高速
盐靖高速
S28
S35
G1515
G2
I
9220
II
8120
III
5840
IV
4330
V
2890
VI
1520
VII
980
N

商服用地(国有)级别基准地价图

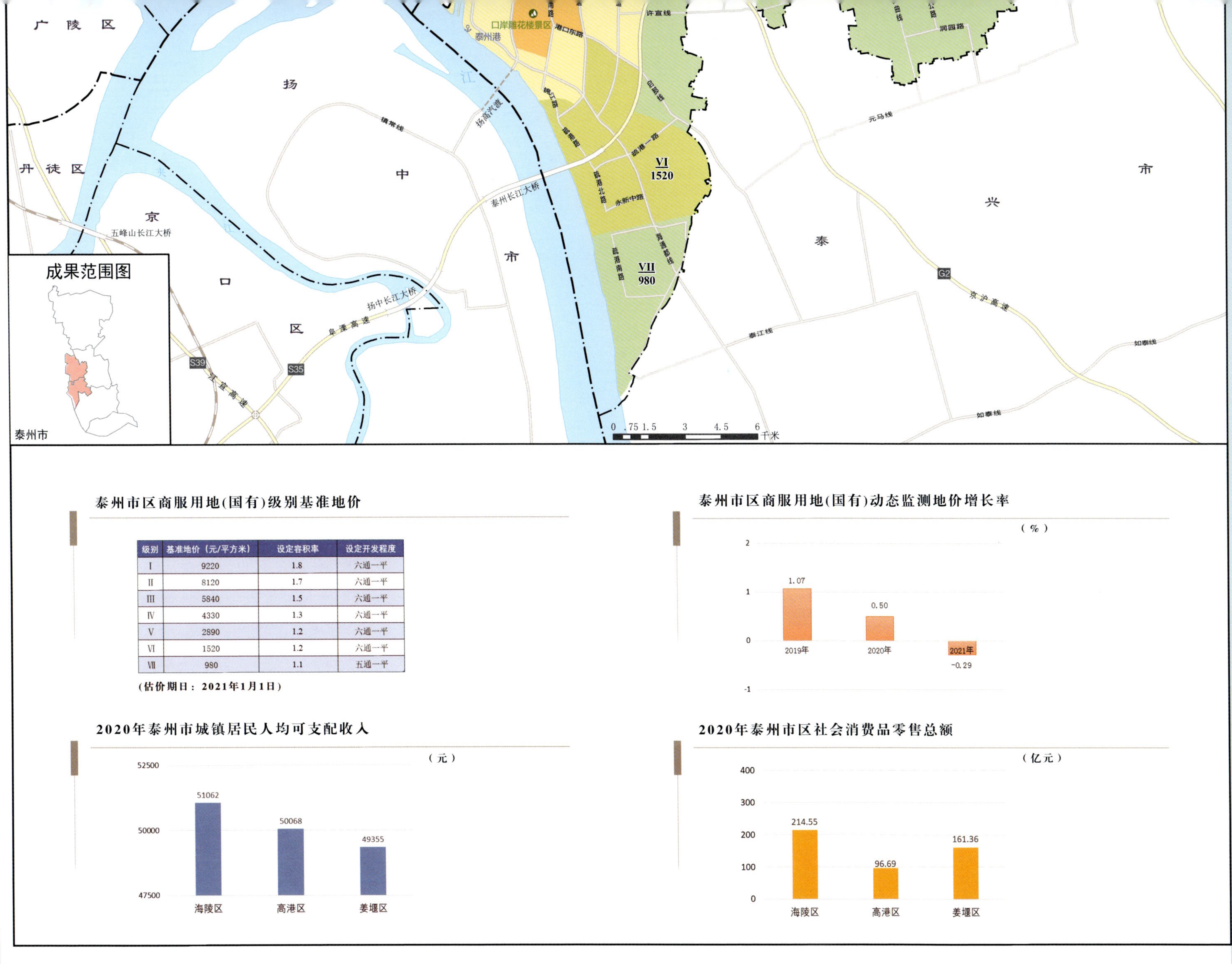

泰州市区商服用地(国有)级别基准地价

级别	基准地价（元/平方米）	设定容积率	设定开发程度
Ⅰ	9220	1.8	六通一平
Ⅱ	8120	1.7	六通一平
Ⅲ	5840	1.5	六通一平
Ⅳ	4330	1.3	六通一平
Ⅴ	2890	1.2	六通一平
Ⅵ	1520	1.2	六通一平
Ⅶ	980	1.1	五通一平

（估价期日：2021年1月1日）

泰州市区商服用地(国有)动态监测地价增长率

2020年泰州市城镇居民人均可支配收入

2020年泰州市区社会消费品零售总额

地价成果图

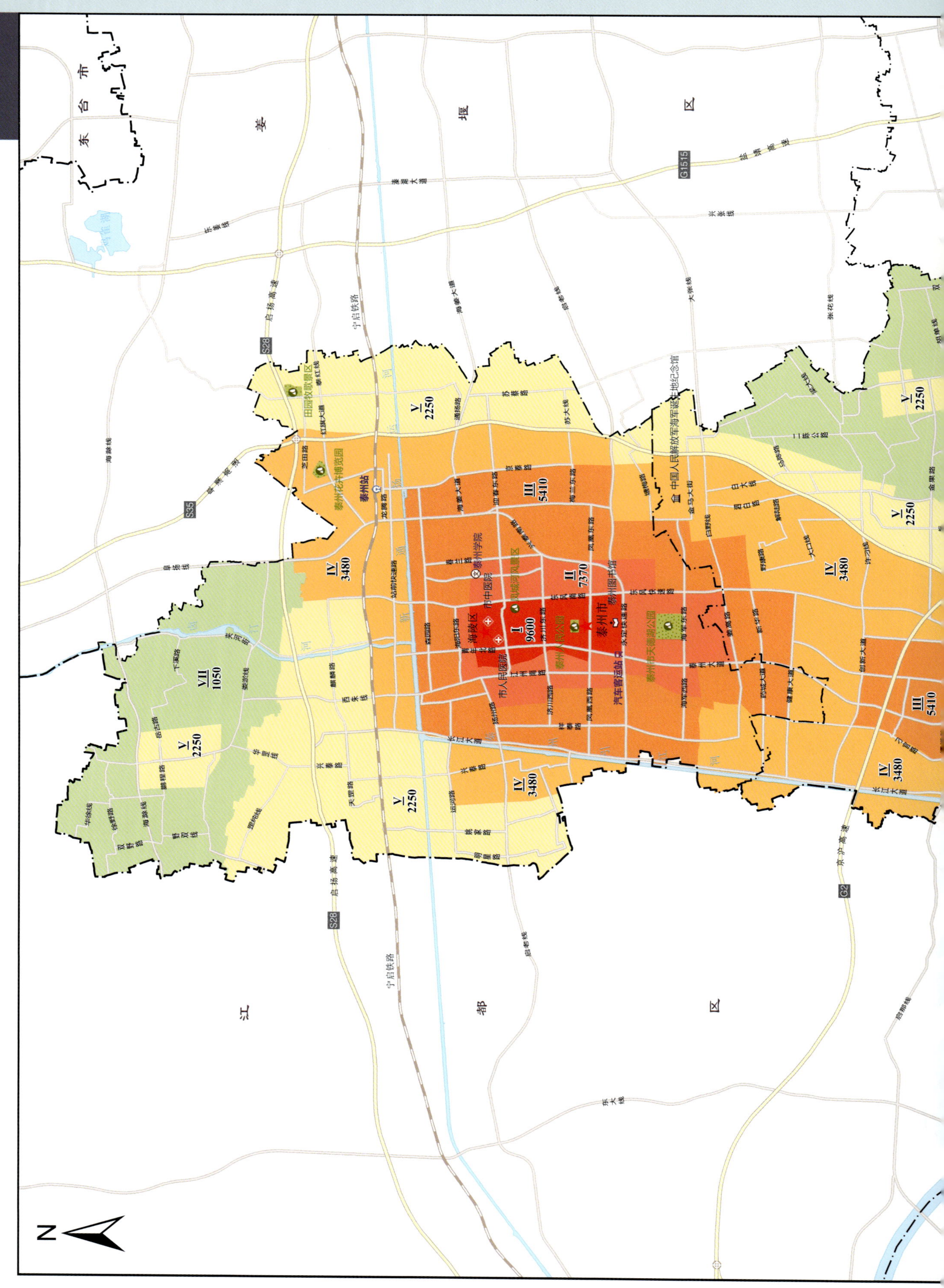

东台市
姜堰区
江都区
泰州市
海陵区
I 9600
II 7370
III 5410
IV 3480
V 2250
VII 1050
泰州站
市人民医院
市中医院
泰州学院
泰州图书馆
泰州人民公园
凤城河风景区
泰州市天德湖公园
汽车客运站
中国人民解放军海军诞生地纪念馆
田园牧歌景区
泰州花卉博览园
宁启铁路
启扬高速
京沪高速
S28
S35
G1515
G2
N

住宅用地(国有)级别基准地价图

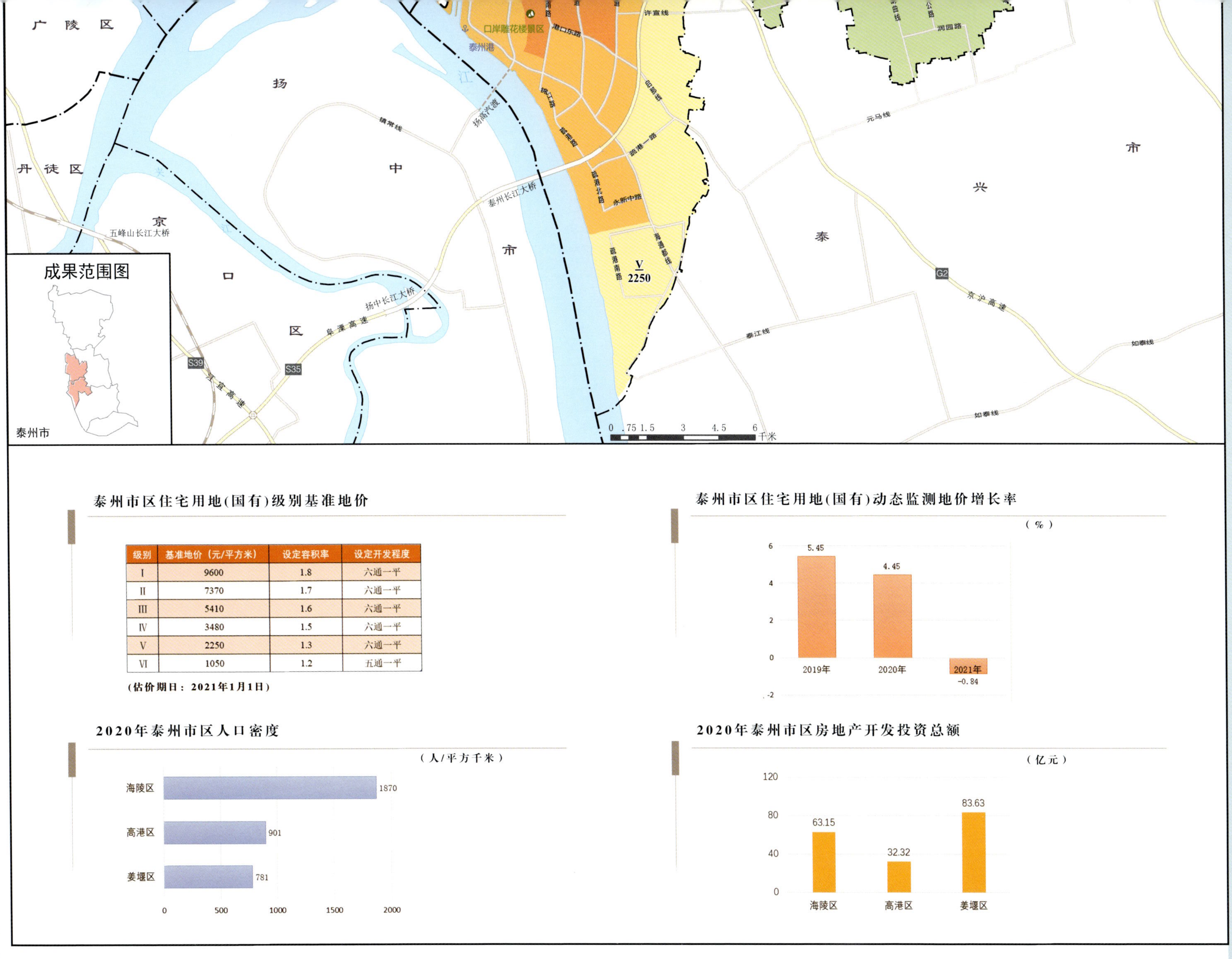

泰州市区住宅用地(国有)级别基准地价

级别	基准地价（元/平方米）	设定容积率	设定开发程度
Ⅰ	9600	1.8	六通一平
Ⅱ	7370	1.7	六通一平
Ⅲ	5410	1.6	六通一平
Ⅳ	3480	1.5	六通一平
Ⅴ	2250	1.3	六通一平
Ⅵ	1050	1.2	五通一平

（估价期日：2021年1月1日）

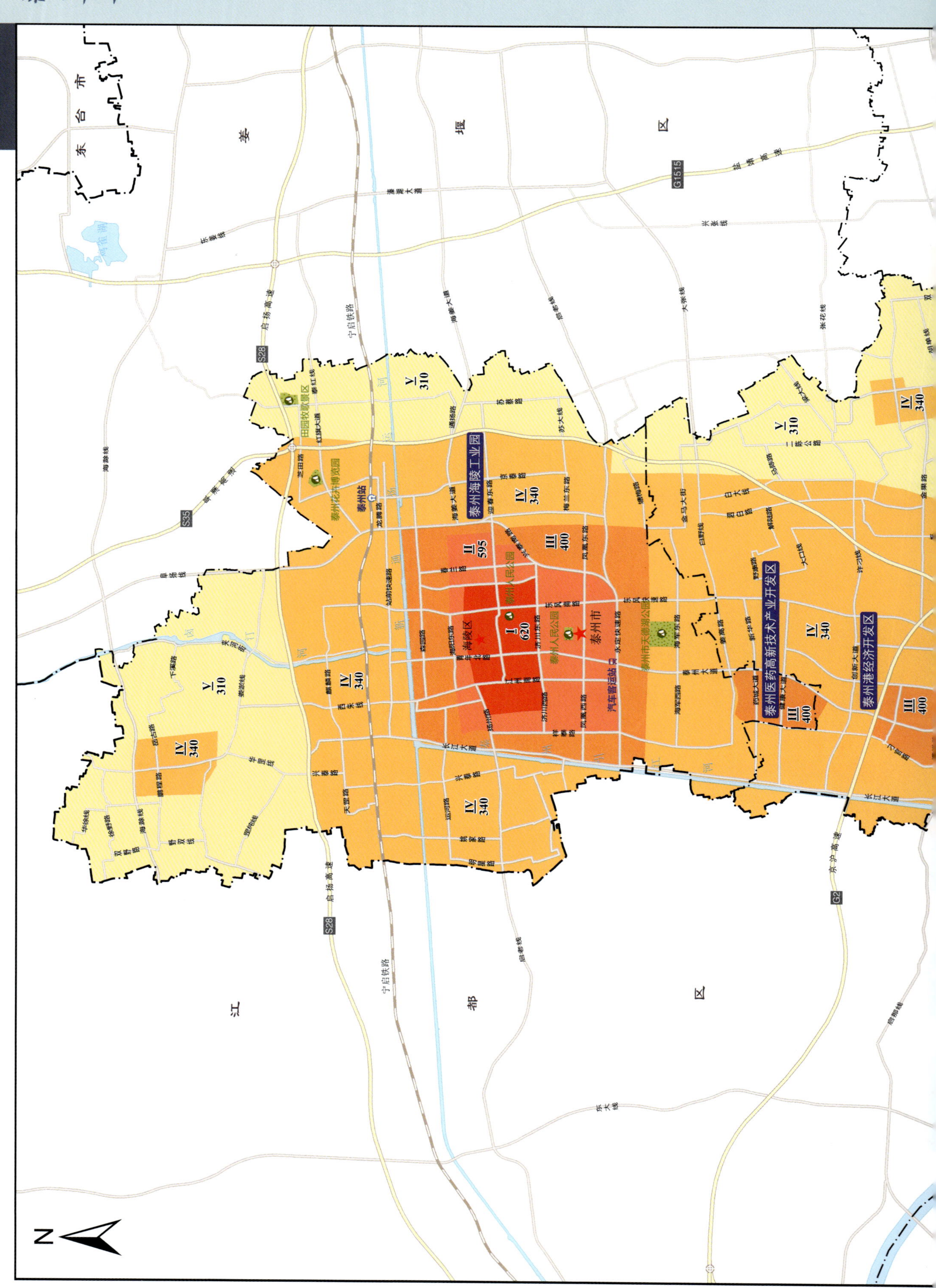
东台市
姜
堰
区
江
都
区
海陵区
泰州市
泰州站
汽车客运站
泰州海陵工业园
泰州医药高新技术产业开发区
泰州港经济开发区
泰州人民公园
泰州市天德湖公园
泰州花卉博览园
田园牧歌景区
I
620
II
595
III
400
IV
340
V
310
G1515
S28
S35
G2
宁启铁路
启扬高速
京沪高速
N

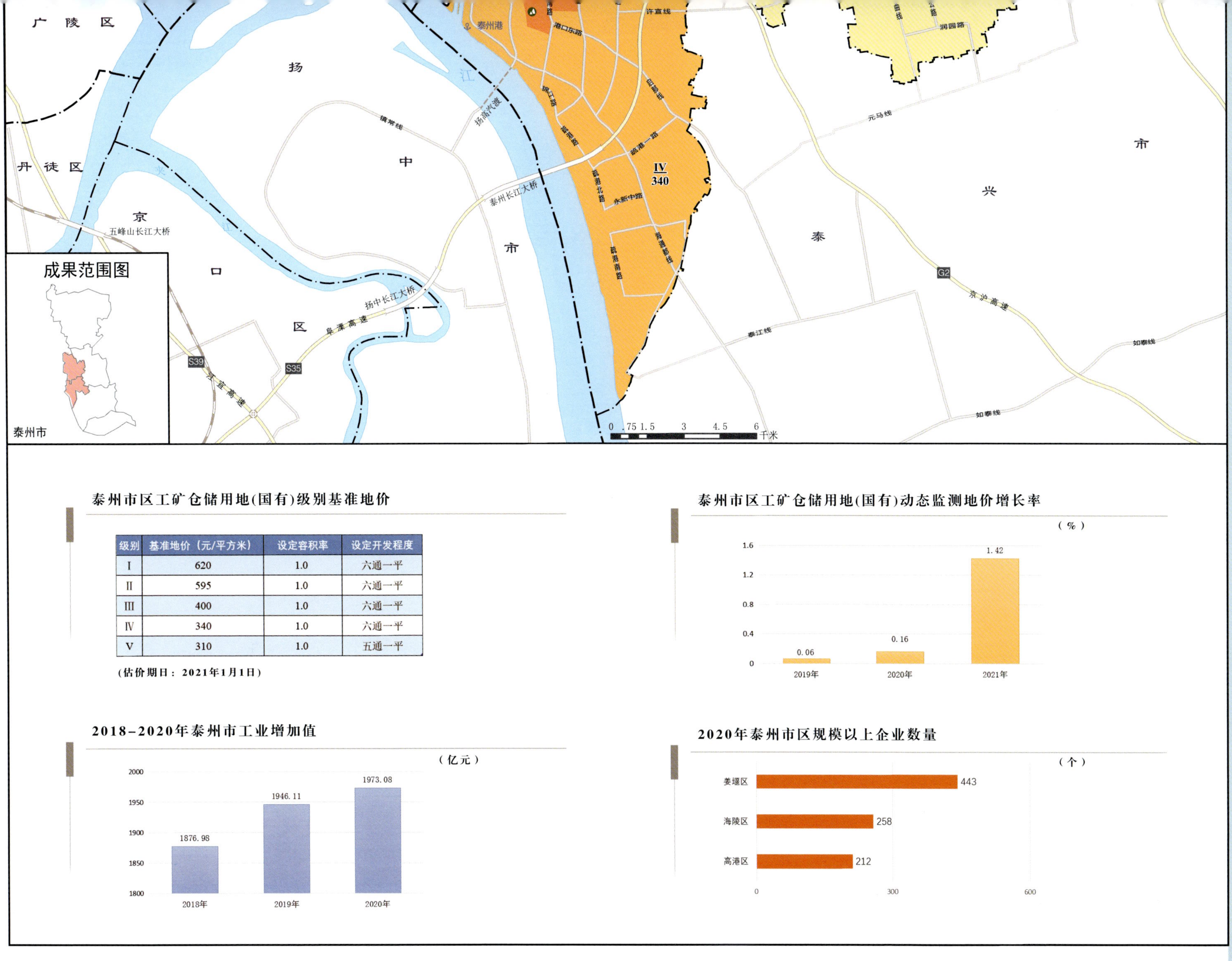

泰州市区工矿仓储用地(国有)级别基准地价

级别	基准地价（元/平方米）	设定容积率	设定开发程度
Ⅰ	620	1.0	六通一平
Ⅱ	595	1.0	六通一平
Ⅲ	400	1.0	六通一平
Ⅳ	340	1.0	六通一平
Ⅴ	310	1.0	五通一平

（估价期日：2021年1月1日）

泰州市区工矿仓储用地(国有)动态监测地价增长率

2018-2020年泰州市工业增加值

2020年泰州市区规模以上企业数量

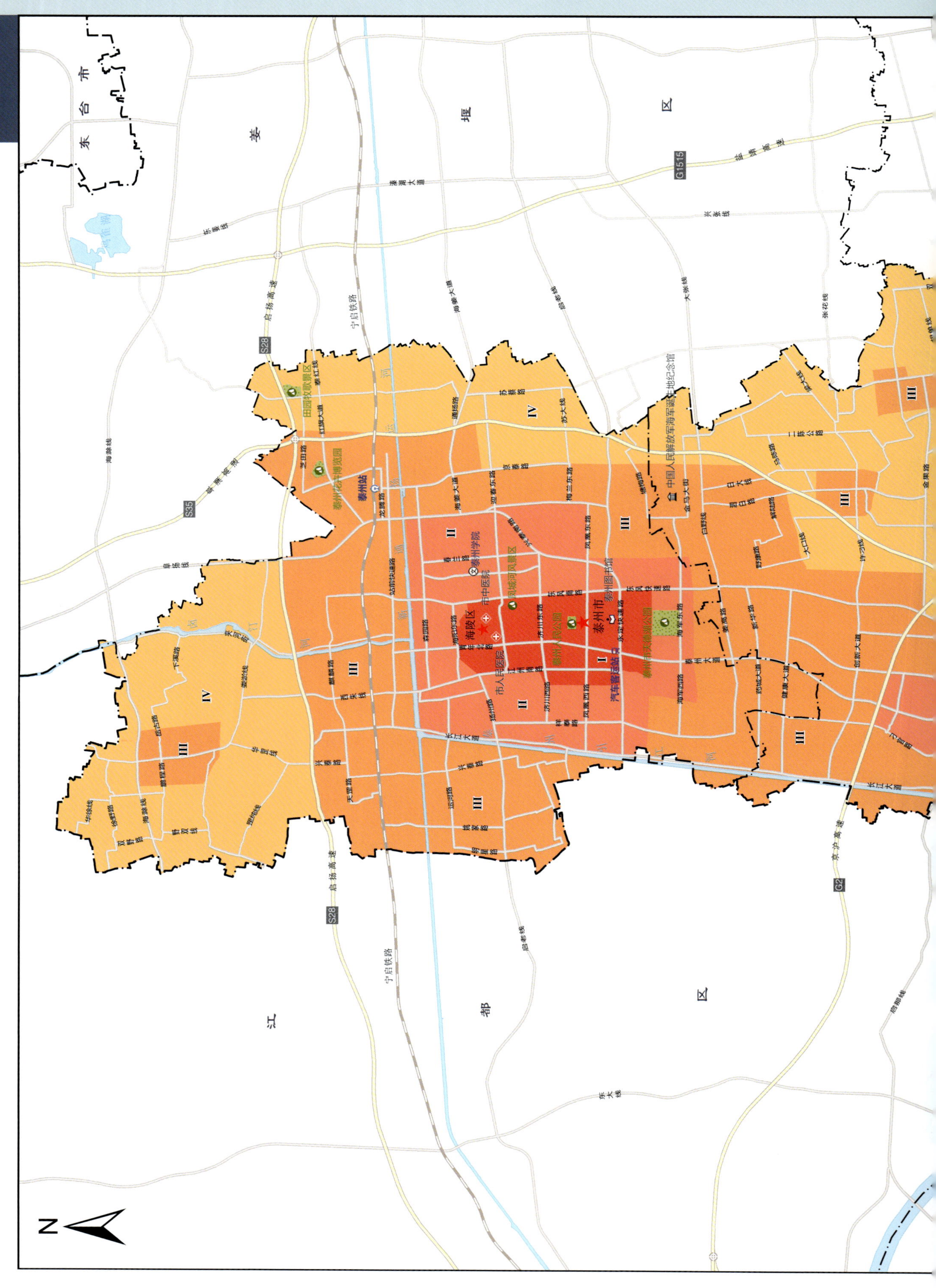
泰州市
海陵区
泰州站
泰州学院
市中医院
市人民医院
汽车客运站
泰州图书馆
凤城河风景区
泰州人民公园
田园牧歌景区
泰州花卉博览园
中国人民解放军海军诞生地纪念馆
宁启铁路
启扬高速
京沪高速
东台市
姜
堰
区
江
都
区
I
II
III
IV

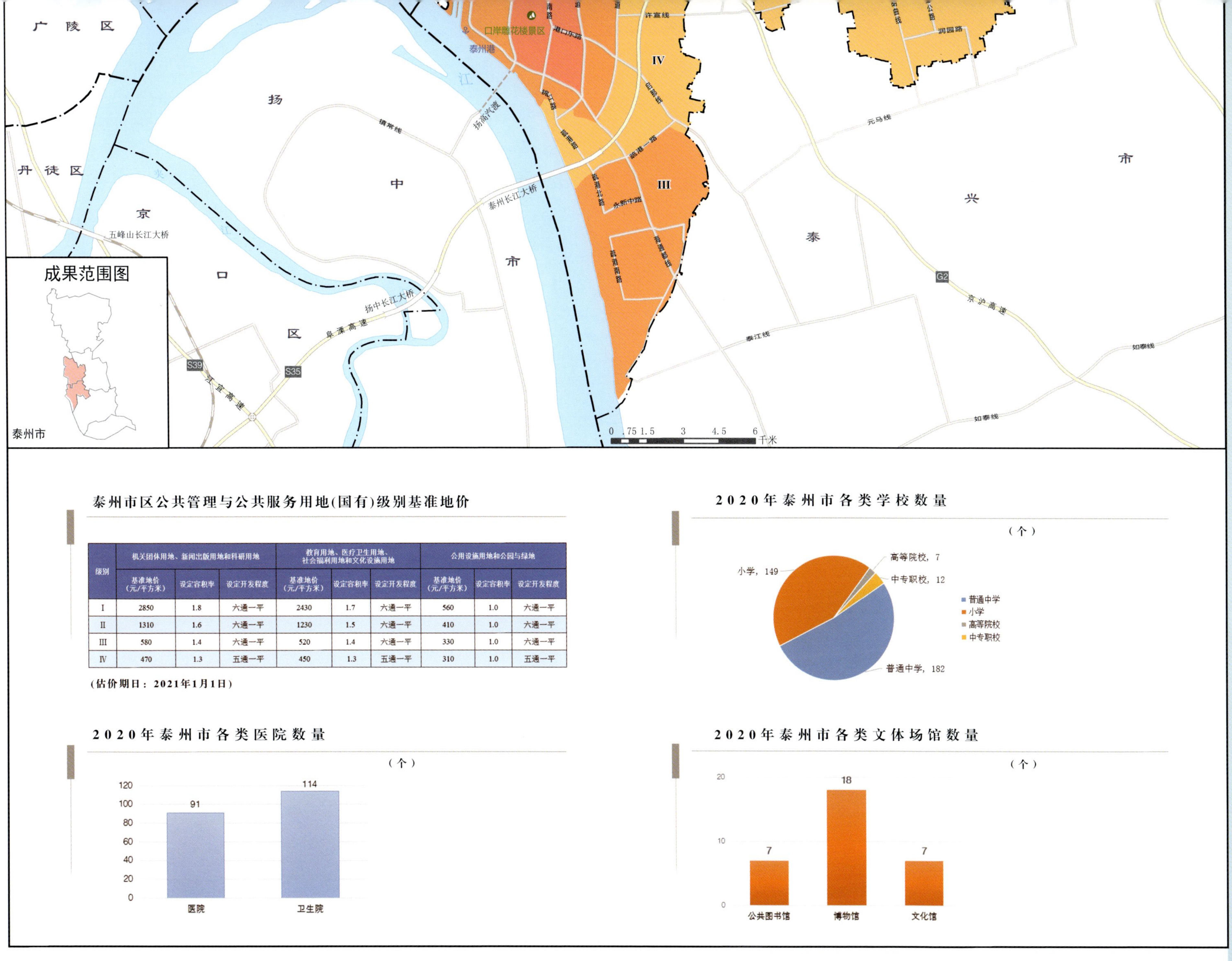

泰州市区公共管理与公共服务用地（国有）级别基准地价

级别	机关团体用地、新闻出版用地和科研用地			教育用地、医疗卫生用地、社会福利用地和文化设施用地			公用设施用地和公园与绿地		
	基准地价（元/平方米）	设定容积率	设定开发程度	基准地价（元/平方米）	设定容积率	设定开发程度	基准地价（元/平方米）	设定容积率	设定开发程度
I	2850	1.8	六通一平	2430	1.7	六通一平	560	1.0	六通一平
II	1310	1.6	六通一平	1230	1.5	六通一平	410	1.0	六通一平
III	580	1.4	六通一平	520	1.4	六通一平	330	1.0	六通一平
IV	470	1.3	五通一平	450	1.3	五通一平	310	1.0	五通一平

（估价期日：2021年1月1日）

2020年泰州市各类学校数量

2020年泰州市各类医院数量

2020年泰州市各类文体场馆数量

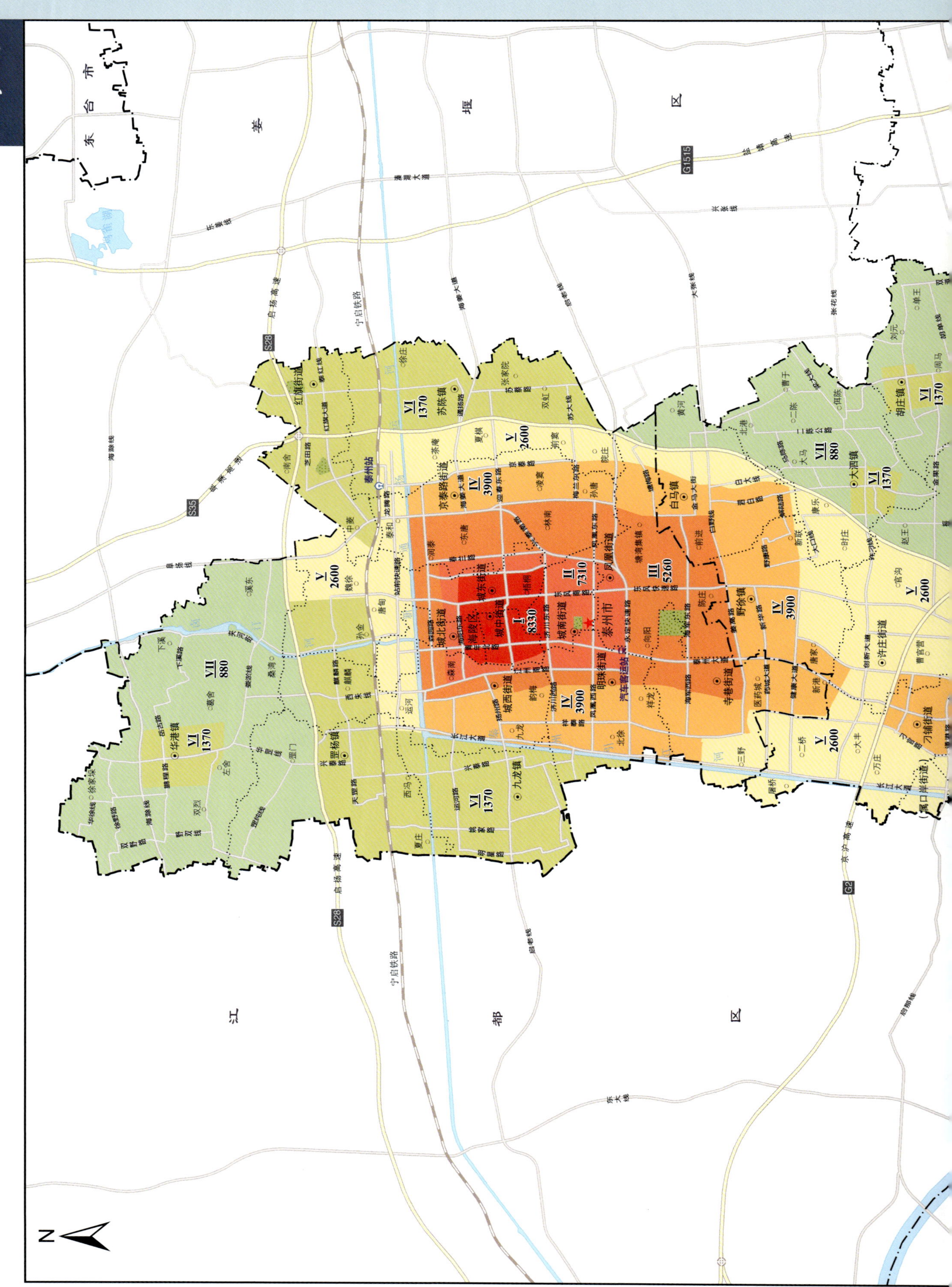
泰州站
海陵区
泰州市
I
8330
II
7310
III
5260
IV
3900
V
2600
VI
1370
VII
880
N

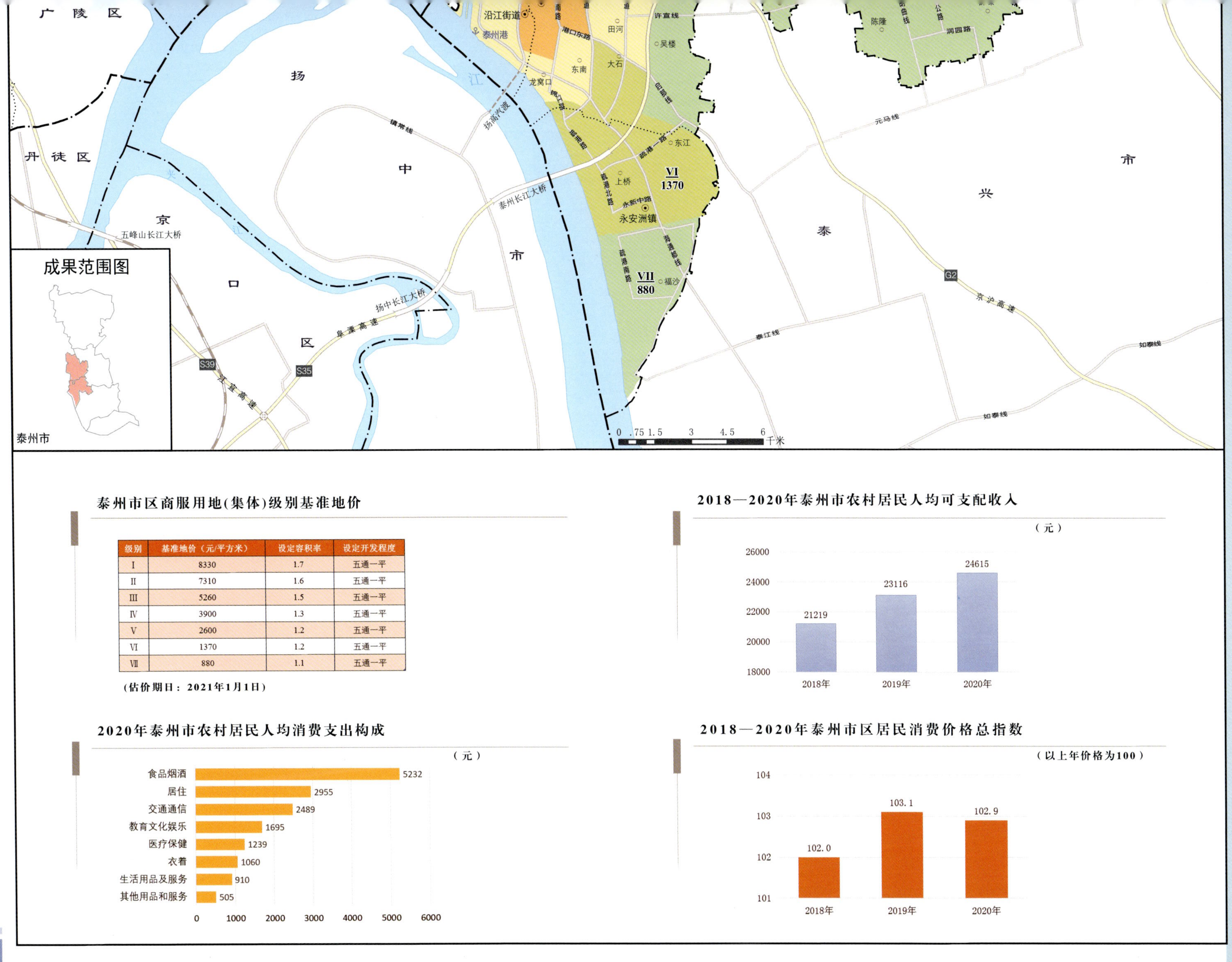

泰州市区商服用地(集体)级别基准地价

级别	基准地价（元/平方米）	设定容积率	设定开发程度
Ⅰ	8330	1.7	五通一平
Ⅱ	7310	1.6	五通一平
Ⅲ	5260	1.5	五通一平
Ⅳ	3900	1.3	五通一平
Ⅴ	2600	1.2	五通一平
Ⅵ	1370	1.2	五通一平
Ⅶ	880	1.1	五通一平

（估价期日：2021年1月1日）

2018—2020年泰州市农村居民人均可支配收入

2020年泰州市农村居民人均消费支出构成

2018—2020年泰州市区居民消费价格总指数

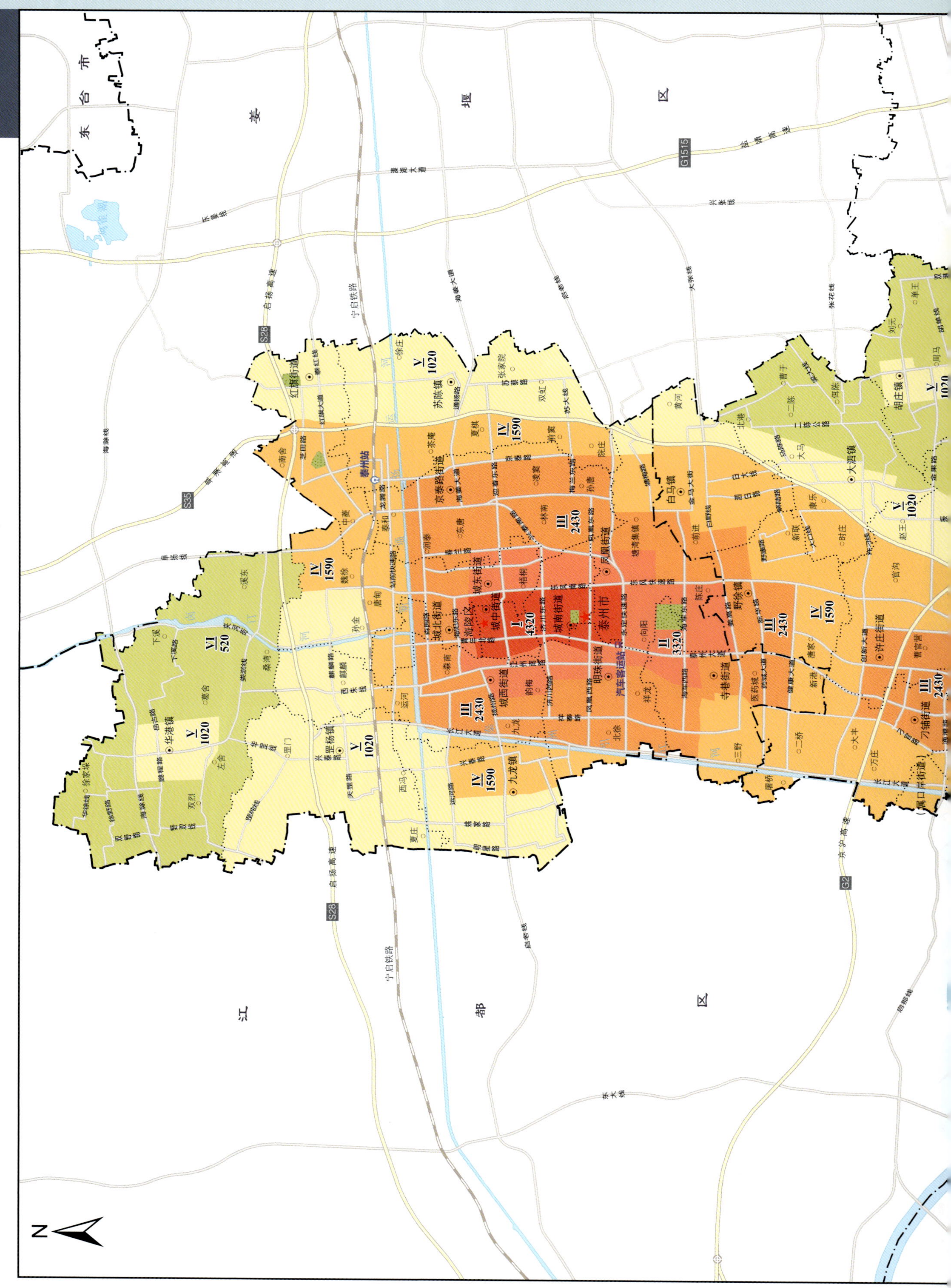
姜
堰
区
江
都
区
泰州市
海陵区
泰州站
汽车客运站
城中街道
城东街道
城北街道
城西街道
城南街道
明珠街道
凤凰街道
寺巷街道
许庄街道
京泰路街道
红旗街道
白马镇
野徐镇
大泗镇
胡庄镇
苏陈镇
九龙镇
罡杨镇
华港镇
刁铺街道
I
4320
II
3320
III
2430
IV
1590
V
1020
VI
520
宁启铁路
G1515
G2
S28
S35
N

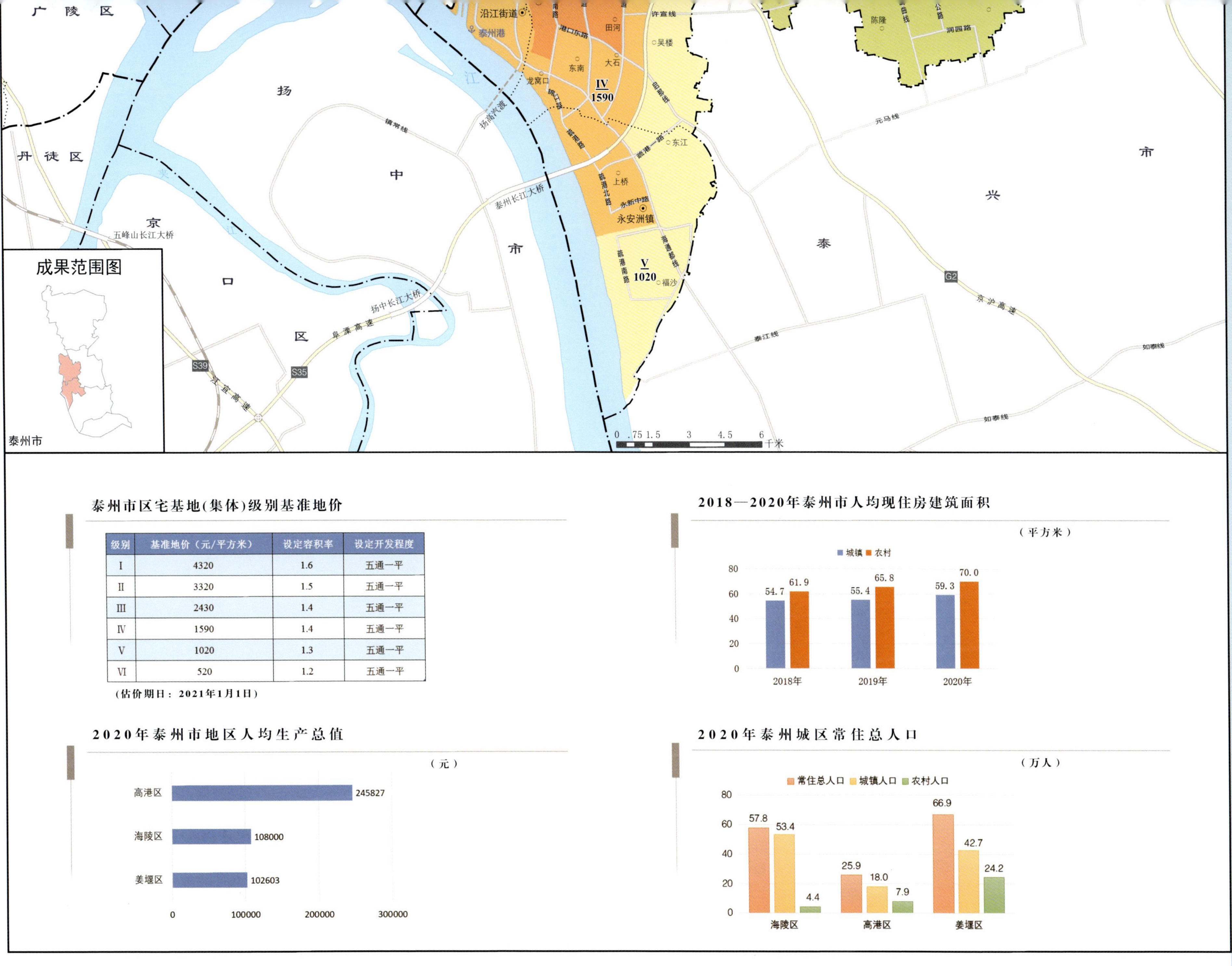

泰州市区宅基地(集体)级别基准地价

级别	基准地价（元/平方米）	设定容积率	设定开发程度
Ⅰ	4320	1.6	五通一平
Ⅱ	3320	1.5	五通一平
Ⅲ	2430	1.4	五通一平
Ⅳ	1590	1.4	五通一平
Ⅴ	1020	1.3	五通一平
Ⅵ	520	1.2	五通一平

（估价期日：2021年1月1日）

2018—2020年泰州市人均现住房建筑面积

2020年泰州市地区人均生产总值

2020年泰州城区常住总人口

地价成果图

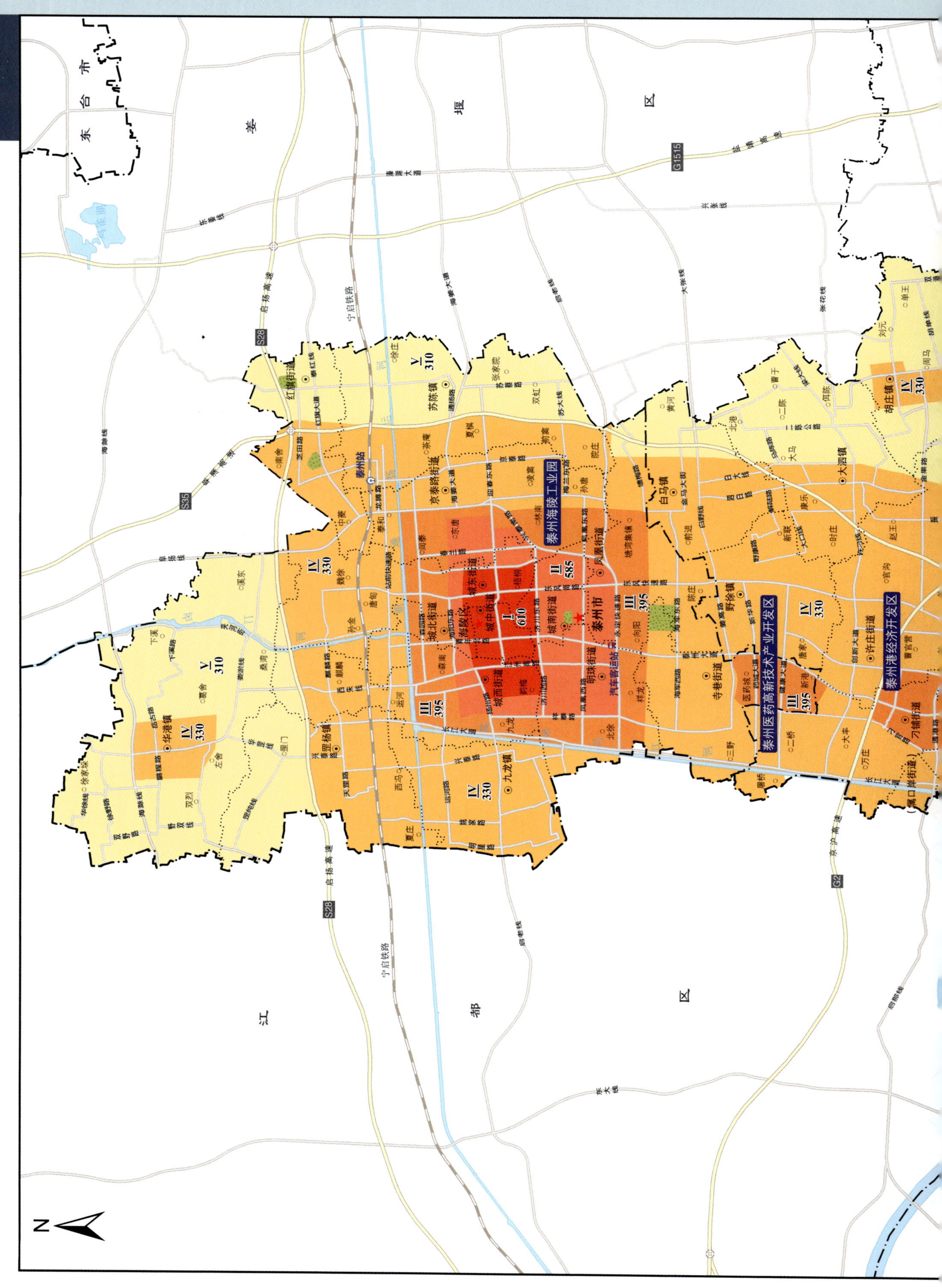

东台市
姜
堰
区
江
都
区
泰州市
海陵区
泰州站
泰州海陵工业园
泰州医药高新技术产业开发区
泰州港经济开发区
汽车客运站
城中街道
城东街道
城西街道
城南街道
城北街道
凤凰街道
明珠街道
京泰路街道
红旗街道
苏陈镇
九龙镇
华港镇
罡杨镇
白马镇
野徐镇
寺巷街道
许庄街道
刁铺街道
大泗镇
胡庄镇
(口岸街道)
I
610
II
585
III
395
IV
330
V
310
宁启铁路
启扬高速
S28
S35
G1515
G2
京沪高速
N

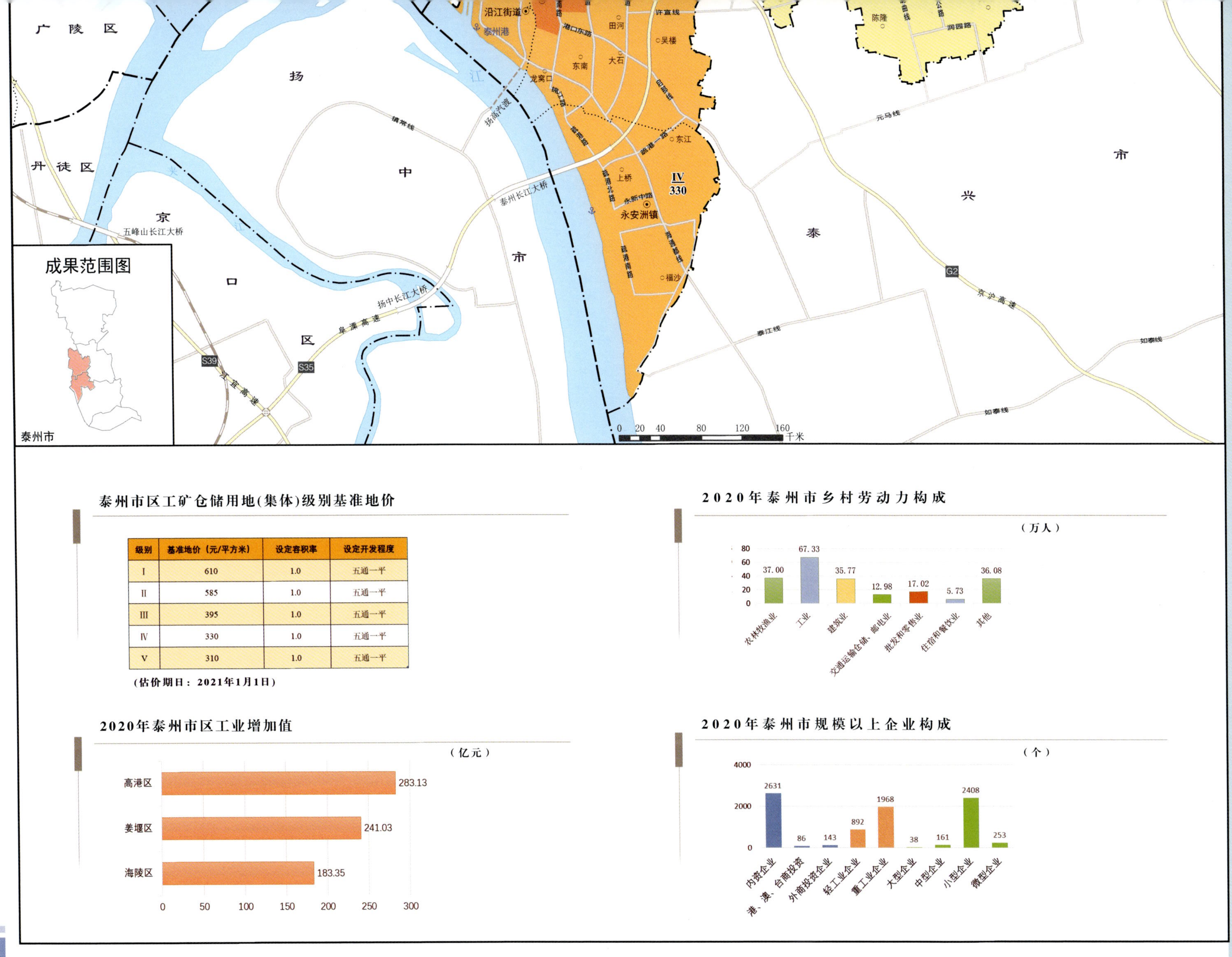

泰州市区工矿仓储用地（集体）级别基准地价

级别	基准地价（元/平方米）	设定容积率	设定开发程度
I	610	1.0	五通一平
II	585	1.0	五通一平
III	395	1.0	五通一平
IV	330	1.0	五通一平
V	310	1.0	五通一平

（估价期日：2021年1月1日）

2020年泰州市乡村劳动力构成

2020年泰州市区工业增加值

2020年泰州市规模以上企业构成

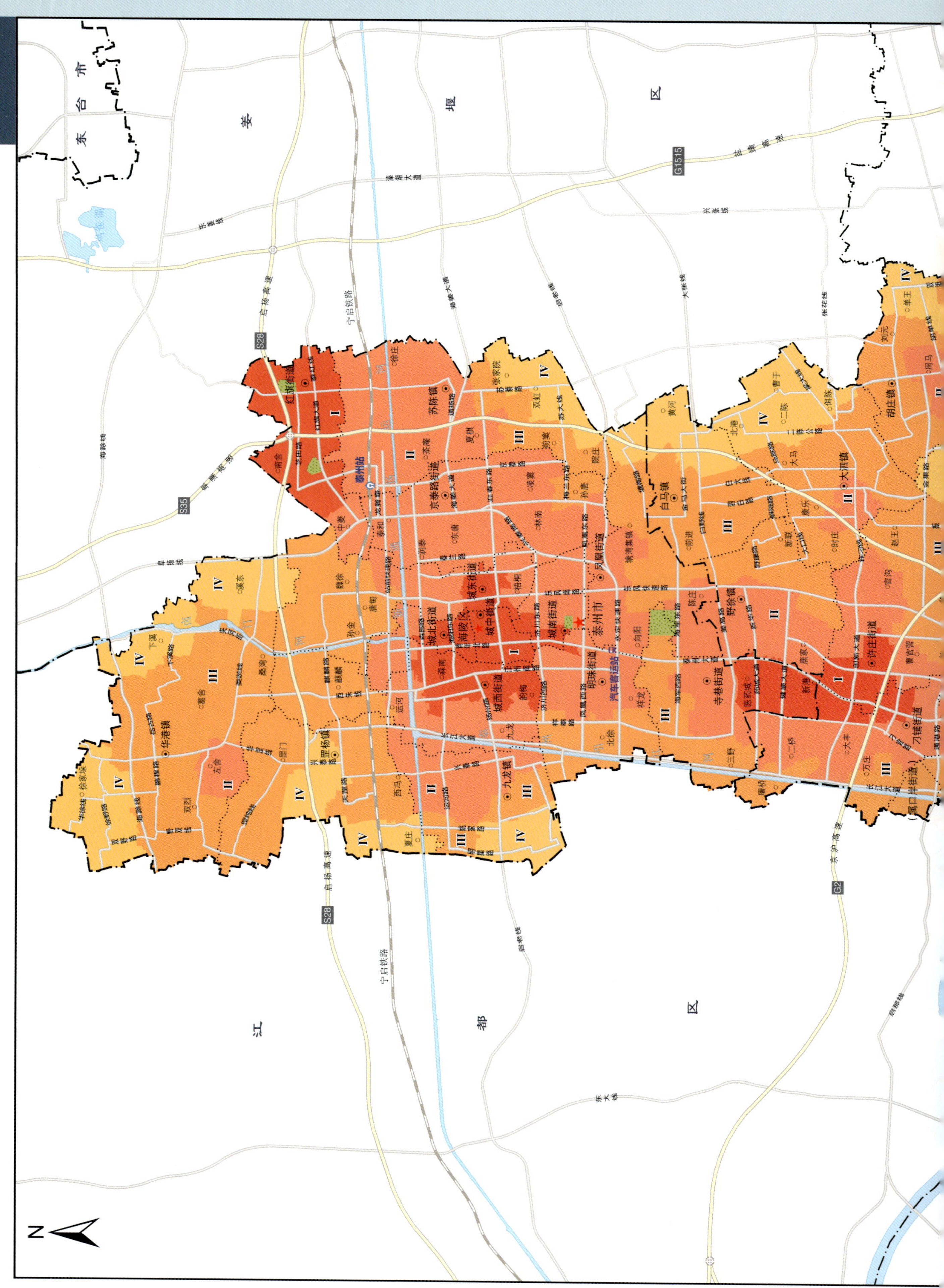
东台市
姜堰区
江都区
泰州站
汽车客运站
海陵区
泰州市
城中街道
城东街道
城西街道
城北街道
城南街道
京泰路街道
红旗街道
凤凰街道
明珠街道
寺巷街道
许庄街道
刁铺街道
苏陈镇
九龙镇
华港镇
罡杨镇
白马镇
野徐镇
大泗镇
胡庄镇
宁启铁路
G1515
S28
S35
G2
I
II
III
IV
N

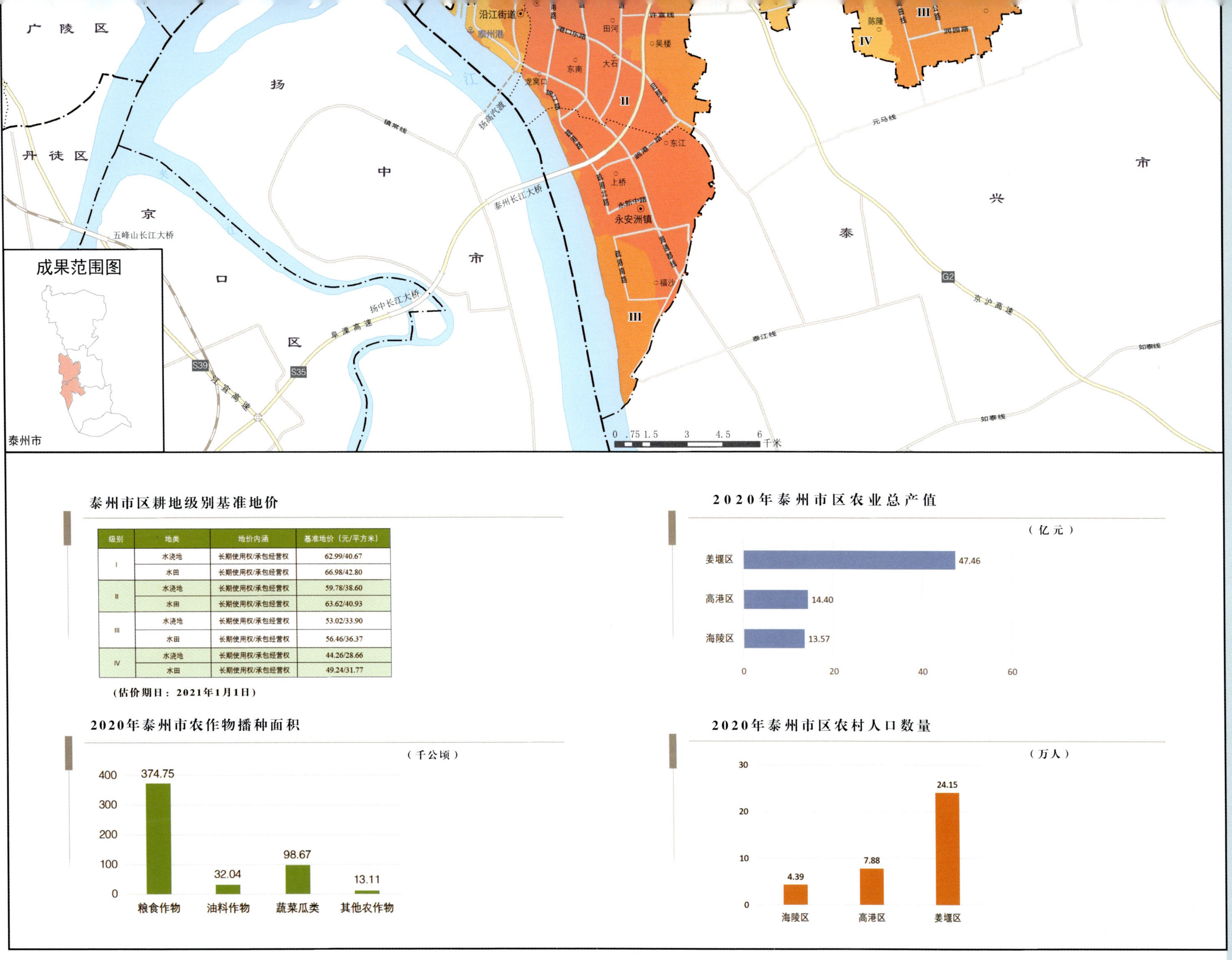

泰州市区耕地级别基准地价

级别	地类	地价内涵	基准地价（元/平方米）
I	水浇地	长期使用权/承包经营权	62.99/40.67
	水田	长期使用权/承包经营权	66.98/42.80
II	水浇地	长期使用权/承包经营权	59.78/38.60
	水田	长期使用权/承包经营权	63.62/40.93
III	水浇地	长期使用权/承包经营权	53.02/33.90
	水田	长期使用权/承包经营权	56.46/36.37
IV	水浇地	长期使用权/承包经营权	44.26/28.66
	水田	长期使用权/承包经营权	49.24/31.77

（估价期日：2021年1月1日）

2020年泰州市区农业总产值

2020年泰州市农作物播种面积

2020年泰州市区农村人口数量

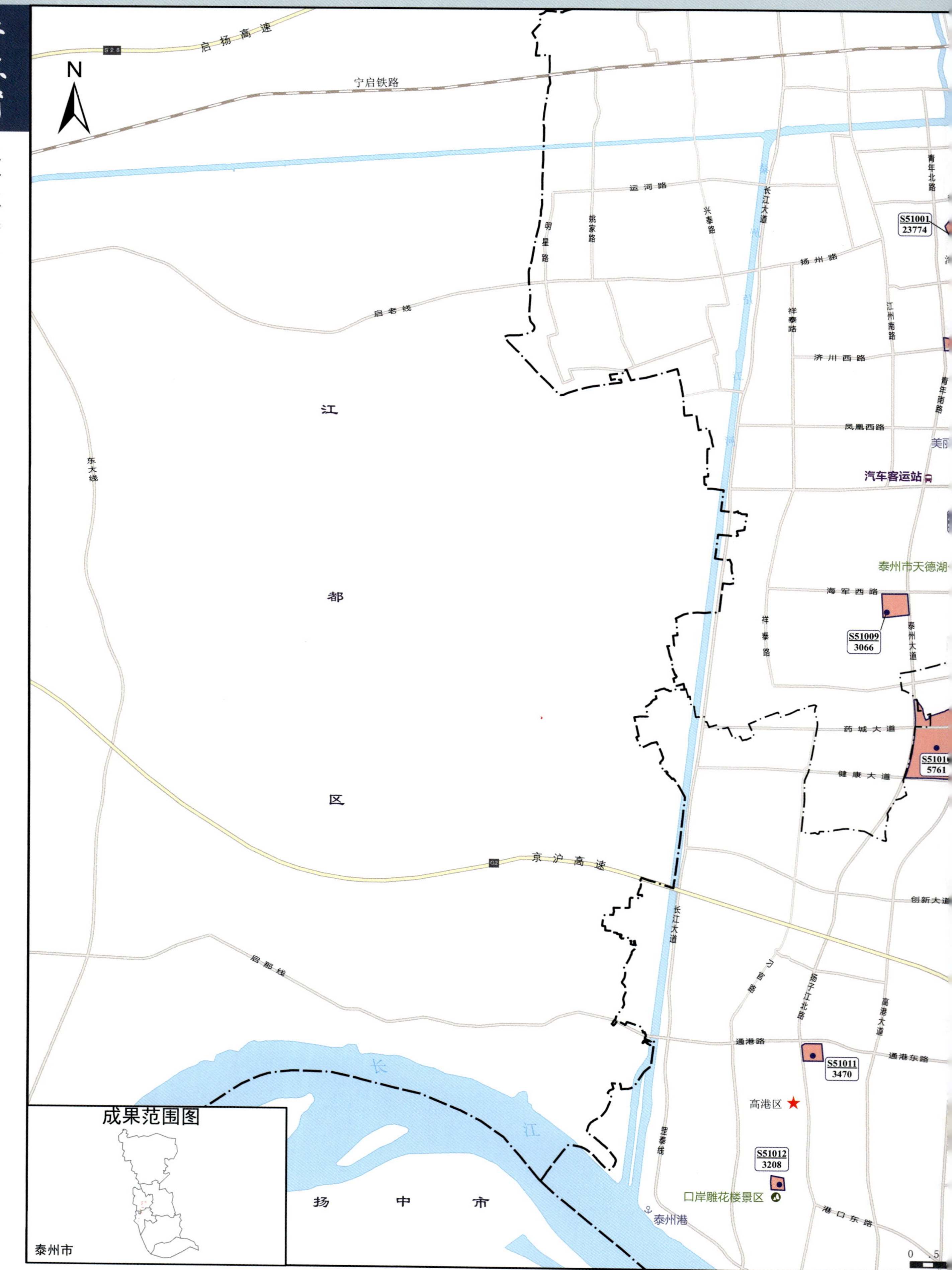
启扬高速
S28
宁启铁路
N
运河路
明星路
姚家路
兴泰路
长江大道
青年北路
S51001
23774
扬州路
启老线
祥泰路
江州南路
济川西路
青年南路
凤凰西路
美丽
汽车客运站
江
东大线
泰州市天德湖
海军西路
都
S51009
3066
祥泰路
泰州大道
药城大道
S5101
5761
健康大道
区
G2
京沪高速
创新大道
长江大道
启邗线
扬子江北路
高港大道
通港路
S51011
3470
通港东路
长
高港区
江
里泰线
S51012
3208
口岸雕花楼景区
扬
中
市
泰州港
港口东路
成果范围图
泰州市

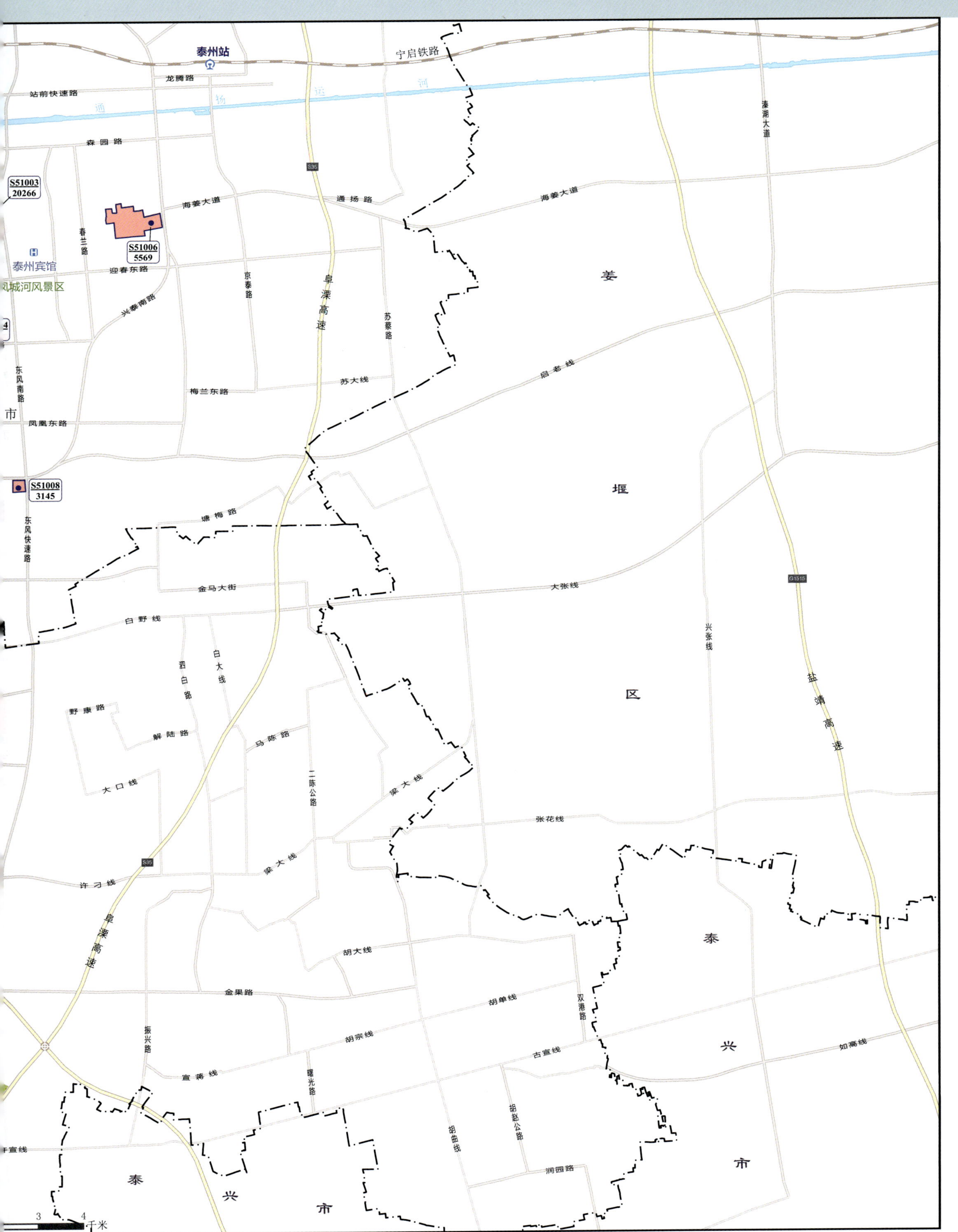
泰州站
宁启铁路
龙腾路
站前快速路
通扬运河
森园路
S51003
20266
海姜大道
通扬路
S51006
5569
春兰路
泰州宾馆
凤城河风景区
迎春东路
京泰路
阜溧高速
苏蔡路
姜
堰
区
兴泰南路
溱湖大道
启老线
东风南路
梅兰东路
苏大线
市
凤凰东路
S51008
3145
塘梅路
东风快速路
金马大街
大张线
白野线
兴张线
盐靖高速
泗白路
白大线
野康路
解陆路
马陈路
大口线
二陈公路
梁大线
张花线
许刁线
梁大线
阜溧高速
泰
兴
市
胡大线
金果路
胡单线
双港路
振兴路
胡宗线
古宣线
如高线
宣蒋线
曙光路
胡赵公路
胡曲线
润园路
泰
兴
市
千米

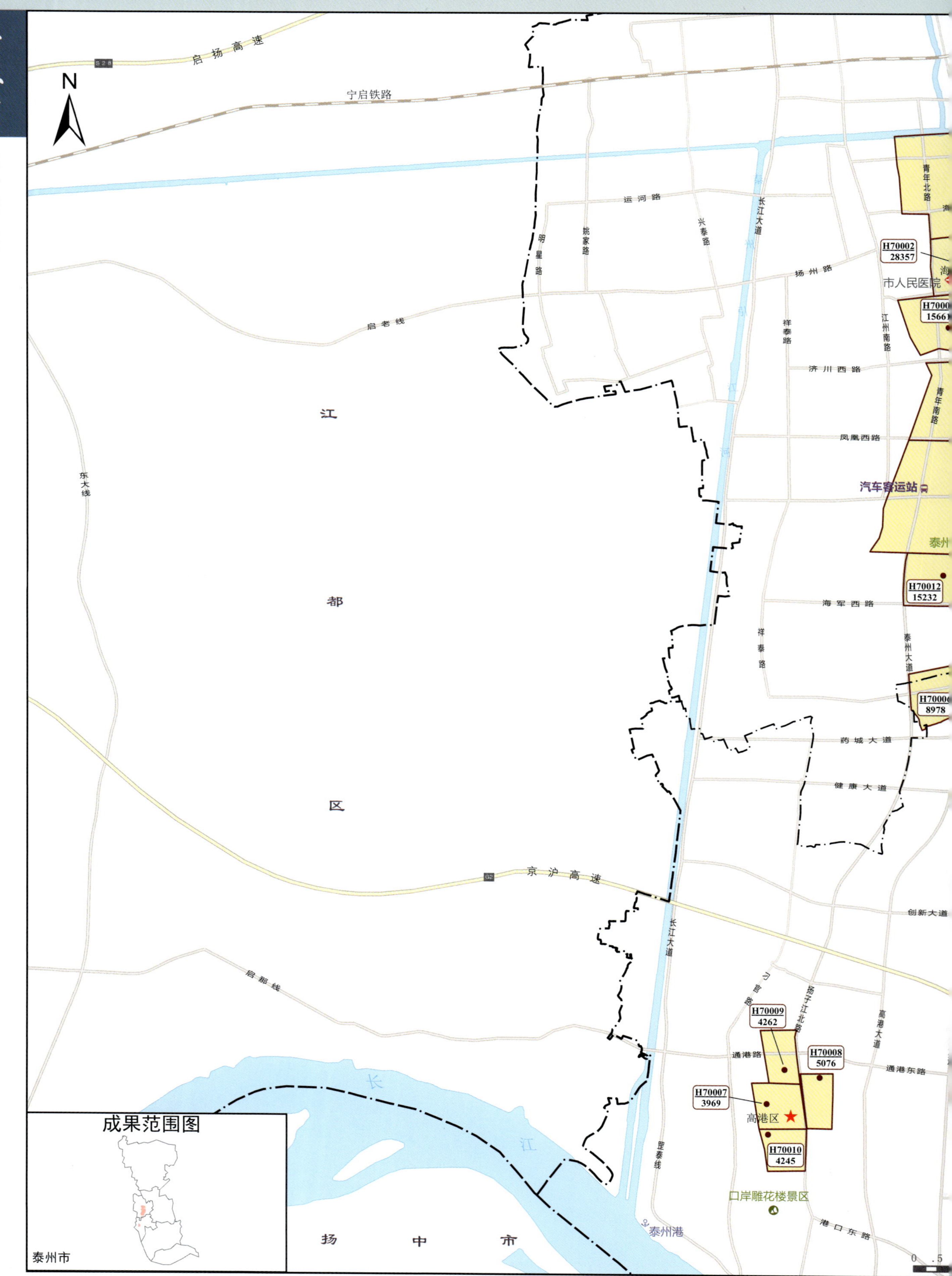
N
启扬高速
S28
宁启铁路
运河路
明星路
姚家路
兴泰路
长江大道
扬州路
启老线
祥泰路
江州南路
济川西路
青年北路
青年南路
凤凰西路
汽车客运站
H70002
28357
市人民医院
H70012
15232
海军西路
泰州大道
H70006
8978
药城大道
健康大道
江
都
区
东大线
京沪高速
G2
创新大道
启邗线
通港路
扬子江北路
高港大道
通港东路
H70009
4262
H70008
5076
H70007
3969
高港区
H70010
4245
口岸雕花楼景区
港口东路
泰州港
里泰线
长
江
扬
中
市
成果范围图
泰州市

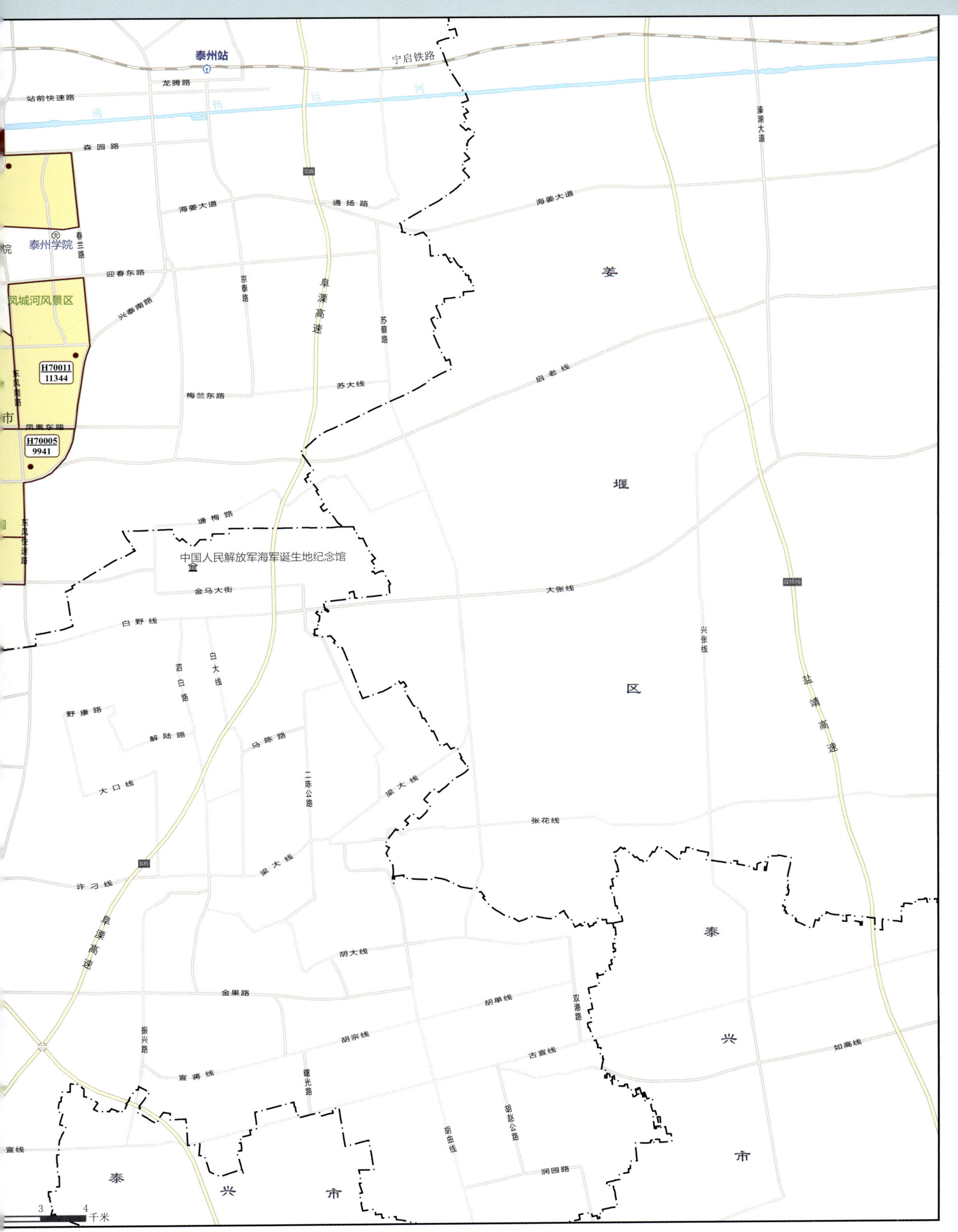
泰州站
宁启铁路
龙腾路
站前快速路
通扬运河
森园路
海姜大道
通扬路
泰州学院
春兰路
迎春东路
凤城河风景区
兴泰南路
京泰路
阜溧高速
苏蔡路
姜
H70011
11344
东风南路
梅兰东路
苏大线
启老线
市
凤凰东路
H70005
9941
堰
东风快速路
通梅路
中国人民解放军海军诞生地纪念馆
金马大街
大张线
白野线
溱湖大道
G1515
兴张线
盐靖高速
泗白路
白大线
区
野康路
解陆路
马陈路
大口线
二陈公路
梁大线
张花线
梁大线
许刁线
阜溧高速
泰
胡大线
金巢路
胡单线
双港路
兴
胡宗线
振兴路
古宣线
如高线
宣蒋线
曙光路
胡赵公路
胡田线
宣线
润园路
泰
兴
市
市
千米

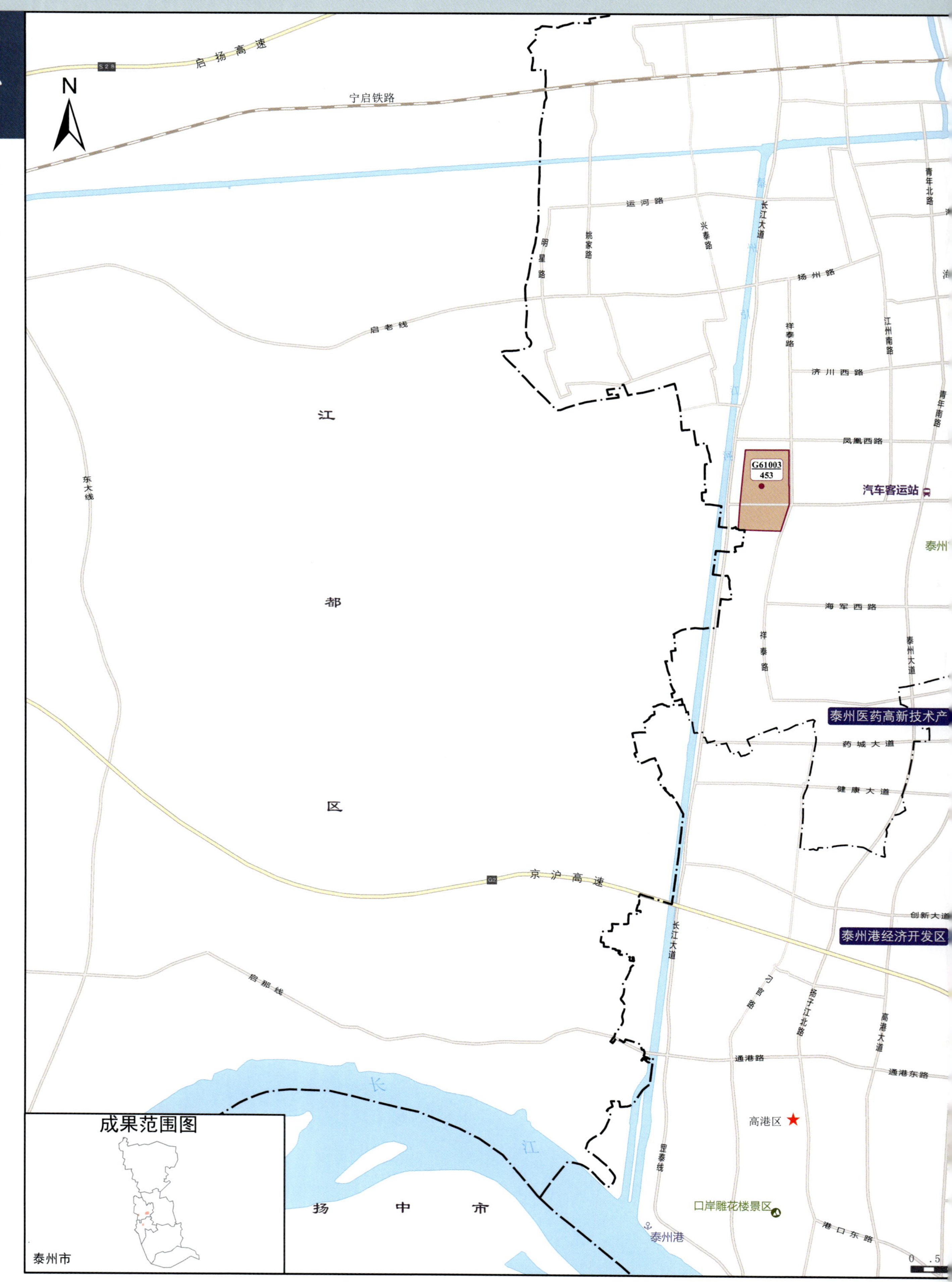
启扬高速
S28
N
宁启铁路
运河路
明星路
姚家路
兴泰路
长江大道
扬州路
启老线
祥泰路
江州南路
济川西路
青年北路
青年南路
凤凰西路
G61003
453
汽车客运站
泰州
江
都
区
东大线
海军西路
祥泰路
泰州大道
泰州医药高新技术产
药城大道
健康大道
京沪高速
G2
创新大道
泰州港经济开发区
长江大道
启邵线
扬子江北路
高港大道
通港路
通港东路
长
江
高港区
里泰线
扬
中
市
口岸雕花楼景区
泰州港
港口东路
成果范围图
泰州市

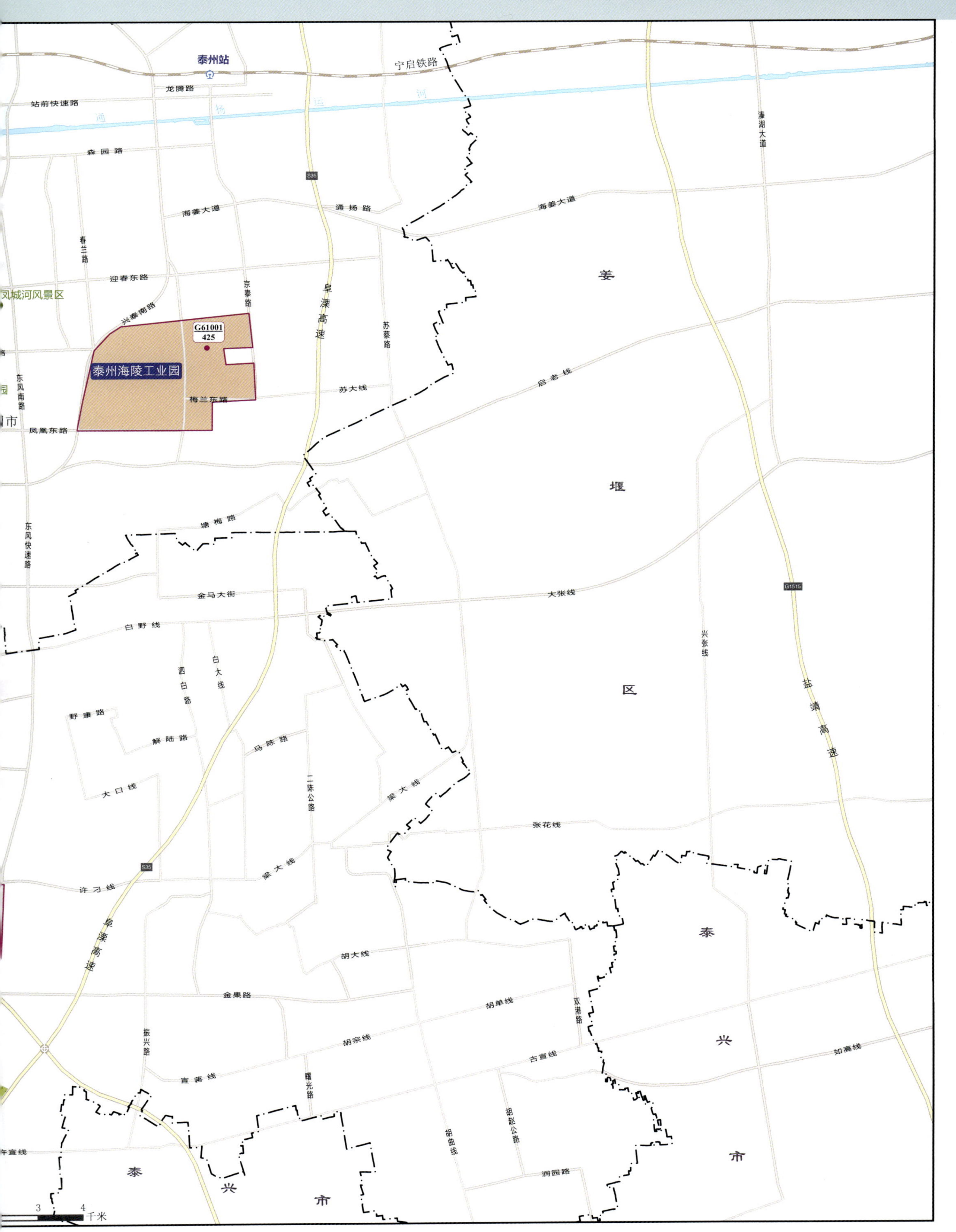
泰州站
宁启铁路
龙腾路
站前快速路
通扬运河
森园路
S35
海姜大道
通扬路
春兰路
迎春东路
凤城河风景区
京泰路
兴泰南路
G61001
425
泰州海陵工业园
阜溧高速
苏蔡路
姜
堰
区
东风南路
梅兰东路
苏大线
启老线
凤凰东路
溱湖大道
东风快速路
塘梅路
金马大街
大张线
G1515
白野线
兴张线
泗白路
白大线
野康路
解陆路
马陈路
盐靖高速
大口线
二陈公路
梁大线
张花线
S35
梁大线
许刁线
阜溧高速
泰
胡大线
金巢路
胡单线
双港路
兴
振兴路
胡宗线
古宣线
如高线
宣蒋线
曙光路
胡赵公路
胡曲线
润园路
泰
兴
市
市
千米

地价成果图

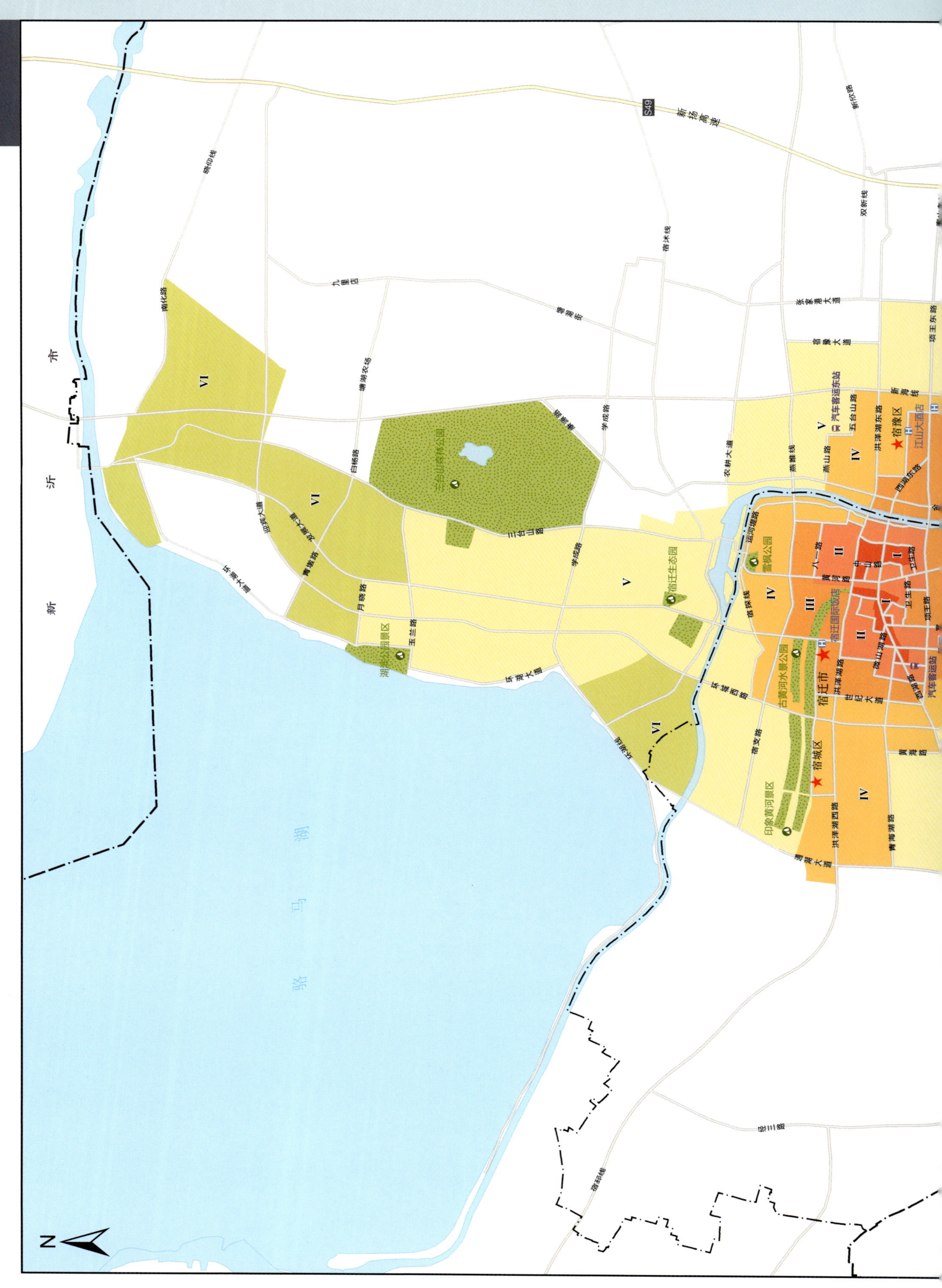

新沂市
骆马湖
三台山森林公园
宿迁生态园
雪枫公园
湖滨公园景区
古黄河水景公园
印象黄河景区
宿迁市
宿城区
宿豫区
宿迁国际饭店
江山大酒店
汽车客运东站
汽车客运站
新扬高速
S49

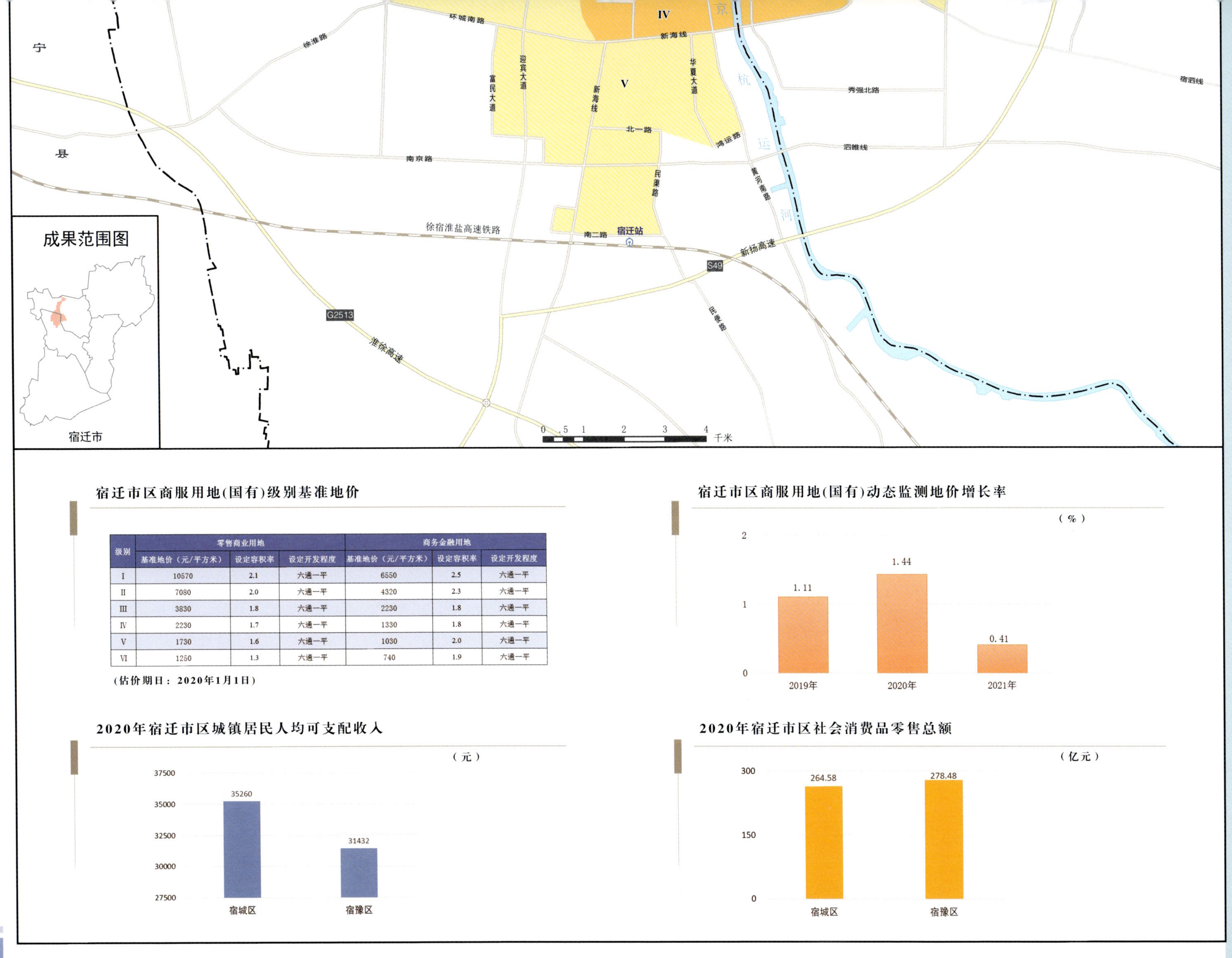

宿迁市区商服用地(国有)级别基准地价

级别	零售商业用地			商务金融用地		
	基准地价（元/平方米）	设定容积率	设定开发程度	基准地价（元/平方米）	设定容积率	设定开发程度
Ⅰ	10570	2.1	六通一平	6550	2.5	六通一平
Ⅱ	7080	2.0	六通一平	4320	2.3	六通一平
Ⅲ	3830	1.8	六通一平	2230	1.8	六通一平
Ⅳ	2230	1.7	六通一平	1330	1.8	六通一平
Ⅴ	1730	1.6	六通一平	1030	2.0	六通一平
Ⅵ	1250	1.3	六通一平	740	1.9	六通一平

（估价期日：2020年1月1日）

宿迁市区商服用地(国有)动态监测地价增长率

2020年宿迁市区城镇居民人均可支配收入

2020年宿迁市区社会消费品零售总额

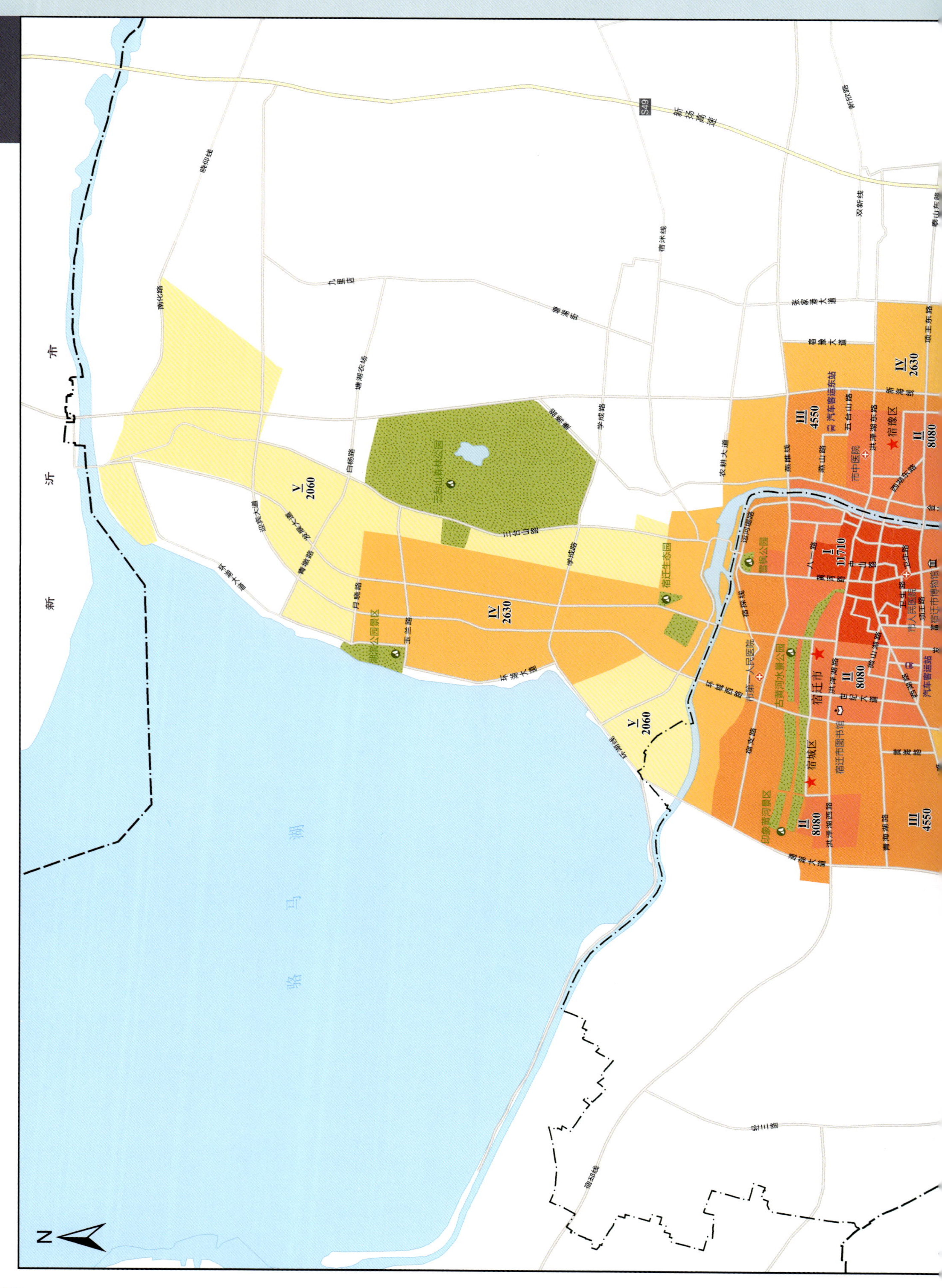

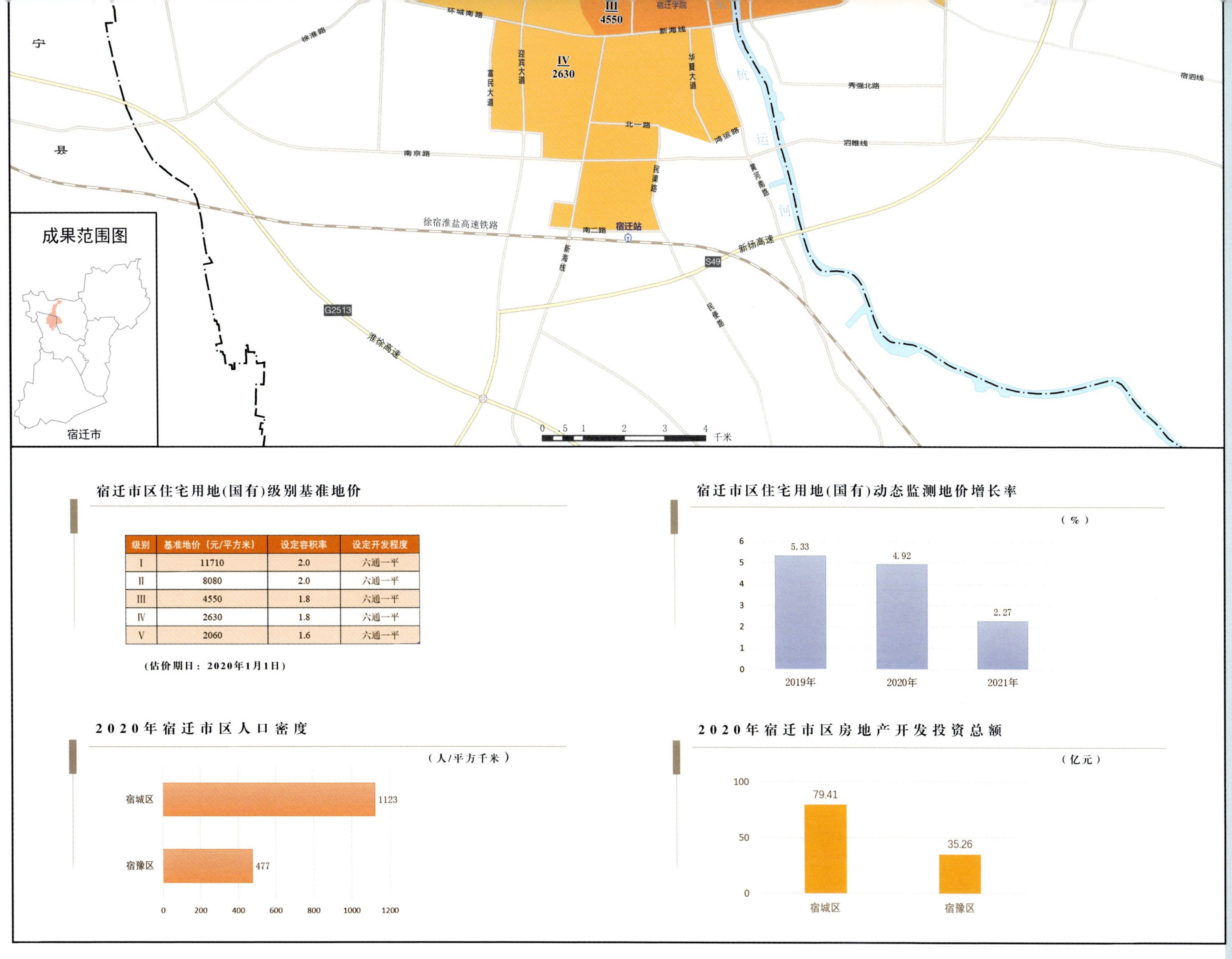

宿迁市区住宅用地(国有)级别基准地价

级别	基准地价（元/平方米）	设定容积率	设定开发程度
I	11710	2.0	六通一平
II	8080	2.0	六通一平
III	4550	1.8	六通一平
IV	2630	1.8	六通一平
V	2060	1.6	六通一平

（估价期日：2020年1月1日）

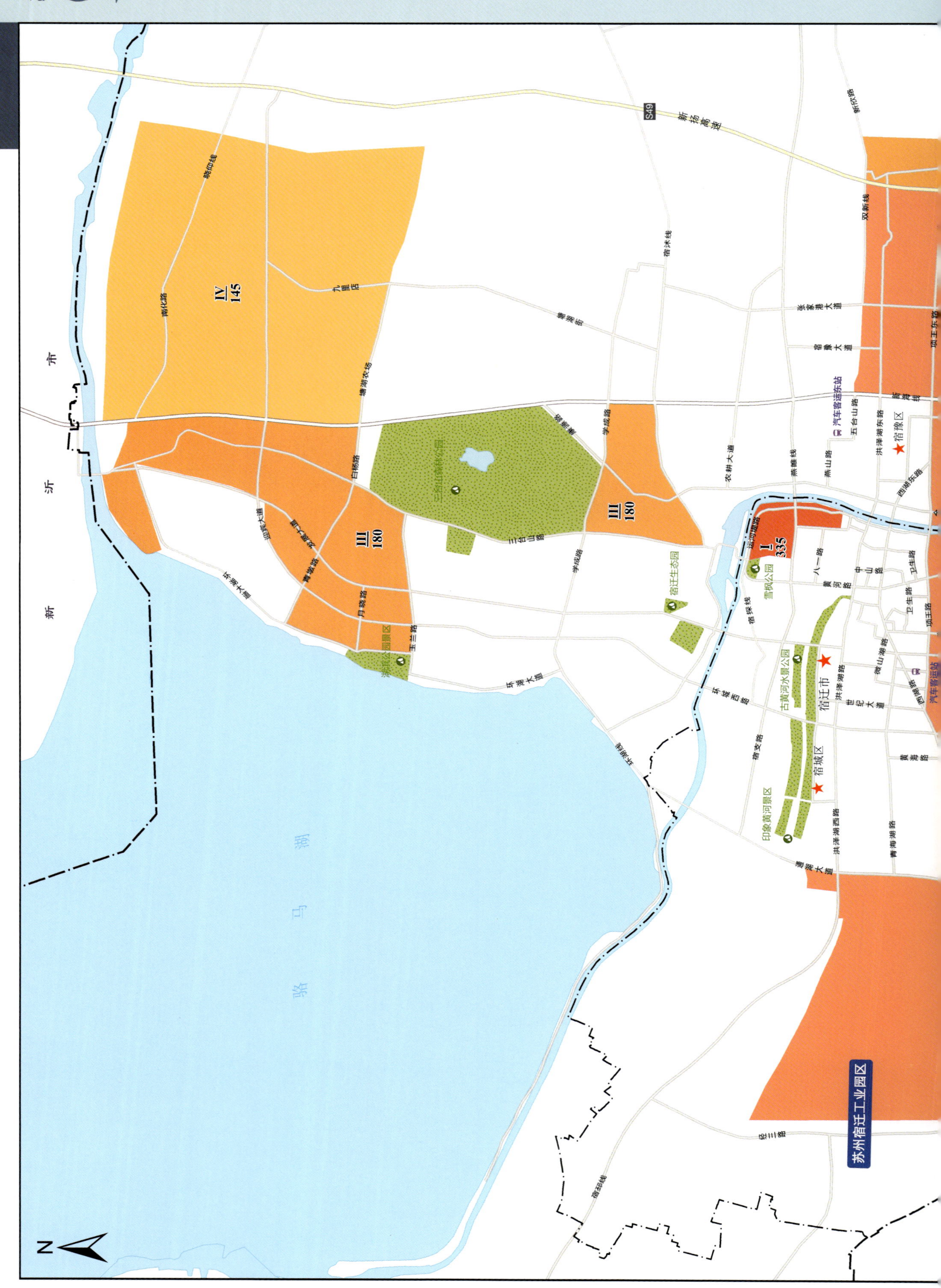
IV
145
III
180
III
180
I
335
骆马湖
新沂市
宿迁市
宿城区
宿豫区
苏州宿迁工业园区
S49
新扬高速
宿迁生态园
雪枫公园
古黄河水景公园
印象黄河景区
汽车客运东站
汽车客运站
N

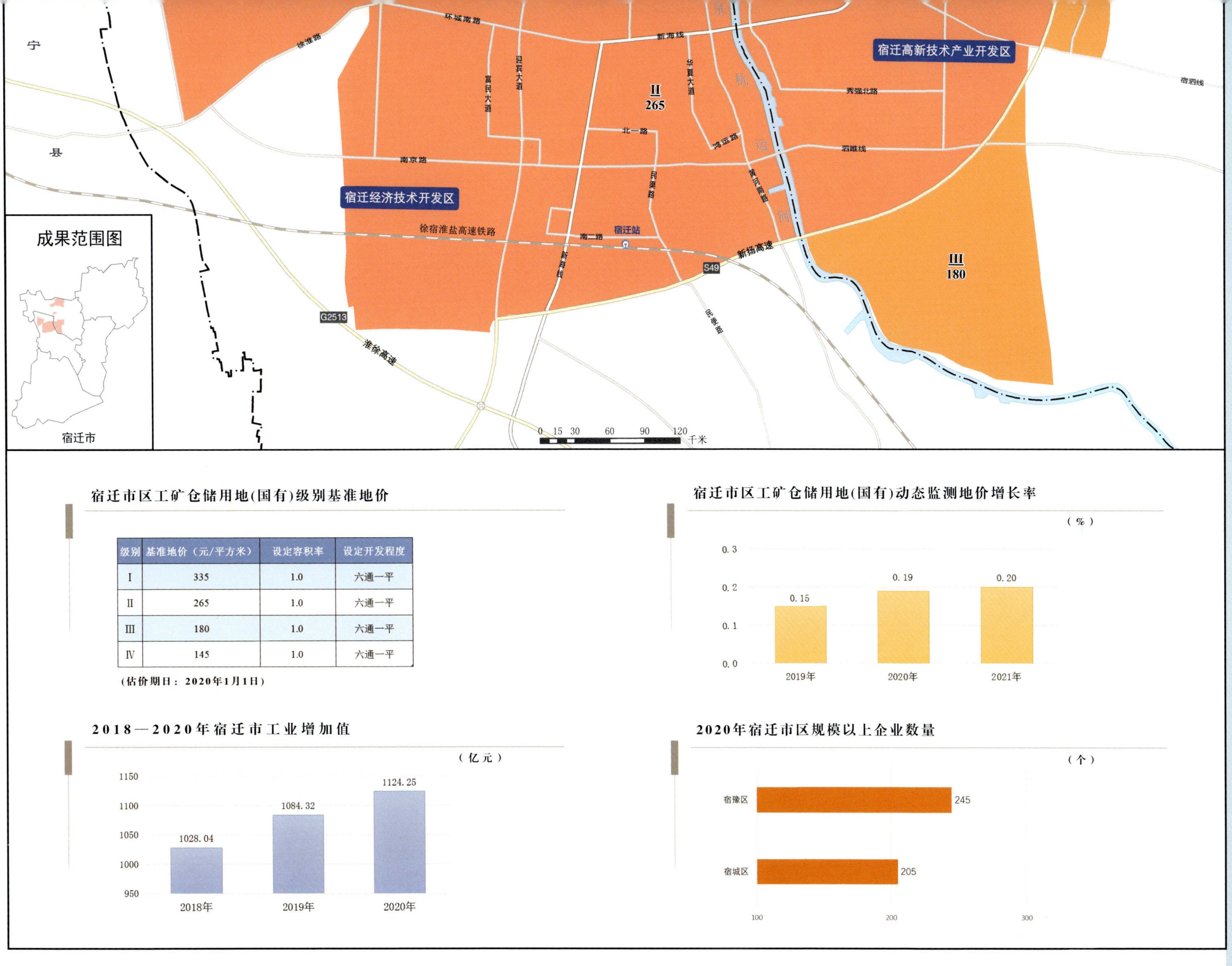

宿迁市区工矿仓储用地(国有)级别基准地价

级别	基准地价（元/平方米）	设定容积率	设定开发程度
I	335	1.0	六通一平
II	265	1.0	六通一平
III	180	1.0	六通一平
IV	145	1.0	六通一平

（估价期日：2020年1月1日）

宿迁市区工矿仓储用地(国有)动态监测地价增长率

2018—2020年宿迁市工业增加值

2020年宿迁市区规模以上企业数量

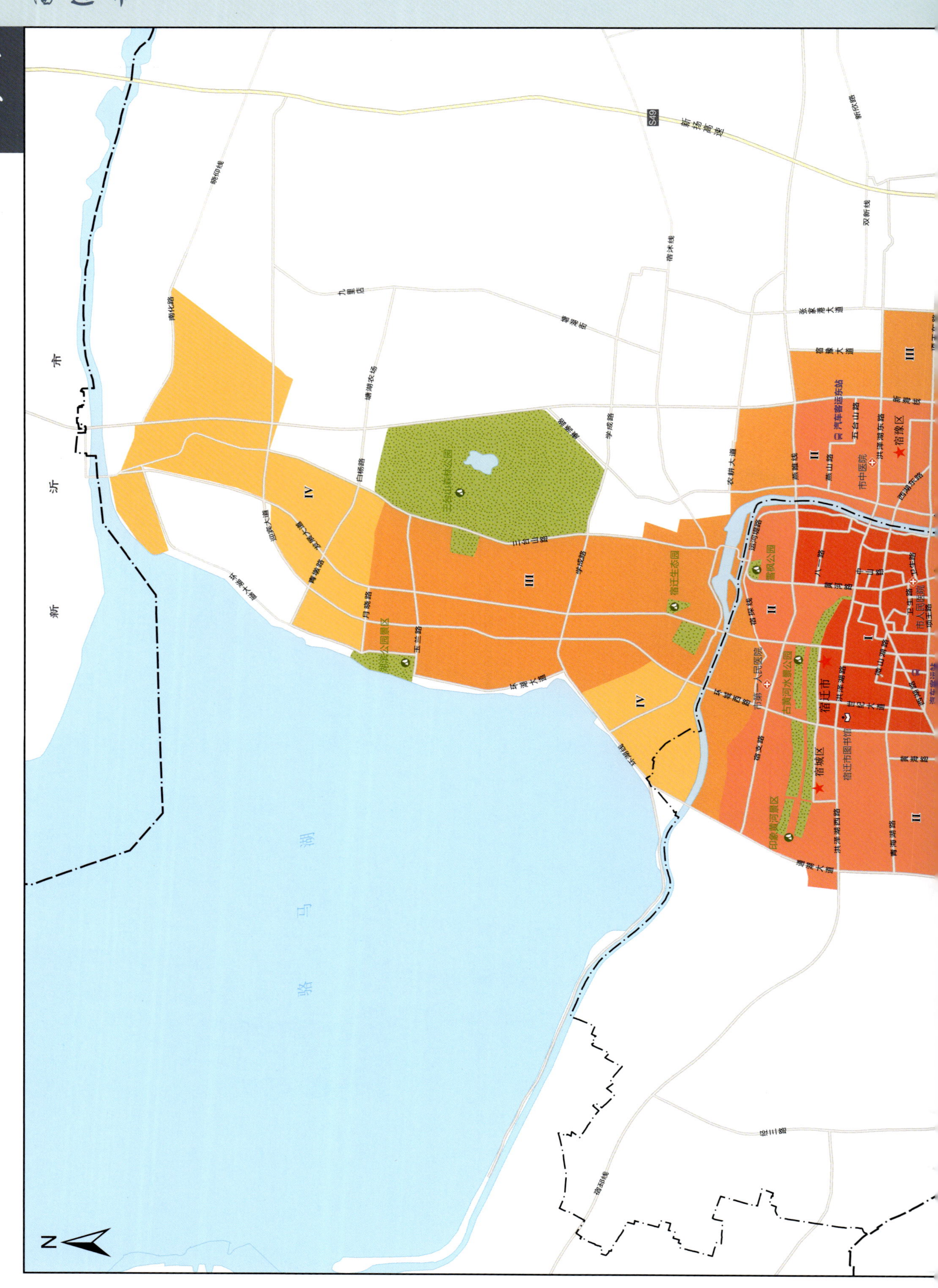
S49
新扬高速
新沂市
骆马湖
宿迁市
宿城区
宿豫区
三台山森林公园
宿迁生态园
雪枫公园
古黄河水景公园
印象黄河景区
湖滨公园景区
市第一人民医院
市中医院
市人民医院
宿迁市图书馆
汽车客运东站
环湖大道
洪泽湖路
黄河路
八一路
中山路
幸福路
发展大道
三台山路
学成路
宿迁大道
九里店
农耕大道
双新线
新欣路
宿沭线
燕山路
五台山路
洪泽湖东路
洪泽湖西路
青海湖路
珠江路
I
II
III
IV

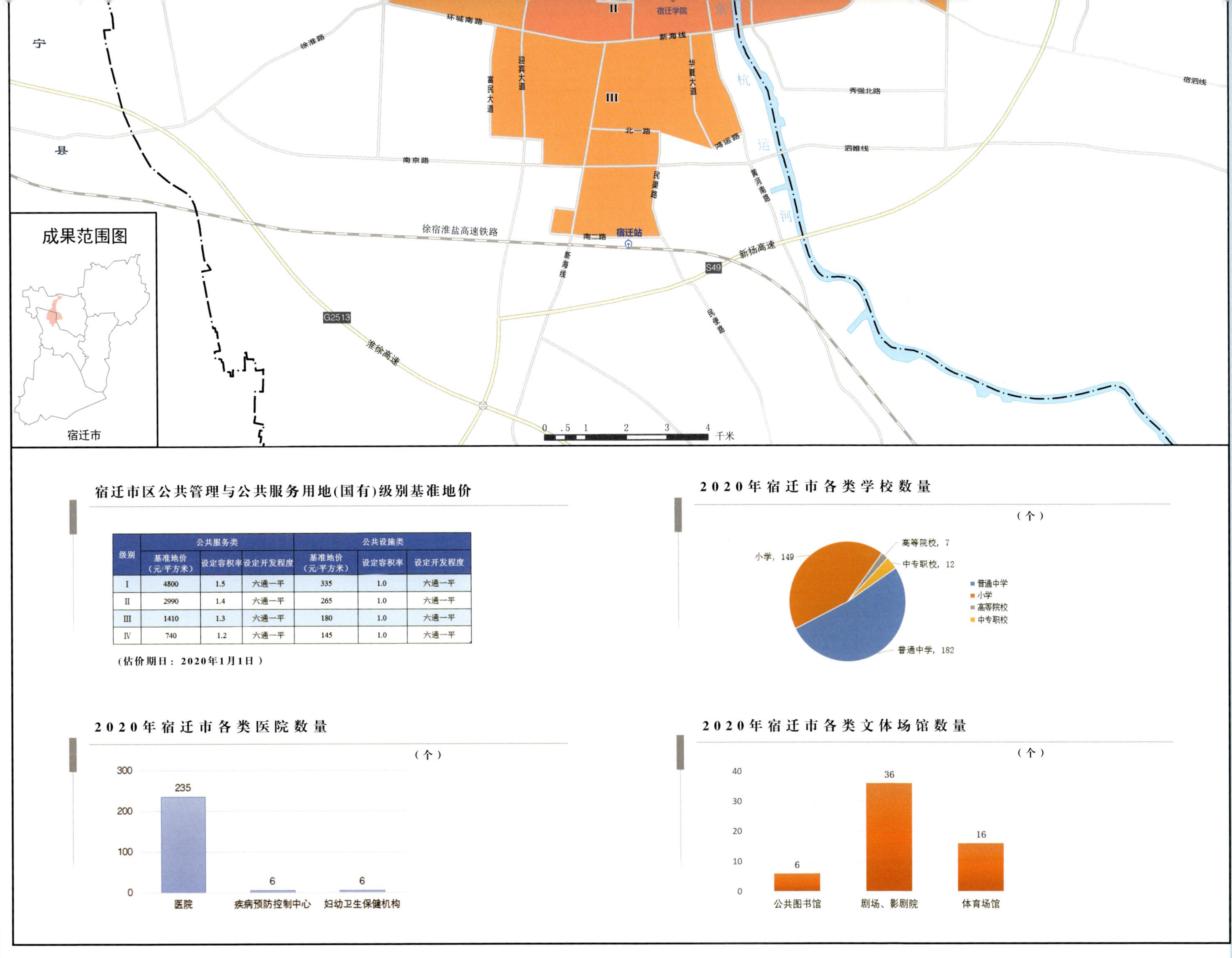

宿迁市区公共管理与公共服务用地(国有)级别基准地价

级别	公共服务类			公共设施类		
	基准地价（元/平方米）	设定容积率	设定开发程度	基准地价（元/平方米）	设定容积率	设定开发程度
I	4800	1.5	六通一平	335	1.0	六通一平
II	2990	1.4	六通一平	265	1.0	六通一平
III	1410	1.3	六通一平	180	1.0	六通一平
IV	740	1.2	六通一平	145	1.0	六通一平

（估价期日：2020年1月1日）

2020年宿迁市各类学校数量

2020年宿迁市各类医院数量

2020年宿迁市各类文体场馆数量

地价成果图

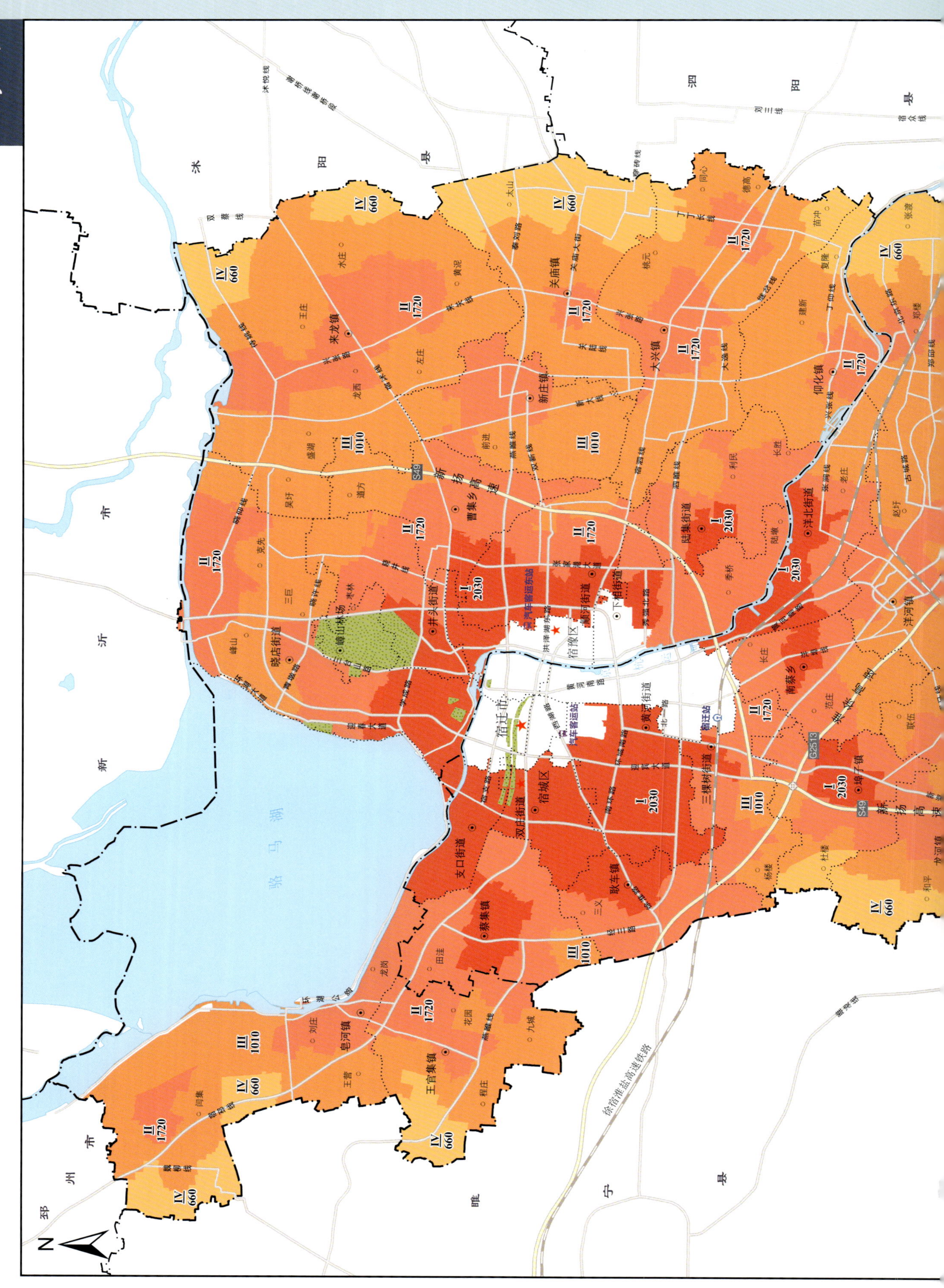

沭阳县
泗阳县
新沂市
邳州市
睢宁县
骆马湖
宿迁市
宿城区
宿豫区
来龙镇
关庙镇
大兴镇
新庄镇
仰化镇
曹集乡
陆集街道
洋北街道
井头街道
顺河街道
下相街道
晓店街道
三棵树街道
黄河街道
洋河镇
南蔡乡
埠子镇
双庄街道
支口街道
耿车镇
蔡集镇
皂河镇
王官集镇
三台山林场
宿迁站
汽车客运站
S49
G2513
新扬高速
徐宿淮盐高速铁路
I 2030
II 1720
III 1010
IV 660

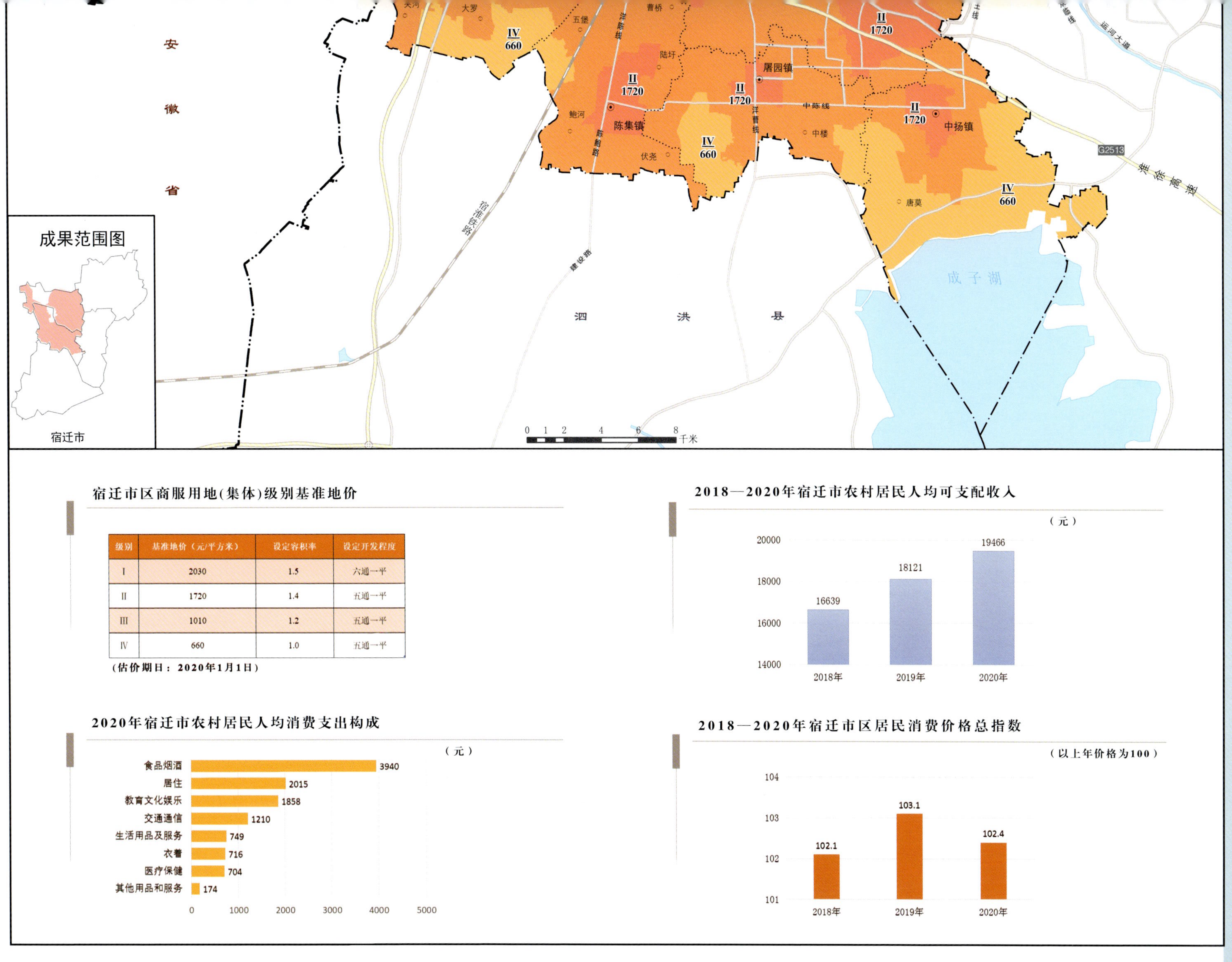

宿迁市区商服用地(集体)级别基准地价

级别	基准地价（元/平方米）	设定容积率	设定开发程度
Ⅰ	2030	1.5	六通一平
Ⅱ	1720	1.4	五通一平
Ⅲ	1010	1.2	五通一平
Ⅳ	660	1.0	五通一平

（估价期日：2020年1月1日）

2018—2020年宿迁市农村居民人均可支配收入

2020年宿迁市农村居民人均消费支出构成

2018—2020年宿迁市区居民消费价格总指数

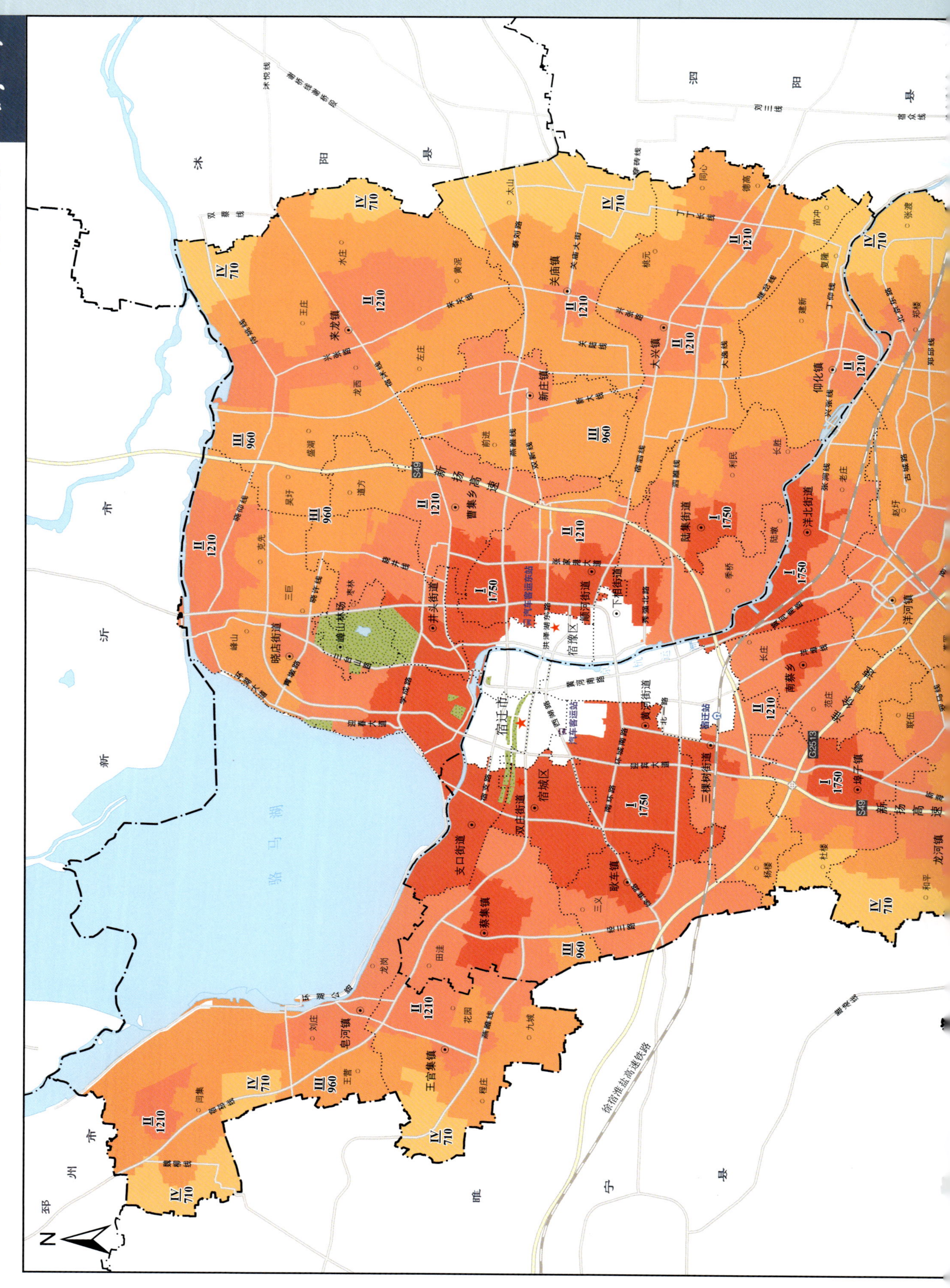
沭阳县
泗阳县
新沂市
邳州市
睢宁县
骆马湖
宿迁市
宿城区
宿豫区
新扬高速
徐宿淮盐高速铁路
来龙镇
关庙镇
大兴镇
新庄镇
仰化镇
曹集乡
陆集街道
洋北街道
井头街道
顺河街道
下相街道
晓店街道
嶂山林场
黄河街道
三棵树街道
南蔡乡
埠子镇
洋河镇
双庄街道
支口街道
耿车镇
蔡集镇
皂河镇
王官集镇
龙河镇
汽车客运东站
汽车客运站
宿迁站
I 1750
II 1210
III 960
IV 710
N

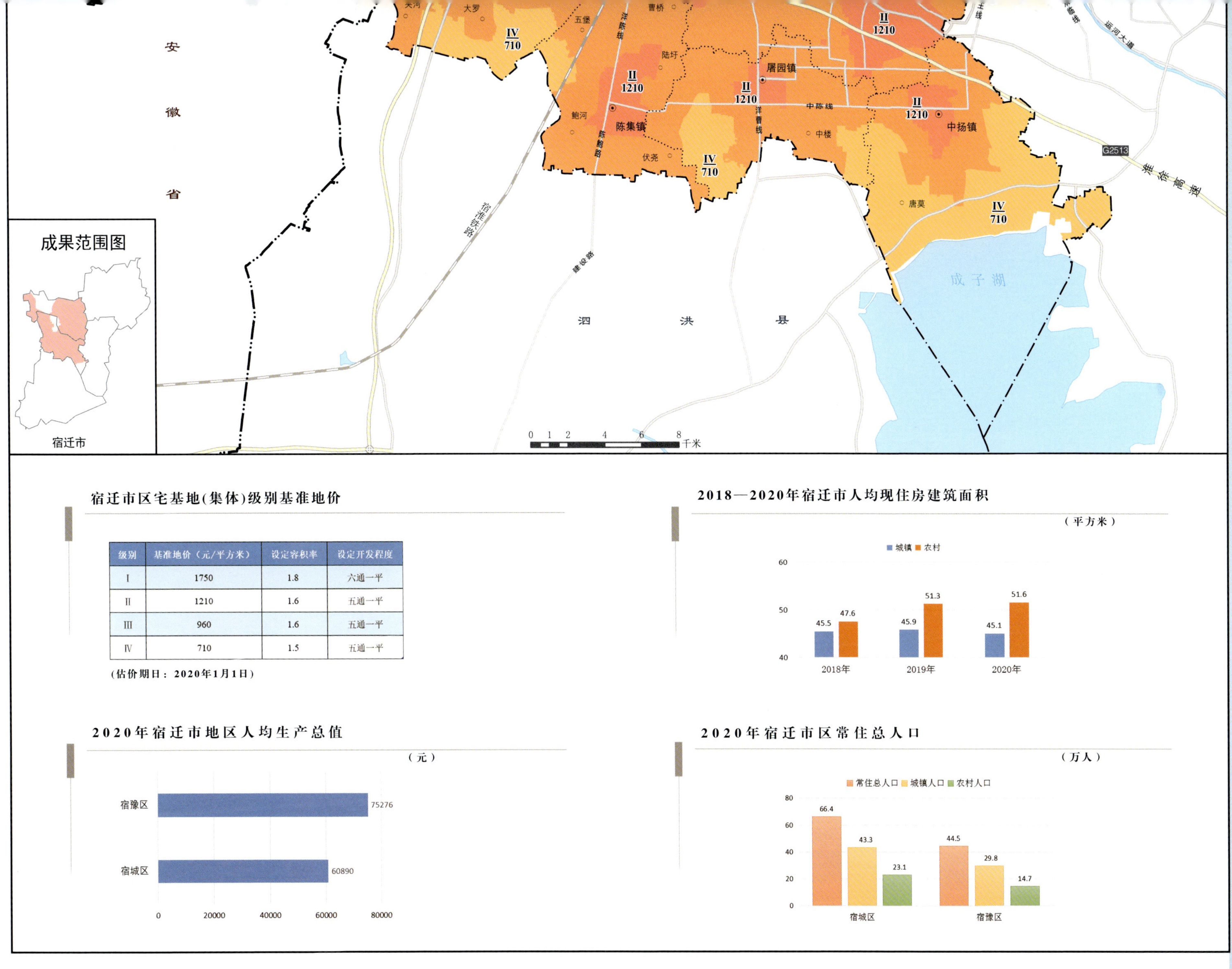

宿迁市区宅基地(集体)级别基准地价

级别	基准地价（元/平方米）	设定容积率	设定开发程度
I	1750	1.8	六通一平
II	1210	1.6	五通一平
III	960	1.6	五通一平
IV	710	1.5	五通一平

（估价期日：2020年1月1日）

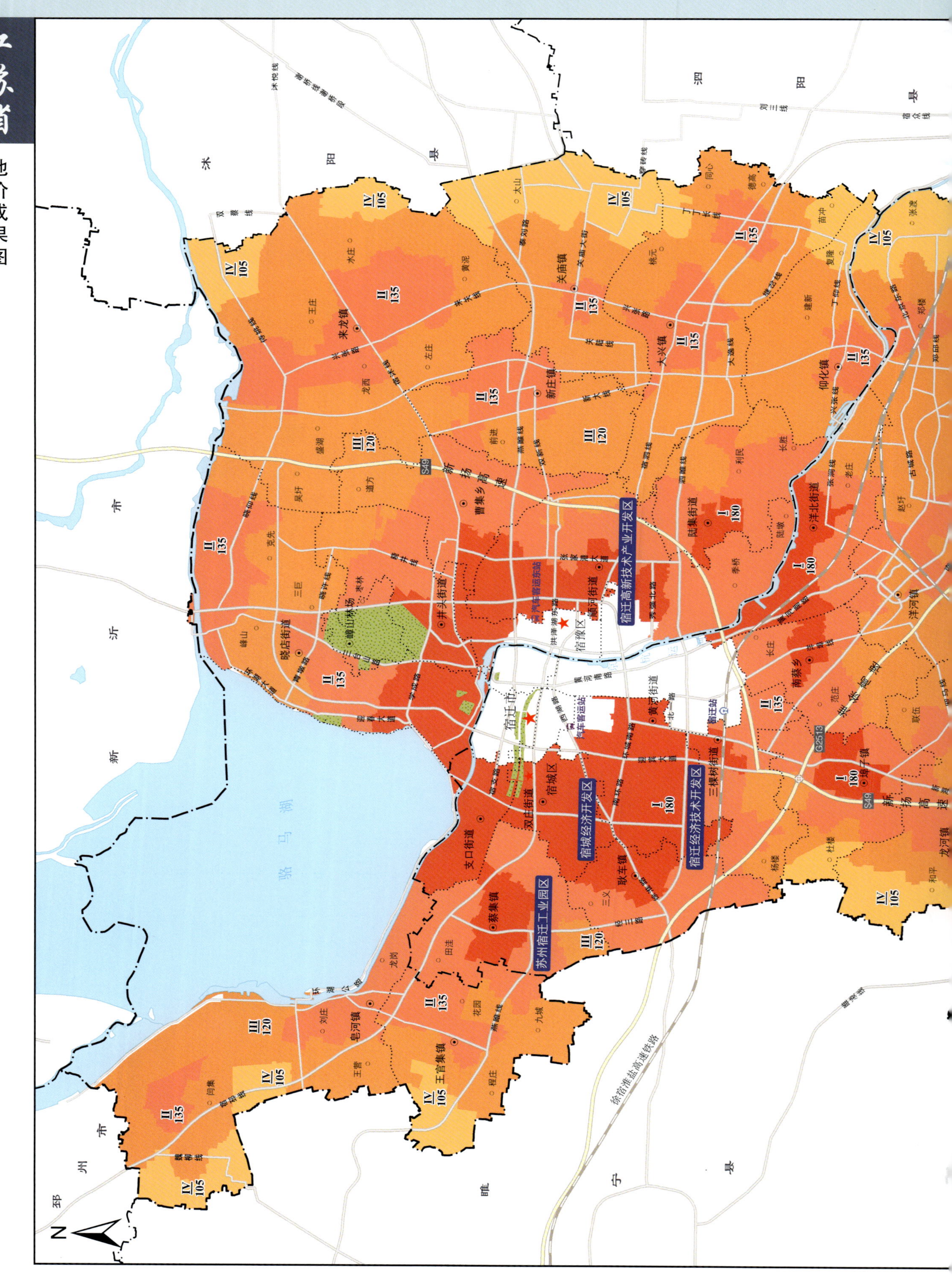

工矿仓储用地(集体)级别基准地价图

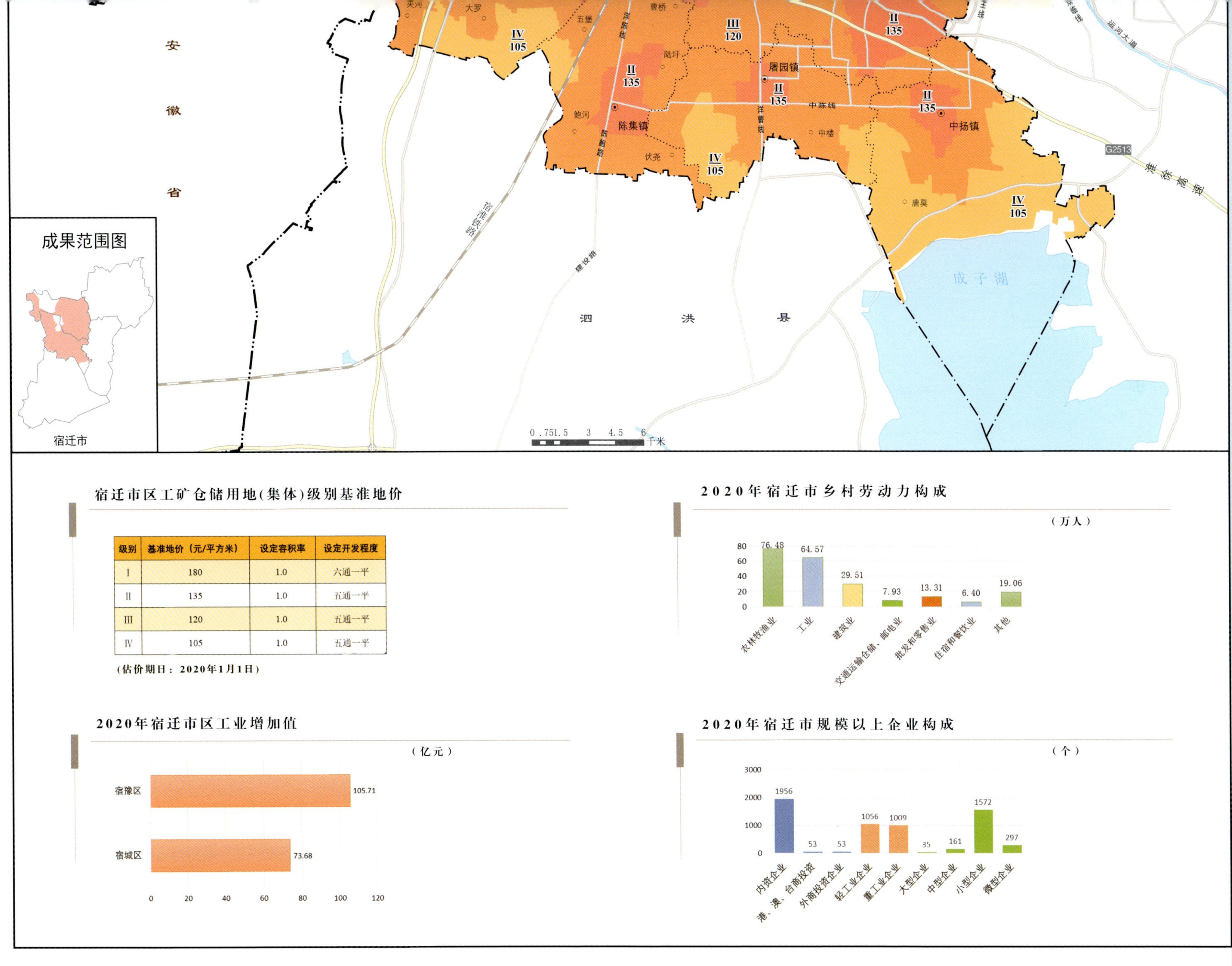

宿迁市区工矿仓储用地(集体)级别基准地价

级别	基准地价（元/平方米）	设定容积率	设定开发程度
Ⅰ	180	1.0	六通一平
Ⅱ	135	1.0	五通一平
Ⅲ	120	1.0	五通一平
Ⅳ	105	1.0	五通一平

（估价期日：2020年1月1日）

2020年宿迁市乡村劳动力构成

2020年宿迁市区工业增加值

2020年宿迁市规模以上企业构成

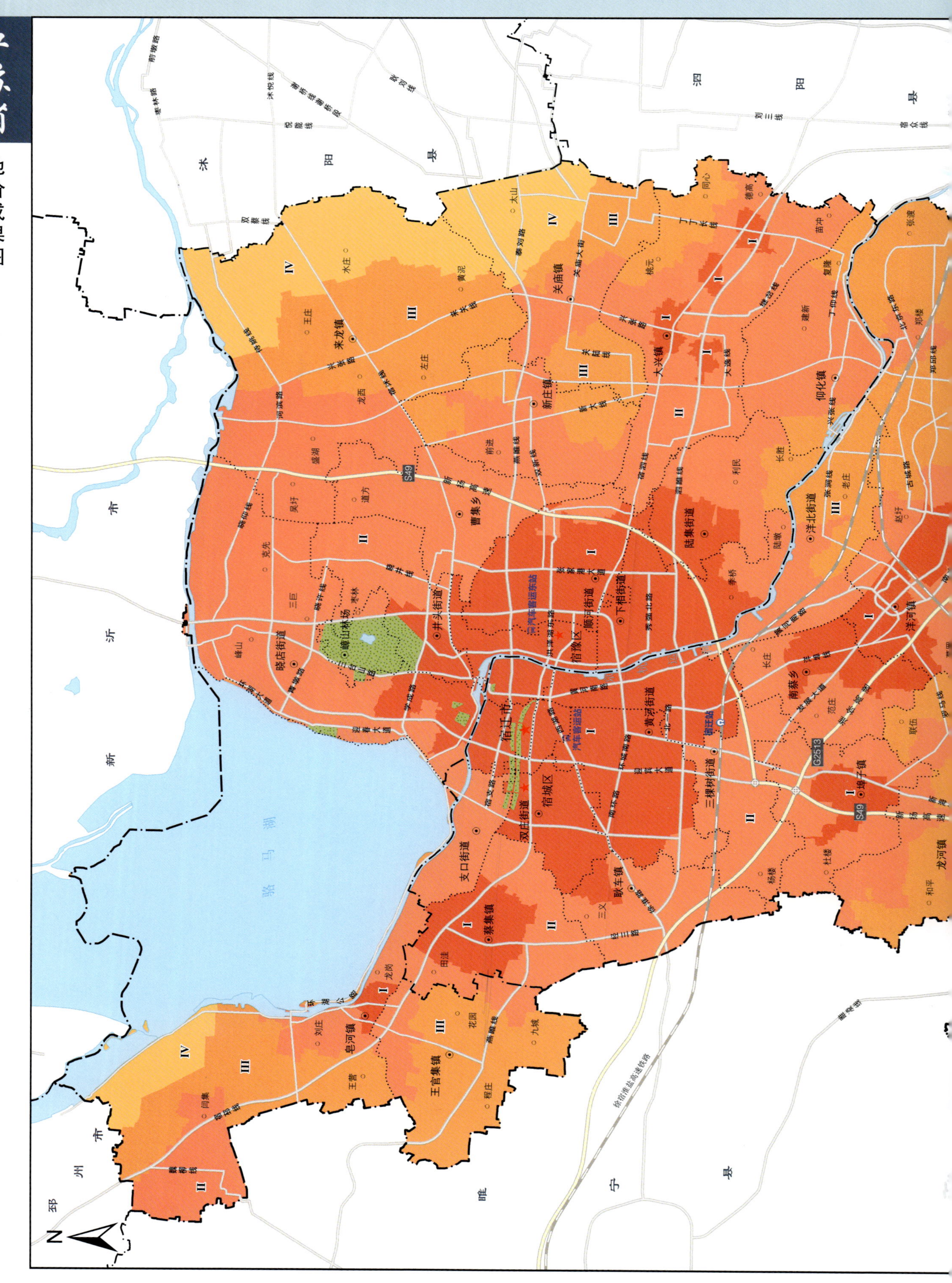
沭阳县
泗阳县
新沂市
邳州市
睢宁县
骆马湖
宿迁市
宿城区
宿豫区
来龙镇
关庙镇
新庄镇
大兴镇
仰化镇
曹集乡
陆集街道
洋北街道
顺河街道
下相街道
黄河街道
井头街道
晓店街道
嶂山林场
双庄街道
支口街道
耿车镇
蔡集镇
皂河镇
王官集镇
埠子镇
南蔡乡
三棵树街道
洋河镇
龙河镇
宿迁站
S49
G2513
I
II
III
IV
N

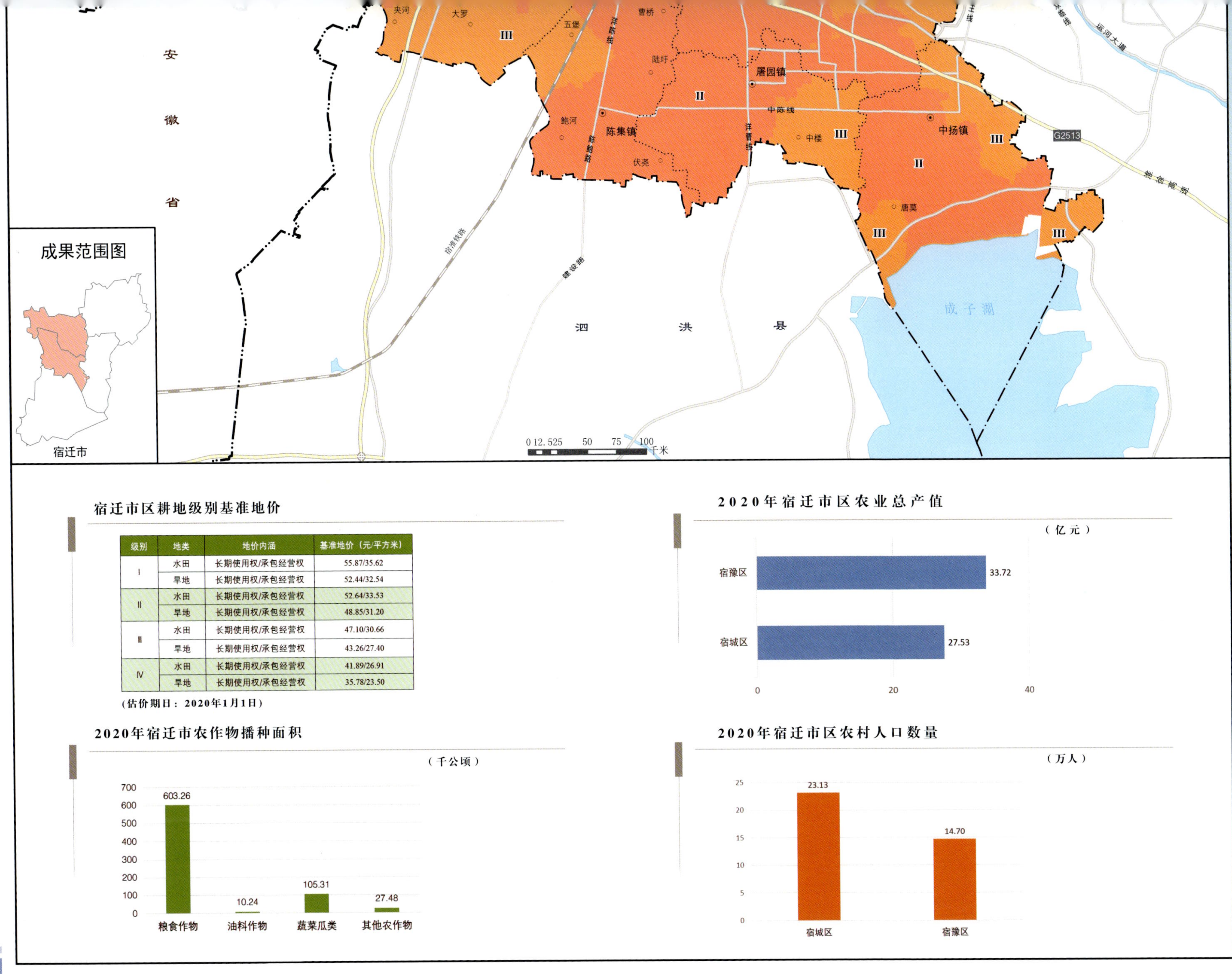

宿迁市区耕地级别基准地价

级别	地类	地价内涵	基准地价（元/平方米）
Ⅰ	水田	长期使用权/承包经营权	55.87/35.62
	旱地	长期使用权/承包经营权	52.44/32.54
Ⅱ	水田	长期使用权/承包经营权	52.64/33.53
	旱地	长期使用权/承包经营权	48.85/31.20
Ⅲ	水田	长期使用权/承包经营权	47.10/30.66
	旱地	长期使用权/承包经营权	43.26/27.40
Ⅳ	水田	长期使用权/承包经营权	41.89/26.91
	旱地	长期使用权/承包经营权	35.78/23.50

（估价期日：2020年1月1日）

S49
新扬高速
晓仰线
宿沭线
九里岳
南化路
塘湖农场
新沂市
新港线
三台山森林公园
白杨路
学成路
S55002
2298
S54001
2715
湖滨公园景区
环湖大道
玉兰路
骆马湖
宿迁生态园
雪枫公园
古黄河水景公园
印象黄河景区
宿迁市
宿城区
宿豫区
汽车客运东站
S52001
4473
S56001
2792
S51001
18167
S55001
12830
S55002
黄河路
洪泽湖路
世纪大道
环城西路
宿支路
洪泽湖西路
通湖大道
青海湖路
洪泽湖东路
张家港大道
双新线
新沂路
燕雕线
五台山路
金沙江路
N

（估价期日：2020年1月1日）

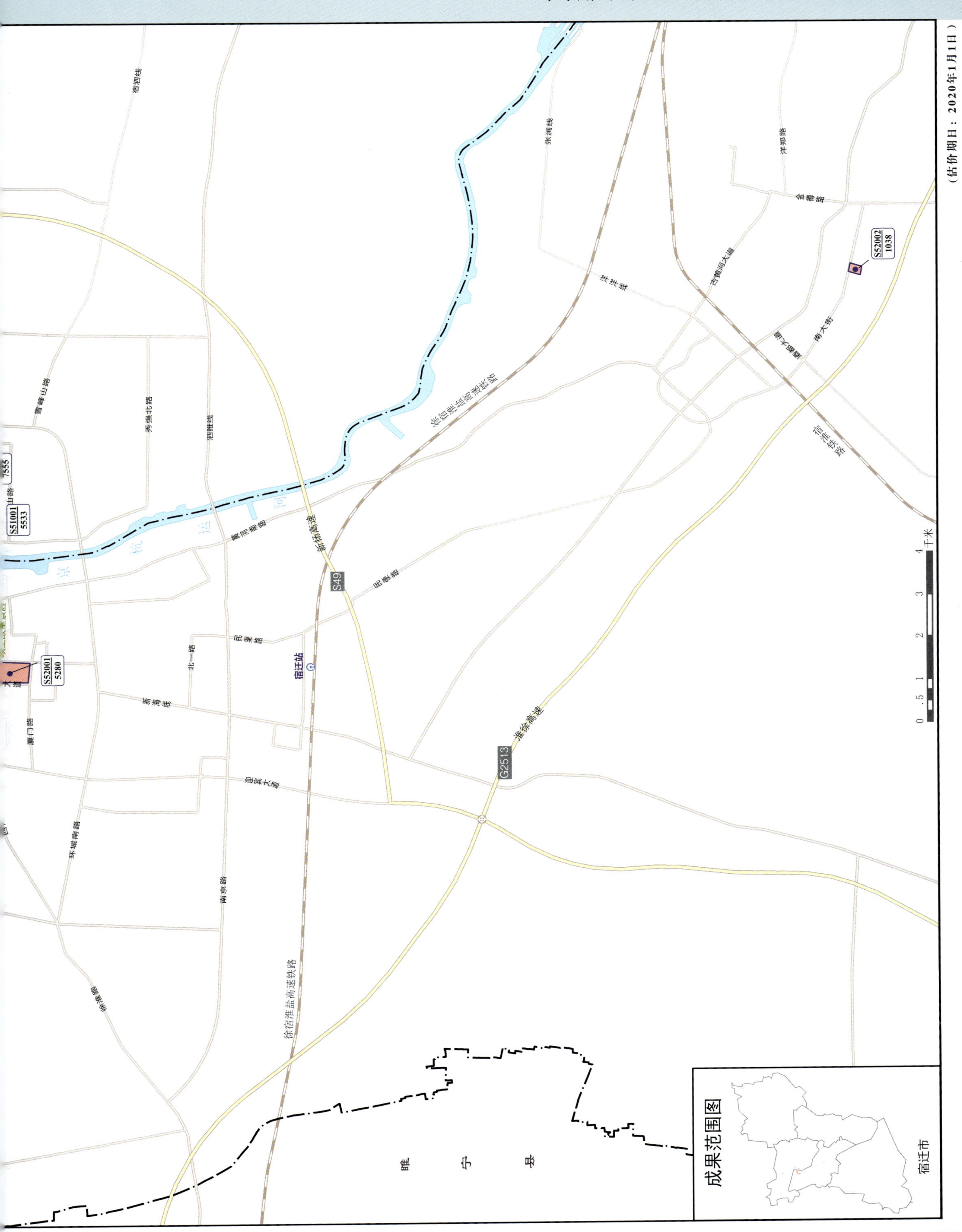

S49
新扬高速
新沂路
双新线
晓仰线
宿沭线
九里街
塘湖街
张家港大道
南化路
新海线
学成路
白杨路
三台山森林公园
三台山路
宿迁生态园
湖滨公园景区
玉兰路
环湖大道
青海路
环城西路
宿支路
骆马湖
新沂市
Z71002
7158
汽车客运东站
Z71001
6381
市中医院
宿豫区
H71002
10956
雪枫公园
Z71003
3523
Z71005
10611
H71003
22718
H71001
洪泽湖路
市第一人民医院
古黄河水景公园
Z71004
9174
宿迁市
宿迁市图书馆
Z71007
12589
宿城区
印象黄河景区
洪泽湖西路
青海湖路
Z71008
13495
经三路
N

（估价期日：2020年1月1日）

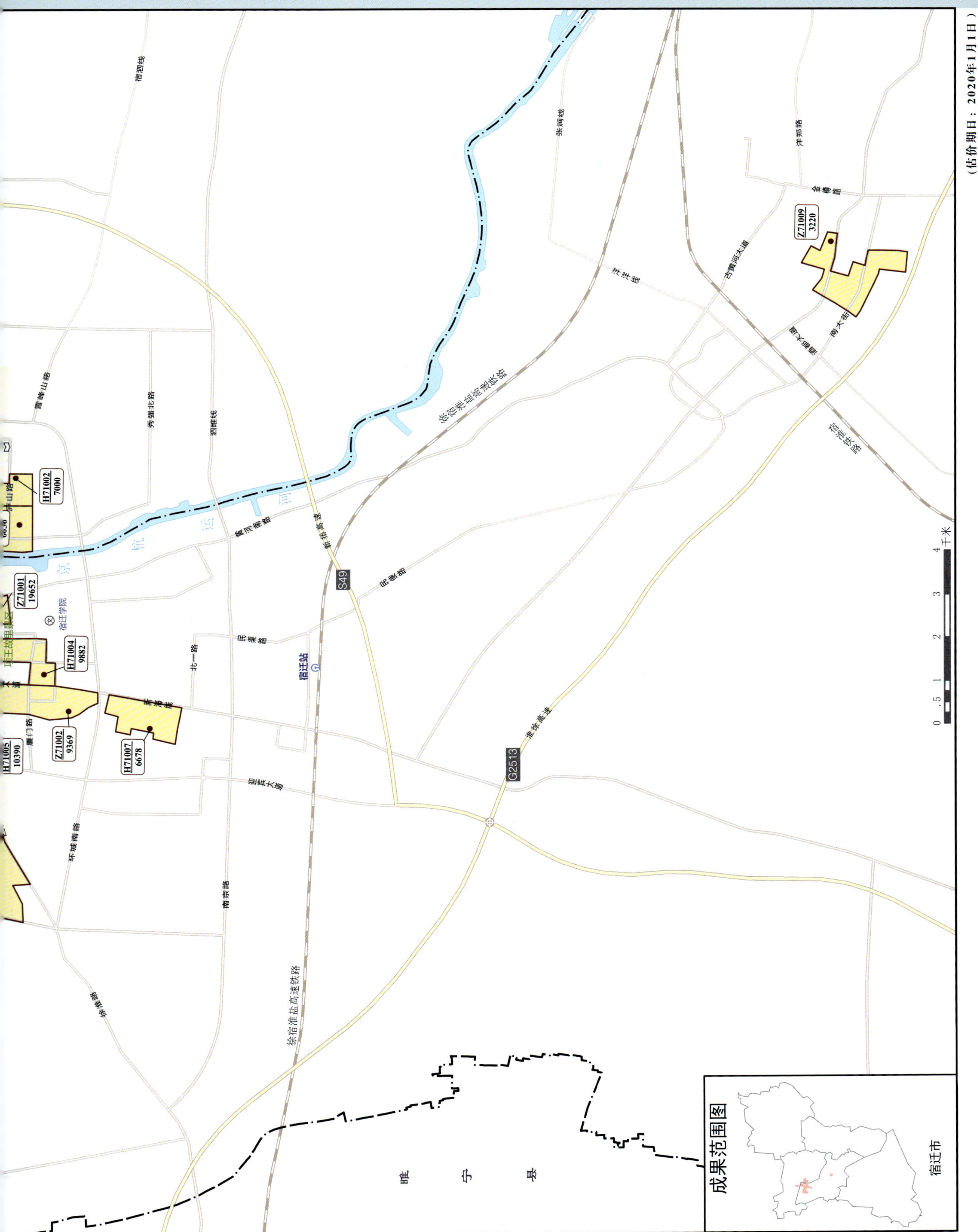

G61010
154
G61009
152
G61008
182
三台山森林公园
骆马湖
新沂市
S49
新扬高速
宿沭线
塘湖农场
学成路
汽车客运东站
宿迁生态园
雪枫公园
古黄河水景公园
印象黄河景区
湖滨公园景区
宿迁市
宿城区
洪泽湖东路
洪泽湖西路
洪泽湖路
中山路
黄河路
环湖大道
环城西路
宿支路
世纪大道
五台山路
青墩路
玉兰路
苏州宿迁工业园区
N

（估价期日：2020年1月1日）

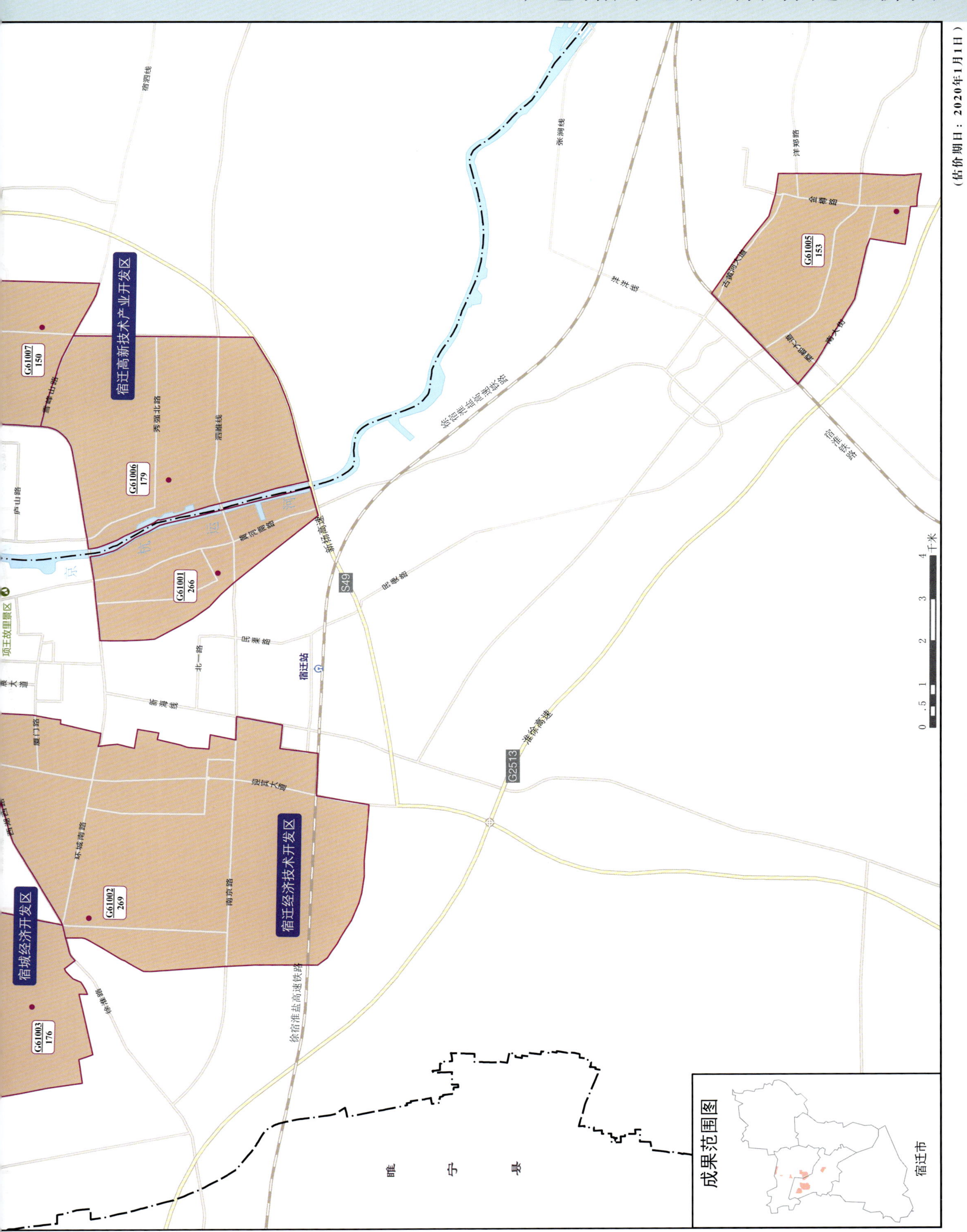

后　记

回顾1990年至2020年三十年间，我省城乡地价工作从起步到较为完善的发展历程，展现江苏地价建设的理念、内容、路径、方法、成果等情况，总结发展过程中的经验和不足，擘画今后一个时期江苏地价发展愿景，对于促进江苏土地市场健康平稳发展，对于完善要素市场配置体制机制，对于推动全省自然资源工作再上新台阶具有重要的意义。为此，我们在省、市及有关县（市、区）城乡地价系列成果的基础上，编写《江苏地价三十年（1990—2020）——江苏省地价工作回眸》（以下称《江苏地价三十年》）一书。如上所述，该书的编写是对江苏地价建设工作三十余载的总结和追忆，读者在阅读之余，若能体察深厚的城乡地价分布脉络，展开穿越时空的地价变迁思考，则是编者的热切期待！

本书编写工作，系在江苏省自然资源厅开发利用处指导下，由江苏省不动产登记中心（江苏省地价所）组织编写。在编写过程中，得到了自然资源部自然资源开发利用司、中国国土勘测规划院有关领导以及南京大学周寅康、南京农业大学吴群、河海大学陈浮等专家的悉心指导，在此表示诚挚的感谢！

本书编写工作，得到了江苏省测绘地理信息局信息中心、江苏金宁达房地产评估规划测绘咨询有限公司、江苏苏地行土地房产评估有限公司、江苏苏信房地产评估咨询有限公司、江苏苏地仁合土地房地产资产评估测绘造价咨询有限公司相关人员的大力支持，在此表示由衷的感谢！

编写本书时，我们想起当年为江苏地价体系建设作出重大贡献的中国人民大学林增杰，南京大学包浩生、黄杏元、倪绍祥，南京农业大学王万茂，南京师范大学黄克龙、李剑波、孙在宏，国家环保局南京环科所吴焕忠、蒋庭松等专家学者，是他们用智慧、学识、专业、技术成就了江苏地价的发展和辉煌。借此，我们谨向他们表示诚挚的感谢！

最后，我们还要向三十年来带领江苏地价工作不断前行的有关领导，以及引导江苏“地价水平”不断提升的理论工作者、科技工作者、管理工作者、实务工作者表示崇高的敬意，并向参加本书编写以及对本书编写提出宝贵意见的各位同仁一并致谢！

《江苏地价三十年》虽然汇聚了省、市、县级有关地价成果，但因时间、篇幅限制等原因，未能全面展示所有市（县）级地价成果，不免留有遗憾！

《江苏地价三十年》是在全国省级层面上首家编写的工作回眸专著，无经验可鉴，必定会存在这样那样的问题，企望和欢迎读者提出宝贵意见。